Hans-Jürgen Fründt

Schleswig-Holstein

Schleswig-Holstein meerumschlungen

Die Hymne des nördlichsten Bundeslandes, verfasst von Matthäus Friedrich Chemnitz (1815–1870), ist täglich um Mitternacht auf Radio Schleswig-Holstein zu hören.

Impressum

Hans-Jürgen Fründt
Reise Know-How Schleswig-Holstein

erschienen im Reise Know-How Verlag Peter Rump GmbH,
Osnabrücker Str. 79, 33649 Bielefeld

4., neu bearbeitete und aktualisierte Auflage 2023

ISBN 978-3-8317-3616-4

Gestaltung und Bearbeitung
Umschlag: Peter Rump, der Verlag
Inhalt: Günter Pawlak, Wayan Rump, der Verlag
Fotonachweis: der Autor (fr, hj), Susanne Muxfeldt (mf, sm, ms, mux), www.adobe.stock.com (Autorennachweis jeweils am Bild)
Karten: Ingenieurbüro B. Spachmüller, Thomas Buri
Lektorat: Caroline Tiemann
Lektorat (Aktualisierung): Gritta Deutschmann, Jessika Zollickhofer (Bintang Buchservice GmbH)

Druck und Bindung
Hinckel Druck GmbH, Wertheim

Bibliografische Information der Deutschen Nationalbibliothek
Die Deutsche Nationalbibliothek verzeichnet diese Publikation in der Deutschen Nationalbibliografie; detaillierte bibliografische Daten sind im Internet über http://dnb.dnb.de abrufbar.

Reise Know-How Bücher finden Sie in allen gut sortierten Buchhandlungen. Falls nicht, kann Ihre Buchhandlung unsere Bücher hier bestellen:
D: Prolit, prolit.de und alle Barsortimente
A: Freytag-Berndt und Artaria KG, freytagberndt.com
CH: AVA Verlagsauslieferung AG, ava.ch
B, LUX, NL: Willems Adventure, willemsadventure.nl
oder direkt über den Verlag: **www.reise-know-how.de**

Bildlegende Umschlag und Vorspann
Titelbild: Windmühle im Rapsfeld in Ostholstein (www.adobe.stock.com ©Dagmar Richardt)
Vordere Umschlagklappe: Südstrand auf Fehmarn (mf)
Kleines Foto: Bereit für eine kleine Rudertour zum Angeln (mf)
S. 1: Haus in Heiligenhafen (mux)
S. 2/3: Naturwiese auf dem ländlichen Fehmarn (fr)

Wir freuen uns über Kritik, Kommentare und Verbesserungsvorschläge, gern per E-Mail an info@reise-know-how.de.

Da die längerfristigen Folgen der Corona-Pandemie gerade für kleine und mittlere Betriebe im Tourismus- und Kulturbereich kaum abzuschätzen sind, bitten wir um Nachsicht, wenn sich in dieser Ausgabe des Buches Informationen finden, die nicht mehr den Gegebenheiten vor Ort entsprechen.

Alle Informationen in diesem Buch sind vom Autor mit größter Sorgfalt gesammelt und vom Lektorat des Verlages gewissenhaft bearbeitet und überprüft worden.

Da inhaltliche und sachliche Fehler nicht ausgeschlossen werden können, erklärt der Verlag, dass alle Angaben im Sinne der Produkthaftung ohne Garantie erfolgen und dass Verlag wie Autor keinerlei Verantwortung und Haftung für inhaltliche und sachliche Fehler übernehmen.

Die Nennung von Firmen und ihren Produkten und ihre Reihenfolge sind als Beispiel ohne Wertung gegenüber anderen anzusehen. Qualitäts- und Quantitätsangaben sind rein subjektive Einschätzungen des Autors und dienen keinesfalls der Bewerbung von Firmen oder Produkten.

Hans-Jürgen Fründt

SCHLESWIG-HOLSTEIN

Vorwort

Schleswig-Holstein ist das Land zwischen den Meeren. Im Westen die raue, manchmal etwas ungestüme Nordsee, deren Wellen sich krachend am Strand brechen, im Osten die eher ruhige Ostsee mit ihren zahlreichen Sandstränden, verträumten Dörfern und den tief eingeschnittenen Buchten, an deren Ende Städte mit maritimem Charme liegen. Dieser Reiseführer beschreibt beide Küsten, gibt zahllose Tipps für Ferien an der See.

Das Buch führt aber auch ins Inland, denn dort gibt es ebenfalls viel zu sehen. Etwa die Holsteinische Schweiz mit ihren zahlreichen Seen und hügeligen Landschaften. Oder eher weniger bekannte Städte wie Rendsburg, Neumünster und Lauenburg, die mit ganz unerwarteten Kleinoden an Museen oder einer charmanten Altstadt aufwarten. Es genügen meist kurze Abstecher von den Küstenorten, um spannende Ausflüge zu erleben. Vorgestellt werden auch fast verborgene Winkel des Landes wie die von schwerem Marschboden geprägten Elbmarschen mit ihren prächtigen reetgedeckten Bauernhöfen oder geschichtsträchtige Orte wie Bordesholm, Ratzeburg und Ahrensburg, in denen schöne Schlösser oder Kirchen stehen. All diese Orte lohnen mindestens einen Stopp auf der Hin- oder Rückreise. Als Tagesausflugsziele werden die nordfriesischen Inseln Pellworm, Amrum, Föhr und Sylt ausführlich beschrieben, ebenso Helgoland, die Halligen und die Ostseeinsel Fehmarn sowie ein Abstecher über die Grenze zum dänischen Nachbarn.

In Schleswig-Holstein kommen neben Sonnenanbetern auch Architektur- und Kunstinteressierte, Aktivurlauber und Naturfreunde auf ihre Kosten. Dieser Reiseführer liefert eine Fülle praktischer Tipps und Empfehlungen für eine ausgedehnte Reise oder für kurze Trips. Neben vielen Hinweisen zu interessanten, teils wenig bekannten Museen und ar-

801sc-fr

▷ Eine Brise weht an den Küsten Schleswig-Holsteins immer – und auch sonst bieten Strandkörbe ideale Rückzugsmöglichkeiten

chitektonischen Besonderheiten finden sich Anregungen für Familien mit Kindern, Wanderer und Radfahrer, zum Baden und für den Strandurlaub und für Ausflüge per Schiff oder ins Hinterland. Außerdem werden die schönsten Feste und Veranstaltungen im Land vorgestellt. Besondere Empfehlungen zu Unterkünften, zu Camping- und Wohnmobilstellplätzen erleichtern die individuelle Suche vor Ort. Die beschriebenen Restaurants und Gaststätten decken alle Preiskategorien ab und sind ausgesuchte Empfehlungen. Spezielle Einkaufstipps zu Hofläden, kleinen Märkten oder Kunsthandwerksläden beruhen auf persönlichen Entdeckungen auch abseits der touristischen Zentren.

Ich wünsche einen erholsamen Urlaub in Schleswig-Holstein und einen neugierigen Blick auf die kleinen Dinge am Wegesrand.

Hans-Jürgen Fründt

Inhalt

925sc-mf

Karten

[>] Am Strand von Haffkrug in der Lübecker Bucht

Hinweise zur Benutzung

Nicht verpassen!
Die Highlights der Region erkennt man an der **gelben Markierung.**

MEIN TIPP: ...
... steht für spezielle Empfehlungen des Autors: abseits der Hauptpfade, persönlicher Geschmack.

Der Schmetterling ...
... zeigt an, wo man besonders gut Natur erleben kann oder Angebote im Bereich des nachhaltigen Tourismus findet.

Kinder-Tipps
Das Symbol kennzeichnet Sehenswürdigkeiten, Unterkünfte und Aktivitäten, an denen auch kleine Schleswig-Holstein-Urlauber ihre Freude haben.

Updates nach Redaktionsschluss
Auf der Produktseite dieses Reiseführers in unserem Internetshop finden Sie zusätzliche Informationen und **wichtige Änderungen.**

Verweise auf die Stadtpläne
1 Die **farbigen Nummern** in den „Praktischen Tipps" der Ortsbeschreibungen verweisen auf den jeweiligen **Karteneintrag.**

Preiskategorien
Hotels, Pensionen, Privatvermieter
(Die Preise gelten je für ein Doppelzimmer)
① bis 50 €
② 50–70 €
③ 70–100 €
④ über 100 €

Ferienwohnungen
(Preise pro Nacht)
① bis 50 €
② 50–70 €
③ 70–100 €
④ 100–125 €

005sc mf

Die Regionen im Überblick

1 Elbmarschen | 26

Die Elbmarschen bei Hamburg sind ein ruhiges Land mit fruchtbaren Böden, auf denen Bauern sich prächtige Gehöfte bauten. Jenseits vom Elbdeich schippern riesige Schiffe vorbei, die in **Wedel (S. 30)** begrüßt werden. In den Dörfern findet man hübsche Kirchen oder zauberhafte Gärten wie in **Uetersen (S. 39)** und **Ellerhoop (S. 41).** Und eine ganze Stadt **(Glückstadt, S. 43)** sollte auf königlichen Erlass glücklich werden.

2 Dithmarschen | 56

Ein ruhiges Land ist dieses Dithmarschen und ein flaches. Spektakuläres gibt es nicht, es sind eher die kleinen Dinge, die entdeckt werden wollen. Immerhin ein Weltrekord: Der meistbefahrene Kanal der Welt, der Nord-Ostsee-Kanal, mündet bei **Brunsbüttel (S. 61)** in die Nordsee. Die Welt der Steinzeit kann man in **Albersdorf (S. 88)** erkunden, einen prächtigen Dom in **Meldorf (S. 78).** Der Tourismus konzentriert sich in zwei Orten mit „grünen" Stränden am Deich, in **Friedrichskoog (S. 75)** und vor allem in **Büsum (S. 92).**

3 Halbinsel Eiderstedt und Hinterland | 104

Ein weites, flaches Land, gesprenkelt mit vielen malerischen Dörfern. Und hübsche Kirchen gibt es, so viele wie sonst kaum auf derart kleinem Raum. Mit **St. Peter-Ording (S. 118)** liegt der größte Urlaubsort an der Westküste mit dem längsten und vor allem breitesten Strand überhaupt. Die Vergangenheit wird in Orten wie **Tönning (S. 110)** lebendig und vor allem im „Holländerstädtchen" **Friedrichstadt (S. 135),** das aus einer Vielzahl von schicken historischen Häusern besteht.

4 Nordfriesland | 146

Eine Landschaft, die vom Meer geprägt wurde wie kaum eine andere. Viel Land hat man den Nordseefluten abgerungen. Daran erinnern die vielen Ortsnamen, die auf -koog enden. Tourismus spielt sich in kleinen Orten hinterm Deich ab und in der reizvollen Stadt **Husum (S. 151).** Und außerdem auf den Nordfriesischen Inseln, die sich alle als Tagesausflug besuchen lassen: **Pellworm (S. 185), Amrum (S. 198), Föhr (S. 200)** und **Sylt (S. 202).** Die raue Nordsee in ihrer mächtigsten Form bekommt man beim Trip auf eine **Hallig (S. 189, 193)** zu spüren. Auch die weit in der Nordsee liegende Insel **Helgoland (S. 182)** ist einen Besuch wert.

5 Flensburger Förde | 208

Eine liebliche Landschaft, sanft hügelig und sehr ländlich geprägt. Natur dominiert z.B. an der **Geltinger Birk (S. 229),** wo noch Wildpferde frei leben. Die bäuerliche Vergangenheit wird im Landschaftsmuseum **Angeln/Unewatt (S. 227)** gepflegt, die gräfliche im schönen Wasserschloss **Glücksburg (S. 224). Flensburg (S. 212)** gilt als die „dänischste Stadt Deutschlands" mit einer gelassenen Stimmung und einer netten maritimen Atmosphäre, spürbar am Museumshafen oder im Schifffahrtsmuseum.

6 Die Schlei | 232

Der Ostseefjord Schlei ragt 40 km weit ins Land hinein, an seinen Ufern kleine und kleinste Dörfer, eines idyllischer als das nächste. **Sieseby (S. 248)** ist so reizend, dass gleich der ganze Ort unter Schutz gestellt wurde. **Arnis (S. 244)** trägt den Titel „kleinste Stadt Deutschlands". In **Schleswig (S. 251)** wird Geschichte lebendig, sowohl im großartigen **Schloss Gottorf (S. 255)** als auch im **Wikinger-Museum Haithabu (S. 262).**

7 Eckernförder Bucht | 268

Weit spreizt sich diese Bucht auf. An beiden Ufern liegen schöne Strände, mal mit feinem Sand wie in **Schönhagen (S. 285)** und **Schwedeneck (S. 288),** mal eher etwas steinig und mit Steilküste wie in **Waabs (S. 282). Eckernförde (S. 273)** selbst hat einen reizenden Kern, einen gar nicht so kleinen Hafen und vor allem einen langen Sandstrand, gleich beim Stadtzentrum.

8 Kieler Förde | 290

Die Landeshauptstadt **Kiel (S. 293)** hatte schwer unter den Kriegsbomben zu leiden. Viel wurde zerstört, aber das maritime Flair hat sich erhalten. Man spürt es am Museumshafen oder auch bei einem Spaziergang an der kilometerlangen Kiellinie vor dem Hafen. Die benachbarten Orte am Ufer der Förde sind schnell mit der Fähre erreicht. In **Laboe (S. 308)** kann man ein ausgemustertes U-Boot erkunden oder man besucht im **Freilichtmuseum Molfsee (S. 306)** historische Gebäude aus ganz Schleswig-Holstein.

9 Mittelholstein | 312

Das Binnenland überrascht mit Kunst, Kultur und Historie. Die Klosterkirche in **Bordesholm (S. 324)** ist eine der schönsten des Landes, sie liegt idyllisch an einem See. In **Rendsburg (S. 316)** wird in ehemaligen Industriehallen die spannende Ausstellung „NordArt" zur modernen Kunst gezeigt. In **Neumünster (S. 327)** gibt es ein hochinteressantes Textilmuseum, in **Nortorf (S. 321)** ein Schallplattenmuseum. In **Bad Segeberg (S. 336)** erlebt man *Winnetou* und *Old Shatterhand* auf einer Freilichtbühne.

10 Holsteinische Schweiz | 344

Die liebliche Seenlandschaft liegt eingebettet in sanft geschwungenen Hügeln, dazwischen finden sich kleine Orte wie **Plön (S. 353)** mit seinem schneeweißen Schloss oder **Bosau (S. 363)** mit einer geschichtsträchtigen Kirche. In **Preetz (S. 349)** pflegte man früher das Schusterhandwerk. **Eutin (S. 374),** die schmucke Rosenstadt, glänzt mit einem reizvollen Altstadtkern, einem Schloss und den sommerlichen Opern-Festspielen auf einer Freilichtbühne. Mit dem **Bungsberg (S. 384)** erhebt sich der höchste Berg des Landes in der Holsteinischen Schweiz.

11 Hohwachter Bucht | 386

Auch an der Hohwachter Bucht findet man schöne Sandstrände und nette Küstenorte. In **Heiligenhafen (S. 402)** gibt es noch einen Fischerhafen, in dem stilecht Fisch vom Kutter verkauft wird. Im benachbarten **Oldenburg**

(S. 400) wird der slawischen Vergangenheit gedacht, und im Ort **Hohwacht (S. 397)** gibt es stilvolle Hotels, ideal für entspannte Ferien. Weiter westlich liegen Orte mit interessanten Namen wie **Kalifornien** oder **Brasilien (S. 391).**

12 Lübecker Bucht | 412

Lübeck (S. 450) ist ein architektonisches Kleinod, unzählige historische Häuser stehen in der Altstadt. Die alte Hansestadt bietet viel Kultur und hat drei Nobelpreisträger hervorgebracht, jedem ist ein eigenes Museum gewidmet. Das Lübecker Marzipan ist ja sowieso ein „Muss!".

In der Lübecker Bucht gibt es eine Vielzahl von Ferienorten. **Timmendorfer Strand (S. 437)** hat den Ruf eines „besseren" Seebades, auch in **Travemünde (S. 442)** trafen sich lange Zeit illustre Gäste im ehemaligen Spielcasino. Die meisten Orte sind aber eher familiär geprägt. Viele wurden aufgehübscht, haben eine Promenade wie **Scharbeutz (S. 434)** oder man baute eine futuristische Seebrücke wie in **Kellenhusen (S. 419).**

13 Herzogtum Lauenburg und Stormarn | 472

Der Südzipfel des Landes zeigt sich mit tiefen Wäldern, sanften Hügeln und dem Elbstrom, der Städte wie etwa **Lauenburg (S. 488)** seit Jahrhunderten prägt. Im Hinterland gibt es historische Pracht zu bestaunen, in **Ahrensburg (S. 495)** und **Reinbek (S. 492)** mit Schlössern, in **Ratzeburg (S. 476)** mit einem Dom und in **Mölln (S. 481)** mit einer eindrucksvollen Kirche. Spannende Museen erinnern an mächtige Männer (*Otto von Bismarck* in **Friedrichsruh, S. 493**), an geistreiche (*A. Paul Weber* in Ratzeburg) und pfiffige (*Till Eulenspiegel* in Mölln). In Friedrichsruh kann man zudem den **Schmetterlingsgarten (S. 494)** bewundern.

14 Ausflüge nach Dänemark | 498

Per Ausflug über die Grenze zum dänischen Nachbarn gelangt man in eine andere Welt – sie ist klein, gemütlich und bietet erstaunliche Ansichten. Die Kleinstadt **Tønder (S. 501),** grenznah gelegen, zählt mit ihrem zauberhaften innerstädtischen Häuserensemble zu den ältesten Städten Dänemarks. Nicht weit von ihr entfernt liegt **Løgumkloster (S. 503),** ein Zisterzienserkloster aus dem 12. Jh. Unmittelbar vor dem Damm zur Insel Rømø liegt **Hjemsted (S. 505),** wo Schwindelfreie direkt am Strand ein spektakulärer Aussichtsturm erwartet. **Rømø (S. 505)** ist das ruhige Pendant zur mondänen Insel Sylt. Leicht erreichbar über einen Autodamm und gesegnet mit einem kilometerbreiten Strand sowie einigen hübschen Dörflein. Und dann ist da noch **Ribe (S. 509)!** Diese Stadt ist eine der schönsten Dänemarks und die älteste des Landes.

Reiserouten und Touren

Ein Kurztrip nach Schleswig-Holstein

Wer nur ein paar Tage zur Verfügung hat, sollte sich vielleicht auf eine **Region** festlegen, also entweder **Nordsee** oder **Ostsee.**

Nordsee

Bei einem Kurztrip an die Nordsee empfiehlt es sich, nach **St. Peter-Ording** zu fahren. Der Ort glänzt mit einem 12 km langen und (bei Ebbe) mehrere Kilometer breiten Sandstrand, etwas Vergleichbares gibt es im ganzen übrigen Bundesland nicht.

Außerdem liegen hier im Hinterland auf der **Halbinsel Eiderstedt** zahlreiche kleine, charmante Dörfer, in fast jedem steht eine beeindruckende Kirche und werkeln Kunsthandwerker oder locken Cafés und Hofläden.

Noch etwas weiter im Hinterland liegen zwei spannende Städte: **Friedrichstadt** und **Husum.** Friedrichstadt, genannt die „Holländerstadt", ist geprägt von zahlreichen schönen Giebelhäusern und durchzogen von Wasserkanälen, fast wie in Holland. Husum, Heimat des Dichters *Theodor Storm* („Der Schimmelreiter"), hat eine charmante Hafenmeile, viele kleine Geschäfte und Lokale, ein Schloss, mehrere Museen und hält natürlich die Erinnerung an *Theodor Storm* lebendig, auch in einem eigens für ihn ausgestatteten Museum.

Ostsee

Hier wird es schon schwieriger, zu unterschiedlich sind die einzelnen Regionen. An der Hamburg nahen **Lübecker Bucht** reihen sich mehrere kleine Orte auf, alle haben einen schönen Sandstrand und sind auf Badegäste eingestellt. Sie liegen so dicht beieinander, dass man von einem zum anderen auch zu Fuß gehen und so die Unterschiede hautnah aufnehmen kann. **Travemünde** gilt als mondän, **Timmendorf** als schick, **Sierksdorf** ist familiär, und **Niendorf** hat noch einen recht urigen Fischerhafen. Aber egal, welcher Ort gewählt wird, ein Besuch von **Lübeck** ist quasi Pflicht.

Wer es etwas ruhiger möchte, sollte ganz nach oben fahren in die **Schleiregion** zwischen Schleswig und Kappeln. Die Schlei ist ein 40 km ins Land ragender Ostseefjord, an dem etliche schmucke Dörfer liegen, und zu den Ostseestränden mit ihren ebenfalls kleinen Orten ist es auch nicht allzu weit.

Längere Rundreise (ca. 7–10 Tage)

Wer mehr Zeit hat, kann und sollte **beide Küsten** besuchen und auch einen Abstecher ins **mittlere Schleswig-Holstein** machen.

Auch hier könnte man **an der Nordsee starten** und neben **St. Peter-Ording** mit seinem sagenhaften Strand noch als Kontrastprogramm **Büsum** besuchen, den zweitgrößten Ferienort dieser Küste. Er ist geprägt von einem „grünen Strand". Da es keinen nennenswerten Sandstrand gibt, sonnen sich die Urlauber am Deich und Deichvorland. In Büsum gibt es, genau wie in St. Peter-Ording, Campingplätze und einige sehr individuelle, teils neue Hotels.

Auch bei dieser Rundreise sollte ein Besuch der „Holländerstadt" **Friedrichstadt** nicht fehlen, genauso wenig wie eine Visite von **Husum.**

Von Husum ist es nur eine kurze Fahrt hinüber nach **Schleswig,** einer Kleinstadt am Ende des 40 km langen Ostseefjords Schlei. Schleswig bietet so einiges, darunter das Wikingermuseum *Haithabu,* das große Landesmuseum im Schloss Gottorf, einen Dom mit dem möglicherweise prächtigsten Schnitzaltar sowie eine sehr nette Fischer- und Hafensiedlung.

Von Schleswig aus kann man noch die schönen **Dörfer entlang der Schlei** besuchen und dann weiter nach Süden reisen zur Landeshauptstadt **Kiel** oder zur zentral im Bundesland gelegenen Stadt Rendsburg. Kiel ist die größte Stadt in Schleswig-Holstein, hat aber nur wenige klassische Sehenswürdigkeiten, denn die Stadt wurde im Krieg schwer zerbombt. Sie hat aber eine einzigartige Lage direkt am Meer mit einer kilometerlangen Promenade, ein sowohl studentisches als auch sportiv-maritimes Flair.

In **Rendsburg** steht eines der beeindruckendsten technischen Denkmäler des Bundeslandes – eine Eisenbahnhochbrücke, die in einer weit geschwungenen Schleife oberhalb der halben Stadt den Nord-Ostsee-Kanal quert. Neben „Schiffe-Gucken" auf diesem Kanal findet in Büdesdorf bei Rendsburg im Sommer eine der bedeutendsten Ausstellungen zur modernen Kunst statt, die *Nord-Art.* Außerdem gibt es hier ein eindrucksvolles Jüdisches Museum.

Von beiden Stränden erreicht man rasch die Strände der Lübecker Bucht, passiert aber vorher die **Holsteinische Schweiz,** eine schöne Hügel- und Seenlandschaft. Dort lassen sich weitere kleine, aber ungemein schmucke Städte besuchen wie **Plön, Eutin** oder **Malente.**

Die **Lübecker Bucht** lockt mit schönen Stränden und Ferienorten, die alle ihren ureigenen Reiz haben. Ein Besuch in der alten Hansestadt **Lübeck** rundet diese Rundreise perfekt ab.

Große Rundreise Schleswig-Holstein (ca. 2–3 Wochen)

Wer viel Zeit und keine Eile hat, kann bei seiner Rundreise auch einige abseitige Gegenden besuchen. So ließen sich bei einer Rundreise, die an der **Nordsee** beginnen soll, auch noch die nahe **Hamburg** liegenden **Elbmarschen** erkunden. Hier findet man kleine Dörfer, geprägt vom bäuerlichen Leben und nicht vom Tourismus, kleine Städte mit einem knuffigen Kern wie **Glückstadt** und Naturgärten wie in **Uetersen** (das *Rosarium*) oder in **Ellerhoop** (ein einzigartiges Arboretum).

Die Nordseeküste wird bei **Brunsbüttel** erreicht, wo auch der Nord-Ostsee-Kanal ins Meer mündet und man die gewaltigen Schleusenkammern und damit auch die noch gewaltigeren Schiffe aus nächster Nähe bestaunen kann.

Weiter nach Norden geht es in die beliebten Ferienorte **Büsum** und **St. Peter-Ording** mit seinem einzigartigen 12 km langen Sandstrand.

Im Hinterland liegt die schöne „Holländerstadt" **Friedrichstadt** mit ihren Kirchen, Giebelhäusern und Grachten sowie die Theodor-Storm-Stadt **Husum** mit ihrem Schloss, einigen Museen und dem Hafen.

Nördlich von Husum öffnet sich die Weite von **Nordfriesland,** die der Maler *Emil Nolde* in seinen Bildern eingefangen hat. In dieser rauen Einsamkeit spielt auch der Roman „Deutschstunde", in dem Autor *Siegfried Lenz* von einem Maler erzählt, den in der friesischen Einsamkeit ein von den Nazis verhängtes Malverbot ereilte, welches der „nördlichste Polizeiposten Deutschlands" überwachen sollte.

Nächste Station ist **Flensburg,** die „dänischste Stadt Deutschlands". Sehr entspannt schlendert man hier durch die Fußgängerzone, findet kleine Lokale, Hinterhöfe, Geschäfte und eine sehr nette Hafenmeile sowie immer wieder Anklänge ans Nachbarland Dänemark (z.B. dänische Lakritz und dänisches Gebäck).

Von Flensburg sollte man dann noch ein wenig entlang der **Flensburger Förde** oder der **Schlei** bummeln. Es ist eine hügelige, liebliche Landschaft, schöne Dörfer liegen hier überall, Strände und kleine Häfen gibt es ebenfalls. Mit **Kappeln** liegt ein sehr nettes Städtchen an der Schlei am Weg. Gleich in der Nähe will **Arnis** als kleinste Stadt Deutschlands besucht werden, und auf der anderen Schlei-Seite steht mit **Sieseby** ein ganzes Dorf unter Reet- und Denkmalschutz. **Schleswig** liegt am Endpunkt der Schlei und hat das Wikingermuseum *Haithabu,* im Schloss Gottorf das Landesmuseum sowie ein uriges Fischerviertel und eine kleine Hafenmeile.

Von hier nach Süden gefahren bieten sich weitere Stadtbesuche an, z.B. in der Landeshauptstadt **Kiel** mit seiner maritimen Flaniermeile oder in **Eckernförde** mit seinem charmanten Ortskern und Hafen, vielleicht auch in **Rendsburg** mit seiner einzigartigen Eisenbahnhochbrücke, dem direkten Blick auf die Schiffe im Nord-Ostsee-Kanal und nicht zuletzt mit seiner spannenden Ausstellung zur modernen Kunst, der *NordArt* (alljährlich im Sommer).

Weiter geht es zu den schönen **Ostseestränden,** zunächst die weniger besuchten an der **Hohwachter Bucht,** später dann die stark frequentierten Ferienorte an der **Lübecker Bucht,** wo man überall feine, hellsandige Stände findet.

Vielleicht sollte man aber vorher noch einen Abstecher in die **Holsteinische Schweiz** machen, eine liebliche Hügel- und Seenlandschaft. Dort liegen Städte wie **Plön** mit seinem sehr schönen Schloss, **Eutin** und **Preetz.**

Lübeck als schönste Stadt des Landes darf nicht unbesucht bleiben. Von hier könnte man direkt nach **Hamburg** fahren und die Rundreise durch Schleswig-Holstein beenden, aber am Wegesrand liegen noch ein paar Kleinode in **Stormarn** und im **Herzogtum Lauenburg,** wie das schöne Schloss von **Ahrensburg** oder in **Ratzeburg** ein mächtiger Dom. Im schmucken Städtchen **Mölln** gedenkt man des bekannten Schalks *Till Eulenspiegel,* in **Friedrichsruh** des Eisernen Kanzlers *Otto von Bismarck,* wo sich zudem ein bezaubernder Schmetterlingsgarten befindet. In **Lauenburg** staunt man über die mächtige Elbe.

Auch per Drahtesel lässt sich in Schleswig-Holstein so manche schöne Tour machen

790sc-ms

Winterzeit
Zwischen November und Ende Februar sind viele Lokale und Quartiere geschlossen, die Betreiber machen selbst Urlaub oder renovieren ihre Ferienwohnungen. Ausnahme: Ab dem ersten Weihnachtstag wird es für knapp zwei Wochen noch einmal recht voll.

Lammtage
Vor allem entlang der Nordseeküste werden im April Lämmer geschlachtet, die meisten Lokale bieten dann Lammbraten an.

Kieler Woche
In Kiel findet dieses größte Fest des Nordens statt, immer in der letzten vollständigen Juni-Woche.

Rapsblüte
Im Mai blüht der Raps, die Landschaft zieht sich ein gelbes Kleid an. Ein zauberhaftes Bild und zugleich ein Touristenmagnet, auch für viele Tagesgäste.

JAN | FEB | MÄR | APR | MAI | JUN

Farbenpracht im März
In Husum blühen im März im Schlossgarten Millionen von lilafarbenen Krokussen, was alljährlich Tausende anlockt.

Biikebrennen – Nationalfest der Nordfriesen
Am 21. Februar brennen am Abend überall in Nordfriesland Holzstapel, die den Winter vertreiben sollen. Früher verabschiedete man so die Seeleute, die am nächsten Tag in See stachen.

Ostern
Die touristische Saison beginnt mit den Osterferien, die Urlaubsquartiere an den Küsten füllen sich. Überall an der Küste brennen Osterfeuer.

Schleswig-Holstein Musik Festival
Im Juni beginnt das knapp zweimonatige Festival mit Konzerten in vielen kleinen Orten in Kirchen, Reitställen u.ä. ungewöhnlichen Spielstätten.

Winterzeit
Zwischen November und Ende Februar sind viele Lokale und Quartiere geschlossen, die Betreiber machen selbst Urlaub oder renovieren ihre Ferienwohnungen. Ausnahme: Ab dem ersten Weihnachtstag wird es für knapp zwei Wochen noch einmal recht voll.

Wacken
Anfang des Monats findet in dem kleinen Ort Wacken eines der größten Heavy-Metal-Festivals weltweit statt.

NordArt
Bei Rendsburg findet ab Juni bis Mitte Oktober eine der größten Ausstellungen zur zeitgenössischen Kunst in Europa statt.

JUL | AUG | SEP | OKT | NOV | DEZ

Hochsaison
In Juli und August, sobald die Sommerferien beginnen, kommen die Urlauber, alle Ferienorte füllen sich, Quartiere sind

Travemünder Woche
Im Juli findet in Travemünde dieses große Segelsport-Event statt.

Herbstferien
Die Herbstferien im Oktober setzen den Schlusspunkt der Urlaubssaison. Noch einmal kommen viele Gäste an Nord- und Ostsee.

LEGENDE

- Winter
- Frühling/Herbst
- Sommer

Fünf besondere Orte

900sc hj

Kalifornien an der Ostsee | 391

Kalifornien liegt an der Ostsee. Feine Sandstrände hat es dort, fast wie beim berühmten Vorbild, und lässig leben kann man hier ebenfalls. Nur das mit dem Dauer-Sonnenschein ist dann vielleicht doch etwas anders. Dieses Kalifornien ist ziemlich klein und entstand aus ein paar Schiffsplanken, aus denen sich ein Fischer einst seine Hütte zimmerte. Auf einer stand zufällig der Name „California" – so werden Berühmtheiten geboren.

901sc hj

Mit zwei Beinen in zwei Ländern | 179

Wer möchte nicht mal Weltenbummler sein? Vielleicht mit einem Bein in dem einen Land, mit dem anderen Bein im anderen Land stehen? Hoch im Norden in Rosenkranz ist das möglich. Die Grenze zu Dänemark verläuft nämlich genau mittig auf einer Straße, die das deutsche Rosenkranz mit dem dänischen Rudbøl verbindet. Rechts der Straße liegt Deutschland, links Dänemark.

902sc hj

Tiefste Landstelle Deutschlands | 53

Hohe Gipfel haben viele Orte, aber wo liegt der Tiefpunkt oder die tiefste Landstelle Deutschlands? Antwort: In der Wilstermarsch in Neuendorf-Sachsenbande. Genau dort senkt sich das Land ab auf exakt 3,45 m unter Normalnull. Hier liegt sie, die geografisch tiefste Stelle in Deutschland. Ein hoher Pfahl mit Landesfahne markiert die Stelle und zeigt außerdem die Pegelstände früherer Sturmfluten an.

903sc hj

Arnis, die kleinste Stadt Deutschlands | 244

Die größte deutsche Stadt ist Berlin, aber wo liegt die kleinste? In Schleswig-Holstein. Arnis, so heißt die schmucke Kleine, hat rund 300 Einwohner, eine Hauptstraße, eine Kirche, mehrere Lokale. Außerdem hat sie ganz viel maritimes Flair, denn Arnis liegt an der Schlei und ist insgesamt von drei Seiten mit Wasser umgeben. Kein Wunder, dass es drei Segelvereine gibt und sogar eine eigene Fähre.

924sc hj

Holländerstadt Friedrichstadt | 135

Die „Holländerstadt" wird dieser schöne Ort auch genannt, der 1621 von holländischen Einwanderern gegründet wurde. Die bauten ein zauberhaftes Städtchen nach holländischem Vorbild mit Grachten, Brücken und schmucken Giebelhäusern. Kunstvolle Hausmarken schmücken die Häuser, verweisen durch ihre Darstellung auf die jeweiligen Besitzer. Ein sehr entschleunigter Ort, einzigartig in Schleswig-Holstein.

Fünf Entdeckungstouren

Gottorfer Riesenglobus | 256

802sc-mux

Eine Reise durchs Universum machen, ohne sich zu bewegen – das ist möglich in Schleswig. Im Barockgarten hinter Schloss Gottorf steht in einem Haus ein gut 3 m großer, begehbarer Globus. Er zeigt innen einen figürlich ausgeschmückten Sternenhimmel nach dem Wissensstand des 17. Jahrhunderts. Besucher nehmen auf einer Bank im Inneren Platz. Der Globus selbst dreht sich, und so „reist" man flott durchs Universum.

Tauchgondel Grömitz | 421

803sc-fr

Einmal abtauchen und die Ostsee unterhalb der Wasseroberfläche erkunden, aber ohne nass zu werden, das geht in Grömitz. Dort steht am Ende einer knapp 400 m langen Seebrücke eine Tauchgondel, die sich ein paar Meter unter die Wasseroberfläche absenkt. Dort unten am Meeresgrund erforschen dann die „Taucher" durch Fenster den Unterwasser-Lebensraum Ostsee.

Silo Climbing auf Fehmarn | 410

906sc sm

Hoch hinaus klettern an einer freien Wand, das kann man am Hafen von Burg auf der Ostseeinsel Fehmarn. Dort steht ein 40 m hoher Silo, an dessen Außenseite Klettergriffe befestigt sind, an denen sich mutige *Free-Climber* hochhangeln können. Gesichert durch Leinen und immer auch durch eine zweite Person.

Bräutigamseiche Eutin | 384

907sc sm

Ein Baum als Briefkasten, ganz regulär sogar mit eigener postalischer Adresse. Ein Postbote bringt regelmäßig Briefe und Postkarten und legt diese Sendungen in einem Astloch ab. Jedermann kann nachschauen und die Post lesen, das Briefgeheimnis ist aufgehoben. Wer will, antwortet, sogar Ehen haben sich auf diesem Wege schon angebahnt.

Kleinste Fähre Deutschlands | 38

908sc sm

„Fährmann, hol över!" heißt es am schmalen Fluss Krückau zwischen Seester und Kronsnest, unweit von Glückstadt. Eine Mini-Fähre, die nur eine Handvoll Radler und Fußgänger befördern kann, verbindet die beiden Ufer, die etwa 30 m auseinander liegen. Ein Fährmann „wriggt" das Boot hin und her, und das Ganze gilt als die kleinste Fähre Deutschlands.

Fünf interessante Museumsdörfer

909sc sm

Wikinger-Museum Haithabu | 262

Auf zu den wilden Nordmännern, auf nach Haithabu. Heute ist der Ort ein Museum mit originalgetreu nachgebauten Wikinger-Häusern, früher lag hier eine der wichtigsten Wikinger-Siedlungen Nordeuropas. Viele Fundstücke sind im Museum ausgestellt, darunter auch ein Wikingerschiff in Originalgröße. Tiefe Einblicke erhält man in dem gut gemachten Museum über das Leben und Wirken der nicht nur kriegerischen Nordmänner.

910sc sm

Landschaftsmuseum Angeln/Unewatt | 227

Ganz im Norden, unweit der Flensburger Förde, liegt das kleine Dorf Unewatt, das, nach einem neuen Konzept, zugleich ein Landschaftsmuseum ist. Fünf historische, landwirtschaftliche Gebäude früherer Jahrhunderte sind hier ausgestellt, hübsch verteilt und zugleich integriert in das Dorf. So sind Vergangenheit und Gegenwart zusammengebracht, das Museum lebendiger Teil des Dorflebens.

741sc ms

Freilichtmuseum Molfsee | 306

Eine einzigartige Sammlung von 70 historischen Häusern aus ganz Schleswig-Holstein steht hier. Diese wurden von ihren Heimatorten her transportiert und originalgetreu wieder aufgebaut. Es gibt Bauernhäuser, Scheunen, Mühlen und kleine Handwerkshäuschen, sogar eine Apotheke mit Kräutergarten, und auch eine alte Schule darf nicht fehlen. Selbst ein Jahrmarkt mit Schiffsschaukel für Kinder gehört zum Museum.

912sc sm

Wallmuseum Oldenburg | 401

Slawische Stämme kamen im 7. Jh. ins östliche Schleswig-Holstein und siedelten nahe Oldenburg. Dort wird diese Zeit in einem Museum gewürdigt. Es zeigt das Leben und Wirken der Slawen in einer Ausstellung, die sich in einer Reetdachscheune befindet. Im Außenbereich am See ist sogar eine ganze slawische Siedlung mit Häusern, Werkstätten und auch einem Bootssteg nachgebaut, an dem historische Boote dümpeln.

913sc sm

Steinzeitpark Dithmarschen | 90

Viel weiter zurück kann man geschichtlich nicht reisen in Schleswig-Holstein: In Albersdorf fand man steinzeitliche Großgräber und baute dort ein Steinzeitdorf mit 14 Häusern nach, das die Zeit von vor 5000 Jahren thematisiert. Obendrein gibt es einen nachgebauten, begehbaren Grabhügel, der die Bestattungsriten erklärt. Wer möchte, kann sich sogar in steinzeitlichen Aktivitäten versuchen, u.a. im Steineschleppen.

Fünf Orte zum Schiffegucken

804sc-fr

Großsegler Passat | 445

Einer der letzten Großsegler ist die Viermastbark *Passat*. Heute liegt sie im Hafen von Travemünde an der Ostsee, früher segelte sie über alle Weltmeere. Ein Rundgang über das Schiff lässt einen über die engen Kojen staunen sowie über die vielen Taue und Segel und die gewaltige Ruderanlage. Man bekommt großen Respekt vor der hier fast schon körperlich spürbaren, harten seemännischen Arbeit.

915sc sm

Kieler Hafen | 297

Alt und neu, klein und riesig liegen im Kieler Hafen dicht beisammen. Im Hafenbecken an der Hörn dümpeln Traditionssegler, jedes Boot mit ureigenem Charme und maritimer Geschichte. Gleich gegenüber befindet sich das genaue Gegenteil: hochhausgroße Fährschiffe, die täglich vom Hafen nahe der Kieler Innenstadt hoch nach Oslo und Göteborg fahren – jedes für sich ein gigantischer Anblick!

916sc hj

Flensburger Museumshafen | 215

Im Hafen von Flensburg lebt die Tradition, denn dort liegen etwa 20 alte Holzschiffe am Kai. Richtig schick sehen sie aus, wie sie dicht gedrängt sanft im Wasser auf und ab schwanken, ein optisches Fest, nicht nur für seglerische Augen. Und nebenan werkeln auf einer Museumswerft Bootsbauer in einer Musterwerkstatt an Schiffen, ganz so wie früher.

917sc hj

U-Boot in Laboe | 310

Ein wenig wirkt es wie gestrandet, das U-Boot U-995, das am Strand von Laboe liegt und noch im 2. Weltkrieg auf Feindfahrt ging. Besucher können durch das 67 m lange U-Boot gehen und müssen dabei auch durch zwei enge Schotts steigen. Überhaupt ist alles dort drinnen ziemlich eng, dies ist der beherrschende Eindruck – neben dem Staunen über die komplexe Technik an Bord.

918sc sm

Kanalschleusen Brunsbüttel | 63

Hier müssen sie alle durch: stolze Kreuzfahrer, bauchige Frachter, dicke Pötte, kleine Segler. Sie alle passieren die Kanalschleusen in Brunsbüttel und schippern dann durch den Nord-Ostsee-Kanal Richtung Kiel, auf dem Weg von der Nord- in die Ostsee. Wunderbar kann man diesem Spektakel von einer Aussichtsplattform zuschauen oder ganz entspannt von der Terrasse des dortigen Lokals aus.

006sc fr

1 Elbmarschen

» Ein weites Land mit schweren, aber fruchtbaren Böden, in dem stolze Bauern imposante Gutshöfe errichteten, die noch heute die Gegend prägen. Ein dänischer König baute sich sogar eine ganze Stadt, „die glücklich werden sollte". Schmucke Kirchen stehen in kleinen Dörfern, und auf dem Elbdeich spürt man einen Hauch von Fernweh, wenn sich „dicke Pötte" vorbeischieben und auf große Fahrt gehen.

‹ Radeln am Elbdeich

HISTORISCHES BAUERNLAND

Die *Holsteinischen Elbmarschen* sind ein fruchtbares Stück Land vor den Toren Hamburgs, das sich entlang der Unterelbe bis zum Nord-Ostsee-Kanal erstreckt. Sehr schöne Bauernhöfe und hübsche Dörfer mit historischen Kirchen finden sich in der stark landwirtschaftlich geprägten Region. Die *Städte im Hinterland* blicken teilweise auf eine lange Geschichte zurück und warten mit sehenswerten Bauwerken oder prächtigen Naturgärten auf.

NICHT VERPASSEN!

- Den Kreuzfahrtriesen beim Einlaufen zusehen – an der **Schiffsbegrüßungsanlage in Wedel** | 31
- Natur- und Kulturraum der Marschlandschaft im **Elbmarschenhaus Haseldorf** | 35
- 109 Bäume pro Reihe – **Lindenallee in Seestermühe** | 37
- Die kleinste Fähre Deutschlands – mit dem **Holzboot über die Krückau** | 38
- Pfingstrosen und Lotusteich im **Arboretum Ellerhoop** | 41

Diese Tipps erkennt man an der gelben Markierung.

Elbmarschen (Südteil)

Überblick

Das Marschland auf beiden Seiten der **Unterelbe** ist seit jeher von bäuerlichem Leben geprägt. Es zeigt eine ganz eigenwillige, manchmal etwas herbe Natur. Die Holsteinischen Elbmarschen umfassen ein Gebiet nördlich des Flusses, das etwa von Wedel bis Brunsbüttel in Dithmarschen reicht. Kennzeichnend ist hier neben der Getreide- und Kohlanpflanzung eine weit verbreitete Viehhaltung, außerdem gibt es große Obstanbaugebiete. In Schleswig-Holstein werden die Elbmarschen regional unterschieden in die **Haseldorfer Marsch** (bei Wedel), die **Seestermüher Marsch** (bei Elmshorn), die **Kremper Marsch** (bei Itzehoe) und die **Wilster Marsch** (zwischen Glückstadt und Itzehoe).

Das Land ist generell flach, es liegt weitgehend auf Meeresniveau und eignet sich daher hervorragend zum **Radfahren.** Allerdings fließen mehrere Flüsse quer durch das Gebiet, die alle in die Elbe münden. Sie können nur an wenigen Stellen gequert werden, da sich Brücken meist nur in den größeren Städten befinden. Ausnahmen sind die Sperrwerke an der jeweiligen Mündung, die aber nicht immer geschlossen sind, und die beiden kleinen Fähren über die Krückau und die Stör.

Wedel

Die 32.000-Einwohner-Stadt liegt ganz nahe bei Hamburg, gehört aber schon zu Schleswig-Holstein. Damit darüber kein Zweifel aufkam, führte Wedel viele Jahre den Zusatz „Holstein“ im Namen. Seit 1993 wird darauf verzichtet. Die charmante Stadt an der Unterelbe wurde 1212 erstmals erwähnt und hat eine einzigartige Sehenswürdigkeit zu bieten, die Schiffsbegrüßungsanlage.

Wahrzeichen des Ortes ist der **Roland,** die farbenfrohe Skulptur eines Ritters mit erhobenem Schwert als Symbol der Freiheit einer Stadt mit Marktrecht. Die Figur steht seit 1558 auf dem Marktplatz, musste allerdings mehrmals renoviert werden.

Unter dem Schutz des Rolands wird seit dem 15. Jh. der **Ochsenmarkt** abgehalten. Seit dieser Zeit kommen jedes Jahr im Frühjahr Viehherden aus dem dänischen Jütland nach Wedel, wo sie verkauft und über die Elbe verschifft werden. Aus der ehemaligen Strecke des **Viehtrecks** ist heute ein beliebter Fernradwanderweg geworden, der **Ochsenweg.** Bis Mitte des letzten Jahrhunderts trieb man die Tiere durch die Straßen der Stadt, heute bringen die Bauern sie per LKW und Hänger. Neben Rindvieh werden auch Pferde gehandelt. Der Verkauf wird nach Alter-Väter-Sitte mit dreifachem Handschlag besiegelt. Der Ochsenmarkt ist heute in ein mehrtägiges **Volksfest** Ende April eingebunden.

[>] Der Roland auf dem Wedeler Marktplatz steht für das alte Marktrecht der Stadt

Sehenswertes

Ernst-Barlach-Museum

Ernst Barlach wurde am 2. Januar 1870 in Wedel geboren. Seit 1987 ist in seinem Geburtshaus mitten im Ortskern ein Museum eingerichtet, in dem **Skulpturen, Zeichnungen und Holzschnitte** des Künstlers ausgestellt sind. Auch sein literarisches Werk wird präsentiert. Außerdem finden hier regelmäßig **Ausstellungen zur modernen Kunst** mit ganz anderen Themenschwerpunkten statt. Wer gezielt *Barlach*-Werke sehen will, sollte sich vorher über die laufende Ausstellung informieren.

■ **Ernst-Barlach-Museum,** Mühlenstr. 1, Tel. 91 82 91, www.ernst-barlach.de, Di–So 11–18 Uhr, Eintritt 10 €, erm. 8 €.

805sc-fr

007sc mf

Stadtmuseum Wedel

Das kleine Heimatmuseum ist im **ehemaligen Schulhaus** von 1829 untergebracht. Es zeigt die stadtgeschichtliche Entwicklung und das Alltagsleben in Wedel im Laufe der Zeit, u.a. anhand von historischen Wohnformen. Weiterhin wird traditionelles **Handwerk der Elbmarschen** vorgestellt, so die Bandreißerei, bei der Faßreifen aus Weidenholz hergestellt wurden, und die Produktion von Seilen und Tauwerk, Reepschlägerei genannt. Auch die neuere Ortsgeschichte inklusive der Nazi-Zeit wird nicht ausgespart.

■ **Stadtmuseum Wedel,** Küsterstr. 5, Tel. 132 02, http://stadtmuseum.wedel.de, Fr–Sa 14–17, So 11–17 Uhr, Eintritt frei.

Schiffsbegrüßungsanlage

Alle Schiffe, die über die Elbe zum Hamburger Hafen fahren, kommen am **Schulauer Fährhaus** vorbei. An diesem Lokal werden seit 1952 alle passierenden Schiffe begrüßt und verabschiedet. Das sogenannte **Willkomm-Höft** geht auf eine Privatinitiative zurück. Ein Gerüst mit Lautsprechern und ein 40 m hoher **Fahnenmast** wurden hier aufgebaut. Daran wehen die Flaggen von Hamburg, Deutschland, Schleswig-Holstein und die Signalflagge U W („Good Luck“ bzw. „Gute Reise“). Nähert sich ein Schiff, erschallt: „Willkommen in Hamburg, wir freuen uns, Sie im Hamburger Hafen begrüßen zu dürfen.“ Dazu wird die Nationalhymne des Landes gespielt, unter dessen Flagge das Schiff fährt, und die Hamburger Flagge zum Gruß „gedippt“, also einmal kurz gesenkt. Verlässt ein Schiff Hamburg, wird es auf ähnliche Weise verabschiedet. Der Begrüßungskapitän, der das Zeremoniell aus einer Kabine am Schulauer Fährhaus steuert, gibt danach über **Lautsprecher** ein paar Erklärungen zu dem Schiff an die Restaurantgäste. Er hat Infos zu über 18.000 Schiffen und insgesamt 152 Nationalhymnen gespeichert. Etwa 50 große Schiffe werden so jeden Tag willkommen geheißen oder verabschiedet, die vielen kleinen durch Dippen der Flagge kurz gegrüßt.

Diese nette Geste wird täglich zwischen 11.30 Uhr und Sonnenuntergang zelebriert. Besucher können also gemütlich auf der Terrasse des Lokals sitzen, den Schiffen auf der Elbe zugucken und obendrein einige Infos aufnehmen. Die Ankunfts- und Abfahrtszeiten der großen **Kreuzfahrtschiffe** werden stets aktuell auf der Website bekanntgegeben.

- **Schulauer Fährhaus,** Parnaßstraße 29, Tel. 920 00, www.schulauer-faehrhaus.de, tägl. ab 11.30 Uhr, So Frühstücksbüfett 9.30–12 Uhr. Ab Bahnhof Wedel mit Bus 189 bis „Elbstraße".

Praktische Tipps

Info

- **PLZ:** 22880
- **Vorwahl:** 04103
- **Einwohner:** 33.500
- **Touristinformation:** *Wedel Marketing,* Rathausplatz 3–5, Tel. 70 77 07.
- **Internet:** www.wedel.de

Unterkunft

- **Hotel Diamant**④, Schulstr. 2, Tel. 70 26 00, www.hoteldiamant.de. Zentral gelegenes Haus beim Mühlenteich, kaum 5 Min. Fußweg von der S-Bahnstation nach Hamburg entfernt, 39 zweckmäßig eingerichtete Zimmer, WLAN.

Camping

- **WoMo-Stellplatz:** Am Freibad 1, Ecke Schulauer Straße, 22880 Wedel, Tel. 70 70. Momentan gibt es 40 Plätze gegenüber der örtlichen Badebucht. Wagen können max. drei Tage bleiben. Strom und Wasser vorhanden, Abwasserentsorgung ebenfalls.

Gastronomie

- **Pane e Vino,** Am Marktplatz 3, Tel. 896 66, www.pane-vino-wedel.de, Di–So ab 17 Uhr. Italienisches Restaurant im Ortskern in einem historischen Haus aus dem Jahr 1690. Es gibt eine gute, überschaubare Karte. Zubereitet wird in einer offenen Küche, das Lokal ist rustikal-gemütlich eingerichtet.
- **Reepschlägerhaus,** Schauenburgerstraße 4, www.reepisteeketel.de, Mi–So 10–17 Uhr. Ein sehr schönes historisches Handwerkerhaus aus dem Jahr 1758, in dem früher Taue für Segelschiffe hergestellt wurden. Hier wurde eine gemütliche Teestube *(Reepis Teeketel)* mit viel Charme und historischem Ambiente eingerichtet. Es gibt Kuchen und Torten, dazu Tee, Kaffee, Wein und Bier. Auch finden hier Konzerte, Lesungen und Ausstellungen statt.
- **Scho Café,** Mühlenstr. 44, Tel. 703 35 32, www.scho-cafe.com, Di–Fr 9.30–18, Sa 10–16 Uhr. Urig-gemütliches Café, liebevoll dekoriert, die Dekostücke werden sogar verkauft. Es gibt Frühstück, Kuchen, Belgische Waffeln und italienische Gerichte.

▷ Typisches Haus in den Elbmarschen

Feste und Veranstaltungen

- **Ochsenmarkt,** im Mai, Rinder werden wie früher per Handschlag verkauft. Der Markt ist eingebettet in ein großes **Mittelalterfest.**

Haseldorfer Marsch

Die Haseldorfer Marsch gilt unter den verschiedenen Elbmarschen als die kleinste, sie liegt zwischen Wedel und dem **Fluss Pinnau.** Der Hauptort ist Haseldorf, weitere Dörfer sind Haselau und Hetlingen. Die Trennlinie zur benachbarten Seestermüher Marsch bildet die Pinnau. Eine Verbindung besteht durch die Drehbrücke Klevendeichbrücke. Es gibt noch einen zweiten Übergang beim Pinnau-Sperrwerk (aber nur zu genau festgelegten Zeiten, s.u.).

In der Haseldorfer Marsch wird Landwirtschaft betrieben, vor allem **Obstanbau.** Früher wurde hier auch in größerem Maße Reet verarbeitet. Durch die Nähe zu Hamburg haben sich hier viele Pendler angesiedelt und sich den Traum von einem Häuschen im Grünen erfüllt. Die Haseldorfer Marsch ist ein beliebtes **Naherholungsgebiet,** viele Radsportler drehen in dem flachen Terrain ihre Trainingsrunden, da relativ wenig Verkehr herrscht.

008sc-fr

009sc-fr

Haseldorf

Haseldorf ist eine kleine Gemeinde von etwa 1700 Einwohnern. Ein markantes Gebäude ist das **Herrenhaus Haseldorf** aus dem Jahr 1804, das noch heute privat bewohnt ist und nur aus der Distanz besichtigt werden kann. Der umgebende **Schlosspark** wurde bereits im späten 18. Jh. angelegt und ist großteils frei begehbar. Hier wachsen exotische Bäume aus vielen Ländern, was in der eigentlich meist baumlosen Elbmarsch (Ausnahme: Obstbäume) ungewöhnlich ist. Einige der Eichen stammen noch aus der Anfangszeit. Sehr schön ist auch die Lindenallee, die zum Gutshaus führt.

An der westlichen Seite des Parks steht die kleine **St. Gabriel-Kirche** aus dem 13. Jh. Sie ist das älteste Gebäude der Gemeinde und der bedeutendste spätromanische Backsteinbau der Elbmarschen. Ältester Kirchenschatz ist das Triumphkreuz aus dem Jahr 1310. An der Nordwand steht erhöht die Patronatsloge für den Gutsherren, sie wurde 1731 erbaut. Der Altar hat einen barocken Aufsatz mit zwei Engeln, die ein Auferstehungsbild einfassen. Die Kanzel stammt aus dem Jahr 1634. Die Kirche ist von Mai bis Oktober sonntags von 14 bis 17 Uhr zu besichtigen.

Die St. Gabriel-Kirche in Haseldorf

Elbmarschenhaus

Das Elbmarschenhaus steht an der Durchgangsstraße in Haseldorf und beherbergt eine gut gemachte Ausstellung zum **Natur- und Kulturraum** der Elbmarschen. So finden sich hier Modelle von Bauernhäusern und einer Bandreißerwerkstatt sowie ausgestopfte Tiere. Die Besiedlungsgeschichte wird erläutert und das harte Arbeitsleben gezeigt. Hinter dem Haus liegt ein Außengelände, u.a. mit einer Apfelwiese.

■ **Elbmarschenhaus,** Hauptstr. 26, 25489 Haseldorf, Tel. (04129) 95 54 90, www.elbmarschenhaus.de, So 10–16 Uhr.

Hetlingen

Hetlingen galt lange Zeit als das **Zentrum der Bandreißer,** vor allem im 19. Jh. Damals wurden Holzfässer üblicherweise durch Eisenringe und -beschläge zusammengehalten, was sich bei der Schifffahrt aber nicht bewährte, da Eisen zu schnell rostete. In der Haseldorfer Marsch fanden die Reeder mehrere Böttcher, die reißfeste **Bänder aus Weidenruten** flochten. Diese hielten die Fässer ausgezeichnet zusammen. In kurzer Zeit war die Nachfrage so groß, dass ein neues Gewerbe entstand. Noch Mitte des 20. Jh. gab es mehrere Bandreißer in Hetlingen, die den Beruf ausübten. Heute hält ein Kulturverein die Tradition am Leben und zeigt das alte Handwerk gelegentlich auf Volksfesten.

Das Gemeindewappen von Hetlingen ziert eine seltene Pflanze, die **Schachblume,** ein geschütztes Liliengewächs. Schachblumen wachsen auf Feuchtwiesen und blühen purpurfarben zwischen April und Mai in den Marschwiesen bei Hetlingen.

Carl-Zeiss-Vogelstation

Unweit von Hetlingen liegt hinter dem Elbdeich eines der größten Süßwasserwatten Mitteleuropas, in dem Tausende von **Wasservögeln** Nahrung finden.

Das Gebiet steht unter Naturschutz. Der **Nabu** hat ein **Vogelbeobachtungszentrum** eingerichtet, in dem man sich über die Region und die Tierwelt informieren und an Beobachtungsständen auch die Vögel beobachten kann.

Etwas nördlich steht vor dem Deich ein **Aussichtsturm,** von dem aus man aus etwa acht Metern Höhe über den Deich blicken kann.

■ **Carl-Zeiss-Vogelstation,** Fährmannssand, Mi, Do, Sa, So 10–16 Uhr. Auf www.hamburg.nabu.de gibt es eine detaillierte Anfahrtsbeschreibung.

Hetlinger Schanze

In der Nähe liegt ein keines Strandidyll, das als Hetlinger Schanze bekannt ist. Nach einem Überfall auf die lokalen Bauern durch schwedische Soldaten im 17. Jh. ließ der damalige König zum Schutz der Bevölkerung eine Feldschanze errichten, die auch ihren Zweck erfüllte. Die Festung ist heute verschwunden, stattdessen liegt hier ein relativ **ruhiger Strand** direkt an der Elbe, der zum Sonnenbaden genutzt werden kann. Das Baden in der Elbe ist hingegen verboten. Leider stören die riesigen Strommasten die Idylle etwas, sie sind mit 227 m (bzw. 189 m) die höchsten Europas.

Gastronomie

MEIN TIPP: **Gaststätte Fährmannssand,** Fährmannssand 1, 22880 Wedel, Tel. (04103) 23 94, https://faehrmannssand.de, Mi–So ab 11 Uhr, ein klassischer Landgasthof mit deftiger Küche und saisonalen Gerichten, kleiner Streichelzoo für Kinder.

Haselau

Haselau ist eine kleine Gemeinde unweit von Haseldorf mit einem hoch aufragenden Kirchenbau. Die **Heilig-Dreikönigskirche** stammt aus dem 13. Jh. (1251 erstmals urkundlich erwähnt) und steht auf einer Wurth, einer kleinen Erhebung, die sie vor Überschwemmungen schützt. Der Holzturm erreicht eine Höhe von 42 m und ist weithin sichtbar. Hier hängt die älteste Kirchenglocke (frühes 13. Jh.) aus dem Kreis Pinneberg. Der prächtige barocke Altaraufbau stammt aus dem 17. Jh., das Deckengemälde über dem Altarraum entstand 1685 und zeigt die Vision des *Johannis* mit dem Gottvater auf seinem Thron. Die holzgeschnitzte Kanzel stammt aus dem Jahr 1644.

Klevendeichbrücke

Die Klevendeichbrücke über die **Pinnau** verbindet die Haseldorfer Marsch mit der Seestermüher Marsch. Die 91 m lange **Drehbrücke** wurde 1887 erbaut, sie ist damit die zweitälteste Drehbrücke in Deutschland und die älteste, die noch in Betrieb ist. Heute steht sie als **Industriedenkmal** unter Schutz. Sie ist eine genietete Stahlkonstruktion und besteht aus drei Brückenbögen, nur der südliche Teil ist um 90° schwenkbar. Früher wurde sie per Handrad gedreht. Das Rad befindet sich noch am Brückengeländer, heute dreht sie sich jedoch automatisch.

Pinnau-Sperrwerk

Eine zweite Möglichkeit zum Überqueren der Pinnau bietet das Sperrwerk an der Mündung des Flusses in die Elbe. Zu festgesetzten Zeiten wird die Brücke für **Radfahrer und Fußgänger** freigegeben. Das Pinnau-Sperrwerk wurde 1968 gebaut als eines von mehreren Schutztoren entlang der Elbe, nachdem es 1962 zu einer verheerenden Sturmflut mit großen Überschwemmungen und mehreren Toten gekommen war.

■ **Pinnau-Sperrwerk,** Überquerungszeit ist jeweils für ca. 15 Minuten vom 1. Mai bis 30. September: Mo, Di, Mi stündlich 8.45–15.45 Uhr, Do stündlich 8.45–13.45 Uhr, Fr stündlich 8.45–12.45 Uhr, Sa, So, Feiertage 9–13 und 14–18 Uhr. Vom 1. Oktober bis 30. April ist die Pinnau nicht passierbar.

Gastronomie

Zwei empfehlenswerte Lokale liegen an der Pinnau nahe der Klevendeichbrücke in Neuendeich:

MEIN TIPP: **Aal-Kate,** Kuhlworth 21, 25436 Neuendeich, Tel. (04122) 22 64, https://aal-kate.de, Mi–Fr 12–15.30 und 17.30–22, Sa/So 12–22 Uhr. Ein Traditionshaus auf dem Deich der Pinnau mit Terrasse. Schwerpunkt der Küche ist Fisch in allen Variationen, auch aus eigener Räucherei, darunter mehrere Aalgerichte. Am ersten Sonntag im Monat ab 9 Uhr wird auf Vorbestellung ein „maritimes Frühstück" serviert.

■ **Schönes Leben,** Oberrecht 31, 25436 Neuendeich, Tel. (04122) 981 81 97, www.schoenes-leben.com. Küche Do, Fr 12–22, Sa/So ab 13 Uhr, So 10–14.30 Uhr Brunch. Untergebracht in einem alten Bauernhaus am Deich gibt es einen Mittagstisch, saisonale und regionale Gerichte sowie vegetarische und vegane Speisen.

Seestermüher Marsch

Die Seestermüher Marsch mit dem Hauptort **Seestermühe** liegt zwischen den Flüssen Pinnau und Krückau. Der Ort wurde bereits 1141 erstmals urkundlich erwähnt. Er wird noch heute von großen Bauernhöfen geprägt, aber es haben sich auch hier viele Menschen ein Eigenheim gebaut, die entweder bis Elmshorn oder gar nach Hamburg zur Arbeit pendeln, was das Ortsbild natürlich etwas veränderte. Dennoch finden sich noch etliche schöne Katen, nicht wenige direkt am Deich. Auch dieses Gebiet ist landwirtschaftlich geprägt, neben Getreide wird Obst angebaut.

Seestermühe

Im kleinen, aber weitläufigen Ort Seestermühe steht das **Gut Seestermühe** unter hohen Bäumen (an der Ecke Schulstraße/Im Felde). Es ist noch heute in Privatbesitz und kann nicht betreten werden. Eine erste Burg entstand bereits im späten 15. Jh., im frühen 18. Jh. wurde der Gutshof umgestaltet zu seiner heutigen Form.

Frei zugänglich ist die schöne, 700 m lange, vierzeilige **Lindenallee** mit 109 Linden in jeder Reihe. An ihrem Ende steht ein kleines Teehaus, das ebenfalls privat genutzt wird. Ein kleines Heimatmuseum ist im **Göpelschauer** untergebracht, einem achteckigen Gebäude aus dem späten 19. Jh.

■ **Dorfmuseum im Göpelschauer,** Roßkamperdamm, 25371 Seestermühe, Mai bis Sept. So, Feiertage 14–17 Uhr.

Einkaufen

■ **Melkhus,** Im Esch 16, 25371 Seestermühe, Tel. (04125) 10 95. Im Ort liegt direkt am Deich das kleine *Melkhus,* das privat betrieben wird und von Ostern bis Oktober tägl. zwischen 11 und 18 Uhr Milchprodukte zum Kauf anbietet, aber auch saisonales Obst, Käseteller, Eis und Getränke. Also eine ideale Raststation für Radler.

■ **Fliesenmanufaktur,** Am Altenfelsdeich 6, 25371 Seestermühe, Tel. (04125) 95 82 22, www.fliesenmanufaktur.de, Mo–Do 8–17, Fr 8.30–14 Uhr. Handgefertigte Fliesen, selbst bemalt und glasiert, alles Unikate, die nach einem alten Rezept hergestellt werden.

Seester

In der benachbarten Gemeinde Seester steht die schöne **St.-Johannes-Kirche** leicht erhöht auf einer Warft und von hohen Linden eingefasst. Der **Glockenstuhl** befindet sich neben dem Kirchgebäude. Er stammt ursprünglich aus dem 15. Jh. und trägt noch heute zwei schwere Glocken, die ältere und größere stammt aus dem Jahr 1668. Das Innere der Kirche wird durch eine mächtige Holzbalkendecke geprägt. Der barocke Altar von 1631 ist der älteste im ganzen Kreisgebiet. Auch die Kanzel stammt aus diesem Jahr. Direkt neben der Kirche befinden sich historische Grabsteine aus dem 19. Jh. Die Kirche bildet zusammen mit den benachbarten Gebäuden (Pastorat, Kindergarten, Saalgebäude) ein Bauensemble als **Kulturdenkmal.**

■ **St.-Johannes-Kirche,** Dorfstr. 39.

Krückau-Fähre Kronsnest

Eine weitere lokale Sehenswürdigkeit ist die Fähre *Kronsnest.* Das Holzboot, das wie zu alten Zeiten per Hand „gewriggt“ wird, pendelt in der Saison zwischen Seester und Neuendorf über die Krückau. Es befördert Radler und Fußgänger und gilt als **kleinste Fähre Deutschlands.** Mit sieben Fahrgästen ist sie denn auch voll besetzt. Immer wenn die Glocke ertönt und ein Gast „Fährmann, hol över!“ ruft, geht's los. Die Fähre hat ihren Sinn, denn Radler, die zur Elbmündung wollen, ersparen sich so einen Umweg von 16 km. Bereits im Jahr 1576 wurde sie erstmals erwähnt und war bis 1968 in Betrieb. Seit 1993 pendelt sie wieder.

■ **Fähre Kronsnest,** 25335 Neuendorf, www.faehre-kronsnest.de, Betrieb 1.5.–3.10., Sa/So 9–13 und 14–18 Uhr.

Die schöne Lindenallee mit dem Teehaus beim Gut Seestermühe

010sc fr

Krückau-Sperrwerk

Wer den Fluss Krückau motorisiert überqueren will, muss bis zur Brücke in Elmshorn weiterfahren. Fußgänger und Radler können das Krückau-Sperrwerk an der Mündung in die Elbe benutzen.

■ **Krückau-Sperrwerk,** Überquerungszeit jeweils ca. 15 Minuten vom 1. Mai bis 30. September Mo–Mi stündlich 9.15–15.15 Uhr, Do stündlich 9.15– 14.15 Uhr, Fr stündlich 9.15–12.15 Uhr, Sa, So, Feiertage 9–13 und 14–18 Uhr.

Uetersen

Uetersen liegt ca. 25 km nördlich von Hamburg am Übergangsgebiet von der Elbmarsch zur Geest. Erstmals urkundlich erwähnt wurde die Stadt 1234. Aus der Marsch kommend, liegt Uetersen leicht erhöht auf dem Geestkern, was man aus der Ferne erkennen kann. Das kleine **Parkgebiet Langes Tannen** erreicht immerhin eine Höhe von 18 Metern. Touristisch interessant sind zwei schöne Parkbereiche und das historische Klosterareal.

Kloster

1234 schenkte Ritter *Heinrich II.* den Zisterziensern seinen Grundbesitz mit der Maßgabe, ein Nonnenkloster zu errichten. Der Grundstein für die erste Klosterkirche wurde 1239 gelegt. Das Klosterareal wurde in den folgenden Jahrhunderten durch weitere Schenkungen erweitert und in seiner Nähe siedelten sich Handwerker an, so entstand die kleine Siedlung Uetersen.

1555 wurde das Kloster aufgelöst (ähnlich wie in Preetz und Schleswig) und die Gebäude wurden in ein **Adeliges Damenstift** umgewandelt, in dem unverheiratete adelige Töchter leben konnten und somit versorgt waren. Das Damenstift existiert noch, allerdings wohnt niemand der eigentlich Berechtigten mehr hier (obwohl sie es könnten), die Wohnungen in den Häusern sind privat vermietet.

Erhalten sind noch einige Gebäude des ehemaligen Klosters, das schmucke Teehaus und die heute noch existierende **spätbarocke Klosterkirche** (erbaut 1747–49) mit einem recht kleinen Turm. Bemerkenswert ist im Kircheninneren der große Altar, bei dem die Kanzel in den Altaraufsatz integriert wurde, ebenso wie die Orgel. Das auffällige Deckenfresko stammt aus dem Jahr 1749 und zeigt die „Verherrlichung der Dreifaltigkeit“, es ist eines der schönsten seiner Art im ganzen Land.

Im Außenbereich und **Garten** des Klosters findet sich noch alter, hochgewachsener Baumbestand. Verschiedene Alleen mit Kastanien und Linden führen von der Stadt zum Kloster.

■ **Kloster Uetersen,** Klosterhof, Klosterkirche geöffnet So 14–16 Uhr.

Rosarium

Nahe dem Ortskern an der Wassermühlenstraße befindet sich **eines der ältesten Rosarien in Deutschland.** Schon 1908 gab es eine Rosenschau in Uetersen, das heutige Rosarium wurde 1943 eröffnet. Auf sieben Hektar Fläche sind über 30.000 Rosen (etwa 900 Sorten) zu finden. Die Rosen wachsen rund um den Mühlenteich in einem öffentlich zugänglichen Park zumeist in geometrischer Anordnung.

- **Rosarium Uetersen,** Wassermühlenstraße, www.rosarium-uetersen.de. In der Rosensaison findet zwischen Juni und Ende August jeden Sonntag um 10.30 Uhr eine kostenlose Führung statt und um 15 Uhr Konzerte, Treffpunkt für die Führung ist am *Park Hotel Rosarium.*

Langes Tannen

Langes Tannen nennt sich ein **Parkgelände** mit Wald und einer klassizistischen, von Linden umrahmten **Villa,** in der heute ein Museum untergebracht ist. Außerdem existieren noch weitere historische Gebäude wie eine **Museumsscheune** und ein Café (s.u.). Im 18. Jh. betrieb hier ein Müller namens *Jacob Lange* eine Mühle derart erfolgreich, dass er expandieren konnte und auch in Hamburg einen Betrieb hatte. Im Laufe der Jahre kamen der Park und das schicke Haus hinzu. Der Betrieb wurde 1903 eingestellt.

Die Erben überschrieben das ganze Gelände der Stadt mit der Maßgabe, hier einen öffentlichen Park zu betreiben samt Museum. Es ist eine Ausstellung des Wohninventars der Familie *Lange* und zeigt exemplarisch die **Wohnkultur einer gutbürgerlichen Familie** aus dem 19. und frühen 20. Jh.

Im Garten und Wald wachsen noch heute Eichen, Linden und Flieder, insgesamt 60 Gehölzarten.

- **Museum Langes Tannen,** Heidgrabener Str., Tel. 97 91 06, www.langes-tannen-uetersen.de, Mi, Sa/So 14–18 Uhr, Eintritt 2 €.

Praktische Tipps

Info

- **PLZ:** 25436
- **Vorwahl:** 04122
- **Einwohner:** 17.600
- **Internet:** https://uetersen.de

Unterkunft, Gastronomie

- **Parkhotel Rosarium**④, Berliner Str. 10, 25436 Uetersen, Tel. 921 80, www.parkhotel-rosarium.de. Das Viersternehotel mit 42 Zimmern hat ein Café und ein Restaurant mit schöner Terrasse. Geboten wird saisonale Küche, u.a. gibt es eine „Rosariumpfanne". Geöffnet ab 12 Uhr.
- **Café Langes Mühle,** Heidgrabener Str. 3, Tel. 90 05 67, www.cafe-langes-muehle.de, Mi, Fr–So 14–18 Uhr. Das kleine Café ist im erhaltenen achteckigen Sockel der ehemaligen Mühle untergebracht. Bei passendem Wetter kann man auch draußen im Park sitzen. Serviert werden hausgemachte Kuchen und Torten.

Mein Tipp: **Rosenhof Kruse,** Jägerstr. 35, 25436 Heidgraben, etwas außerhalb von Uetersen, Tel. (04122) 71 51 01, www.rosenhof-kruse.de, Mi–So 14–18 Uhr. Gar nicht so kleines Café mit einer fast schon verwunschenen Terrasse, die durch geschickte

Im Arboretum Ellerhoop

Bepflanzung einige stille Ecken hat, in denen man nett unter Bäumen sitzt. Weitere Plätze gibt es im Haus, an das auch ein Hofladen und eine Geschenkediele angeschlossen sind. Serviert werden große Tortenstücke oder normale, die hier „klein" genannt werden und auf jeden Fall vorzüglich schmecken.

■ **Daja Chocolate,** Kuhlenstr. 9–11, Tel. 981 68 86, www.daja-chocolate.de; Di–Sa 10–17 Uhr. Feinste Pralinen und Schokolade aus eigener Herstellung.

In der Umgebung

Arboretum Ellerhoop

Das privat betriebene Arboretum Ellerhoop liegt unweit von Tornesch, einige Kilometer nordöstlich von Uetersen. Es handelt sich um eine 17,3 Hektar große, gärtnerisch gestaltete Parkanlage, in der **Gehölze, Sträucher und Blumen** in unterschiedlichen Themenbereichen gepflegt, gezüchtet und erforscht werden. Es geht u.a. um die Entwicklungsgeschichte der Bäume, man findet aber auch ein lebensechtes Modell eines Sauriers aus dem Trias, einen geologischen Erlebnispfad und einen Bernsteingarten. Vor allem aber wächst hier eine breite Auswahl an Pflanzen, darunter ein riesiges Feld von **Strauch-Pfingstrosen.** Neben dem historischen Meisterhof entstand ein sehr schöner **Bauerngarten** mit Zier- und Nutzpflanzen. Ebenfalls hübsch ist der Teich mit Lotusblüten.

■ **Arboretum Ellerhoop,** Thiensen 4, 25373 Ellerhoop, Tel. (04120) 218, www.arboretum-ellerhoop.de, April bis Sept. 10–19 Uhr, Okt. bis März 10 Uhr bis Einbruch der Dunkelheit, 1.12. bis 15.1. geschlossen, Eintritt 9 €, ermäßigt 7,50 €, Kinder bis 16 Jahre frei, in der Nebensaison kostet der Eintritt knapp die Hälfte. Anfahrt per Bus Nr. 185 vom Bahnhof Pinneberg (S-Bahnanschluss u.a. nach Wedel). Café im Münsterhof bis Ende Okt. tägl. bis 18 Uhr geöffnet.

012sc fr

806sc-fr

Liether Kalkgrube

MEIN TIPP: Früher ein Abbaugebiet für Ton und Kalk, ist die Liether Kalkgrube heute ein **geologisches Naturschutzgebiet,** ausgezeichnet als „Nationales Geotop". Sie liegt zwischen Uetersen und Elmshorn, östlich der Gemeinde Klein Nordende.

1844 hatte man bei Bauarbeiten an der nahe vorbeiführenden Bahnlinie roten Ton entdeckt, der dann über Jahrzehnte abgebaut und in einer heute verfallenen Ziegelei zu Ziegelsteinen verarbeitet wurde. So entstand allmählich eine große, tiefe Grube, in der man später Schichten von verwittertem Kalk fand. Dieser wurde etwa ab den 1930er-Jahren ebenfalls kommerziell abgebaut und als Düngemittel genutzt.

1980 schließlich stieß man am Boden der Grube auf die verkarstete Spitze eines Salzstocks, einen sogenannten **Gipshut.** Dieser ragt heute etwa vier Meter aus der Erde heraus. Der Abbau wurde 1986 eingestellt, seit 1991 ist das Gelände geschützt. Der Gipshut ist über viele Millionen Jahre aus dem Erdinneren über sieben Kilometer hochgepresst worden, wodurch auch Gestein aus den tieferen Erdschichten mit nach oben kam und **außergewöhnliche geologische Formationen** nun freiliegen.

Barmstedt – ein Ort wie aus der Zeit gefallen

Eine leicht abfallende Rampe führt in die Grube hinein. Am Wegesrand stehen mehrere Infotafeln, die geologische Zusammenhänge erklären. Auf einem 1,7 km langen Weg am oberen Rand der Grube kann man das Gelände umrunden. Beim Betreten der Grube passiert man einen **Findlingsgarten** mit Funden aus der Elbe vor Wedel, die vor ca. 150.000 Jahren von gletscherartig fließendem Eis aus Skandinavien hergeschoben wurden.

■ **Anfahrt:** Ab der Dorfstraße in 25336 Klein Nordende, Höhe „Töwerhuus", ist die Liether Kalkgrube ausgeschildert. Ein Parkplatz am Westeingang liegt an der Straßenkreuzung Finkhorn/Langengang.

Glückstadt

Glückstadt ist eine **kleine Stadt an der Elbe** mit einem reizvollen Hafen und einem schönen Marktplatz. Der angenehme Ort hat eine interessante Geschichte, denn der dänische König *Christian IV.* ließ ihn 1617 buchstäblich auf dem

Barmstedt

Barmstedt, eine kleine Stadt im Kreis Pinneberg, mit dem netten Rantzauer See und der Schlossinsel ist heute ein beliebtes Ausflugsziel. Seit dem 14. Jh. lebten und regierten hier adelige Herrscher wie die einst fast über ganz Schleswig-Holstein herrschende Grafenfamilie der Schauenburger und später die Familie Rantzau. Sie prägten die kleine Insel auch baulich. Barmstedt war sogar zeitweise Sitz des dänischen Statthalters, bis 1867 ganz Schleswig-Holstein in den preußischen Staat eingegliedert wurde. Die meisten Gebäude, die heute noch auf der Schlossinsel stehen, stammen aus dieser Übergangszeit. Das alte Rantzau'sche Schloss wurde 1806 durch ein klassizistisches Herrenhaus ersetzt, das umgangssprachlich noch immer Schloss Rantzau genannt wird und heute in Privatbesitz ist. Weitere historische Gebäude sind die Wassermühle aus dem 19. Jh., das frühere Preußische Amtsgericht von 1863, heute Sitz des Museums der Grafschaft Rantzau, und das alte Schlossgefängnis aus dem Jahr 1863, heute ein Café (eine Zelle existiert noch und kann als Speiseplatz reserviert werden). Und sowohl in der kleinen Remise (erbaut um 1802) als auch im früheren Gerichtsschreiberhaus (1824) und in der alten Wassermühle arbeiten Künstler und Kunsthandwerker. Heute wirkt diese Schlossinsel ein wenig wie aus der Zeit gefallen, eine verwunschene kleine Idylle aus fernen Jahrhunderten, so mag es einem vorkommen, wenn man über die kurze kopfsteingepflasterte Straße und weiter über eine Brücke auf die Insel spaziert und das denkmalgeschützte Häuserensemble auf sich wirken lässt.

Anfahrt: Barmstedt liegt unweit von Elmshorn und der A 23. Der kleine Ort ist auch per Bahn über Elmshorn zu erreichen.

Kleve
Hindorf
Quickborn
Brickeln
Hamberg
Hochbrücke
Hochdonner Moor
Wacken
Heide, Husum, Sylt
Sankt Michaelisdonn
Hopen
Vortelberg
28
Buchholz
65
70
Burg
Großes Moor
Vaale
Nutteln
Draisinenbahn
Süderdonn
Friedrichshofer Au
Kuden
Burger Au
Nord-Ostsee-Kanal
Aebtissinwisch
Vaalermoor
Rahder Holz
Volsemenhusen
Dingen
Warferdonn
Kudensee
Sachsenbande
Eddelak
Ecklak
Neuendorf b.Wilster
Kleve
Norderdonn
Bütteler Kanal
53
Wilster-
Moorhusen
Ramhusen
Averlak
Ecklakerhörn
Hackeboer Wettern
Süderdonn
Sushörn
Kudensee
Nortorf
54
Landrecht
5
61
WILSTER
Landeshafen Brunsbüttel-Ostermoor
Landscheide
Schöpfmühle
BRUNSBÜTTEL
5
Kathen
Sösmenhusen
Büttel
marsch
Dammfleth
Schleuse Kasenort
Schleusenanlage
63
Elbehafen
Sankt Margarethen
Fockendorf
Wettern
55
Böschrücken
431
Beidenfleth
Seevogelschutzgebiet
Brokdorf
Baljer
Nördlicher Stelgraben
Wechtern-Außendeich
Stellenfleth-Außendeich
Osterende
Außendeich
Schöneworth-Freiburger-Außendeich
54
Balje
Krummendeich
Wewelsfleth
Hörne
Sperrwerk
Freiburg (Elbe)
ELBE
Sperrwerk
Ivenfleth
Obstmarschenweg
Neuensteden
Freiburger Schleusenfleth
Hollerdeich
Neuendeich
Krummendeicher Wettern
495
Oederquart
Wischhafener Schleusenfleth
Hamelwörden
Kajedeich
Wettern
Auto- u. Personenfähre
Hamelwördenermoor
Wischhafen
Rhinplate
Oberndorf
Land
Krautsand
Wischhafener
Neulandermoor
Isensee
Neuland
Herrenfleth
495
Dornbusch
Krautsander Binnenelbe
Ruthenstrom
Süderelbe
Altendorf
Oste
Obstmarschenweg
Störtebekerstraße
Althemmoor
Kehdingen
Theisbrügge

Agethorst
Heide
Kaisborstel
23
Mehlbek
Mühlenau
Kaaks
Drage
Hohenaspe
Peissen
Ridders
Silzen
Schieren-
wald
Lockstedt
Brunsteen
67
Hennstedt
Plessen-
holz
Huje
Burendahl
Otten-
büttel
Holsteiner
Wald
Oesche-
büttel
Tannen-
koppel
Rosdorf
Plessen-
holz
Bekau
Oldendorf
8
Itzehoe-
Nord
Die
Halloh
Rantzau
Hohenlock-
stedt
Mühlen-
barbek
332
KELLINGHUSEN
Krummen-
diek
Zwölfberge
31
Julianka
Eden-
dorf
Stroms-
teich
Schlotfeld
206
Lohbarbek
Bekdorf
Heiligen-
stedten
Bek-
münde
77
Tegelhörn
Pöns-
torf
Winseldorf
Mühlenbek
Sude
Oelixdorf
Große Au
Breiten-
berg
Wittenbergen
333
Wrist
Störderf
5
50
Zisterzienserkloster
Kratt
Kollmoor
ITZEHOE
Auufer
Stellau
Flensburg,
Kiel
Hodorf
Wellenkamp
Krons-
moor
Moordiek
Wulfsmoor
Heiligen-
stedtener-
kamp
Nordoe
Wester-
moor
Herfart
Münsterdorf
Breiten-
burg
Moordorf
Hingstheide
Itzehoe-Süd
10
Kremper-
heide
Münsterdorfer
Breitenburger Kanal
Seilzugfähre
Bahren-
fleth
Geestinsel
Lägerdorf
Brok-
reihe
Kremper-
moor
Dägeling
Breitenburger
Moor
Lägerdorf
Moorwettern
Neuenbrook
11
Rethwisch
Stör
Schinkel
Hohenfelder
Moor
Oster-
horn
49
Kremper
Westerhorn
Bokel
Große
Wettern
23
Hörner-
kirchen
Grevenkop
Hohenfelde
Mühlenteich
50
Borsfleth
49
KREMPE
12
Brande-
Hohenfelde
Bokelsesser
Moor
Krempdorf
Blomesche
Schliek-
wettern
Süderau
geplant
Groß
Offenseth-
Staatsforst
Elskop
Marsch
Horst/
Elmshorn
Wildnis
Rhin
Sommer-
land
Horst
(Holstein)
-Aspern
43
GLÜCKSTADT
13
Klein
Offenseth-
Rantzau
Herzhorn
Am Herzhorner
Rhin
-Sparries-
hoop
-Hanredder
43
BARM-
STEDT
Engelbrechtsche
Kiebitzreihe
Schloss
Rantzau
Wildnis
Ober-
deich
Offenau
Bokholt-
Königs-
Altenmoor
moor
Fuchsberg
Bullen-
kuhlen
431
Bielenberg
ELMSHORN
-Reisiek
Kölln-
-Besenbek
Raa-
431
Deichreihe
Neuendorf
Kloster-
sande
Lange-
lohe
14
Elmshorn
-Ekholt
Kollmar
38
Krückau-
Fähre
37
Seester-
Hainholz
23
Seeth-
Kronsnest
Hörn
Krückau
Seester
Hamburg
Esinger
Moor
Hamburg
Schwarztonnen-
sand
Sandhöhe
müher

Reißbrett planen. Dänemark beherrschte damals weite Teile des heutigen Schleswig-Holsteins und auch die damals noch selbstständige Stadt Altona (heute ein Stadtteil von Hamburg), aber eben nicht Hamburg selbst. Hamburgs Wohlstand kam schon damals über den Hafen. Hier wollte der Dänenkönig ansetzen, und so ließ er einen Hafen an der Elbe bauen, um **„Glück und Wohlstand" entstehen zu lassen.** „Dat schall glücken und dat mutt glücken, drum schall se ok Glückstadt heeten", so kernig plattdeutsch formulierte es der dänische König („Das soll glücken und das muss glücken, darum soll sie auch Glückstadt heißen"). Weiterhin siedelte er hier Religionsflüchtlinge aus den Niederlanden an, die neben ihrem Glauben auch Handelskontakte mitbrachten. So blühte Glückstadt kurzfristig tatsächlich auf. Mit Hamburg konnte man dann aber doch nicht konkurrieren.

Der Hafen blieb erhalten, auch wenn er heute mehr ein Sportboothafen ist, aber vor allem hat sich der Charme des kleinen Städtchens bewahrt. Und schließlich pendelt hier eine **Autofähre über die Elbe,** eine von zwei Möglichkeiten zur Überquerung des breiten Flusses im Westen außerhalb von Hamburg; die andere Fähre pendelt zwischen Cuxhaven und Brunsbüttel.

Sehenswertes

Marktplatz

Mittelpunkt der Stadt ist der Marktplatz, an dem die Stadtkirche und das **historische Rathaus** stehen. Letzteres wurde 1642/43 erbaut, aber 1872 abgebrochen und dann ein Jahr später im gleichen Stil wieder neu im Backsteinstil aufgebaut. Das Wappen der Stadt mit der Glücksbotin *Fortuna* ist in das Portal integriert.

Vom **Marktplatz** zweigen sieben Straßen radial ab. Es finden sich hier einige Restaurants und Bäckereien, eine zentrale Bushaltestelle und ein Hotel. Noch heute wird auf dem Platz jeden Dienstag und Freitag ein Wochenmarkt abgehalten.

Stadtkirche

1617 bekam Glückstadt Stadtrechte, ein Jahr später begannen die zweijährigen Arbeiten an der Stadtkirche. Sie hat einen kreuzförmigen Grundriss, der aber unvollendet blieb, weswegen es auch nur ein Seitenschiff gibt. Am 14. Februar 1648 zerstörte ein Orkan die Turmspitze, die ins Kirchenschiff stürzte und große Schäden anrichtete. In den folgenden Jahren entstand dann der Neubau in seiner heutigen Form.

An der nördlichen Turmseite hängt ein **Anker,** den König *Christian IV.* 1630 in einem Gefecht auf der Elbe vor Glückstadt von einem Hamburger Schiff erbeutete. Auf der Kirchturmspitze ist die **Skulptur der Glücksgöttin Fortuna** als Windfahne angebracht.

Innen ist das achteckige **Taufbecken** aus dem Jahr 1641 das einzige verbliebene Relikt der ursprünglichen Kirche, es steht im Seitenschiff. Die Kanzel entstand zur Mitte des 17. Jh., aus der gleichen Zeit stammt auch das Triumphkreuz. Der Hauptaltar ist dreiflügelig. Den kirchlichen Mittelgang dominieren drei prächtige Kronleuchter aus Messing, die Emporen sind geschmückt mit Bildern aus dem Neuen und Alten Testament. Draußen vor dem Hauptportal steht eine **Büste des Dänenkönigs** *Christian IV.* (1577–1648), des Stadtgründers.

Am Fleth

Die zentrale Hauptstraße führt unmittelbar am Markt vorbei und wird durch ein Fleth begleitet. Dieser **Wasserlauf** hat heute eher dekorative Zwecke, war aber früher ein schiffbarer Handelsweg bis in die umliegenden Orte. An der Straße Am Fleth stehen vereinzelt schmucke historische Häuser, beispielsweise die **Stadtbäckerei** von 1631, in der es Matjes aus Marzipan gibt (Nr. 21) oder weiter oben (Nr. 36) die **Druckerei Augustin,** die 1632 als königliche Buchdruckerei gegründet wurde und nach dem Ersten Weltkrieg ein weltweit führendes Druckhaus war, das Druckerzeugnisse in über hundert Sprachen (darunter Chinesisch) produzierte.

Detlefsen Museum

Das historische, hellgelbe Gebäude am Fleth, das über dem Eingang noch den Schriftzug **Brockdorff-Palais** trägt, wurde 1630/31 für Graf *Christian Penz* erbaut, den Statthalter von König *Christian IV.* Heute befindet sich darin das Detlefsen Museum, eine gut gemachte **stadtgeschichtliche Ausstellung.** Außerdem werden Beispiele aus der Wohnkultur der Elbmarschen gezeigt. Ergänzt wird die Schau durch interessante Wechselausstellungen.

- **Detlefsen Museum,** Am Fleth 43, Tel. 93 05 20, www.detlefsen-museum.de, ab März Di–So 14–17 Uhr, Jan./Febr. Do, Sa, So 14–17 Uhr, Eintritt 4 €, ermäßigt 2,50 €.

Hafen

MEIN TIPP: Der Hafen hat seine frühere Bedeutung als Umschlagplatz verloren, heute liegen hier im Binnenhafen überwiegend Sportboote. Die kurze **Hafenmeile** ist sehr nett umgestaltet worden, man kann wunderbar flanieren und das sehenswerte Häuserensemble betrachten. Hier stehen noch etliche schöne historische Häuser, so das ehemalige **Königliche Brückenhaus** aus dem Jahr 1635, das bei einer nicht mehr existierenden Brücke über den Hafen stand. Auf der anderen Seite des Hafenbeckens befindet sich das ehemalige **Zucht- und Tollhaus** (1641–1643 erbaut), heute ein Wohnhaus. Bis 1927 wurde es als Gefängnis genutzt.

Das Binnenhafenbecken ist durch ein **Sperrwerk** geschützt, das nur zu bestimmten Zeiten geöffnet wird, man kann dort über einen Steg die Hafenseite wechseln. Wenn man durch die Deichstöpe (Öffnung im Deich) spaziert, erreicht man den **Außenhafen,** den alten Fährhafen, in dem noch gelegentlich Handelsschiffe gelöscht werden, und gelangt so zur Elbe.

Praktische Tipps

Info

- **PLZ:** 25348
- **Vorwahl:** 04124
- **Einwohner:** 11.000

014sc fr

■ **Touristinformation:** Große Nübelstr. 31, Tel. 93 75 85. Das Büro liegt kaum 100 m vom zentralen Marktplatz und der unübersehbaren Kirche entfernt.

■ **Internet:** www.glueckstadt-tourismus.de

Der Binnenhafen von Glückstadt

Unterkunft

■ **Hotel Anno 1617**③-④, Am Markt 5–6, Tel. 916 90, www.anno1617.de. Das äußerst zentral direkt am Marktplatz gelegene, historische Haus bietet zwölf schön und unterschiedlich gestaltete Themenzimmer. Ein gutes **Restaurant** ist auch angeschlossen.

■ **Pension Am Hafen**②-③, Am Hafen 19, Tel. 49 06, www.pension-am-hafen.de. Sehr kleine, aber gemütliche Frühstückspension mit EZ, DZ und Kombizimmer am Binnenhafen.

■ **Jugendherberge,** Am Rethövel 14/15, Tel. 60 44 55. Die JH mit 115 Betten (Zweier- und Viererräume) liegt zentral am Binnenhafen. Man kann auch Fahrräder leihen.

Camping

■ **Elbdeich-Camping Kollmar,** Kleine Kirchenreihe 22, 25377 Kollmar, Tel. (04128) 13 79, www.elbdeich-camping.de, April bis Okt. Der Campingplatz liegt schön hinterm Elbdeich, gut 6 km südlich.

Gastronomie

Rund um den Marktplatz liegen etliche Lokale. Die Glückstädter Spezialität sind **Matjes,** die es aber nicht unbedingt das ganze Jahr gibt.

■ **Logger Kombüse,** Am Markt 14, Tel. 98 06 404, www.logger-kombuese.de, Mo 17–22, Di–So 11.30–22 Uhr. Das Lokal befindet sich in einem historischen Haus und zeigt innen einen modernen Mix aus Holz und Industrie-Charme. Geboten wird norddeutsche Küche, natürlich auch mit Matjes, aber es gibt auch anderen Fisch, Fleisch und Pizza.

■ **Der kleine Heinrich,** Am Markt 2, Tel. 36 36, www.der-kleine-heinrich.de, tägl. ab 11.30 Uhr. Historisches Haus mit rustikal-gemütlichem Ambiente auf zwei Etagen. Serviert wird saisonale und regionale Küche, u.a. mit Fleisch vom „Sussländer Schwein", das aus der Region stammt.

■ **Nettchen,** Am Hafen 1, Tel. 0172 16 24 890, www.nettchen-hafen.de, Di–Fr 11–22, Sa/So 10–22 Uhr. Sehr schöne Lage direkt an der Hafenspitze mit einer größeren Terrasse, auf der rustikale Bänke und Tische stehen. Es gibt eine gute Bistro-Karte mit Produkten aus der Region, Pizza, Grillhähnchen, Matjes und an manchen Tagen Spezialitäten.

Feste und Veranstaltungen

■ **Matjestage,** im Juni, großes Volksfest. Auf dem Marktplatz und am Hafen an vielen Verkaufsständen dreht sich alles um den Matjes, den es im Hofladen bei *Plotz Spezialitäten,* Schmiedestraße 3, direkt zu kaufen gibt.

Kremper Marsch

Die Kremper Marsch liegt im Hinterland von Glückstadt zwischen den Flüssen **Krückau** und **Stör.** Auch dieses Gebiet ist stark landwirtschaftlich geprägt. Hauptort ist das 2300 Einwohner zählende Krempe.

Krempe

Krempe ist nach Arnis an der Schlei die zweitkleinste Stadt in Schleswig-Holstein. Im 16. Jh. hatte der Ort eine überragende wirtschaftliche Bedeutung. Über den damals noch schiffbaren Fluss Krempau wurde sogar Handel mit Venedig getrieben.

Der **Marktplatz** ist von historischen Häusern umgeben. Das **Rathaus,** ein Renaissance-Bau aus dem Jahr 1570, diente der örtlichen Kaufmannsgilde als Versammlungssitz. Es zählt noch heute zu den schönsten Rathäusern im ganzen Land. Am Gebäude ist eine Hinweistafel angebracht, auf der die wichtigsten Daten stehen, auf Hochdeutsch und auf Plattdüütsch. So lesen sich die Fakten auch viel schöner: „Buut woorn is dat Rodhuss 1570, as Kremp in Blüd wehr und sin allerbest Tied har." („Erbaut wurde das Rathaus 1570, in der Blütezeit Krempes, als es seine allerbeste Zeit hatte").

Ein weiteres Gebäude aus dem 16. Jh. ist der **Königshof,** der einst für den dänischen König errichtet wurde, falls der sich mal in Krempe aufhalten sollte. Ob das überhaupt vorkam, ist nicht bekannt.

Am Marktplatz findet sich auch die **St.-Peter-Kirche,** die 1832 nach Plänen von *C.F. Hansen* erbaut wurde. Es ist bereits der dritte Kirchenbau, zwei Vorgängerbauten (der älteste von 1239) wurden zerstört. Weitere Kirchen, die von *Hansen* konstruiert wurden, stehen in Neumünster und Husum und weisen eine gewisse Ähnlichkeit mit der Kremper Kirche auf.

Krempe ist weit über die Ortsgrenzen hinaus bekannt für seine **Fahnenschwenker,** die zu bestimmten Terminen auftreten und ihre kunstvollen Schwingungen zeigen, u.a. beim **Gildefest** Ende Juni (www.krempe-fahnen schwenker.de).

Borsfleth

Borsfleth ist ein kleiner, malerischer **Ort an der Stör** nahe der Mündung in die Elbe. Ein Besuch lohnt sich wegen einiger schöner Fachwerkhäuser und der St.-Urban-Kirche aus dem 17. Jahrhundert.

Itzehoe

Die Kleinstadt Itzehoe liegt direkt an der **Stör** und wurde Ende des 12. Jh. erstmals erwähnt. Sie hat einen reizvollen Kern, durch den eine längere Fußgängerzone über mehrere Straßen mit vielen kleinen Geschäften verläuft. Insgesamt zeigt sich Itzehoe von einer charmanten und im Ortskern ruhigen Seite.

Sehenswertes

St. Laurentii-Kirche und Klosterhof

Berühmtestes Bauwerk von Itzehoe ist die markante St. Laurentii-Kirche mit dem historischen Klosterhof. Im Jahr 1230 stiftete Graf *Adolf IV.* ein **Zisterzienserinnenkloster,** das zunächst an der Störmündung zur Elbe stand. Dies war aber kein guter Platz, denn es wurde häufig überflutet. So verlegte man das Kloster um 1256 nach Itzehoe.

Dort stand schon die St. Laurentii-Kirche, die erstmals 1196 Erwähnung fand und bis 1538 als Klosterkirche fungierte. 1657 wurde sie, genau wie der gesamte Ort, im Dänisch-Schwedischen Krieg schwer beschädigt, der Wiederaufbau erfolgte zwischen 1716 und 1718. Sie besteht aus drei Schiffen und hat in der Mitte eine Kreuztonnenwölbung.

Im Kircheninneren hängen links Holztafelbilder mit Szenen der biblischen Geschichte, rechts Porträts von hier ehemals tätigen Geistlichen. Den **barocken Schnitzaltar** fertigte *Hein Baxmann* 1661, sein Hauptteil besteht aus einem Flügelaltar mit 24 Bildern des Alten und Neuen Testaments. Auch die Kanzel schuf *Baxmann* im gleichen Jahr. Ganz links stehen zwei verzierte Holzstühle, die als sogenannte Trau-Stühle von Heiratswilligen genutzt werden. 1720 bekam die Kirche eine Orgel aus der Werkstatt von *Arp Schnittger.*

Das Kloster diente seit der Reformation als Versorgungsstift der Schleswig-Holstei-

807sc-fr

nischen Ritterschaft, aber auch dieses Kloster fiel der Zerstörung durch die Schweden zum Opfer, heute sind nur noch der Hof und Teile des Kreuzgangs erhalten.

Weiterhin stehen noch einige Gebäude rings um den angeschlossenen **Klosterhof,** die heutzutage überwiegend als Wohnraum genutzt werden. Die Parkanlage wurde zu einem öffentlichen Stadtpark umgewandelt mit Rasenflächen und einem kleinen Teich.

■ **St.-Laurentii-Kirche,** Kirchenstr. 8, April bis Sept. und Dez. Mo–Fr 15.30–17.30 Uhr, ganzjährig Sa 10–13 Uhr, jeden Do um 11 Uhr 20 Min. Musik zur Marktzeit.

Die St. Laurentii-Kirche in Itzehoe

Museum im Prinzesshof

Das Haupthaus des nahen **Prinzesshofparks,** ein helles Haus mit Außenfreitreppe aus dem Jahr 1556, war der Wohnsitz der Äbtissin. Im 19. Jh. lebten darin zwei adelige Prinzessinnen als Äbtissinnen, daher der Name Prinzesshof. In einer Dauerausstellung wird die Geschichte und **Kulturgeschichte** des 19. und 20. Jh. des Kreises Steinburg vorgestellt, u.a. mit zeitgenössischem Mobiliar, Alltagsgegenständen, Silberschmiedearbeiten und detailgetreuen Nachbauten eines Tabakladens und einer Zementfabrik. Außerdem finden Wechselausstellungen zu ganz unterschiedlichen Themen statt.

- **Kreismuseum Prinzesshof,** Kirchenstr. 20, Tel. 640 68, www.museum-prinzesshof.de, Di–So 10– 12 und 14.30–17 Uhr, Eintritt 3,50 €, Kinder 2 €.

Wenzel-Hablik-Museum

Ein anschauliches kleines Museum erinnert an den **deutsch-böhmischen Künstler** *Wenzel Hablik* (1881–1934). Es zeigt seine expressionistischen Werke auf zwei Etagen: unten in wechselnden Ausstellungen, oben in einer Dauerausstellung. Dort wird auch an seine Frau erinnert, die Webmeisterin *Elisabeth Lindemann* (1879–1960), und ihre Handweberei.

- **Wenzel-Hablik-Museum,** Reichenstr. 21, Tel. 888 60 20, www.wenzel-hablik.de, Di–Sa 14–17, So 11–17 Uhr, Eintritt 5 €.

Historisches Rathaus

Gegenüber vom Museum am Markt steht das historische Rathaus (1695–97 erbaut). Über dem Mittelportal erkennt man das Monogramm „C5", was sich auf *Christian V.* bezieht, den damaligen Landesherren. Heute ist hier das **Standesamt** untergebracht.

Praktische Tipps

Info

- **PLZ:** 25524
- **Vorwahl:** 04821
- **Einwohner:** 31.000
- **Touristinformation:** Stadtmanagement Itzehoe, Breite Str. 4, Tel. 94 90 12-0.
- **Internet:** www.mein-itzehoe.de

Unterkunft, Gastronomie

- **Hotel Mercator Itzehoe**③, Hanseatenplatz 2, Tel. 152 00, www.hotel-mercator-itzehoe.de. Gutes 78-Zimmer-Haus am Rande des Ortskerns.
- **Himmel und Erde,** Kirchenstr. 5, Tel. 604 82 34, www.himmelunderde.sh, Mo–Fr 9–18, Sa 10–17 Uhr. Café-Restaurant in der Fußgängerstraße in einem historischen Gebäude aus dem Jahr 1709. Es gibt Frühstück, eine Mittagskarte, am Nachmittag selbst gebackenen Kuchen und zu bestimmten Terminen Sonderaktionen, Sa Brunch 10–14 Uhr.

▷ Die Honigflether Schöpfmühle ist ein Wahrzeichen der Wilstermarsch

Adobe.Stock©snapshotfreddy

Wilstermarsch

Die Wilstermarsch erstreckt sich zwischen der Stör und der Elbe und reicht als nördlichste der Elbmarschen bis an den Nord-Ostsee-Kanal heran. Größter Ort ist die Kleinstadt Wilster mit 4400 Einwohnern. Die Wilstermarsch wird landwirtschaftlich genutzt. Mit dem Kernkraftwerk Brokdorf lag hier jahrzehntelang ein wichtiger Steuerzahler für die kleine Gemeinde am Elbufer. Nun ist das AKW geschlossen und wird zurückgebaut, was allerdings noch viele Jahre dauern wird.

Das Land liegt teilweise knapp **unter dem Meeresspiegel.** Niederländische Siedler halfen schon ab dem 12. Jh. mit ihren Erfahrungen, das Land durch Pumpen und Mühlen zu entwässern. Eine der letzten **Schöpfmühlen** ihrer Art in Norddeutschland steht in Honigfleth (bei Stördorf) an der Landstraße L135 (Wilster – Itzehoe). Früher gab es Hunderte davon, sie pumpten Wasser aus den Gräben in die größeren Entwässerungswettern. Die Mühle gilt heute als **Wahrzeichen der Wilstermarsch.**

Nicht weit entfernt, in einem kleinen Ort, konkret: in der Burger Straße 13, 25553 Neuendorf-Sachsenbande, befindet sich die **tiefste Landstelle Deutschlands,** etwa acht Kilometer von Wilster in Richtung Nord-Ostsee-Kanal. An der Straße zum Dorf Aebtissinwisch sieht man am Straßenrand einen acht Meter hohen Pfahl neben der Schleswig-Holstein-Fahne. Dort ist Deutschlands Tiefpunkt. Es wurden 3,54 m unter Normalnull (NN) gemessen.

■ **Kleiner Pausentipp:** *Zum Dückerstieg,* Dückerstieg 7, 25554 Neuendorf-Sachsenbande, Tel. (048 23) 92 999, www.dueckerstieg.de, Mi, Do 17–22, Fr–So 11–14, 17–22 Uhr. Nicht weit entfernt liegt dieser modern gestaltete Landgasthof, der frische saisonale und regionale Gerichte auftischt.

Die **Stör** verläuft quer durchs Land und mündet in die Elbe. Es gibt nur vier Möglichkeiten, den Fluss zu queren, alle können auch mit Fahrzeugen genutzt werden: in Itzehoe über eine Brücke im Zuge der B5 bzw. direkt in der Stadt im Zuge der B77, bei Beidenfleth auf der kleinen **Seilzugfähre Else** (s.u.) und über das Stör-Sperrwerk direkt an der Mündung im Zuge der B431 bei Blomesche Wildnis. Da dies eine Bundesstraße ist, ist die Querung meist möglich; nur selten öffnet sich die Klappbrücke und man muss warten. Eine weitere Möglichkeit ist die Klappbrücke bei Heiligenstedten im Zuge der K11.

Paddeln auf der Stör

Die Stör sowie die einmündenden Flüsse wie Bramau und Hörerau sind schöne Paddelreviere. Ein guter Startpunkt ist in **Wittenbergen** östlich von Itzehoe, wo diese drei Flüsse zusammenfließen. Dort können zwischen Mai und Sept. auch Boote gemietet werden:

■ **Kanu-Horns,** Alt Wittenbergen 3, 25548 Wittenbergen, Tel. (04822) 76 52, www.kanuverleih-horns.de.

Wilster

Wilster hat ein recht modernes Gepräge, verfügt aber über ein **historisches Rathaus** aus dem Jahr 1585. Selbst das Neue Rathaus wurde bereits 1786 geschaffen, die spätbarocke **St.-Bartholomäus-Kirche** zwischen 1775 und 1780. Ein Industriedenkmal ist die nur einige Kilometer östlich von Wilster befindliche **Schleuse Kasenort.** Sie stammt aus dem Jahr 1925, aber es gab schon seit dem 15. Jh. eine einfache Schleuse. Sie regelt die Schiffbarkeit zwischen der Wilster Au und der viel breiteren Stör. Geschleust wird immer dann, wenn der Wasserstand der Stör höher ist als in der Wilster Au. Ist er umgekehrt in der Stör niedriger, drückt das Wasser aus der Wilster Au eigenständig das Tor auf.

Wewelsfleth

Wewelsfleth ist eine kleine Gemeinde von ca. 1600 Einwohnern, die an der Störmündung liegt und ihre Geschichte immerhin bis 1238 zurückverfolgen kann. Überregional etwas bekannter wurde der Ort, weil der Schriftsteller **Günter Grass** sich hier ein historisches Haus aus dem Jahr 1698 kaufte, in dem er viele Jahre lebte, bevor er in die Nähe von Lübeck übersiedelte. Er schrieb hier u.a. seinen Roman „Der Butt". 1985 verschenkte *Grass* das Haus an die Stadt Berlin mit der Auflage, es als Arbeitsstätte für Berliner Autoren zu nutzen. Seitdem kommen immer wieder Autoren aus der Hauptstadt und verbringen einige Monate mit einem Stipendium zum Arbeiten im nun sogenannten **Alfred-Döblin-Haus** in der Dorfstraße 3. Es finden dort auch Lesungen statt.

808sc-mux

Beidenfleth

In Beidenfleth pendelt die letzte von einstmals sieben Fähren über die Stör. Das Fährschiff „Else" ist 15 m lang und 7 m breit, eine **Seilzugfähre,** die mit einem 32 mm dicken Seil betrieben wird.

Eine **Holländermühle** aus dem Jahr 1813 steht mitten im Dorf, allerdings zuletzt ohne Flügel. Weiterhin hat Beidenfleth mit **St. Nikolai** eine recht große Kirche. Ihr Holzturm von 1557 steht etwas abseits vom Kirchengebäude, wie es in der Marsch oft der Fall ist. Der holzgeschnitzte Altar ist der wichtigste Kirchenschatz. Die Kirche steht auf den Fundamenten eines Vorgängerbaus aus dem Jahr 1108.

■ **Seilzugfähre „Else",** Mo–Fr 6–20, Sa 7–20, So 8–20 Uhr, Pkw 3–3,50 €, Pers. mit Fahrrad 1,50 €.

⌃ Lämmer am Deich der Stör

019sc fr

2

Dithmarschen

» Dithmarschen, das ist tiefsattes Marschland, wo so viele Kohlköpfe geerntet werden wie sonst nirgends in Europa. Hier verläuft der meistbefahrene Kanal der Welt (bei Brunsbüttel) und hier findet man den größten Marktplatz Deutschlands (Heide). Surfer lieben den Speicherkoog an der Meldorfer Bucht.

‹ Kite-Surfer auf dem geschlossenen Staubecken bei Meldorf

Blauortsand
Blauort
Norderpiep
Schutzzone I
Büsumer
Nationalpark
Süderpiep
Die Piep
n. Helgoland
Watt
Hirtenstall
Hedwigenkoog
Wesselburen
Reinsbüttel
Wesselburener Deichhausen
Westerdeichstrich
Oesterdeichstrich
Friedrichsgabekoog
Wöhrden
Stinteck
203
92
Büsum
Büsumer Deichhausen
Warwerort
Norder-
Wohrdener Loch
Speicherkoog
Barsfleth
82
Meldorfer
Kronenloch
Speicherbecken
Neuer Meldorfer Hafen
Informationszentrum Wattenmeer
Bielshövensand
Alter Meldorfer Sommerkoog
Schleswig-Holsteinisches
Dieksander Priel
Helmsandsteert
Sommerkoog Steertloch
Helmsand
77
Trischen
Bucht
Marner Plate
Friedrichskoogspitze
Barlter Sommerkoog
Schwienskopp
Trischendamm
75
Friedrichskoog
Großer Knechtsand
Das Hohe Ufer
Dieksand
Fischersiedlung
Erlebnishafen
Rathjensdorf
Trennewurth
Mittelplate
Schutzzone I
Hakensand
Franzosensand
Dieksanderkoog
Kronprinzenkoog
Helserdeich
Helse
Neulandhalle
Wattenmeer
67
MARNE
NORDSEE
Nordergründe
69
Kaiser-Wilhelm-Koog
Marnerdeich
Fahrstedt
Mittlerer Strom
Diekhusen-
Klotzenloch
Spitzsand
Neufelderkoog
Neufeld
CUXHAVEN
Medemsandinsel
Neufelder Watt
Radarturm Alte Liebe
Medemsand
Amerika-Hafen Umschlaganlage
Neufelder Sand
ELBE

Rickelshof
Heide-West
Marktplatz
Lunden, Husum, Sylt
83
HEIDE
Lohe-
Süderholmer Moor
Nordhastedt
Gaushorn
Welmbüttel
Schrum
Immenstedt
Jützbüttel
Heide-Süd
23
Osterwohld
Lieth
Fieler Moor
Arkebek
87
Hemmingstedt
Süder-
Odderade
Bunsoh
88
Albersdorf
Wennbüttel
Kanzlei
-meldorf
Dusenddüwelswarft
Brutkampstein
Gieselau
Sarzbüttel
-Röst
Neumünster
Epenwöhrden
Nordermiele
Albersdorf
Kanal
Dellbrückau
Hochbrücke
Steinzeitpark
Grünental
78
MELDORF
dithmarschen
Bargenstedt
Dithmarscher Landesmuseum
Dom
Tensbüttel-
Bornholt
Engelsberg
25
Nindorf
Mühlenb.
Schafstedt
Elpersbüttel
Landschaftliche Tannenkoppel
Nord-Ostsee-
Farnewinkel
Wolmersdorf
Elpersbütteler-donn
Spütjenau
Süderau
Krumstedt
Schafstedt
30
Hackelberg
Hamburg
Süderhastedt
Eggstedt
Eggstedterdamm
Weddelbek
Prestedter Au
Windbergen
Dückerswisch
Besdorf
Busenwurth
Großenrader Holz
Holstenniendorf
Gudendorf
Frestedt
Süderholz
Großenrade
72
Wacken Open Air
Hochdonn
Barlter Kleve
Barlt
Helmschenb.
Gribbohm
Hindorf
Quickborn
Brickeln
Hochbrücke
Hamberg
Hochdonner Moor
70
Sankt Michaelisdonn
Hopen
65
Hamburg
Buchholz
70
Burg
Großes Moor
Vortelberg
28
Draisinenbahn
Süderdonn
Friedrichshofer Au
Burger Au
Aebtissinwisch
Vaalermoor
Kuden
Volsemenhusen
Sachsenbande
Dingen
Warferdonn
Kudensee
Ecklak
Neuendorf b.Wilster
Eddelak
53
Norderdonn
Büttler Kanal
Nord-Ostsee-Kanal
Wilster-
Averlak
Ecklakerhörn
Ramhusen
Süderdonn
Sushörn
Schmedeswurth
Kudensee
Nortorf
54
WILSTER
61
5
Landeshafen Brunsbüttel-Ostermoor
Landscheide
BRUNSBÜTTEL
5
Sösmenhusen
Büttel
marsch
63
Schleusenanlage
Elbehafen
Sankt Margarethen

KOHL, WATT UND WIND

Dithmarschen ist ein *ruhiges, weites Land* mit mehr Schafen und Windrädern als Dörfern. Außerdem liegen hier kleine Städte mit bewegter Geschichte wie Meldorf oder Heide. Badeurlauber fahren nach *Büsum* mit seinem Krabbenkutter-Hafen und dem langen „grünen" Strand. Beides hat auch das ruhigere *Friedrichskoog* zu bieten.

NICHT VERPASSEN!

- Dicke-Pötte-gucken in den **Kanalschleusen** am Nord-Ostsee-Kanal in Brunsbüttel | 63
- **Seehunde besuchen** in Friedrichskoog | 75
- **Kirche St. Johannis** – ein prachtvoller „Dom" am Marktplatz von Meldorf | 78
- Ausflug in den **Steinzeitpark Dithmarschen** in Albersdorf | 90
- Wie aus schnödem Kohl Sauerkraut wird, verrät das **Kohlosseum** in Wesselburen | 102

Diese Tipps erkennt man an der gelben Markierung.

Überblick

Ein bisschen eigen waren sie schon immer, die **Dithmarscher.** Und stur! Ziemlich stur sogar. Sie ließen sich nicht gerne was sagen und wollten lieber selbst bestimmen, wo es langgeht. Nach Jahrzehnten erfolgreicher Selbstverwaltung gelang es ihnen im Jahr 1500 in der Schlacht bei Hemmingstedt, ihre Freiheit zu verteidigen, indem sie eine eigentlich weit überlegene Truppe in die Flucht schlugen. Obwohl sie nur zwei Generationen später dann doch klein beigeben mussten, haben die Zeiten der Selbstbestimmung die Dithmarscher stark geprägt. Und sie sind noch heute sehr stolz darauf.

Geprägt sind sie auch von ihrer Umgebung, vom Wasser (Elbe, Nordsee, Eider und Nord-Ostsee-Kanal) und vom kräftigen Marschboden. So ist Dithmarschen heute **sowohl Bauern- als auch Ferienland.** Touristische Großsiedlungen gibt es nicht. Büsum bleibt, trotz allem, noch eine relativ bescheidene Ausnahme. Und die Bauern bleiben auch etwas eigen, pflanzen sie doch Kohl an, so viel wie sonst nirgends in Europa. 120 Millionen Kohlköpfe ernten sie alljährlich. In Meldorf, Wesselburen, Heide und in anderen Orten von Dithmarschen finden im September die **Kohltage** statt, an denen dem hier angebauten Gemüse gehuldigt wird.

Großstädte gibt es nicht, Heide mit knapp 20.000 Einwohnern ist bereits die Nummer eins. Und mehr als fünf Städte existieren sowieso nicht. Die 136.000 Dithmarscher leben in kleineren Gemeinden, 112 verteilen sich über den

Adobe.Stock ©Gabriele Rohde

Landkreis. Dithmarschen bleibt eben **ländlich geprägt,** wenn auch in Brunsbüttel und in Heide von der petrochemischen Industrie gewaltige Komplexe hochgezogen wurden.

Den Urlaubern gefällt Dithmarschen offensichtlich so, wie es ist. Gute zwei Millionen Übernachtungen zählt man Jahr für Jahr. Die meisten zieht es nach Büsum, Friedrichskoog und in die Sommerfrische Dithmarschens. Aber auch in den meisten kleineren Orten werden Ferienquartiere angeboten.

Schafherde auf dem Elbdeich bei Brunsbüttel

Brunsbüttel

Brunsbüttel ist eine Kleinstadt, die heute geprägt ist vom **Nord-Ostsee-Kanal,** der hier in die Nordsee mündet. Die Schleusenanlage ist denn auch die größte Attraktion des Ortes. Ein klein wenig Unrecht täte man Brunsbüttel aber doch, reduzierte man es nur auf die Kanalschleusen. Denn als diese vor knapp hundert Jahren gebaut wurden, hatte Brunsbüttel bereits 600 Jahre Geschichte auf dem Buckel. Rund um die Jakobuskirche im Stadtteil Brunsbüttel-Ort kann man auch heute noch viele historische Häuser betrachten.

Der Nord-Ostsee-Kanal

Wenn Sie eines schönen Tages etwas verträumt durch die schleswig-holsteinische Landschaft fahren sollten, sich gerade an dem gelb-grünen Farbenspiel von Raps und Wiesen erfreuen und urplötzlich ein Schiff durchs Bild wandern sehen, dann müssen Sie nicht zum Arzt gehen. Das ist dann keine Halluzination, sondern der Nord-Ostsee-Kanal.

Vor seiner Existenz mussten Schiffe auf dem Weg von der Nord- in die Ostsee einen weiten **Umweg** um Norddänemark machen, vorbei am Kap Skagen, wo Stürme und Untiefen drohten. Alle Schiffe mit Handelsgütern, z.B. für Danzig, die baltischen Staaten und St. Petersburg, mussten Skagen umschiffen. Und natürlich waren auch **militärische Überlegungen** im Spiel. Ein Teil der damals neuen Kaiserlichen Hochseeflotte lag in Kiel, ein anderer Teil in Wilhelmshaven (Nordsee). Da in den vergangenen Jahrhunderten ständige Streitereien und Kriege die Nachbarschaft zu **Dänemark** beherrscht hatten, wollte man nicht mehr von den Dänen abhängig sein und um **Durchfahrtsrechte** durch das Skagerrak und das Kattegat (am Kap Skagen vorbei) fragen müssen. Ein Kanal musste also her.

Lange wurde diskutiert, aber erst Reichskanzler *Bismarcks* Machtspruch brachte die Entscheidung: 1886 wurde ein Gesetz zum Bau des Kanals erlassen. Am 3.6.1887 wurde der Grundstein von Kaiser *Wilhelm I.* in Holtenau gelegt.

809sc-fr

Acht Jahre buddelte und grub man sich quer durchs Land, 156 Millionen Goldmark wurden ausgegeben und teilweise waren 8900 Arbeiter beschäftigt – stolze Zahlen. 1895 eröffnete Kaiser *Wilhelm II.* (Enkel von *Wilhelm I.*) feierlich das damals noch **Kaiser-Wilhelm-Kanal** genannte Bauwerk und übergab es der Schifffahrt. Schnell wurde der Kanal von den Reedereien angenommen, und schnell erwies er sich als zu klein. Etliche Male musste er erweitert werden. Dennoch, der Kanal wird genutzt, und das nicht nur von Containerschiffen und anderen „Riesen", die übrigens lotsenpflichtig sind. Auch Sportboote und Segelschiffe passieren den Kanal, Letztere aber dürfen nur per Motor durchfahren und nicht unter Segeln.

Die nackten Fakten: Länge 99 km, Breite 162 m, Tiefe 11,20 m, geeignet für Schiffe bis zu 235 m Länge. Alljährlich passieren ihn ca. **30.000 Schiffe.** Es gibt **zehn Kanalbrücken** (Durchfahrtshöhe 42 m), 14 Fähren (kostenfrei) und **zwei Tunnel** (bei Rendsburg auf der B77, einer ist ein Fußgängertunnel). Aber das reicht nun nicht mehr. Da die Schiffe immer größer werden, muss der Kanal, eine der **am stärksten befahrenen künstlichen Wasserstraßen der Welt,** an sechs Stellen ausgebaut werden.

Eines Tages sollen hier dann auch Schiffe mit einer Länge von 280 m fahren können, um so dem rasant gestiegenen Containerverkehr gerecht zu werden. Und auch dies war überfällig: In **Brunsbüttel** werden die **Schleusentore erneuert.** Die über hundert Jahre alten Tore waren derart baufällig geworden, dass der Bundesverkehrsminister nach langem Zögern Gelder bewilligte. Auch eine neue große Schleusenkammer wird gebaut und soll Ende 2026 fertiggestellt sein.

◁ Fahrt auf einer der meistbefahrenen künstlichen Wasserstraßen weltweit

Sehenswertes

Kanalschleusen

Die Schleusen sind im Ort ausgeschildert, ein Parkplatz liegt direkt am Kanal. Besucher können von zwei **Aussichtspunkten** die Schleusenkammern betrachten. Richtig eindrucksvoll wird das Bild aber erst, wenn ein Schiff in die Schleuse fährt, möglichst ein „dicker Pott". Dann kann man wirklich nur staunen, mit welcher Präzision selbst größte Schiffe hier durchgelotst werden. Das darf übrigens wörtlich genommen werden, ab einer gewissen Größe herrscht **Lotsenpflicht.**

Kleinere **Segelboote** durchqueren ebenfalls oft den Kanal, vor allem solche, die einen Liegeplatz in einem Hafen an der Ostsee haben. Die Segler sind übrigens verpflichtet, durch den Kanal zu „motoren", dürfen also keine Segel setzen. Oder sie lassen sich von einem Frachter schleppen: Ein Tau hinübergeworfen, festgemacht und als Dank ein paar Buddeln Bier zurückgereicht.

Etwa auf halbem Weg zwischen den Schleusen erinnert ein gewaltiges, zwei Meter hohes **Denkmal** an die Eröffnung des damals noch „Kaiser-Wilhelm-Kanal" genannten Bauwerks. Auf dem Kanalgelände befindet sich auch ein interessantes **Schleusenmuseum,** das Kanalmuseum ATRIUM. Dort werden Modelle der Schleusenanlagen ausgestellt, neben einer maßstabsgetreuen Darstellung des ganzen Kanals. Weiterhin zeugen etliche historische Fotos von der Knochenarbeit des Kanalbaus.

Ein kurzer Spaziergang führt entlang des Kanals am Freizeitbad Ulitzhörn vorbei zur Spitze, **Mole 4** genannt. Hier bietet sich ein **herrlicher Blick** auf die Elbe und die Kanalmündung.

■ **Kanalschleusen,** Gustav-Meyer-Platz, geöffnet tägl. von Sonnenaufgang bis -untergang. Der Pförtner ist immer vor Ort, die Schleuse ist rund um die Uhr besetzt, es herrscht hier ein ständiges Kommen und Gehen. Öffnungszeiten Kanalmuseum ATRIUM 15.3.–31.10. 10.30–17 Uhr; Eintritt (Schleuse/ Museum) 3 €, Kinder 1 €, Tel. 88 50, www.traumschiffe-im-kanal.de.

Alt-Brunsbüttel

Etwas weiter außerhalb am Ortsrand in Richtung Marne liegt rund um die **Jakobuskirche** das alte Brunsbüttel. Die relativ bescheidene und schlichte Kirche wurde 1678 am Marktplatz errichtet. 1719 schlug ein Blitz ein, woraufhin das Gotteshaus völlig ausbrannte. Doch mit vereinten Kräften baute man die Kirche Anfang des 18. Jh. wieder auf. Der dänische König, der seinerzeit auch Dithmarschen regierte, spendete zu diesem Anlass einen neuen Altar. Dieser Barockaltar entstand um das Jahr 1650 herum und stammt ursprünglich aus der Schlosskirche von Glückstadt, einer nicht weit entfernten Elb-Stadt. Die übrige Einrichtung der Kirche, wie beispielsweise das Gestühl, wurde Anfang des 18. Jh. gefertigt. Herausragend ist auch eine speziell für den dänischen König erbaute Loge.

Heute liegt die Jakobuskirche hübsch auf einem begrünten Platz etwas erhöht an der Sackstraße. Sie ist umgeben von **historischen Häusern,** die hauptsächlich an der kleinen Straße Markt zu finden sind. Zu Recht wird oft die Fassade des Matthias-Boie-Hauses (Nr. 12) hervorgehoben, es handelt sich um das alte Diakonat aus dem Jahr 1779. Auch das ehemalige Pastorat (Nr. 21) stammt aus dieser Epoche, es wurde 1772 erbaut. Weitere schöne Gebäude finden sich unter den Hausnummern 14 und 23.

Direkt bei der Kirche stehen acht **Skulpturen,** die 1992 von einem Kunstprofessor und seinen Studenten erschaffen wurden. Dargestellt ist der Lebenszyklus vom Ei bis zum aktuellen Dasein.

Heimatmuseum

Das Museum liegt bei der Jakobuskirche. Tritt man durch die schmale Tür ein, klingelt wie in einem alten Kaufmannsladen eine Türglocke, eine gute Einstimmung. Zu sehen gibt es viele Fotos, Skizzen und Lagepläne zur **Entstehung der Stadt** und deren Entwicklung zur Zeit des Kanalbaus. Hinweise auf erlittene Sturmfluten, hübsche Schiffsmodelle und ein paar Exemplare einer Kanalzeitung runden das Bild ab.

In den oberen Etagen befinden sich Sammlungen von alten Möbeln, Trachten und landwirtschaftlichem Gerät und alte **Kücheneinrichtungen,** die ältere Besucher sicher an ihre Kindheit erinnern. In einem anderen Raum wurde das komplette **Klassenzimmer** einer Schulklasse nachgebaut, mit unglaublich engen Sitzen und Sütterlinschrift an der Tafel. Weiterhin gibt es einen Überblick über fast vergessenes **Handwerk** (Fassmacher, Schuster) und eine Reminiszenz an die maritime Vergangenheit: Der Treffpunkt der Brunsbütteler **Cap Horniers** (das sind Kapitäne, die auf einem Segelschiff Kap Hoorn umrundet haben) wurde komplett in einer Ecke aufgebaut, stilecht mit Sitzbank und Wimpel.

Spaß im Schlickwatt: die Wattolümpiade

MEIN TIPP: Die Wattolümpiade ist eine Veranstaltung, bei der Freizeitsportler im Schlickwatt **vor dem Deich von Brunsbüttel** in diversen Disziplinen gegeneinander antreten – vor Tausenden von Zuschauern. Die Veranstaltung findet **Mitte August** statt und richtet sich natürlich nach Ebbe und Flut.

Der Spaß beginnt mit dem feierlichen Einmarsch der *Wattleten* über den Deich, begleitet von launigen Worten des *Wattpräsidenten* aus dem Orga-Team, dem *Wattikan,* der allen Teilnehmern „schmutzigen Sport!" wünscht. Nach dem Entzünden des „olümpischen" Feuers geht es los: Teams wie *FC Wattikan, Watt für Helden* oder *Watttussis* spielen um Tore und Punkte im **Wattfußball, Watthandball** und **Wolliball,** messen ihre Kräfte im **Schlickschlittenrennen** und beim **Aalstaffellauf** unter den mehr oder weniger gestrengen Augen von *Wattrichtern.* Nach jeder sportlichen Runde sind die *Wattleten* über und über mit Schlick besudelt, werden aber von der Freiwilligen Feuerwehr mit einem Schlauch wieder sauber gespritzt, und ab geht's zurück ins Watt zum nächsten Spiel, getreu dem olümpischen Motto: „Im Watt sein ist alles."

Ein Riesenspaß für alle, allerdings mit ernstem Hintergrund, denn der gesamte Erlös wird dem *Kampf gegen den Krebs* gestiftet. Über 440.000 € sind seit 2004 schon zusammengekommen, www.wattoluempiade.de.

Mein Prädikat: unbedingt sehens- und vor allem unterstützenswert!

702sc ms

■ **Heimatmuseum,** Am Markt 4, Tel. 72 12, www.museum-brunsbuettel.de, 1. März bis Ende Nov. Do, Sa, So 14.30–17.30 Uhr, Eintritt frei.

Praktische Tipps

Info

■ **PLZ:** 25541
■ **Vorwahl:** 04852
■ **Einwohner:** 13.000
■ **Touristinformation:** Gustav-Meyer-Platz 2, Tel. 39 11 86. WLAN gibt es in der Koogstraße, beim Rathaus, Freizeitbad *LUV* und am Gustav-Meyer-Platz.
■ **Internet:** www.brunsbuettel.de

Unterkunft

■ **Hotel Kleiner Yachthafen**③, Hafenstr. 16, Tel. 940 09 33, www.hotel-kleiner-yachthafen.de. Ein kleines „Hotel garni" am Deich in einem Gebäude aus dem 19. Jh. 39 moderne Zimmer, WLAN, netter Garten, eigener Fahrradkeller.
■ **Hotel Zur Traube**③, Markt 9, Tel. 546 10, www.zur-traube-brunsbuettel.de. Ein historisches Haus, das bei der Jakobuskirche liegt, mit Sauna und gemütlicher Bierstube, in der u.a. norddeutsche Gerichte serviert werden. WLAN.

⊡ Koog und Deich – weite Landschaft in Dithmarschen

Camping

■ **Campingplatz Am Elbdeich,** Soesmenhusen 30, Tel. 0170 80 12 330, www.elbdeichcamp.de. April bis Okt. Im Ort ausgeschildert, der kleine Platz liegt direkt am Elbdeich, und die Betreiber bezeichnen ihn selbst als „ohne viel Schnickschnack, dafür ruhig und im Grünen".
■ **WoMo-Stellplatz:** Am Freizeitbad 2, Tel. 94 04 50, https://freizeitbad-brunsbuettel.de, mit Ver- und Entsorgungsstation. Die Sanitäranlagen im Freizeitbad *LUV* können genutzt werden.

Gastronomie

■ **Torhaus,** Gustav-Meyer-Platz 3, Tel. 94 05 77, www.brunsbuettel-torhaus.de, tägl. 10–21 Uhr. Schöne Lage direkt an der Kanalschleuse mit großer Außenterrasse. Serviert wird eine italienisch (Pizza, Pasta)-deutsche (Fisch, Fleisch) Küche, es gibt auch Frühstück sowie Kaffee und Kuchen.

Feste und Veranstaltungen

■ **Westküstenflohmarkt,** am zweiten Samstag im Juni, der längste Flohmarkt der Westküste.

Aktivitäten

■ **Hallenbad LUV,** Am Freizeitbad, Tel. 94 04 50, http://freizeitbad-brunsbuettel.de, Di–Fr 7–21 Uhr, Sa/So 10–19 Uhr. Ein Freizeitbad mit mehreren Becken und 500 m² großer Saunawelt sowie 280 m² großem Saunagarten; es ist im Ort ausgeschildert.
■ **Freibad Ulitzhörn,** Ulitzhörn 2, Tel. 40 19, Mo 13–20 Uhr, Di–So 9–20 Uhr, im Ort ausgeschildert. Das Bad ist beheizt, und man kann nebenbei die „dicken Pötte" im Nord-Ostsee-Kanal begucken.

Marne

In früheren Zeiten lag Marne mal an der Nordseeküste, heute schwappt das Meer 7 km entfernt ans Ufer. Mehrere Köge und damit fruchtbares Marschland wurden der Nordsee abgerungen, haben die Küstenlinie im wahrsten Sinne des Wortes verschoben. Urkundlich erwähnt wurde Marne erstmals 1140, es unterstand danach etlichen Herrschern: erst fränkischen und sächsischen Grafen, ab 1227 dem Erzbischof von Bremen, dann schließlich dem Herzog von Holstein. Kurz gehörte es zu Preußen (ab 1867), bis die Stadt 1891 unabhängig wurde.

Sehenswertes

Alter Kirchhof

Marne bietet wenige klassische Sehenswürdigkeiten. Ein Spaziergang durch den

021sc fr

Ort führt fast zwangsläufig zum Alten Kirchhof. Dort reckt sich der schlanke Turm der **Maria-Magdalena-Kirche** gewaltig in die Höhe, der Kirchturm misst immerhin 61,50 m. Das Gotteshaus wurde erst 1904 erbaut, es zeigt wohl auch deshalb eine recht nüchterne, fast modern anmutende Bauweise. Seine ältesten Teile sind das Taufbecken aus dem 13. Jh. und die Kanzel aus dem Jahr 1603.

Gleich nebenan kann man die grün-weiße **Königlich Privilegierte Sonnenapotheke** gar nicht übersehen. Seit 1755 steht sie hier. Die Besitzer pflegen das reich verzierte Gebäude mit sichtbarem Stolz.

Der gepflasterte Platz an der Kirche ist von älteren Häusern begrenzt, unter anderem steht dort das wuchtige **Rathaus.** Der rote Backsteinbau entstand 1914–15 im Neobarockstil. Über der Durchfahrt zeigt ein Relief den heiligen *Matthäus,* den Schutzheiligen Marnes.

Skatclub-Museum

Der *Marner Skatclub* wurde 1873 gegründet, seit jenen Tagen sammelten die Skatbrüder Schätze aus aller Welt. Später kamen immer mehr Dinge aus der Heimat dazu, sodass das Museum des *Marner Skatclubs* aus gutem Grund **Heimatmuseum** genannt wird. Es zeigt eine heimatkundliche Sammlung aus der Stadt und dem Umland, mit Schwerpunkt auf dem Alltagsleben des 18. und 19. Jh.

■ **Heimatmuseum des Marner Skatclubs,** Museumsstr. 2, Tel. 35 18, Di–Fr und So 14.30–18 Uhr, Eintritt 2 €. So findet man es: durch den Torbogen des Rathauses gehen, die folgende Straße überqueren und weiter geradeaus in die Museumsstraße.

Brauerei

Und dann wäre da noch das **Beugelbuddelbeer** („Bügelflaschenbier" auf Hochdeutsch, aber wie klingt das eigentlich?) der *Dithmarscher Privatbrauerei.* Es wird so genannt wegen des Bügelverschlusses und lässt sich bei einer Brauereibesichtigung verkosten.

■ **Dithmarscher Privatbrauerei,** Oesterstr. 18 (Nähe Hintzpark), Tel. 96 20, www.dithmarscher.de. Besichtigung nach Anmeldung, s. Website, Kosten 12 € mit Bierverkostung und Snack.

Müllenhofbrunnen

Der Müllenhofbrunnen, zu finden südlich vom Marktplatz an der Ecke Bahnhofstraße/Süderstraße, wurde 1934 zur Erinnerung an den aus Marne stammenden *Karl Viktor Müllenhof* geschaffen. Er war Germanistikprofessor u.a. in Berlin. Der Brunnen zeigt **Figuren in Dithmarscher Tracht** und erinnert an die Freie Dithmarscher Republik.

Draisinenbahn

MEIN TIPP: Zwischen Marne und St. Michaelisdonn kann man sich auf einer etwa neun Kilometer langen **ehemaligen Bahnstrecke** per Pedalkraft fortbewegen. Der Startpunkt der Draisinenbahn liegt rund einen Kilometer außerhalb von Marne Richtung St. Michaelisdonn, er ist ausgeschildert. Man strampelt zwischen den Feldern hindurch, muss aber auch ein paar Straßen queren und dabei sichern (Schranken und Ampeln bedienen!). Am Endpunkt wartet ein Kiosk mit Erfrischungen am Bahnhof von St. Michaelisdonn in einem ehemaligen Eisenbahnwaggon. Von dort kann man sich entweder abholen lassen, per Taxi zurückfahren oder erneut strampeln.

- **Marschenbahn Draisine,** Draisinenbahnhof Marne: Bahnhofstr. 41, Draisinenbahnhof St. Michaelisdonn: Bahnhofsstr. 26, www.marschenbahn-draisine.de. Betrieb 1. Mai bis 30. September, Abfahrten: Marne 12 Uhr, St. Michaelisdonn 14 Uhr, im Juli/Aug. zusätzlich um 10 Uhr ab St. Michaelisdonn und um 16 Uhr ab Marne.

Praktische Tipps

Info

- **PLZ:** 25709
- **Vorwahl:** 04851
- **Einwohner:** 5900
- **Touristinformation:** *Touristik Marne-Marschland,* Deichstr. 2, Tel. 95 76 86.
- **Internet:** www.echt-dithmarschen.de

Unterkunft, Gastronomie, Einkaufen

- **Hotel Marner Hof**③, Kleiner Ring 8, Tel. 956 63 10, www.marner-hof.de. Ein kleines, rot-weiß gehaltenes Haus mit 9 EZ, 11 DZ. Es gibt WLAN und Bettdecken in Übergröße. Unten befindet sich ein **Restaurant,** das u.a. gute Fischgerichte serviert.
- **Stadtkrog,** Alter Kirchhof 6, Tel. 957 62 77, tägl. außer Mi 17–22, Sa/So auch 11.30–14 Uhr. Das Restaurant bietet Balkanspezialitäten, Pizza und Pasta.
- **Schäferei Bährs,** Neufelderkoog 25, 25724 Neufelderkogg (knapp außerhalb von Marne), Tel. (04856) 530, www.hof-baehrs.de, Hofladen Do/Fr 10–18, Sa 10–16 Uhr. Hier gibt es Lammfleisch vom Erzeuger und Kosmetika auf Schafsmilchbasis sowie weitere Produkte der Region. Samstags wechselnde Lammgerichte.

In der Umgebung

Kaiser-Wilhelm-Koog

Der Kaiser-Wilhelm-Koog wurde 1873 eingedeicht und liegt am Meer, weswegen er auch eine **Badestelle** hat. In dieser Gegend recken sich viele **Windräder** in den Himmel. Es gibt ein eigens eingerichtetes Informationszentrum.

Im nördlichen Bereich steht die **Neulandhalle.** Sie war ein Prestigeobjekt der Nationalsozialisten und gesellschaftlicher Mittelpunkt eines völlig neu erbauten Koogs, der nach Fertigstellung den Namen Adolf-Hitler-Koog trug. Für die Landgewinnung, also den Bau eines neuen Koogs, schufteten fast 10.000 Menschen über zwei Jahre. Am Ende konnten 1333 Hektar Ackerfläche gewonnen werden. Man siedelte hier insgesamt 90 Bauernhöfe an, neben einigen weiteren privaten Häusern, einer Schule und einer Gastwirtschaft auch die Neulandhalle als kulturelles Zentrum. Die Halle stellte auch eine Art Ersatzkirche dar, denn hier versammelte sich die Gemeinde an Feiertagen und auch für Schulungen im Sinne der Nazi-Ideologie. Immerhin taugte der Koog (dem Meer abgerungenes Land) hervorragend als Beispiel für eine friedliche „Gewinnung von Lebensraum". Nach Kriegsende gab es verschiedene Nutzungsversuche der Neulandhalle, aber erst 2019 kam es zu einer völlig neuen Ausrichtung als historischer Lernort. Im Außenbereich befindet sich eine beeindruckende Dauerausstellung, die jederzeit begehbar ist. Sie besteht aus rund zwei Meter hohen Buchstaben, die die Worte „Leben“, „Raum“, „Volk“ und „Gemeinschaft“ bilden und dabei jeweils mit kritischen und dokumentarischen Texten und Bildern zum Dithmarschen der Nazi-Zeit versehen sind. Der Adolf-Hitler-Koog wurde nach Kriegsende in **Dieksanderkoog** umbenannt. Konkrete Adresse der Neulandhalle für das Navi: Franzosensand 2, 25718 Friedrichskoog.

St. Michaelisdonn

St. Michaelisdonn hat heute als ein Endpunkt der **Draisinenbahn** von Marne (s.o.) eine gewisse Bedeutung erlangt. Sehenswert ist die **Windmühle Edda** am Rande des kleinen Ortes in der Nähe des Bahnhofs (ausgeschildert). 1842 wurde die reetgedeckte Windmühle an der Stelle erbaut, wo einst eine Bockmühle aus dem 17. Jh. stand. Ein Balken der Ur-Mühle konnte beim Bau der *Edda* noch verwendet werden, er trägt das Datum „A.D. 1666 8. Mai“. Der Name bezieht sich auf eine der Töchter des Müllers, die Mühle trägt diesen Namen seit 1952.

Burg (Dithmarschen)

Zwölfmal gibt es den Ortsnamen *Burg* in Deutschland, zweimal in Schleswig-Holstein. Da tut ein Zusatz not. „Dithmarschen“ ist nicht schlecht gewählt, „Nord-Ostsee-Kanal“ wäre auch ganz gut, liegt

810sc-fr

Die Neulandhalle, vom Prestigeprojekt der Nazis zum historischen Lernort

Radeln am Nord-Ostsee-Kanal

Vom Zentrum in Burg sind es etwa zwei bis drei Kilometer bis zum Nord-Ostsee-Kanal (Richtung Wilster fahren). Dort angekommen, kann man stundenlang immer am Kanal entlang zumeist auf Plattenwegen radeln und sich ein Wettrennen mit den Schiffen liefern. Rechts geht es nach Brunsbüttel (15 km), nach links sind es etwa 90 km bis Kiel. Wenn man von Burg nach **Brunsbüttel** radeln möchte, sollte man auf der Nordseite bleiben, also nicht mit der Fähre übersetzen, denn auf der Südseite ist ein Teilstück nicht befahrbar.

Der Plattenweg nach **Kiel** verläuft fast durchgängig auf beiden Kanalseiten bis zur Kieler Schleuse, nur gelegentlich ist er unterbrochen. An diesen Stellen muss man einen Bogen durchs Hinterland fahren oder rechtzeitig per Fähre die Seite wechseln, 14 Fährpassagen gibt es immerhin. Autor und Fotografin haben die Tour bis Kiel mal an einem Tag gemacht, aber man kann auch sehr gut etwa nach der Hälfte in Rendsburg übernachten. In Kiel angekommen, sind es immer noch gute zwölf Kilometer von der Schleuse bis zur Innenstadt und zum Kieler Bahnhof.

MEIN TIPP: Die Tour bis Kiel ist vielleicht ein bisschen weit, aber bis zur **Hochbrücke Hochdonn,** die man schon von Weitem sieht, sind es von Burg nur fünf Kilometer. Bevor der Nord-Ostsee-Kanal 1895 eingeweiht wurde, existierte bereits eine Eisenbahnlinie entlang der Westküste, die sogenannte Marschenbahn, die von Hamburg nach Sylt führte. Der Kanal zerschnitt nun diese Bahnstrecke, deshalb musste eine Brücke gebaut werden. Zunächst behalf man sich mit einer Drehbrücke. Nachdem der Kanal zwischen 1907 und 1913 erweitert worden war, genügte sie bald nicht mehr. Deshalb fertigte man eine neue, **gewaltige Stahlkonstruktion** bei Hochdonn, über die noch heute die Züge nach Norden rollen. Die Brücke ist 2218 Meter lang und hat eine lichte Höhe von 42 Metern.

■ **Detaillierte Infos zum Streckenverlauf** findet man unter www.nok-route.de.

Burg doch keine drei Kilometer von der Wasserstraße entfernt. Der Kanal zerschneidet das Land jedoch erst seit etwas mehr als hundert Jahren, während die Bökelnburg, von der Burg seinen Namen ableitet, immerhin stolze 1200 Jahre zählt.

Sehenswertes

Bökelnburgwall

Der Bökelnburgwall ist ein **kreisrunder Erdwall** von fünf bis zehn Metern Höhe mit einem Durchmesser von hundert Metern. Es handelt sich um die **Überreste einer Burg,** die um 800 n. Chr. zum Schutz der Bevölkerung vor Überfällen erbaut wurde. Der Name der Burg leitet sich von dem nahen Buchenwald ab (*Bökeln* = Buchen). Der Wall war einst mit Palisaden versehen, und höchstwahrscheinlich existierte um die Burg auch noch ein Graben. Das Eingangstor lag ungefähr dort, wo heute die kleine Friedhofskapelle steht. Nach Süden und Osten war die Burg durch ein Moor geschützt. Im Jahr 1032 flüchtete sich die

Wacken, das Heavy-Metal-Mekka

Ein **kleines Dorf** in Schleswig-Holstein. Bummelig, mit 1800 Einwohnern. Nach Itzehoe (nächster Bahnhof) sind es zwölf Kilometer, nach Burg keine zehn. Zur Autobahn Richtung Hamburg fünf. Wacken, das sind eine Hauptstraße, eine Kirche, ein Freibad, ein Gasthof, ein Döner-Laden, zwei Supermärkte. Viel Landwirtschaft und gute Nachbarschaft. Ruhige Nachbarschaft. Nur einmal im Jahr wird es laut. Richtig laut. „Louder than hell" sozusagen. Denn in Wacken findet alljährlich Anfang August nichts Geringeres statt als das **größte Heavy-Metal-Festival der Welt.**

Rückblick. Anno 1989 hocken ein paar Freunde vom Dorf zusammen. Träumen von einem eigenen Open-Air-Festival. Aber warum bloß immer träumen? Gesagt – getan. Eine Kiesgrube gemietet, sechs Bands eingeladen. Losgelegt. Einer der Macher spielte selbst in einer der Bands und zapfte nebenher Bier. Das Wacken Open Air war geboren, und siehe da, 800 Fans kamen. Insgesamt also nicht schlecht. Nächstes Jahr das Ganze nochmal. Diesmal mit sieben Bands und 1300 Fans. Noch besser. Und so ging es stetig weiter. Das Festival wurde immer größer, immer besser organisiert, mehr Bands kamen, und vor allem kamen auch immer **bekanntere Bands.** Was wieder mehr Fans anlockte. Als 1996 die *Böhsen Onkelz* spielten, waren es schon 8000 Fans. Ein Jahr später lockten *Motörhead* 10.000 Metaller nach Wacken, und 1998 kamen 20.000. In den folgenden Jahren explodierten die Zahlen förmlich, zuletzt kamen regelmäßig 75.000 Besucher, 2022 sogar mehr als 80.000. Die Tickets werden online verkauft und seit Jahren ist das Festival nach wenigen Stunden (!) ausverkauft. Obwohl die meisten Bands dann noch gar nicht angekündigt sind.

Eine Lawine von friedlichen, schwarz gekleideten Fans ergießt sich seitdem regelmäßig Ende August über das winzige Dörflein, dessen Bürger begeistert mitmachen. Schon längst ist man aus der Kiesgrube auf ein riesiges Festival-Gelände in der Größe von 270 Fußballfeldern umgezogen.

Das *Wacken Open Air* ist eine **feste Marke** geworden und beschert der Gemeinde einen wahren **Geldsegen.** Das Gelände ist eine bestens or-

811sc-fr

ganisierte riesige **Zeltstadt,** in der alles angeboten wird, was der Metal-Fan so braucht. Der Supermarkt hat die Grundversorgung im Angebot (Dosenbier, Dosen-Ravioli, Schlafsäcke), der Ortsgastwirt betreibt einen riesigen Biergarten (geöffnet von 10 bis 6 Uhr), und Oma verkauft an der Hauptstraße Streuselkuchen und Bier übern Gartenzaun. Findige Jungs bieten erschöpften Gästen an, mit ihren Bollerwagen das schwere Gepäck zum Festivalgelände zu fahren. Ein eigener Zug *(Metal Train)* bringt Fans aus Süddeutschland in die norddeutsche Tiefebene.

Und dann kann die Party beginnen. „Wacköööön" grölen, die Faust geballt, dabei Zeige- und kleiner Finger ausgestreckt, zwei Hörner nachbildend. Den Auftakt macht traditionell die **Kapelle der Freiwilligen Feuerwehr** *(Wacken Fire Fighters)*. Das **Fernsehen** überträgt live, und liebevolle Filme über das Festival wurden auch schon gedreht (*Full Metal Village* von *Cho Sung-Hyung* beispielsweise). Es gibt mehrere Bühnen, Merchandising-Stände, eigenes Wacken-Bier, Postkarten mit Wacken-Stempel, Gepäck-Versand-Service und Geldautomaten. In Wacken selbst liegt an der Hauptstraße 82 der **W:O:A Merchandise Shop,** wo u.a. auch außerhalb der Festival-Zeit Fan-Artikel verkauft werden (geöffnet Do, Fr 14–18, Sa 10–14 Uhr, Tel. (04827) 99 85 99). Und das Ortsschild braucht auch niemand mehr zu klauen. Gibt's nämlich im *Online-Full-Metal-Shop.* Mit der richtungsweisenden Aufschrift *Wacken Heavy Metal Town.* Völlig zu Recht. Denn wer ein Festival von 800 Fans auf über 80.000 pushen kann, der darf das.

[<] Das Festival spült viel Geld in die Gemeindekasse, da nimmt man ein bisschen exzentrische Architektur doch gern in Kauf …

Bevölkerung vor einem (erfolglosen) Slawenüberfall in die Burg. Das war dann auch die erste schriftliche Erwähnung, nach der der Ort seinen Namen erhielt. Von den Gebäuden der Burg ist nichts mehr erhalten, im Inneren des Ringwalls liegt heute ein Friedhof. Man kann auf dem Wall herumwandern.

Arboretum

Direkt hinter dem Ringwall liegt der sehenswerte **Baumgarten.** Auf gut 2,5 ha können Bäume und Sträucher aus aller Welt bestaunt werden. Auf der angrenzenden **Freilichtbühne** finden vereinzelt Aufführungen statt.

Am Marktplatz

Nur ein paar Schritte entfernt ist der Marktplatz mit einer Mischung aus schönen älteren Häusern, hohen Bäumen, der königlichen Apotheke und einigen modernen Bauten. An der Ostseite stehen zwei schöne, reetgedeckte Häuser aus der Mitte des 18. Jahrhunderts. In Hausnummer 8 findet sich die **alte Apotheke,** daneben (Nr. 9) ein sogenanntes **Fachwerkhallenhaus.**

Petrikirche

Die nahe gelegene Petrikirche wirkt von außen recht schlicht, fast etwas eckig. Ursprünglich war sie aus Feldsteinen erbaut, die jedoch heute unter dem weißen Putz kaum sichtbar sind. Sie soll im Jahr 1148 gegründet worden sein, nachdem der Bruder des in der Bökelnburg erschlagenen Grafen *Rudolf* den Bau als Zeichen der Sühne veranlasst hatte. Im Inneren der Kirche über dem Backsteinaltar befindet sich ein Kruzifix aus dem 14. Jahrhundert.

Burger Museum

Im Herzen der Stadt lädt ein Museum zu einem Bummel durch das Burg der letzten Jahrhunderte ein. In mehreren Abteilungen wurden Räumlichkeiten verschiedener Burger **Handwerker** originalgetreu wieder aufgebaut. Zu besichtigen sind ein Kolonialwarenladen aus den 1920er-Jahren, ein dörflicher Frisör, eine Sattlerei, eine Schuhmacherei, eine Zahnarztpraxis, eine Apotheke und eine Tischlerei. Außerdem werden Exponate zur Burger **Schifffahrt** präsentiert. Ein kleines **Café** ist angeschlossen.

- **Burger Museum,** Große Mühlenstr. 6, Tel. 90 22 00, www.burger-museum.de, Mai bis Okt. Di, Fr, Sa, So 14–17 Uhr, Eintritt 4 €, Kinder (7–17 J.) 2 €.

Waldmuseum

Einen profunden Einblick ins **Ökosystem Wald** gewährt das Waldmuseum, das passend zum Namen etwas außerhalb in einem Wald liegt. Schautafeln, Querschnitte durch Baumstämme und Sammlungen von Blättern, Gewölle und Tierpräparaten zeigen Details und geben ungeahnte Einblicke in ein scheinbar so bekanntes Stück Natur. Man schlendert staunend durch die Ausstellung.

Draußen befinden sich ein **Waldlehrpfad** und ein **Waldspielplatz,** ein gelungener Versuch, speziell Kinder mit der heimatlichen Natur vertrauter zu machen. Obendrein können Besucher vom 21 m hohen **Aussichtsturm** einen formidablen Rundblick genießen. Immerhin steht das Museum auf dem 66 m hohen „Berg“ Wulfsboom, macht zusammen stolze 87 m – gar nicht so wenig, wenn man bedenkt, dass der höchste Berg in Schleswig-Holstein, der Bungsberg, 168 m misst.

- **Waldmuseum,** Waldstr. 141, Tel. 29 85, www.burger-waldmuseum.de. Ausgeschildert, nach ca. 15 Min. Fußweg oder 5 Automin. über die Waldstraße erreichbar (Parkraum vorhanden), Karfreitag bis 31.10. Di–So 11–17 Uhr, Eintritt 4 €, Kinder 2 €.

Praktische Tipps

Info

- **PLZ:** 25712
- **Vorwahl:** 04825
- **Einwohner:** 4200
- **Touristinformation:** Holzmarkt 5, Tel. 90 11 94.
- **Internet:** www.echt-dithmarschen.de

Unterkunft, Gastronomie

- **Riedels Hotel**③, Nantzstr. 3–5, Tel. 82 62, www.riedelshotel.de. Zwölf Zimmer und WLAN hat dieses mitten im Ortskern gelegene Haus.
- **Burger Fährhaus**③, Hafenstr. 48, Tel. 24 17, www.burger-faehrhaus.de, tägl. 12–22 Uhr (Küche bis 20 Uhr). Das Haus am Kanal beim Fähranleger hat sechs nett eingerichtete Zimmer und einen großen Garten. Es gibt eine überschaubare Karte mit regionalen und saisonalen Gerichten, auch vegetarische, sowie das Craftbeer „Fährhaus Bräu“. Beste Aussicht von der Terrasse auf die vorbeiziehenden Schiffe.

■ **Dat lütte Café,** Krenzerstr. 1, Tel. 92 39 38, www.dat-luette-cafe.de, So 14–18 Uhr. Kleines, schnuckeliges Haus in einem verwunschen wirkenden Garten, zentral gelegen vis-à-vis der Bökelnburg. Hier gibt es leckere hausgemachte Torten.

Aktivitäten

■ **Freibad:** Am Sportplatz 10, Tel. 88 57, Mai bis Sept. Mo–Fr 10–20 Uhr, Sa/So 10–19 Uhr. Schön gelegenes Schwimmbad mit besonderen Attraktionen wie einem Strömungskanal, Massagedüsen und einer 80 m langen Rutsche.

Friedrichskoog

In der Hierarchie der **großen Nordseebäder** an der Westküste nimmt Friedrichskoog Platz drei ein, nach St. Peter-Ording und Büsum. Der Ort tritt bescheiden auf, im Bewusstsein, den beiden anderen touristischen Anziehungspunkten an Schleswig-Holsteins Nordseeküste nicht das Wasser reichen zu können. Die Gäste, die nach Friedrichskoog kommen, wollen es auch gar nicht anders. Hier wird ihnen kein Rummel geboten, sondern **Ruhe.** Natürlich gibt es auch Tagesgäste und Zweithausbesitzer aus Hamburg, aber alles bleibt im Rahmen und bescheiden. Massenbetrieb findet nicht statt. Das war schon immer so, 1957 zählte eine Statistik 200 Urlauber, Ende der 1990er Jahre stabilisierte sich die Zahl auf 30.000 pro Jahr. Viel für einen kleinen Ort, aber nicht zu viel.

Friedrichskoog bietet keinen spektakulären Strand. Das verwundert nicht, wurde der Koog doch 1854 dem Meer abgerungen. Damals suchte man nur fruchtbares Ackerland und keine Sandstrände. Hier kann der Gast also nur am **Deich** liegen und die Nordseesonne genießen.

Der Ort lässt sich grob zweiteilen. Da gibt es zum einen **Friedrichskoog-Hafen,** um es einmal so zu nennen. Hier dümpelten viele Jahre Krabbenkutter, doch diese Zeiten sind vorbei. Die Landesregierung bewilligte aber Gelder zur Umgestaltung des Hafens in einen **Erlebnishafen** mit der Seehundstation als Kernstück. Die touristische Meile zentriert sich bei **Friedrichskoog-Spitze** (so lautet der offizielle Name), ein paar Kilometer vom Hafen entfernt. Hinter diesem Namen verbirgt sich eine etwas ins Meer hineinragende Landzunge, an der auch der Deich verläuft. Direkt dahinter liegen ein paar Kneipen und einige Ferienwohnungen. Diese befinden sich gewissermaßen in der ersten Reihe, nur wenige Schritte vom „grünen" Strand – dem Deich – entfernt. Es werden auch in und um Friedrichskoog-Hafen Ferienwohnungen angeboten, aber von dort aus sind es ein paar Kilometer Wegstrecke bis zum Strand.

Direkt von der Friedrichskooger Spitze ragt der 2,3 km lange **Trischendamm** ins Meer, der eigentlich das Festland mit der Vogelinsel Trischen (s.u.) verbinden sollte. Davon hat man dann jedoch Abstand genommen. Übrig blieb ein Basaltdamm, der wie ein ausgestreckter Finger ins Meer weist. Gebaut wurde dieser Damm 1935/36.

Sehenswertes

Seehundstation

„Information, Aufzucht, Forschung" lautet das Motto der Friedrichskooger Seehundstation, die sich seit 1985 um diese Tiere kümmert. Ein paar Alttiere (auch einige Kegelrobben) werden dauerhaft in einem naturnahen Beckensystem gehalten und können von den Besuchern nicht nur beim Füttern beobachtet werden. Sie tollen zumeist ganz niedlich im Wasser herum. Gut zu sehen, welch geschickte Schwimmer sie doch sind, vor allem unter Wasser, ein extra Sichtfenster erlaubt entsprechende Einblicke. Die Aufzucht beschränkt sich auf sogenannte **Heuler,** Jungtiere, die von ihrer Mutter getrennt aufgefunden wurden. Friedrichskoog ist in Schleswig-Holstein die einzige autorisierte Institution für die Aufnahme von Heulern. Sobald es möglich ist, werden die Tiere wieder in die Nordsee entlassen.

Besucher finden neben den possierlichen Seehunden **Schautafeln** mit vertiefenden Erklärungen zu den Meeressäugern und ihrem Lebensraum, dem Wattenmeer. Und dann gibt es noch den **begehbaren Seehund „Kurt",** in dem die Kleinen anschaulich einen Seehund von innen kennenlernen können.

Die **Trischenbake** ist eine 17 m hohe ehemalige Rettungsbake, die heute als Aussichtsturm genutzt wird. Von oben genießt man einen tadellosen Blick über die gesamte Anlage.

■ **Seehundstation,** An der Seeschleuse 4, beim Hafen, Tel. 13 72, www.seehundstation-friedrichskoog.de, Di–So 10–18 Uhr. Eintritt: 7 €, Kinder (2–16 Jahre) 5 €, Familien 19 €.

036ns fr

Schutzstation Wattenmeer

Das Informationszentrum liegt im Ortskern beim *Haus des Kurgastes*. Es bietet neben Wissenswertem zum Wattenmeer **naturkundliche Ausstellungen.** Zudem können hier Termine für **Wattwanderungen** vereinbart werden.

■ **Schutzstation Wattenmeer,** Koogstr. 141, Tel. 92 98, www.schutzstation-wattenmeer.de, Sa/So 14–17 Uhr, Änderungen möglich.

Windmühle Vergissmeinnicht

Mitten in Friedrichskoog überragt die 1860 erbaute Mühle *Vergissmeinnicht* die umliegenden Häuser. Der Name ist Programm, fungiert sie doch als Standesamt. So wird die Mühle im Volksmund auch „Hochzeitsmühle" genannt. Viele der Brautpaare stifteten hinterher einen Baum. Am Rande von Friedrichskoog-Spitze entsteht so langsam ein kleiner „Hochzeitswald".

■ **Windmühle Vergissmeinnicht,** Koogstr. 90, Infos Tel. 15 06.

Vogelinsel Trischen

Auf der Vogelinsel Trischen wohnt in der wärmeren Jahreszeit ein **Vogelwart,** ein wahrhaftiger Einsiedler. Er muss die Vögel beobachten, zählen und dafür sorgen, dass niemand sonst das Inselchen betritt, denn es steht unter strengem **Naturschutz.** Etwas abenteuerlich ist das Leben für ihn schon, gibt es doch weder Strom noch fließend Wasser auf der Insel, nur einen Ofen und Solarbetrieb. Gute Eindrücke gibt der Blog des Vogelwarts: http://blogs.nabu.de/trischen.

☒ Tiefenentspannter Seehund

Praktische Tipps

Info

■ **PLZ:** 25718
■ **Vorwahl:** 04854
■ **Einwohner:** 2500
■ **Touristinformation:** *Tourismus-Service,* Koogstr. 141, Tel. (auch Buchungshotline) 21 90 10.
■ **Internet:** www.friedrichskoog.de

Unterkunft, Gastronomie

■ **Hotel Möven-Kieker**③, Strandweg 6, Tel. 90 45 880, www.moeven-kieker.de. Ein familiäres Haus, das direkt hinter dem Deich liegt und insgesamt 12 Zimmer bietet. Frühstück bis 11 Uhr.
■ **Bed and Breakfast hinterm Nordseedeich** ②, Strandweg 1, Tel. 893, www.urlaub-hinterm-nordseedeich.de. Die kleine Pension mit ihren neun Zimmern liegt äußerst ruhig hinterm Deich, aber auch schon einen guten Kilometer von Friedrichskoog-Spitze entfernt. Ein gemütlicher Garten und der weite Blick über die Felder entschädigen dafür.
■ **Fisch Delikatessen Urthel,** Hafenstr. 71, Tel. 291, www.urthel.de, Do–Sa 15–17 Uhr. Das Dach wurde in Form eines Bootes gebaut, Maritimes bildet den Schwerpunkt auf der Speisekarte. Hier gibt es frisch gepulte Krabben vom familieneigenen Kutter und hausgemachten Räucherfisch. Dazu einen Verkaufswagen (Di–So 11–17 Uhr) auf dem Parkplatz der Seehundstation.
■ **Deichrestaurant Zur Spitze,** Koogstr. 140, Tel. 12 62, www.deichrestaurant-zurspitze.de, April

bis Ende Okt. Di–So ab 12 Uhr, sonst eingeschränkt. Große Terrasse, serviert wird norddeutsche Küche.

- **Deichbär,** Koogstr. 142, Tel. 305, Ende März bis 31.10., www.deichbaer.de, Do–Mo 17–22 Uhr. Norddeutsche Küche mit Produkten aus der Region, am Nachmittag gibt es Torte und Kuchen.
- **Seaside 26,** Buschsand 26, Tel. 90 48 74, www.seaside26.de, Fr–Di 11.30–14, 17.30–21 Uhr. Es gibt neben Fisch und Fleisch auch vegetarische Gerichte, Suppen, Salate u.a. Das nett eingerichtete Lokal in einem hellen, modernen Ton hat auch eine klassische Bar mit Tresen sowie eine Terrasse.
- **Alice Heimathafen,** Am Hafen 4, Tel. 217, www.alice-heimathafen.de, Di–So 11.30–19.30 Uhr. Gemütliches Fischlokal mit nordseetypischen Angeboten wie Matjes, Fischbrötchen, Scholle oder Krabbensuppe.

Camping

- **Campingplatz Swienskopp,** Süderdeich 1, Tel. 854, www.campingplatz-swienskopp.de, April bis Okt. Kleiner Platz unweit vom Kurzentrum.

Aktivitäten

- **Wal-Indoor-Spielpark:** Direkt am Hafen liegt dieses Spieleparadies. Auf 2500 m^2 eröffnen sich für Kinder alle möglichen Sport- und Spielmöglichkeiten: ein Multifunktionssportfeld, ein Kleinkind-Spielbereich, Trampolins, ein Labyrinth und sehr vieles mehr, im Sommer auch draußen. Am Hafen 10, Tel. 909 82 30, https://friedrichskoog-williwal.de, Di–Fr 14–19 Uhr, in den Ferien tägl. 11–19 Uhr, Eintritt 6,90 €, Kinder 8,90 €, Familien (zwei Erwachsene und zwei Kinder) 27,90 €.
- **Fahrradverleih:** *Claßen,* Hoogen 12, Tel. 17 38, und Koogstr. 72, Tel. 235.
- **Meerwasser Thermalbad:** Schulstraße-West 14, Mo–Fr 8–20 Uhr.

⊡ Innenraum der Kirche St. Johannis

Meldorf

Meldorf wird auch die **Domstadt** genannt. In der Tat liegt das Zentrum der Stadt rund um den sehenswerten Dom. Dort gruppieren sich einige nette Lokale und Hotels, zweigen wichtige Straßen ab, teils als Fußgängerzonen, und in unmittelbarer Nähe liegen zwei bemerkenswerte Museen. Ein Besuch Meldorfs lohnt sich also nicht nur wegen des Doms.

Anfang des 9. Jh. stand hier bereits eine erste Kirche, da Meldorf wohl der Hauptversammlungsplatz der Dithmarscher zwischen Eider und Elbe war. 1265 tauchte Meldorf erstmals in einer amtlichen Urkunde namentlich auf. 1434 verlor es jedoch seine Stellung als wichtigster Ort in Dithmarschen an Heide, und 1559 wurde Meldorf sogar das Stadtrecht entzogen. Erst drei Jahrhunderte später wurde es dem Ort im Jahr 1869 erneut zugesprochen. 1970 dann die nächste Zäsur, zwei Landkreise wurden zusammengelegt und Heide erhielt den Status als Kreisstadt. Als Ausgleich bekam Meldorf das Amtsgericht für ganz Dithmarschen.

Sehenswertes

Kirche St. Johannis

Erbaut wurde die Kirche, die nie Bischofsweihen empfing, aber gleichwohl als **Dom** bekannt ist, zwischen 1250 und 1300. Das war, als Dithmarschen politisch selbstständig war und Meldorf Stadtrechte erlangte. Bereits zur Zeit des Missionars *Ansgar,* der 826 von Hamburg aus nach Norden zog, existierte eine erste Kirche. Diese genügte aber vier Jahrhunderte später nicht mehr den Ansprüchen. Die Dithmarscher waren selbstbewusst und politisch unabhängig, und das sollte auch durch einen gewaltigen Kirchenbau dokumentiert werden. So entstand der rote Backsteinbau zu Ehren **Johannis des Täufers.** Eine ihn darstellende große Holzfigur, geschaffen Mitte des 15. Jh., steht rechts vom Chorgitter.

Nach dem Eintreten stößt man auf eine **Skulptur der heiligen Gertrud** (Ende 15. Jh.), die als Kirchenstifterin ein Gotteshausmodell trägt. Sie ist auch als Patronin der Reisenden bekannt. Besonders schön ist das **bunte Fenster** über dem Altarraum. In seinem Bereich wurde das himmlische Jerusalem mit seinen goldenen Gassen abgebildet, im unteren Teil sind die zwölf Jünger erkennbar.

Im nördlichen Querschiff befinden sich mittelalterliche **Deckengemälde,** die als Bilderzyklus die Schöpfungsgeschichte darstellen sowie die Lebensgeschichte Jesu. Das im Altarraum stehende **Taufbecken** stammt aus dem späten 13. Jh. Der **Altaraufsatz** besteht aus einem geschnitzten Klappteil, das 1533 aufgestellt wurde. Es zeigt die Leidensgeschichte Jesu. Der gemalte Teil auf den Außenflügeln entstand 60 Jahre später. Gegenüber befindet sich die 1977 erbaute gewaltige **Orgel** mit 43 Registern. Die **Renaissance-Kanzel,** von zwei reichen Privatleuten gestiftet, entstand um 1602, auf dem Kanzelkorb sind sieben geschnitzte Darstellungen aus Jesu Leben zu finden.

Auch das **Chorgitter,** eines der bemerkenswertesten Details von St. Johannis, stammt aus dieser Zeit, es wurde 1603 aus Eiche geschnitzt. Gestiftet hat dieses sehr wertvolle Werk der Landvogt

429ns fr

Michael Boie als Vertreter des hier seit 1559 regierenden dänischen Königs *Friedrich II.* Das Gitter trennt den Altarbereich vom Hauptkirchenschiff und ist ein großartiges Kunstwerk, u.a. mit dem Wappen des Königs von Dänemark. Vor allem im oberen Teil fallen die Figuren der sieben Apostel auf sowie die Darstellung der vier Tugenden: Glaube, Klugheit, Liebe, Gerechtigkeit.

Der restliche Bereich der Kirche fällt relativ schlicht aus. Auffällig sind noch die hellblauen Holzbänke und der spärliche Wandschmuck, bestehend aus einigen Porträtbildern. Dort wird neben einem Bildnis von *Martin Luther* auch *Heinrich von Zütphen* dargestellt, ein Prediger, der 1524 in Heide grausam ermordet wurde.

■ **Kirche St. Johannis,** Mo–Fr 10–12 und 14–16.30, Sa 10–12 Uhr. April bis Okt. auch So 14–17 Uhr. Fr um 10 Uhr findet eine sehr geschätzte 15-minütige Markt-Andacht statt.

Am Südermarkt

Der zentral beim Dom gelegene Südermarkt ist ein weitläufiger Platz, an dem einige **historische Häuser** stehen. Das unübersehbare Apothekergebäude wurde 1840 im Stil des Klassizismus gebaut, die Apotheke selbst existiert seit 1614. Auch die beiden Löwenskulpturen aus Sandstein vor dem schönen Gebäude an der Hausnummer 6 stammen aus dem 17. Jh. Die Domgoldschmiede in einem Haus aus dem Jahr 1780 liegt etwas entfernt von dieser Stelle neben der Touristinformation.

In der benachbarten Süderstraße 7 steht eines der ältesten Häuser Meldorfs, das Fachwerkhaus wurde um 1565 erbaut. Das Haus mit der Nummer 18 ist ähnlich alt, es stammt aus dem Jahr 1588. Bemerkenswert sind die Inschriften auf dem Balken über der Tür, gut lesbar steht dort auf Platt: „Is Godt midt uns, wor kann den wedder uns wen?" („Ist Gott mit uns, wer kann dann gegen uns sein?").

Ein sehr schönes Haus steht in der Zingelstraße 8, ein Backsteingiebelhaus aus dem Jahr 1710. Skulpturen aus Sandstein schmücken die Fassade. Ein weiteres historisches Haus befindet sich bei der Papenstraße, wo einst ein Kloster stand. 1540 ging hieraus die Meldorfer Lateinschule hervor. Nebenan liegt das ehemalige Pfarrhaus, ein Backsteingiebelhaus aus dem frühen 17. Jh., hier sind heute die Museums-Werkstätten (s.u.) untergebracht.

Dithmarscher Landesmuseum

Das Dithmarscher Landesmuseum ist das älteste (1872 gegründet) und **größte Museum des Landes.** Dargestellt werden historische Ereignisse wie die Schlacht von Hemmingstedt oder die Anfänge des Deichbaus, aber vor allem thematische Schwerpunkte aus den 1930er- bis 1970er-Jahren. Diese Epoche wird mit viel Detailgenauigkeit in unterschiedlichen Räumen präsentiert. So spaziert man von einem Zimmer zum anderen und findet sich plötzlich in einer völlig anderen Szenerie wieder. Zu sehen sind u.a. ein alter Postschalter, ein Klassenraum mit Schiefertafel und viel zu engen Holzbänken, ein Frisörsalon mit Trockenhaube, eine Zahnarztpraxis mit Pedalbohrer, eine dörfliche Kneipe mit elektrischem Klavier und pizzatellergroßem Aschenbecher auf dem Stammtisch oder auch ein Kinosaal mit regelrechten Monstern von Filmvorführapparaten. Auch die Nazizeit wurde nicht ausgespart. Das Museum ist nicht spezifisch auf Dithmarschen ausgerichtet, es bietet einen guten Überblick über eine Zeit, die gar nicht so lange zurückliegt.

- **Dithmarscher Landesmuseum,** Bütjestr. 4, Tel. 60 00 60, www.landesmuseum-dithmarschen.de, wegen Umbau bis voraussichtl. Mitte 2023 geschl.

Landwirtschaftsmuseum

In einer riesigen Halle wird das **Leben der Bauern** in der jüngeren Vergangenheit thematisiert. Jede Menge Traktoren, Schlepper, Mähmaschinen, Erntegeräte, Leiterwagen und Anhänger stehen hier, ehemalige Gebrauchsgegenstände, die man hautnah begutachten kann. Im oberen Bereich hat man eine **Kohlschneidemaschine** montiert und eine **Backstube** mit Lädchen, eine **Küche** und verschiedene **Bauernstuben** nachgebildet.

Noch anschaulicher wird es bei einer Visite im angeschlossenen **Bauernhaus.** Dieses komplett im Originalzustand eingerichtete Haus ist ca. 300 bis 400 Jahre alt. Wenn sich die Augen erst mal an das spärliche Licht gewöhnt haben, erkennt man links und rechts Ställe, daneben an der hinteren Stirnseite Wohn-, Schlaf- und Küchenbereich von Herren und Gesinde. Im oberen Stockwerk sind Bilder ausgestellt, die eindrucksvoll das harte Leben der Bauern zeigen.

- **Dithmarscher Bauernhaus und Landwirtschaftsmuseum,** Jungfernstieg 4, Tel. 97 93 90, Di–Fr 10–16 Uhr, Sa/So 11–16 Uhr. Das Bauernhaus ist von April bis Okt. geöffnet. Eintritt 3 €.

Rosengarten

Direkt neben dem Landwirtschaftsmuseum befindet sich ein Garten mit **historischen Rosensorten.** Die Sammlung kam durch eine Privatinitiative zustande, heute wachsen hier 54 verschiedene Sorten. Die Blütezeit liegt etwa zwischen Ende Mai und Mitte Juli.

Museumsweberei

In einem denkmalgeschützten Haus befinden sich Werkstätten der **Stiftung Mensch,** in denen Menschen mit Behinderungen Decken, Trachten oder Kissen nach alter Tradition per Hand **weben.** Besucher können den Webern über die Schulter schauen und ihre Produkte käuflich erwerben. Auch eine kleine **Töpferei** ist hier zu finden.

- **Museumsweberei,** Papenstr. 2, Tel. 99 96 60, Mo–Do 7.30–15.30, Fr 7.30–11.30 Uhr.

Praktische Tipps

Info

- **PLZ:** 25704
- **Vorwahl:** 04832
- **Einwohner:** 7300
- **Touristinformation:** *Tourist & Service Center Meldorf/Meldorf Umland e.V.,* Nordermarkt 10, Tel. 978 00.
- **Internet:** www.echt-dithmarschen.de

Unterkunft

- **Hotel Zur Linde**③, Südermarkt 1, Tel. 959 50, www.linde-meldorf.de. Insgesamt zehn DZ und zwei EZ hat dieses kleine Haus direkt am Domplatz. Das angeschlossene **Restaurant** überrascht mit abwechslungsreichen Menüs und bietet sonntagmittags „Dithmarscher Mehlbeutel" an, WLAN.

Camping

- **WoMo-Stellplatz:** für ca. 80 Wagen auf einem länglichen Wiesengelände hinterm Deich zwischen Nordsee und Speicherkoog, einer Art Binnensee. Deichstr. 2, geöffnet von Ostern bis Okt., Infos Tel. (0179) 452 00 16, www.action-surf-meldorf.de.

Gastronomie

Einige Lokale liegen direkt am Domplatz, teilweise kann man recht gemütlich draußen sitzen.

- **Dom Café,** Südermarkt 4, Tel. 34 44, www.domcafemeldorf.de, Di–Fr 9–17 Uhr, Sa/So, 10–17 Uhr, Frühstück, herzhafte Gerichte, heiße Getränke sowie Kuchen und Torten.

MEIN TIPP: **Restaurant und Brasserie V,** Klosterstr. 4, Tel. 60 14 80, www.restaurant-v.de, tägl. 17.30–22 Uhr. Die Gerichte sind kreativ zubereitet. Zusätzlich zur aktuellen Karte wird auch eine Flammkuchenauswahl geboten. Neben dem Restaurantbereich gibt es eine Brasserie, in der kleinere Gerichte serviert werden. Im Sommer ist auch die Terrasse im Garten geöffnet.

Einkaufen

- **Markt:** Fr 8–13 Uhr auf dem Marktplatz.
- **Dithmarscher Gänsemarkt,** Hauptstr. 1, 25693 Gudendorf, Tel. (04859) 445, www.gänsemarkt.de. Di–So 10–17 Uhr. Zwar etwas außerhalb gelegen, kann der Gänsehof besichtigt werden und in der *Daunenstube* (u.a. Daunenkissen) eingekauft werden.

Aktivitäten

- **Kulturhistorische Stadtführungen** finden an ausgesuchten Terminen statt, ebenso **kulinarische abendliche Stadtführungen** mit Einkehr in einem Lokal. Infos über die Touristinformation.

In der Umgebung

Meldorfer Bucht

Knapp zehn Kilometer vom Ort entfernt liegt die Meldorfer Bucht mit der **Badestelle am Speicherkoog.** Dort finden sich auch ein **Surfrevier** und ein **Sportboothafen.** Man sonnt sich am Deich, auch einige Strandkörbe werden angeboten. Wer baden will, steigt über eine Treppe ins Meer, sofern nicht gerade Ebbe ist, und kann hinterher sogar duschen. Ein großer Parkplatz ist vorhanden. Die Strände sind überwiegend Grasflächen, auf denen auch Schafe weiden können. Nur eine kleine Fläche am Meldorfer Strand hat Sand.

Ideal für **Surf-Einsteiger** ist das ruhige, geschlossene **Staubecken.** Dort kann man unter fachkundiger Anleitung windsurfen oder kiten lernen. Ein großer Parkplatz und eine WC-Anlage sind vorhanden. Zumindest im Sommer öffnet ein kleiner Imbiss (leckerer Kuchen!).

Auf dem Weg zur Badestelle Elpersbüttel liegt der sogenannte *Wattwurm*, ein halbkreisförmig gebautes Haus, in dem das **Informationszentrum Wattenmeer** seinen Sitz hat. Neben dem Gebäude führt ein **Naturlehrpfad** durch die Natur des Speicherkoogs.

■ **Surfschule,** Am Yachthafen 8, www.action-surf-meldorf.de, Tel. 951 95 16 oder (0179) 452 00 16.

■ **Informationszentrum Wattenmeer,** im *Wattwurm*-Gebäude am Meldorfer Hafen, Hafenstr. 2, März–Okt. Fr–So 11–17 Uhr, Eintritt frei.

Heide

Heide ist der **größte Ort in Dithmarschen** und Sitz der Kreisverwaltung. Das wird Touristen wohl nur mäßig interessieren, genauso wie die Angabe, dass der örtliche Fernmeldeturm mit 158 m den höchsten Punkt im Kreis markiert. Damit kratzt er bedenklich am Höhenrekord im Land, denn der Bungsberg gilt mit 168 m als höchster Berg von ganz Schleswig-Holstein. Diesen Landesrekord haben die Heider also nicht ganz geknackt, einen anderen wird ihnen niemand streitig machen können: In den Stadtmauern breitet sich einer der größten Marktplätze Europas aus.

Die erste Erwähnung eines Ortes *Uppe de Heyde* datiert von 1434. Die Dithmarscher freien Bauern wählten schon wenige Jahre später Heide als Versammlungsort aus, vorher lag dieser im wesentlich älteren Meldorf. 1870 bekam Heide Stadtrechte und seit 1970 ist es Kreisstadt des Kreises Dithmarschen.

⌵ Das Staubecken in der Meldorfer Bucht

142ns fr

Sehenswertes

Marktplatz

Der Marktplatz misst gewaltige 4,7 ha. Die nächstkleineren Marktplätze in Schleswig-Holstein bringen es auf gerade einmal die Hälfte. Jeden Samstagvormittag wird hier ein **Wochenmarkt** abgehalten und das schon seit über 500 Jahren. Schon damals, als die Dithmarscher sich selbst, frei von Adel und Klerus, regierten (1447–1559), traf man sich samstags auf dem Marktplatz. Hier wurden auch Streitigkeiten geschlichtet – an Markttagen verkündete man sehr weise einen Marktfrieden. Alle Händler sollten frei von Hader und Zwist und vor allem ohne Angst vor Dieben und Schlimmerem ihrer Tätigkeit nachgehen können. Dieser Marktfrieden war heilig, und unter strengen Regeln wurde auf die Einhaltung geachtet.

Der **Heider Marktfrieden** wird noch heute alle zwei Jahre (in geraden Jahren) am zweiten Juli-Wochenende gefeiert. Dann wird ein historischer Markt aufgebaut und Händler, Handwerker und Besucher feiern drei Tage lang in traditionellen Kostümen. Wenn gerade keine Markttage sind, verwandelt sich der Marktplatz übrigens in einen Parkplatz.

Kirche St. Jürgen

Am Marktplatz steht auch die Kirche St. Jürgen, benannt nach dem Ritter Sankt Georg, dem Drachentöter (*Jürgen* ist eine Ableitung von *Georg*). Bereits 1438 stand hier eine kleine Kapelle, denn am Markt kreuzten sich wichtige Handelswege. Etwa 1460 wurde daraus eine Kirche, die dänische Truppen 1559 zerstörten. Die aktuelle Kirche entstand auf den Resten des zerstörten Gotteshauses, 1611 wurde der Turm gebaut, 1717 kam der Dachreiter hinzu.

Innen im Vorraum stehen noch alte Kirchenstühle mit Wappen und Namen lokaler Würdenträger und eine eisenbeschlagene Truhe, die früher als Armenkasse diente. Der spätgotische **Schnitzaltar** stammt ebenfalls aus dem 16. Jh. Der **Barockaltar** wurde 1699 vom Hamburger Bildschnitzer *Valentin Preuß* erschaffen, die Bildwerke zeigen die wichtigsten Stationen der Leidensgeschichte Jesu von Gründonnerstag bis zur Auferstehung. Das achteckige Taufbecken stammt aus dem 15. Jh. und ist aus westfälischem Sandstein gefertigt. Es wird heute nicht mehr benutzt. An den Emporen hängen 45 Bildtafeln zur biblischen Geschichte.

Vor der St.-Jürgen-Kirche am Marktplatz steht der **St.-Georg-Brunnen.** Oben ersticht gerade der heilige Georg den Drachen, und rings um den Brunnen werden auf acht Bronzetafeln Höhepunkte der Heider und Dithmarscher Geschichte dargestellt.

■ **Kirche St. Jürgen,** wegen Umbauarbeiten voraussichtl. bis Mitte 2023 geschlossen.

Rund um den Marktplatz

In den vom Marktplatz abzweigenden Seitenstraßen stehen noch einige würdevolle **Häuser aus dem 18. Jh.** Ein Bummel durch die angrenzenden Straßen lohnt sich, so z.B. durch die **Friedrichstraße,** eine Fußgängerzone. Dort liegen etliche Geschäfte und kleine Läden so-

703sc ms

wie die winzige, aber urige **Rosengasse.** Sie zweigt von der Friedrichstraße ab und beherbergt gemütliche Lokale.

Heimatmuseum und Klaus-Groth-Museum

In Heide wurden das örtliche Heimatmuseum und das benachbarte Klaus-Groth-Museum zusammengefasst zur **Museumsinsel.** Das Heimatmuseum dokumentiert die Entstehung Heides und zeigt seine geschichtliche Entwicklung. Ausgestellt sind einige traditionelle **Handwerksbetriebe,** so eine historische Apotheke, eine Goldschmiede, eine Schneiderei, eine Stellmacherei und ein Schuster, dazu eine nachgestellte Marktszene, alles im Originalzustand und somit sehr lebendig.

1914 wurde im Geburtshaus des Dichters *Klaus Groth* ein Museum eingerichtet, das an das Werk dieses **bedeutendsten niederdeutschen Lyrikers** erinnert. Bücher, Faksimiles und Fotos sind ausgestellt, obendrein kann man einen Blick in die Wohn- und Arbeitszimmer werfen und damit einen Eindruck von der Lebenswelt des vergangenen Jahrhunderts erhalten. Aber Achtung, Kopf einziehen! Obwohl der 1819 geborene Dichter immerhin 1,90 m groß war, sind die Türen ziemlich niedrig gehalten.

■ **Museumsinsel,** Lüttenheid 40, Tel. 637 42, https://museumsinsel.heide.de, Di–Do 11.30–17, Fr 11.30–14 Uhr, Sa/So derzeit geschlossen, Eintritt 4 €, ermäßigt 2 €, Familien 8 €, Kinder unter 6 Jahren frei.

Der Innenraum der St.-Jürgen-Kirche in Heide

Brahmshaus

Nur ein paar Schritte entfernt liegt der Stammsitz der Familie des Komponisten **Johannes Brahms** (1833–1897), obwohl dieser überwiegend in Hamburg lebte. Hier wird an den großen Musiker erinnert, außerdem ist es der Sitz der *Brahmsgesellschaft*.

- **Brahmshaus,** Lüttenheid 34, Tel. 683 71 62, https://brahms-sh.de, April bis Okt. Di–Do 11.30–15.30, Fr 11.30–13.30, Sa 13.30–15.30 Uhr, Eintritt 3 €.

Praktische Tipps

Info

- **PLZ:** 25746
- **Vorwahl:** 0481
- **Einwohner:** 21.000
- **Touristinformation:** Markt 37, Tel. 212 21 60.
- **Internet:** www.echt-dithmarschen.de

Unterkunft, Gastronomie

- **Nordica Hotel Berlin**⑤, Österstr. 18, Tel. 854 50, www.nordicahotel-heide.de. Größeres Haus am Stadtrand, gute 20 Min. zu Fuß von der City entfernt. 52 DZ, 18 EZ, toll eingerichtet. Wellnessbereich mit Sauna und Außenschwimmbad, Beautyfarm sowie **Restaurant** mit Terrasse. WLAN.
- **Jugendherberge,** Poststr. 4, Tel. 715 75. Kleineres Haus mit 82 Betten in Doppel-, Vierbett- und Sechsbettzimmern.
- In der schmalen Rosengasse, die offiziell Friedrichstraße heißt, liegt im Haus Nr. 22 das **Restaurant Carpe Diem,** Tel. 68 30 05, Mo–Mi 11.30–15, Do–Sa 11.30–15 und 17–21 Uhr. Hier sitzt man urgemütlich, bei gutem Wetter auch draußen.
- Das kleine **Café Rosalie** (Mo–Sa 9.30–1 Uhr) liegt ebenfalls in der Rosengasse.
- **Marktpirat,** Markt 25, Tel. 82 86 41 61, www.marktpirat.de, tägl. 8.30–23 Uhr. Nordisch frisch gestaltet mit großer Holzterrasse. Moderne Cross-Over-Küche mit Produkten der Region, u.a. Burger, Steaks, Pasta, Suppen.
- **Alex Kitchen Heide,** Schuhmacherort 2, Tel. 78 76 44 88, www.alex-kitchen.de/heide, Mo–Sa 11–22, So 17–22 Uhr. Lässiges Lokal mit offener Küche in der Nähe vom Marktplatz. Die Karte wechselt mehrmals jährlich, u.a. gibt es hausgemachte Pasta und Gerichte mit Fleisch von regionalen Anbietern.

Camping

- **WoMo-Stellplatz:** Landvogt-Johannsen-Str. zwischen Stadtpark und Schwimmbad *Dithmarscher Wasserwelt,* 16 Plätze mit Grünfläche, Ver- und Entsorgung gegen Gebühr.

Einkaufen

- **Markt:** Sa 7–13 Uhr auf dem Marktplatz.

Feste und Veranstaltungen

- **Heider Marktfrieden,** ein großes Volksfest auf dem Marktplatz, das alle zwei Jahre (2024 etc.) im Juli stattfindet.

Aktivitäten

- **Dithmarscher Wasserwelt:** Landvogt-Johannsen-Str. 61, Tel. 90 63 00, www.dithmarscher-wasserwelt.de, Di, Do, Fr 6.30–19.30 Uhr, Mi ab 13.30 Uhr, Sa/So ab 10 Uhr, Mo Ruhetag. Große Badelandschaft mit Außenbecken (30 °C), Hallenbad, Saunalandschaft und 80 m langer Rutsche. Im Sommer riesige Liegewiese.

In der Umgebung

Hemmingstedt

Wenn es je eine echte Schlammschlacht gegeben hat, dann am 17. Februar 1500 in der **Schlacht bei Hemmingstedt.**

In verkürzter Form war dies die Ausgangslage: Die Dithmarscher hatten sich selbst ganz gut organisiert und im 13. Jh. die **Freie Bauernrepublik Dithmarschen** gegründet. So etwas mag kein Herrscher. 1482 hatten die Herren, die in Schleswig-Holstein das Sagen hatten, Grenzen gezogen, Macht und Pfründe neu verteilt. Der König der **Dänen,** *Christian I.,* gleichzeitig Herzog von Gottorf und Holstein, starb 1481. Seine beiden Söhne *Johann* und *Friedrich* erbten und fanden sich plötzlich als **Herrscher von Schleswig-Holstein** wieder.

Die Dithmarscher stellten sich stur und lehnten alle Forderungen der Dänen ab. Daraufhin schickten diese ein **gewaltiges Heer** von 12.000 Mann gegen die Dithmarscher. Mit dabei waren angeheuerte „Schlagetots" wie die Schweizer Garde unter Führung eines *Junker Slenz,* ein 4000 Mann starker Söldnerhaufen, der zu jener Zeit die gefürchtetste und brutalste Truppe weit und breit war. Sie führte das Heer an, das am 11. Februar gegen die Dithmarscher zog.

Die Dithmarscher bekamen etwa 6000 Mann zusammen, aber nur 400 von ihnen erwarteten an der Hemmingstedter Schanze die erdrückende Übermacht. **400 gegen 12.000!** Der Nachbarort Meldorf wurde ohne Gegenwehr eingenommen. Es ging weiter, aber nur ein paar Kilometer. Bei Hemmingstedt war die **Straße blockiert,** die vorn marschierende Garde stoppte. Es gab Schneeregen, der Boden war völlig aufgeweicht. Erst amüsiert, dann leicht verärgert schoss die Garde auf die Bauern. Die hielten dagegen und sprachen sich Mut zu: „Maria hilf!"

Und sie half. Zweimal wagten die Dithmarscher einen Ausfall, der erste wurde abgewehrt, aber immerhin konnte verhindert werden, dass die Garde ihre Geschütze in Stellung brachte. Mit einem neuen **Schlachtruf,** „Wahr di Garr, de Bur de kumt" (etwa: „Pass bloß auf, Garde – der Bauer kommt!"), stürzten sich die Bauern ein zweites Mal auf den Feind. Und siehe da, die schwerfälligen Soldaten konnten auf der **schlammigen, engen Straße** wenig ausrichten. Ersatz kam nicht von hinten nach vorn durch, man war blockiert.

Daraufhin versuchten ca. 3000 Mann, das Hindernis über die **Wiesen** zu umgehen, die aber teilweise unter Wasser standen und völlig aufgeweicht waren. Die Bauern, nun richtig mutig, zogen Helme, Stiefel und Kleidung aus und stürzten sich halbnackt auf den Gegner. Halbnackt! Im Februar! Gleichzeitig öffneten Deichwarte die Siele, setzten die Wiesen endgültig **unter Wasser.** Die abgehärteten Bauern kannten das Gelände besser, sprangen mit langen Stangen über die Gräben und jagten die Landser. Diese konnten nicht ausweichen, versanken im Schlamm. Nach der dritten Angriffswelle stoben sie in Panik davon. Tausende verloren ihr Leben, die meisten ertranken, und wen die Dithmarscher erwischten, den schlugen sie gnadenlos tot.

Sie hatten ihre Freie Bauernrepublik gerettet – für 59 Jahre. Dann kam ein neues Heer, diesmal besser ausgerüstet und vor allem im Sommer. Vorbei war es mit der Freiheit.

Dusenddüwelswarft

Ein **Gedenkstein** zur Erinnerung an die Schlacht wurde schon im Jahr 1900 aufgestellt. Zum 500. Jahrestag baute man einen **Schau-Pavillon,** in dem der Kampf mittels Zinnsoldaten nachgestellt ist.

■ **Anfahrt:** Von Heide auf der B5 sechs Kilometer in Richtung Meldorf fahren bis kurz hinter den Ort Hemmingstedt. Etwa 500 Meter außerhalb weist von der B5 ein Schild nach rechts zur Dusenddüwelswarft, genau dort stehen Gedenkstein und Pavillon. *Dusenddüwel:* Genauso wird wohl den Dänen das entfesselte Dithmarscher Heer vorgekommen sein, als „tausend Teufel". Adresse fürs Navi: Dehling, 25704 Epenwöhrden.

Gastronomie

■ **Hofcafé Fünf Linden,** Dorfstr. 49, Tel. (0481) 649 41, www.hofcafe-fuenf-linden.de, im Sommer Do–So 14–18 Uhr, im Winter Do–So 14–17 Uhr. Kleines Café unweit der Dusenddüwelswarft, in dem Kaffee, Kuchen, leckere Torten und pikante Kleinigkeiten angeboten werden.

Wöhrden

Diese Kleinstadt von etwa 1300 Einwohnern lag bis zum 16. Jh. direkt an der Nordsee und hatte auch einen Hafen. Im Zuge von Landgewinnungsmaßnahmen ist die Küstenlinie mittlerweile gute zehn Kilometer nach Westen gewandert.

Wöhrden wurde erstmals 1281 urkundlich erwähnt. Der Ortskern liegt um die erhöht auf einer Wurt stehende **Kirche St. Nicolai.** Ihr Vorgängerbau aus dem frühen 14. Jh. galt seinerzeit als schönste Kirche neben dem Meldorfer Dom. 1777 wegen Einsturzgefahr geschlossen und schließlich abgerissen, wurde 1785 der Grundstein für das heute noch stehende Gotteshaus gelegt. Über dem Eingang prangt am Dreiecksgiebel das Monogramm des dänischen Königs *Christian VII.* In der Kirche finden sich Schätze, die aus der Vorgängerkirche übernommen wurden, u.a. die Glocken aus den Jahren 1453 und 1493. Auch die Antonius-Wilde-Orgel (1593) stammt aus der Ur-Kirche. Das Altarrelief ist von 1613, der 20-armige Kronleuchter mit Doppeladler aus dem Jahr 1643 und der schwebende hölzerne Taufengel aus dem Jahr 1788. Der Taufengel kann durch einen Flaschenzug abgesenkt werden. Der Kirchturm ist mit seinen 29,50 m Höhe schon von Weitem zu sehen.

Am Ortseingang von Wöhrden weist ein Schild auf den „historischen Stadtkern" hin. Dies bezieht sich aber hauptsächlich auf die Straßenführung, die sternförmig auf den Marktplatz bei der Kirche hin angelegt wurde, und weniger auf historische Einzelhäuser. Die gibt es aber auch noch. Das **Materialhaus** in der Hafenstr. 17 aus dem Jahr 1519 ist das älteste bewohnte Haus in Dithmarschen, es trägt die Inschrift „Wördener Waterbörs". Daneben steht das **Haus Peters** aus dem Jahr 1778 im Rokokostil.

Albersdorf

Ein kleiner Ort, der unweit vom Nord-Ostsee-Kanal liegt – das mag der erste flüchtige Eindruck von Albersdorf sein. Nicht ganz falsch, aber eben doch nur flüchtig. Albersdorf hatte in früheren Jahrhunderten durchaus zentrale Bedeutung. In jenen fernen Tagen führte durch

1006sc fr

den Ort der einzige feste Landweg von Dithmarschen nach Holstein. Das brachte nicht nur Segen, auch einige Mordbrenner verirrten sich in diversen Kriegen hierher, hinterließen nicht selten Tod und Verwüstung.

Aber noch viel früher, so ungefähr vor 4500 Jahren in der jüngeren **Steinzeit,** war die Gegend ein zentrales Siedlungsgebiet der Germanen. Zahlreiche Grabstätten aus diesen fernen Zeiten wurden und werden auch heute noch gefunden.

⍓ Der Autor am Steingrab Brutkamp

Sehenswertes

Steingrab Brutkamp

Direkt im Ort liegen denn auch zwei Steingräber. Das bekannteste ist der sogenannte Brutkamp. Diese Grabstätte wurde etwa 2500 v. Chr. erbaut und besteht aus fünf Wandsteinen und einem gut 25 Tonnen schweren Deckstein. Mit zehn Metern Umfang gilt er als der größte im Land.

Ganz in der Nähe, am Ende der Joh.-Buhmanns-Wurth, erhebt sich mitten in einem Wäldchen ein 20 Meter hoher **Aussichtsturm,** von dem man einen formidablen Rundblick genießt. Die Grabstätte befindet sich in der Straße Brutkamp gegenüber dem Schulkomplex und ist im Ort ausgeschildert.

Kurpark

Das zweite Steingrab liegt im Kurpark und heißt **Großsteingrab im Papenbusch.** Auf diesem Grab lagen einst zwei Decksteine, heute ist nur noch einer vorhanden. Errichtet wurde die Grabstätte zwischen 2900 und 2600 v. Chr.

Steinzeitpark Dithmarschen

Auf einem 40 Hektar großen Gelände hat das Archäologisch-Ökologische Zentrum Häuser eines Steinzeitdorfes nachgebaut. Außerdem befinden sich hier neun **Fundstätten** (Hügelgräber, Langbetten) aus der Jungsteinzeit vor 5000 Jahren. Es gibt viele **Aktionstage zum Mitmachen,** außerdem kann ein nachgebauter Grabhügel von innen besichtigt sowie ein steinzeitlicher Barfußpark erforscht werden. Man kann sogar selbst versuchen, einen schweren Stein mit einfachsten Hilfsmitteln zu bewegen.

■ **Steinzeitpark Dithmarschen,** Süderstr. 47, Tel. 97 10 97, www.steinzeitpark-albersdorf.de, Ende März bis Ende Okt. tägl. außer Mo 11–17 Uhr, Eintritt 7 €, Familien 16.50 €, gebührenpflichtiger Parkplatz. Es gibt viele Aktionstage, s.o. Weitere Infos auf der Homepage.

Museum für Archäologie und Ökologie

In drei Ausstellungsräumen wird die **Besiedlungsgeschichte der Region** dargestellt. Neben den Exponaten können Besucher auch selbst versuchen, auf steinzeitliche Art ein Feuer zu entfachen oder ein Loch in einen Stein zu bohren. Im Untergeschoss wird das Thema „Grab und Kultur" dargestellt, u.a. befindet sich dort ein rekonstruierter Grabhügel.

■ **Museum für Archäologe und Ökologie,** Bahnhofstr. 29, Tel. 97 19 74, April bis Okt. Mi–So 11–17 Uhr, Eintritt 3 €, ermäßigt 1 €, Kombikarte mit Steinzeitpark 9 €.

Kirche St. Remigius

Etwa um 1200 wurde die aus Feldsteinen bestehende Kirche errichtet, gewidmet *Remigius,* Bischof von Reims (ca. 436–533). Der unten wuchtige, oben spitze Turm entstand 1889. Die Uhrzeit wird durch die einzige **hölzerne Kirchenuhr** Schleswig-Holsteins angezeigt. Im Inneren gibt es einige wertvolle Gegenstände, darunter die **spätgotische Bronzetaufe** (1470). Die Kanzel entstand um 1621, der Altar 1645. Im Außenbereich stehen einige Grabsteine aus dem 17. Jahrhundert.

[>] Kirche St. Remigius

Praktische Tipps

Info

- **PLZ:** 25767
- **Vorwahl:** 04835
- **Einwohner:** 3600
- **Touristinformation:** Süderstr. 47 (am Eingang zum Steinzeitpark), Tel. 97 10 97.
- **Internet:** www.albersdorf.de

Unterkunft, Gastronomie

- **Hotel Bess**④, Brutkampsweg 3, Tel. 97 83 00, www.hotel-bess-albersdorf.de. Ein kleines Privathotel in einer aufwendig renovierten, über 100 Jahre alten Stadtvilla, in dem modern eingerichtete Zimmer sich mit historischem Charme ergänzen. Es gibt Wintergarten, Fitnessraum, Sauna und WLAN.
- **Jugendherberge,** Bahnhofstr. 19, Tel. 642, bietet auch FeWos an.
- **Café Waldesruh,** Grossers Allee 1, Tel. 354, Mi–Mo 11.30–14 und 18–21.30 Uhr. Haus beim Kurpark mit Biergarten und gutbürgerlicher Küche.

Camping

- **WoMo-Stellplatz:** am Freibad (s. unten).

Aktivitäten

- **Freibad:** Weg zur Badeanstalt 20, Tel. 97 25 02, www.freizeitbad-albersdorf.de, Mai bis Sept. Mo–Fr 9.30–20 Uhr, Sa/So 10.30–20 Uhr. Schön gelegenes Freibad mit einer 77 m langen Rutsche.

Adobe.Stock ©Udo Kruse

812sc-fr

Büsum

Büsum zählt zu den **beliebtesten Ferienzielen an der Nordsee.** Etwas Spektakuläreres als Wasser und Strand hat der Ort nicht zu bieten, aber es ist genau das, was die vielen Gäste an diesem kleinen Ort so schätzen. In den Sommermonaten werden außerdem zahlreiche Veranstaltungen geboten.

Büsum hat keinen kilometerlangen Sandstrand, sondern einen sogenannten **grünen Strand,** einen 3,5 km langen Deich. Dieser wurde 2014 verstärkt und mit einer **Watt-Tribüne** zur offenen See versehen. Direkt am Ufer beginnt der sanft ansteigende Deich, auf dem die Gäste ihre Handtücher ausbreiten, Strandmuscheln aufbauen oder es sich in einem der etwa **2500 Strandkörbe** bequem machen.

Wer im Sand buddeln will, muss ein kleines bisschen weiter gehen. Etwa in Höhe des 22-stöckigen Hochhauses (dem einzigen am Ort) lockt die Familienlagune **Perlebucht,** eine tidenunabhängige Badebucht, gebildet von einer vorgelagerten kleinen Insel, die mit dem Festland verbunden ist. Es gibt naturbelassene Zonen, Bade- und Wassersportbereiche mit Sandstrand und man kann auch ins Watt hinab steigen. Weiterhin zu finden sind ein Spielplatz, Volleyballfelder und Beachfußballbereiche. Man kann hier grillen, picknicken und sehr schön in einer Beachbar entspannen.

Der **Ortskern** zeigt sich ziemlich beschaulich. Wenn überhaupt so etwas wie Geschäftigkeit aufkommt, dann in der Fußgängerzone mit dem Namen **Alleestraße.** Dort liegen etliche Lokale und eine Reihe von Geschäften, die alles Wichtige für den Strandgang anbieten. Schon eine Parallelstraße weiter wird es wieder ruhiger.

Geschichte

Eine erste Erwähnung des Ortes ist auf 1140 datiert, damals war Büsum noch eine **Insel.** Im Laufe der Jahrhunderte wurden große Teile dieser Insel durch Sturmfluten zerstört. Dem versuchten die Bewohner durch Deiche und Wurten und vor allem durch Landgewinnungsmaßnahmen entgegenzuwirken. So veränderte die Insel ihre Lage; sie wanderte nach Norden und verband sich schließlich 1585 mit dem Festland. Einige Orte versanken derweil bei sehr schweren Stürmen endgültig in den Fluten, vor allem der Inselsüden, der zur offenen See lag, war davon betroffen.

Der Ort Büsum entwickelte sich dann im 19. Jh. so langsam touristisch. 1818 stellte ein vorausschauender Mann einen ersten Badekarren an den Strand. Es dauerte dann noch ein ganzes Weilchen, aber seit 1837 trägt Büsum den Beinamen „Nordseebad". Mit einer besseren Verkehrsanbindung durch die Bahn nach Heide stiegen ab 1883 auch die Besucherzahlen. 1896 führte man die Kurtaxe ein, im Jahr 1904 wurde ein Sandstrand aufgeschüttet, ergänzend zum vorhandenen grünen Deich-Strand. Nach dem Krieg entwickelte sich Büsum zum drittgrößten Urlaubsort an der Westküste.

Sehenswertes

Wer die Fußgängerzone herunterspaziert, landet am **Hafen.** Dort machen heute vor allem Ausflugsschiffe nach Helgoland und zu den Seehundsbänken fest. Hier liegen auch einige historische Schiffe im kleinen **Museumshafen.** Der rot-weiße, 25 Meter hohe **Leuchtturm** aus Gusseisen, 1913 in Betrieb genommen, wird seit 1978 aus Tönning gesteuert. Als Vorgänger fungierte ab 1878 eine Anlage, die aus Petroleumlampen bestand, die an einem drei Meter hohen Pfahl hingen.

☒ Büsum hat einen grünen und weißen Strand

Am **Alten Hafen** befindet sich das nagelneue *Meerzeit Büsum*, ein Wellenbad mit großem Spa-Bereich und Saunalandschaft, darunter auch eine Panoramasauna auf der Dachterrasse mit Nordseeblick.

Büsumer Meereswelten

Am Hafen wird im Sommer 2023 das Schauaquarium *Büsumer Meereswelten* neu eröffnen, wo in zahlreichen **Aquarien** Meeresbewohner der Tropen, des Mittelmeeres und der Nordsee vorgestellt werden, inklusive einiger Haiarten.

■ **Büsumer Meereswelten,** Am Fischereihafen 19, www.aquarium-buesum.de. Die Wiedereröffnung am neuen Standort ist für den Sommer 2023 geplant.

Kirche St. Clemens

Die Hafenstraße beginnt am Hafen und zieht sich hoch bis zum Kirchplatz bei der alten Kirche St. Clemens. Diese wurde Mitte des 15. Jh. erbaut und wirkt etwas gedrungen, so als ob sie sich vor den anrollenden Nordseewellen wegducken müsste. Die Kirche ist nicht übermäßig groß und weist schöne **Fensterverzierungen** auf. Das Gotteshaus liegt an einem netten, begrünten Kirchplatz und wirkt als ruhender Pol unweit der lebhaften Fußgängerzone.

Die Kirche ist dem heiligen *Clemens* (Papst von Rom, um 100 n. Chr.) gewidmet, dem Schutzheiligen der Seefahrer und Küstenbewohner. Die erste, 1281 gebaute Kirche ging in einer schlimmen Sturmflut von 1362 unter. Ein Neubau brannte ab. Die dritte Kirche entstand 1442 auf einer Warft und sollte damit Zufluchtsort bei Sturmfluten sein.

Im Inneren der Kirche, die mit ihrer Holzbalkendecke eine fast gemütliche Atmosphäre hat, befinden sich mehrere **Kunstwerke,** das älteste ist eine Bronzetaufe aus dem 13. Jh. Den vier Männerfiguren, die die Taufe tragen, wurden auf ihrer Brust Münzen aus ihrer Zeit eingearbeitet. An der nördlichen Chorwand befindet sich ein Großgemälde vom Jüngsten Gericht aus dem Jahr 1744. Das Votivschiff unter der Saaldecke stammt aus dem Jahr 1807. Draußen im kleinen Vorgarten befindet sich eine lebensgroße, sitzende Bronze-Skulptur des Büsumer Pastors *Johann Adolf Köster* (1550–1630), der ein Chronist der Geschichte Dithmarschens war.

■ **Kirche St. Clemens,** tägl. 8–16 Uhr zu besichtigen.

Neuer Hafen

Ein Spaziergang auf dem Ostdeich führt etwas aus dem Ort hinaus. Nach wenigen Hundert Metern kann man durch den Deich in das weitläufige neuere Hafengelände einschwenken. Hier wurden drei größere Hafenbecken errichtet, damit genügend Platz für die Flotte der **Krabbenkutter** und auch für die Ausflugsdampfer bleibt. Wenn die Kutter denn mal im Hafen liegen, bieten sie einen tollen Anblick.

Zwischen den Becken Zwei und Drei verläuft die Straße Am Fischereihafen, dort liegt das **Museum am Meer.** Das harte Leben der Krabbenfischer und die Entwicklung Büsums zum Seebad wer-

813sc-fr

den dokumentiert, z.B. mit dem Nachbau eines „Fremdenzimmers“ aus den 1960er Jahren. Vor allem wird die Technik des Krabbenfangs erklärt. Arbeitsgeräte, Netze und Fotos sind ausgestellt.

■ **Museum am Meer,** Am Fischereihafen 19, Tel. 67 34, www.museum-am-meer.de, 1.3.–6.11. Mo–Fr, So 11–17, Sa 13–17 Uhr, Eintritt 3 €, Jugendliche (13–18 Jahre) 1,50 €, Kinder (6–12 Jahre) 1 €, Familien 5 €.

Deichmuseum

Das Deichmuseum liegt außerhalb des Ortes in der Nähe des Großparkplatzes P1 und ist nur zu Fuß oder per Rad erreichbar. Die **Freiluftausstellung** zeigt die Geschichte des Deichbaus, dargestellt an den Formen dieser Bauwerke. Nachgebaut sind Deiche aus der Zeit um 1200, 1600 und 1800, außerdem wird die heutige Technik demonstriert. Schautafeln geben ergänzende Erklärungen.

Phänomania

Die Aufforderung ist hier Programm: „Anfassen erlaubt, mitmachen erwünscht!“. *Phänomania* ist eine interaktive Ausstellung mit rund 230 Experimentierstationen zu **physikalischen Phänomenen** und der **Welt der menschlichen Sinne.** Verblüffende Erfahrungen

⌃ Reges Treiben im Büsumer Hafen

können hier gemacht werden, z.B. ob man ein Auto mit einer Hand heben kann, wer stärker ist beim Flaschenzug, die Eltern oder die Kinder, und man kann sich als Astronautentrainer versuchen.

■ **Phänomania,** Dr.-Martin-Bahr-Str. 7, Tel. (0171) 97 59 948, www.phaenomania-buesum.de, Di–Do, Sa/So 10–14 Uhr (letzter Einlass), Eintritt Erw. 15 €, Kinder (6–17 Jahre) 12 €, Kinder (4–5 Jahre) 8 €.

Praktische Tipps

Info

■ **PLZ:** 25761
■ **Vorwahl:** 04834
■ **Einwohner:** 4700
■ Touristinformation: im *Watt'n Hus,* Südstrand 11, Tel. 90 91 14, Buchungshotline: Tel. 90 91 10.
■ **Internet:** www.buesum.de (mit Wetterinfo, Livekamera)

Unterkunft

5 Hotel Schelf④, Hohenzollernstr. 22, Tel. 96 20 90, www.hotel-schelf.de. Ein auffälliges Haus, zentral und gleichzeitig ruhig gelegen hinterm Deich, nur wenige Gehminuten vom Zentrum entfernt. Schicke und zugleich zweckmäßige Einrichtung, Zimmer mit kleiner Küche und verglasten Balkonen auf fünf Etagen. Außerdem gibt es einen Wellness-Bereich, ein Schwimmbad und eine Sauna. WLAN.

4 Hohenzollern Strandhotel③-④, Strandstr. 2, Tel. 99 50, www.strandhotel-hohenzollern.de. Auch dieses Haus liegt sehr ruhig hinterm Deich, eine hauseigene Brücke führt zum Strand. Es bietet von vielen der 43 Zimmer Meerblick, unten befindet sich ein Restaurant, außerdem gibt's eine finnische Sauna. WLAN vorhanden.

Büsum

Übernachtung
1 Camping Nordsee
2 Küstenperle Strandhotel
3 Campingplatz Zur Perle
4 Hohenzollern Strandhotel
5 Hotel Schelf
7 Lighthouse Hotel & Spa
11 Hotel Hafen Büsum
12 Stellplatz für Wohnmobile
13 Jugendherberge

Essen und Trinken
2 Restaurant Deichperle
6 Zum Fischkönig
7 Restaurant Schnüs Gosch
9 Restaurant Kolles Alter Muschelsaal
10 Zur Alten Post

Nachtleben
2 Bar Schneiders

0
200 m
©Reise Know-How
Nksh03 4/22
Pommernstraße
Friedrich-Paulsen-Straße
Hirtenstaller Weg
Landweg
Heide, Autobahn
Kirche St. Andreas
An der Mühle
Bücherei
Heider Straße
Bahnhof und ZOB
Neuer Weg
Bismarckstraße
Deichhausener Straße
Vereinsallee
Rosengrund
Blauort
Dithmarscher Straße
Bielshövensand
Bielshövensand
Tertius Törn
Regenpfeiferweg
Otto-Johannsen-Straße
Lehnsweg
Markt
Am Oland
Holstenstraße
Bahnhofstraße
Möwenweg
Nordseestr.
Strandstr.
Friedrichstr.
Westerstr.
Deichstraße
Johannsenallee
Großparkplatz
Minigolf
Hohenzollernstr.
Südstrand
Moltkestr.
Alleestraße
Schmiedestr.
Schulstr.
Kirche St. Clemens
Büsumer Meereswelten (ab 2023)
Dr.-Martin-Bahr-Str.
Pinselwerk
Hafenstraße
Watt'n Hus
Alter Hafen
Fischerkai
Am Fischereihafen
Alte Hafeninsel
Museum am Meer
Phänomania
B 203
Segeltörn
Meerzeit Büsum
Museumshafen
Ausflugsschiffe
Leuchtturm
Neuer Hafen
Helgolandkai
Anleger Helgoland MS Funny Girl, MS Nordlicht II
NORDSEE

7 Lighthouse Hotel & Spa④, Am Museumshafen 11, Tel. 984 20, www.hotel-lighthouse.de. Das neue Hotel liegt direkt zwischen Museumshafen und Deich, bietet 111 Zimmer und Suiten, Apartments, die elegant und komfortabel eingerichtet sind. Man hat als Gast die Wahl zwischen Hafen- und Meerblick. Im Haus sind zwei Bars, drei Restaurants mit regionaler Küche, darunter das **7 Restaurant Schnüs,** in dem Platt geschnackt wird, so verspricht man es jedenfalls. Weiterhin gibt es einen Spa-Bereich.

11 Hotel Hafen Büsum③-④, Germaniastr. 16, Tel. 965 30 00, www.hotel-hafen-buesum.de. Das Haus macht mit seinen Glasbalkonen einen schickfrischen Eindruck. Es liegt ruhig direkt hinterm Deich, Höhe Hafenzufahrt. Modern und praktisch eingerichtete Zimmer, außerdem Spa mit Hafenblick aus der Sauna. Keine Haustiere, WLAN.

2 Küstenperle Strandhotel④, Dithmarscher Str. 39, Tel. 962 110, www.hotel-kuestenperle.de. Größeres Hotel im nordisch-klaren Design gehalten, mit 92 modernen Zimmern. Es liegt in Höhe der Perlebucht hinterm Deich, ab der zweiten Etage gibt es Zimmer mit Meerblick. Angeboten werden auch Familienzimmer und Suiten mit eigener Sauna sowie separatem Schlaf- und Wohnraum. Außerdem im Haus sind das **2 Restaurant Deichperle,** die Bar **2 Schneiders** und ein Spa- und Wellnessbereich. WLAN.

13 Jugendherberge, Dr.-Martin-Bahr-Str. 1, Tel. 933 71, http://buesum.jugendherberge.de. Beim Hafen, etwa 500 m vom Zentrum entfernt, insgesamt 206 Betten in 55 Räumen.

Camping

3 Campingplatz Zur Perle, Dithmarscher Str. 43, Tel. 96 21 180, www.campingplatz-zur-perle.de, Ostern bis Ende Okt. Der Platz liegt ganz nahe bei der Perlebucht. Breites Angebot für Kinder mit Spielplatz, Fußballplatz, Kinderbad und speziel-

814sc-fr

ler Animation in den Ferien. Parzellierte Stellplätze für WoMos, die 75–95 m^2 groß sind, mit Strom-, Wasser- und Abwasseranschluss. Eigene Auffahrt für die WoMos. Auch eine eigene Zone für Zelte. WLAN.

1 **Camping Nordsee,** Dithmarscher Str. 41, Tel. 96 21 170, www.camping-nordsee.de, März bis Okt. Familienplatz am Meer. Liegt ebenfalls hinterm Deich bei der Perlebucht und hat parzellierte Rasenplätze sowie 48 speziell befestigte Plätze für WoMos sowie einen WoMo-Platz außerhalb. Auch eine eigene Zone für Zelte. Kostenlose Warmduschen, Babywickelraum, Grillplatz, Kinderspielplatz. WLAN.

12 **WoMo-Stellplatz:** Dr.-Martin-Bahr-Str. 5, www.wohnmobiluebernachtungsplatz.de, liegt nahe beim Hafen und ist ganzjährig geöffnet. Der Platz hat bis zu 120 m^2 große Parzellen und bietet in der Saison einen Brötchenservice. Mit Stromanschluss und Entsorgungsstation. WLAN.

Gastronomie

MEIN TIPP: 9 **Restaurant Kolles Alter Muschelsaal,** Hafenstr. 27, Tel. 24 40, www.kolles-alter-muschelsaal.de, Di 17–22, Mi–Fr 12–14 und 17–22, Sa/So 12–22 Uhr. Altehrwürdiges Lokal seit 1920, wurde dreimal Kreissieger beim Wettbewerb *Gastliches Haus.* Fisch dominiert die Speisekarte, es gibt aber auch Fleischgerichte und Vegetarisches.

10 **Zur Alten Post,** Hafenstr. 2–4, Tel. 951 00, https://zur-alten-post-buesum.de, Mo–Fr 17–21, Sa/So 12–21 Uhr. Ein hübsch renoviertes historisches Gebäude mit einer typischen Dithmarscher Bauernstube, gegenüber der Kirche. Insgesamt vier Räume, davon ist die Bauernstube ein Schmuckstück mit getäfelten Wänden, Nischen, Delfter Kacheln und Holzdecke. Die Karte bietet überwiegend Fisch- und Fleischgerichte sowie auch saisonale Angebote wie z.B. Kohlgerichte im Herbst.

◁ Auf der Lagune Perlebucht

8 **Gosch,** Am Hafen 9, Tel. 96 08 64, www.gosch.de, ab 11 Uhr. „Genuss mit Hafenblick", heißt es bei der Büsumer Filiale des Sylter Großgastronomen *Gosch.* Wie üblich gibt es eine gute Bistro-Küche in lässigem Ambiente und tatsächlich einen tadellosen Hafenblick.

6 **Zum Fischkönig,** Hohenzollernstr. 18, Tel. 96 59 55, www.zumfischkoenig.de, Mo–Mi, Fr/Sa ab 16 Uhr, So ab 13 Uhr. Das Lokal liegt in der Fußgängerzone. Hier dreht sich natürlich alles um Fisch, es werden aber auch Fleisch- und vegetarische Gerichte angeboten.

Feste und Veranstaltungen

- **Krabbentage mit Kutter-Regatta,** bei der Krabbenkutter aus Orten der Nordsee nach Büsum kommen und bis über die Toppen geflaggt und geschmückt in den Hafen einlaufen, im Juli.
- **Büsumer Meeresleuchten,** Festmeile mit abendlichem Feuerwerk, im Juli.

Aktivitäten

- **Wattwandern:** Es gibt verschiedene Anbieter von geführten Touren, z.B. über die Schutzstation Wattenmeer. Infos bei der Touristinformation oder unter www.buesum-fuehrungen.de bzw. www.watterleben.de. Als Clou werden **Nachtwanderungen** mit Fackeln und **Gruppenwanderungen mit Musik** angeboten. Letzteres findet schon seit hundert Jahren statt. Heutzutage spielt das *Büsum-Sextett,* und der *Wattpräsident* (neuerdings und erstmals eine *Wattpräsidentin*) läuft vorneweg. Am Flutsaum angekommen, tauft sie Novizen im Namen *Neptuns* mit einem Spritzer Nordseewasser auf die Nase und verteilt die begehrten Taufurkunden. Termine über die Touristinformation.

Erlebnisbad Meerzeit Büsum: Südstrand 9, www.buesum.de/meerzeit. Ein Wellenbad mit Rutschen und Saunabereich.

701ns fr

Schiffstouren

■ Nach **Helgoland** mit der *MS Funny Girl* der Reederei *Adler & Eils*, Tel. 3612, www.adler-eils.de, zwischen April und Anfang Oktober tägl. um 9.30 Uhr, vier Stunden Inselaufenthalt, für 52,50 €. Die Reederei bietet außerdem Helgoland-Touren mit dem schnelleren Katamaran *MS Nordlicht II* an. Abfahrt nach Helgoland Di und Do um 11.45 Uhr, Mi und Fr 8.30 Uhr und 16.30 Uhr, ab 69 €. Karten gibt es jeweils online oder direkt am Hafenbecken 3. Genügend Parkplätze am Hafen sind ausgeschildert. Details zu einem Ausflug nach Helgoland s. Kapitel „Nordfriesland, Ausflug nach Helgoland".

■ Mit dem **Krabbenkutter** auf Fangfahrt gehen ist täglich mehrmals möglich, ebenfalls mit der *Reederei Adler & Eils.*

■ Touren zu den **Seehundbänken** und Kurztrips entlang der Küste durchs **Wattenmeer** mit dem Schiff *Ol Büsum.*

⌃ Zwiebelturm im Kohl-Land: St. Bartholomäus

› Nirgendwo sonst in Europa werden so viele Kohlköpfe geerntet wie in Dithmarschen

Wesselburen

Wesselburen ist ein **kleiner, ruhiger Ort,** der einige Sehenswürdigkeiten zu bieten hat. Bereits 1281 wurde Wesselburen erstmals erwähnt, aber eine erste kleine Besiedlung gab es nach archäologischen Funden zu urteilen bereits um das 9. Jh. Sie lag damals auf einer sogenannten Wurt, einem aufgeschütteten Siedlungshügel. Heute steht dort die Kirche. Vom Kirchplatz führen mehrere Straßen strahlenförmig fort. 1736 vernichtete ein Feuer fast den gesamten Ort.

Sehenswertes

Kirche St. Bartholomäus

Ein Bummel durch Wesselburen führt zwangsläufig zur auffälligen Kirche St. Bartholomäus. Schon vor gut 800 Jahren stand hier ein erstes Gotteshaus, aus jenen Tagen sind noch der Taufstein und ein Teil der Mauern hinter dem Chor erhalten. 1736 brannte der halbe Ort ab, inklusive Kirche. 1738 konnte bereits die neu erbaute Kirche eingeweiht werden. Baumeister *Schott* wählte eine auffällige Dachkonstruktion mit einem für die Region untypischen **zwiebelförmigen Turm,** den man schon von weit außerhalb erkennen kann.

Der Innenraum fällt fast quadratisch aus und der Altar ist demjenigen der Lübecker Marienkirche nachgebildet, er wurde 1738 gefertigt. Der Raum zeigt sich eindrucksvoll durch die umlaufenden zweigeschossigen Emporen. Das Taufbecken stammt aus der Zeit um 1200 und gilt als das älteste in Dithmarschen. Die Kanzel erschuf der aus Wesselburen stammende Bildhauer und Tischler *Albert Hinrich Burmeister.* Zwei Skulpturen, die Moses und Johannes den Täufer zeigen, tragen die Kanzel. Auffällig ist auch der Blaue Stuhl links neben dem Chor, wo extra eine bläulich gefärbte Fürstenloge für den Herzog *Carl Friedrich* errichtet wurde. Dort nahm der Herr aber nur ein einziges Mal Platz. Im sogenannten Roten Stuhl wurden Sitze an wohlhabende Bürger verkauft, um so Gelder für den Wiederaufbau der Kirche zu generieren.

452ns fr

Hebbel-Museum

Nur wenige Schritte von der Kirche entfernt steht in der Österstraße ein Haus aus dem Jahr 1737, die alte **Kirchspielvogtei.** Heute wird hier an den **Dramatiker Friedrich Hebbel** erinnert, der 1813 in Wesselburen geboren wurde.

Von 1827 bis 1835 lebte *Hebbel* in diesem Haus, Jahre später verschlug es ihn nach Wien. Auch daran wird erinnert, im Raum 8 ist sein Wiener Wohnzimmer nachgebaut.

In insgesamt zehn Räumen wird *Hebbels* Leben chronologisch dargestellt, von den bescheidenen Anfängen in Wesselburen bis hin zu seinem Tod 1863 in Wien.

- **Hebbel-Museum,** Österstr. 6, Tel. 41 90, www.hebbelmuseum.de, Mai bis Okt. Di–Do 11–13 und 14–17 Uhr, Fr–So 11–13 und 14–16 Uhr, Nov. bis April Di und Do 14–17 Uhr, Eintritt 3 €, Kinder 2 €.

Kohlosseum

Dithmarschen ist Kohlland, aber wie wird aus einem Kohlkopf schließlich Sauerkraut? Das kann man in der **Krautwerkstatt** erfahren. Das Kohlosseum ist ein Informationszentrum, in dem alles rund ums Thema Kohl aufbereitet wurde, angeschlossen ist ein **Bauernmarkt.**

- **Kohlosseum,** Bahnhofstr. 22a, Tel. 458 90, www.kohlosseum.de, Mo–Fr 9–18, Sa/So 9–14 Uhr. Vorführungen *Krautwerkstatt* Di–Do 14, 15, 16 Uhr, Nov. bis Ostern nur 14 Uhr, Eintritt 2 € mit Museumsbesuch. Bauernmarkt und Museum.

Praktische Tipps

Info

- **PLZ:** 25764
- **Vorwahl:** 04833
- **Einwohner:** 3100
- **Touristinformation:** Am Markt 5, Tel. 41 01.
- **Internet:** www.nordseebucht.de

Unterkunft, Gastronomie

- **Motel und Camping Seeluft**②, Neuenkirchener Weg 1, Tel. 765, www.camping-seeluft.de. Kleines Haus am Ortsrand mit zehn Zimmern, Restaurant und Campingplatz.
- **Ulmenklause,** Am Markt 4, Tel. 54 55 505, www.ulmenklause, Di–So 11–20 Uhr. Traditionelle Gerichte auf moderne Art angerichtet, am Nachmittag hausgemachte Torten. Wöchentlich wechselnde regionale und saisonale Extra-Gerichte, auch vegetarische Angebote.

Aktivitäten

- **Indoor Fun Park Pelotero:** Größere Indoor-Spielhalle, im Ort ausgeschildert, Alte Schützenwiese 1, Tel. 54 57 21, www.pelotero.de, im Sommer 11–19 Uhr, ebenso in den Schulferien von Schleswig-Holstein, sonst Mo–Fr 14–19 Uhr, Sa/So 11–19 Uhr, Kinder (2–15 Jahre) 7,90 €, Erw. 6,80 €.

Lunden

Im nördlichen Dithmarschen liegt der kleine Ort Lunden ein wenig abseits. Vor beinahe einem halben Jahrtausend war das anders, zwischen 1529 und 1559 hatte Lunden Stadtrechte, als einziger Ort in

Dithmarschen

Dithmarschen neben Meldorf. Die damalige Macht der örtlichen Würdenträger dokumentieren noch heute die mächtigen Grabplatten auf dem sogenannten Geschlechterfriedhof bei der weithin sichtbaren Kirche St. Laurentius.

Geschlechterfriedhof

„Geschlechter" waren **mächtige Familien,** die das politische Sagen in Dithmarschen hatten. Ein jedes Grab gehört zu einer Familie, noch heute sind 13 große **Grabplatten** erhalten. Die meisten tragen die Ecksymbole Mensch, Löwe, Stier und Adler, die für die vier Evangelisten *Matthäus, Markus, Lukas* und *Johannes* stehen. Die Grabplatten konnten bis zu zwei Tonnen wiegen. Sie wurden mithilfe von Pferden hochgehoben, wenn ein Verstorbener in die Gruft gebettet werden sollte. Deshalb hängen an mehreren Grabplatten eiserne Ringe.

Bemerkenswert ist auch der **Sühnestein** für den 1537 ermordeten *Peter Swyn,* einen der 48 Vertreter der Dithmarscher Bauernrepublik. Auf diesem Stein findet sich die Inschrift „Pater Patriae" (Vater des Vaterlandes). Er wurde vom Pferde gerissen und erstochen, auch diese Szene ist auf dem Stein dargestellt.

Kirche St. Laurentius

Eine frühere Ur-Kirche war schon 1140 dokumentiert, das heutige Gotteshaus entstand nach mehreren Um- und Anbauten bis 1471. Der hohe Kirchturm wurde 1836 erbaut und misst genau 46,80 m. Das Innere der Kirche brannte zweimal aus (1559 und 1834), sodass die wertvolle Inneneinrichtung jeweils zerstört wurde. Nur der 40-armige **Kronleuchter** aus dem Jahr 1774 zeigt noch die alte Pracht.

Museum Lunden

Dieses Info-Zentrum zeigt einen Naturerlebnis-Raum. Durch den Außenbereich führen Wege an Stationen vorbei, die die vielfältige Natur erklären. Der Innenbereich vermittelt Informationen auch als **audiovisuelle Schau,** so wird der Besucher z.B. in ein virtuelles Moor geführt. Angeschlossen ist ein kleines **Heimatmuseum,** in dem historische Arbeitsplätze nachgestellt sind sowie ein historisches Klassenzimmer aus dem Jahr 1935.

■ **Museum Lunden,** Wilhelmstr. 18, Tel. (04882) 14 25, www.museum-lunden.de, ganzjährig Do 14–16 Uhr, Eintritt 3 €, erm. 1 €.

Unterkunft

■ **Hotel Lindenhof 1887**④, Friedrichstr. 39, 25774 Lunden, Tel. (04882) 407, www.lindenhof1887.de. Ein kleines, feines Hotel mit 6 Zimmern, die in freundlichen Farben (beige, grün) gehalten und modern, stilvoll mit Blick fürs Detail eingerichtet sind. Das hoteleigene **Restaurant** (Mo, Mi 18–21, Do–So 11.30–13.30 und 18–21 Uhr) bietet regionale Küche und unterbreitet auch gute saisonale Menü-Vorschläge.

3

Halbinsel Eiderstedt und Hinterland

Das Strandparadies schlechthin liegt vor St. Peter-Ording, auf stolzen zwölf Kilometern rollt sich der feine Sandstrand aus. Im Hinterland finden sich schmucke Dörfer, reich gesegnet mit prächtigen Kirchen, stolzen Bauernhöfen und einer Prise Kultur.

Der Bilderbuchstrand von St. Peter-Ording

1 : 200 000
0
5 km
Süderoog
Seevogel-
schutzgebiet
Nationalpark
Mittelgever
Dwarsloch
Seevogel-
schutzgebiet
Südfall
Korbbakensand
Nord-
strand
Süden
Nordstrander
Watt
Heverstrom
Innenquage
Lorenzensplate
Schutzzone I
Kolumbusloch
Schleswig-
Seevogel-
schutzgebiet
Süderhever
130
Utholm
Westerhever
Westerhever-
sand
Augustenkoog
131
Osterhever
Wasser-
koog
Sievers-
flether-
koog
Schutzzone I
Tümlauer Bucht
Poppenbüll
Marsch-
koog
Kirrenberg
Adenbüller
Koog
Trocken-
koog
Tümlauer
Koog
Everschop
131
Tetenbüll
Eiderstedt
Nord-Ording
Osterkoog
Katharinenheerd
Süd-Ording
Büttel
Osterende
Sandwehle
202
117
Tating
114
GARDING
Bad St. Peter
Wittendün
118
St.-Peter-Ording
Garding Kirchspiel
St. Peter
Dorf
Grothusenkoog
129
Welt
Katingsiel
Kating
Grünes
Böhl-
Süderhöft
Vollerwiek
Naturinformationsareal
Hoch-
sicht-
sand
Ufer
Kleine
Vollerwiekplate
Große
Vollerwiekplate
129
Katinger
Watt
Ehstensieler
Plate
128
Eidersperrwerk
Fiegenplate
Holsteinisches
Eider
Franzosenloch
Wesselburenener
Watt
Wesselburener-
koog
Linnenplate
Hillgroven
Wattenmeer
Norddeich
Heringsand-
Süderdeich
Hellschen-
Wesselburener Loch
Schutzzone I
Sommer-
koog
-Unterschaar
von Büsum nach Helgoland
Blauortsand
Hirtenstall
Hedwigenkoog
Blauort

STRAND-PARADIES UND GRÜNE IDYLLE

Es ist *sattgrünes, weites Land,* auf drei Seiten von Wasser umgeben. Die Bauern hier waren wohlhabend, sie gönnten sich prachtvolle Reetdachhäuser, die Haubarg genannt werden, und insgesamt 18 reich ausgestattete Kirchen. Kleine und kleinste Dörfer liegen verstreut, ergänzt um drei etwas größere Orte mit langer Tradition. Der Hafen in *Tönning* spielte kurzfristig sogar in der großen Politik mit. Und schließlich ist da noch *St. Peter-Ording,* der größte Ferienort an der Westküste mit einem sagenhaften, 12 km langen Sandstrand.

NICHT VERPASSEN!

- Das Wattenmeer erkunden im **Multimar Wattforum** in Tönning | 110
- Sandstrand fast ohne Ende in **St. Peter-Ording** | 118
- Ein **Leuchtturm** wie aus der Werbung in Westerhever | 130
- Prachtvolles Reetdachhaus mit 99 Fenstern: der **Rote Haubarg** bei Witzwort | 134
- Ein holländisch geprägtes Städtchen: **Friedrichstadt** | 135

Diese Tipps erkennt man an der gelben Markierung.

Überblick

Eiderstedt (nordfriesisch: Äädersträä) ist eine 30 km lange und 15 km breite Halbinsel. Ursprünglich bestand sie aus drei Inseln, die dicht beieinander lagen, aber doch durch das Wasser getrennt waren: Eiderstedt (Ostteil der heutigen Halbinsel), Everschop (Nordwestteil) und Utholm (Südwestteil). Diese Inseln wuchsen ab dem 11. Jh. im Zuge von Landgewinnungs- und **Eindeichungsmaßnahmen** allmählich zusammen. Noch heute symbolisieren drei Schiffe im Eiderstedter Wappen die **ursprüngliche Insellage.**

Die geschichtlichen Anfänge bleiben etwas im Dunklen. Entlang der Eider entstanden wohl in den ersten Jahrhunderten n. Chr. erste kleine Siedlungen, von germanischen und jütischen Stämmen, aber sehr viel bekannt ist aus dieser Epoche nicht. Um das 8. Jh. kamen bereits **Friesen** in das Gebiet. Etwa seit dem 12. Jh. sind Warften bekannt aus einigen Orten wie Osterhever oder Westerhever. Politisch unterstand Eiderstedt seit dem 14. Jh. dem Herzog von Schleswig. Im 16. Jh. kamen **holländische Mennoniten** auf die Halbinsel, dadurch wurde die Milch- und Käseproduktion stark angekurbelt. Im 17. Jh. verschwand die friesische Sprache, das **Plattdeutsche** dominierte fortan.

Das ist schon ein besonderer Landstrich, dieses Eiderstedt, auf drei Seiten von Wasser umgeben und an der vierten Seite von einem Geestrücken begrenzt. Saftige Wiesen auf fettem Marschboden hatten die Eiderstedter Bauern schon immer. Dadurch fraßen sich die Schafe und Rinder fetter als anderswo. Kein Wunder, dass sich Ende des 19. Jh. ein regelrechter **Vieh-Export** nach England entwickelte. Ja, die Eiderstedter Bauern wussten, was sie hatten, und einige zeigten es auch. Gewaltige Höfe, sogenannte **Haubarge,** zogen sie hoch, Wohlstand und Status ausdrückend. An die 70 sind es heute noch, früher sollen es sogar 400 gewesen sein. Der bekannteste ist noch heute der „Rote Haubarg" in Witzwort. Auffällig auch, dass beinahe **jedes Dorf seine eigene Kirche** hat, insgesamt 18 Gotteshäuser stehen hübsch verteilt auf der Halbinsel, viele müssten allerdings mittlerweile dringend saniert werden. Immer saß ihnen auch der „Blanke Hans" im Nacken, bedrohte die Küste und die Dörfer.

Neben diesen architektonischen Monumenten herrscht auf Eiderstedt durchweg grüne Weite vor, unterbrochen nur von kleinen und kleinsten Dörfern und drei etwas größeren Orten. Die **Natur** ist hier ein gewaltiges Pfund. Gemächlich kauen Schafe und Kühe das Gras auf den Wiesen, der Himmel ist weit und mit zerrissenen Wolken gesprenkelt, und immer weht ein wenig Wind und bläst einem den Kopf frei. Die überschaubare Halbinsel kann man sich prima per Fahrrad erschließen, das **Radwegenetz** ist gut ausgeschildert. So nähert man sich langsam und neugierig auch den abseitigen Dörfern. Schaut vielleicht mal in die beinahe obligatorische Kirche, findet vielleicht einen versteckten Kunsthandwerker oder einen idyllischen Gasthof.

Und dann ist da noch St. Peter-Ording, der größte Ferienort an der gesamten Westküste Schleswig-Holsteins. Nur nach Sylt fahren noch mehr Gäste. St. Peter-Ording hat einen unvergleichlichen Strand, auch hier kann man allenfalls Sylt und mit Abstrichen noch Amrum als Konkurrenz ins Feld führen. Stolze 12 km misst er in der Länge und bis zu 2 km in der Breite. So riesig der Strand, so weitläufig ist auch der Ort selbst. Obwohl von sehr vielen Gästen angesteuert, verteilt sich alles auf dem breiten Strand. Außerdem gibt es ja auch noch das „andere" Eiderstedt, und beides ergänzt sich aufs Vortrefflichste. Neben St. Peter-Ording gibt es noch zwei größere Orte auf der Halbinsel, **Tönning** und **Garding,** und viele kleine Dörfer. Außerdem 20.000 Schafe bei 19.000 Einwohnern. Das zeigt, dass die Landwirtschaft noch immer ihren Stellenwert hat und der Tourismus keineswegs allein das Zepter schwingt.

Eiderstädter Architektur

Auf Eiderstedt gab es **drei traditionelle Haustypen,** die auch den unterschiedlichen Grad des Wohlstands ausdrückten.

Haubarg

Haubarge sind **sehr große, hohe Häuser,** in denen Mensch und Vieh unter einem Dach lebten. Der Wohnteil lag um **Küche und Diele,** allein schon, weil es dort am wärmsten war. Das „gute Wohnzimmer", der **Pesel,** wurde nur zu besonderen Anlässen genutzt und auch mit Gästen nur selten betreten, für den Alltag gab's das „tägliche Wohnzimmer". Im **Keller** wurden Butter und Käse gelagert, für das Vieh gab es geräumige Ställe. Darüber lagerte man Heu und Getreide sprichwörtlich bis unters Dach. Daher auch der Name, denn *Haubarg* bedeutete „Heu bergen" bzw. stapeln. Die voll beladenen Erntewagen konnten durch das große Tor bis auf die Dreschdiele fahren, wurden dort abgeladen, und dort konnte dann das Stroh gedroschen werden, bevor man es schließlich oben lagerte.

Langhaus

Langhäuser waren bis zu 30 m lang, aber längst nicht so hoch wie ein Haubarg. Eine Diele trennte die Räume in einen **vorderen Wohn-** und einen **hinteren Wirtschaftsbereich.** Das Vieh stand hinten im **Stall,** die Menschen wohnten vorn. Ein gutes Beispiel ist das Eiderstedter Heimatmuseum in St. Peter-Ording.

Kate

Katen waren **kleine Häuser der Tagelöhner** und der armen Bevölkerung. Sie bestanden meist nur aus **zwei Räumen,** der Küche und einem Raum, in dem man schlief und wohnte.

239ns fr

▷ Der Haubarg im Hochdorfer Garten in Tating

Tönning

Tönning (friesisch: Taning) ist heute ein beschauliches Städtchen, es hat aber eine durchaus wechselvolle Geschichte erlebt. Über lange Zeit war es sogar der wichtigste Ort auf Eiderstedt, bedingt durch seine Lage am **Ufer der Eider,** nur wenige Seemeilen von der Nordsee entfernt.

Erstmals wird Tönning 1186 erwähnt, genauer, seine Kirche St. Laurentius. 1414 brannte der Ort vollständig ab. Zwischen 1580 und 1583 wurde das Schloss von Herzog *Adolf von Schleswig-Holstein-Gottdorf* gebaut. Gegen Ende des 16. Jh. wanderten holländische Glaubensflüchtlinge ein, die Käseherstellung im großen Stil betrieben und diese Waren über den kleinen örtlichen Hafen verschifften. Als der Hamburger Hafen im Zuge der Kontinentalsperre im frühen 19. Jh. blockiert war, profitierte Tönning von seiner Nähe zum offenen Meer. Die Güter für Hamburg flossen nämlich über den kleinen Ort, der damals dänisch war. Goldene Zeiten! Einige Jahrzehnte später wurden von hier gewaltige Mengen an Schlachtvieh via Schiff nach England transportiert, erneut machte sich die Nähe zur Nordsee bezahlt. Auch schon mit der Eröffnung des **Eider-Kanals** 1784 war es aufwärts gegangen, denn nun gab es eine Verbindung quer durchs Land – von der Ostsee zur Nordsee – und die Schiffe passierten alle Tönnings Hafen. Diese wirtschaftlich erfolgreiche Zeit endete erst mit der Eröffnung des Nord-Ostsee-Kanals im Jahre 1895, denn der mündet beim weiter südlich gelegenen Brunsbüttel in die Nordsee. Tönnings Hafen war nicht mehr gefragt.

Ein wenig profitiert Tönning heute vom Tourismus. Der **Hafen** liegt immer noch sehr malerisch vor dem Packhaus und einigen schicken Häusern, hat aber wirtschaftlich keine besondere Bedeutung mehr.

Sehenswertes

Multimar Wattforum

Der **Publikumsmagnet** für die gesamte Westküste! Besucher werden in einem 800 m^2 großen Gebäude spielerisch mit den Geheimnissen des Wattenmeers vertraut gemacht. In elf großen und noch mehr kleinen **Aquarien** kann man Fische, Quallen, Krebse, Pflanzen, also die gesamte Lebenswelt der Nordsee bestaunen. Obendrein können sich Besucher an mehreren **Stationen** über maritime Fragen informieren, etwa wie Wellen entstehen oder wie unterschiedlich einzelne Möwen kreischen. Alle Stationen animieren zum **Ausprobieren.** So kann man z.B. auf einem fest installierten Fahrrad kräftig in die Pedale treten und anhand der gemessenen Geschwindigkeit Vergleiche ziehen zu der Lauf- oder Flugschnelligkeit bestimmter Tiere. Da sieht man dann ganz schön alt, sprich langsam aus!

Weitere Stichworte: Wie entstehen Wanderdünen oder wie funktioniert das eigentlich mit Ebbe und Flut? Kleine Modelle veranschaulichen diese Phänomene. Welche Sprachen und Dialekte gibt es an der Westküste? Kopfhörer aufsetzen und lauschen! Unter einem Mikroskop kann man Kleinstlebewesen erforschen. Außerdem wird in einem gesonderten Raum ein 18 m langer, 1997 auf Rømø gestrandeter **Pottwal** in Lebensgröße ausgestellt, zur Hälfte das Skelett, die andere Hälfte als Nachbildung des Körpers.

Multimar Wattforum, Dithmarscher Str. 6, Tel. 962 00, www.multimar-wattforum.de, tägl. 9–18 Uhr, Nov. bis März tägl. 10–17 Uhr. Eintritt 9 €, Kinder (4–15 J.) 6 €, Familien 25 €. Ein Tipp für Bahn-Anreisende: Direkt am Bahnhof beginnt eine Spur von auf den Boden gemalten Plattfischen. Diese führen zielgenau zum *Multimar Wattforum.* Einfach folgen! Draußen befindet sich zudem ein großes themenbezogenes Spielareal für Kinder.

Hafen

Nach einem kurzen Spaziergang über den Deich erreicht man den Hafen. Er wurde 1613 gebaut und war im 17. Jh. ein wichtiger Warenumschlagplatz. Man kann hier nett entlangspazieren, sowohl direkt am Hafen als auch etwas erhöht auf dem **Deich.** Dort stehen einige historische Häuser, und vor allem liegen dort Lokale mit Terrasse zum Hafen. Zu sehen gibt es unter anderem den **Tonnenhof,** das Lager der riesigen Seezeichen, die regelmäßig hier gewartet werden.

Allzu viele Schiffe liegen hier heute nicht mehr, aber das war mal ganz anders. Das bezeugt auch das **historische Packhaus** aus dem Jahr 1783, in dem die von Frachtern aus fernen Ländern gebrachten Waren zwischengelagert wurden. Es ist das letzte vollständig erhalte-

☐ Am kleinen Hafen von Tönning

028sc fr

713sc fr

ne am ganzen Kanal. Die Maße: 77 m Länge, 13 m Breite mit einer Lagerfläche von 4000 m^2. Im ersten Stock rechts befindet sich eine kleine stadtgeschichtliche **Ausstellung,** die aber nur von Anfang Mai bis Ende September geöffnet hat (Mi–So 14.30–17.30 Uhr, 2 €). Und zur Adventszeit hat man sich etwas ganz Feines ausgedacht: Dann verwandelt sich das Packhaus in einen **riesigen Adventskalender.** Jeden Tag wird eine neue Luke geöffnet und zauberhaft beleuchtet. In der ersten Augustwoche findet hier ein **„Mondscheinkino"** statt, begleitet von Speisen, die thematisch abgestimmt sind auf den jeweiligen Film.

Ebenfalls am Hafen steht, unter der Hausnummer 30, das schöne alte **Schifferhaus** aus dem Jahr 1624/25, das als *Gasthaus für Fahrensleute* erbaut wurde. Die Glocke ganz oben am Giebel läutete bei schweren Sturmfluten. Genau in Höhe dieses Hauses erhebt sich direkt am Hafenbecken ein **Pfahl mit den Markierungen von Sturmfluten** vergangener Jahrzehnte. Das Wasser- und Schifffahrtsamt Tönning steht am Ende dieser Meile am Hafen, dort wurde ein **Walknochen** über einer Tür angebracht. Zur Orientierung: Davor liegt unübersehbar ein sogenannter *Stockanker* aus dem frühen 19. Jahrhundert.

⌃ Das mächtige Packhaus

Marktplatz und Kirche St. Laurentius

Am Marktplatz steht seit 1613 ein hübscher **barocker Brunnen** mit einem schmiedeeisernen Doppelbogen. Jeden Montag findet hier auf dem Platz ein Wochenmarkt statt.

Ganz in der Nähe erhebt sich die Kirche St. Laurentius, eines von 18 Gotteshäusern Eiderstedts. Im Jahr 1186 entstand eine erste Kirche in Tönning, die später mehrfach umgebaut und vergrößert wurde. 1593 bekam die Kirche ihre erste Orgel. Im Jahr 1700 erlitt sie starke Beschädigungen durch Kriegseinwirkungen.

Im Inneren des Gotteshauses finden sich mehrere historische **Kirchenschätze,** so der oben begehbare Lettner aus dem Jahr 1635, eine geschnitzte Eichenwand, welche Chor und Gemeindesaal trennt. Oben befindet sich eine zweite Orgel, die andere, die große Barockorgel, wurde 1681 erbaut. Auch der große Gemäldealtar stammt aus dieser Zeit (1634), er wurde 1700 nach den kriegsbedingten Schäden restauriert und mit Schnitzereien ergänzt. Unten ist die Abendmahlsszene dargestellt, oben die Auferstehung. Der aus schwarzem Marmor geschaffene Taufstein wurde 1641 gestiftet. Die prächtig geschnitzte und ornamentreich dekorierte Kanzel entstand 1703. Bemerkenswert ist auch das eindrucksvolle Deckengemälde aus dem Jahr 1704.

Der barocke **Kirchturm** misst 62 m und ist der höchste im Land. Am Abend wird er zauberhaft ausgeleuchtet.

- **Kirche St. Laurentius,** tägl. 9–18 Uhr, im Winter bis 17 Uhr.

Praktische Tipps

Info

- **PLZ:** 25832
- **Vorwahl:** 04861
- **Einwohner:** 5000
- **Touristinformation:** Am Markt 2, Tel. 614 20.
- **Internet:** www.toenning.de

Unterkunft, Gastronomie

- **Romantikhotel Godewind**③, Am Hafen 23, Tel. 66 00, www.romantisches-hotel-godewind.de. Ein historisches Haus aus dem Jahr 1797 mit nur vier stilvoll eingerichteten Zimmern und zwei Suiten. Das angeschlossene **Restaurant** bietet ausgezeichnete Fischküche und hat eine nette Gartenterrasse, tägl. ab 11.30 Uhr.
- **Be Bio Hotel be active**③-④, Westerstr. 21, Tel. 90 90 90, https://be-bio-hotels.de. Das Bio-Hotel mit 34 Zimmern liegt beim Bahnhof, keine fünf Gehminuten vom Marktplatz entfernt. Großzügig eingerichtete Zimmer mit Balkon oder Terrasse, ein **Bistro** öffnet Di–Sa 17.30–22 Uhr.
- **Jugendherberge,** Badeallee 28, Tel. 12 80. Das Haus hat 205 Betten in 64 Zimmern (überwiegend Vierbett-Räume) und ein umweltpädagogisches Angebot. Die Küche verwendet Bio-Produkte. WLAN.
- MEIN TIPP: **Weingarten am Schlosspark,** Herrengraben 8, Tel. 10 03, Do–So 18–23 Uhr. www.weingartenamschlosspark.de. Liegt mitten im Zentrum nahe am Marktplatz. Schon von außen besticht die schicke Dekoration, die sich innen geschmackvoll im Detail fortsetzt. Die Karte bietet gute Gerichte mit Schwerpunkt auf Fisch, aber auch Pasta, Fleisch, Salate, Crêpes oder Spezielleres wie eine Auswahl an Käseplatten.

Camping

- **Campingplatz Comfort-Camp Eider,** Am Freizeitpark 1a, Tel. 61 71 48, www.campingplatztoenning.de, ganzjährig geöffnet. Ein Fünf-Sterne-Platz mit 250 Stellplätzen, nahe zur Eider und zum Freibad gelegen. Zum Campingplatz gehören auch die beiden **WoMo-Stellplätze** *Wohnmobilhafen Eiderblick* und *Kapitänshaus*, die beide unmittelbar an der Eider liegen.

Einkaufen

- **Alte Fischereigenossenschaft,** Am Eiderdeich 12, Tel. 961 60, Mo–Fr 8–18, Sa 8–13 Uhr. Im gelben Haus nahe dem Packhaus werden Fisch und Krabben verkauft, im kleinen **Bistro** können selbige auch gleich verzehrt werden.

Feste und Veranstaltungen

- **Ostern:** *Ostereiermarkt* im Packhaus.
- **Ersten Donnerstag bis Sonntag im August:** *Mondscheinkino* im Packhaus.

Aktivitäten

- **Freibad:** Strandweg 2, großes beheiztes Meerwasser-Freibad mit 50-Meter-Bahn, Mai bis Sept. tägl. 11–19.30, Mo–Fr auch 6–9 Uhr.
- **Schiffsausflüge:** In der Saison tägl. Touren ab Eiderkaje (hinter dem Packhaus) zu den Seehundbänken im Wattenmeer. Meist wird um 10.15 und 12.45 Uhr gestartet. Infos: Tel. (04651) 987 08 88 oder www.adler-schiffe.de.

In der Umgebung

Kotzenbüll

Die 200-Einwohner-Gemeinde Kotzenbüll liegt etwas nordwestlich von Tönning an der Bundesstraße nach St. Peter-Ording. Hier steht eine schöne Kirche aus dem späten 15. Jh., die sich rühmen darf, die älteste Kirchentür Schleswig-Holsteins zu besitzen (das genaue Datum ist unbekannt). Die **St. Nikolai-Kirche** wurde 1495 nach siebenjähriger Bauzeit geweiht. Der wuchtige Kirchturm entstand bereits 1368, es muss also eine frühere Kirche gegeben haben. Das heutige Gotteshaus ist eines der größten auf Eiderstedt und gilt doch als unvollendet, denn vom eigentlichen Kirchenschiff fehlen etwa zwei Drittel, dort steht heute der Kirchturm. Gründe dafür sind nicht bekannt. Ältester Kirchenschatz ist der Taufstein, der auf vor 1300 datiert wird. Der Schnitzaltar stammt aus dem Jahr 1752, die Kirchenglocke wurde 1467 gegossen. Die 1859 erbaute Orgel ist einzigartig, denn sie besitzt historische Pfeifen aus dem 16. Jh., mit denen heute noch der Klang der Renaissance erzeugt werden kann.

- **St. Nikolai-Kirche,** Ostern bis Erntedank tägl. 9–17 Uhr, aber auch diese Kirche müsste dringend saniert werden.

Garding

Garding ist die **viertkleinste Stadt** in Schleswig-Holstein! Nach einem Spaziergang rund um die Kirche hat man das Zentrum bereits erkundet. Das zeigt sich tatsächlich recht beschaulich, ein angenehmer Kontrast zur stark befahrenen Hauptstraße, auf der die Urlauber Richtung Küste rollen.

So klein Garding auch ist, seine Geschichte reicht weit zurück: Um 1187 bereits ist ein Flecken namens Getthing bekannt. 1575 bekam Garding Marktrechte, 1590 Stadtrecht. Und das sogar 13 Jahre früher als Husum, wie nicht ganz ohne Stolz vermerkt wird. 1613 ließ ein Bürger einen 6,5 km langen Kanal von der Eider nach Garding bauen. Damit bekam der kleine Ort einen Hafen und erlebte wirtschaftlich eine sehr erfolgreiche Zeit. Als 1643 allerdings die Landstraße von Tönning gebaut wurde, verlor der Hafen wieder an Bedeutung. 1892 erhielt Garding Anschluss ans Bahnnetz, und spätestens ab da wurde der Kanal nicht mehr benötigt und 1920 dann zugeschüttet.

Sehenswertes

Kirche St. Christian

Die Kirche thront als Ruhepol im Ortskern, etliche historische Häuser ducken sich in ihrem Schatten. Sie hat bereits neun Jahrhunderte auf dem Buckel. 1109 entstand eine erste Holzkirche, 1117 dann eine neue Kirche aus Stein. Im Inneren ist der reich verzierte **Flügelaltar** aus dem 16. Jh. hervorzuheben, ansonsten zeigt sich das Gotteshaus eher nüchtern. Die Triumph-Kreuz-Gruppe stammt aus dem 15. Jh., das Taufbecken aus Marmor und Alabaster von 1654. Die Kanzel wurde 1563 hergestellt und gilt als die älteste von Eiderstedt, der Orgelprospekt aus dem Jahr 1512 ist sogar der älteste von ganz Norddeutschland.

■ **Kirche St. Christian,** Ostern bis Erntedank tägl. 10–16 Uhr.

Mommsenstadt Garding

In einem der Häuser am Markt (Nummer 4) wurde 1817 **Theodor Mommsen,** der erste deutsche Literaturnobelpreisträger, geboren. Es handelt sich um das älteste Haus von Garding (1572 erbaut). *Mommsen* war Professor für römische Geschichte in Berlin und saß als Abgeordneter im Reichstag. Er schrieb ein fünfbändiges Werk zur Römischen Geschichte, für das ihm 1902 der Nobelpreis verliehen wurde. Außerdem veröffentlichte er 1500 Bücher und Schriften. *Mommsen* starb 1903 in Berlin. Neben dem Geburtshaus liegt ein **Mommsen-Gedächtnisraum** mit Informationen über das Leben des Nobelpreisträgers, dazu Fotos, Urkunden und Plastiken.

Überhaupt ist dieser berühmte Sohn Gardings in der Stadt sehr präsent: Bereits 1911 wurde ihm zu Ehren am Stadtpark ein **Denkmal** aufgestellt. Nachdem dessen Bronze-Büste im Jahr 2000 gestohlen worden war, wurde nicht nur ein neuer Abguss gestiftet, sondern das gesamte Denkmal erweitert und neu gestaltet. Außerdem wurden an den vier Ortseingängen von Garding Stahlstelen mit dem Relief von *Mommsen* und dem Schriftzug „Mommsenstadt Garding" aufgestellt.

Rund um den Marktplatz

Der Platz bei der Kirche hat das Marktrecht seit 1575 und bis heute findet hier jeden Dienstag ein Wochenmarkt statt. An der vom Marktplatz abzweigenden Engen Straße steht unter der Nummer 4 das alte **Amtsgericht,** eines der ältesten Häuser am Ort. Erbaut im frühen 19. Jh., befand sich dort von 1867 bis 1975 das Gericht. Kurzfristig existierte hier sogar ein Gefängnis mit sieben Zellen.

Gegenüber steht das **Alte Rathaus,** das der letzte Eiderstedter Statthalter der Gottorfer Herzöge im 19. Jh. erbauen ließ. Es wird deshalb auch „Stallerhaus" genannt (Staller = Statthalter). Heute ist es Sitz verschiedener kultureller Einrichtungen und es gibt Ausstellungen, Konzerte, Vorträge, aber auch Radiosendungen vom Offenen Kanal Westküste.

Die kurze Enge Straße mündet auf den **Hopfenmarkt,** auf dem früher die Bierbrauer den benötigten Hopfen handelten. Rings um den kleinen Platz stehen noch einige historische Häuser, so etwa das **Haus Zur alten Börse** aus dem 17. Jh., eine ehemalige Gastwirtschaft. Die Verlängerung heißt Osterstraße, hier zweigt neben der Hausnummer 13 die schmalste Gasse Gardings ab, der **Pennmeistergang,** benannt nach dem „Pfennigmeister", der die Steuern für den Herzog eintreiben musste.

Hafenplatz

Jenseits der Hauptstraße, die von Tönning nach St. Peter-Ording führt, liegt der Hafenplatz. Dort befand sich tatsächlich der Gardinger Hafen, auf dem die Boote von der Eider kommend getreidelt, also von Menschen an Seilen am Ufer gezogen wurden. Heute steht dort noch der alte **Speicher** (genau gegenüber der Einmündung der Fahrstraße), in dem früher die per Boot angelandeten Waren umgeschlagen wurden.

Puppentheater

Marianne Vocke hat in ihrem Haus ein kleines Puppentheater eingerichtet. Dort führt sie ganz allein **Märchen** und auch drei **Opern** auf, u.a. „Die Zauberflöte". Sie spielt alle Rollen selbst. Die Aufführungen finden im Garten statt oder bei Regen in der behaglichen Stube.

- **Puppentheater,** Mückenberg 6, eine Voranmeldung ist wegen des begrenzten Platzangebotes ratsam, Tel. 171 86. Infos zum Programm unter www.puppentheater-vocke.de.

Praktische Tipps

Info

- **PLZ:** 25836
- **Vorwahl:** 04862
- **Einwohner:** 2700
- **Touristinformation:** *Tourismus Zentrale Eiderstedt e.V.,* Markt 26, Tel. 469.
- **Internet:** www.garding.de und www.spo-eiderstedt.de.

Unterkunft, Gastronomie

- **Kerlins Kupferpfanne,** Fischerstr. 1, Tel. 256, www.kerlins-kupferkanne.de, durchgehend 11–22 Uhr geöffnet, Mi Ruhetag. Fleisch-, Fisch- und Gemüsegerichte aus der Region, die hiesigen Rösti-Spezialitäten bringen einen Touch „Schwyzer Art" auf die Speisekarte.
- **Tapas Bar No. 5,** Fischerstr. 5, Tel. 201 83 73, www.tapas-bar-no5.de, Di–Sa 17.30–22 Uhr. Rustikal-gemütliche Einrichtung mit viel Holz. Serviert werden spanische Tapas und Weine.

Halbinsel Eiderstedt und Hinterland

Feste und Veranstaltungen

■ Im Juli und August finden dienstags **Konzerte auf mehreren Bühnen** statt.

Tating

Tating ist ein kleiner Ort, durch den die meisten Urlauber auf dem Weg zu St. Peters Stränden nur durchrauschen. Kurz vor dem Ortsausgang liegt auf der linken Seite der **Hochdorfer Garten.** Er erinnert eher an einen weitläufigen Park und ist für jedermann frei zugänglich. Bereits 1764 wurde hier auf immerhin fünf Hektar Fläche eine Gartenlandschaft in barocker Form angelegt. Dazu zählen zwei gerade Lindenalleen von 120 m Länge. Der gesamte Garten wurde durch exakt gezogene Wege in zehn fast abgeschlossene Bereiche unterteilt, in denen unterschiedliche Pflanzen wachsen, sowohl einheimische als auch exotische Gehölze. Im frühen Frühjahr blühen Tausende Krokusse. Am Rande befinden sich noch Obstgärten. Am südlichen Rand des Gartens wurde um 1900 eine **künstliche Ruine** geschaffen, angeblich einem Bild von *Caspar David Friedrich* nachempfunden (Burgruine von Oylin).

Weiterhin kann ein unter Denkmalschutz stehender **Haubarg** bewundert werden, jedoch nur von außen. Er hatte ursprünglich gewaltige Ausmaße, war 45 m lang und 22,50 m breit, seine Grundfläche betrug also gute 1000 m^2, er wurde allerdings später verkleinert. Heute sind hier Ferienwohnungen untergebracht (www.haubarg-hochdorfer-garten.de).

Im Ortskern steht die **Kirche St. Magnus.** Sie wurde 1103 erbaut und ist damit die älteste Kirche auf Eiderstedt. Zunächst (1103) entstand nur eine Holzkirche, die aber im Laufe der Zeit vergrößert und ausgebaut wurde. Der älteste Teil ist der quadratische Zwischenchor, der aus der Phase stammt, als ein erster Steinbau die hölzerne Kirche ersetzte, was schon relativ früh nach Fertigstellung des Holzbaus geschah. Der Flügelaltar entstand um 1480 und zeigt eine Kreuzigungsszene. Der Turm wurde erst 1661/62 erbaut. Die Taufe stammt aus dem 15. Jh., der Taufdeckel entstand um 1725. Die Kanzel wurde 1601 gebaut.

■ **Kirche St. Magnus,** April bis Oktober täglich 9–18 Uhr.

Gastronomie

Mein Tipp: **Café Restaurant Schweizer Haus,** Düsternbrook 10, Tel. 10 26 87, https://schweizerhaus-tating.de, Mi–So 12–21 Uhr. Direkt am Hochdorfer Garten liegt ein gut 100 Jahre altes, ehemaliges Sommerhaus im Schweizer Stil, eines der Letzten seiner Art im ganzen Land. Hier findet sich heute ein Café, in dem eine weit über die Ortsgrenzen hinaus beliebte Eierlikörtorte serviert wird, außerdem Salate, Nudelgerichte und Flammkuchen. Bei gutem Wetter sitzt man nett im Garten.

St. Peter-Ording

Die Großgemeinde St. Peter-Ording ist ein weitläufiger Ferienort, der aus **vier Ortsteilen** besteht. Von Nord nach Süd: Ording, St. Peter-Bad, St. Peter-Dorf und St. Peter-Böhl. Feinheiten, die einem Urlauber aber bestenfalls zur Orientierung dienen.

Verbindendes Element ist der sagenhafte **Sandstrand,** der an Schleswig-Holsteins Nordseeküste seinesgleichen (vergeblich) sucht. Seine Fläche entspricht 2000 Fußballfeldern, so vermeldet stolz die Kurverwaltung von SPO, wie der Ortsname abgekürzt wird.

An einigen Strandabschnitten stehen **Pfahlbauten,** kleine Häuser, die auf mächtigen Stelzen etwa 5 m über dem Meeresboden errichtet wurden. Dort sind sowohl Toiletten als auch ein paar gastronomische Betriebe eingerichtet. Bei stärkerer Flut fließt das Wasser unten durch, die Gäste müssen bis zur Ebbe warten. Aber hier oben zum Sonnenuntergang einen Drink nehmen und aufs Meer hinausträumen, ist einfach göttlich ... Die Bauten am Strand haben eine gut hundertjährige Tradition und sind zu einem Markenzeichen für St. Peter-Ording geworden.

Ein erster Pfahlbau hieß offiziell „Giftbude-Erfrischungshalle“, wovon alte Fotos noch zeugen. Der Begriff „Gift“ hatte aber eine andere Bedeutung. Er wurde aus dem Plattdeutschen abgeleitet von „dor gift dat watt“ (da gibt es was), nämlich (vermutlich) Cognac. Insgesamt existieren heute fünf „Pfahlrestaurants“, nebenan jeweils auch ein Toilettenhäuschen und eine Badeaufsicht, alle auf Pfählen.

Strand

Der Strand ist 12 km lang und bis zu 2 km breit, er besteht aus fünf Teilabschnitten. Alle Badestellen haben Restaurants in Pfahlbauten, Sanitäranlagen und Strandkörbe.

Badestelle Böhl (vor St. Peter-Böhl) liegt gut 1000 m vor dem Deich im Wattenmeer und ist durch Fuß- und Radwege, die durch Salzwiesen führen, erreichbar. Hier befindet sich auch ein Strandparkplatz und der Ortsbus fährt einmal pro Stunde ebenfalls dorthin.

Badestelle Süd (vor St. Peter-Dorf) ist durch eine Sandbank von der offenen Nordsee getrennt. Bei Ebbe zeigt sich hier eine große Wattfläche, bei Flut läuft der Priel voll. Der Strand ist über Fußwege erreichbar, auch der Ortsbus fährt dorthin.

Badestelle Bad (vor St. Peter-Bad) liegt vor dem Kurzentrum und der Dünen-Therme. Der feine Sandstrand wird über die gut 1000 m lange Seebrücke erreicht. Hier ist auch eine große Zone für Strandsegler und Kitebuggys reserviert.

Badestelle Ording (Hauptstrand von St. Peter-Ording) ist ein sehr weitläufiger Strandabschnitt mit breitem Dünengürtel, der in einem Abschnitt auch für Surfer freigegeben ist. Es führen Rad- und Fußwege zum Strand, aber es gibt auch hier einen Strandparkplatz. Dort finden auch die unterschiedlichsten Veranstaltungen statt wie Surf-Wettbewerbe, Konzerte oder Drachenfestivals.

Badestelle Ording-Nord ist ein FKK-Strand, der auch über Fuß- und Radwege erreicht wird. Der Strandparkplatz liegt ganz in der Nähe.

▷ Viel Platz am kilometerlangen Strand

030sc mf

St. Peter-Dorf

Dies ist der **schönste Teil** von St. Peter-Ording, da er über Jahrhunderte historisch gewachsen ist. Hier liegt der **Ortskern,** wie in so vielen anderen Dörfern auch, rund um die Kirche mit Friedhof, Dorfkrug und Höker. Ein alter Deich, der heute noch existiert, schützte die ehemals kleine Siedlung gegen die Nordsee. Ein Deichdurchlass, Stöpe genannt, führt zu einem kleinen Platz. Speziell der Bereich zwischen Dorfstraße und Kirche hat schon fast idyllischen Charakter. Richtig gemütlich geht es dort zu, viele kleine, teilweise sogar reetgedeckte Häuser säumen die Straße. Genügend kleinere Läden und einige Lokale locken die Kundschaft, alles wirkt ruhig und gemütlich.

Bernsteinmuseum

Ein Bernsteinmuseum in der Dorfstraße gibt einen anschaulichen Überblick zur Vielfalt der Bernsteinformen.

Nordseebernsteinmuseum, Dorfstr. 15, Tel. 56 11, www.nordsee-bernsteinmuseum.de, April bis Mitte Okt. Mo–Sa 10–18, So 11–13 Uhr, ab 15. Okt. Mi–Fr 10–13 und 15–17, Sa 10–13 Uhr, Eintritt frei. Bernsteinworkshops Mi 16 bzw. 18.30 Uhr, in den Ferien auch Mo bzw. Do/Fr für Familien.

Museum der Landschaft Eiderstedt

In der Olsdorfer Straße liegt auch das Eiderstedter Heimatmuseum. In diesem historischen **Reetdachhaus** aus dem

0 400 m
©Reise Know-How
Nsksh13 4/22
Wassersport/ Aktivitäten
3 x-H20 Wassersportcenter
4 Kitebuggy
NORDSEE
Tümlauer Bucht
Nationalpark Wattenmeer
Nationalpark Wattenmeer
Hundeauslauffläche
FKK
Badezone
Kite- und Surfzone
Badezone
122
Kirche St. Nikolai
Utholmer Straße
Ording
Dreilanden
Strandweg
Waldstraße
L33
B202
Bahnhof St. Peter-Bad
Westmarken
Neuweg
St. Peter-Bad
Seebrücke
Im Bad
Strandpromenade
Alter Badweg
Eiderstedter Straße
Im Bad
Kath. Kirche St. Ulrich
Badallee
Bövergeest
Medfeldweg
Bövergeest
St. Peter-Dorf
Haltepunkt St. Peter Süd
Dorfstraße
Wittendüner Allee
L33
Kinder-Spielhaus
Tierpark
Westküstenpark
St. Peter-Böhl
Pestalozzistraße
Regattastrecke der Strandsegler
Leuchtturm
Böhler Landstraße
123
Essen und Trinken
1 Strandcafé Silbermöwe
2 Strandbar 54° Nord
5 Arche Noah
6 Strandhütte Axels Restaurant

Jahre 1752 werden auf zwei Etagen Exponate aus der Geschichte Nordfrieslands (u.a. zum Thema Bedeichung) gezeigt, außerdem werden die Geschichte und Wohnkultur Eiderstedts vorgestellt sowie die Orts- und Badegeschichte von SPO seit den Anfängen 1877. Eine Gemäldeausstellung rundet den Besuch ab.

■ **Museum der Landschaft Eiderstedt,** Olsdorfer Str. 6, Tel. 12 26, Nov. bis März Di–So 11–16, April bis Okt. Di–So 10–17 Uhr, Eintritt 5 €, mit Gästekarte 3,50 €.

Kirche St. Peter

Die Kirche St. Peter liegt im Ortsteil Dorf vor dem Marktplatz. Das nicht allzu große, um 1200 erbaute Gotteshaus gab dem heutigen Ferienort St. Peter-Ording seinen Namen. St. Peter ist eine rote Backsteinkirche. Im Inneren befinden sich ein spätgotischer Schnitzaltar aus dem Jahr 1480, eine Renaissance-Kanzel (1565–1570) sowie ein Taufbecken aus dem Jahr 1729. Der **hölzerne Glockenturm** steht einige Meter neben der Kirche und wurde von (Zitat) „Holzbearbeitungsrentnern" ehrenamtlich erbaut. Grund: Die alte Orgel musste erneuert werden, da sie unter den Schwingungen der Glocken gelitten hatte, und so baute man 1999 diesen separaten Turm.

■ **Kirche St. Peter,** April bis Okt. So–Fr 9–18 Uhr, restliche Zeit 9–16 Uhr.

Rund um den Marktplatz

Vor dem Marktplatz, etwa in Höhe des Deichdurchbruchs, findet man eine kleine Skulptur. Sie zeigt „Jan und Gret" beim klassischen Schollenfangen mit der Prigg und beim Krabbenfischen mit der Gliep, einem Standnetz. Die beiden Fischersleute gelten heute als eine Art Wahrzeichen von St. Peter-Ording.

Unweit vom Marktplatz steht das **Backhus,** in dem früher Brot für die Bevölkerung gebacken wurde. Auch heutzutage wird diese Tradition von ehrenamtlichen Helfern an bestimmten Terminen gepflegt. Dort stehen noch weitere historische Häuschen, wie der **Eiskeller.** Solche Keller waren in die Dünen gegrabene Erdhöhlen unterhalb von Hotels, die im Winter mit Eis gefüllt und mit Stroh isoliert wurden. Dort hat man Getränke gekühlt, bevor in den 1920er-Jahren die Elektrizität in St. Peter-Ording Einzug hielt.

Auch ein kleines **Schipperhus** steht dort, hier wurden in vergangenen Zeiten die angespülten Leichen von Seeleuten aufgebahrt und später beerdigt. Damit die Beerdigungskosten gedeckt werden konnten, trugen die Seeleute früher einen kleinen goldenen Ohrring, fehlte dieser, hatten sie sich etwas zuschulden kommen lassen.

St. Peter-Bad

Von St. Peter-Dorf erreicht man, über die Dorfstraße und die Badallee gehend, schließlich die Straße Im Bad und nähert sich damit dem **touristischen Zentrum** von SPO. Im unteren Bereich besagter Straße liegt eine Reihe von teilweise her-

St. Peter-Ording, Nordteil

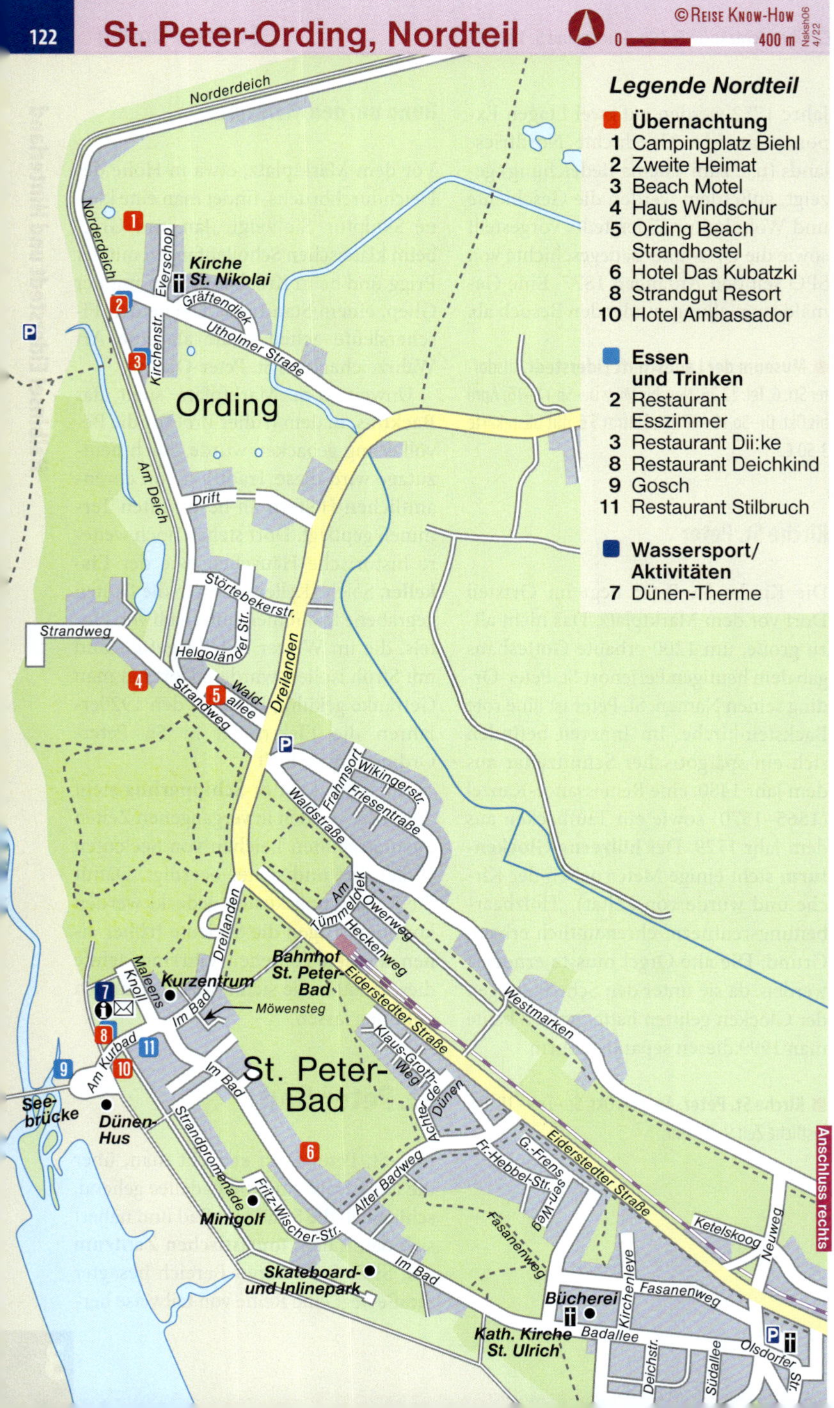

©Reise Know-How
0 400 m
Nksh07 4/22
Anschluss links
St. Peter-Dorf
St. Peter-Böhl
Bücherei
Kath. Kirche St. Ulrich
Ausschnitt
Haltepunkt St. Peter Süd
Kinder-Spielhaus
Tierpark
Westküsten-park
Leuchtturm
Nordsee-Golf-Club SPO
Eiderstedter Straße
Ketelskoog
Neuweg
Kirchenleye
Fasanenweg
Badallee
Deichstr.
Südallee
Zum Südstrand
Bövergeest
Medfeldweg
Nordergeest
Am Bahnhof
Olsdorfer Str.
Preester-gang
Heed-weg
Op de Diek
Dorfstr.
Dorfstraße
Wittendüner Allee
Dünenweg
Gröner Weg
Ostland-straße
Sandkamp
Pestalozzistraße
Heideweg
Kiebitzreihe
Böhler Landstraße
Birkenweg
Sportplatz
Am Jahnweg
Karpfenteich
Hummergrund
Zum Leuchtturm
Kuhsteig
Schulstr.
Rathaus
Feuerwehr
Legende Südteil
1 Marktplatz
2 Kirche St. Peter
6 Museum der Landschaft Eiderstedt
7 Nordseebernsteinmuseum
Übernachtung
10 Reisemobilhafen
11 Meergrün Camping
Essen und Trinken
3 Olsdorfer Krug
8 Restaurant Seekiste
9 Dorfcafé
12 Rest. Wanlik Hüs
Einkaufen/Sonstiges
4 Naturkost Eiderstedt
5 Das Backhus
13 Hofladen Matthießen

vorragenden Hotels, weiter oben verengt sich die Straße, dort herrscht eine ausgelassene Ferienstimmung. Lädchen mit Strand-Schnickschnack wechseln sich ab mit Bistros, Kneipen, Imbissen – ein fröhliches und buntes Durcheinander.

Schließlich erreicht man das **Kurzentrum.** Neben dem Zimmernachweis und der Touristeninformation können Gäste hier im Meerwasser planschen, und zwar überdacht. **Dünen-Therme** nennt sich der Spaß, er bietet „eingefangene Nordseewellen", wie es so schön in der Werbung heißt. Ein idealer Ort, um mal einen Nachmittag im Wasser herumzutoben, in einer Bade- und Saunalandschaft mit über 1000 m^2 Wasserfläche.

Die **Seebrücke** zeigt sich modern und schwungvoll, sie hat Ausbuchtungen, Sitzbänke, wird durchgehend beleuchtet und misst gute 1000 m. Außerdem bietet der Seebrückenvorplatz ein **Veranstaltungshaus** (Dünen-Hus) sowie in sehr exponierter Lage ein Lokal des Sylter Groß-Gastronomen *Gosch*. Schick beleuchten nachts mit Gas betriebene Strandfackeln die Szenerie.

Ording

Der Ortsteil Ording, der ein wenig **ländlichen Charakter** hat, war einst ein eher ärmliches Dorf, bewohnt von Fischern. Heute profitiert Ording von der Tatsache, dass sich zwischen seinem bewohnten Teil und dem Strand ein breiter **Dünengürtel** und eine **bewaldete Zone** ausbreiten. Auf dem Deich davor kann man die gesamte Strecke abwandern, wer möchte, läuft durch ganz St. Peter-Ording bis hinüber nach Böhl. Parallel zum Deich verläuft eine Straße, an der noch einige Häuser mit teilweise sehr schönen Unterkünften stehen. Im oberen Abschnitt, etwa ab Höhe des Campingplatzes, tauchen Unterkünfte nur noch sporadisch auf, der Blick kann hier weit über die Wiesen wandern.

Dort steht auch die **Kirche St. Nikolai.** Die Historie berichtet, dass sie 1724 erbaut und 1960 generalüberholt wurde. Auch dieses Gotteshaus wirkt etwas nüchtern („zurückhaltender norddeutscher Barockstil" heißt es in einem Prospekt treffend), aber keinesfalls unattraktiv. Speziell der Schnitzaltar aus dem späten 15. Jh. lohnt eine Besichtigung.

■ **Kirche St. Nikolai,** Mai bis Sept. 10–16 Uhr.

St. Peter-Böhl

Die Gegend um Böhl war früher eine kaum besiedelte Heide- und Dünenlandschaft, was man glücklicherweise heute noch merkt. Insgesamt geht es hier ziemlich **beschaulich** zu, touristisches Spektakel findet man in Böhl nicht, was aber auch bedeutet, dass man auf Geschäfte und Lokale bis auf wenige Ausnahmen verzichten muss. Zwei Straßen streben nach Norden zu den lebhafteren Zonen, in den Querstraßen liegen einige nette Unterkünfte. Sowohl zum Strand als auch zur Touristenmeile in St. Peter-Bad ist man schon ein Weilchen unterwegs.

> Relaxen in einem der Pfahlbauten

Ein **Wäldchen** schiebt sich zwischen Ortsteil und Strand, außerdem liegen vor dem Strand weitläufige **Salzwiesen.** Vor dem Deich beim Ortsteil Böhl steht ein 18 m hoher, rötlicher **Leuchtturm** aus Ziegeln aus dem Jahr 1892.

Westküstenpark

Der Westküstenpark liegt beim Ortsteil Böhl. In diesem **Haus- und Wildtierpark** leben über 400 Tiere unterschiedlichster Art, viele lassen sich in Streichelgehegen hautnah erleben. Ein kleiner Star darunter ist das **Robbarium,** wo mehrere Seehunde in einem gut 1000 m² großen Becken herumtoben.

- **Westküstenpark,** Wohldweg 6, Tel. 30 44, http://tierpark-westkuestenpark.de, tägl. 9.30–17 Uhr, Eintritt 12 €, Kinder (3–15 Jahre) 8,50 €, Familie 35 €, mit Kurkarten ermäßigte Preise.

Praktische Tipps

Info

- **PLZ:** 25823
- **Vorwahl:** 04863
- **Einwohner:** 4100
- **Tourismus Zentrale,** Badallee 1, in St. Peter-Dorf, Tel. 99 91 55 (Zimmervermittlung), Tel. 99 90 (Info-Zentrale).
- **Tourismus Service-Center,** Maleens Knoll 2, im Ortsteil Bad bei der Dünen-Therme, Mo–Fr 9–17, Sa/So 10–16 Uhr.

  Im Ortsteil **Böhl,** Böhler Landstr. 153, befindet sich ein weiteres Büro, Mo–Fr 10–12, 13–16 Uhr.
- **Internet:** www.st-peter-ording.de

Unterkunft

Ein Unterkunftsverzeichnis von SPO findet sich auf der Website www.st-peter-ording.de/buchen/unterkunftsarten.

702ns mf

Karte Nordteil, S. 122

10 **Hotel Ambassador**④, Im Bad 26, Tel. 70 90, www.hotel-ambassador.de. Beste Lage, direkt am Vorplatz der Promenade, von etlichen Zimmern deshalb schönster Meerblick. Das Hotel wurde komplett neu gestaltet und mit einem modernen Design versehen. Helle Farben und klare Formen prägen das Bild, was sich schon im Empfangsbereich zeigt. Auch die Zimmer sind modern gestaltet, haben beispielsweise Flachbild-TV und dazu den unvergleichlichen Meerblick.

MEIN TIPP: **8** **Strandgut Resort**③-④, Am Kurbad 2, Tel. 99 990, www.strandgut-resort.de. Ein Design-Hotel, das an der Strandpromenade liegt und von etlichen Zimmern freien Blick aufs Meer ermöglicht. Die 102 Zimmer sind funktional und mit stilsicherem Design eingerichtet, angeschlossen ist das **8** **Restaurant Deichkind.** WLAN.

4 **Haus Windschur**③-④, Strandweg 7, Tel. 47 84 80, www.hauswindschur.de. Etwas Besonderes muss man auch so nennen dürfen! Topmodern, in klaren Linien gehalten, lichtdurchflutet und doch gemütlich eingerichtet, dazu barrierefrei. 17 Zimmer. Schön neben einem Wäldchen und nicht weit vom Ordinger Strand gelegen. Außerdem ein sehr angenehmer Frühstücksbereich und eine gemütliche Kaffeeterrasse. Ausgesprochen freundliche Gastgeber.

5 **Ording Beach Strandhostel,** ab ①, Strandweg 18–20, Tel. 47 46 366, www.ording-beach.de. Legere Unterkunft in Strandnähe, geboten werden EZ bis Sechs-Bett-Räume ab 18 €, alle mit Duschbad.

2 **Zweite Heimat**④, Am Deich 41, Tel. 47 48 90, http://hotel-zweiteheimat.de. Direkt hinter Dünen MEIN TIPP: und Deich liegt dieses auffällige Haus. Verschiedene, unterschiedlich große Zimmertypen, die wie kleine Wohnungen konzipiert und topmodern eingerichtet sind. Weiterhin gibt es Balkone, einen Wellness-Bereich, Sauna, das **2** **Restaurant Esszimmer** und WLAN.

MEIN TIPP: **3** **Beach Motel**③-④, Am Deich 31, Tel. 908 00, www.beachmotel-spo.de. Ein ebenso auffälliges Haus mit einem gräulich-hellen Grundton, unmittelbar hinterm Deich. Es strahlt eine lässige Atmosphäre aus im Stil eines US-Ostküstenhauses. Der Komplex besteht aus drei Gebäuden und bietet einen „Bulli-Parkplatz" für die Zielgruppe der Surfer. 103 Zimmer, **3** **Restaurant Dii:ke** mit mediterraner Küche, *Beach Lounge*, WLAN.

6 **Hotel Das Kubatzki**③-④, Im Bad 59, Tel. 70 40, www.das-kubatzki.de. In einem kleinen Kiefernhain liegt dieses Haus mit 36 sehr unterschiedlich eingerichteten Zimmern in klaren Formen und Linien, kombiniert mit Vintage-Elementen. Außerdem bietet die Hotelinhaberin, Frau *Kubatzki,* täglich Yoga-Stunden.

Campingplätze (Auswahl)

1 **Biehl,** Utholmer Str. 1, Tel. 960 10, www.campingplatz-biehl.de, 15.3.–31.10. Dies ist der größte Platz von SPO, er liegt im Ortsteil Ording unmittelbar vor Deich und Strandübergang. WLAN, s. Karte S. 122.

11 **Meergrün Camping,** Bövergeest 56, Tel. 47 63 17, www. camping-olsdorf.de, ganzjährig geöffnet. Der große, parkähnliche Platz liegt im Ortsteil Dorf und bietet komfortable Sanitäranlagen, Sportstätten, Sauna und kostenloses WLAN, s. Karte S. 123.

10 **WoMo-Stellplatz:** *Reisemobilhafen,* Ketelskoog 10, Tel. 81 71, www.reisemobilhafen-spo.de. Im Ortsteil Dorf an einem Wäldchen gelegen, mit 75 Stellplätzen, Stromanschluss, Ver- und Entsorgestation. Außerdem Sanitärgebäude vorhanden, keine Reservierung möglich, Karte S. 123.

Gastronomie

Karte Nordteil, S. 122

11 **Stilbruch,** Am Kurbad 1 (erste Etage, den Gummistiefeln nach!), Tel. 16 00, www.restaurant-stilbruch-spo.de, Mi–Mo 16.30–21 Uhr. Der Name ist Programm, da der Gast kleine Skurilitäten schon in der Dekoration des Hauses erkennen kann und teilweise auch in der guten Küche, die vor allem regionale Spezialitäten bietet, u.a. Lamm.

9 **Gosch,** Buhne 1, Tel. 478 50 90, www.gosch.de, tägl. ab 11 Uhr. Die Lage direkt an der Seebrücke könnte nicht besser sein. Es gibt gute Fischgerichte mit der *Gosch*-typischen Selbstabholung. Außerdem sind die Strandkörbe auf der Terrasse ein kleines Highlight, besonders zum abendlichen *Sundowner.*

Karte Südteil, S. 123

12 **Restaurant Wanlik Hüs,** Dorfstr. 27, Tel. 30 30. Do–Di warme Küche von 12 bis 21 Uhr. Breites Angebot „ut Pütt un' Pann, ut'n Meer un' för'n lütten Hunger" (verstanden?) in 300 Jahre altem Friesenhaus. Schon der leicht verwinkelte Innenbereich mit seinen tiefen Decken und historischem Mobiliar ist eine kleine Sehenswürdigkeit für sich.

9 **Dorfcafé,** Badallee 13, Tel. 30 21, tägl. 10.30–17.30 Uhr. Kleines Haus mit leckeren, selbst gebackenen Torten (überwiegend glutenfrei).

3 **Olsdorfer Krug,** Olsdorfer Str. 13, Tel. 25 00, Mo 17–22, Mi–So 12–22 Uhr. Liegt im Herzen von St. Peter-Dorf bei der Kirche. Man darf das Lokal wohl als „Dorfkrug" im positiven Sinne bezeichnen, wo sich Einheimische, Vereine und Stammtischler treffen. Serviert wird herzhafte, bodenständige Küche mit Fisch, Fleisch und Vegetarischem.

8 Das **Restaurant Seekiste** in Böhl ist eines der Restaurants direkt am Strand auf Stelzen (weitere s.u.), der Parkplatz liegt direkt vor der Treppe, geöffnet Do–Di 12–18 Uhr, www.dieseekiste.de.

Karte St. Peter-Ording, S. 120

MEIN TIPP: Am Strand stehen vier ungewöhnliche Lokale auf mächtigen Stelzen in 5 bis 7 m Höhe. Bei starker Flut werden die Gebäude manchmal unterspült. Von oben genießt man einen sagenhaften Blick aufs Meer, etwa in der 1 **Silbermöwe** in Ording-Nord, in der beliebten 2 **Strandbar 54° Nord,** in der 5 **Arche Noah** am Abschnitt Bad oder am Strandabschnitt Dorf, wo die 6 **Strandhütte Axels Restaurant** steht.

Einkaufen, s. Karte S. 123

13 **Hofladen Matthießen,** Feldhausweg 4, Mo, Mi, Fr–So 8.30–10, 16.30–18 Uhr. Produkte der Region.

5 **Das Backhus,** Zum Südstrand. Früher stand in jedem Dorf ein Backhaus, in St. Peter-Ording wird diese Tradition durch ehrenamtliche Helfer wiederbelebt. Zu bestimmten Zeiten (Termine sind angeschlagen) wird Brot gebacken und direkt verkauft.

■ **Markt,** jeden Mi 8–12 Uhr auf dem Marktplatz in St. Peter-Dorf.

4 **Naturkost Eiderstedt,** Preestergang 15, Tel. 493 50 35.

Feste und Veranstaltungen

■ **Kitebuggy-Meisterschaften,** im März, die *Deutsche Meisterschaft,* www.kitearea.de/events/categoryevents/2-Kitebuggy.

■ **Internationale Pfingstregatta im Strandsegeln,** im Mai oder Juni.

■ **Kultur-Himmel,** an Himmelfahrt, Vereine, Künstler und auch Landwirte stellen sich und ihre Arbeit vor.

■ **Drachenfestival,** zum Ende der Sommerferien.

■ **Beach-Volleyball-Turnier** im Juli.

Aktivitäten

4 **Kitebuggy:** Schnupper- und Intensivkurse auf der Sandbank bietet die Buggyfahrschule an, Infos Tel. 36 65 (ab 18 Uhr), www.buggyfahrschule.de, s. Karte S. 120.

■ **Strandsegeln:** Kurse bietet *Nordwind Wassersport* an, Tel. (04346) 59 55, www.nordwind-wassersport.de.

3 **Surfen:** Am Ordinger Strand kann gesurft werden, Einsteiger haben die Möglichkeit, Kurse zu belegen: *x-H2O Wassersportcenter,* Tel. (0175) 24 88 424, x-h20.de, s. Karte S. 120.

7 **Dünen-Therme,** Marleens Knöll 2, Tel. 99 91 61, tägl. 10–20.30 Uhr. Meerwasserschwimmbad mit schöner Saunalandschaft, s. Karte S. 122.

Eidersperrwerk

Eiderstedt ist eine **Halbinsel,** die von drei Seiten von Wasser umgeben ist: Im Norden fließt der Heverstrom nach Husum, im Westen grenzt die Halbinsel an die Nordsee und im Süden schlängelt sich die Eider vorbei bis tief ins Land hinein. Bei jeder halbwegs größeren **Sturmflut** wurden immer wieder gewaltige Wassermassen in die Eider gedrückt, die in der Folge auch weit von der Nordsee entfernt liegende Orte überschwemmte. Auch die vielen Nebenflüsse, allen voran die Treene, waren dann von Hochwasser betroffen. Gleichzeitig spülte der Blanke Hans gewaltige Mengen Sand ins Mündungsgebiet, die bei Ebbe nicht mehr abflossen. Eine Sturmflut hatte also ziemliche Auswirkungen. 1962 kam es zu einer fürchterlichen Sturmflut, bei der im Großraum Hamburg 300 Menschen ertranken.

Danach wurde das Konzept des **Küstenschutzes** komplett überdacht. Die Idee war, alle Flüsse, die in die Elbe und die Nordsee münden, mit einem **Fluttor** zu versehen. Drohte eine Sturmflut, wollte man die Flüsse bis Oberkante Unterlippe volllaufen lassen und dann das Tor zusperren – genial einfach. Diese Idee wurde dann auch konsequent umgesetzt. Die kleinen Flüsse Pinnau, Krückau und Stör, die alle in die Elbe münden, bekamen ihre Sperrwerke, sie funktionieren noch heute.

Mit der wesentlich breiteren Eider war es nicht ganz so einfach, aber das Prinzip wurde auch hier angewandt. Die Schwierigkeiten lagen u.a. darin, dass niemand voraussagen konnte, wie sich die Strömungsverhältnisse ändern würden. Immerhin fließen 50 Mio. m³ Wasser bei jeder Tide in die Eider und zurück. Wenn man da einen Riegel vorschiebt, wohin fließt das Wasser dann? Nach langer Planung ging man in den 1960er-Jahren schließlich ans Werk, verbaute 40.000 m³ Beton sowie 10.000 t Stahl. 170 Mio. DM kostete der Bau. 1973 wurde das Sperrwerk eröffnet.

Ein **kilometerlanger Deich** wurde ebenso gebaut, fünf gewaltige **Hubtore** von 40 m Breite und eine eigene **Schleusenkammer.** Die Hubtore werden je nach Tide geöffnet – dann lassen sie das Wasser frei strömen – oder geschlossen, dann verriegeln sie den Zufluss. Über die separate Schleusenkammer können Schiffe bei jedem Wasserstand in die Eider fahren. Das gesamte Bauwerk ist heute nicht nur ein wichtiger Bestandteil des Küstenschutzes, sondern auch eine **Touristenattraktion.**

Und ganz nebenbei entstand durch den Bau eine **neue Straßenverbindung.**

705ns mf

Strandsegler

Dadurch müssen Urlauber nicht mehr ganz nach Tönning hochfahren, sondern können über das Eidersperrwerk schneller zu den Stränden gelangen und 30 km sparen – ein angenehmer Nebeneffekt. Fußgänger können oberhalb der Fahrbahn hinübergehen und das beeindruckende Bauwerk aus der Nähe bewundern. Direkt am Sperrwerk gibt es auf beiden Seiten Parkplätze.

Katinger Watt

Der Bau des Eidersperrwerks beeinflusste auch das Mündungsgebiet der Eider, denn das Katinger Watt wurde mitsamt seinem Vorland eingedeicht. Das Gebiet entwickelte sich dadurch zu einem eigenständigen **Naturraum,** der aus Prielen, Feuchtwiesen, Teichen mit Schilfwiesen, aber auch weitläufigen Grünflächen besteht. Diese Idylle lockte im Laufe der Zeit immer stärker **Vögel** an, und schließlich stellte man das Katinger Watt unter Naturschutz. Besucher können sich im **Informationszentrum,** dem Lina-Hähnle-Haus, einen ersten Überblick verschaffen. Ein 3,4 km langer **Rundweg** führt durchs Vogelschutzgebiet, in dem sich auch ein Aussichtsturm, ein Dschungelpfad, ein Niedrigseilgarten und eine Eisvogelhütte befinden. Spannend ist auch der Blick ins Innere eines Bienenstocks.

■ **NABU Naturzentrum Katinger Watt,** Katingsiel 14, 25832 Tönning, Tel. (04862) 80 04, ab Osterferien bis 31.10. tägl. 10–17 Uhr. Zu erreichen über die Straße zum Eidersperrwerk.

Gastronomie

MEIN TIPP: **Schankwirtschaft Andresen,** Katingsiel 4, 25832 Tönning, Tel. (04862) 370, www.schankwirtschaft-andresen.de, Mi–So 14–18 Uhr. Von der Straße zum/vom Eidersperrwerk abbiegen in die Rixbüller Straße. Dann nach ca. 1 km rechts ab in die Straße Katinger Siel und bis zum Deich. Kultcharakter hat diese Kneipe mit ihrer schönen Kachelstube und dem legendären Eiergrog.

Welt

Der **Ortsname** inspirierte schon den einst auf Eiderstedt lebenden Sänger *Knut Kiesewetter* zu einem Lied über seine „Welt-Tournee". Auch heute wird das Schild am Ortseingang immer noch recht gern fotografiert.

Die **Kirche St. Michael** wurde 1113 als Kapelle gegründet, 1415 wurde sie zerstört und kurz danach wieder aufgebaut. 1567 kam der ursprünglich hölzerne Glockenstapel dazu, der 1660 zerstört wurde. Ein Jahr später baute man ihn wieder auf und ersetzte ihn 1898 durch einen steinernen Glockenturm. Die Kirche bestand zunächst aus Feldsteinen, erst später tauschte man sie gegen Ziegel aus. Im Kirchenschiff ist noch der spätromanische Stil erkennbar. Die Holzkanzel stammt aus dem Jahr 1578, an der Seite sind die vier Evangelisten abgebildet, gekrönt wird der Altar von einem sechseckigen Altardeckel. Der Flügelaltar entstand um 1600, er zeigt die Abendmahlszene, links die Taufe und rechts die Kreuzigung. Die Sandsteintaufe ist noch älter, sie wurde 1521 erschaffen. Der Kronleuchter im Kirchenschiff stammt aus dem 17. Jh. und gilt als einzigartig auf Eiderstedt.

■ **Kirche St. Michael,** Ostern bis Erntedank tägl. 8–18 Uhr.

Gastronomie

■ **Kirchspielkrug Welt Möllner Hof,** Dorfstr. 3, Tel. (04862) 107 70, www.moellner-hof.de, Fr–Di 12–14 und 18–21 Uhr. Liegt genau gegenüber der Kirche, große Gartenterrasse. Norddeutsche Küche, aber auch vegetarische Gerichte, im Sommer gibt es spezielle Buffet-Tage.

Einkaufen

■ **Landladen Kühl,** Hülkenbüll 2 (Straße von Welt nach Garding), Tel. (04862) 339, www.landladen-kuehl.de, Mo–Sa 8–18, So 10–16 Uhr. Kleines Geschäft, das unter anderem Lammfleisch, Obst, Eier, Gemüse, Konfitüren und Apfelsaft anbietet, teils aus eigener Herstellung, teils von anderen Eiderstedter Betrieben.

Hofladen Pauls Welt, Markenkoog 1, Tel. (04862) 949, www.biolandhofpauls.de, Do–Sa 9–13 Uhr. Angeboten werden Fleisch, Wurst und Gemüse aus der Region.

Westerhever

Die **Kirche St. Stephanus** entstand 1804 auf einer hohen Warft, zwei wesentlich ältere Kirchen existieren nicht mehr. Nur der Turm dieser Ur-Kirchen ist erhalten, er entstand 1370 und gilt damit als ältester Kirchturm von Eiderstedt. Er war über Jahrhunderte zugleich ein Seezeichen, also eine Art Leuchtturm. Die Kanzel entstand um 1600 und die Sandsteintaufe sogar schon im 12. Jh., sie ist damit die älteste Taufe Eiderstedts. Das Altarbild zeigt die Heilige Familie, es ist die Kopie eines Bildes des flämischen Malers *Anthonis van Dyck,* erschaffen von einem Künstler aus Westerhever. Insgesamt zeigt sich diese Kirche etwas gedrungen im Inneren und das blau-rote Gestühl erinnert sehr an eine Kirche auf den Halligen.

■ **St. Stephanus,** Ostern bis Erntedank tägl. 9–18 Uhr.

Leuchtturm

Am Nordufer der Halbinsel steht der angeblich **meistfotografierte Leuchtturm Deutschlands.** Der von zwei Häuschen flankierte Turm musste schon mehrfach für Werbeaufnahmen herhalten. Erbaut 1906, strahlt sein Licht aus einer Höhe von 41,50 m ab, man kann es 40 km weit sehen. Einen Leuchtturmwärter gibt es nicht, Kollege Computer übernahm die Steuerung bereits 1979.

■ **Leuchtturm Westerhever,** Westerheversand, Besichtigung im Rahmen einer Führung Ostern bis Ende Okt. Mo, Fr/Sa zwischen 10 und 15 Uhr zur vollen Stunde (außer um 12 Uhr) nur nach telefonischer Anmeldung, Tel. (04865) 12 06, https://westerhever-nordsee.de, Tickets müssen mind. einen Tag vorher im Infohaus am 2 km entfernten Parkplatz Ahndelweg 4 abgeholt werden, Eintritt 6 €, Kinder 3 €.

▷ Der fotogene Leuchtturm von Westerhever

Osterhever

Die seit dem 12. Jh. besiedelte Ortschaft lag auf einer größeren Warft, die heute noch „op Dörp" (auf dem Dorf) genannt wird. Die Gemeinde Osterhever besteht aus acht Högen und ist sehr weitläufig, sie hat eine Fläche von 1843 Hektar.

Auf einer Warft steht erhöht die **Kirche St. Martin,** die 1113 als kleine Kapelle erstmals erwähnt wurde. Im 13. Jh. wurde sie dann zur romanischen Kirche erweitert. Das Innere wirkt schlicht, was einige schöne Kirchenschätze besonders wirkungsvoll hervorhebt, so die spätgotische Triumphkreuzgruppe in der romanischen Apsis, die *Maria* als Jesusmutter zeigt und den Jünger *Johannes.* Der Schnitzaltar (1520) zeigt fünf Szenen: in der Mitte die Kreuzigung, links oben die Verspottung, links unten die Geißelung Jesu, rechts oben *Jesus* vor *Pilatus* und rechts unten Christus auf der Rast. Die Abendmahlsbänke entstanden 1753. Die klassizistische Kanzel wurde 1892 errichtet. Der achteckige Taufstein ist neugotisch und stammt aus dem 19. Jh., er ist der einzige, der noch auf Eiderstedt in Gebrauch ist. Der Taufengel aus Lindenholz entstand 1822. Die Kirche hat zwei Orgeln, die Chor-Orgel stammt aus Dänemark (1898), außerdem gibt es noch eine Emporen-Orgel.

■ **Kirche St. Martin,** Ostern bis Erntedank tägl. 9–18 Uhr.

Tetenbüll

Die Gemeinde Tetenbüll zählt nur etwa 620 Einwohner, ist dabei aber beachtliche 36,5 km² groß. Damit ist sie flächenmäßig die zweitgrößte Gemeinde

242ns fr

im Amt Eiderstedt, und wie es sich für eine derartige Größe gehört, gibt es auch eine „City". Jawohl, ein Straßenschild trägt genau diese Bezeichnung. Warum auch nicht, einige Gemeindeteile liegen ziemlich weit außerhalb des Kernbereichs, so beispielsweise **Wasserkoog** im Norden, das bei der Wahl zum schönsten Dorf ganz weit vorn landen würde. Entlang der Durchgangsstraße reihen sich etliche besonders schmucke weiße Reetdachhäuser. Etwas weiter im Hinterland zieht sich der Deich am Watt entlang. Dort befindet sich eine Wasserstelle vor dem Everschopsiel, über das Regenwasser in die Nordsee fließen kann. Hinterm Deich liegen einige Segelschiffe in einem einsamen Hafen.

Die **Kirche St. Anna** entstand um 1400, aber es soll hier schon im 12. Jh. ein Gotteshaus gegeben haben. 1491 wurde sie erweitert und der Turm gebaut. In der leicht erhöht auf einer Warft stehenden Kirche befindet sich ein Altar von 1523, der stilistisch vom berühmten Holzschnitzer *Hans Brüggemann* beeinflusst wurde. Dieser lebte und arbeitete einige Jahre in Husum, sein Hauptwerk ist der wunderschöne Schnitzaltar im Dom zu Schleswig. Die Taufe aus Sandstein entstand 1596, die Kanzel mit einer barocken Bemalung 1575. In der Nordempore befinden sich 30 alttestamentarische Bilder aus dem Jahr 1654. Sie wurden auch „Bibel für Arme" genannt, damit des Lesens Unkundige auch eine Idee von der christlichen Lehre bekamen. Das Deckengemälde, erschaffen 1742, zeigt 36 Szenen aus dem Leben Jesu.

■ **Kirche St. Anna,** ganzjährig ab 10 Uhr bis zum Einbruch der Dunkelheit.

Haus Peters

Mein Tipp: Gegenüber der Kirche steht das einzigartige Haus Peters. Sein Äußeres zeigt nichts Spektakuläres, aber wer in dieses Haus hineingeht, betritt eine andere Welt: einen **Kaufmannsladen aus dem Jahr 1820** im Originalzustand! Ein volles Jahrhundert, bis ins Jahr 1926, gingen hier alltägliche Waren über den Tresen, so wie bei vielen kleinen „Hökern" im Land. Fast schon ein Wunder, dass die Einrichtung all die Jahre überdauert hat: so der Ladentisch aus Eichenholz, die vielen Schubladen, in denen dütt un datt aufbewahrt wurde, und nicht zuletzt die vier Fässchen an der Wand. Verkauft werden immer noch Kunsthandwerk, Töpferwaren, Bücher und hausgemachte Marmelade. Außerdem finden mehrmals im Jahr wechselnde Ausstellungen statt.

Im **Horst-Janssen-Zimmer** werden Werke des bekannten Hamburger Künstlers gezeigt, der eine Zeit lang auf Eiderstedt lebte: Radierungen, Postkarten, Plakate und auch Bücher.

■ **Haus Peters,** Dörpstraat 16, 25882 Tetenbüll, Tel. (04862) 681, http://hauspeters.info, März bis Okt. Di–So 13–18, Nov. bis Febr. Fr–So 13–17 Uhr, Änderungen möglich. Eintritt frei.

Einkaufen

Milchschafshof Volquardsen, Kirchendeich 8, 25882 Tetenbüll, liegt etwa 1 km außerhalb Richtung Wasserkoog, Tel. (04862) 348, www.friesische-schafskaeserei.de, Mo–Fr 10–18 Uhr, Sa 10–14 Uhr. Vor allem Schafskäse wird im Hofladen verkauft, aber auch Wurstwaren, Lammfleisch, gegerbte Schaffelle und viele Produkte direkt vom Erzeuger.

240ns mf

Haus Peters in Tetenbüll

Hofführungen Mai bis Okt. Di und Fr 15 Uhr, Juli/ Aug. auch Do, 4 €.

Oldenswort

Mit erstaunlichen 45 km² ist Oldenswort flächenmäßig die größte Gemeinde auf Eiderstedt. Und tatsächlich wirkt der Ort fast schon kleinstädtisch, zumindest verglichen mit den meisten anderen, eher ländlich geprägten Orten.

Zentraler Punkt ist die auch hier leicht erhöht stehende **Kirche St. Pankratius.** Mitte des 13. Jh. soll eine Ur-Kirche, damals noch als kleine Kapelle aus Holz gebaut, niedergebrannt worden sein. Etwa um 1245 erfolgte dann der Bau einer neuen Kirche an der heutigen Stelle, die 1465 vergrößert wurde. Die Wandmalereien stammen noch aus dieser Phase. Die reich verzierte Triumphkreuzgruppe von 1491 wird flankiert von den Skulpturen der *Maria* und des *Johannes.* Der Gemäldealtar wurde vom damaligen Statthalter 1592 gestiftet, auch das schicke Chorgestühl stammt aus dieser Epoche. Die Sandsteintaufe ist eine Schenkung aus dem Jahr 1564. An der Kanzel wurde zehn Jahre gearbeitet, bis 1580.

Die ornamentreiche Balkendecke wurde erst 1992 nach einer Renovierung wiederentdeckt.

■ **Kirche St. Pankratius,** ganzjährig tägl. 9–18 Uhr.

Herrenhaus Hoyerswort

Etwas außerhalb liegt das Herrenhaus Hoyerswort, ein schönes Gebäude aus dem 16. Jh. Es handelt sich dabei um den einzigen Adelssitz auf ganz Eiderstedt. Auffällig ist die Verknüpfung von Herrenhaus und Haubarg, obendrein geschützt durch einen **doppelten Wassergraben.** Heute sind hier ein Café mit Sonnenterrasse, eine Brasserie, eine **Töpferei,** in der Fliesen nach holländischer Tradition von Hand hergestellt werden, und im oberen Stockwerk ein **Museum** zur Geschichte des Herrenhauses und ganz Eiderstedts untergebracht.

■ **Herrenhaus Hoyerswort,** Tel. (04864) 203 98 38, www.hoyerswort.de, Café Mi–Mo 11–18 Uhr, Brasserie Mi–Sa ab 17 Uhr, Führungen Mi um 15 Uhr, Eintritt 3 €. Wer möchte, kann dort auch eine **Ferienwohnung** mieten.

Gastronomie

■ **Restaurant Handelskrug,** Dorfstr. 19, 25870 Oldenswort, Tel. (04864) 800, www.handelskrug.de, Mi–So 11–13.30 und 17–20.30 Uhr. Bietet neben Fisch-, Fleisch- und vegetarischen Gerichten auch so spannende Dinge wie Lammbratwürstchen oder Rehfrikadellen.

Roter Haubarg

Ganz im Nordosten der Eiderstedter Halbinsel nahe Husum liegt beim Örtchen Witzwort der **berühmteste Haubarg** überhaupt. Wer hinfährt, mag sich vielleicht etwas wundern, denn der Rote Haubarg ist nicht rot, sondern **weiß!** Heute schmückt ihn ein mächtiges Reetdach, in früheren Jahrhunderten war er jedoch mit roten Ziegeln gedeckt, weil diese kostbarer als das überall wachsende Reet waren.

Das wuchtige Haus wird von acht Ständern getragen. Das ursprüngliche Gebäude wurde1647 erbaut und nach einem Brand 1759 erneuert. Es bietet nicht nur von außen einen optischen Reiz, man kann es auch besichtigen. Neben einem Restaurant mit einer gemütlichen Terrasse ist hier ein kleines **Museum** untergebracht (gleicher Eingang). Dort wird **landwirtschaftliches Gerät** ausgestellt, außerdem ein Modell des Haubargs, aber vor allem gewinnt man einen Eindruck von der Größe des gesamten Gebäudes. Seine Grundfläche misst etwa 1000 m^2, das Haus hat **99 Fenster.**

Zu diesen Fenstern gibt es folgende **Legende:** Früher stand hier anstelle des prächtigen Haubargs eine einfache Hütte, die von einem armen Bauern bewohnt wurde. Der verliebte sich in die Tochter eines reichen Schmieds, aber deren Vater wollte seine Tochter keinem armen Schlucker zur Frau geben. So ging der Bauer einen Pakt mit dem Teufel ein. Er versprach ihm seine Seele, wenn der Teufel ihm über Nacht bis zum ersten Hahnenschrei ein großes Haus mit hundert Fenstern bauen würde. Gesagt, getan, aber mittlerweile bekam der Bauer Zweifel, lief zu seiner Angebeteten und erzählte alles. Die Mutter schnappte sich den Hahn, schüttelte ihn so heftig, dass der anfing zu krähen, und der Teufel musste seine Arbeit beenden, gerade als er das 99. Fenster einsetzte. Gerade noch rechtzeitig fuhr er zurück zur Hölle und der Bauer hatte nun sein stattliches Haus und konnte seine Angebetete heiraten. Heute erinnert eine **Skulptur des Teufels** im Garten vor dem Haubarg an diese Geschichte.

■ **Roter Haubarg,** Sand 5, 25889 Witzwort, Tel. (04864) 845, www.roterhaubarg.de, tägl. 11–21 Uhr, ab Okt. Mo und Di Ruhetag. Das Restaurant besteht aus mehreren Stuben, zusätzlich hat es eine Terrasse, die Küche bietet regionale Gerichte.

Friedrichstadt

Friedrichstadt liegt im Hinterland der Halbinsel Eiderstedt an der Mündung der Treene in die Eider. „Die Holländerstadt" nennt sich Friedrichstadt, denn es wurde 1621 von **holländischen Einwanderern** gegründet. Diese Einwanderer waren Remonstranten – Anhänger einer speziellen Form des Protestantismus –, die in Holland wegen ihres Glaubens verfolgt wurden. Indem Herzog *Friedrich III.* ihnen religiöse Freiheit und Toleranz versprach, bewegte er sie zur Übersiedlung nach Norddeutschland. Er erhoffte sich von den Holländern wirtschaftlichen Aufschwung.

Die Einwanderer bauten eine Ortschaft ganz nach holländischem Vorbild, am 24. September 1621 wurde der Grundstein gelegt. Entstanden ist ein **zauberhaftes Städtchen** mit rechtwinklig angelegten Straßen und **Grachten** sowie Häusern mit klassischen Treppengiebeln. Auffällig sind auch die typisch holländischen Hausmarken, die auf den Besitzer verweisen.

Die religiöse Toleranz zog in den folgenden Jahrhunderten eine Vielzahl von Glaubensgemeinschaften nach Friedrichstadt. Nur die Nazis machten bezüglich der Toleranz eine unrühmliche Ausnahme. Die hiesige jüdische Gemeinde wurde von ihnen ausgelöscht; ihre Synagoge wird heute als Kultur- und Gedenkstätte genutzt. Etwa 170 **Remonstranten** leben noch heute in und um Friedrichstadt, einmal im Monat reist extra eine Pastorin aus Holland an. Daher rührt auch der Schnack, in Friedrichstadt gäbe es „... 13 Brücken, 13 Grachten und 13 Religionen ...". Nun ja, es sind zumindest noch fünf christliche Glaubensgemeinschaften: Protestanten, Katholiken, Remonstranten, Mennoniten und dänische Lutheraner.

Sehenswertes

Das ganze **Stadtbild** ist sehenswert! Am Marktplatz liegen die wohl schönsten neun Giebelhäuser, aber in allen Straßen finden sich bemerkenswerte Bauten.

Museum Alte Münze

Zum besseren Verständnis empfiehlt sich zunächst ein Besuch im kleinen stadtgeschichtlichen Museum Alte Münze. In diesem 1626 errichteten Renaissancebau werden die **Stadthistorie** und

Eider-Treene-Sorge-Region

0 1 : 200 000 5 km

das Alltagsleben präsentiert sowie die einzelnen **Glaubensrichtungen** vorgestellt. Angeschlossen ist der seit 1708 genutzte **Betsaal der Mennoniten.** Besucher können einen Blick von oben hineinwerfen. Seit über 50 Jahren halten auch die dänischen Lutheraner ihren Gottesdienst dort ab.

■ **Museum Alte Münze,** Am Mittelburgwall 23, Tel. 874 22, April, Mai, Okt. Di–So 12–16 Uhr, Juni bis Sept. Di–So 11–17 Uhr, Eintritt 2,50 €, Familien 3,50 €.

Marktplatz und Umgebung

Der Platz ist hübscher Mittelpunkt, die Fassade der **neun Giebelhäuser** das wohl am häufigsten fotografierte Motiv. Auf dem Marktplatz steht auch ein 1879 erbauter **Brunnen** mit einer ungewöhnlichen Dachkonstruktion über dem Pumpschwengel. Ein paar Verse des Heimatdichters *Klaus Groth* lobpreisen den Genuss von Wasser, ganz im Gegensatz zum Missbrauch von Alkohol! Den historischen Giebelhäusern gegenüber zieht sich ein schmaler Grünstreifen entlang, davor steht der Brunnen. Der Marktplatz wird von Eisenstangen geteilt, an denen früher, zur Zeit des großen Pferdemarktes, der hier noch Ende des 19. Jh. stattfand, die Tiere angebunden wurden.

Vom Markt zweigt die Prinzenstraße ab, in der einige Geschäfte und Lokale, aber auch zwei außergewöhnlich hübsche Häuser liegen: Das **Paludanushaus** wurde 1637 vom Remonstrantenprediger *Godefridus Paludanus* erbaut. Neben der Rokokotür wurde eine Kanonenkugel aus dem Jahr 1850 eingemauert. Das Haus gehört heute der dänischen Minderheit *Sydslesvigsk Forening.* Das schräg gegenüber liegende **Doppelgiebelhaus** entstand 1624. Einmal ums Eck gegangen, liegt am Fürstenburgwall 11 das **Fünfgiebelhaus.** Es wurde im Jahr der Stadtgründung 1621 erbaut.

Tischlerei-Museum

In der Ostermarktstraße liegt das Museum, in dem eine **Original-Werkstatt** aus dem 19. Jh. nebst altem Arbeitsgerät vorgestellt wird. Sie zeigt eine damals typische Arbeits- und Wohnsituation, als der Meister noch direkt neben seiner Werkstatt wohnte. So manchem Handwerker dürften hier Herz und Augen übergehen, vor allem im sogenannten „Bankraum", wo noch vier **historische Werkbänke** mit allerlei Werkzeug stehen. Aber auch alte Maschinen wie die Bandsäge lassen heutige Generationen nur staunen.

■ **Tischlerei-Museum,** Ostermarktstr. 15, Tel. (040) 760 60 90 oder 0163 17 30 056, Ende Juni bis Anfang Sept. Mi, Fr, So 11.30–16 Uhr. Im Winter keine Veranstaltungen, Eintritt 2,50 €.

Remonstrantenkirche

Die Kirche befindet sich in der Prinzessstraße, kann aber nur im Rahmen einer Führung besichtigt werden. So bleibt nur ein Blick von außen auf diese recht wuchtige Kirche und die holländische Inschrift über dem Portal, die auf die Stadtgründung verweist. Sie ist die einzige Kirche dieser Glaubensgemeinschaft außerhalb der Niederlande und wurde 1850 auf den Resten einer zerstörten älteren Kirche erbaut.

Klettererhaus

Schräg gegenüber steht unter der Hausnummer 26 das Klettererhaus aus dem Jahr 1629. In den Fenstern finden sich **Puppen** mit historischen Trachten.

Ehemalige Synagoge

Das Eckhaus an der Westermarktstraße/Am Binnenhafen ist die ehemalige Synagoge, seit 2003 existiert dort eine **Kultur- und Gedenkstätte.** Als sie 1847 eingeweiht wurde, zählte die jüdische Gemeinde 400 Mitglieder, heute existiert sie nicht mehr. Die Synagoge wurde 1938 von den Nazis zerstört.

Kirche St. Christophorus

Am Mittelburgwall steht diese evangelisch-lutherische Kirche, deren Bau 1649 beendet wurde. Der wuchtige Turm entstand 1762 überwiegend aus Granitstein einer entsorgten Schleuse. Das Altargemälde fertigte 1675 *Jürgen Ovens,* ein Schüler *Rembrandts.* Die Kanzel entstand um 1600 in Flensburg, man sagt, sie stamme aus einer Kirche von Alt-Nordstrand, die in einer Sturmflut 1634 versank. Das auffällige Votivschiff stammt aus dem Jahr 1738 und ehrt die Seefahrerzunft.

[>] Die prächtigen Giebelhäuser am Marktplatz von Friedrichstadt

Jüdischer Friedhof

Etwas am Rande liegt der kleine, 1677 angelegte Friedhof. Nur noch wenige alte Grabsteine gruppieren sich auf der großen Rasenfläche um einen Gedenkstein.

Modellbahn-Zauber

Am Rande der Altstadt kann eine liebevoll zusammengestellte **Modelleisenbahn** besichtigt werden.

- **Modellbahn-Zauber,** Brückenstr. 18, Tel. 93 88 58, www.mobaza.de, April bis Okt. tägl. außer Sa 11–17 Uhr, Nov. Sa/So 11–17 Uhr, Eintritt 8 €, Kinder 5 €, Familien 20 €.

Praktische Tipps

Info

- **PLZ:** 25840
- **Vorwahl:** 04881
- **Einwohner:** 2400
- **Touristinformation:** *Tourismusverein Friedrichstadt,* Am Markt 9, Tel. 939 30.
- **Internet:** www.friedrichstadt.de

815sc-fr

Friedrichstadt

0 — 100 m

 Nksh05 4/22

Übernachtung
1 Jugendherberge
4 Hotel Aquarium
7 Mooi Hotel
11 Wohnmobil-Stellplatz
12 Campingplatz Friedrichstadt

Wassersport
2 Bootsverleih G. Schröder
6 Kanu Kunterbunt

Essen und Trinken
3 Holländische Stube
5 Kajüte 1876
9 Café Hansen

Einkaufen/Sonstiges
8 Tonalto
10 Wunschbecher Keramikwerkstatt

Unterkunft

4 **Hotel Aquarium**④, Am Mittelburgwall 2–8, Tel. 930 50, www.hotel-aquarium.de. 38 Zimmer hat dieses kleine, aber ungemein stilvoll eingerichtete Hotel mit Sauna und Schwimmbad, das zur Kette der *Ringhotels* gehört.

7 **Mooi Hotel**③-④, Am Markt 7, Tel. 398, www.mooi-hotel.de. Hotel mit modern eingerichteten Zimmern in einem historischen Haus, das eine gelungene stilistische Kombination eingeht zwischen der denkmalgeschützten Haushistorie und den heutigen Anforderungen der Gäste. Das Ergebnis schaut *mooi* aus, was niederländisch ist für „gut".

1 **Jugendherberge,** Ostdeutsche Str. 1, Tel. 93 62 61. Die Herberge liegt in einem Park unweit der Treene und bietet 112 Betten in 4- und 6-Bett-Zimmern.

Camping

12 **Campingplatz Friedrichstadt,** Tönninger Str. 1a, Tel. 400, www.treenecamp.de. Kleiner Platz mit 120 Stellplätzen am Wasser, ganzjährig geöffnet.

11 **WoMo-Stellplatz:** Halbmond 5, Parkplatz P3 – Alter Hafen, www.wohnmobilstellplatz-friedrichstadt.de. 65 Stellplätze.

Gastronomie

3 **Holländische Stube,** Am Mittelburgwall 24–26, Tel. 939 00, www.hollaendischestube.de, Küche Do–Mo 12–14 und 18–21 Uhr. Historisches Haus mit originalgetreu eingerichteten Räumen, in denen Antiquitäten stehen. Im Sommer auch Terrasse direkt am Kanal. Serviert neben regionalen Gerichten auch Pasta und Schnitzel.

5 **Kajüte 1876,** Holmentorstr. 11, Tel. (0172) 25 29 148, www.kajuete1876.de, Di–Sa 12–20 Uhr. Uriges Lokal mit Garten, das direkt an einer Gracht liegt und insgesamt einen holländischen Touch in Einrichtung und Karte hat, auch gibt es u.a. holländische Biere. Aber auch *1621 – das Bier für Friedrichstadt,* ein einheimisches Bier. Außerdem noch kleine Gerichte wie Flammkuchen und eine große Weinauswahl.

9 **Café Hansen**, Prinzenstr. 22, Tel. 17 40, Di–So 11–18 Uhr. Kleines, nettes Café, das unweit vom Marktplatz liegt und neben Kuchen und Torten auch herzhafte Flammkuchen serviert.

Einkaufen

8 **Tonalto,** Westerhafenstr. 5, Tel. 937 90 90, www.tonalto.de, Mo–Fr 12–17, Sa 12–15 Uhr. Künstlerisch gestaltete Gebrauchskeramik in Sandfarben, die von einer sehr eigenen Glasur in dezenten Türkistönen überzogen ist, jedes Stück ist ein Unikat.

10 **Wunschbecher Keramikwerkstatt,** Am Fürstenburgwall 11, Tel. 93 65 03, Mo–Fr 10–13 und 15–18, Sa 10–13 Uhr. Keramik in teils ungewöhnlichem Design.

Feste und Veranstaltungen

- **Festtage,** mit malerischem Lampionkorso auf den Grachten, im Juli.
- **Rosenträume,** Ende Juni oder am ersten Wochenende im Juli dreht sich alles um die Rose.
- **Kulturnacht,** am letzten August-Wochenende zeigen Galerien, Museen und Privathäuser ihre Kunstwerke.

Aktivitäten

6 **Kanuverleih:** *Kanu Kunterbunt,* Lohgerberstr. 35, Tel. 93 77 78, www.kanu-kunterbunt.de, Verleih von Kanus, Kajaks, Tret- und Elektrobooten.

- **Stadtführungen:** Einen Rundgang von etwa 1½ Stunden bietet die Touristinformation von Ostern bis Oktober täglich um 11 Uhr an, stilecht

816sc-fr

wird in Holländertracht alles Wichtige erklärt, Ticket 5 €, Tel. 939 30.

Schiffstouren

Touren durch die **Grachten** von Friedrichstadt bieten zwei Gesellschaften an:

2 **Friedrichstädter Grachten- und Treeneschifffahrt G. Schröder,** Büro: am Markt 17, Tel. 87 63 95, Anleger: Stapelholmer Platz, Tel. 87 63 94, auch Bootsverleih.

Friedrichstädter Grachtenfahrt, Am Deich, Tel. 93 75 97, www.grachtenfahrt.de.

Grachten-Idylle in Friedrichstadt

Eider-Treene-Sorge-Region

Die Eider-Treene-Sorge-Region verdankt ihren Namen drei Flüssen und ist die **größte zusammenhängende Flusslandschaft** im Land. Die Region liegt zwischen Nord- und Ostsee, zwischen der Halbinsel Eiderstedt und Schleswig und reicht im Norden beinahe bis nach Flensburg. Das fast 1600 km^2 große Gebiet ist ein beliebtes **Paddel-Revier,** außerdem gibt es einen Rad-Rundweg, der die gesamte Region umfasst.

Die Flusslandschaft entstand nach dem Abschmelzen der Eismassen nach der letzten Eiszeit. Die dort siedelnden Menschen versuchten, die Gegend urbar zu machen, was aber wegen der häufigen Überschwemmungen nicht so gut gelang, obendrein ist das Gebiet sehr moorreich. Erst mit dem Deichbau, den die Holländer nach Schleswig-Holstein brachten, änderte sich die Lage. Durch Gräben und Siele kanalisierte man das Wasser und entzog es dem Land. Überschwemmungen gab es trotzdem, denn der Hauptfluss **Eider** mündet in die Nordsee und von dort drückten Wassermassen bei Sturmfluten auch in die Nebenflüsse Sorge und Treene. Das änderte sich grundlegend 1973 nach dem Bau des Eidersperrwerks bei Tönning (s.o.).

Historisch spielte die Eider eine wichtige Rolle, war sie doch lange Zeit, fast durchgängig von 811 bis 1864, die **südliche Grenze von Dänemark.** Sie zog sich wie ein natürliches Hindernis quer durchs Land. Nur an einer schmalen Stelle gab es einen Landweg zwischen dem Eider-Nebenfluss Treene und der Schlei, die wiederum in die Ostsee mündet. Genau hier wurde schon ganz früh (ab dem 7. Jh.) ein wehrhafter Wall gebaut, der sogar im Deutsch-Dänischen Krieg 1864 eine wichtige Rolle spielte. Dieser Wall, **Danewerk** genannt, kann noch heute besichtigt werden. Er verläuft etwa ab Hollingstedt bis nach Haithabu. Seine Geschichte wird im Danewerk-Museum bei Schleswig eindrucksvoll dargestellt (siehe dort).

Die **Treene** ist der größte Nebenfluss der Eider, sie entspringt bei Flensburg und mündet bei Friedrichstadt in sie ein. Gerade dieser Fluss ist ein sehr beliebtes Paddelrevier. Die **Sorge** wird gespeist vom Bistensee (unweit Eckernförde) und mündet bei Hohnerfähre in die Eider.

Paddeln

Diese Region ist ideal zum gemütlichen Paddeln im Kanu. Die Flüsse Treene und Sorge sind schmal, die Eider dagegen zumindest teilweise schon breiter. Vor allem die Treene mäandert sehr friedlich durch die Landschaft. Ein sehr schöner Streckenabschnitt zum Paddeln liegt zwischen **Langstedt** und **Treia,** was der Autor aus eigener Erfahrung bestätigen kann. Auf der Sorge wird besonders der Abschnitt bei **Owschlag** empfohlen, den der Autor aber nicht kennt.

■ Gute Informationen zu den Flüssen mit **Einsetzstellen** und auch zu Kanuverleihern: www.flussinfo.net/treene.

Gastronomie

■ **Osterkrug Treia,** Treenestr. 30, 24896 Treia, Tel. (04626) 15 00, www.osterkrug-treia-online.de, Küche 11.30–14 und 17–22.30 Uhr, Mi Ruhetag. Treia eignet sich gut als Endpunkt einer Paddeltour, dort liegt auch dieser Landgasthof. Serviert wird eine „traditionsreiche, deftige Küche", aber auch Gourmetmenüs.

Radfahren

Wer die ganze Region erkunden will, kann das auf dem 240 km langen Rundkurs **„Eider-Treene-Sorge-Weg"** machen. Der offizielle Startpunkt liegt in **Friedrichstadt** (Bahnhof), dort endet auch die Tour. Die Strecke führt durch ganz viel Natur und idyllische Dörfer auf zumeist recht einsamen Wegen abseits vom Autoverkehr.

Adobe.Stock ©Marc Stephan

Bergenhusen

Zwei kleine Orte sind in der Region touristisch bedeutsam, Bergenhusen und Hollingstedt. Bergenhusen wird auch das **Storchendorf** genannt. Der Grund hierfür sind etwa 40 Störche, die jedes Jahr zwischen Ende Februar und etwa Anfang April aus ihrem Winterquartier kommen und hier ein Nest besetzen, um ihre Jungen aufzuziehen. Die Störche, die hier „Hoier Boier" genannt werden, nisten buchstäblich übers Dorf verteilt: hier auf einem Hausdach, dort auf einem Pfahl und wieder woanders auf einer Scheune. Besucher können durch das Dorf schlendern und die Störche aus der Distanz beobachten. Die meisten Störche kommen im April, im Juni schlüpfen die ersten Jungen und etwa Mitte August verlassen sie ihr holsteinisches Quartier, aber auch noch Anfang September konnte der Autor einzelne Tiere dort beobachten.

Der *NABU* unterhält im Ort ein **Informationszentrum,** in dem man alles über Meister Adebar erfährt und per Videokamera auch in ein Nest schauen kann.

■ **Michael-Otto-Institut im NABU,** Goosstroot 1, 24861 Bergenhusen, Tel. (04885) 570, https://bergenhusen.nabu.de, tägl. 10–16 Uhr.

Hollingstedt

Hollingstedt ist eine kleine Gemeinde von knapp 1000 Einwohnern, die an der **Treene** im östlichen Bereich der Region liegt. Auch dieser Ort ist für seine Störche bekannt, die hier alljährlich nisten. Zur Wikingerzeit war Hollingstedt ein wichtiger Hafenplatz. Aus diesem Grund sind im Ortswappen auch beide Elemente zu finden, ein Storch und ein Wikingerschiff. In Hollingstedt lag nämlich

⌃ Ein Storchennest in Bergenhusen

vor über 1000 Jahren der sogenannte **„Nordseehafen" von Haithabu,** der großen Wikingerstadt (siehe Schleswig). Der Hafen konnte von den Schiffen, die von der Nordsee kamen, über die Eider und später die Treene erreicht werden. Hier wurden die Waren auf Ochsenkarren geladen und über Land ins 16 km entfernte Haithabu transportiert. Damit ersparte man sich den weiten und gefahrvollen Schiffsweg um die Nordspitze von Dänemark.

Folgt man der Hauptstraße durch Hollingstedt, findet man direkt nach dem Queren der Treene-Brücke am Ortsrand einen kleinen Platz, an dem Informationsschilder an diesen ehemaligen Hafen erinnern. Im Ortskern gibt es außerdem im **Hollinghus** eine kleine Ausstellung zur damaligen Geschichte (tägl. 8–18 Uhr, Eintritt frei). Ein kleiner **Rundweg** erklärt an Schautafeln wichtige Punkte der Landschaft. Das Haus liegt neben dem zweiten Museum, dem **Schulhausmuseum.** Darin wird eine historische Klasseneinrichtung von 1900 gezeigt.

■ **Schulhausmuseum,** Klues 1, 24876 Hollingstedt, Tel. (04627) 212, Mai bis Sept. Mi 16–18 Uhr, Eintritt 2 €.

☐ Die Treene bei Hollingstedt

032sc fr

004sc fr

4 Nordfriesland

Schimmelreiters Land ist brettflach, aber nicht grau, sondern von zerzauster, etwas rauer Schönheit, vor allem, wenn zerfranste Wolken vorbeijagen und das Korn sich wellenförmig im Wind wiegt. Emil Nolde hielt diese Schönheit in unvergleichlichen, farbenfrohen Bildern fest. Und hinterm Deich wandert der Blick über die Nordsee bis zu den vorgelagerten Inseln.

< Leuchtturm und typische Reetdachhäuser auf der Insel Pellworm

0
1 : 200 000
5 km
Schleswig Ho_K04a 4/22
©Reise Know-How
Richtung Dagebüll (Fährhafen Amrum, Föhr)
Sylt
Koog
Kleiseerkoog
Maasbüll
Maasbüller Herrenkoog
Risum-
Stedesand
Lecker Au
Klintum
Rantzauhöhe
45
Nordstadum
-Sande
Enge-
Stadum
Karrharde
Fahretoft
Bottschlotter See
Bongsieler Kanal
Engerheide
Waygaard
Langenhorner Neuer Koog
Bargum
Soholmer Au
5
Langenhorner Alter Koog
Haien-Koog
Bongsiel
Ockholmer Koog
Langenhorn
Mönkebüll
Lütjenholm
Goldelund
Ockholm
Kleine Au
Norder-Goesharde
Nordfriesland
Sterdebüll
174
Stollberg
Wester-
Dörpum
169
Sönke-
-Nissen-
-Koog
-Bordelum
44
Sönnebüll
Högel
Vollstedt
Ostenau
Seevogelschutzgebiet
171
BREDSTEDT
171
Hamburger Hallig
Osterheide
Breklum
Drelsdorf
Ostenau
Reußen-
Borsbüll
Struckum
-köge
Almdorf
Butterloch
168
Beltring-
Cecilienkoog
Desmercieres-koog
Bohmstedt
Moorsteert
Lüttmoorsiel
Lorenbahn
harder
Koog
Wallsbüller Koog
Ahrenshöfter
Arlau
Marsch
Nordstrandischmoor
Koog
Norderplate
Arlauschleuse
Sterdebüll
Hattstedtermarsch
Ahrenshöft
Holmer Fähre
Arlewatt
Wobbenbüll
Hattstedt
Horstedt
Olderup
Struckum
lahnungshörn
Elisabeth-Sophien-Koog
Pohnshallig-koog
Halebüll
161
Schobüll
n. Pellworm
Norderhafen
Alterkoog
England
Morsumkoog
Hockensbüll
161
Nordstrand
Porren-
Nordhusum
151
HUSUM
Mettgrund
koog
Süden
Süderhafen
Rosendahl
Kiel
Nissenhaus
Osterhusum
Lundenberger Sand
Finkhaushallig
Mühlenau
Nordstrander Watt
St. Peter-Ording
Hamburg

SCHIMMELREITERS LAND

Kleinere Orte fügen sich ein in die *weite, bezaubernde Landschaft Nordfrieslands,* reetgedeckte Höfe liegen hie und da verstreut. Auch die größte Stadt, *Husum,* zeigt sich keineswegs nur grau, wie *Theodor Storm* behauptete, sondern lebendig bunt. Oder gar lila, wenn im März die Krokusse blühen, eine Farbenpracht sondergleichen. Und hinterm Deich öffnet sich das *Wattenmeer,* von der UNESCO zum Weltnaturerbe geadelt.

NICHT VERPASSEN!

- Wo Schimmelreiters Vater wirkte: die Storm-Stadt **Husum** | 151
- Eine ehemalige Insel, von den Fluten auseinandergerissen: **Nordstrand** | 161
- Das größte Naturschutzgebiet: der **Beltringharder Koog** | 168
- Marschen-„Insel" im Wattenmeer: die **Hamburger Hallig** | 171
- Das **Emil-Nolde-Museum** in Seebüll | 179

Diese Tipps erkennt man an der gelben Markierung.

Überblick

Als Nordfriesland wird die Gegend nördlich des Flusses Eider bis hoch zur dänischen Grenze bezeichnet. In zwei Schüben wanderten Menschen in das Gebiet des heutigen Nordfrieslands ein. Etwa im 8. Jh. wurden vor allem die Inseln besiedelt, gut zwei Jahrhunderte später dann die fruchtbaren Marschenlande entlang der Küste.

Die Region wird also seit über tausend Jahren von den Nordfriesen bewohnt, aber eine politische Einheit namens „Nordfriesland" existiert erst seit 1970. In Schleswig-Holstein wurde damals eine Gebietsreform durchgeführt und der **Landkreis Nordfriesland** (Autokennzeichen NF) entstand. Durch seine Lage an der dänischen Grenze gilt er auch als der sprachenreichste Kreis Deutschlands, denn immerhin **fünf Sprachen** werden dort gesprochen: Deutsch, Dänisch, Plattdeutsch, Nordfriesisch und Sønderjysk (Südjütisch). Früher beherrschten viele Einheimische sogar alle fünf Sprachen, heute sind bereits Friesisch-Sprecher eher die Minderheit. Und selbst Plattdeutsch spricht längst nicht mehr jeder Bewohner des Landkreises.

Geografisch ist das Gebiet von fruchtbarem **Marschboden** geprägt, diese Zone zieht sich von der dänischen Grenze bis knapp vor Husum, aber auch Eiderstedt und Nordstrand (gehören ebenfalls zum Landkreis Nordfriesland) bestehen weitgehend aus Marschboden. Der **Geestrücken,** ein sehr sandiger Boden, verläuft knapp östlich der nordfriesischen Marsch durch ganz Schleswig-Holstein und begrenzt damit auch das

034sc fr

Gebiet der fruchtbaren nordfriesischen Böden.

Allzu viel Aufhebens von sich machten die schweigsamen Friesen nie. Flugs kamen sie unter **dänische Herrschaft,** bis Mitte des 19. Jh. wehte der „Danebrog“ über Nordfriesland. Das ertrugen die Friesen, da sie relativ frei waren: Sie zählten nicht zu den Leibeigenen, hatten dafür aber Deichpflicht zu erfüllen.

Knapp 160.000 Menschen leben in Nordfriesland, nicht ganz ein Viertel davon auf den Inseln. Das kleine Gebiet wurde schon frühzeitig durch **Naturgewalten** geformt. Der „Blanke Hans“ war immer allgegenwärtig, seit Siedlungsbeginn kämpfen die Friesen gegen die Fluten. Ihre Küste veränderte sich im Laufe der Geschichte zigfach. Halligen und ganze Inseln gingen unter, man versuchte sich dennoch durch **Deiche** zu schützen und durch Maßnahmen wie den Bau von Kögen **neues Land zu gewinnen.** Kaum zu glauben aus heutiger Sicht, dass Inseln wie beispielsweise Sylt einmal zum Festland gehörten. Mehrere **Sturmfluten** gingen als „Jahrhundertfluten“ in die Geschichte ein (1362, 1634, 1825, 1962) und brachten viel Leid und Not. Küstenschutz war und ist bis heute ein beherrschendes Thema. Die Grundbesitzer waren verpflichtet, ihr Gebiet einzudeichen und somit auch die Allgemeinheit zu schützen. „Wer nicht will deichen, der muss weichen“ – dies war keine leere Floskel, sondern bitterer Ernst. Wer seiner **Deichpflicht** nicht nachkam, wurde enteignet.

Heute kümmert sich der Staat um den Küstenschutz. Die Nordfriesen bleiben trotzdem fest verwurzelt auf ihrer Scholle und in ihren Traditionen, z.B. der **friesischen Sprache.** Dies zeigt sich neuerdings auch wieder in zweisprachigen Ortsschildern.

Im Hafen von Husum

Husum

„Doch hängt mein ganzes Herz an dir,
du graue Stadt am Meer."

Theodor Storm muss widersprochen werden, Husum ist **keineswegs grau!** Jedenfalls nicht an einem schönen Sommertag, wenn man ganz entspannt in einem Café am Hafen sitzt und auf die bunten Fischerboote schaut. Oder den Blick über die vielfarbigen Häuserzeilen schweifen lässt. Oder durch die engen Gassen stromert und die blühenden Rosen bewundert, die sich an jedem zweiten Haus hochranken. Oder gar im März, wenn im Schlosspark Millionen von Krokussen blühen, eine lila Farbenpracht sondergleichen!

Sehenswertes

Das nette Stadtbild mit dem Hafen, dem **Marktplatz,** den engen Gassen und dem **Schlosspark** erschließt sich bei einem gemütlichen Spaziergang. Hübsch verstreut liegen unterwegs mehrere **Museen** unterschiedlichster Ausrichtung.

Marktplatz

Zentraler Punkt ist der Marktplatz, dort befinden sich die Touristinformation, der **Tinebrunnen** und die Kirche St. Marien. Die Figur der *Tine,* eine junge Halligfriesin, schaut Richtung Meer als Sinnbild für Fischhandel und Viehmarkt. Die Figur wurde zunächst von den Husumern abgelehnt. Der Grund: Sie trägt Holzschuhe, was zur damaligen Zeit als ärmlich angesehen wurde. Später aber wurde sie dann doch akzeptiert.

Kirche St. Marien

Die Kirche St. Marien wurde zwischen 1829 und 1833 erbaut, nachdem eine erste Kirche aus dem Jahr 1463 abgerissen werden musste. Der schlanke Kirchturm ist einem Leuchtturm nachempfunden. Die Baupläne der Kirche erstellte der damals sehr gefragte Architekt *Christian Frederik Hansen,* dessen Eltern aus Husum stammten und der in Hamburg sehr viele noch heute existierende Bauwerke schuf. Die Kirche steht auf einer Art Podium und ist umgeben von 40 Linden in Doppelreihen. Der Abstand zwischen den Bäumen entspricht im Inneren dem Säulenabstand, ein Versuch, Natur und Architektur zu verbinden.

Ein Teil der ursprünglichen Kunstschätze wurde übernommen, so beispielsweise die 1643 erschaffene Messingtaufe. Ansonsten wirkt das Innere der Kirche relativ schlicht, sie gilt aber als **Hauptwerk des Klassizismus** in Schleswig-Holstein mit einer ganz eigenen Symbolsprache. Im Inneren führen dorische Säulen den Blick des Besuchers hin zum Altarbereich. Dieser wird flankiert von ionischen Säulen. Im Zentrum finden sich der Altar und darüber die Kanzel mit dem Symbol des aufmerksamen Auge Gottes und dem Dreieck als Zeichen der Dreieinigkeit und Vollkommenheit. Ganz oben schließlich thronen ein Kreuz und ein Bogen als Symbol für den Frieden Gottes mit den Menschen.

■ **Kirche St. Marien,** Norderstr. 2, tgl. 11–16 Uhr.

Husum

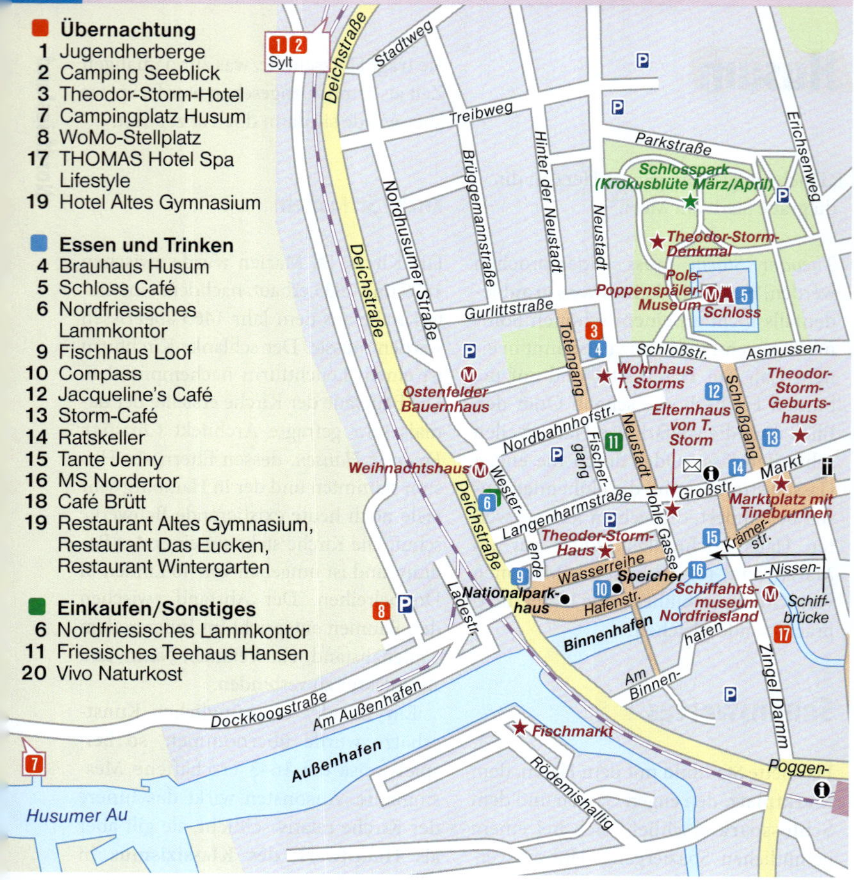

Auf den Spuren von Theodor Storm

Dem berühmten Erzähler und Lyriker *Theodor Storm*, der 1817 **in Husum geboren** wurde und lange hier lebte, begegnet man auf Schritt und Tritt: In der Osterendestraße liegt seine **Grabstelle** beim St.-Jürgens-Stift. Am Markt 9 befindet sich sein **Geburtshaus** und gleich nebenan das **13 Storm-Café.** Das Zimmer mit den zwei Fenstern über dem Schriftzug „Jensen Uhren" war der Raum, in dem seine Wiege stand. In der Hohlen Gasse 3 steht das **Elternhaus** von Storm, dort verbrachte er seine Kindheit. Im Haus an der **Neustadt 56** lebte der Dichter 1818–20 und 1845–53. Im Schlossgarten kann man eine **Storm-Büste** anschauen. In der Süderstraße 12 steht das **Wohnhaus,** in dem er mit seiner ersten Frau *Constanze* lebte.

Im **Theodor-Storm-Haus** an der Wasserreihe 31 lebte und arbeitete der Dichter in einer späteren Lebensphase.

Von 1866 bis 1880 schrieb er hier 20 Novellen. Es ist ein Haus im Stil eines Althusumer Bürgerhauses mit drei Etagen und kleinem Garten. Der Besucher durchwandert fast automatisch ehrfurchtsvoll die Räume – auf knarzenden Bohlen, durch zu niedrige Türrahmen und über enge Treppen. Neben Möbeln, Bildern und Einrichtungsgegenständen finden sich immer wieder Zeugnisse von Storms Schaffen, Übersetzungen seiner Werke und Faksimiles seiner Handschriften. Darüber hinaus werden an bestimmten Terminen auch Vorträge über sein Werk und sein Leben in diesem Haus gehalten.

Übrigens hatten die Häuser auf der Straßenseite der Wasserreihe, an der das Storm-Haus steht, tatsächlich einmal freie Sicht aufs Wasser, alle anderen Häuser kamen später hinzu.

■ **Theodor-Storm-Haus,** Wasserreihe 31, Tel. 803 86 30, April bis Okt. Di–Fr und So 14–17, Sa 11–17 Uhr, Nov. bis März Di, Do, Sa 14–17 Uhr, Eintritt 4 €, Kinder 3 €.

Hafen

Schnell erreicht man vom Zentrum aus den kleinen **Binnenhafen.** Dort wird man regelrecht verführt, sich auf der Terrasse in einem der vielen Lokale niederzulassen. Die typischen Krabbenkutter liegen aber zumeist im Außenhafen, von dort starten auch einige Ausflugsschiffe zu kleinen Törns.

Der Hafen ist heute eine angenehme kleine **Flaniermeile** geworden. Kaum zu glauben, dass vor etwas mehr als einer Generation sich hier noch der gesamte Durchgangsverkehr durchquälte. Heute spazieren Besucher ganz entspannt entlang der Hafenstraße und können sich in einem der Lokale (fast alle mit Terrasse) stärken. Die lieben Kleinen erkunden derweil die Spiellinie. An der Hafenstraße steht auch der **Speicher,** ein Veranstaltungszentrum, in dem regelmäßig Husums alternative Kulturszene auftritt.

Am oberen Bereich der Hafenstraße befindet sich im **Nationalparkhaus** eine Ausstellung zum Thema „Nationalpark Wattenmeer". Am entgegengesetzten

Ende der Straße erhebt sich ein **Sturmflutpfahl,** der die Pegelhöchststände der letzten Sturmfluten anzeigt.

MEIN TIPP: Zwischen März und Oktober findet an jedem dritten Sonntag im Monat zwischen 9 und 17 Uhr ein **Hafenmarkt** statt, auf dem vorwiegend regionale Produkte angeboten werden, aber auch Kunsthandwerk.

- **Speicher,** Hafenstr. 17, Tel. 650 00, www.speicher-husum.de.
- **Nationalparkhaus,** Hafenstr. 3, Tel. 66 85 30, Mo–Sa 10–17, So 14–17 Uhr.

Schiffahrtsmuseum

Das Schiffahrtsmuseum liegt beim Hafen und gibt einen Einblick in die Welt der Küstenseefahrt über mehrere Jahrhunderte. Die Ausstellung ist in thematische Gruppen unterteilt. So widmet sich ein Raum dem Holz-, ein anderer dem Metallschiffbau, wieder andere Räume dem **Krabben- und Walfang.** Schmuckstück der Ausstellung ist das **Uelvesbüller Wrack,** ein niederländischer Lastensegler aus dem 16. Jh., vor Eiderstedt im Watt gefunden.

- **Schiffahrtsmuseum Nordfriesland,** Am Zingel 15, Tel. 52 57, www.schiffahrtsmuseum-nf.de, tägl. 10–17 Uhr. Eintritt 4 €, Kinder 2 €. Jeden vierten So im Monat freier Eintritt.

Nordfriesland Museum. Nissenhaus Husum

MEIN TIPP: Das Museum im **Nissenhaus Husum** sollte sich niemand entgehen lassen. Es beantwortet auf sehr unterhaltsame Weise an mehreren **interaktiven Stationen** viele Fragen zum Thema „Nordsee“: So geht es etwa um die Sage von der versunkenen Insel Rungholt und ihren Wahrheitsgehalt. Oder: Wie fühlt sich Sturm an? Weiterhin: Techniken des Deichbaus, Entstehung eines Koogs, Sturmfluten, Bauernhäuser in Nordfriesland, friesische Dialekte. Außerdem werden Tiere im Wattenmeer vorgestellt. Ein Bereich ist dem Stifter und Namensgeber des Museums gewidmet. Im Untergeschoss findet sich das 18 **Café Brütt.**

- **Nordfriesland Museum. Nissenhaus Husum,** Herzog-Adolf-Str. 25, Tel. 25 45, www.museumsverbund-nordfriesland.de/museumsverbund/de, 16.6.–15.9. tägl. 10–17 Uhr, 16.9.–15.6. Di–So 11–17 Uhr, Eintritt 5 €, erm. 3,50 €.

Schloss

Das Husumer Schloss heißt **„Schloss vor Husum“,** weil es einmal vor den Toren der Stadt lag. Heute überquert man

249ns fr

163ns fr

eine stark befahrene Straße und taucht ein in den Schlosspark. Direkt an dieser Straße steht das einstige **Torhaus** von 1612, ein imposantes weißes Gebäude.

Das Schloss wurde 1577 bis 1582 errichtet. Es präsentiert sich in U-Form mit hervorstechendem Mittelturm. Zu besichtigen sind einzelne Räume, die heute vorwiegend für **Gemäldeausstellungen** genutzt werden, sowie die Kapelle. Herausragend sind mehrere gewaltige **Kamine aus Alabaster,** vor allem der sogenannte Todeskampfkamin im Rittersaal aus dem Jahr 1616. Der Name geht auf das Motiv des Frontreliefs zurück, auf dem ein Gerippe mit Pfeil und Bogen auf Mensch und Tier schießt. Der zweitgrößte Kamin ist derjenige der

Das Husumer Schloss, darin untergebracht ist das Pole-Poppenspäler-Museum

Glücksgöttin Fortuna. Auf dem Mittelrelief schwingt sie einen Schleier über Pechvögel und Glückspilze.

In der **Nissen Galerie** sind Möbel und Gemälde des 19. und frühen 20. Jh. ausgestellt, sie stammen größtenteils aus der Nissen-Stiftung. Im Erdgeschoss ist das Pole-Poppenspäler-Museum untergebracht (s.u.).

Im **Schlossgarten** befindet sich das **5 Schloss Café,** das von Hörgeschädigten geführt wird. Hier muss jeder Gast auf einem Bestellzettel seine Wünsche ankreuzen, bei Rückfragen sehr deutlich sprechen und dabei die Bedienung anschauen, damit diese von den Lippen ablesen kann. Im weitläufigen Schlossgarten blühen Ende März Tausende von **Krokussen** und verwandeln den Garten in ein Farbenmeer.

Das **Pole-Poppenspäler-Museum** im Erdgeschoss des Schlosses ist einer der bekanntesten Figuren von *Theodor Storm* gewidmet: dem Puppenspieler *Pole Poppenspäler.* Ausgestellt werden zahlreiche Marionetten aus aller Welt.

Im Sommer steht ein **Poppenspälerwagen** vor dem Gebäude der Stadtwerke (am Binnenhafen 1, Ecke Zingel). In diesem Wagen finden Vorführungen statt, meist am Nachmittag, genaue Termine hängen am Wagen aus.

- **Schloss vor Husum,** König-Friedrich-V.-Allee, Tel. 897 31 30, März bis Okt. Di–So 11–17 Uhr, Nov. bis Feb. Sa/So 11–17 Uhr, Eintritt 5 €, erm. 3,50 €. Schloss-Café Di–Sa 9–18 Uhr.
- **Pole-Poppenspäler-Museum,** im Schloss, gleiche Öffnungszeiten, Eintritt 2 €, Schloss-Ticket gilt hier auch.

Ostenfelder Bauernhaus

Das Ostenfelder Bauernhaus ist das **älteste deutsche Freilichtmuseum,** es wurde bereits 1899 gegründet. Das Bauernhaus stammt aus dem kleinen Ort Ostenfeld (bei Husum) und wurde vor 1600 erbaut. Einst umfasste es eine Diele, zwei Stall- und zwei Wohnabseiten sowie die Herdstelle. Das historische Gebäude wurde nach einigen Umbauten 1899 nach Husum gebracht. 1986 fiel es einem Brand zum Opfer und musste renoviert werden, deshalb wirken die Außenwände noch so frisch. Innen sind vor allem handwerkliches Gerät, ein alter Pferdewagen, originalgetreue Wohn- und Arbeitsbereiche sowie die engen Schlaf-Sitz-Betten zu bewundern.

- **Ostenfelder Bauernhaus,** Nordhusumer Str. 13, Tel. 25 45, April bis Okt. Di–So 14–17 Uhr, Eintritt 2,50 €, Kinder (6–17 Jahre) 2 €.

Weihnachtshaus

Hier dreht sich alles um das Thema Weihnachten, dargestellt an einem **historischen Laden** und einem **Museum.** Zu finden ist schier alles zu Weihnachten: Accessoires, Schmuck, Adventskalender, Figuren aus dem Erzgebirge, Weihnachtsliteratur, eine Weihnachtsbäckerei und vieles mehr.

- **Weihnachtshaus,** Westerende 46, Tel. 668 59 08, https://das.weihnachtshaus.info, ab Mitte März tägl. 11–17 Uhr, Mitte Jan. bis Mitte Febr. geschlossen, Mitte Feb. bis Mitte März 14–17 Uhr. Eintritt Erw. 3 €, Kinder bis 14 Jahre 1 €, Kinder bis 6 Jahre frei, Familien 7 €.

Praktische Tipps

Info

- **PLZ:** 25813
- **Vorwahl:** 04841
- **Einwohner:** 22.000
- **Touristinformation:** Großstr. 27, Tel. 898 70.
- **Internet:** www.husum-tourismus.de

Unterkunft

19 **Hotel Altes Gymnasium**④, Süderstr. 2–10, Tel. 83 30, www.geniesserhotel-altes-gymnasium.de. Ein hervorragendes Hotel, das keine Wünsche offen lässt. Untergebracht ist es in einer ehemaligen Schule aus dem Jahr 1866, es bietet 52 großzügig ausgestattete Zimmer.

3 **Theodor-Storm-Hotel**③-④, Neustadt 60–68, Tel. 896 60, www.bw-theodor-storm-hotel.de. Das 50-Zimmer-Haus aus der *Best-Western*-Gruppe liegt nahe dem Schloss, ein historisches Gebäude mit Biergarten und eigenem Brauhaus. Geboten werden komfortable, allergikergeeignete Zimmer, kostenloses WLAN, ein üppiges Frühstücksbuffet und sogar eine Kissenauswahl.

17 **THOMAS Hotel Spa Lifestyle**④, Zingel 7–9, Tel. 662 00, www.thomas-hotel.de. Ein zweckmäßig und modern eingerichtetes Hotel mit 56 Zimmern unterschiedlicher Größe, mit großzügigem Wellness- und Saunabereich sowie WLAN.

1 **Jugendherberge,** Schobüller Str. 34, Tel. 27 14. Liegt schon etwas außerhalb des Zentrums in Richtung der Nachbargemeinde Schobüll, per Bus Richtung Schobüll bis Haltestelle „Westerkamp". Bietet 173 Betten, WLAN. Dezember bis Ende Februar geschlossen.

Camping

7 **Campingplatz Husum Ferienanlage Regenbogen,** Dockkoog 17, Tel. 237 23 70, www.regenbogen.ag, April bis Okt. Der Platz liegt direkt am Wattenmeer. Zur City sind es knapp 3 km. Ein Platz für 120 Wohnwagen und WoMos sowie Zeltwiese.

2 **Camping Seeblick,** Nordseestr. 39, Tel. 33 21, www.camping-seeblick.de, Anfang April bis Mitte Okt. Im benachbarten Schobüll direkt am Wattenmeer gelegen, etwa 3 km vom Zentrum entfernt und mit Sicht auf die Nordsee. Es soll der einzige Platz an Schleswig-Holsteins Westküste ohne Deich sein, also mit Blick auf die Nordsee.

8 **WoMo-Stellplatz:** *Loof's Wohnmobilhafen,* Porrenkoogsweg 7, Tel. 20 34. Stellplatz für 30 WoMos mit Entsorgungsstation zwischen Dockkoog und Hafen. Anmeldung in *Loof's Fischhaus,* Kleinkuhle 7.

Gastronomie

19 **Restaurant Altes Gymnasium,** Süderstr. 2–10, Tel. 83 30. Im gleichnamigen Hotel zu finden, s.o. Im selben Gebäude befinden sich das **Restaurant Das Eucken,** Tel. (04841) 83 30, das ab 17 Uhr regional gefärbte Feinschmeckerküche bietet, und das **Restaurant Wintergarten.** Hier gibt es eher

Lila Pracht im kalten März

Zumeist im kalten Monat März erlebt Husum einen touristischen Massenansturm, über den andere Urlaubsorte im Hochsommer froh wären. Der Grund: Die **Krokusse** blühen. Der gesamte Schlossgarten verwandelt sich in ein Meer lilafarbener Blüten. Gezählt hat sie niemand, aber es sollen an die vier Millionen Pflanzen sein, die dort völlig **wild wachsen.**

Über die Ursprünge kursieren zwei Legenden, in beiden geht es um die Gewinnung von Safran. Eine Geschichte sagt, dass Mönche die Krokusse anpflanzten, um später mit der gewonnenen Farbe ihre Gewänder einzufärben. Eine andere, ebenfalls glaubwürdige These vermutet, dass sie gezüchtet wurden, um Zuckergebäck schmackhafter zubereiten zu können.

Wie dem auch sei, aus den hier wachsenden Pflanzen gelang es nicht, Safran zu gewinnen. Es war schlicht die falsche Krokusart. Also gab man den Versuch auf und überließ die Krokusse sich selbst. Und so blühen sie seit Jahrhunderten immer wieder aufs Neue.

817sc-fr

Theodor Storm und Husum

Das geflügelte Wort über Husum als die „graue Stadt am Meer" ist *Theodor Storm* zu verdanken.

Am 14.9.1817 in Husum geboren, schlägt er wie sein Vater die **Juristenlaufbahn** ein. *Storm* studiert in Kiel und Berlin Jura, schreibt nebenbei Gedichte und kehrt aus der Großstadt wieder zurück in seine Heimatstadt. 1843 lässt er sich dort als Anwalt nieder.

Aber die Dichtkunst lässt ihn nicht los und Husum, das Meer und Friesland ebenso wenig. 1846 heiratet er *Constanze Esmarch,* nur ein Jahr später entwickelt sich eine Beziehung zu *Dorothea Jensen.* Das geht nicht lange gut, *Dorothea* verlässt 1848 Husum. Im gleichen Jahr bringt seine Ehefrau Sohn *Hans* zur Welt.

1849 veröffentlicht Storm die Novelle „Immensee", seitdem trägt er das Etikett des **Heimatdichters.** *Theodor Fontane* urteilt drastisch, dass Storm nicht ernst zu nehmen sei, mit seiner „... jedes vernünftige Maß überschreitenden **lokalpatriotischen Husumerei".** Aber *Storm* schreibt nach Feierabend weiter Gedichte und Novellen.

Dann spült ihn die politische Großwetterlage doch aus seinem geliebten Husum fort. *Storm* unterzeichnet eine Protestnote gegen die dänische Herrschaft in Friesland und verliert daraufhin seine Zulassung. Er geht ins Exil nach **Potsdam,** arbeitet dort am Gericht und schreibt weiter. 1856 wird er Richter in Heiligenstadt.

1864 ändert sich die politische Situation im Norden, *Storm* kann nach Husum zurückkehren. Er wird dort **Landvogt.** 1865 stirbt seine Frau *Constanze,* ein Jahr später heiratet er *Dorothea*

250ns fr

Jensen. 1868 wird er **Amtsrichter** in Husum und bleibt doch weiterhin Schriftsteller.

Nach und nach erscheinen seine bekanntesten Werke, 1874 die Novelle „Pole Poppenspäler", 1876 „Aquis Submersus", 1878 „Carsten Curator". 1880 wird *Storm* pensioniert, daraufhin siedelt er um nach Hademarschen. Dort entsteht die Novelle „Die Söhne des Senators". In den folgenden Jahren werden weitere bemerkenswerte Stücke veröffentlicht („Bötjer Basch"), aber erst 1888 gelingt es ihm, sein berühmtestes Werk, **„Der Schimmelreiter"**, zu beenden. Am 4. Juli stirbt *Theodor Storm,* kurz nach Fertigstellung des „Schimmelreiters" am 9. Februar.

Erzählt wird im „Schimmelreiter" die Geschichte vom Aufstieg des *Hauke Haien* aus einfachen Verhältnissen zum angesehenen Deichgrafen, der mit seinen Ansichten seiner Zeit weit voraus war. Haien schuf neue, abgeflachte Deiche, die die alten, steil errichteten ersetzen sollten. Die Bevölkerung, die *Hauke* kraft seines Amtes zum Deichbau verpflichtete, lehnte seine „neuen" Deiche ab. Die Erzählung endet mit dem Deichbruch in einer Sturmnacht und dem Untergang des Deichgrafen *Hauke Haien* und seiner Familie.

So wird in der letzten von 85 Novellen noch einmal *Storms* zentrales Thema deutlich: die friesische Landschaft, in der ein Einzelner gegen unüberwindbare Mächte von Schicksal, Engstirnigkeit und Aberglauben vergebens ankämpft und letztlich scheitert. Und es wird klar, dass Storms „Husumerei" bestenfalls räumliche Enge bedeutet, keinesfalls geistige. Er sagte selbst: „Ich bedarf äußerlich der Enge, um innerlich ins Weite zu gehen". Das ist ihm im „Schimmelreiter" ganz meisterhaft gelungen.

[<] Im Theodor-Storm-Haus in Husum

Orte mit Bezug zum „Schimmelreiter"

Hattstedt

Auf dem **Friedhof** von Hattstedt ruht der 1875 verstorbene Deichgraf *Johann Iwersen Schmidt,* der als Vorbild für Storms „Schimmelreiter" gilt. Sein Grabstein steht noch heute bei der Kirche gleich links neben dem Eingang zum Friedhof. Die **Marienkirche** ist aus massivem Granit gebaut, hier heiratete *Storm* seine zweite Ehefrau *Dorothea.*

Sterdebüll

Dorthin ließ *Theodor Storm* den Erzähler in seinem „Schimmelreiter" selbst reiten, und der traf in der Gaststube auf Menschen, die ihm vom Schimmelreiter erzählten. Wer vor dem Deich von Norden kommend dort entlangfährt und den Beginn der Novelle hört bzw. sich vorlesen lässt, dürfte spüren, wie präzise *Storm* die Atmosphäre der Landschaft eingefangen hat.

Desmerciereskoog

Der Desmerciereskoog war der erste Koog, zumindest in dieser Gegend, der zur Seeseite flach abfiel. Er wurde 1767 eingedeicht und nach *Jean Henri Desmercieres* benannt, der eine der ersten Banken in Kopenhagen gründete und so zu Wohlstand kam. Er war ein sehr sozial eingestellter Mensch, denn er verzichtete so lange auf eine Pachtzahlung, bis die Bauern überhaupt einen Ertrag erwirtschaften konnten. Sein Nachfolger *Graf Heinrich Reuß* (Reußenköge) hielt es genauso, beide sind noch heute hoch angesehen in der Region.

bodenständige Küche. Ab 12.30 Uhr Mittagstisch und nachmittags Kuchen.

14 **Ratskeller,** Großstr. 27, Tel. 77 99 16, https://ratskellerhusum.com, Di–Sa 11.30–14 und ab 18 Uhr. Das historische Lokal liegt unten im alten Rathaus und bietet gute regionale Küche, aber auch vegetarische Gerichte.

12 **Jacqueline's Café,** Schloßgang 12, Tel. 55 53, www.jacquelines-cafe.de, Mo–Sa 9–18 Uhr. Ein nettes Café mit französischem Flair. Serviert werden Frühstück und kleinere Gerichte.

4 **Brauhaus Husum,** Neustadt 60–68, Tel. 896 60, www.husums-brauhaus.de, Di–Sa ab 17 Uhr. Im *Theodor-Storm*-Hotel befindet sich ein Brauhauslokal, das sein eigenes Bier braut. Es gibt helles, dunkles und Weizenbier, das man auch im Biergarten genießen kann.

9 **Fischhaus Loof,** Kleikuhle 7. Rustikales Bistro mit netter Terrasse, serviert werden kleine Gerichte und sehr schmackhafte Fischbrötchen.

Am Hafen

Die gesamte Hafenmeile ist ein reizvolles Ensemble aus schicken, teils historischen Häusern mit zahlreichen Gaststätten, in denen man bei einer Prise Meeresluft auf der Terrasse sitzen kann. Ausgehend von der Hafenspitze passiert man entlang der Straße Am Außenhafen einige beliebte Lokale, wie 15 **Tante Jenny,** wo es täglich ab 9 Uhr Frühstück gibt. Ansonsten werden vorwiegend Fischgerichte serviert, beispielsweise im 10 Restaurant **Compass.** Entlang der dann folgenden Hafenstraße liegen einige Lokale, die auf Fisch ausgerichtet sind. Dort dümpelt auch die 16 **MS Nordertor** im Hafenbecken, ein historisches Restaurationsschiff, auf dem ab 12 Uhr warme Speisen serviert werden.

Einkaufen

11 **Friesisches Teehaus Hansen,** Neustadt 26, Tel. 93 71 325, kleines, altehrwürdiges Geschäft. Die Straße Neustadt ist eine kleine Shoppingmeile, da hier eine beachtliche Vielfalt an Geschäften liegt.

- **Fischmarkt Husum:** Rödemishallig 9, Tel. 64 07 22, Mo–Fr 9–18, Sa 9–16, So 10–16 Uhr, in der Nebensaison eingeschränkte Zeiten. Meeresfrüchte, frischer Fisch und Räucherfisch im Direktverkauf am Hafen.
- **Markt:** Auf dem Marktplatz, Do 7–13, Sa 9–16 Uhr.

20 **Vivo Naturkost,** Süderstr. 46, Tel. 6638 110, www.vivo-naturkost.de, Mo–Sa 8–20 Uhr.

6 **Nordfriesisches Lammkontor,** Deichstr. 7–8, Tel. 404 28 01, www.lammkontor.de. Hier wird im Hofladen Fleisch vom Salzwiesenlamm verkauft. Im gemütlichen Restaurant gibt's Lamm- und andere regionale Gerichte. Hofladen tägl. 10–18 Uhr, Restaurant Di–So 12–22 Uhr.

Feste und Veranstaltungen

- **Krokusblütenfest,** im März. Im Schlossgarten blühen Millionen von Krokussen.
- **Pole-Poppenspäler-Tage,** im September. Eine der liebevollsten Novellen von *Theodor Storm* handelt von dem alten Puppenspieler namens *Pole Poppenspäler.* Dieses Fest erinnert an die Kunst des Marionettenspiels.
- **Motorradtreffen,** am Ostersonntag, Tausende Biker treffen sich hier.
- **Husumer Hafentage** und **Kunsthandwerker-Tage,** im August.
- **Krabbentage,** im Oktober, großes Fest rund um das Schalentier am Hafen, www.stadtfeste-husum.de/husumer-krabbentage
- **Husumer Filmtage,** einwöchiges Filmfestival Ende September im Kino Center Husum, Neustadt 114, www.husumer-filmtage.de.

Aktivitäten

- **Baden:** Eine Badestelle gibt es an der Straße Dockkoog.

Stadtführungen: Vom 15.3. bis Weihnachten Mo–Sa um 14.30 Uhr etwa 90-minütige Führungen ab der Touristinformation. Im Herbst gibt es jeden Dienstag einen „Nachtwächter-Rundgang".

In der Umgebung

Schobüll

Der kleine Nachbarort Schobüll liegt gerade einmal vier Kilometer außerhalb von Husum an der Küste und hat eine Besonderheit: eine **Badestelle ohne Deich,** was an der schleswig-holsteinischen Nordseeküste einzigartig ist. Hier ragt die Geest bis an die Küste heran. Der hölzerne Badesteg führt direkt zum Wasser. Ansonsten geht es in Schobüll sehr beschaulich zu. Reetgedeckte Häuschen und eine charmante Kirche nahe dem Meer prägen das Ortsbild. In der Nordseestr. 35 liegt ein solarbetriebenes Freibad (Tel. (04841) 66 35 10).

Nordstrand

Eine Insel – oder nicht? Nordstrand ist eigentlich schon eine Insel, es kann aber auch mit dem Auto erreicht werden, da es mit dem Festland durch einen befahrbaren **Damm** verbunden ist. Wer bei der Überfahrt als Beifahrer ein wenig vor sich hinträumt, wird vielleicht gar nicht merken, dass er das Festland verlassen hat. Der Autodamm wurde im Laufe der Jahre durch Anspülungen immer breiter, sodass selbst die Nordstrander manchmal nur noch von „Halbinsel" reden. Aber eben nur manchmal, im Grunde fühlen sie sich noch als Insulaner. Ein paar Fakten: Nordstrand misst 50 km^2 (Fehmarn: 185 km^2 im Vergleich) und zählt 2500 Einwohner. Ein Deich von 28 km Länge läuft ringsherum.

Nordstrand ist platt, als **Fahrradinsel** wird es beworben. Viele schmale Wege und asphaltierte Straßen laden zum gemütlichen Radeln ein. Nur der ewige Wind darf nicht unerwähnt bleiben, der mindestens einmal aus der falschen Richtung weht, entweder auf dem Hin- oder dem Rückweg ...

Ein gutes Dutzend Dörfer verteilen sich über die Insel, zwei haben Gemeindestatus: **Nordstrand** und **Elisabeth-Sophien-Koog.** Dass dort das Leben tobe, kann niemand behaupten, eher schon beim **Norderhafen,** denn dort existieren vier Lokale in unmittelbarer Nachbarschaft. Oder auch in **Strucklahnungshörn,** dem **Fährhafen,** wo die Fähre zur Nachbarinsel Pellworm ablegt, einer „echten" Insel übrigens. Von hier starten auch zweimal täglich die Adlerschiffe der Reederei Paulsen zu ihrer Kreuzfahrt durch die Inselwelt des Wattenmeers nach Sylt.

Geschichte

Nordstrand entstand, wenn man das denn so ausdrücken mag, nach einer fürchterlichen **Sturmflut.** In der Nacht vom 11. auf den 12. Oktober 1634 herrschte ein derartig brüllender Orkan, dass die Wassermassen weit höher stiegen als sonst bei Herbststürmen.

Die große **Nordseeinsel Strand,** auf der damals 9000 Menschen lebten, wurde völlig zerstört. Man muss versuchen, sich das vorzustellen, eine ganze Insel

Nordstrand

0 1 km
Übernachtung
3 Hotel Pharisäerhof
6 Campingplatz Margarethenruh
7 Hotel Am Heverstrom
9 WomoLand
Essen und Trinken
1 Zur Nordsee
3 Café Pharisäerhof
5 Engelmühle
Einkaufen/Sonstiges
2 Nordstrander Töpferei
4 Süderhafen Töpferei
8 Hofladen Baumbach
Arlau-Speicherbecken
Elisabeth-Sophien-Koog
Norderhafen
Sylt, Hallig Hooge, Amrum mit Adler-Express, Fähre nach Pellworm
Schutzstation Wattenmeer Nationalparkhaus
Kurzentrum Strucklahnungs- und Bücherei
Strucklahnungshörn
Vogelkoje
Westerdeich
Badestelle Fuhlehörn
Startpunkt Wattwanderung zur Hallig Nordstrandischmoor und Kutschfahrt zur Hallig Südfall
Kirche St. Vincenz
Kirche St. Theresie
Kirche St. Knud
Nordstrand
Inselmuseum
Holmerfährweg
Oben
Neuer Weg
Hamburger Deich
Elisabeth-Sophien-Koog
Jebenweg
Kiefhuck
Alterkoogchaussee
Mitteldeich
Kreuzweg
Osterdeich
Engländer
Moordeich
Osterkoogstraße
Engländer Deich
Hörnstraße
Westen
Süden
Osterdeich
Herrendeich
Rungholtweg
Fasanenweg
Püttenweg
Grüner Weg
Trendermarschweg
Schloss-weg
Langer Deich
Evensbüller Chaussee
Püttenweg
An de Wehl

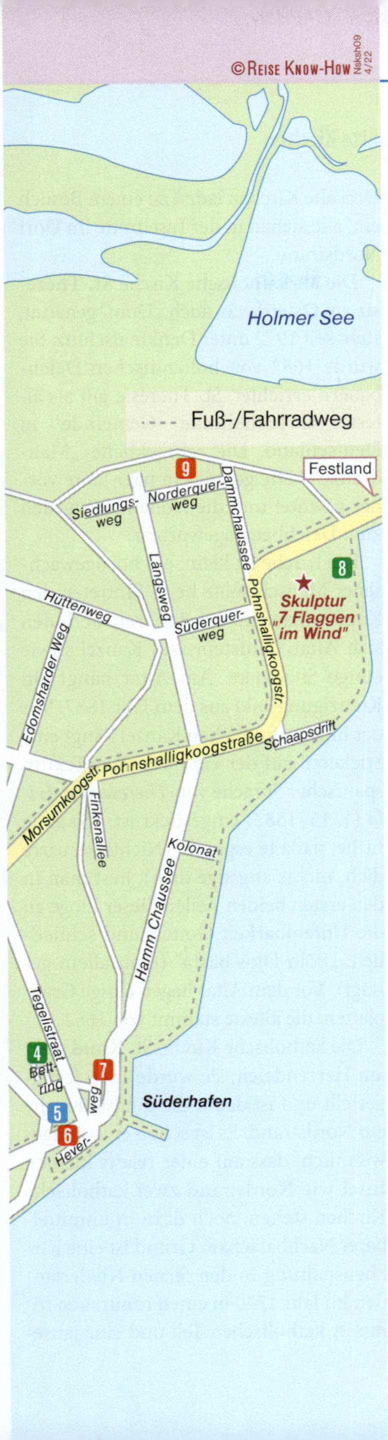

wird **zerrissen!** Der Deich brach an 44 Stellen und am Ende ertranken 6000 Einwohner, zwei Drittel der Bevölkerung. Der Orkan hatte Strand in mehrere Teile zerlegt, die ständige Flut überspülte das jetzt ungeschützte Land, vernichtete wertvollen Ackerboden. Von der ehemaligen Insel Strand blieben die **Hallig Nordstrandischmoor,** eine noch kleinere Hallig, die später **Hamburger Hallig** genannt wurde, **Pellworm** und eben **Nordstrand** übrig.

Die verbliebenen Bewohner von Nordstrand versuchten nun verstärkt ihr Land zu schützen, bauten Deiche, baten um Geld und Hilfe und versuchten immer wieder, neues Land zu gewinnen. Durch **Eindeichungen** dem Meer abgerungene **Köge** sollten Raum schaffen und vor allem neues Ackerland. So entstand 1657 der Oster-Koog, 1663 der Trendermarsch-Koog und 1691 der Neu-Koog, alle heute noch auf Nordstrand zu finden.

Aber nicht immer war den Bewohnern das Glück hold. 1739 wurde ein neuer Koog eingeweiht (Christians-Koog), der zwölf Jahre später durch eine erneute Sturmflut wieder verloren ging. 1771 wurde ein neuer Versuch unternommen, das Gebiet einzudeichen, es erhielt den Namen Elisabeth-Sophien-Koog. So kämpften die Nordstrander über die Jahrhunderte ständig gegen die Naturgewalten an. Mal siegte der grausame Blanke Hans (1825), mal siegten die Menschen, die 1866 wieder einen neuen Koog eindeichen konnten, den Morsum-Koog.

Dann kam das 20. Jh. und mit ihm der Plan, einen **Damm zum Festland zu bauen.** Von der Pohns-Hallig aus, damals einer Art Vorland des Morsum-

Koogs (heute ist die Hallig in die Insel integriert), wurde der Damm errichtet. 1907 feierte man seine Einweihung. 1924 wurde die Eindeichung der Pohns-Hallig abgeschlossen, sie war nun Bestandteil der Insel. Bis 1936 wurde der Damm immer weiter befestigt und konnte von da ab ständig per Auto befahren werden. Nordstrand hatte aufgehört, eine „richtige" Insel zu sein.

Um einen Eindruck zu vermitteln von der möglichen Höhe der Wasserstände, wurde gegenüber der Kurverwaltung und dem Insel-Kaufhaus ein **Pfahl** gesetzt. Die dort angegebenen **Flutmarken** zeigen den Wasserstand, den es ohne schützende Deiche gegeben hätte!

Sehenswertes

„7 Flaggen im Wind"

Gleich nach dem Passieren des Damms erblickt man auf der linken Seite eine auffällige **Skulpturengruppe.** Die „7 Flaggen im Wind" von *Tom Müllers* bestehen aus Gneis oder Granit und sind an Masten aus Lärchenholz befestigt. Sie sind so gehauen, dass man aus der Ferne den Eindruck gewinnt, sie wehten tatsächlich im Wind. Die Anzahl sieben wurde gewählt, da Nordstrand aus sieben Kögen besteht, die dem Meer in mühevoller Arbeit abgerungen wurden. Das Kunstwerk symbolisiert so den ewigen Kampf gegen Wind und Wellen. Neben den Skulpturen befinden sich Informationstafeln zum Wattenmeer.

☐ Die „7 Flaggen im Wind" von Nordstrand

Alte Kirchen

Drei alte Kirchen laden zu einem Besuch ein, alle stehen in der Inselmitte im Dorf Nordstrand.

Die alt-katholische Kirche **St. Theresie** am Osterdeich, auch „Dom" genannt, steht seit 1972 unter Denkmalschutz. Sie wurde 1662 von holländischen Deichbauern errichtet. St. Theresie gilt als älteste alt-katholische Gemeinde in Deutschland. Die schreckliche „Mandränke" hatte gerade ein paar Jahre vorher gewütet und die Holländer wurden zum Deichbau angeworben.

Die Kirche ist klein, ein hochgewachsener Mensch sollte beim Eintreten den Kopf einziehen. Im Inneren befinden sich Altar, Taufstein und Kanzel sowie einige Sitzbänke. Am Altar hängt ein Kreuzigungsbild aus dem Jahr 1887. Vor der links befindlichen Kanzel hängt eine Stickerei, auf der ein bekannter Text in spanischer Sprache von *Theresa von Ávila* (1515–1582) eingestickt ist: „Nada te turbe, nada te espante" (Nichts verwirre dich, nichts ängstige dich), liest man in den ersten beiden Zeilen dieser Eloge an die Unfehlbarkeit Gottes, und schließlich: „Sólo Dios basta" (Gott allein genügt). Vor dem Altar liegen einige Grabplatten, die älteste stammt von 1662.

Die katholische Kirche **St. Knud** steht am Herrendeich, sie wurde 1866 fertiggestellt und ist damit die jüngste Kirche auf Nordstrand. Es ist schon etwas ungewöhnlich, dass auf einer relativ kleinen Insel wie Nordstrand zwei katholische Kirchen stehen, noch dazu in unmittelbarer Nachbarschaft. Grund ist eine Kirchenspaltung in den fernen Niederlanden im Jahr 1740 in einen romtreuen römisch-katholischen Teil und eine jansenistische Gruppe. Letztere blieb im Besitz der alten St.-Theresien-Kirche. Die papsttreuen Katholiken mussten sich behelfen, bis 1864 mit dem Bau der Kirche St. Knud begonnen wurde.

Das rote Backsteingebäude ist dem dänischen König und 1086 verstorbenen Märtyrer *Knud* gewidmet und im Inneren relativ schlicht gehalten. Neben einem Kreuz und einigen Skulpturen an den Wänden findet sich kaum kirchlicher Schmuck. 1929 musste die Kirche renoviert werden, sie erhielt eine neue Außenmauer, bekam einen Turm und wurde nach Westen verlängert. Im Eingangsbereich erinnert ein Kirchenfenster an den heiligen *Knud.*

Die evangelische Kirche **St. Vincenz** von Odenbüll stand schon zu Zeiten der „Zweiten Mandränke", sie überlebte diese bittere Sturmflut im Jahr 1643. Die Innenmauern des Mittelschiffes sind der älteste Teil, sie wurden etwa vor 800 Jahren erbaut. Auch der Schnitzaltar mit seiner reichen Darstellung ist alt, er stammt aus der Zeit um 1480. Ansonsten zeigt sich die Kirche recht schmucklos in einer gewissen Nüchternheit. Auffällig sind noch die geschmiedeten Eisenbögen aus dem 17. Jh. an den hinteren hellblauen Sitzbänken.

An der Außenwand lehnen ein paar Grabsteine, die aus dem 17. Jh. stammen. Arg verwittert sind sie schon, aber ein wenig ist die Inschrift noch lesbar. Sehenswert ist außerdem der kleine Friedhof mit den uralten Grabkreuzen und einem Gedenkstein, der an den

818sc-fr

Missionar *Nommensen* erinnert. Dieser bekehrte im fernen Indonesien die Batak zum christlichen Glauben.

Inselmuseum

In einem kleinen, liebevoll ausgestatteten Museum wird die Entwicklung der Insel mit Fotos und Fundstücken dokumentiert. Es bietet Informationen zu Sturmfluten, Kirchen und der örtlichen Kultur. Sehr eindrucksvoll ist auch das Modell der untergegangenen **Insel Rungholt.**

- **Nordstrander Inselmuseum,** Schulweg 4 (in der Touristinformation), Tel. 263, Di, Do, Fr 14–16, 1. Di im Monat bis 18 Uhr.

Vogelkoje

Eine der alten **Entenfanganlagen,** die früher öfters an der Nordsee zu finden waren und in denen man die durchziehenden Wildenten fing, liegt nahe dem Fährhafen. Vogelkojen bestanden aus sich immer stärker verjüngenden Reusen, aus denen sich die Vögel nicht mehr befreien konnten. Heute ist die Vogelkoje im Alten Koog auf Nordstrand ein kleines **Naturgebiet** mit Wäldchen, Streuobstwiese und Teich. Natürlich werden die Enten nicht mehr gefangen, sondern nur noch beobachtet.

Praktische Tipps

Info

- **PLZ:** 25845
- **Vorwahl:** 04842
- **Einwohner:** 2400
- **Kurverwaltung und Touristinformation:** Schulweg 4, Tel. 454.
- **Internet:** www.nordstrand.de

Unterkunft

7 **Hotel Am Heverstrom**③, Heverweg 14, Tel. 80 00, www.am-heverstrom.de. Vor dem Deich beim Süderhafen gelegenes Haus mit elf Zimmern. Eine Brücke verbindet die Hotelterrasse mit dem Deich, ein **Restaurant** mit Regionalküche ist angeschlossen.

Camping

6 **Campingplatz Margarethenruh,** Süderhafen 8, Tel. 85 53, www.camping-nordstrand.de. Sehr kleiner Platz beim Süderhafen, ganzjährig geöffnet. Nett gestaltet mit Sträuchern und Bäumen als optische Unterbrecher und auch als Windschutz. 16 mit Kies bewehrte Plätze für WoMos (75–90 m²), Wohnwagen stehen auf einer Rasenfläche, und es gibt auch eine separate Zeltwiese.

9 **WoMo-Stellplatz:** *WomoLand,* Norderquerweg 2, Tel. 473, www.womoland-nordstrand.com, geöffnet 15.3.–31.10. und 15.12.–15.1. Erster Platz nach Erreichen der Insel, ein Wiesengelände mit Stellplätzen für 44 Wohnmobile.

Gastronomie

5 **Engelmühle,** Süderhafen 15, Tel. 214, http://engelmuehle.de, Di–So 9–17 Uhr. Frühstück nach Vorbestellung 9–11 Uhr, ansonsten gibt es Torten, Kuchen, Gebäck aus eigener Konditorei und einige herzhafte Speisen.

1 Zur Nordsee, Norderhafen 22, Tel. 86 07, www.zur-nordsee.de, Mittagstisch und ab 17.30 Uhr. Fisch, Lamm, aber auch kleinere Gerichte. Mit einer Terrasse direkt oben auf dem Deich.

3 Café Pharisäerhof, Elisabeth-Sophien-Koog 3, Tel. 353, www.pharisaeerhof.de. Café in einem historischen Reetdachhaus aus dem Jahr 1743. Es gibt selbst gebackenen Kuchen, auch Friesentorte, selbst gemachtes Eis und natürlich einen *Pharisäer.* **3 Übernachtet** werden kann hier auch.

Einkaufen

4 Süderhafen Töpferei, Tegelistraat 22, Tel. 587, www.suederhafen-toepferei.de, Ostern bis Weihnachten Mo–Sa 12–18, So 14–18 Uhr, restliche Zeit Mo–Fr 12–18 Uhr. Keramik im Stil der Landschaft.

2 Nordstrander Töpferei, Süden 44, Tel. 400, www.nordstrander-toepferei.de, Mo, Di, Do, Fr 10–17, Mi, Sa, So 12–17 Uhr. Alteingesessene Töpferei mit jahrzehntelanger Erfahrung und breiter Auswahl.

8 Hofladen Baumbach, Pohnshalligkoogstr. 1, Tel. 495, www.lammfleisch.de, Mo–Sa 9–18, So 10.30–18 Uhr, Nov. bis März Mo–Sa 9–16.30, So 10.30–16.30 Uhr. Der Hofladen der *Schäferei Baumbach* bietet ganzjährig Lammfleisch und Wurstspezialitäten vom Lamm, aber auch Fleisch vom Gallowayrind. Außerdem gibt es u.a. Schafs- und Ziegenkäse, Textilien und Schaffelle.

Feste und Veranstaltungen

■ **Nordstrander Rungholttage,** in Erinnerung an die untergegangene sagenhafte Insel Rungholt, Ende August.

Aktivitäten

■ **Wattfahrten:** Mit einer Pferdekutsche geht es hinüber zur Hallig Südfall (Startpunkt: Westen 93, 25845 Nordstrand), zwischen April und Okt., Anmeldung unter Tel. 300 (15–18 Uhr), Kosten 25 €, Kinder 10 €.

■ **Wattwandern:** Die *Schutzstation Wattenmeer* bietet verschiedene Touren durchs Watt an, z.B. zur Hallig Nordstrandischmoor oder ab Badestelle Fuhlehörn eine kurze Tour. Infos unter Tel. (04842) 519.

Schiffstouren

■ Nach **Pellworm** pendelt vom kleinen Hafen Strucklahnungshörn in der Saison eine Autofähre sieben bis neun Mal pro Tag . Die Fahrtzeit beträgt etwa 35 Min. Infos *NPDG,* Tel. (048449) 753, www.faehre-pellworm.de oder am Info-Container am Hafen Strucklahnungshörn (siehe auch unten: „Ausflug nach Pellworm").

■ **Hallig- und Inselrundfahrt:** Unter diesem Stichwort bietet die Reederei *Paulsen* in der Saison Touren mit dem Schiff *Adler-Express* an, die über Hallig Hooge und Amrum nach Hörnum auf Sylt führen. Zweimal pro Tag wird gestartet. Man kann diese Verbindung nutzen, um eine einzige Insel zu erkunden oder eine komplette Rundfahrt zu machen. Abfahrt von Strucklahnungshörn: 9.15 und 14.35 Uhr, Ankunft Strucklahnungshörn 14.30 und 19.40 Uhr. Tickets gibt es am Hafen im Büro der *Adler Schiffe* oder online. Infos *Insel- und Halligreederei Paulsen,* www.adler-schiffe.de oder über Info-Tel. (04651) 987 08 88. Detaillierte Informationen für einen Ausflug nach Pellworm, nach Hallig Hooge oder nach Amrum siehe Seite 185, 189 und 198.

Beltringharder Koog

Eine Art Dreieck bildet der Beltringharder Koog, bestehend aus Festlandküste, der Nordküste der Insel Nordstrand und einem quer durchs Watt verlaufenden **Deich,** der Nordstrand mit dem Festland verbindet. Der Deich hat eine Länge von knapp neun Kilometern und verläuft von Nordstrand schräg durchs Watt bis zum Festland. Wer will, kann die Strecke zu Fuß oder per Fahrrad absolvieren.

Nach der schweren Sturmflut 1962, die an der Nordseeküste und besonders in Hamburg schwere Schäden verursachte, wurden neue Maßnahmen bezüglich des Küstenschutzes festgelegt. Dabei bekamen beispielsweise kleine Nebenflüsse der Elbe Sperrwerke, die bei hoher Flut und bei Stürmen die Tore schließen. Der Küstenabschnitt vor Nordstrand wurde mit einem durchs Watt gebauten Deich geschützt, ausgehend von der Nordspitze von Nordstrand bis hinüber zur Südspitze des Sönke-Nissen-Koogs. Der eingedeichte Bereich wurde nach dem 1634 untergegangenen Beltringharde benannt, einem Gebiet der einstmals großen Insel Strand. Fertiggestellt wurde der Deich erst 1987, die Arbeiten waren von großen Protesten begleitet. Eine Versorgungsstraße musste vom Cecilien-Koog gebaut werden. Heute befinden sich an der Schnittstelle ein Badeplatz und der Endpunkt der Lorenbahn zur Hallig Nordstrandischmoor. Insgesamt wurde eine Fläche von 3350 Hektar eingedeicht.

Seit 1991 steht der gesamte Koog unter **Naturschutz,** er gilt damit als größtes Naturschutzgebiet auf Schleswig-Holsteins Festland. So konnten auch großflächige Salz- und Süßwasserlebensräume entstehen sowie Feuchtgebiete und tidenabhängige Biotope. Es entwickelte sich eine 380 Hektar große **Salzwasserlagune,** die durch das Holmer Siel und das Lüttmoorsiel Verbindung zur Nordsee hat. In der Lagune befinden sich künstlich aufgespülte Inseln, auf denen Vögel brüten oder sich **Zugvögel** vor der großen Reise sammeln.

Arlauschleuse

Auf der Hinfahrt passiert man die Arlauschleuse. Der kleine **Fluss Arlau** mündet an einem hohen Deich in den Koog, dort befindet sich auch eine Info-Tafel, die Flora und Fauna erklärt. Ebenso werden Termine zu vogelkundlichen Führungen angekündigt. Im Gebäude des ehemaligen Schöpfwerks befindet sich ein kleines **Naturkundemuseum,** in dem Informationen zum Wattenmeer vermittelt werden. Bei der Schleuse bestehen begrenzte Parkmöglichkeiten.

■ **Nationalparkstation Arlauschleuse,** Hattstedter Marsch 42, 25856 Hattstedtermarsch, ab März So 12–16 Uhr oder nach Vereinbarung unter Tel. (0151) 22 27 86 05.

Deichweg

MEIN TIPP: Wer sich die Mühe macht auf den Deich zu klettern, wird mit einem weiten Blick über den Koog belohnt und kann mit etwas Glück **Nistplätze**

von Enten und Gänsen erspähen. Die Nordsee ist zumeist weit weg, **Salzwasserwiesen** dominieren im Deichvorland. In dieser Einsamkeit kann man stundenlang auf dem Deich laufen. Ein schmaler, asphaltierter Weg schlängelt sich weiter Richtung Norden direkt an ihm entlang. Etwa zwei Kilometer hinter dem *Hotel Arlauschleuse* (s.u.) erreicht man einen **Aussichtsturm,** von dem aus man einen prima Rundblick über den Deich und das Deichvorland genießt.

Badestelle Lüttmoorsiel

Mitten durch das Naturschutzgebiet führt eine gut fünf Kilometer lange Straße zur Badestelle auf dem Deich des Beltringharder Koogs. Eigentlich ein Widerspruch, eine gut ausgebaute Straße durch ein schützenswertes Vogelrevier anzulegen, aber diese Straße diente als Versorgungsstraße für den Bau des Deichs. Links und rechts der Straße sieht man Salzwiesen und vereinzelt freie Wasserflächen und dazwischen immer wieder Vögel. Ziemlich am Anfang des Damms kann man ein kleines Häuschen zum stillen Vogelbeobachten aufsuchen (rechts vom Damm).

Am Ende der Zufahrtsstraße erreicht man eine etwas verbreiterte Landstelle vor dem Deich. Dort gibt es einen **Parkplatz** und ein **Café.** Zudem erklären **Schautafeln** das Watt und den Koog. Im Sommer ist hier ein beliebter Treffpunkt.

Hallig Nordstrandischmoor

Hinter dem Parkplatz fährt eine kleine **Lorenbahn** zur Hallig Nordstrandischmoor. Auf einem schmalen Schienenstrang tuckert die Bahn über einen Damm durchs Wattenmeer. Die Schienen verlaufen schräg über den Deich. Wer Glück hat, kann vielleicht eine Zugfahrt beobachten, wenn Post oder Lebensmittel rübergebracht werden. Touristen werden nur mitgenommen, wenn sie als Feriengäste nach Nordstrandischmoor reisen. Am Horizont erspäht man **vier kleine Häuser** auf der Hallig. Dort leben nicht einmal zwei Dutzend Menschen. Die Kinder werden in der wohl kleinsten Schule des Landes unterrichtet.

Unterkunft, Gastronomie

■ **Hotel Arlauschleuse**④, Hattstedter Marsch 43, 25856 Hattstedtermarsch, Tel. (04846) 699 00, www.arlau-schleuse.de. Etwa 800 m von der Schleuse entfernt stehen zwei schmucke, reetgedeckte Häuser in der Einsamkeit. Das ist das *Hotel Arlauschleuse* mit 41 Zimmern und dem **Restaurant Deichgraf** (Küche ab 17.30 Uhr, Mo/Di geschlossen).

Sönke-Nissen-Koog

Weiter nach Norden fahrend, öffnet sich weites, plattes Land links und rechts der Straße. Im Hinterland schützt ein hoher Deich die Küste und den Koog. In regelmäßigen Abständen tauchen Bauernhöfe auf, recht große Wirtschaftsgebäude mit einem auffällig grünen Dach.

Sönke Nissen (1870–1923) stammte aus dem kleinen Dorf Klockries bei Niebüll. Wie so viele Friesen wanderte er aus ins damalige Deutsch-Südwestafrika (Namibia). Dort machte er ein Vermögen mit Diamanten und kehrte in späten Jahren zurück. Nun wollte er sich einen Kindheitstraum erfüllen, nämlich einmal Deichgraf sein. Dazu musste aber erstmal ein Deich geschaffen werden, also ließ er mit seinem Privatvermögen einen Koog eindeichen. Es war der letzte privat finanzierte Koog des Landes. *Sönke Nissen* starb noch vor Abschluss des Deichbaus am 1. Dezember 1926. Nicht nur im Namen des Koogs bleibt bis heute sein Vermächtnis sichtbar, auch in den grünen Dächern aller Häuser. So hatte er es gefordert, wenngleich heute die grünen Dächer auf einigen Gebäuden kaum noch zu sehen sind, da sie zur Energiegewinnung mit Solarplatten belegt wurden. Die Häuser tragen Namen von Bahnstationen, die *Nissen* in „Südwestafrika" gebaut hatte, etwa Lüderitzbucht, Elisabethbay oder Keetmanshoop.

Amsinck-Haus

Unmittelbar am Deich zur Hamburger Hallig steht auf dem Festland das *Amsinck-Haus,* ein gut bestücktes **Info- und Servicegebäude,** in dem in interaktiver Form und auf spielerische Weise viel Wissenswertes über die Natur vermittelt wird. Hier können auch gegen geringe Gebühr (2 €) Fahrräder ausgeliehen werden, um zur Hallig zu radeln.

■ **Amsinck-Haus,** Sönke-Nissen-Koog 36a, 25821 Reußenköge, Tel. (04671) 92 71 54, www.amsinck-haus.de, April bis Okt. tägl. 10–18 Uhr.

819sc-fr

Grüne Dächer sind typisch für die Häuser im Sönke-Nissen-Koog

Camping

■ **WoMo-Stellplatz:** Beim *Amsinck-Haus,* Sönke-Nissen-Koog 36a, Tel. 92 71 54, befindet sich ein kleiner Platz. Zehn Fahrzeuge können hier von April bis Oktober stehen. WC und Duschen im *Amsinck-Haus.* Keine WC-Entsorgung, keine Reservierungen.

Hamburger Hallig

Die Hamburger Hallig ist wie alle Halligen eine **Marschinsel im Wattenmeer.** Da sie durch einen **Damm** mit dem Festland verbunden ist, kann sie aber auch problemlos zu Fuß und sogar mit dem Auto erreicht werden.

Die Hamburger Hallig ist ein **Überbleibsel der Insel Strand,** die 1634 von einer gewaltigen Sturmflut zerstört wurde. Die Grote Mandränke zerriss Strand so nachhaltig, dass nur vier Inselreste übrigblieben: Pellworm, Nordstrand, Nordstrandischmoor und die damals so genannte Hamburger Hallig. Zwei Jahrhunderte später näherten sich Hallig und Küste einander an, als 1875 die Verbindung zum Festland gebaut wurde. 1926 deichte man den vorgelagerten Sönke-Nissen-Koog ein, die Insel rückte damit noch näher ans Festland heran.

Heute gehört die Hallig zum **Nationalpark Schleswig-Holsteinisches Wattenmeer.** Die entstandenen Salzwiesen nutzen Vögel als Brut- und Rastgebiet, die Wiesen dürfen deshalb nicht betreten werden. Das Naturschutzgebiet sollte man nur zu Fuß oder per Fahrrad erkunden. Warum man Autofahrern immer noch die Möglichkeit gibt, gegen einen Obolus von 6 € in ein Naturschutzgebiet zu fahren, bleibt ein Rätsel. Aber möglich ist es, direkt am Damm hebt sich nach Zahlung eine Schranke. Sinnvoller ist es wohl, sich für 2 € ein Rad zu leihen und die vier Kilometer trotz Wind rüberzustrampeln.

Auf der Hallig selbst kann man dann einem **Naturpfad** folgen, mit Erklärungen zur Pflanzen- und Tierwelt. Wer direkt hinter der Schranke auf dem Deich steht und sich fragt, welche Inseln da aus dem Watt blitzen, erhält hier die Antwort: Die größte Häuseransammlung steht auf der Hallig Gröde, rechts davon liegt die Hallig Habel (dort lebt nur im Sommer ein Vogelwart) und links sind gerade noch die Häuser von Nordstrandischmoor erkennbar.

Auf der Hallig stehen ganze **drei Häuser,** davon ist eines eine Gaststätte, in der der Halligkröger kleine Leckereien anbietet.

Gastronomie

■ **Hallig-Krog,** Tel. (04671) 94 27 88, www.hallig-krog.de, ab April tägl. ab 11.30 Uhr. Angeboten werden selbst gebackener Kuchen, nordfriesische Gerichte, aber auch vegetarische Speisen. Nette Terrasse mit Blick aufs Meer.

Bredstedt

Bredstedt ist eine **Kleinstadt** mit einem nicht allzu geschäftigen Ortskern. Die urkundlich früheste Erwähnung datiert auf 1231 als Brethaestath, was so viel wie „breite Stelle" hieß. Bis zum 15. Jh. lag Bredstedt nah am Meer und hatte sogar

0 1 : 200 000 5 km
Schleswig Ho_K04b 4/22
© Reise Know-How
Dänemark
Tønder, Ribe
Rickelsbüller Koog
Rudbøl
Vidå
Ubjerg
Rodenäs
Rosenkranz
Rüttebüller See
Aventoft
Sylt
Wiedingharder
Nolde-Museum
Seebüll
Simeonsgr.
Friedrich-Wilhelm-Lübke-Koog
Neukirchen
Klanxbüll
Wiedingharder
Süderlügum
alter
Gotteskoog
Humptrup
Koog
Bundesgaarder See
Uphusum
Braderup
Bökingharder
Holm
Horsbüll
Karrharder Gotteskoog
Dreiharder Gotteskoogsstrom
Bosbüll
Emmelsbüll-
Gotteskoog
Tinningstedt
Rückenstadt
Nordfriesland
Klixbüll
Niebüll
Deezbüll
Großer
Klockries
Schutzzone I
Lindholm
Kohldammer
Böking harde
Koog
Föhrer Ley
Maasbüll
Risum-
Dagebüller Koog
koog
Maasbüller Herrenkoog
Dagebüll
Stedesand
Dagebüller Fahrwasser
Lecker Au
Juliane-Marienkoog
Bottschlotter See
Bongsieler Kanal
Waygaard
Langenhorner Neuer Koog
n. Amrum, Föhr
Speicherbecken
Schlüttsiel
Neuer Bongsieler Kanal
Langenhorner Alter Koog
Oland
Ockholmer Koog
Husum, Heide, Hamburg
Bongsiel
Langenhorn
Seevogelschutzgebiet
Lorenbahn
Ockholm
Bandixwarf
Rocheleysand
Nordergoesharde
Hallig Langeneß
Habel
Sterdebüll
Stollberg
Gröde
Gröde
Wester-
-Bordelum
44
Halligen
Sönke-
-Nissen-
n. Hooge
Seevogelschutzgebiet
-Koog
Bredstedt

einen eigenen Hafen. Ab 1520 wurde das westliche Vorland eingedeicht, Bredstedt rückte damit weiter ins Hinterland. 1900 erhielt der Ort Stadtrechte.

Der zentrale **Marktplatz** fällt dreieckig aus, dort liegen Lokale und das historische Rathaus aus dem Jahr 1891. Damit ist der Verwaltungssitz neun Jahre älter als die Stadt, die 2000 ihren hundertsten Geburtstag feierte.

Sehenswertes

Naturzentrum

MEIN TIPP: Das Naturzentrum informiert über die **Landschaftsformen** der nordfriesischen Küste. 15 Räume bieten unterschiedliche thematische Schwerpunkte, die hautnahe Einblicke ermöglichen und zum spielerischen Lernen ermuntern. So findet man einen Waldbereich, das Wattenmeer, eine Heidelandschaft oder ein Moor nachgebildet. Dabei betrachtet man das jeweilige Biotop nicht von außen oder oben, sondern fühlt sich durch das Arrangement der Exponate mitten in der Landschaft. So schaut man beispielsweise in der Moorlandschaft durch die Gräser auf Augenhöhe einer Ringelnatter. Im Flussbiotop „paddeln" einem Enten an der Nase vorbei, während ein anderer Wasservogel just zur Landung ansetzt. Dazu erklären großformatige **Modelle** das Wattenmeer oder zeigen eine Hallig inmitten einer Sturmflut sowie das langsame Entstehen eines Koogs. Alles in allem ein interessantes und optisch gut aufgebautes Haus.

- **Naturzentrum,** Bahnhofstr. 23, Tel. 45 55, www.naturzentrum-nf.de, Mai bis Okt. Mo–Fr 10–17, Sa 13–17 Uhr, Eintritt 4 €, Kinder 1 €.

Kirche St. Nikolai

Eine erste kleine Kapelle entstand bereits 1462, die Kirche St. Nikolai wurde wenige Jahre später gebaut und 1510 fertiggestellt. Der aus Eichenholz geschnitzte Altar entstand 1881. An der Südwand steht der alte Altaraufsatz aus dem Jahr 1580, er zeigt das Abendmahl, die Kreuzigung und die Auferstehung Jesu. Die Kanzel stellte *Claus Gabriel* 1647 her, die Taufe wurde 1559 auch aus Eiche geschnitzt. Das Kruzifix an der Nordwand stammt aus dem 16. Jh. Bemerkenswert ist die Darstellung von Jesus mit einem Schiffstau statt einer Dornenkrone. Ein nasses Tau um den Kopf gebunden, war in der Seefahrt eine gefürchtete Straf- oder Foltermethode, denn wenn dieses Tau trocknete, zog es sich zusammen.

Info

- **PLZ:** 25821
- **Vorwahl:** 04671
- **Einwohner:** 5000
- **Touristinformation:** Markt 29, Tel. 58 57.
- **Internet:** www.bredstedt.de, www.nordseeurlaub.sh

Unterkunft, Gastronomie

- **Frida's Hotel**③, Markt 13, Tel. 718 99 59, http://hotelcafefrida.de. Kleines, schmuckes, historisches Haus am Markt mit individuell gestalteten Zimmern mit viel Holzmobiliar. WLAN. Angeschlossen ist das-

Café Frida, Mi–So 14–18 Uhr. Gemütliches Café mit einer historischen Kachelstube und Garten, das u.a. Snacks, Suppen, hausgebackene Torten und Kuchen sowie italienischen Kaffee anbietet. Frühstück gibt es von Mi bis Sa.

■ **Hotel Ulmenhof**③, Tondernsche Str. 4, Tel. 918 10, www.ulmenhof.de. Die weiße Jugendstilvilla aus dem Jahr 1903 wurde liebevoll renoviert und hat heute (mit Anbau) 24 stilsicher eingerichtete Zimmer. Angeschlossen ist ein **Restaurant** mit marktfrischer regionaler Küche, tägl. 17.30–21 Uhr.

Camping

■ **Stellplätze für Wohnmobile:** Süderstr. 75, Tel. 58 57. Mehrere kostenlose und ganzjährig geöffnete Plätze ganz in der Nähe des Freibads. Ohne Entsorgungsmöglichkeiten.

Einkaufen

Vivo Naturkost, Hohle Gasse 21, Tel. 93 07 90, www.vivo-naturkost.de. Mo–Sa 8–18 Uhr.

In der Umgebung

Stollberg

Der **höchste „Berg" Nordfrieslands** misst 44 m. Okay, das ist nicht sonderlich beeindruckend. Da das Land aber pottenflach ist, kann man vom Stollberg schon recht weit gucken. Außerdem wurde noch ein wenig nachgeholfen. Direkt beim Stollberg, der ab Bredstedt ausgeschildert ist, steht ein kleiner **Holzturm,** bezeichnenderweise „Turm- und Halligblick" genannt. Bei gutem Wetter kann man nämlich über alle Köge bis zum Meer schauen. Noch besser geht es vom dort ebenfalls stehenden Sendemast. Nach Zahlung von einem Euro geht man über Treppen hoch zu einer **Aussichtsplattform,** von der man einen exzellenten Weitblick genießt.

Außerdem liegt hier der **Naturerlebnisraum Stollberg.** An mehreren Stationen wird die Siedlungs- und Kulturgeschichte der Region gezeigt. Um diese zu erforschen, sind vier **Radstrecken** von maximal zehn Kilometern rund um den Stollberg abgesteckt.

Am Fuß des Sendeturms steht noch ein **eisenzeitliches Kulissendorf,** dass die Zeit von 400 n. Chr. nachzeichnet.

Gastronomie

MEIN TIPP: **norditeran,** Dorfstr. 12, 25852 Bordelum, Tel. (04671) 943 67 33, www.norditeran.com, Restaurant ab 17.30 Uhr, Bistro Di–Do, So 12–14.30 und ab 17 Uhr. Charmant-lässiges Lokal, das unterteilt ist in Restaurant und Bistro, mit einer gemeinsamen Karte. Vieles wird hier selbst gemacht: Pizza, Pasta, Burger, sogar die Brötchen. Fisch und Fleisch stammen aus der Region. Die Küche ist teils regional, aber es gibt auch Spezialitäten des Südens (z.B. eine Tapas-Platte).

Schlüttsiel

Ein kleiner **Hafen** hinterm Deich mit einer Gaststätte und einem großen Parkplatz, viel mehr verbirgt sich nicht hinter diesem winzigen Punkt auf der Landkarte. Schlüttsiel liegt ziemlich genau in der Mitte des Hauke-Haien-Koogs.

Vom Hafen Schlüttsiel werden hauptsächlich **Halligfahrten** angeboten, vier Unternehmen offerieren hier Touren. Tickets gibt es zumeist an Bord, nur die

820sc-fr

W.D.R. hat einen Verkaufscontainer aufgestellt. Die Abfahrtzeiten schwanken beträchtlich, je nach Ziel und Tide. Die Touren dauern ein paar Stunden, zumeist ist ein kurzer Landgang möglich. Alle Anbieter legen Broschüren und Faltblätter an allen möglichen touristisch relevanten Orten aus, sodass eigentlich jeder darüber stolpern sollte und sich über die genauen Zeiten informieren kann.

⌃ Fischkutter im Hafen von Schlüttsiel

Gastronomie

- **Siel 59,** Schlüttsiel 1, 25842 Ockholm, Tel. (04674) 96 22 940, www.siel59.de, Do–Mo 17–21 Uhr. Direkt am Deich gelegenes Restaurant mit regionalen und saisonalen Gerichten sowie vegetarischen Speisen.

Schiffstouren

- Zur **Hallig Hooge** und zu den **Seehundbänken** schippert die *MS Hauke Haien* an ausgesuchten Tagen. Infos beim Kapitän *Bernd Diedrichsen,* Tel. (04841) 81 481, www.wattenmeerfahrten.de.

Die gleichen Ziele steuert die *MS Seeadler* an (fast täglich, aber wechselnde Zeiten). Infos: Kapitän *Heinrich von Holdt*, Tel. (04674) 15 35,www.seeadler-hooge.de.

- **Oland, Gröde, Hooge** und **Langeneß** fährt die *MS Rungholt* an. Infos Tel. (04667) 367, www.halligmeerfahrten.de.
- Die Reederei *W.D.R.* fährt nach **Hooge** und **Langeneß,** Tel. (04667) 940 30, www.faehre.de.
- **Infos zu einem Ausflug auf die Hallig Hooge** oder auf die **Hallig Langeneß** siehe S. 189 u. S. 193.

Dagebüll

Man glaubt es ja kaum, aber der Küstenort Dagebüll (friesischer Name: Doogebel) war **früher einmal eine Hallig.** Ab 1702 baute man Deiche, um die Halligh äuser zu schützen, und der so neu entstandene Dagebüller Koog verwuchs schließlich ab 1727 mit dem Festland.

Die heutige Gemeinde Dagebüll entstand 1978, nachdem fünf kleine Orte verwaltungstechnisch zusammengelegt wurden. Den Kern bildet der Ortsteil **Dagebüll Kirche** (friesisch: Doogebel Schörk), wo die nicht übermäßig große Kirche **St. Dionysius** auf einer Warft steht. Sie wurde 1731 zunächst ohne Turm erbaut, der kam dann erst 1909 hinzu. Gottesdienste finden heute alle 14 Tage statt (Infos dazu unter Tel. (04674) 315). Im Inneren der Kirche finden sich ein Barockaltar (1731) und eine Orgel (1866). Die geschnitzte Taufe stammt aus dem Jahr 1731, die Kirchenglocke datiert gar auf 1584.

Anlässlich des 250-jährigen Bestehens wurde 1981 eine schöne, farbige Fensterrosette neben der Kanzel angebracht.

Fährhafen

Der kleine Ort lebt zum nicht geringen Teil von seinem drei Kilometer entfernten Hafen. Dort legen die **Autofähren nach Föhr und Amrum** ab. Die Anlage ist von beachtlicher Größe und der Fährbetrieb wird effizient organisiert. Dazu zählt ein eigenes Ticket-Büro, hinter dem sich so mancher Fahrkartenschalter der Bahn verstecken kann. Leuchtanzeigen benennen die Abfahrtszeiten, dirigieren Lkw und Pkw in die richtige Spur und in die Bäuche der Schiffe. Da vom Dagebüller Hafen viele Urlauber ihre Schiffstour nach Amrum oder Föhr starten, wurden hier etliche gebührenpflichtige Parkplätze eingerichtet.

Dagebüll hat mehrere **Bahnhöfe:** Dagebüll Kirche, Dagebüll Hafen (friesisch: Doogebel Huuven) und direkt beim Fährhafen **Dagebüll Mole** (Doogebel Bru). Dagebüll Hafen wird nur genutzt, wenn Dagebüll Mole, das hinter einem Deich liegt, wegen Sturmflut nicht angefahren werden kann. Am Bahnhof Dagebüll Mole enden die Kurswagen einiger Fernzüge und die Verbindungsbahn von Niebüll. Die Gäste müssen vom Zug zur Fähre nur ein paar Schritte laufen.

Strand

Dagebüll hat einen kleinen „grünen" Badestrand. Dort sonnen sich Urlauber am **Deich** liegend, blicken hinaus aufs Meer und zu den Inseln. Ruhige Tage kann man hier verleben, genügend Ausflugsangebote gibt es obendrein. Am Deich stehen bereits seit 1927 einige sogenannte **Badebuden**. Diese dürfen nur innerhalb einer Familie vererbt und können nicht gemietet werden. Stirbt eine Familie aus, erlischt auch deren Budenrecht.

- **Strandbesuch:** Zwischen 15. April und 30. Sept. werden für die Nutzung des Badedeichs 2 € am Tag bzw. 10 € pro Woche fällig, zu bezahlen am aufgestellten Automaten.

Praktische Tipps

Info

- **PLZ:** 25899
- **Vorwahl:** 04667
- **Einwohner:** 980
- **Touristinformation:** Nordseestr. 1, Tel. 950 00.
- **Internet:** www.gemeinde-dagebuell.de

Unterkunft, Gastronomie

- **Strandhotel Dagebüll**③, Nordseestr. 2–4, Tel. 940 00, www.strandhotel-dagebuell.de. Achtern Diek mit Blick auf den Fährhafen und das Meer liegt dieses 26-Zimmer-Haus. Angeschlossen ist ein **Restaurant** mit regionaler Küche. Das beliebte Lokal hat eine Terrasse direkt auf dem Deich, von der man sehr schön auf die Nordsee schauen kann.
- **Hotel Neuwarft**③, Nordseestr. 20, Tel. 951 40, www.hotel-neuwarft.de. Ein traditionsreiches, familiäres Haus mit 30 nett eingerichteten Zimmern. Ein **Restaurant** ist angeschlossen. WLAN.

Camping

- **Campingplatz Neuwarft,** Nordseestr. 20, www.nordfriesland-camping.de. Kleiner Platz hinter dem Hotel Neuwarft, nur 300 m vom Meer entfernt. Die Stellplätze sind durch Bäume unterteilt.
- **WoMo-Stellplatz:** Am Badeteich 15. Der kleine Platz liegt hinter dem größeren Parkplatz für Pkw hinterm Deich. Es gibt Stellmöglichkeiten für zehn Wagen.
- Von Dagebüll aus kann man **Ausflüge** per Fähre **nach Amrum und nach Föhr** machen (detaillierte Infos zu den Inseln siehe S. 198 u. S. 200).

Niebüll

Niebüll (friesisch: Naibel) ist ein etwas größerer Ort, jedenfalls im Vergleich zu den vielen umliegenden Ortschaften, die auch alle auf „-büll“ enden. Früher war Niebüll auch keine allzu große Siedlung, aber zwei historische Geschehnisse ließen den Ort wachsen: zum einen der Bau einer **Bahnlinie** Ende des 19. Jh., der zu einem kleinen wirtschaftlichen Aufschwung führte, zum anderen die Tatsache, dass 1920 die deutsch-dänische Grenze nach einer Abstimmung neu gezogen und der **Sitz der Kreisverwaltung** nach Niebüll verlegt wurde. Die Folge: Bäuerliche Betriebe schwanden, Handwerk und Dienstleister rückten nach.

Niebüll hat heute den Charme einer Kleinstadt. Der Ortskern zeigt sich verkehrsberuhigt. Hier liegen die wichtigsten Läden, einige Lokale, drei Museen, ein Hotel und ganz in der Nähe eine große Parkfläche am Marktplatz.

Außerdem befindet sich am Bahnhof die **Autoverladung für Sylt-Reisende,** die mit ihrem Wagen auf die Insel wollen. Von Niebüll pendeln die Auto-Züge hinüber zur Insel nach Westerland. Die Autoverladung des ausgeschilderten **Sylt Shuttle** bzw. dessen Konkurrenten **Autozug Sylt** liegt südöstlich vom eigentlichen Bahnhof Niebüll und kann direkt von der B5 angesteuert werden.

Richard-Haizmann-Museum

Das im ehemaligen Rathaus untergebrachte Museum für **moderne Kunst** zeigt Werke von *Richard Haizmann* (1895–1963) sowie wechselnde Ausstellungen. *Haizmanns* Arbeiten wurden von den Nazis als „entartete Kunst" verunglimpft, was ihn aus Hamburg nach Niebüll flüchten ließ, wo er bis zu seinem Tode blieb.

■ **Richard-Haizmann-Museum,** Rathausplatz 2, www.haizmann-museum.de, Tel. 10 10, Di–Fr 11–16.30, Sa 11–13, So 14–17 Uhr, Eintritt frei.

Naturkundemuseum

Das moderne Museum, untergebracht in einem älteren Gebäude, stellt in zwölf Räumen **Tiere und Landschaften der Region** vor. Dabei wird sowohl über Wald und Wiesen (auch ein lebendes Bienenvolk) als auch über das Watt informiert. In drei größeren **Aquarien** können Süßwasserfische und Meeresbewohner bestaunt werden.

■ **Naturkundemuseum,** Hauptstr. 108, Tel. 56 91, www.nkm-niebuell.de, April bis Okt. Di–So 14–17.30 Uhr, Juni–Aug. auch Mo, Eintritt 3 €, Kinder 1,50 € (unter 6 Jahren frei).

Friesisches Museum

Das Friesische Museum liegt etwas außerhalb des Ortskerns in einem reetgedeckten ehemaligen Bauernhaus aus dem Jahr 1844. Es handelt sich dabei um ein sogenanntes **uthlandfriesisches Langhaus.** Es ist unverändert in Aussehen und Einrichtung, nur ein Teil der Stallungen existiert nicht mehr. Seine Länge beträgt 27 m, die Breite 8,70 m. Das Haus ist zweigeteilt, denn im Westteil befindet sich der Wohntrakt, während im östlichen Bereich noch die Reste der Stallungen zu finden sind. Präsentiert wird die **Lebenswelt der Friesen** in früheren Jahrhunderten mit Original-Möbeln und -Einrichtungsgegenständen. Besitzer des Hauses ist der „Friesische Verein für Niebüll-Deezbüll und Umgebung", auf Friesisch: „Frasche Feriin for Naibel-Deesbel än trinambi".

■ **Friesisches Museum,** Osterweg 76, www.friesisches-museum.de, Juni bis Sept. 14–16 Uhr, Eintritt 2 €, Schüler 1 €.

Christuskirche

Die Kirche im Ortskern (Kirchenstr. 6) entstand 1729, nachdem sich ein Vorgängerbau an gleicher Stelle als zu klein erwiesen hatte. Das Innere wirkt schlicht, aber hübsch. Augenfällig ist der **barocke Altar,** eine private Schenkung von 1730. Das Luther-Bild stammt vom örtlichen Künstler *Carl Ludwig Jessen.* An der Orgelempore befinden sich 22 Bilder, die das christliche Leben thematisieren. Ältestes Kirchenteil ist der **Taufstein** aus dem 13. Jh., der schon zur Ausstattung der Vorgängerkirche gehörte. Der frei stehende **Glockenturm** entstand Mitte des 17. Jh. noch für die Vorgängerkirche.

Praktische Tipps

Info

- **PLZ:** 25899
- **Vorwahl:** 04661
- **Einwohner:** 9800
- **Touristinformation:** Bahnhofstr. 6, Tel. 94 10 15.
- **Internet:** www.nordfrieslandtourismus.de

Unterkunft, Gastronomie

- **Niebüller Hof**③, Hauptstr. 15, Tel. 60 80 01, www.niebueller-hof.de. Größtes Haus am Ort mit 162 Zimmern, nahe zum Ortskern gelegen. WLAN.
- **Insel-Pension**③, Gotteskoogstr. 4, Tel. 21 45, www.inselpension.de. 17 Zimmer bietet das moderne Haus mit Garni-Betrieb, das etwas entfernt vom Zentrum liegt. Es gibt auch ein Dachstudio mit großer Terrasse, Landhaus-Suiten und Familienzimmer sowie ein Zimmer in einem Wasserturm.
- **Jugendherberge,** Mühlenstr. 65, Tel. 93 78 90. Größere Anlage im Stil eines Runddorfs mit mehreren Häusern. 128 Betten in 2-, 4- und 6-Betträumen.

Camping

- **WoMo-Stellplatz:** Marktstraße, Tel. 60 17 10. 25 Stellplätze auf dem Marktplatz am Schwimmbad mit Ver- und Entsorgungsstation, WC im Hallenbad, keine Reservierung möglich.

Bahnverbindungen

- Nach **Dagebüll** geht es etwa alle 2 Std. mit der *neg (Norddeutsche Eisenbahngesellschaft Niebüll,* www.neg-niebuell.de).
- Nach **Sylt** mindestens einmal pro Std., nach **Husum** stündlich, teilweise häufiger. Ins dänische **Tønder** verkehrt ein Zug etwa alle 2 Std. mit Anschluss nach Ribe und Esbjerg. Bis Tønder gilt das *Schleswig-Holstein-Ticket.*

In der Umgebung

Emil-Nolde-Museum

Von Niebüll lohnt sich ein Ausflug in den kleinen Ort **Seebüll** an der dänischen Grenze zum **Atelier und Wohnhaus des Malers Emil Nolde.** Hier entstanden großartige Werke, die den Charakter der friesischen Landschaft wunderbar einfangen: Sturm und Deich, Wolkenhimmel und die Farbenpracht der Rapsblüte im Frühling.

Hervorzuheben ist auch der prachtvolle **Blumengarten.** Vor der eigentlichen Ausstellung betritt man zunächst ein elegantes **Forum** mit Museumsshop, Restaurant und einer Ausstellung zu Noldes Leben.

- **Emil-Nolde-Museum,** Seebüll 31, 25927 Neukirchen, Tel. (04664) 98 39 30, www.nolde-stiftung.de, Mitte März bis Ende Okt. tägl. 10–18 Uhr, Eintritt 8 €, erm. 3 €. Einen Blick wert ist die Künstlerbiografie auf der Website des Museums, in der u.a. *Noldes* Verhältnis zum Nationalsozialismus sehr sachlich dargestellt wird; trotz Ächtung durch das Regime war Nolde überzeugter Anhänger der Nazi-Ideologie und glühender Antisemit.

Grenzübergang Rosenkranz

Die **Rosenkranzer Straße** führt nach Dänemark, auf der Höhe der Hausnummer 48 liegt der Grenzübergang (Rosenkranzer Straße, 25927 Aventoft). Kurios ist hier vor allem der **Grenzverlauf.** Die Grenze verläuft nämlich genau entlang und auf der Straße, die Rosenkranz mit dem nur 300 m entfernten Nachbarort Rudbøl verbindet. Der deutsche und der dänische Grenzposten lagen etwa 130 m

706sc ms

auseinander, bis die Grenzkontrollen 2001 abgeschafft wurden. Genau in der Mitte der Straße, die beide Posten verband, verläuft die Grenze. Aus Deutschland kommend, zählt die rechte Straßenseite zum deutschen Territorium, die linke zum dänischen. In die Straße wurden Grenzsteine eingelassen, die den Verlauf markieren, erkennbar an den kleinen Richtungsstrichlein. So kann jeder das klassische Besucherfoto machen, **mit einem Bein in Dänemark, mit dem anderen in „Tyskland".**

Dies ist übrigens nicht das einzige Grenz-Kuriosum in der Gegend. Etwas nordöstlich von Rodenäs stand bei Dreisprung ein **Haus direkt auf der Grenze:** das Gebäude noch auf deutscher Seite, der Garten bereits auf dänischem Territorium. Nach *Hitlers* Machtergreifung 1933 soll der damalige Besitzer, ein überzeugter Kommunist, vielen Menschen zur Flucht verholfen haben. Er ließ sie vorn zur Türe herein und durch den Garten nach Dänemark hinaus.

Rickelsbüller Koog

Der 535 Hektar große Rickelsbüller Koog ist Deutschlands nordwestlichster Zipfel auf dem Festland. Gleich hinter dem Grenzdamm schließt sich der benachbarte dänische Margrethekoog an. Seitdem der Rickelsbüller Koog 1981 geschlossen wurde, entwickelte sich hier ein ungewöhnliches **Süßwasserbiotop,** das eine Vielzahl von Vögeln anlockt. Speziell im Frühjahr und Spätsommer versammeln sich Scharen von Zugvögeln. Am Grenzdamm wurde eine kleine **Hütte zur Vogelbeobachtung** aufgestellt und am Außendeich erwartet ein Parkranger Gäste im Informations-Pavillon.

Auch hier erzählt man sich eine **kuriose Grenzgeschichte:** Der Hof eines Bauern lag schon in Dänemark, dessen

⌃ Das Nolde-Museum mit seinem schönen Garten

Was ist ein Koog?

Die Menschen an der Westküste Schleswig-Holsteins erkannten früh, dass der Boden am Meer äußerst **fruchtbar** ist. Man musste ihn „nur" entwässern. Also wurden zuerst **Lahnungen** ins Meer gebaut. Lahnungen sind kleine Dämme im Abstand von 200 bis vielleicht 400 m, die von der Küste aus ins Meer hineinragen. Sie bestehen mindestens aus einer doppelten Reihe von Pfählen, nicht selten sogar aus mehreren Reihen. Man rammt sie in den Wattboden, verdrahtet sie miteinander und füllt die Zwischenräume mit Reisig und Buschwerk. Allzu hoch sind die Pfähle nicht, bei Flut werden sie zumeist überspült, aber das Wasser läuft dann langsamer ab. Um Land zu gewinnen, baut man dann noch quer verlaufende Dämme aus gleichem Material, so wird ein mehrere Hektar großes Gebiet abgeteilt. Das hat zur Folge, dass die Gezeiten in dem abgeteilten Gebiet nicht mehr so stark bemerkbar sind. Das Wasser beruhigt sich, Schwebstoffe sinken ab.

Im Lauf der Jahre **verschlickt** das Gebiet immer mehr, steigt regelrecht an. Die Gezeiten erreichen schließlich das neue Land seltener. Wind und Sonne trocknen den Boden immer stärker aus. Auf diese Art wird Land gewonnen, das **Marschland.** Es dauert zwar Jahre, aber allmählich wird der Boden von Sinkstoffen belegt, erste Pflanzen sprießen (zumeist der robuste Queller). Das Land steigt langsam an, ergrünt, Schafe finden Nahrung.

Dann muss der neu entstandene **Koog** entwässert werden, erste Wege werden gebaut. Schließlich kommt es zur **Eindeichung.** Das alles dauert: Durchschnittlich rechneten die Planer mit Zeitspannen von 15 bis teilweise 40 Jahren!

Insgesamt entstanden so an der Westküste Schleswig-Holsteins **90 Köge,** und dies seit 1436, als erstmals neues Land mit dem Alten Wiedingharder Koog gewonnen wurde. Wer sich eine detaillierte Karte der Westküste anschaut, wird bemerken, dass beinahe durchgängig von der dänischen Grenze bis zur Elbe Köge existieren. Die Nordseeküste von Schleswig-Holstein ist also weitestgehend künstlich geschaffen.

Landgewinnung war im **Dritten Reich** ein Riesenthema, „Schaffung von neuem Lebensraum" hieß es damals. Wahnwitzige Projekte wurden ernsthaft erwogen, z.B. einen einzigen durchgehenden Deich von Sylt bis Eiderstedt zu bauen. Realisiert wurden während der „braunen Jahre" tatsächlich zehn Köge, einer trug sogar den Namen des Führers. Dieser schaute am 29. August 1935 persönlich mit großem Gefolge in „seinem" Koog vorbei. Nach Kriegsende wurde der Koog dann sofort umbenannt.

So wurde also seit dem 15. Jh. immer wieder „vorgedeicht", die **Küstenlinie** tatsächlich verschoben. Grobe Richtung: von Ost nach West. Der letzte Koog wurde in den 1980er-Jahren in Angriff genommen. Es ist der Beltringharder Koog, seine 3400 ha stehen heute unter Naturschutz. Seitdem wurden bis heute keine Köge mehr angelegt.

Hofauffahrt aber in Deutschland. Dazwischen war ein Schlagbaum, wie es sich bei einer Grenze gehört. Wollte der Bauer auf seine Felder, musste er erst umständlich vom Trecker runter, die Sperre aufschließen, durchfahren und wieder abschließen. Was er natürlich nicht immer tat und was irgendwann mal für Ärger sorgte. Aber dann siegte dänischer Pragmatismus, der Bauer bekam einfach eine Fernbedienung ...

Ausflug auf die Nordseeinseln

Ausflug nach Helgoland

Helgoland ist die einzige deutsche **Hochseeinsel,** sie liegt etwa 70 km vom Festland entfernt mitten in der Nordsee. Rötlich schimmernd ragt die Felseninsel bis zu 60 m aus dem Meer heraus, nur im Bereich des Hafens und des kleinen Strandes liegt sie fast auf Meereshöhe. Die kleine Insel misst einen knappen Quadratkilometer, die **Nebeninsel Düne** ist 0,7 km^2 groß. Markantes Wahrzeichen ist ein frei stehender, 47 m hoher, schmaler Felsen, der *Lange Anna* genannt wird. Helgoland ist unterteilt in ein **Oberland** und ein **Unterland,** außerdem spricht man auch noch von einem Mittelland.

⊡ Den berühmten Lummenfelsen kann man gut zu Fuß erreichen

Geschichte der Insel

Bereits im 7. Jh. soll Helgoland besiedelt gewesen sein. Im 12. Jh. war es dänisch regiert, ab dem 14. Jh. kam die Insel zum Herzog von Gottorf, 1717 war sie wieder dänisch. 1721 zerstörte eine **Sturmflut** die Landverbindung zur Düne, seitdem besteht Helgoland eigentlich aus **zwei Inseln.**

1807 wurde Helgoland **britisch** und blieb es bis 1890, als Deutschland die Insel zurückerhielt. Im April 1945 erlebte die Insel schwerste Bombardierungen durch die britische Luftwaffe, danach war Helgoland nicht mehr bewohnbar, die Überlebenden wurden evakuiert. Nach dem Krieg wollten die Briten 1947 die Insel durch eine gewaltige Sprengung endgültig zerstören, was aber misslang. Bis 1952 war sie dann Übungsgebiet für Bombenabwürfe der Briten. Nach einer einzigartigen Protestaktion zweier Studenten gaben die Briten aber schließlich Helgoland zurück an Deutschland und die Insel wurde wieder aufgebaut. Danach entwickelte sich der Tourismus, von dem Helgoland heute maßgeblich lebt, besonders vom **Tagestourismus,** da Ausflugsboote auch aus Hamburg, Cuxhaven und Bremerhaven kommen.

Tagesausflug

Ein Tagesausflug nach Helgoland kann in Schleswig-Holstein von **Büsum** aus gemacht werden (eine zweite Möglichkeit besteht von Hörnum auf Sylt). Von Büsum fahren zwei Schiffe der Reederei Adler-Eils nach Helgoland, einmal die eher gemütliche *MS Funny Girl,* zum anderen der schnellere Katamaran *MS*

Nordlicht II. Infos und genaue Abfahrtszeiten: www.adler-eils.de. Der Aufenthalt auf der Insel dauert meist etwa vier Stunden. Die Schiffe legen derzeit direkt im Hafen von Helgoland an. Früher mussten die Gäste vom Schiff in sogenannte Börteboote umsteigen und wurden dann von Helgoländer Seeleuten an Land gebracht, aber während der Pandemie verzichtete man darauf. Ob es in Zukunft wieder gemacht wird, ist unklar.

Neben einem Rundgang über das Oberland, ein bisschen Shopping und einem Restaurantbesuch bleibt meist nicht viel Zeit. Es reicht aber, um die einzigartige Atmosphäre der Insel aufzunehmen.

Helgoland liegt zolltechnisch im Ausland, das heißt, viele Waren (Alkohol, Zigaretten, Parfüm, Kosmetika, Markenbekleidung, Fotoartikel u.a.) sind **zoll- und mehrwertsteuerfrei** und damit deutlich billiger als zu Hause, aber es gilt eine Obergrenze von 430 € Warenwert.

Sehenswertes

Vom **Anleger** geht man auf eine Häuserzeile von Hotels und Appartements zu, die in ziemlich ähnlichem Stil gebaut sind, sie haben alle Balkone zum Meer. Links stehen die farbenfrohen **Hummerbuden,** die heute zweckentfremdet sind als Lokale, Galerien und Andenkenläden, hier werden auch Bücher von *James Krüss* verkauft, der auf Helgoland geboren wurde. Das Unterland ist durch einen kostenpflichtigen **Fahrstuhl** und durch **Treppen** mit dem Oberland verbunden.

Oberland

Zwischen den Hummerbuden führt auch ein steiler Weg hoch zum Oberland. Hier kann man auf einem drei Kilometer langen **Rundweg** einmal um die Insel spazieren. Dieser heißt auf *Halunder* (Helgoländisch) *Wai Langs Klef*.

026sc mf

027sc mf

Man passiert dabei die **Lange Anna,** das Wahrzeichen von Helgoland, und den **Lummenfelsen,** wo von Mitte April bis Anfang Juli Trottellummen brüten. Die Jungtiere müssen irgendwann mit einem beherzten Sprung vom Felsen ins Meer ihren Brutplatz verlassen. Dies passiert meist in der Abenddämmerung zwischen Ende Juni und Anfang Juli. Auf dem Weg stehen in regelmäßigen Abständen 16 kleine Infotafeln in Pyramidenform, auf der wichtige Geschichtsdaten erzählt werden.

Im Oberland ragt der spitz zulaufende Turm der **St.-Nicolai-Kirche** aus dem Häusermeer heraus. Die Kirche entstand 1952 im Zuge des Neuaufbaus, der Vorgängerbau wurde im Bombardement des Zweiten Weltkriegs zerstört. Erhalten geblieben ist von der Ur-Kirche sehr wenig, darunter eine Taufschale von 1783.

Im Oberland liegen Lokale und Geschäfte, die zur Besuchszeit der Tagestouristen geöffnet haben, auch im Unterland findet man verschiedene Geschäfte und Restaurants.

Museum Helgoland

Das dreigeteilte Museum mit Freigelände und Hummerbuden, dem eigentlichen Museum und dem unterirdischen Bunker zeigt Exponate zur **Militärgeschichte, Meeresforschung, Fischerei** und dem früheren **Inselleben.** Die Hummerbuden sind verschiedenen Themen gewidmet, u.a. *James Krüss,* der Seenotrettung, dem Seebäderdienst. Die Bunker können im Rahmen einer einstündigen Führung besucht werden.

- **Museum Helgoland,** Kurpromenade 8, www.museum-helgoland.de, tägl. 10–14.30 Uhr, Eintritt 5 €.

Nachbarinsel Düne

Zum **Baden** muss man auf die kleine Nachbarinsel Düne übersetzen, dazu pendeln Boote vom Hafen aus. Auf der Düne gibt es zwei Strände und viel Ruhe, auch wenn sich dort ein Campingplatz, ein Bungalowdorf und auch der kleine Flugplatz befinden. Die Chance ist groß, hier **Seehunde** aus der Nähe zu sehen.

Info

- **PLZ:** 27498
- **Vorwahl:** 04725
- **Kurverwaltung:** Lung Wai 28, Tel. 814 30.
- **Internet:** www.helgoland.de
- **Buchtipp:** „Helgoland“, erschienen im Reise Know-How Verlag, Bielefeld.

Ausflug nach Pellworm

Pellworm ist mit 37 km² die **drittgrößte der Nordfriesischen Inseln.** Sie zählt 1200 Einwohner, die in 14 Ortsteilen leben. Es geht ausgesprochen ruhig und ländlich zu. Hauptort ist **Tammensiel,** wo es auch eine kleine Einkaufsmeile gibt.

Pellworm ist ein Überbleibsel der früher sehr viel größeren Insel Strand, die 1634 in einer fürchterlichen Sturmflut zerstört wurde. Neben Pellworm blieben noch Nordstrand und einige Halligen übrig, der Rest versank in den Fluten. Etwa 6000 Menschen von Strand ertranken und 17 der 21 Kirchen wurden komplett zerstört. Die zwei Pellwormer Kirchen überstanden die Flut.

Heute ist die Insel durch einen acht Meter hohen, rundum verlaufenden Deich geschützt.

Tagesausflug

Von Nordstrand (Strucklahnungshörn) verkehrt mindestens fünfmal am Tag eine **Autofähre** in 35 Minuten nach Pellworm. Sie fährt tidenunabhängig und legt auf Pellworm am Ende einer langen, weit ins Meer ragenden Mole an. Von dort sind es ca. zwei Kilometer bis in den Hauptort. Bei jeder Fährankunft stehen **Zubringerbusse** bereit (im Fährpreis eingeschlossen). Diese bringen die Gäste auch wieder vom Ort zurück zum Fähranleger (Abfahrt im Ort 30 Minuten vor Ablegen der Fähre). Fährpreis hin und zurück 12,50 €, Kinder (6–14 J.) 6,25 €, Fahrrad 5,50 €.

In Strucklahnungshörn gibt es genügend **Parkplätze** hinterm Deich beim Fähranleger gegen geringe Gebühr. Von **Husum** fährt zu fast jeder Fähre ein **Bus** der Linie 1047 ab Bahnhof und ZOB bis zum Fähranleger, ebenso holt der Bus nach Ankunft der Fähre Reisende wieder ab.

- **Infos:** *NPDG,* Tel. (04844) 753, www.faehre-pellworm.de.

☒ Bunte Hummerbuden am Helgoländer Hafen

1 : 200 000
0 5 km

Die Insel erkunden

Auf Pellworm kann man sich gut mit dem **Fahrrad** fortbewegen. Direkt in Tammensiel gibt es Fahrradverleiher, die unübersehbar werben. Die Insel ist relativ klein (8 km quer rüber zur anderen Seite), die Straßen sind gut und der Autoverkehr ist gering.

- **Fahrradverleih:** *Momme von Holdt,* Uthlandestr. 4, Tel. (04844) 348, www.fahrraeder-pell worm.de.
- Zwischen April und Oktober wird täglich um 13.45 Uhr eine 75-minütige **Inselrundfahrt** ab dem Hafen angeboten. Preis 10 €, Kinder (6–14 Jahre) 5 €, Tel. (04844) 753.
- Es gibt auch **Linienbusse,** aber diese erfordern ein genaues Fahrplanstudium und dürften für Tagesgäste eher nicht in Frage kommen.

Sehenswertes

Alte Kirche St. Salvator

Eine erste Kirche soll hier schon vor dem 12. Jh. existiert haben, worauf archäologische Funde hindeuten. Bekannt ist, dass die Kirche St. Salvator im 12. Jh. überbaut wurde. Sie überlebte zwei schwere Sturmfluten, die von 1362 und auch die zweite „Große Mandränke" 1634, welche die Insel Strand zerriss.

Heute ist die Kirche hell gestrichen. Sie besteht aus rotem Backstein und trägt ein rotes Ziegeldach sowie ein bescheidenes Türmchen. Etwas abseits steht eine markante, 26 m hohe **Turmruine.** Dieser Turm überragte einst die Kirche, stürzte aber 1611 ein. Die halb geöffnete Ruine ist von Weitem sichtbar, mit Glück auch von den Nachbarinseln. Sie steht in einer Linie mit anderen Kirchen: mit der von Keitum (Sylt), Nie-

036sc fr

blum (Föhr) und Tating (Halbinsel Eiderstedt). Unterhalb des Turms liegt der **Friedhof der Namenlosen,** wo unbekannte Tote, die am Strand gefunden wurden, bestattet sind.

Im Kircheninneren steht ein prächtiger **spätgotischer Altar** aus der Zeit um 1640, der Szenen der Passionsgeschichte zeigt. Die Bronzetaufe stammt aus dem Jahr 1475, eine frühere stahl ein Seeräuber, sie steht heute in Büsum. Weiterhin gibt es einen Beichtstuhl aus dem späten 17. Jh. und mehrere, teils großformatige Gemälde, die frühere Pastoren zeigen. Anfang des 18. Jh. wurde die einzige in Schleswig-Holstein noch erhaltene **Arp-Schnitger-Orgel** erbaut.

Neue Kirche St. Crucis

1622 entstand die St.-Crucis-Kirche aus rotem Backstein. Sie war als Ergänzungskirche gedacht und mehr in der Inselmitte platziert, damit die Gläubigen nicht mehr einen so langen Weg zur Alten Kirche hätten. Nach der großen Flut von 1634 gelangte Inventar mehrerer untergegangener Kirchen in diese Neue Kirche, die die Flut überstand, so beispielsweise der spätgotische Schnitzaltar

⌃ Die St.-Salvator-Kirche mit der Turmruine

von ca. 1520, der farbenfrohe Bilder der Passionsgeschichte zeigt. Der achteckige Taufstein entstand 1587 als private Spende. Die Renaissancekanzel stammt genau wie der große, aus Eichen gefertigte Beichtstuhl aus einer untergegangenen Kirche. Ein Glockenstapel steht etwas seitlich des Gotteshauses.

Rungholt-Museum

In dem kleinen, von *Hellmut Bahnsen* betriebenen Museum ist eine eindrucksvolle Sammlung von **Kulturfunden aus dem Wattenmeer** ausgestellt. Herr *Bahnsen* ist ein profunder Kenner der Geschichte der legendären untergegangenen Insel Rungholt.

- **Rungholt-Museum,** Westerschütting 2, Tel. 99 09 06, tägl. 11–16 Uhr.

Praktische Tipps

Info

- **PLZ:** 25849
- **Vorwahl:** 04844
- **Touristinformation:** *Kur- und Tourismusservice Pellworm,* Uthlandestr. 2, Tel. 189 40.
- **Internet:** www.pellworm.de

Ausflug zur Hallig Hooge

Hooge ist mit einer Fläche von 5,78 km² die zweitgrößte Hallig. Die etwa **100 Bewohner** leben auf **zehn Warften.** Auf Hooge gibt es einen Pastor, einen Krankenpfleger und eine Lehrerin an einer Grund- und Hauptschule mit zuletzt vier Schülern. Die Hallig ist von einem elf Kilometer langen Deich umgeben, weswegen sie auch sehr viel seltener „Land unter" meldet als früher und als andere Halligen, aber auch sie wird bis zu fünfmal im Jahr überschwemmt.

1825 ertranken letztmalig Menschen auf Hooge bei einer großen Flut. Zwischen 1911 und 1914 wurde der Deich errichtet. 1959 bekam Hooge Wasseranschluss vom Festland, 1968 Stromanschluss. 1962 und 1976 verursachten die großen Sturmfluten noch einmal starke Schäden, aber es kamen keine Menschen zu Schaden, die Deiche und Warften hatten sich bewährt. Heute zählt der **Tourismus** zu den wichtigsten Einnahmequellen. Durch die guten Schiffsanbindungen nicht nur zum Festland, sondern auch nach Sylt, Amrum und teilweise Föhr wird Hooge von sehr vielen Tagesgästen besucht, etwa 90.000 kommen mittlerweile pro Jahr. Deswegen kann es an manchen Tagen tatsächlich auch auf Hallig Hooge mal etwas eng werden, vor allem in den Lokalen.

Tagesausflug

Vom Hafen Strucklahnungshörn auf **Nordstrand** fährt das Schiff *Adler Express* zwischen Ende März und Anfang November zweimal am Tag (Abfahrt 9.15 Uhr, Ankunft Hooge 10.25 Uhr, und 14.35 Uhr, Ankunft 15.40 Uhr; zurück 13.25 und 18.30 Uhr).

Von **Schlüttsiel** fährt die Fähre *MS Hilligenlei* der Gesellschaft *W.D.R.* zwischen April und Oktober zweimal täglich nach Hooge (Abfahrt 10 Uhr, Ankunft 11.15 Uhr, und 18 Uhr, Ankunft 19.15 Uhr, von Hooge nach Schlüttsiel um 8 Uhr bzw. 16 Uhr). In der Nebensaison lässt sich ein Tagesausflug nur am Donnerstag realisieren, da dieser der einzige Tag der Woche mit zwei Fahrten ist. Weiterhin gibt es Ausflugsfahrten von Schlüttsiel mit der *MS Seeadler* und der *MS Hauke Haien* (siehe oben unter „Schlüttsiel"). Wer kein Auto zur Verfügung hat, kann vom Bahnhof Bredstedt mit dem Linienbus Nr. 1029 den Hafen Schlüttsiel erreichen.

Die Hallig erkunden

Gleich nach der Ankunft wird von jedem Gast 1 € (Kinder 0,20 €) **Tageskurabgabe** kassiert, was etwas beschönigend „Hallig-Taler" genannt wird und manchen Besucher doch erkennbar verärgert. Nicht von ungefähr wirbt eine andere Hallig ausdrücklich mit „kein Hallig-Taler".

Die Sehenswürdigkeiten auf der Hanswarft und der Kirchwarft liegen nicht sehr weit auseinander, sie sind gut **zu Fuß** zu erreichen. Alternativ kann man auch direkt beim Anleger ein **Fahrrad** mieten oder man lässt sich mit einer **Pferdekutsche** herumfahren.

Sehenswertes

Die **Hanswarft** ist die Hauptwarft von Hooge mit der größten Besiedlung und mehreren wichtigen Einrichtungen. Hier befinden sich einige Lokale, ein Infogebäude der Schutzstation Wattenmeer, ein Heimatmuseum, der Laden, der Sitz des Bürgermeisters und nicht zuletzt eines der eindrucksvollsten Museen des ganzen Landes, der Königspesel.

Königspesel

MEIN TIPP: Die bedeutendste Sehenswürdigkeit von Hooge ist in einem schönen Haus aus dem 17. Jh. untergebracht. Ein Pesel war in nordfriesischen Häusern die sogenannte **„gute Stube"**, die nur zu wichtigen christlichen Feierlichkeiten aufgeschlossen wurde. Die noch erhaltene kostbare Einrichtung des Königspesels stammt aus dem Jahr 1760 und wurde vom Kapitän *Tade Hans Bandiks* zusammengetragen. Noch heute leben Nachfahren in der mittlerweile achten Generation im Haus und haben nichts verändert.

Prägend sind die hübschen **blauen Kacheln** (insgesamt 6500 Stück, alle handbemalt) an den Wänden, die biblische Motive zeigen und mit Versen aus der Bibel versehen sind. In der Ecke befindet sich ein **Schlafalkoven** (ca. 1,60 m Länge), in dem die Menschen halb sitzend mit vielen Kissen im Kreuz geschlafen haben, übrigens zu zweit! Weitere wertvolle Einrichtungsgegenstände sind die **Uhr** aus England (1667) und der **gusseiserne Ofen,** ein sogenannter *Bilegger* (Beileger), der von der Küche aus mit Holz belegt wurde und unweit des Alkovens steht. Älteste Teile sind zwei **Wandteller** aus dem Jahr 1066.

Der Name *Königspesel* geht auf einen Besuch des dänischen Königs *Friedrich VI.* im Jahr 1825 zurück. Dieser besuchte damals die Hallig, um Flutschäden zu begutachten, wurde am Abend von einer neuen Flut überrascht und konnte nicht zurückreisen. So übernachtete er im Alkoven im Pesel. Seitdem heißt diese Stube *Königspesel.*

▷ Die Kirchwarft auf Hallig Hooge

038sc mf

■ **Königspesel,** Hanswarft, Besuche sind nur in geführten Gruppen möglich, einfach hingehen und vor der Tür warten, Eintritt 3 €.

Hallig Galerie

Die Hallig Galerie auf der Hanswarft zeigt eine „Hallig-Zeitreise", wie die Macher es selbst nennen. Ausgestellt sind Alltagsgegenstände, Werkzeuge, Möbel aus früheren Zeiten, außerdem historische Bilder. Obendrein kann man zwei typische Räume eines Friesenhauses besuchen, eine historische Küche und eine „gute Stube", den **Pesel** mit hübschen Delfter Kacheln und einem für Friesenhäuser typischen Bilegger (Beileger), einem Ofen der von der Küche befeuert wird. Der Pesel fungiert gleichzeitig als Kinosaal, wo ein **Film** über eine Hallig-Sturmflut gezeigt wird (Eintritt 3,50 €). Gleichzeitig sind hier auch Exponate zur Seefahrt zu finden.

■ **Hallig Galerie,** Hanswarft 6, www.hallig-galerie.de, März bis Okt. tgl. 11–16 Uhr.

Schutzstation Wattenmeer

Am Rande der Hanswarft ist im Infozentrum der Schutzstation Wattenmeer eine gut gemachte Ausstellung zum Thema „Mensch und Watt" zu sehen. Besonders eindrucksvoll ist das **Gezeitenaquarium** (tägl. 11–16 Uhr). Im Vorgarten wird ein **Salzwiesengarten** gepflegt. Hier steht auch ein anschauliches Beispiel für eine **Lahnung**, eine Uferschutzanlage aus Holzpflöcken, die zur Landgewinnung im Wattenmeer genutzt wird.

Kirchwarft

Auf der Kirchwarft steht die kleine, schmucke **Kirche** von Hooge. Das größere Gebäude daneben wird vom Pastor bewohnt. Die Kirche wirkt gedrungen, strahlt jedoch einen gewissen „feierlichen Ernst" aus. Die Einrichtung ist schlicht, aber durchaus passend. Die Farbgestaltung orientiert sich an den friesischen Farben Blau, Rot und Gelb.

Die Hooger Kirche wurde zwischen 1637 und 1642 erbaut. Im Jahr 1634 kam es zu einer verheerenden Flutkatastrophe, bei der etwa 6400 Menschen an der Nordseeküste und auf den Inseln ertranken. Große Teile von anderen Inseln gingen unter mitsamt ihren Kirchen. Von 24 damals existierenden Kirchen wurden 18 zerstört. Die Hooger Überlebenden besorgten sich **Material und Inventar aus diesen zerstörten Kirchen** und bauten sich selbst ein neues Gotteshaus, weswegen noch heute Teile der Inneneinrichtung älter sind als die eigentliche Kirche. Dazu zählen einige Sitzbänke mit schönen, geschnitzten Wangen, die erste stammt von 1624. Auch das holzgeschnitzte Taufbecken stammt aus dem Jahr 1624. Die Kanzel ist ebenfalls aus einer untergegangenen Kirche, wahrscheinlich aus dem nicht mehr existierenden Ort Osterwohld. Das Kruzifix an der Südwand wurde nach der Sturmflut 1825 am Strand gefunden, es wird auf das frühe 16. Jh. datiert. Der Altar aus dem Jahr 1857 kam erst 1931 nach Hooge, er befand sich zuvor auf dem Festland in Klanxbüll. Die Kirche ist montags für touristische Besuche geschlossen.

Etwas abseits steht am Eingang zum Friedhof der **Glockenstuhl,** der aus vier Eichenpfählen gebaut wurde, die man am Strand gefunden hat. Auf dem **Friedhof** sind einige unbekannte Flutopfer begraben. Hier steht auch ein schlichtes Holzkreuz, das wegen seiner Beschriftung auffällt: „Es ist das Kreuz von Gol-

⌄ Enger Schlafalkoven im Königspesel

039sc mf

gatha, Heimat für Heimatlose". Eine „Spende" von einem Euro wird erwartet.

Praktische Tipps

Info

- **PLZ:** 25859
- **Vorwahl:** 04849
- **Touristinformation:** Touristikbüro, Hanswarft 1, Tel. 91 00.
- **Internet:** http://hooge.de

Gastronomie

- **Hallig-Café Zum blauen Pesel,** Backenswarft, Tel. 231, www.blauerpesel.de, tägl. 14–18.30 Uhr, in der Nebensaison gelten eingeschränkte Zeiten. Kleines Café in einer schönen Stube mit bläulichem Dekor, draußen gibt es einen kleinen, netten Garten. Geboten wird Bistroküche mit Suppen, Matjes oder Schinkenbrot, außerdem hausgemachter Kuchen und Halliggebäck.
- **Friesenpesel,** Backenswarft, Tel. 250, www.friesenpesel.de, April bis Okt. meist tägl. 11–15.30 und 18–20 Uhr, übriges Jahr unregelmäßig. Historisches Lokal auf der dem Anleger am nächsten gelegenen Warft. Der Innenraum ist mit viel Holz gestaltet und teils mit hübschen Kacheln geschmückt. Den namensgebenden, eindrucksvollen Pesel kann man durch eine abgesperrte Tür bewundern. Draußen sitzt man schön auf der Terrasse unter Bäumen. Es gibt regionale Küche mit Gerichten wie Mehlbüdel oder Porrenpann (Krabbenpfanne). Mittwochs ab 18 Uhr ist „Krabbentag", bei dem ein Menü auf Krabbenbasis gereicht wird.

Ausflug zur Hallig Langeneß

Langeneß ist flächenmäßig mit 11,5 km² die größte Hallig, sie hat etwas mehr als 100 Bewohner. Die Hallig hat eine lang gezogene Form, vom Fähranleger bis zum anderen Ende misst sie etwa zehn Kilometer. Langeneß ist durch eine **Lorenbahn** mit dem Festland bei Dagebüll verbunden. Der Schienenstrang führt auch über die benachbarte kleine **Hallig Oland.** Der Lorenendpunkt liegt bei der Bandixwarf, die Schiffe legen am anderen Ende der Hallig an, bei der Rixwarf.

Auf der langen Hallig liegen die 18 Warften (auf Langeneß heißen sie *Warf*) und damit die Häuser so weit auseinander, dass auf der einzigen, relativ schmalen Straße auch Autos fahren können. Urlauber dürfen ihre Wagen mitnehmen, müssen aber bedenken, dass es auf Langeneß keine Tankstelle gibt. Aber ohne Fahrzeug kann man die Stille, die Natur, die Einzigartigkeit dieser insularen Lage erst so richtig genießen. Wind weht immer, Wolken jagen vorbei, ein paar Kühe grasen auf der Weide und ansonsten hört man meist nur Vögel. Hallig Langeneß bedeutet auch ganz viel Landschaft, in der man sich fast ein wenig verlieren kann.

Tagesausflug

Von **Schlüttsiel** fährt die Fähre *MS Hilligenlei* der Gesellschaft *W.D.R.* in der Saison (28.3.–31.10.) um 10 Uhr (Ankunft 11.45 Uhr) und 18 Uhr (Ankunft 20 Uhr). Zurück ab Langeneß geht es um 7.15 und 15.15 Uhr. Für einen Tages-

Von Halligen und untergegangenen Inseln

„Heut bin ich über Rungholt gefahren, die Stadt ging unter vor sechshundert Jahren."

Das dichtete *Detlev von Liliencron* vor mehr als einem Jahrhundert. Das sagenhafte **Rungholt** hat an der Küste ungefähr einen Ruf wie das legendäre **Atlantis,** nur etwas bescheidener natürlich. Rungholt ist zwar weniger bekannt, hat dafür aber tatsächlich **existiert.** So viel scheint nämlich sicher, dass Rungholt von der Sturmflut Grote Mandränke 1362 verschluckt wurde. Wattfunde lassen darauf schließen, dass die Insel einst bei Hallig Südfall lag, aber ganz sicher sind sich die Experten nicht. Ein bisschen Spökenkiekerei gehört dazu, und noch immer flüstert man sich an Frieslands Tresen nach ein paar Grogs zu, dass jemand mal wieder die **Kirchenglocke** von Rungholt in der bewegten See gehört habe. Wie schauerlich!

Rungholt jedenfalls versank im Meer, genau wie viele andere Inseln und Halligen. Die größte untergegangene Insel hieß **Strand.** Sie wurde bei der Zweiten Groten Mandränke 1634 in mehrere Stücke zerschlagen, in die heutigen Inseln Pellworm und Nordstrand nebst zweier winziger Halligen. 10.000 ertrunkene Menschen und 1300 zerstörte Häuser listet eine Chronik auf.

Rungholt und Strand sind aber nur die bekanntesten Unglücklichen, die von der Karte verschwanden. Sehr viel mehr **kleine Halligen** wurden ebenfalls ausradiert. Der Blanke Hans knabbert seit Jahrhunderten beständig an Küsten und Inseln, die Sylter können ein Lied davon singen. Wie viele Halligen bereits untergingen, kann niemand sagen. Als halbwegs gesichert gelten heute Angaben, die bis ins 12. Jh. zurückreichen. Vor allem bei schweren Sturmfluten wurden von den Chronisten die Schäden registriert, nur so sind überhaupt einige der verschwundenen Halligen bekannt geworden.

Peter Sax und *Johannes Mejer,* zwei Kartografen des 17. Jh., zeichneten **erste Landkarten von der Westküste.** Auf diesen sind noch etliche Halligen verzeichnet, die es nicht mehr gibt. Insgesamt können Forscher heute bis zu 90 nicht mehr existierende Halligen benennen. Aber nicht alle versanken im Meer, einige wurden auch **durch Eindeichung Teil des Festlands.** Als bekanntester Ort sei **Dagebüll,** einstmals Hallig, genannt.

Halligen bleiben **immer gefährdet,** denn viel mehr als nicht eingedeichte Marschinselchen waren sie nie. Auch heute noch erschallt bis zu 50 Mal im Jahr der gefürchtete Ruf **„Land unter!".**

Das **Fehlen eines Deiches** macht eine Hallig übrigens per definitionem erst zur Hallig und nicht zur Insel. Hätten vier der zehn noch existierenden Halligen nicht doch irgendwann mal einen Deich gebaut, wären **Hooge, Langeneß, Gröde** und **Oland** vielleicht auch schon längst untergegangen. Und ob man die **Hamburger Hallig** und **Nordstrandischmoor** überhaupt noch als Hallig bezeichnen kann, darf auch ein wenig hinterfragt werden. Beide sind durch einen Damm mit dem Festland verbunden, genau wie Langeneß und Oland übrigens.

Diese Wortklauberei wird die Bewohner wohl kaum interessieren. Und früher schon gar nicht. Vor noch gar nicht allzu langer Zeit war das **Leben auf einer Hallig** alles andere als ein Zuckerschlecken. Elektrizität gab es erst sehr spät und Wasser wurde zur Existenzfrage. Da das

Grundwasser salzig war, stand den Halligbewohnern nur aufgefangenes **Regenwasser** zur Verfügung. In einer gemauerten Zisterne, *Sood* genannt, wurde Wasser für die Menschen gesammelt, im *Fething,* einer breiten offenen Kuhle, Trinkwasser für das Vieh. Wenn bei Flut Salzwasser in Fething oder Sood floss, wurde das mühsam gesammelte Nass ungenießbar – mit teilweise schrecklichen Folgen für Mensch und Tier.

Das alles ist Geschichte, heute ist das Leben auf einer Hallig fast so bequem wie auf dem Festland. Wer auf einer Hallig lebt, weiß warum, kommt klar mit der Einsamkeit, den gewaltigen Naturelementen und den Scharen von Tagesgästen. Findet nichts dabei, gleich für mehrere Wochen einzukaufen und nicht mal eben ins Kino gehen zu können. Irgendwie genießt man den **Sonderstatus.** Wie beispielsweise bei den Bundestagswahlen: Da meldet Hallig Gröde als kleinste politische Gemeinde Deutschlands immer als Erste das amtliche insulare Endergebnis. Ein paar Sekunden nach 18 Uhr!

Der Blanke Hans knabbert unaufhörlich, zerrt und zieht, holt sich Stück für Stück. Besonders groß ist das Problem auf **Sylt.** Die Sylter lassen Jahr für Jahr Sandvorspülungen durchführen, saugen Sand vom Meeresboden ab, transportieren ihn an Land und werfen ihn auf den Strand. Und alles nur, damit die Nordsee beim nächsten Sturm sich genau diesen Sand zurückholt und eben nicht an die Substanz geht. Eigentlich nur ein aufschiebendes Vorgehen. Sylt liegt nämlich wie ein riesiger, 40 km langer Wellenbrecher quer zur anrollenden See. Und die ist sowieso stärker. Computergestützte Hochrechnungen lassen Sylt bis zum Jahr 2300 auf einen Klecks Sand schrumpfen, und Sylts Norden um List wird zur eigenen Insel, abgerissen von der „Mutter".

Es wird wohl nur mit gewaltigen Anstrengungen möglich sein zu verhindern, dass alle Halligen und Inseln eines fernen Tages den Weg von Rungholt gehen müssen. Sonst wird sich vielleicht auch dieser Vers von *Liliencron* bewahrheiten:

„Wo gestern noch Lärm und lustiger Tisch,
schwamm andern Tags der stumme Fisch."

Leben mit dem Wasser – noch heute eine Herausforderung, nicht nur auf Hallig Hooge

Adobe.Stock©c_images

ausflug hat man also auf der Hallig etwas mehr als drei Stunden Zeit. Es gibt **Busverbindungen** ab Bredstedt Bahnhof jeweils passend zu den Fährzeiten in Schlüttsiel. In den Wintermonaten kann man die Hallig nur am Donnerstag im Rahmen eines Tagesausflugs besuchen, denn an den anderen Tagen gibt es nur eine Verbindung. Außerdem finden ab Schlüttsiel Ausflugsfahrten mit der *MS Rungholt* an ausgesuchten Terminen statt (s.o. bei „Schlüttsiel").

- **Reederei W.D.R.,** Tel. (04667) 940 30, www.faehre.de.

Die Hallig erkunden

Man kann die Langeneß zu Fuß erkunden, aber bis zum anderen Ende ist es weit, hin und zurück wäre es ein Marsch von 20 Kilometern. Bis zur Ketelswarf (4,9 km) und sogar bis zur Kirchwarf (6,5 km) schafft man es vielleicht noch (so hat's der Autor gemacht), was aber auch schon ein strammer Marsch ist und die Abfahrtszeit des Schiffes darf man nicht aus dem Blick verlieren. Direkt neben dem Schiffsanleger kann man aber im Kiosk auf der Rixwarf ein **Fahrrad mieten,** damit lässt sich entspannt die ganze Hallig erkunden. Nach Ankunft eines Schiffes steht auch der **Halligexpress** bereit, ein Unimog mit Anhänger, auf dem Gäste Platz nehmen und sich zu den wichtigsten Sehenswürdigkeiten chauffieren lassen können.

Sehenswertes

Ketelswarf

Die Ketelswarf ist eine Art **touristisches Zentrum,** hier steht ein Ensemble von sehr hübschen Friesenhäusern. Auch die Touristeninformation und das **Kapitän Tadsen Museum** finden sich hier. Ausgestellt sind in diesem ehemaligen Kapitänshaus aus dem Jahr 1741 mit original erhaltenen Zimmern (Pesel, Speisekammer, Küche) Gerätschaften, Alltagsgegenstände und Möbel aus vergangenen Zeiten. Das Haus war bis 1981 bewohnt, seit 1987 ist hier ein Museum untergebracht.

- **Kapitän Tadsen Museum,** Ostern bis Okt., Führungen Mo–Sa um 13.30 Uhr, Eintritt 2 €.

Kirchwarf

Auf der nahen Kirchwarf steht die kleine **Halligkirche.** Bereits 1663 gab es hier eine kleine Kapelle, 1725 folgte eine etwas größere Kirche und ab 1894 entstand dann das heutige Gotteshaus, das nicht sehr groß wirkt. Wie so oft steht auch hier der recht niedrige **Glockenturm** etwas abseits, daneben liegt ein historischer Steinsarg ohne Datierung. Im Inneren der Kirche beeindruckt der gemalte Flügelaltar aus dem Jahr 1670, er war ein Geschenk eines Langenesser Schiffers, genau wie die 1667 gestiftete Altarleuchte. Auch die Kanzel wurde 1696 gestiftet, sie ist mit den Porträts der vier Evangelisten versehen. Das Taufbecken ist ebenfalls älter, es stammt aus dem späten 16. Jh., wahrscheinlich von einer

> Der Flieder blüht auf Langeneß

041sc mf

1634 aufgelösten Kirche von Alt-Nordstrand. Im Vorraum steht eine Steintaufe, sie wird sogar auf das 13. Jh. datiert.

Friesenstube

Auf der folgenden **Honkenswarf** steht die *Friesenstube* (geöffnet Di und Do um 10.30 Uhr. In diesem kleinen Privatmuseum wird das Halligleben der vergangenen Jahrhunderte dokumentiert, die Exponate stammen von den Vorfahren der jetzigen Hausbesitzer. Ausgestellt sind u.a. Möbel, Familiensilber, Trachten, Porzellan, Bücher, Bilder und Wandschmuck, nicht selten 200 oder 300 Jahre alt.

Infozentrum

Fast am anderen Ende der Hallig liegt auf der Peterswarf ein Infozentrum der **Schutzstation Wattenmeer.** Ein weiteres kleines Infozentrum hat während der Saison auf der Rixwarf beim Fähranleger im Kiosk geöffnet.

Praktische Tipps

Info

- **PLZ:** 25863
- **Vorwahl:** 04684
- **Touristinformation:** Tourismusbüro, Ketelswarf 1, Tel. 217.
- **Internet:** www.langeness.de

Gastronomie

- **Kiosk** auf der Rixwarf beim Fähranleger, geöffnet Ostern bis Mitte Okt. tagsüber („meistens", wie betont wird). Hier gibt es neben Getränken und Fischbrötchen auch **Tickets für die Fähren,** außerdem werden **Fahrräder** vermietet. Voranmeldung unter Tel. (04684) 95 20 60.

■ **Gasthaus Hilligenley,** Tel. (04684) 223, www.hilligenley.de, liegt nicht weit vom Anleger entfernt und bietet regionale Spezialitäten sowie hausgebackenen Kuchen. Das Lokal hat eine nette Terrasse, von der man sehr entspannt aufs Meer schauen kann.

Ausflug nach Amrum

Amrum ist eine relativ kleine Insel von etwa 10 km Länge und 2,5 km Breite. Seine Besonderheit ist der sagenhafte, **bis zu 1,5 km breite Sandstrand,** der die gesamte Westseite einnimmt. Etwas Vergleichbares gibt es in Schleswig-Holstein nur in St. Peter-Ording. Auf der Insel liegen fünf Orte, von denen das alte Friesendorf Nebel mit seinen reetgedeckten Häusern der schönste ist und einen Besuch unbedingt lohnt.

Tagesausflug

Nach Amrum gibt es zwei Fährverbindungen. Vom Hafen Strucklahnungshörn auf der Halbinsel **Nordstrand** fährt in der Saison (28.3.–1.11.) zweimal täglich ein Schiff *(Adler-Express)* ohne Autobeförderung. Für einen Tagesausflug hat man gute sieben Stunden Aufenthalt. Abfahrt Nordstrand: 9.15, 14.35 Uhr, Ankunft Amrum: 11, 16.15 Uhr; Rückfahrt: 12.50, 18 Uhr, Ankunft Nordstrand: 14.30, 19.40 Uhr. Infos: www.adler-schiffe.de, Tel. (04651) 987 08 88.

Ab **Dagebüll** fährt eine Autofähre der Reederei *W.D.R.* je nach Jahreszeit fünf- bis achtmal täglich nach Amrum. Die Fahrt dauert zwei Stunden mit Stopp auf Föhr oder 90 Minuten direkt. Infos www.faehre.de, Tel. (04667) 940 30.

Die Insel erkunden

Das Schiff legt im Hafen von **Wittdün** an. Dieser kleine Ort besteht eigentlich nur aus einer Handvoll Straßen, an der aber viele Geschäfte und einige Lokale liegen. Man könnte auch schon hier zu Fuß bis zum breiten Strand gehen, besser ist es aber, sich ein **Fahrrad** direkt am Hafen zu mieten und zum Strandübergang von Nebel oder Süddorf zu radeln. Dort ist der Strand schöner, nicht ganz so breit wie in Wittdün und vor allem gibt es einen großen Parkplatz für Räder sowie an beiden Strandübergängen ein Lokal. Nach Nebel sind es von Wittdün etwa 5–6 km, man fährt durch eine ruhige, sehr schöne Landschaft.

Nach Nebel kann man auch mit dem halbstündlich verkehrenden **Linienbus** fahren. Die Strände sind mit Bussen eher nicht zu erreichen, man müsste sehr weit laufen, was nicht zu empfehlen ist.

Sehenswertes

Das schöne **Friesendorf Nebel** glänzt mit reetgedeckten Häusern und einer malerischen Kirche aus dem 13. Jh. Dort befindet sich auch der Friedhof mit den **„sprechenden Grabsteinen“.** Das sind fein gearbeitete Grabsteine, deren Gravuren ausführlich aus dem Leben der Verstorbenen berichten, darunter ehemalige Kapitäne, die auf den Weltmeeren so manches Abendteuer erlebten.

Unweit der Kirche steht das Öömrang Hüs, ein ehemaliges **Kapitänshaus** aus dem frühen 18. Jh., das in ein **Heimatmuseum** umgewandelt wurde. Hier bekommt man sehr gute Einblicke in die Lebens- und Kulturwelt einer einstmals ziemlich wohlhabenden Familie.

044sc mf

■ **Öömrang Hüs,** Waaswai 1, Nebel, www.oeoemrang-hues.de, in der Saison Mo–Fr 11–13.30 und 15–17, Sa 11–13.30 Uhr, Eintritt frei, eine Spende wird erbeten.

Strand

An der gesamten Westseite erstreckt sich der bis zu 1,5 km breite Strand. Er öffnet sich malerisch hinter einer **Dünenkette.** Direkt am Hauptort Wittdün ist er zwar sehr breit, aber nicht sehr ansehnlich. Etwas weiter in der Inselmitte in Höhe Süddorf oder Nebel zeigt er sich **strahlend weiß und feinsandig.** Dort gibt es jeweils einen Zugang über Holzbohlen und einen großen Parkplatz für Räder.

⌃ Der sagenhafte Strand von Amrum

Info

- **PLZ:** 25946
- **Vorwahl:** 04682
- **Touristinformation:** *AmrumTouristik Wittdün,* Inselstr. 14 (Fähranleger), Tel. 940 30; *AmrumTouristik Nebel,* Meeskwai 1a (Haus des Gastes), Tel. 943 00.
- **Internet:** www.amrum.de

Ausflug nach Föhr

Föhr ist nach Sylt die **zweitgrößte Nordfriesische Insel.** Sie hat eine Form, die man mit etwas Wohlwollen als „fast rund“ bezeichnen könnte. Neben der einzigen Stadt **Wyk,** wo auch die Fähre anlegt, verteilen sich 16 Dörfer auf der „grünen Insel“, wie Föhr auch genannt wird. Sehenswert sind neben der Inselhauptstadt vor allem das schöne Friesendorf **Nieblum** sowie das tolle Museum *Kunst der Westküste* in dem kleinen Ort **Alkersum.**

Tagesausflug

Ab **Dagebüll** fährt die Autofähre fast stündlich (im Winter etwas seltener) in 50 Minuten hinüber nach Wyk auf der Insel Föhr.

Der Strand von Wyk auf Föhr

044sc mf

Die Insel erkunden

Direkt beim Hafenausgang lassen sich **Fahrräder** mieten. Als Radler kann man sowohl Nieblum als auch Alkersum gut erreichen. Die Wege sind bestens ausgeschildert, gut zu befahren und die Distanzen sind überschaubar. Nach Alkersum sind es etwa vier Kilometer, nach Nieblum fünf. Beide Orte werden aber auch von einem **Linienbus** angefahren. Vom Fähranleger in Wyk gibt es eine Ringlinie durch alle Dörfer der Insel.

Sehenswertes

Wyk

Vom Fähranleger spaziert man direkt ins **touristische Zentrum** der Inselhauptstadt, wo zahlreiche Lokale, Cafés und Geschäfte liegen und man auch rasch den **Strand** erreicht. Dieser zieht sich fast entlang der gesamten Südküste, wer weit genug läuft, findet ein ruhiges Plätzchen. Der innerstädtische Bereich ist Fußgängerzone, man kann hier sehr nett spazieren gehen.

Sehenswert ist das **Friesenmuseum,** das in einem historischen Gebäude untergebracht ist und tiefe Einblicke in die friesische Kulturgeschichte gibt. Im Freigelände liegen weitere Exponate.

- **Friesenmuseum,** Rebbelstieg 34, Tel. 25 71, www.friesen-museum.de, 16.3.–31.10. Di–So 10–17 Uhr, Juli/Aug. tägl. 10–17 Uhr, 1.11.–15.3. Di–So 14–17 Uhr, Eintritt 4,80 €, Kinder (4–17 Jahre) 2,50 €, mit Kurkarte 3,50/2 €.

Museum Kunst der Westküste

Das außergewöhnliche Museum im Dorf **Alkersum** ist in einem modernen Gebäude untergebracht, in dem vor allem **Bilder zum Thema „Meer und Küste“** ausgestellt sind. Grundstock ist eine private Sammlung von Gemälden der Nordseeküste, die zwischen 1830 und 1930 entstanden sind. Darüber hinaus finden regelmäßig Wechselausstellungen statt.

- **Museum Kunst der Westküste,** Hauptstr. 1, Alkersum, Tel. 74 74 00, www.mkdw.de, März bis Okt. Di–So 10–17 Uhr, Nebensaison 11–16 Uhr, Eintritt 10 €.
- **Anfahrt per Bus:** Vom Fähranleger mit dem Linienbus bis zur Haltestelle „Alkersum Hauptstraße“ oder „Alkersum Nieblumweg“ fahren.

Nieblum

Das schöne Dorf Nieblum wird geprägt durch eine Vielzahl von älteren **Reetdachhäusern,** die dem gesamten Ortsbild eine äußerst malerische Note geben. Mitten im Ort steht die **St. Johanniskirche** aus dem 13. Jh., auch „Friesendom“ genannt. Sie ist von zahlreichen „sprechenden Grabsteinen“ umgeben, auf denen die teilweise abenteuerlichen Lebensgeschichten von Föhrer Kapitänen ausführlich dargestellt sind.

Info

- **PLZ:** 25938
- **Vorwahl:** 04681
- **Touristinformation:** im *W.D.R.* Servicegebäude, Am Fähranleger 1, Wyk, Tel. 300; im „Dörpshus“, Poststrat 2, Nieblum, Tel. 300.
- **Internet:** www.foehr.de

821sc-fr

Ausflug nach Sylt

Sylt ist eine Insel, die polarisiert: Manche hassen sie, andere lieben sie. Sylt bietet jedenfalls eine ganze Menge, vor allem einen schönen, durchgehenden, **40 km langen Strand.** Außerdem ganz viel Natur in Form von Dünen, Kliffkanten, Salzwiesen und Heideflächen sowie ein knappes Dutzend Orte, von denen Keitum, ein altes Kapitänsdorf mit malerischen Reetdachhäusern, das schönste ist

Sylts großer Schatz sind die Dünen

Tagesausflug

Nach Sylt kommt man nur per **Bahn** (oder über die dänische Insel Rømø per Autofähre). Die **Autoverladung** befindet sich am Bahnhof von **Niebüll** (s.o.). Ansonsten fährt die Bahn etwa einmal pro Stunde entlang der gesamten Westküste, von Hamburg kommend. Einstieg ist möglich u.a. in Heide, Husum, Friedrichstadt, Niebüll und Klanxbüll. Der **Endbahnhof auf Sylt ist Westerland,** die meisten Züge halten auch in **Keitum** und **Morsum.**

Eine Kleingruppe von bis zu fünf Personen kann nach 9 Uhr mit dem *Schleswig-Holstein-Ticket* fahren, am Wochenende sogar ganztägig, also bereits vor 9 Uhr. Das Ticket gilt aber nicht in den IC-Zügen, die auch noch vereinzelt nach Sylt fahren.

Die Insel erkunden

Nach Ankunft in Westerland müssen Tagesgäste sich entscheiden, ob sie in Westerland bleiben wollen und den Tag am Strand und in den Lokalen und Geschäften verbringen wollen oder die Insel erkunden möchten. Dazu bieten sich verschiedene Möglichkeiten an.

Inselrundfahrt

Vom ZOB, der direkt neben dem Bahnhof liegt, starten die **blauen Busse** zu einer Inselrundfahrt. Zwischen April und Oktober gibt es täglich um 11 Uhr eine zweistündige Tour, eine dreistündige ganzjährig um 14 Uhr (November bis Januar 13 Uhr). Infos www.svg-sylt.de.

Linienbusse

Man kann auch per Linienbus einzelne Orte erreichen, beispielsweise List im Norden oder Hörnum ganz im Süden. Alle Busse starten ebenfalls vom ZOB beim Bahnhof. Infos zu Fahrplänen unter www.svg-sylt.de.

Radfahren

Direkt beim **Bahnhof** kann man bei mehreren Anbietern **Fahrräder ausleihen** und damit die Insel ganz individuell erkunden. Bis Hörnum sind es etwa 20 km, nach List etwas weniger, aber man sollte nicht den Wind und die teils hügelige Strecke (nach List) unterschätzen. Wenn es nicht mehr geht, kann man auch mit einem der Busse weiterfahren, die haben hinten eine Haltevorrichtung für Räder. Tipp: Kurkarte mitnehmen. Eventuell muss man dann nicht den Sylter Satz für Tagesgäste (4 €) zahlen.

Westerland

Westerland hat ein paar Bausünden, die unglücklicherweise auch noch in Strandnähe stehen. Die muss man einfach ignorieren, denn direkt dahinter liegt der wunderschöne und sehr breite Strand. Dorthin geht es vom Bahnhof aus durch die **Friedrichstraße,** die Hauptflaniermeile des Ortes. Hier liegen viele Lokale, allen voran der nicht zu übersehende *Gosch.* Und es gibt mindestens so viele Geschäfte wie gastronomische Betriebe. Außerdem lohnt ein Schwenk in die parallel verlaufende **Strandstraße,** auch hier liegen viele Shops und Lokale. Architektonisch bietet Westerland nicht viel Interessantes. Schöne alte **Reetdachhäuser** stehen etwas im Hintergrund in Alt-Westerland rund um die St.-Niels-Kirche.

Strand

Der Westerländer Strand ist Teil des 40 km langen, durchgehenden Sandstrandes an der Westseite der Insel. Der breite Strand wird von einer langen **Promenade** begleitet. Allerdings bezeichnet „Promenade" hier einen Holzsteg ohne Shops und es gibt auch nur wenige Lokale, dennoch lässt es sich schön flanieren. Läuft man die Promenade südwärts, passiert man die Strandbistros *Badezeit* und *Beach House,* von deren Terrassen man einen herrlichen Blick aufs Meer hat. Ganz am Ende wird der mit 26 m höchste **Strandübergang,** *Himmelsleiter* genannt, erreicht. Oben auf der **Dünen-**

1 : 200 000
0
5 km
©Reise Know-How
Schleswig Ho. K04d 4/22
Leuchtturm Westellenbogen
Leuchtturm Ostellen-bogen
Ellenbogen
Königshafen
Uthörn
DÄNEMARK
NORD-SEE
Lister Landtief
Sandberg
Listland 34
n. Rømø (Dänemark)
207
List
Mellhörn
Lister Ley
Rotes Kliff
50
206
Kampen
Leuchtturm Rotes Kliff
Pandertief
206
Wenningstedt
203
Westerland
Rauling-sand
Butter-sand
Schutzzone I
Kur Zentrum
Flughafen Westerland
St. Severin Kirche
205
Keitum
Mittelsand
Sylt
Morsum
Autozug nach Niebüll (über den Hindenburgdamm)
Rantum-Beeken
207
Rantum
Sylt
Wester Ley
Schutzzone I
Oster Ley
Kleiner Fli
26
Nationalpark
Horstbüllsteert
Schleswig-Holsteinisches
Steenack
Wattenmeer
Föhrer Schulter
Eidumtief
Seevogel-schutzgebiet
Hörnumtief
207
Hörnum
200
Föhr
23
n. Helgoland, n. Nordstrand über Amrum, Hallig Hooge
Liinsand

spitze genießt man von einer Plattform einen tollen Rundblick.

Gastronomie

■ **Blums Seafood,** Neue Str. 4, Tel. (04651) 294 20, www.sylter-fisch.de, tägl. 11.30–22 Uhr. Ableger der kleinen Kette von *Fisch Blum* mit Seafood zu erschwinglichen Preisen. Gäste wählen am Tresen das Essen aus, bestellen und holen es sich dann selbst ab. Die Gerichte werden in der offenen Küche schnell zubereitet.

Getränke gibt es am Tresen nebenan, auch zum Abholen. Ein Haus weiter befindet sich das kleine **Fischgeschäft,** in dem Fischbrötchen, Salate und frischer Fisch verkauft werden (Mo–Sa 8.30–18, So 11–18 Uhr).

■ **Gosch,** Friedrichstr. 15b, Tel. (04651) 237 45, www.gosch.de, ab 10 Uhr. Wie üblich gibt es hier eine *Gosch*-typische Fischküche, aber auch ein schnelles Fischbrötchen auf die Hand. Das Essen wird an Bistrotischen im Freien verzehrt.

■ **Badezeit,** Dünenstr. 3, Tel. (04651) 83 40 20, www.badezeit.de, tägl. ab 9.30 Uhr. Legeres Bistro an der südlichen Promenade mit leckeren Gerichten und formidablem Blick aufs Meer. Eine Tages- und eine Strandkarte.

■ **Beach House,** südliche Kurpromenade, etwa beim Übergang Käpt'n-Christiansen-Str. 42, Tel. (04651) 288 78, www.beachhouse-sylt.de, Di–So ab 11.30 Uhr. Tadelloser Blick auf Strand und Meer von der erhöhten Terrasse. Bistroküche mit Fisch, Fleisch, Salaten und Tagesgerichten.

■ **Ingo Willms,** Elisabethstr. 4, Tel. 99 52 82, www.willms-sylt.de, Mo–Sa 12–23 Uhr. Ein Lokal von überschaubarer Größe zwischen den Hauptflaniermeilen Friedrich- und Strandstraße gelegen. Kleine Terrasse. Mittagstisch mit eher allseits beliebten Gerichten, abends wird diese Karte um mediterrane und Fischgerichte ergänzt. Alles gekonnt und auf geschmacklich sehr gutem Niveau.

822sc-fr

⌃ Im Sommer blüht auf Sylt die Heide

Keitum

Im **Inselosten** liegen mehrere Dörfer, die alle ländlich geprägt sind, aber auch schon ihren Teil vom Tourismus-Kuchen abbekommen haben. Das schönste von ihnen ist Keitum. Mehrere alte, **reetgedeckte Kapitänshäuser,** hohe Kastanien und idyllische Straßen prägen das Bild. Keitum zeichnet sich durch ein intaktes Ortsbild und relativ wenige neue Häuser aus. Den Ort sollte man zu Fuß erkunden, erst dann erschließt sich einem so richtig sein Reiz. Keitum bietet außerdem eine Vielzahl an guten gastronomischen Betrieben und ist Sitz zahlreicher **Kunsthandwerker.**

Auch beeindruckend: die etwas am Ortsrand stehende **Kirche St. Severin.**

823sc-fr

Von außen zeigt sie sich schlicht, hat aber unzweifelhaft Charme. Erbaut wurde die dreischiffige Kirche im 13. Jh. Deutlich erkennbar sind Apsis, Chor und Langhaus. Erst 1450 kam der Glockenturm dazu. Der geschnitzte, spätgotische, dreiteilige Flügelaltar wird auf 1480 datiert.

Inselnorden

Wenningstedt

Wenningstedt liegt ca. vier Kilometer nördlich von Westerland und ist ein ruhiges **Familienbad** mit vielen Ferienwohnungen und einigen Hotels. Die gastronomische Szene konzentriert sich am **Kliff** oberhalb des Strandes und zwischen Dorfteich und Hauptstraße.

Kampen

Der nächste Ort, Kampen, gilt als das **Dorf der Schönen und Reichen,** die in sündhaft teuren und meist sehr schön gestalteten Reetdachhäusern wohnen. Zwischen dem Ortskern und dem Strand erstreckt sich eine weitläufige **Dünenlandschaft,** die unter Naturschutz steht (hier dürfen auch die Superreichen nicht bauen) mit der höchsten Erhebung der Insel, der Uwe-Düne (52,50 m). An der Straße Strön Wai liegen vier Lokale, die schon

Reetdachhaus in Keitum

seit Jahrzehnten die Reichen, Schönen, Prominenten und Wichtigen anziehen.

List

Ganz im Norden von Sylt liegt List, ein recht großflächiger Ort mit einem Gastronomie- und Shoppingbereich direkt am Hafen. Dort hat der Sylter Gastronom *Gosch* eines seiner größten Lokale, denn hier begann einst seine Erfolgsgeschichte.

Inselsüden

Südlich von Westerland liegt zunächst der kleine Ort **Rantum.** Die Insel ist hier so schmal, dass der Ort sowohl bis zur Westküste als auch bis zur Wattseite reicht. Hier liegen viele Ferienhäuser teils sehr schön mitten in den Dünen.

An der Inselsüdspitze liegt das kleine **Hörnum,** ein Ort, der tatsächlich an drei Seiten von Strand umschlossen ist und mitten in eine weitläufige Dünenlandschaft gebettet ist.

Info

- **Touristinformation:** *Insel Sylt Tourismus-Service GmbH,* Strandstr. 35, 25980 Westerland, Tel. (04651) 99 80.
- **Internet:** www.insel-sylt.de, www.sylt.de

☐ Sommerliches Strandleben auf Sylt

824sc-fr

FRIEDA

336sh mf

5

Flensburger Förde

»Eine liebliche, hügelige Landschaft ist die Gegend um die tief eingeschnittene Bucht vor den Toren von Flensburg. Mitten durch diesen Förde genannten Ostseearm verläuft die Grenze nach Dänemark. Schmucke Dörfer liegen dort. Tourismus findet zwar statt, dominiert aber nicht. Flensburg selbst ist eine charmante Stadt mit einem gehörigen Schuss dänischer Gelassenheit.

< Historisches Schiff im Museumshafen von Flensburg

TOR NACH DÄNEMARK

Das Flensburger Fördeland im Nordosten Schleswig-Holsteins ist geprägt von einer hügeligen Landschaft, gesprenkelt mit vielen kleinen und kleinsten Dörfern. Es ist Teil der

Halbinsel Angeln, die sich zwischen der Flensburger Förde und der Schlei erstreckt. Die Ortsnamen enden auf -rup, -holm oder -büll: Das dänische Erbe vermischt sich mit dem Plattdeutschen. Ruhig geht es hier zu, ländlich. Touristen sind willkommen, beherrschen aber nicht das Bild.

Überblick

Die schleswig-holsteinische Ostseeküste läuft ganz im Norden in eine Förde aus, an deren Ende Flensburg liegt. Die Landschaft im Hinterland dieser **fjordartigen Bucht** ist ausgesprochen schön. **Sanft geschwungene Hügel** erstrecken sich bis zum Horizont, nur durch winzige, zumeist sehr malerische Dörfer oder einzeln stehende Bauernhöfe unterbrochen. In vielen von ihnen finden sich nette Bauernhof-Cafés. Der eilige Autofahrer zieht die Bundesstraße vor, dem genussvollen Radfahrer bieten sich reichlich Möglichkeiten auf unzähligen schmalen Wegen.

Orte mit breitem touristischen Angebot findet man in dieser Gegend eher nicht. Es gibt keine Shopping-Promenaden, nicht mal einen zentralen Marktplatz mit entsprechenden Kneipen. Doch wer die ländliche Umgebung zu schätzen weiß, wird sich hier wohlfühlen. Die Ferienwohnungen liegen verstreut und nicht immer in Küstennähe. Dafür sind einige Campingplätze zu finden und vereinzelt auch Segelhäfen.

Eine herausragende Sehenswürdigkeit ist das **Wasserschloss Glücksburg.** Natur dominiert an der Geltinger Birk, wo noch Wildpferde frei leben. Die bäuerliche Vergangenheit wird im *Freiluftmuseum Unewatt* gepflegt. Und dann ist da noch **Flensburg,** das *Highlight im Norden,* wie sich die Stadt selbst so treffend charakterisiert. Freundlich grüßt man hier auch noch am Nachmittag mit „Moin Moin".

NICHT VERPASSEN!

- **Flensburg,** die „dänischste" Stadt Deutschlands | 212
- Das wunderschöne **Wasserschloss von Glücksburg** | 224
- Speisen und verträumt aufs Wasser gucken in **Langballigau** | 226
- Ein ganzes Dorf als Landschaftsmuseum in **Unewatt** | 227
- Naturschutzgebiet mit Wildpferden am **Geltinger Birk** | 229

Diese Tipps erkennt man an der gelben Markierung.

Flensburg

Flensburg schmiegt sich um das Ende der Flensburger Förde herum und so dominiert hier **Maritimes.** Tief schneidet sich der **Hafen** in das Zentrum der Stadt, teilt sie gewissermaßen. Hier liegt der historische Kern mit seinen alten Kaufmannshäusern und einem Museumshafen. Über allem hängt der ewige Geruch der salzigen See.

Charakteristisch für die Stadt ist auch das besondere Verhältnis zum **Nachbarn Dänemark.** 400 Jahre regierten die dänischen Könige in *Flensborg,* das prägt die Stadt bis heute. Nicht nur, dass man hier eine **zweisprachige Zeitung** kaufen kann *(Flensborg Avis),* in nicht wenigen Geschäften parlieren die Verkäufer wie selbstverständlich dänisch oder deutsch, je nachdem.

049sc mf

Flensburg, so sagt man, habe eine *hyggelige* Atmosphäre. Was das ist? Eine ziemlich **gemütliche Grundstimmung,** geprägt vom dänischen Charakter. Sehr angenehm!

Geschichte

1284 hatte sich eine kleine unbedeutende Siedlung so weit gemausert, dass sie Stadtrechte erhielt. Dann wurden Kirchen gebaut, zuerst die St.-Marien-Kirche dann die St.-Nikolai-Kirche. 1345 wurde die Stadtmauer errichtet. Das Nordertor markiert heute noch die damalige Außengrenze.

Schon seit jenen Tagen schwelte ein Streit um das **Herzogtum Schleswig.** Der wurde 1460 durch die Vereinbarung der Schleswig-Holsteinischen Räte in Ripen (das heutige Ribe in Dänemark) für Jahrhunderte beendet: König *Christian I.* von Dänemark wurde Herzog von Schleswig und damit Herrscher über Flensburg. Das brachte der Stadt in den folgenden Jahrzehnten Wohlstand, sie trieb Handel mit Skandinavien und wurde zeitweise zur **größten dänischen Handelsmetropole.**

Dann kamen die bitteren Tage der **Kriege** (1618–48 Dreißigjähriger und 1712–21 Nordischer Krieg), nacheinan-

⌃ Der Hafen von Flensburg

der besetzten *Wallenstein* und mehrfach die Schweden die Stadt. 1721 war von Flensburgs ursprünglicher Bedeutung nicht mehr viel übrig geblieben, Hamburg war deutlich mächtiger geworden. Aber die Flensburger waren zäh, unter dänischer Flagge startete man neu, trieb **Handel** mit fernen dänischen Provinzen und brachte u.a. Zucker und Rum zurück. Die Stadt profitierte von diesem Handel und zählte fast 300 Schiffe.

Dann wurde Flensburg in die Wirren um die **Kriege mit Napoleon** verstrickt. Die dänische Krone nahm für die falsche Seite *(Napoleon)* Partei. Als der Korse besiegt war, verlor Dänemark das Gebiet, das heute Norwegen ist, und Flensburg wurde voll von der Kontinentalsperre erwischt. Verständlich, dass da der Wunsch etlicher Bürger hochkam, nicht mehr zu Dänemark zu gehören. Die Folge: **Aufstand gegen die Dänen** (1848–1851) und Krieg (1864), worauf Schleswig-Holstein **preußische Provinz** und Teil des Deutschen Reiches wurde. 1920 dann die endgültige Entscheidung: In einer **Volksabstimmung** sprach sich die Mehrheit der Flensburger dafür aus, dem Deutschen Reich anzugehören, die Grenze wurde neu gezogen.

Dann kam der **Zweite Weltkrieg,** und Flensburg rückte noch einmal ins Zentrum des Geschehens. Kurz vor Kriegsende flüchtete die letzte Regierung von Nazi-Deutschland hierher, Flensburg wurde **provisorische Reichshauptstadt,** für wenige Tage. Der Spuk hatte aber bald ein Ende, am 7. Mai 1945 kapitulierte Großadmiral *Karl Dönitz* endgültig, der Krieg war vorbei.

In den folgenden Jahren konnte Flensburg einen eigenständigen städtischen

825sc-mux

Charakter entwickeln, der bis heute stark von den **nachbarschaftlichen Bindungen zu Dänemark** geprägt ist. Dieser tolerante Geist ist angenehm spürbar.

Sehenswertes

Da ist zuallererst der **Hafen** zu nennen. Vor allem an der Westseite der Förde spielt sich das Hafengeschehen ab, aber auch am Ostufer kann man sehr schön schlendern, denn diese Fördeseite wurde in den letzten Jahren mächtig aufgehübscht, obendrein liegen hier einige Lokale mit schöner Aussicht auf den Hafen. Übers Wasser schweift der Blick auf die Silhouette der Stadt vor der Flensburger Förde.

Museumshafen

An der Stadtseite der Förde ist insbesondere der Museumshafen sehenswert. Etwa 20 alte **Holzsegelschiffe** liegen hier vor Anker, eins schöner als das andere. Da knarren die Planken im Abendlicht, flattert das schlecht eingeholte Segeltuch und knirscht der Fender zwischen Hafenmauer und Schiffsrumpf – auch für Nicht-Matrosen ein toller Anblick! Hier steht auch der markante **Holzkran,** der Nachbau eines Modells von 1725.

Auf einer **Museumswerft** kann man den Bootsbauern bei der Arbeit zuschauen. Ein Bootskörper entsteht in einer offenen Bootshalle. Weiterhin wurden Holzbuden und eine Musterwerkstatt nachgebildet, sodass Besucher tatsächlich durch eine historische Werft schlendern können. Auf dem Steg, also außerhalb der eigentlichen Werft, liegt **1 Ben's Fischhütte,** wo es „das letzte Fischbrötchen vor der Grenze" gibt (geöffnet 11–18 Uhr).

◻ In der gemütlichen Flensburger Innenstadt

■ **Museumswerft,** Schiffbrücke 43–45, Mo–Fr 8–17, Sa/So 10–17 Uhr, Eintritt 1 €. Das Werftcafé ist täglich von 10 bis 16 Uhr geöffnet.

Schifffahrtsmuseum

Das Schifffahrtsmuseum liegt an der Schiffbrücke, der Straße, die am Ufer des Hafens vorbeiführt. Untergebracht ist es in einem **ehemaligen Zollpackhaus,** das im 20. Jh. Lagerplatz für unverzollte Waren war. 1984 wurde das Museum eingerichtet. Es zeigt Flensburgs maritime Geschichte anhand von Schiffsmodellen, Porträts von Kapitänen und Reedern, alle möglichen Instrumente der Navigation, Seekarten und die Historie des Rumhandels.

Letzterem ist eine spezielle Abteilung gewidmet: Das **Rum-Museum** zeigt die Historie der Flensburger Rum-Brennereien „vom Eichenfass ins Grogglas". Die Räumlichkeiten wurden originalgetreu nachgebaut, alles ist eng und verwinkelt. Wer nicht aufpasst, stößt sich schnell den Kopf.

Auch Details der Flensburger Geschichte kommen zur Geltung. So ist der historische **Kolonialwarenladen CC Petersen** ausgestellt, ebenso die Arbeitswelt auf einer Werft. Man erinnert an vergangene **Butterfahrten** und erklärt, was Petuhtanten waren. Dem Wandel der Technik ist eine eigene Ausstellung gewidmet, während die Zusammenhänge mit dem Westindienhandel unter der thematischen Klammer „Zucker, Rum, Sklaven" erläutert werden.

■ **Flensburger Schifffahrtsmuseum,** Schiffbrücke 39, Tel. 85 29 70, www.schifffahrtsmuseum-flensburg.de, Di–So 11.30–17 Uhr, Eintritt 8 €, erm. 3 €, Kinder unter 18 Jahren frei.

Nordertor

Nur wenige Schritte entfernt liegt das Nordertor. Der ehemalige Eingang zur Stadt ist heute **Wahrzeichen** von Flensburg. 1595 wurde das Tor errichtet, wer genau hinschaut, erkennt noch über dem Torbogen das Wappen von Dänen-König *Christian IV.*

Phänomenta

Kurz nach dem Passieren des Nordertors liegt auf der rechten Straßenseite die *Phänomenta.* Es fällt nicht leicht zu beschreiben, was sie eigentlich ist: eine Mischung aus **Museum, Experimentierstube** und **Versuchsfeld** vielleicht, ein Tipp für Kinder in jedem Fall. Am Eingang versucht folgender Hinweis es noch besser zu erklären: „Menschen jeden Alters erleben, handeln und begreifen mit allen Sinnen, riechen, tasten, sehen, schmecken, hören, bewegen, kriechen, rollen, experimentieren ...", ein Haus für Neugierige mit 200 Experimentierstationen. Alle Exponate sind betastbar und können ausprobiert werden. Die Frage „Wie funktioniert das?" soll hautnah erfahrbar sein. Nur dadurch bleibt Wissen haften, so die Philosophie des Hauses.

■ **Phänomenta,** Norderstr. 157–163, Tel. 144 44 90, www.phaenomenta-flensburg.de, Di–Fr 9–17, Sa/So 12–18 Uhr, Okt.–Mai Mo geschl., Eintritt 12 €, ermäßigt 9 €, Kinder 3–6 Jahre 3 €.

Kaufmannshof

Wenige Schritte weiter liegt auf der linken Seite (Norderstraße 86) der Kaufmannshof, ein typischer **Handelshof** des 18. Jh. mit einem Speicher zur Hafenseite für die Waren, zur Straße Büroraum und mittendrin Viehstall und Brunnen.

Aussichtspunkt Duborg

MEIN TIPP: Es lohnt sich, als Nächstes, einmal die Norderstraße nach rechts zu verlassen und die **Treppen** zum Aussichtspunkt Duborg hochzusteigen. Von oben hat man einen tollen Blick über die Stadt bis zum Ausgang der Förde.

Oluf-Samson-Gang

Nun zurück zur Norderstraße, wo weitere **historische Höfe** zu finden sind, zunächst zum Oluf-Samson-Gang, später zum Lagerhaushof und Künstlerhof. Der Oluf-Samson-Gang ist eine der **ältesten Gassen** der Stadt, hier stehen noch viele kleine, gedrungene **Fachwerkhäuser** aus dem 18. Jh., die früher von Seeleuten und Handwerkern bewohnt wurden. Oben war oft der Speicher untergebracht. Die Waren wurden mit Seilwinden hochgehievt, die Gauben kann man heute noch sehen. Im 20. Jh. wandelte sich die Gasse zu einer Bordellstraße, da hier viele Prostituierte wohnten. Benannt ist der Gang nach einem Kaufmann, der hier Anfang des 17. Jh. wirkte. Es ist die erste Straße, die in Flensburg nach einem ihrer Bürger benannt wurde.

Fußgängerzone

Über die Norderstraße spaziert man zur **Großen Straße** und schließlich zum **Holm.** Hier im Zentrum Flensburgs sind historische Bauten, etliche Kneipen und jede Menge kleiner Geschäfte zu finden. Große Straße und Holm sind Fußgängerzone, diese endet vor der Nikolai-Kirche am Südermarkt.

St.-Marien-Kirche

Die St.-Marien-Kirche am Beginn der Fußgängerzone wurde 1284 erbaut, ein trotz seiner Bedeutung relativ **schlichter Backsteinbau** mit geschnitztem Hochaltar und schönen Glasmalereien. Außerdem befindet sich hier das **Beyer'sche Epitaph** aus dem Jahr 1591, das eines der frühesten Hafengemälde Flensburgs zeigt. Die Kaufleute und vor allem die Seefahrer waren seit Ende des 14. Jh. in der **St.-Marien-Kaufmannsgilde** zusammengeschlossen. Diese Gilde bot den Mitgliedern nicht nur religiösen Beistand, sondern auch sozialen Schutz, sie zählte lange zu den vornehmsten Gilden der Stadt. Vor der Kirche steht der Neptunsbrunnen aus dem Jahr 1758.

Malerisch: der Oluf-Samson-Gang

826sc-mux

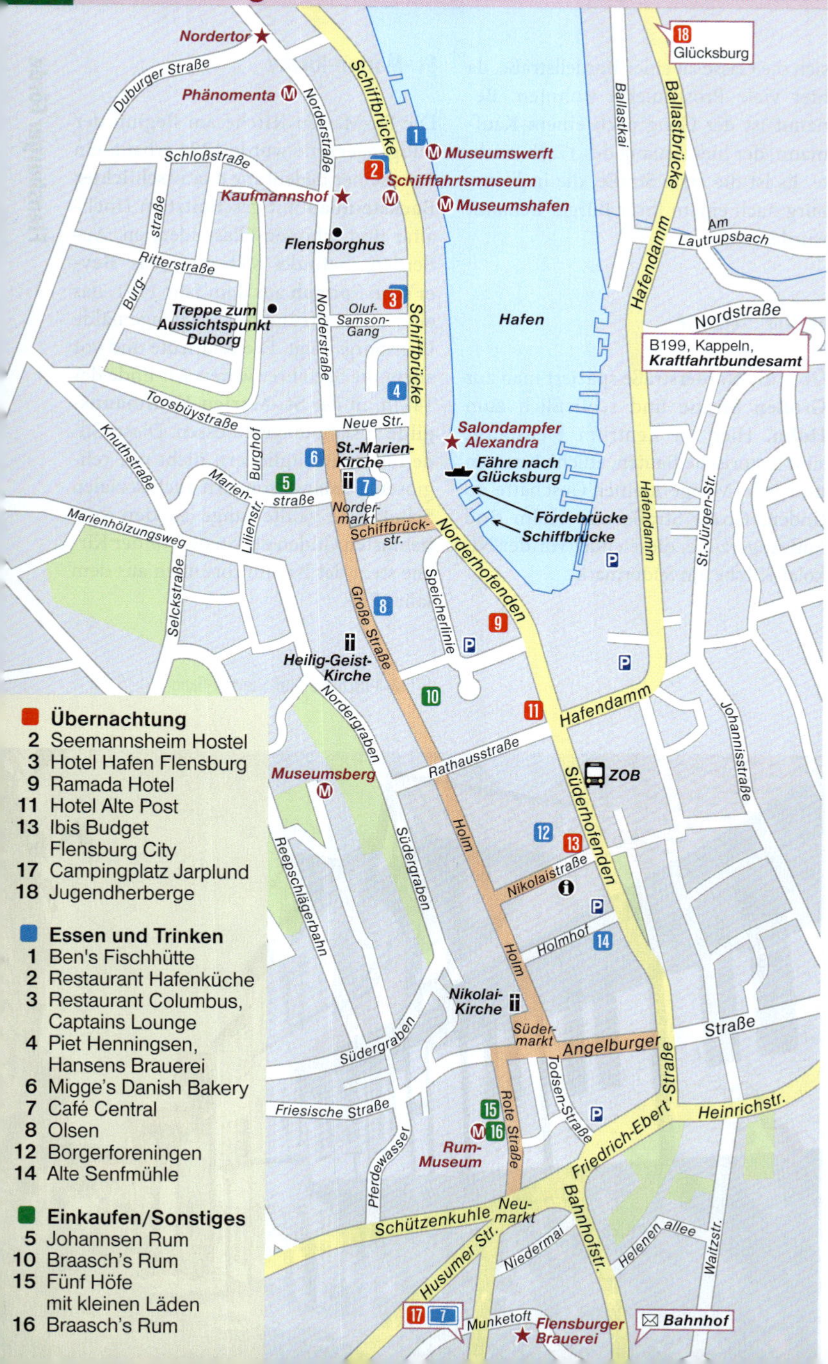
0 200 m
©Reise Know-How
Schles OSK_15 4/22
Nordertor
Duburger Straße
Phänomenta
Norderstraße
Schiffbrücke
Museumswerft
Schloßstraße
Schifffahrtsmuseum
Kaufmannshof
Museumshafen
Flensborghus
Ritterstraße
Burg-
straße
Treppe zum Aussichtspunkt Duborg
Oluf-Samson-Gang
Hafen
Ballastkai
Ballastbrücke
Hafendamm
Am Lautrupsbach
Nordstraße
B199, Kappeln, Kraftfahrtbundesamt
18 Glücksburg
Toosbüystraße
Neue Str.
St.-Marien-Kirche
Salondampfer Alexandra
Fähre nach Glücksburg
Fördebrücke
Schiffbrücke
Knuthstraße
Marien-straße
Burghof
Norder-markt
Schiffbrück-str.
Marienhölzungsweg
Lilienstr.
Selckstraße
Norderhofenden
Speicherlinie
St.-Jürgen-Str.
Große Straße
Heilig-Geist-Kirche
Nordergraben
Rathausstraße
Museumsberg
ZOB
Johannisstraße
Süderhofenden
Reepschlägerbahn
Südergraben
Holm
Nikolaistraße
Holmhof
Nikolai-Kirche
Süder-markt
Angelburger Straße
Todsen-Straße
Friesische Straße
Pferdewasser
Rote Straße
Rum-Museum
Friedrich-Ebert-Straße
Heinrichstr.
Schützenkuhle
Neu-markt
Bahnhofstr.
Husumer Str.
Niedermai
Helenenallee
Waitzstr.
Munketoft
Flensburger Brauerei
Bahnhof
Übernachtung
2 Seemannsheim Hostel
3 Hotel Hafen Flensburg
9 Ramada Hotel
11 Hotel Alte Post
13 Ibis Budget Flensburg City
17 Campingplatz Jarplund
18 Jugendherberge
Essen und Trinken
1 Ben's Fischhütte
2 Restaurant Hafenküche
3 Restaurant Columbus, Captains Lounge
4 Piet Henningsen, Hansens Brauerei
6 Migge's Danish Bakery
7 Café Central
8 Olsen
12 Borgerforeningen
14 Alte Senfmühle
Einkaufen/Sonstiges
5 Johannsen Rum
10 Braasch's Rum
15 Fünf Höfe mit kleinen Läden
16 Braasch's Rum

Heilig-Geist-Kirche

Etwa in der Mitte der Fußgängerzone erreicht man die kleine Heilig-Geist-Kirche. Sie wurde 1386 erbaut, dient seit der Reformation den dänischsprachigen Bürgern als Gotteshaus und beherbergt im Innern einen ziemlich schlichten Altar und zwei Votivschiffe (geöffnet Di–Sa 14–16 Uhr).

Museumsberg

Wenn man die Rathausstraße erreicht hat, kann man rechts zum Museumsberg schwenken und vom dortigen **Aussichtspunkt** noch einmal das Panorama der Stadt genießen. Das Museum ist in zwei Gebäuden untergebracht und thematisiert die Kultur- und Kunstgeschichte des Landes. Im Heinrich-Sauermann-Haus (erbaut 1903) wird eine Ausstellung zur landestypischen **Tier- und Pflanzenwelt** gezeigt. Weiterhin gibt es Nachbauten alter Bauernstuben aus dem 17./18. Jh., **kirchliche Kunst** aus Schleswig-Holstein sowie eine einzigartige **Möbelsammlung,** die mit 900 Exponaten, zum Teil aus dem Mittelalter, eine der größten in Deutschland ist.

Im benachbarten Hans-Christiansen-Haus (erbaut 1896) wird **Kunst** aus Schleswig-Holstein des 19.–21. Jh. gezeigt, u.a. Werke der Expressionisten *Nolde, Heckl* und *Barlach,* sowie ebenfalls historische Möbel.

■ **Museumsberg Flensburg,** Museumsberg 1, Tel. 85 29 56, www.museumsberg.flensburg.de, Di–So 11.30–17 Uhr, Eintritt 8 € bzw. 10 € als Verbundkarte, die auch im Schifffahrtsmuseum Gültigkeit besitzt.

Holm

Zurück zur Hauptstraße, die ihren Namen zum dritten Mal gewechselt hat – sie heißt jetzt schlicht Holm. Bis zur Nikolai-Kirche finden sich hier noch fünf weitere **historische Höfe** aus vergangenen Jahrhunderten, überwiegend auf der linken Straßenseite. Schön gestaltet sind der Norwegerhof (Holm 17), der nach dem dort ansässigen 12 Restaurant auch **Borgerforeningen** genannt wird, und der **Holmhof** (Holm 45), in dem es mehrere Lokale gibt.

Nikolai-Kirche

Weiter auf dem Holm erreicht man die Nikolai-Kirche, um 1390 erbaut und benannt nach dem Schutzheiligen der Seefahrer (geöffnet täglich 9–18 Uhr). Die Kirche ist die **größte der Stadt,** ihr **Turm** misst 90 m. Die 17 Glocken darin ertönen jeden Tag um 9, 12, 15, 18 und 21 Uhr. Im Sommer kann man den Turm samstags gegen 13 Uhr besteigen. Im Inneren der Kirche ist die **Orgel** aus dem frühen 17. Jh. hervorzuheben. An Markttagen, d.h. an Samstagen, wird sie noch regelmäßig gespielt. Die Kanzel stammt aus dem 16. Jh., die Bronzetaufe aus dem Jahr 1497.

Rote Straße

MEIN TIPP: Wer den Marktplatz an der Kirche erreicht hat, sollte jetzt einmal 50 m nach rechts gehen und dann links in die Rote Straße einbiegen. Hier trifft man auf diverse kleine und kleinste Läden, schön verteilt auf fünf gemütliche

Hinterhöfe. Zumeist handelte es sich dabei früher um sogenannte Utspann-Höfe, in denen Bauern und Händler aus der Umgebung ihre Pferde ausspannen und ihre Waren zwischenlagern konnten, denn hier gab es Stallungen, Lager und natürlich eine Gaststube. Die Händler und Bauern gingen dann zum nahen Südermarkt hinüber, um auf dem Markt ihre Waren zu verkaufen.

Heute hat sich das Bild in der kurzen Straße gewandelt. Kleine, nette Geschäfte sind eingezogen, einige Lokale haben geöffnet, das Ganze strahlt eine Menge Charme aus. Neben **Kunsthandwerk, Musikalien** und **Glasbläsern** sind gemütliche **Weinstuben** zu finden, ein netter Abschluss des Stadtrundgangs.

Flensburger Brauerei

Die *Flensburger Brauerei* kann im Rahmen einer Führung besichtigt werden. Von hier kommt die Flasche mit dem „Plopp", auch bekannt aus den *Werner*-Comics als „Flasch Flens".

- **Flensburger Brauerei,** Munketoft 12, Infos und Anmeldung unter Tel. 86 30, www.flens.de, Führung Mo–Fr 14 Uhr 14 €, Mo–Fr 18 Uhr 16 € sowie an zwei Samstagen im Monat um 11 und 17 Uhr für 18 €, Dauer ca. 3 Std., inkl. Bierverkostung und kleinem norddeutschen Imbiss. Nur mit Voranmeldung.

> Einer der idyllischen Hinterhöfe in Flensburg

Praktische Tipps

Info

- **PLZ:** 24937 bis 24944
- **Vorwahl:** 0461
- **Einwohner:** 84.000
- **Touristinformation:** Nikolaistr. 8, 24937 Flensburg, Tel. 909 09 20.
- **Internet:** www.flensburger-foerde.de

Unterkunft

9 **Ramada Hotel**④, Norderhofenden 6–9, Tel. 841 10, www.wyndhamhotels.com. Großes Haus am Ort, typisch perfekte Ausstattung einer internationalen Kette, mit Blick auf die Förde von einigen Zimmern.

13 **Ibis Budget Flensburg City**①-②, Süderhofenden 14, Tel. 480 89 20, www.accorhotels.com. Beste zentrale Lage, nur wenige Schritte zur City und zum Hafen. Französische Hotelkette mit funktionalem Komfort und minimalstem Service. Im Preis-Leistungsverhältnis schwer zu toppen. WLAN.

3 **Hotel Hafen Flensburg**④, Schiffbrücke 33, Tel. 16 06 80, www.hotel-hafen-flensburg.de. Das Hotel besteht aus acht historischen Häusern, die zu einem Ensemble zusammengeführt wurden und nun 69 Zimmer anbieten. Die Zimmer sowie das ganze Hotel sind elegant in Beige- und Grautönen gehalten und mit maritimen Elementen dekoriert, von einigen Räumen klassischer Hafenblick. Im Haus gibt es das 3 **Restaurant Columbus** mit regionaler Küche und die elegante Bar 3 **Captains Lounge.** WLAN.

11 **Hotel Alte Post**④, Rathausstr.2, Tel. 807 08 10, https://altepost-flensburg.de. Beim Betreten staunt man zunächst über die große Lobby, in deren Mitte eine Bar steht. Das Hotel liegt sehr zentral beim ZOB, die Gestaltung orientiert sich am historischen Gebäudecharakter, ergänzt mit skandinavi-

050sc mf

schen Elementen. Es gibt sowohl zweckmäßige Design-Zimmer als auch speziell gestaltete Themen-Zimmer. WLAN.

18 **Jugendherberge,** Fichtestr. 16, Tel. 377 42. Insgesamt 178 Betten (überwiegend in Drei-, Vier- und Sechs-Bett-Räumen) im Flensburger Stadtteil Mürwik im Grünen neben dem Stadion. Zu erreichen: vom Bahnhof mit der Buslinie 5 bis zur Haltestelle „Stadion" fahren.

2 **Seemannsheim Hostel**②, Schiffbrücke 40, Tel. 40 71 78 08, www.seemannsheim-flensburg.de. Ein Haus mit elf Zimmern, das neben Doppelzimmern mit und auch ohne eigenem Bad auch über Mehrbettzimmer verfügt (4er und 8er mit Gemeinschaftsdusche). Die Zimmer sind funktional und puristisch, die Bäder modern, das Frühstück wird an Gemeinschaftstischen eingenommen. Angeschlossen ist das 2 **Restaurant Hafenküche** mit regionaler Küche und auch Vegetarischem.

Camping

17 **Campingplatz Jarplund,** Europastr. 80, 24976 Handewitt, Tel. 97 90 24, www.campingplatz-jarplund.de, an der B76, drei Kilometer südlich von Flensburg, 15.3.–15.11. geöffnet. Der Platz verfügt über eine Cafeteria und einen Pool. Ganz in der Nähe liegen ein Supermarkt und eine Bäckerei.

Gastronomie

MEIN TIPP: 4 **Hansens Brauerei,** Schiffbrücke 16, Tel. 222 10, www.hansensbrauerei.de, tägl. ab 12 bis etwa 22 Uhr. Kleine Privatbrauerei, die herrlich süffiges Bier ausschenkt und deftige Speisen anbietet. Ein gemütlicher Laden, mit rustikalem Charme und Terrasse mit Förde-Blick, serviert wird norddeutsche Küche.

4 **Piet Henningsen,** Schiffbrücke 20, Tel. 245 76, www.restaurant-piet-henningsen.de, Küche tägl.

17–22 Uhr. Seit 1886 existiert das urige Haus am Hafen, natürlich mit Fischkarte und jeder Menge Seemannssouvenirs. Der Namensgeber, ein alter Seebär, schleppte von seinen diversen Reisen allerlei Maritimes und Kurioses an, heute schmückt es das Lokal.

14 **Alte Senfmühle,** Holmhof 45, Tel. 807 26 36, www.alte-senfmuehle.de. Steakhouse, das „von elf bis elf" (So ab 17 Uhr) Salate, Fleisch-, Fisch- und Nudelgerichte bietet.

8 **Olsen,** Große Str. 42, Tel. 99 87 99 78, https://olsen-flensburg.de, Mo–Mi 17–21, Do, Fr, So 12–14.30 und 17–21, Sa 12–21 Uhr. Kleines, gemütliches Lokal mit aufmerksamen Besitzern. Norddeutsche Küche mit Pfiff und Besonderheiten im Detail.

Mein Tipp: 6 **Migge's Danish Bakery,** Norderstr. 9, Tel. 43 09 17 85, Mo–Fr 7–18, Sa 7.30–16, So 8–14 Uhr. Hier gibt es die unwiderstehlichen dänischen Backwaren, wie das himmlische *Wienerbrød* (Plundergebäck mit Füllung und Zimt).

7 **Café Central,** Große Str. 83, Tel. 150 91 00, www.cafecentral-flensburg.de, tägl. ab 8 Uhr, So ab 9 Uhr. Eines von mehreren legeren Lokalen bei der St. Marienkirche. Im Sommer stellen sie den ganzen Platz mit Tischen voll. Hier gibt es auch vegetarische und vegane Gerichte.

Einkaufen

5 **Johannsen Rum,** Marienstr. 8, Tel. 252 00, www.johannsen-rum.de, Mo–Fr 10–18, Sa 10–15 Uhr. Kleiner Familienbetrieb, der seit 1878 Rum nach traditioneller Art herstellt. Hinten liegt der Rum-Hof, der auch besichtigt werden kann (zwischen Mai und Ende Sept., Termine stehen auf der Homepage), vorn werden in der kleinen „Hökerei" Rum, Likör und Aquavit verkauft.

10 16 **Braasch's Rum,** Große Str. 24 und Rote Str. 26–28, Tel. 14 16 00, Mo–Fr 10–18.30, Sa 10–16 Uhr. Winzige Lädchen mit hausgemachtem Rum. Im hinteren Bereich der Filiale in der Roten Straße befindet sich ein kleines **Rum-Museum,** das die Flensburger Rum-Historie beleuchtet und die Rum-Herstellung anhand einer Destillationsmaschine erläutert, Mi 16–17 Uhr, Eintritt frei.

15 Die **Rote Straße** liegt schräg hinter der Nikolai-Kirche. Hier zweigen **fünf Höfe** ab, in denen eine Vielzahl von kleinen Lokalen und Geschäften zu finden sind (s.o.).

- **Markt:** Am Südermarkt, Mi und Sa 7–13 Uhr.

Schiffstouren

- Zwischen Anfang April und Ende Oktober pendelt eine kleine Fähre zwischen 9.30 und 17.30 Uhr alle zwei Stunden rüber nach **Glücksburg.** Info: Tel. 255 20 oder www.viking-schifffahrt.de.
- Die „Flora II" legt ab von der Fördebrücke zu einer 45-minütigen **Hafen- und Förderundfahrt** mit Stopp an der Marineschule. Außerdem gibt es spezielle Themenfahrten, wie eine Abendrundfahrt um die Ochseninseln. Flensburger Fährbetrieb, Am Kanalschuppen 6, Tel. (01739) 19 20 01, www.flensburger-faehr-betrieb.de.
- Der historische **Salondampfer „Alexandra"** unternimmt regelmäßig von Mai bis Oktober am Sonntag Fördefahrten und zu besonderen Anlässen *(Kieler Woche, Matjestage Glückstadt)* längere Sonderfahrten. Infos Tel. 18 29 18 05, www.dampfer-alexandra.de.

Feste und Veranstaltungen

- **Rumregatta,** am Himmelfahrtswochenende findet diese Segelregatta mit Gaffelseglern statt. Ziel ist der zweite Platz, der mit einer Dreiliter-Flasche Rum belohnt wird. Der Sieger bekommt einen zumeist witzigen, aber wertlosen Preis.
- **Dampf rundum,** historische Dampfschiffe im Hafen, größtes Dampfertreffen Europas, im Juli in ungeraden Jahren.
- **Fördewoche,** Segelregatta im September, mit anschließender Party.
- **Herbstmarkt,** im September.

Abstecher nach Dänemark

Grenzübergang Schusterkate

Die Schusterkate gilt als der **kleinste Grenzübergang in Nordeuropa,** nur Fußgänger und Radler können hier passieren. Ein kurzer Ausflug ins Nachbarland ist über dieses Kuriosum möglich. Es handelt sich um eine kleine Brücke, die einzige zwischen Deutschland und Dänemark übrigens. Wie hinkommen? Mit einem Stadtbus der Linie 1 ab Flensburg bis zur Haltestelle „Kupfermühle Abzweigung" fahren und dann 100 m zurückgehen. Von dort in den Dammweg gehen bis zum Grenzübergang Schusterkate. Dort ist bereits der Wanderweg *Gendarmstien* (Gendarmenweg) mit dem Symbol des blauen Grenzbeamten ausgeschildert. Ist die Brücke, und damit auch die Grenze, passiert, befindet man sich in Dänemark und könnte hier weiter wandern (siehe „Wanderung zu Annies Kiosk").

Annies Kiosk in Sønderhav

MEIN TIPP: Eine Institution! Weit und breit soll es keine besseren **Hotdogs** geben als in dieser kleinen, gelben Bude von *Annie* in Sønderhav direkt an der Flensburger Förde. Nimmt man den großen Parkplatz als Maßstab, könnte das stimmen. Tatsächlich kommen jeden Tag zahllose Besucher hierher, entweder auf ihrem Weg nach Sønderborg oder per Rad über den oben beschriebenen kleinen Grenzübergang. Täglich ist hier ab 10 Uhr geöffnet.

Wanderung zu Annies Kiosk

Die Wanderung beginnt beim Grenzübergang Schusterkate (Anreise siehe dort). Es geht zunächst durch den hügeligen Wald, durch Kollund, ein Stück am Strand entlang und schließlich auch ein Stückchen an einer Straße, aber unmittelbar an der Förde, bis zu *Annies Kiosk.*

Zurück nimmt man dann Bus Nr. 110 (Sønderborg – Flensborg), die Haltestelle liegt ca. 100 m hinter *Annies Kiosk* in Richtung Sønderborg, in Höhe des öffentlichen WC-Gebäudes. Frequenz: einmal stündlich, am Wochenende seltener.

Wanderung auf dem Gendarmenpfad

MEIN TIPP: Eine schöne Wanderung verläuft immer entlang der Förde auf dänischer Seite. Dazu von Flensburg per Bus Nr. 110 Richtung Sønderborg fahren bis kurz vor **Rinkenæs.** Dort aussteigen, runter zur Küste und immer entlang der schönen Küste zurück bis Flensburg laufen, an *Annies Kiosk* vorbei. Man erreicht schließlich den **Grenzübergang Schusterkate.** Unmittelbar dort befindet sich eine Bushaltestelle, von wo es wieder direkt zurück in die Innenstadt von Flensburg geht (mit Linie 1). Der Weg ist gut zu laufen und durchgehend beschildert mit dem Symbol eines blauen Wachtmannes, dem Zeichen des *Gendarmenstien.* Die Wegstrecke beträgt etwa 15 Kilometer.

051sc mf

Glücksburg

Nordöstlich von Flensburg an der Förde liegt Glücksburg, das mit seinem Wasserschloss eines der **schönsten Schlösser von Schleswig-Holstein** besitzt. Der Ort hat einen zwar relativ kleinen, aber durchaus netten **Strand.** Dort gibt es zwei, drei Lokale, und eine Seebrücke ragt weit ins Wasser hinaus. Regelmäßig legen kleine Fähren von hier nach Flensburg ab. Direkt am Strand steht das malerische Strandhotel.

Sehenswertes

Wasserschloss Glücksburg

Auf einer Insel im Schlossteich gelegen, dürfte das Wasserschloss zu den am meisten fotografierten Motiven im ganzen Land gehören. In der Tat beeindruckt es bereits von außen. Bei einem Rundgang um den Teich spiegelt sich das ganz in Weiß gehaltene Bauwerk im Wasser wider. Über einen Damm erreicht man das Hauptportal, über dem der namensgebende Leitspruch eingemeißelt ist: G.G.G.M.F. („Gott gebe Glück mit Frieden").

In dem 1582–87 erbauten Schloss befindet sich ein **Museum** mit einer umfangreichen Sammlung von Porzellan, Gemälden, Möbeln und Waffen. Der angeschlossene **Lustgarten** entstand zwischen 1706 und 1709 im barocken Stil, 1733 kam ein streng symmetrisch gestalteter Teil dazu. Im 18. Jh. wurde der Garten nach englischem Vorbild umgestaltet und in einen eher natürlich gewachsenen **Landschaftsgarten** verwandelt.

■ **Schloss Glücksburg,** Große Str., Tel. 44 23 30, www.schloss-gluecksburg.de, tägl. 11–18 Uhr, Eintritt 9 €, Kinder (6–16 Jahre) 6 €, Familienkarte 19 €.

Rosarium

Unmittelbar an das Schloss grenzt ein 5000 m² großes Rosarium an, in dem etwa 500 verschiedene Sorten von englischen, historischen **Wild- und Kletterrosen** wachsen. Auffällig ist, dass die Rosen nach ihrer Blütenfarbe geordnet sind, zunächst kommen die weißen, dann die rosafarbenen und zum Schluss die knallroten Rosen. Obendrein gibt es eine einzigartige Rosenallee, bestehend aus 20 Rosenbögen.

■ **Rosarium,** Am Schlosspark 2 B, www.schoenes-gluecksburg.de, 1. Mai bis Ende Sept. tägl. 10–18 Uhr. Die Hochblüte ist ungefähr Anfang Juni bis Mitte August, was aber witterungsabhängig ist.

Halbinsel Holnis

Etwas weiter nördlich ragt die Landspitze Holnis in die Förde, das **Naherholungsgebiet** der Flensburger. An ihrer Ostseite erstreckt sich ein schöner, recht langer **Strand,** der zwar nicht übermäßig breit, aber sehr feinsandig ist. Begrenzt wird er von einer **Promenade,** an der einige Lokale liegen. Dahinter befindet sich der **Campingplatz** *Ostseecamp Glücksburg-Holnis.* An der Spitze der Halbinsel steht ein 400 Hektar großes Gebiet unter **Naturschutz.** Wanderwege führen durch diese Zone. Der *NABU* hat neben dem besonders eindrucksvollen **Kliff** eine Info-Hütte errichtet.

Man kann von Glücksburg **einmal um die Halbinsel** wandern, was schöne Blicke auf Küste und Förde ermöglicht.

☒ Schloss Glücksburg, von Wasser umgeben

Praktische Tipps

Info

■ **PLZ:** 24960
■ **Vorwahl:** 04631
■ **Einwohner:** 6000
■ **Touristinformation:** Schinderdam 5 (Rathaus), Tel. 45 11 00.
■ **Internet:** www.flensburger-foerde.de/gluecksburg

Unterkunft

■ **Vitalhotel Alter Meierhof**④, Uferstr. 1, Tel. 619 90, www.alter-meierhof.de. Mal etwas anderes: Stilvolles Hotel mit 54 Zimmern mit teilweise traumhaftem Blick auf die Förde und einem Sterne-Restaurant sowie einer Brasserie. Obendrein werden eine Beachfarm, Massagen und ein orientalisches Tropenbad geboten. Spezielle „Relax"-Pauschalen.

■ **Strandhotel Glücksburg**④, Kirstenstr. 6, Tel. 614 10, www.strandhotel-gluecksburg.de. Historisches Haus (1872) in exponierter Lage in skandinavischer Eleganz. Von vielen der 36 Zimmer genießt man freien Blick auf die Förde. Flure und Zimmer sind großzügig geschnitten und geschmackvoll eingerichtet. Richtig was zum Gönnen und Ausspannen! WLAN. Angeschlossen ist das **Restaurant Felix** mit exzellenter Karte.

Pension Smucke Steed③, Paulinenallee 5, Tel. 444 51 61, www.smucke-steed.de. Kleine, feine Pension mit 16 Zimmern, sehr persönlich geführt, harmonisch und geschmackvoll eingerichtet. Das Langschläfer-Frühstück (bis 12 Uhr) bietet Bio-Produkte der Region.

■ **„Glück in Sicht" Ostseelodges,** Schwennaustr. 37, Tel. 44 43 50, www.glueck-in-sicht.de. Mehrere *Lodges* liegen in einem Park auf einem leicht hügeligen Gelände am Naturstrand der Förde. Zu jeder der modern und in nordischer Eleganz eingerichteten *Lodges* gehört ein Strandkorb. WLAN.

Camping

■ **Ostseecamp Glücksburg-Holnis,** An der Promenade 1, Tel. 62 20 71, www.ostseecamp-holnis.de. An der Landspitze Holnis am schönen langen Sandstrand, geöffnet April bis Mitte Oktober.

Gastronomie

■ In Glücksburg finden Gourmets mehrere Lokale, die auf allerhöchstem Niveau kochen, so beispielsweise *Dirk Luther* im **Restaurant Meierei** im *Vitalhotel Alter Meierhof* (2 Sterne *Guide Michelin*) oder das **Restaurant Felix** im *Strandhotel* (13 Punkte *Gault Millau*).

■ **Restaurant Scheune,** Schinderdam 7, Tel. 44 39 77, www.scheune-gluecksburg.de, Di–So ab 17, So 11.30–14.30 Uhr. Im Ortskern am Marktplatz steht diese ehemalige Scheune, die zu einem gemütlichen Restaurant umgestaltet wurde und internationale Küche serviert.

Feste und Veranstaltungen

■ **Ostseeman Triathlon,** über die *Ironman*-Distanz mit Schwimmen in der Förde, im August.

Aktivitäten

Artefact Powerpark, Bremsbergallee 35, Tel. 611 60, www.artefact.de. „Deutschlands erster Energie-Erlebnispark" beschreibt ein hauseigener Prospekt diese Einrichtung. An mehr als 30 Stationen sollen kleine und große Forscher sich mit dem Thema Energie beschäftigen und auf spielerische Art erkunden. April–Sept. Di–Fr 9–18, Sa/So 10–18 Uhr, Okt. tägl. 10–18 Uhr. Eintritt 6 €, Kinder bis 16 Jahre 4 €, Familie 14 €.

Badelandschaft: *Fördeland Therme Glücksburg,* Sandwigstr. 1a, Tel. 44 40 70, www.foerdeland-therme.de.

Langballigau

Hinter dem Namen Langballigau verbirgt sich eigentlich nur ein **Hafen** an der Flensburger Förde, zur Gemeinde **Langballig** gehörig. Viele **Segler** zieht es hierher, sie machen Zwischenstopp auf dem Weg in die „dänische Südsee". So wird eines der beliebtesten Reviere der Ostsee genannt, und in Langballigau machen viele ein letztes Mal fest.

Direkt neben dem Hafen liegt der Campingplatz *Langballigau* und kaum zwei Kilometer weiter der Campingplatz *Westerholz.* Beide sind durch eine Straße vom **Strand** getrennt. Dieser ist ein sogenannter Naturstrand, steinig, schmal und von einer kleinen Wiese begrenzt. Hier ist wenig los: Außer den paar Kiosken und Restaurants im Hafenbereich beschränkt sich die Abwechslung auf den winzigen, täglich abgehaltenen Fischmarkt.

Praktische Tipps

Info

■ **PLZ:** 24977 (Langballig)

■ **Vorwahl:** 04636

■ **Touristinformation:** *Touristikverein Amt Langballig,* Süderende 1, Tel. 88 80.

■ **Internet:** www.flensburger-foerde.de

Unterkunft

■ **Hotel Alte Landschule**③, Grundhoferstr. 1, Langballig, Tel. 979 66 01, www.hotel-alte-landschule.de. Kleines, gemütliches Landhotel im 3 km von der Förde entfernt liegenden Ort Langballig. Nur fünf Zimmer, die unter einem bestimmten Motto eingerichtet sind, wie beispielsweise das *Rosenzimmer.* Ein Apartment wird auch vermietet. Frühstück mit hausgemachten Produkten. Das Haus liegt in einem 3000 m^2 großen Garten.

Camping

- **Campingplatz Langballigau,** Strandweg 3, Tel. 308, www.campingplatz-langballigau.de, geöffnet von April bis Oktober. Kleines Wiesengelände zwischen der Förde und einem Angelsee. Es gibt auch drei separate Stellplätze für ca. 50 Wohnmobile, kostenpflichtiges WLAN.
- **Campingplatz Fördeblick Westerholz,** Kummle 1, Tel. 83 85, www.campingplatz-westerholz.de, geöffnet April–Sept. Direkt am Strand gelegenes Wiesengelände, etwa zwei Kilometer von Langballigau entfernt in Westerholz.

Gastronomie

- **Anna und Meehr,** Am Hafen 9, Tel. 979 98 24, https://anna-und-meehr.de, Sa/So 12–18 Uhr, in der Saison auch häufiger geöffnet. Kleines Bistro am Hafen mit schönem Förde-Blick. Leckere Torten und Kuchen, gebacken mit Dinkelmehl, auch einen veganen Kuchen gibt es immer. Außerdem kleine Bistroküche sowie saisonale Gerichte.
- **Lorenzenhof,** An der Beek 4, Langballig, Tel. 979 47 57 (Hofladen), www.lorenzenhof-langballig.de, Di/Fr 15–18, Sa 9–12 Uhr. Ein *Demeter*-Hof, der biologisch-dynamisch wirtschaftet. Im Hofladen werden Naturkostprodukte wie Früchte, Gemüse, Käse, Säfte, Brot, Kuchen und Fleisch verkauft.

In der Umgebung

Landschaftsmuseum Angeln/Unewatt

Das zur Gemeinde Langballig gehörende **Dorf Unewatt** lohnt wegen seines Landschaftsmuseums einen Ausflug. Interessant hierbei ist, dass die restaurierten **Museumshäuser in das Dorf integriert** wurden. Die Bereiche Dorf und Museum wurden zusammengebracht, und nicht ohne Stolz spricht man dabei vom ersten Öko-Museum Deutschlands. Zu sehen gibt es fünf historische landwirtschaftliche Gebäude als sogenannte Museumsinseln, die durch einen Rundweg verbunden sind.

Das **Marxenhaus** ist ein Fachwerkhaus aus der Gegend von Süderbrarup. Es wurde dort abgebaut und in Unewatt im Originalzustand wieder aufgebaut, das ursprüngliche Gebäude stammt aus dem Jahr 1626. Die kleine **Räucherei** entstand 1894 als Lohnräucherei, in der Fischer gegen Gebühr ihre Fische räuchern lassen konnten. Die **Buttermühle** funktioniert noch heute und zeigt, wie mühsam früher Meierei- und landwirtschaftliche Arbeit war. Die **Christensen-Scheune** ist eine Ausstellungshalle und war ehemals Stall sowie Scheune, heute stehen hier Landmaschinen. Etwas abseits auf einer Anhöhe steht die holländische **Windmühle Fortuna,** 1878 errichtet.

- **Landschaftsmuseum Angeln/Unewatt,** Unewatter Str. 1a, 24977 Langballig, Tel. (04636) 10 21, www.museum-unewatt.de, Mai–Sept. Di–So 10–17 Uhr, April und Okt. Fr–So 10–17 Uhr, Nov.–März geschlossen. Eintritt 5 €, Kinder bis 18 Jahre frei.

Dollerupper Destille

In **Dollerup,** einem Nachbarort von Langballig an der B199, befindet sich die Dolleruper Destille, die nördlichste **Obstbrennerei** Deutschlands. Hier werden Obstbrände und Obstgeist aus heimischen Früchten destilliert und im Laden verkauft. Zu bestimmten Terminen wird ein Schaubrennen veranstaltet, im Herbst auch frischer **Apfelsaft** gepresst. Obendrein gibt es ein **Café,** in dem man hausgebackenen Kuchen und Torten serviert, ergänzt um Gerichte aus der Region. Jeden zweiten Donnerstag im Monat ist Jazzsession mit wechselnden Musikern.

■ **Dolleruper Destille,** Neukirchener Weg 8a, 24989 Dollerup, Tel. (04636) 97 60 30, www.dolleruper-destille.de, Hofladen Mo–Fr 10–18, Sa/So 10.30–16.30 Uhr.

Sörup

Sörup liegt an der Bahnlinie von Kiel nach Flensburg. In seinem Zentrum steht die **St. Marienkirche** mit ihrem 57 m hohen Turm. Sie ist das älteste Gebäude im Ort, da sie bereits im 12. Jh. erbaut wurde. Die Kirche besteht beinahe in Gänze aus bearbeiteten Feldsteinen, was ihr einen rustikalen und auch ein wenig wehrhaften Charakter gibt. Aus der reichen Inneneinrichtung sticht das Taufbecken aus gotländischem Marmor hervor, es wurde um 1200 erbaut. Das Triumphkreuz stammt aus dem 14. Jh., die barocke Kanzel aus dem Jahr 1663.

Einkaufen

■ **Jahnke's Ziegenkäse,** See-Enderstr. 6, 24966 Sörup, Tel. (04635) 15 75, www.jahnkes-ziegenkaese.de. Hier gibt es verschiedene Arten von Ziegenkäse aus ei-

335sh mf

gener Herstellung von einer eigenen Herde. Hofladen Di und Fr 13–17 Uhr, Sa 10–12 und 13–18 Uhr, im Winter nur nach telefonischer Vereinbarung.

Geltinger Bucht

Unter Seglern ist die Geltinger Bucht ein stehender Begriff, denn sie markiert die **Einfahrt zur Flensburger Förde** bzw. signalisiert das Erreichen der freien See, der Ostsee, je nach Fahrtrichtung.

Geltinger Birk

Die Geltinger Birk ragt wie eine kleine **Halbinsel** ins Meer, direkt am Ausgang der Flensburger Förde in die Ostsee. An ihrer Spitze liegt ein 773 Hektar großes **Naturschutzgebiet.** Eingerichtet wurde es schon 1934 und schützt seitdem verschiedene Naturräume: Schilfbewuchs, Salzwiesen, Dünen und einen Naturstrand. Im Jahr 2002 wurden hier elf **Konik-Wildpferde** ausgewildert, die sich vollkommen frei bewegen. Mittlerweile hat sich der Bestand vergrößert. Auch **Highland-Rinder** leben dort. Mehrere ausgeschilderte Rundwanderwege führen durch die Geltinger Birk, sie tragen alle unterschiedliche Tiernamen.

◁ Im Museumsdorf Angeln/Unewatt

Wer hierher kommt, passiert auch den kleinen Ort **Goldhöft.** Dort steht das Wahrzeichen des gesamten Gebietes, die **Schöpfmühle Charlotte** aus dem Jahr 1824. Sie schöpfte früher das Wasser aus dem Noor, so werden die Binnenseen genannt. Von dort können Besucher auf einem Rundwanderweg über 12,8 km die gesamte Birk erkunden. Nach einer knappen halben Stunde Fußweg (von der *Mühle Charlotte*) erreicht man die **Schutzhütte** des *NABU.* Von dort gibt es regelmäßig Führungen. Ein zweites Info-Zentrum liegt bei Falshöft an der Ostseite der Halbinsel.

Vor dem Eingang zur Birk, knapp 200 m vor der Windmühle, steht der **Birk-Kiosk,** der Getränke sowie kleine Gerichte anbietet und ein WC hat, außerdem befindet sich hier ein großer Parkplatz.

Reetdorf Geltinger Birk④, 24359 Niesby, Tel. (04642) 999 90 60, www.ostsee-reetdorf.de. Am Rande der Geltinger Birk stehen 48 erstklassige Reetdachhäuser in drei unterschiedlichen Größen mit einer sehr guten Ausstattung und Energieversorgung, konzipiert unter dem Gesichtspunkt der Nachhaltigkeit. Hochwertige Materialien und Einrichtung. Obendrein hat jedes Haus ein 1000 m^2 großes Grundstück.

Gelting

Der Ort Gelting im Süden der Bucht zählt knapp 2000 Einwohner. Liebhaber alter Kirchen finden hier eine **spätgotische Backsteinkirche** mit einem beeindruckenden Schnitzaltar. Weiterhin liegt hier das **Wasserschloss Gelting** aus den Jahren um 1660, das von der Straße aus zu bewundern ist.

827sc-fr

Leuchtturm Falshöft

Im 5 km von Gelting entfernten Falshöft an der offenen Ostseeküste erhebt sich direkt am Strand ein Leuchtturm. So richtig malerisch steht er da, und rot-weiß gestreift, wie es sich für einen Leuchtturm gehört, ist er auch. Im Jahr 2010 feierte der 24 m hohe Turm seinen 100. Geburtstag, knappe 92 Jahre wies er Seeleuten mit seinem Licht den Weg. Am 1. März 2002 wurde sein Feuer gelöscht, aber danach begann eine neue Karriere, nämlich als **Standesamt** (Infos dazu auf der Homepage).

Die Windmühle Charlotte steht am Eingang zur Geltinger Bucht

- **Leuchtturm Falshöft,** Sibbeskjär, 24395 Pommerby, April bis Okt. Di und Do 15–17, Fr 14.30–17.30 Uhr, zudem an jedem Wochenende 14.30–17.30 Uhr. Unter www.leuchtturm-falshoeft.de kann man einen Trautermin vereinbaren.

Praktische Tipps

Info

- **PLZ:** 24395 (Gelting)
- **Vorwahl:** 04643 (Gelting)
- **Touristinformation:** Nordstr. 1a, Gelting, Tel. 777.
- **Internet:** www.gelting.de

Unterkunft

■ **Ferienhäuser Schloss Gelting**④, Tel. 20 88 96, www.schloss-gelting.de. Auf der Halbinsel Geltinger Birk bzw. in Schlossnähe liegen historische Einzelhäuser.

■ **Landhaus Börmoos**④, Grüfft 9, 24972 Steinberg, Ortsteil Habernis, am Westende der Geltinger Bucht, Tel. (04632) 76 21, www.landhaus-boermoos.de. Keine 200 m von der Ostsee entfernt liegt dieses mit sehr viel Liebe zum Detail eingerichtete Reetdachhaus mit sieben unterschiedlichen, aber stilsicher dekorierten Apartments. Die Betten befinden sich bei etlichen Apartments in Alkoven, also in einer Art Wandschrank. Auf Wunsch wird ein reichhaltiges Frühstück im Haupthaus serviert.

■ **Hotel Hunhoi**③-④, Hunhoi 3, 24395 Niesgrau, Tel. (04643) 186 48 80, www.ostseehotel-hunhoi. de. Das 2016 eröffnete Hotel liegt nur wenige Schritte entfernt von der Geltinger Bucht. Die elf Zimmer sind modern und funktional mit einer maritimen Note eingerichtet und haben teilweise Blick aufs Wasser. Ein **Restaurant** ist angeschlossen und bietet saisonale Küche mit regionalen Produkten.

Gastronomie

■ **Wackerpulco,** Strandweg 1 B, 24395 Gelting Wackerballig, Tel. 186 76 56, www.wackerpulco.de, ab Ostern, Mo, Do–So 12–21 Uhr. Tolle Lage über dem Wasser am Ende eines ca. 200 m langen Stegs am Yachthafen von Wackerballig. Es gibt Frühstück, Kuchen und Torten sowie warme und kalte Gerichte, darunter auch Fischbrötchen, Flammkuchen oder eine ganze Fischplatte.

■ **Restaurant Sonne & Meer,** Gelting Mole, Tel. 18 57 71, www.restaurant-sonne-und-meer.de, Mi–So 12–22 Uhr. Prima Lage am Hafen von Gelting Mole, sehr schöner Blick aus dem schmuck eingerichteten Lokal und noch besser von der Sonnenterrasse auf die Ostsee und die im Wasser dümpelnden Segelboote. Im Angebot regionale und maritime Gerichte, nachmittags gibt's selbst gebackene Kuchen und Torten.

MEIN TIPP: **Janbeck's FAIRhaus,** Lehbek 10, Gelting, Tel. 18 65 01, www.janbecks.de, tägl. außer Mi 11–18 Uhr, im Winter pausiert das Café. Angenehme, skandinavisch beeinflusste Einrichtung. Regionale Produkte werden verarbeitet, u.a. zu sehr leckeren Torten (beispielsweise die Trümmertorte), die auch draußen im schönen Bauerngarten schmecken. Wer bleiben möchte: Es werden auch sieben **Apartments** vermietet. Das Haus wurde inzwischen mit dem *Nachhaltigkeitspreis Schleswig-Holstein* ausgezeichnet.

Café Lichthof, Falshöft 29, im benachbarten Ort 24395 Nieby, an der Straße zum Leuchtturm gelegen, Tel. (04643) 13 54, www.licht hof-angeln.de, in der Hauptsaison, das heißt vom Beginn der Rapsblüte bis Ende Oktober, tägl. außer Mo 13–17 Uhr, übrige Zeit meist am Wochenende. Leckere Kuchen und Torten werden selbst gebacken, süß und pikant. Bei gutem Wetter wird auch der schöne Garten geöffnet.

■ **Café Kranz,** Koppelheck 19, 24395 Niesgrau, Tel. (04643) 18 53 56, www.cafekranz.de, Mi–So 13–18 Uhr. Behagliches Café mit schöner Inneneinrichtung, es gibt selbst gebackene Torten und Kuchen, auch kleinere Gerichte. Regelmäßige Kulturveranstaltungen, auch Tango-Abende.

828sc-fr

6

Die Schlei

»Ein wunderschöner Fjord, der 40 Kilometer tief ins Land reicht. An seinen Ufern reetgedeckte Katen in idyllischen Dörfern und eine zauberhafte Landschaft. An seinem Ende Schleswig, eine Stadt mit ganz viel Geschichte.

◁ Die Schlei ist ein Paradies für Wassersportler

OSTSEEFJORD MIT REETDACH-IDYLLE

Die Landschaft links und rechts der Schlei zählt zu den schönsten Flecken des Landes. Weit schlängelt sich der Ostseearm ins Land hinein, modelliert so eine zauberhafte Landschaft. In sanften Hügeln erstrecken sich die Felder, knallgelber Raps, Gerste, Roggen, dazwischen ein paar Orte, malerisch bis traumhaft schön am Ufer gelegen. Ganz leicht schwappt das Wasser ans schilfbewachsene Ufer, Segler ziehen vorbei Richtung Ostsee und zurück. Eine milde, ruhige Atmosphäre macht sich breit, maritimes Flair überall.

Überblick

Keine Frage, ein außergewöhnliches Gewässer! Dabei wird schon gleich bei der Definition gestritten. Ist die Schlei ein **Fluss,** ein **Fjord** oder eine besonders tiefe **Förde?** Ein Fluss ist die Schlei wohl nicht, denn eine Quelle hat sie nicht. Im Gegenteil, die Schlei beginnt gewissermaßen an der Ostsee, fließt dann über 40 km ins Land hinein, verjüngt sich ziemlich stark am Ende, um sich kurz vor Schleswig noch einmal kräftig aufzublasen und schließlich einfach zu enden. Die Fakten über die Größe: Im Durchschnitt ist sie 1000 m breit, an der schmalsten Stelle bei Missunde aber nur 135 m und an der breiten Stelle vor dem Ende stolze 4000 m.

NICHT VERPASSEN!

- Die kleinste Stadt Deutschlands: **Arnis** | 244
- Vorfahrt für Segler, wenn die **Klappbrücke** hochgeht in **Lindaunis** | 247
- **Sieseby,** ein ganzes Dorf unter Denkmalschutz | 248
- Der **Brüggemann-Altar** im Schleswiger Dom | 253
- Ein großes Museum zur Landesgeschichte in **Schloss Gottorf** | 255
- Auf den Spuren der Wikinger in **Haithabu** | 262

Diese Tipps erkennt man an der gelben Markierung.

Am Endpunkt der Schlei liegt **Schleswig,** eine Stadt, die eine starke geschichtliche Prägung aufweist. Neben dem weit über die Landesgrenzen hinaus bekannten **Wikingermuseum Haithabu** und dem **Schloss Gottorf** ist beispielsweise das historisch genauso wichtige, aber deutlich weniger bekannte **Danewerk-Museum** zu nennen. Es wirft einen fokussierten Blick auf die wechselvolle **deutsch-dänische Geschichte.** Konsequenterweise sind dort alle Hinweise zweisprachig, sogar der Museumsname ist außen auch auf Dänisch zu lesen: Danevirkegården.

Das Maritime kommt immer wieder durch, und so werden auch von Schleswig Fahrten auf der Schlei bis hin zur Ostseemündung angeboten, dorthin, wo das Kuriosum „Giftbude“ liegt. Unterwegs wird mit Arnis die kleinste Stadt Deutschlands passiert. Genug Gründe also, um die wunderschöne Schlei in Ruhe zu erkunden.

Maasholm

Maasholm liegt nahe der **Schleimündung** an der Spitze einer kleinen Landzunge, die an ihrer Nordseite in die Schlei hineinragt. Das alte Fischerdorf hat sich zu einem kleinen Touristenort gemausert. Sein **Segelhafen** ist einer der größeren an der Küste.

Der Ort war seit ewigen Zeiten eine **Siedlung von Fischern,** weitab von der nächsten Großstadt, nur von den Natur-

[>] Die kleine Petrikirche von Maasholm steht natürlich am Wasser

829sc-fr

elementen umgeben. Zur Ostsee war es nur ein winziger „Schlag", wie es unter Seglern heißt, wenn man eine kurze Strecke segeln muss. Die Schlei war schon immer gut für reichen Fischfang, zumindest hier in der Nähe der Ostseemündung.

Heute zieht Maasholm einerseits Segler in großer Zahl an, die einen ruhigen Liegeplatz unweit der Ostsee suchen, andererseits auch Urlauber, die übers Meer bis zum Horizont gucken möchten. Beides ist in Maasholm möglich, von der Schlei bis zum **Ostseestrand** sind es nur wenige Kilometer. Die Touristen wohnen in den Ferienwohnungen des Ortes, in **Maasholm-Bad,** einer Feriensiedlung etwas außerhalb, oder in den benachbarten Gemeinden bzw. auf den nur wenige Kilometer entfernten Ostseecampingplätzen.

Sehenswertes

Der Ort selbst hat eine angenehme Atmosphäre. Vor allem in der Hauptstraße und in der Westerstraße stehen viele alte **Fischerkaten,** die überwiegend hübsch restauriert wurden.

Die kleine **Petrikirche,** die den Seefahrern gewidmet ist, steht am Ufer der Schlei. Sie ist relativ jung, denn die weiß gehaltene, kleine Kirche wurde erst 1952 erbaut. Im Inneren findet sich ein Votivschiff des Dreimasters „Mayflower", mit dem Auswanderer vor über 400 Jahren nach Amerika reisten, und am Altartisch das Holzrelief „Petri Fischzug".

Ein Bummel durch den Ort führt an nett gestalteten Häusern vorbei und endet zwangsläufig am **Hafen,** in dem noch einige Hochseefischkutter dümpeln. Die Halle, in der der Fang weiterverarbeitet wird, ist ebenfalls am Hafen zu finden, genau wie ein paar Kioske und Kneipen.

Naturerlebniszentrum

Ein Naturerlebniszentrum liegt etwas außerhalb von Maasholm auf dem Gelände einer ehemaligen Raketenstation, deren Anlagen noch gut erkennbar sind. Hier erfährt man viel Wissenswertes über die Ostsee und die Schlei. Bereits auf dem zwei Kilometer langen Weg dorthin entlang einer Straße vor einem Deich erklären **Infotafeln** beispielsweise die Wikingerzeit, große Sturmfluten oder Flora und Fauna der Region. Auf dem Gelände gibt es sechs große **Ausstellungsräume,** die nach Themen unterteilt sind. Auf dem **Freigelände** wurde ein abwechslungsreicher Naturerlebnisraum kreiert, u.a. mit einem *Sinnesgarten* und einer Obstwiese. Man kann hier auch über den Deich zum Strand gehen und weit auf die Ostsee schauen.

- **Naturerlebniszentrum,** Exhöft-Seeberg 1, Tel. (04642) 92 16 80, www.naturerlebniszentrum.de. Das *NEZ* wird vom Parkplatz *Exhöft* erreicht, der kurz vor Maasholm liegt. Lehrpfad und *NEZ* sind ganzjährig zugänglich, das Infozentrum von Ostern bis Ende Oktober 9–18 Uhr. Man kann hier auch übernachten, wobei sich zwei Gebäude an Gruppen richten: die Jugendherberge *Umwelthaus* und das Kleingruppenhaus *Maas*. Infos über die Homepage. Ganz in der Nähe steht eine **Vogelwärterhütte,** von der täglich außer montags um 10 Uhr und um 15 Uhr vogelkundliche Führungen starten.

☒ Segelboote auf der Schlei

Praktische Tipps

Info

- **PLZ:** 24404
- **Vorwahl:** 04642
- **Touristinformation:** Hasselberg, an der B199, Kreuzung Kieholm, 24376 Hasselberg-Kieholm, Tel. (04643) 62 28.
- **Internet:** www.ferienlandostsee.de

Unterkunft, Gastronomie

- **Hotel Am Schleieck**③, Schmiedestr. 140, Tel. 60 16, www.schleieck-maasholm.de. Moderne und in klaren Linien dekorierte Zimmer mit Schlei-Blick, WLAN vorhanden. Das angeschlossene **Restaurant** (Di–Fr 16.30–22, Sa/So 12–21 Uhr) bietet Fischspezialitäten mit Blick auf die Schlei. Obendrein gibt es hausgemachte Torten. Das alles genießt man auf einer netten Terrasse. November bis März ist Winterpause.
- **Raub,** Hauptstr. 60, Tel. 965 39 39, www.restaurant-raub.de, mit Biergarten, in der Saison Mi–So ab 12 Uhr, in der Nebensaison eingeschränkte Öffnungszeiten. Regionale Fischküche mit Produkten, die einheimische Fischer liefern.
- **Café Sand am Meer,** Hauptstr. 13, Tel. 96 99 63, www.cafe-sand-am-meer.de. Kleines, nettes Café mit Garten, Mo–Do 12–18, Fr–So 9–18 Uhr, Mi Ruhetag. Fr–So Frühstück 9–12 Uhr, ansonsten gibt es Blechkuchen und Torten auch außer Haus.
- **Störtebeker,** Hauptstr. 36, Tel. 691 50, Do–Di 11.30–14 und ab 17 Uhr. Sehr nette, maritime Einrichtung mit schönem Garten. Serviert werden Fischgerichte in großzügigen Portionen und in Anlehnung an den Namensgeber des Lokals. Der war im 15. Jh. Anführer einer Piraten-Gang, die sich *Likedeeler* (Gleichteiler) nannte. Die *Likedeeler-Fischplatte* für zwei Personen wartet mit fünf verschiedenen Fischsorten auf. Aber auch sonst tragen die Gerichte fantasievolle Namen wie *Ahoi* (Zander-

filet) oder *Kuddeldaddeldu* (Bratheringe sauer eingelegt).

■ **Landhaus Gut Oehe,** Oehe 1a, Maasholm-Oehe, Tel. 924 87 00, www.gut-oehe.de. Das Gut liegt drei Kilometer von Maasholm auf der Halbinsel Oehe-Maasholm. Hier befindet sich in einem ehemaligen Pferdestall ein stilvolles Café und Bistro mit hausgemachten Kuchen, Torten, Waffeln, Apfelstrudel; im Restaurant gibt es eine ausgesuchte Auswahl an saisonalen Gerichten. Café und Bistro: Di–So 11–17 Uhr, Restaurant Mi–So ab 18 Uhr.

Camping

■ **Ostseecamping Gut Oehe,** Drecht 6, 24376 Hasselberg, Tel. (04642) 61 24, www.camping-oehe.de, in unmittelbarer Nähe von Maasholm direkt an der Ostsee gelegen.

■ **WoMo-Stellplatz:** Ein gebührenpflichtiger Stellplatz befindet sich am Hafen von Maasholm mit Platz für 40 Fahrzeuge, großzügige Sanitäranlagen sind vorhanden, Tel. 96 50 68, ganzjährig geöffnet.

Feste und Veranstaltungen

■ **Hafentage,** Anfang Juli verwandelt sich der kleine Hafen in eine Feiermeile.

In der Umgebung

Schleimünde

Schleimünde ist ein Unikum. Wie der Name schon andeutet, mündet hier die Schlei in die Ostsee. Die Mündung ist relativ schmal, was daran liegt, dass zwei Landzungen wie die Scheren eines Krebses die Schleimündung versperren. Auf dem linken Arm (Blickrichtung Ostsee) befinden sich ein **Leuchtturm** und ein **kleiner Hafen.**

Mein Tipp: Die Attraktion des Hafens ist die **Kneipe „Die Giftbude“.** Das Lokal ist nur auf dem Wasserweg zu erreichen, beispielsweise mit einem Ausflugsschiff. Direkt hinter dem Haus liegt ein **Vogelschutzgebiet,** das nicht betreten werden darf. Neben Seglern kommen

830sc-fr

auch Ausflugsschiffe aus Kappeln und sogar aus Schleswig hierher. Das ganze Ambiente ist sehr urig.

■ Die **Giftbude** hat eine kleine Terrasse, bietet Bier vom Fass und eine kleine Karte, außerdem Kaffee und Kuchen. Geöffnet etwa von Anfang Mai bis Okt. Fr–So 11.30–13.30 und 17–20 Uhr.

Barfuß-Park

Nahe dem Nachbarort Hasselberg in **Schwackendorf** befindet sich ein Barfuß-Park. Auf einem insgesamt 1,5 km langen Tast-Pfad mit diversen Stationen und unterschiedlichen Untergründen können Besucher ihren Füßen einmal eine völlig neue Erfahrung gönnen. Außerdem gibt es ein Tiergehege mit heimischen Tieren.

■ **Barfuß-Park,** Schwackendorf 37, 24376 Hasselberg, Tel. (04642) 96 51 78, www.barfusspark-schwackendorf.de, Ostern bis Mitte Okt. Mo–Fr 10–18, Sa/So 10–19 Uhr, Eintritt Erw. 8 €, Kinder ab 90 cm Größe 6 €.

Kappeln

Kappeln gilt als **Bindeglied zwischen Angeln und Schwansen,** den beiden Regionen nördlich und südlich der Schlei. Das „alte“ Kappeln ist auf der Angeliter (= Angelner) Seite zu finden, dort liegen der Hafen, die Altstadt und die Sehenswürdigkeiten.

Schon die erste Erwähnung um 1357 zeigte den Grundstock der Kappelner Siedlung, wurde doch eine kleine Kapel-

831sc-mux

le dem Schutzheiligen Nikolaus geweiht, dem Patron der Fischer. Die Fischwirtschaft bestimmte jahrhundertelang den Lebenstakt, bis der Tourismus eine weitere Geldquelle eröffnete. Heute existiert zwar noch eine kleine Fischindustrie in Kappeln, aber Badetourismus und eine Reihe von Segelhäfen rund um den Ort brachten neue Kunden.

Außerdem sorgte die **Fernsehserie „Der Landarzt"** für neuen Schwung, die über viele Jahre in und um Kappeln gedreht wurde. Die Schlei, die Stadt Kappeln und vor allem die „Landarztpraxis" in Lindauhöh (unweit von Lindaunis) waren die Drehorte. Auch in Kappeln sind sie zu finden, die Film-Spuren, im *Restaurant Aurora,* das den selbst gewählten Untertitel *Die Landarztkneipe* trägt. Seitdem die Serie 2013 eingestellt wurde, ist es ein wenig ruhiger geworden, aber einige Gäste fragen unverdrossen nach dem „Landarzt aus Deekelsen".

Sehenswertes

Rings um die Nikolai-Kirche im Ortszentrum sind **Fußgängerzonen** angelegt worden, ein idealer Platz zum Bummeln. Hier finden sich jede Menge kleine Geschäfte, ein paar Bistros, Kneipen, Eisdielen und die „Landarztkneipe" *Aurora.*

Die **Nikolai-Kirche** wurde 1789–93 im Stil des Spätbarock errichtet. Die Einrichtung stammt teilweise noch aus einem Vorgängerbau, so der Altaraufsatz (1641) und das Kruzifix (etwa aus der zweiten Hälfte des 13. Jh.). Optisch prägend ist der Altar mit der darüber befindlichen Orgel. Links und rechts der Sitzreihen erheben sich hell gestaltete Emporen.

Am Westufer der Schlei ist eine richtig nette **Hafenmeile** entstanden, mit einigen Lokalen und Geschäften zum Bummeln und Auf-die-Schlei-gucken. Schön anzuschauen sind die alten Häuser. Neben dem Yachthafen ist ein kleiner **Museumshafen** angesiedelt. Historische Schiffe aus der Fischerei, aber auch Frachter machen hier fest.

Schleibrücke

Die 208 m lange Schleibrücke zeigt einmal pro Stunde, warum sie notwendig ist. Dann wird der Autoverkehr gestoppt, die Brücke **hochgeklappt,** und die Segelboote bekommen grünes Licht. Erst jetzt dürfen die Skipper passieren. Viel Zeit haben sie nicht, denn die Brücke klappt nach wenigen Minuten wieder zurück, wer zu spät kommt, muss warten. Ausnahmen werden nur für Handelsschiffe gemacht. Die Brücke wird von Sonnenauf- bis Sonnenuntergang immer um „Viertel vor" geöffnet.

Heringszäune

Direkt vor der Brücke (in Richtung Ostsee) sind die Heringszäune zu finden. Es ist eine **Fischfanganlage,** die es so schon im 15. Jh. gab. Im Jahr 1648, so wird berichtet, existierten 38 solcher Zäune, diese Anlage ist die letzte ihrer Art. Die Heringe schwimmen alljährlich zu ihren Laichplätzen und passieren diese Stelle an der Brücke. Dabei geraten sie in die reusenartigen Zäune und finden meist nicht wieder heraus.

◁ Blick auf Kappeln mit Hafen und Nikolai-Kirche

Kappeln

Museumseisenbahn

Am Hafen endet die Fahrt der Eisenbahn, die in den Sommermonaten von **Süderbrarup** angeschnauft kommt. Die Angelner Dampfeisenbahn versah bereits 1904 auf dieser Strecke ihren Dienst. Heute firmiert sie als Museumseisenbahn.

- **Angelner Dampfeisenbahn,** Tel. (04631) 20 95, www.angelner-dampfeisenbahn.de. An den meisten Sonntagen zwischen Mitte April und Mitte Sept., ab Kappeln um 11 und 13.45 Uhr, außerdem meist mittwochs zwischen Ende Juni und Anfang Sept. um 13.45 Uhr, Fahrtzeit eine Stunde. Daneben werden jeden Sa und So Fahrten bis Eckernförde angeboten, auch kombinierte Zug- und Schiffstouren mit Besuch von Schleimünde und Süderbrarup stehen auf dem Programm.

Holländerwindmühle Amanda

Die Holländerwindmühle *Amanda* von 1888 überragt beinahe das ganze Stadtbild, es handelt sich um die **größte in Schleswig-Holstein:** Höhe 32 m oder acht Stockwerke, Flügeldurchmesser 23 m. Heute sind hier die **Touristinformation** und das stilvolle Trauzimmer des Standesamtes untergebracht.

Praktische Tipps

Info

- **PLZ:** 24376
- **Vorwahl:** 04642
- **Einwohner:** 8700
- **Touristinformation:** Schleswiger Str. 1 (Mühle *Amanda*), Tel. 40 27.
- **Internet:** www.kappeln.de, www.ostseefjord schlei.de.

Unterkunft

2 **Hotel Stadt Kappeln**③-④, Schmiedestr. 36, Tel. 40 21, www.hotel-stadt-kappeln.de. In zentraler Lage am Ende der Fußgängerzone steht dieses 4-Sterne-Haus (20 DZ, zwei Suiten). Unterschiedlich große Zimmer, Wellness-Bereich, kostenloses WLAN.

4 **Hotel Aurora**③, Rathausmarkt 6, Tel. 40 88, www.aurora-kappeln.de. Das Hotel hat eine hervorragende Lage in der Fußgängerzone neben der Kirche und bietet 4 EZ, 16 DZ und WLAN.

11 **Schlei Hotel**③, Theodor-Storm-Str. 2, Tel. 10 52, www.schleihotel.de, liegt an der Bundesstraße Richtung Schleswig, aber nur zehn Minuten zu Fuß vom Zentrum. Das Haus hat 27 Zimmer, eine Terrasse und einen größeren Parkplatz. WLAN.

10 **Jugendherberge,** *Loitmarkhof,* Eckernförder Str. 2, Tel. 85 50, Das Haus bietet 176 Zimmer in 2- bis 6-Bett-Räumen. Es liegt in einer Sackgasse auf Schwansener Seite (zur Ostsee hin).

Camping

Campingplätze sind bei Maasholm zu finden (siehe dort).

6 **WoMo-Stellplätze:** Ein Platz für 50 Wohnmobile befindet sich am Hafen an der Schlei. *Ancker Yachting,* Am Hafen 23a, Tel. 15 63, www.ancker-yachting.de.

Gastronomie

4 **Aurora,** die „Landarztkneipe", Rathausmarkt 6, Tel. 40 88, direkt neben der Kirche, tägl. 11.30–14.30 und 17.30–21.30 Uhr. Hier spielten Szenen der Fernsehserie „Der Landarzt". Serviert wird regionale Küche.

9 **Fährschenke,** Am Hafen 10, Tel. 35 66, tägl. ab 9, So ab 8 Uhr und durchgehend bis etwa Mitternacht. Charmant-uriges Restaurant, in dem man am Freitag und Samstag auch noch tief in der Nacht warmes Essen bekommen kann. Ein Freund kommentierte so: „Riesige Mengen und kost' fast nix."

5 **Fischräucherei Föh,** Dehnthof 26/28, Tel. 22 74, www.foeh.de, Mo–Fr ab 11 Uhr. Unübersehbare Räucherei mit drei Türmen. Serviert nicht nur Räucherfisch, sondern auch Fischplatten und leckerste Salate auf *Fiete's Bier- und Fischterrasse.*

7 **Meerestochter,** Dehnthof 36, Tel. 923 42 70, www.meerestochter-kappeln.de, Mi–So 11.30–22 Uhr. Das Restaurant liegt am Hafen, von Terrasse und Fensterfront schöner Blick. Serviert werden saisonal wechselnde norddeutsche Küche sowie vegetarische Gerichte.

8 **Alte Räucherei,** Am Hafen 16, Tel. 50 95, in der Saison tägl. 11–20 Uhr, Di Ruhetag, in der Nebensaison eingeschränkte Zeiten. Mitten in der Hafenmeile liegt dieses nicht zu große Fischlokal, das tatsächlich ausschließlich Fischgerichte serviert. Da der Wirt aus Irland stammt, wird irisches Bier gezapft.

1 Café Alte Schmiede, Schmiedestr. 41, Tel. 15 68, www.alte-schmiede-kappeln.de, tägl. 9–18 Uhr, Mi Ruhetag. Geboten werden leckere selbst gefertigte Torten und Mittagstisch.

Feste und Veranstaltungen

- **Heringstage,** vier Tage lang ab Himmelfahrt.
- **Fischmarkt:** jeden letzten Sonntag im Monat zwischen März und Okt. ab 9 Uhr.

Aktivitäten

3 Schlafkes Schokoladen-Küche, Fabrikstr. 17, Tel. 98 80 12, Mo–Fr 11–18, Sa/So 11–16 Uhr. Hier erhält man Einblicke in die Herstellung von Schokolade und Pralinen. Natürlich können die Leckereien auch gleich probiert werden.

Schiffstouren

- **„MS Stadt Kappeln",** Tel. 61 84, www.schlei-ausflugsfahrten.de, Schlei-Fahrten u.a. nach Schleimünde, auch Touren nach Schleswig zu wechselnden Abfahrtszeiten.
- Der **Raddampfer „Schlei Princess"** schnauft von April bis September täglich von Kappeln bis Schleimünde, Lindaunis oder gar nach Schleswig mit wechselndem Programm. Infos am Hafen oder unter Tel. 65 32, www.schleiraddampfer.de.

Der alte Steinkreis bei Gulde

In der Umgebung

Thingstätte bei Gulde

Zwischen den kleinen Gemeinden Gulde und Oersberg (nordwestlich von Kappeln) wurde an historischer Stätte ein Thingplatz nachgebaut, der Guly-Thing. Diese alte Versammlungsstätte besteht aus einem **Steinkreis aus Findlingen.** Hier wurden tatsächlich bis 1869 noch Streitigkeiten des Dorfes geschlichtet. Neben dem eindrucksvollen eigentlichen Thingplatz (gekennzeichnet durch die großen Steine) befindet sich dort die **Nachbildung einer Grabanlage** mit einem Runenstein, der auf das Jahr 800 geschätzt wird. Vermutlich befand sich an dem Platz die Siedlungsstelle des eingewanderten Volkes der Jüten (um 300 n. Chr.). Die Anlage ist ganzjährig frei zugänglich.

Arnis

Städtisches Leben heißt Krach, Lärm und Hektik – nicht so an der Schlei, nicht in Arnis. Wieso? Dies ist die **kleinste Stadt Deutschlands!** Rund 300 Einwohner zählte Arnis zuletzt, und damit steht es ganz am Ende der Städtetabelle.

Stadtrechte genießt Arnis seit 1934, aber natürlich existierte die Gemeinde schon viel länger, damals offiziell noch als „Flecken" geführt. Im Jahr 1667 zogen nämlich 64 Familien aus Kappeln hier auf die Insel, um einer drohenden Leibeigenschaft zu entgehen. Arnis unterstand dem Herzog *Christian Albrecht,* und der gewährte den Neusiedlern Zuflucht und Schutz.

Spektakuläres hat Arnis nicht zu bieten. Im Grunde genommen besteht es nur aus einer Straße, hier liegen teilweise **wunderschöne Häuser** an einer Allee. Fast scheint es, als ob die Einwohner einen stillen Wettbewerb um die schönste Fassade austragen. Eine Hausfront sieht netter aus als die andere, und jede Haustür scheint die des Nachbarn optisch übertreffen zu wollen.

Wer die Zufahrtsstraße, vorbei am Segelhafen von Grödersby, zum Ort gefahren ist, muss erst einmal vor der Einfahrt in die Stadt rechts ran. Dort liegt der Parkplatz, an dem alle Gäste ihr Auto stehen lassen müssen. Aber was soll's, Arnis' einzige Straße kann man nun wirklich nicht verfehlen. Nur wer zur Fähre möchte, darf hineinfahren.

Wer die Hauptstraße bis zum Ende gelaufen ist, kann einen kleinen, schmalen **Weg an der Schleiseite** zurückgehen. Dieser führt an den lang gestreckten Gärten der Hauptstraße vorbei, passiert diverse Stege, an denen Segelboote dümpeln und erreicht schließlich die große Werft – Arnis' einziger Industriebetrieb.

Das hübsche kleine **Rathaus** wurde den Arnissern von einem gönnerhaften Bürger geschenkt, der es der Stadt vererbte. Und dann ist da noch die **Schifferkirche** aus dem Jahr 1673, in der schöne Votivschiffe von der Decke hängen. Die Nordwand stammt noch aus dieser Zeit, ebenso das Gestühl und die Taufe, die von Skulpturen der vier Evangelisten getragen wird. Die Kanzel ist sogar noch älter, sie wurde 1573 erbaut. Angeblich stammt sie aus einer der Kirchen von der 1634 untergegangenen Nordsee-Insel Strand.

Zu guter Letzt ist die **Fähre über die Schlei** zu nennen, die einzige neben der von Missunde. Hier pendelt die kleine Autofähre ständig hin und her.

832sc-fr

Praktische Tipps

Info

- **PLZ:** 24399
- **Vorwahl:** 04642
- **Infos:** über die Touristeninformation Kappeln

Gastronomie

- **Strandhalle 54,** Strandweg 125, Tel. (0173) 598 99 89, www.strandhalle54.de, Di–So 11–19.30 Uhr. Entspanntes Bistro, direkt an der Schlei gelegen, dort gibt es auch eine schöne Terrasse mit Schlei-Blick. Übersichtlich gehaltene Karte mit Fisch und Fleisch, auch Kleinigkeiten wie Fischfrikadellen.
- **Café Schleiperle,** Strandweg 125, www.schlei perle-arnis.de, April bis Okt. Do–Mo 12–17 Uhr. Seit vielen Jahrzehnten leuchtet das blaue Lokal, direkt über dem Wasser der Schlei auf Stelzen stehend, die Segler an. Serviert werden Blechkuchen, Eis, Torten, ein Mittagstisch bei Selbstbedienung.
- **Specht Speisewirtschaft,** Friedenshöher Str. 21, 24376 Grödersby, Tel. 98 34 863, www. specht-speisewirtschaft.de, Mi–Sa 18–21, So 12–14.30 und 18–21 Uhr. Das Lokal liegt direkt am Yachthafen von Arnis, aber auf der Festlandseite. Man genießt einen formidablen Blick auf die Schlei. Serviert wird norddeutsche Küche mit Produkten aus der Region, u.a. kommt der Fisch fangfrisch vom Kutter aus Kappeln.

Süderbrarup

Die 3800 Einwohner zählende Gemeinde liegt wenige Kilometer nördlich der Schlei. In Süderbrarup endet die **Museumseisenbahn** von Kappeln (s.o.).

Süderbrarup hat eine lange Siedlungsgeschichte, bereits zur Bronzezeit war die Gegend bewohnt. Aus dieser Zeit sind **Grabhügel** erhalten, wie beispiels-

☐ Die kleine Fähre von Arnis im Einsatz

433sh fr

weise das am Ortsrand (ausgeschildert) liegende Hügelgrab Kummerhy, welches oben einen Steinkreis trägt. Nicht weit davon liegt (ebenfalls ausgeschildert) das **Thorsberger Moor,** eine frühe Opferstätte, aus der bereits etliche Fundstücke geborgen werden konnten, die heute im *Landesmuseum Schloss Gottorf* in Schleswig ausgestellt sind. Zu den Funden zählen Schwerter, Helme und Schmuck.

Am letzten Wochenende im Juli findet der **Brarup-Markt** statt, der größte ländliche Jahrmarkt in Schleswig-Holstein, der schon 1593 gefeiert wurde.

Unterkunft, Gastronomie

- **Nørdisch Hotel & Restaurant**③–④, Bahnhofstr. 24, Tel. (04641) 628 20 25, www.hotel-nordisch.de, Mo, Mi–Fr 17–22, Sa/So 12–14 und 17–22 Uhr, Di Ruhetag. In dem netten Restaurant werden regionale Küche mit frischen und saisonalen Produkten aus dem Umland sowie vegetarische Gerichte serviert. Das Hotel hat 10 Zimmer.
- **Angler Hof**③, Große Str. 25, Tel. (04641) 92 290, www.anglerhof.de, tägl. ab 17.30 Uhr, im Sommer ab 12 Uhr. Kleiner Landgasthof mit langen historischen Wurzeln, der kürzlich komplett renoviert wurde und 24 Zimmer in Naturtönen anbietet. Dazu ein Restaurant mit regionaler Küche (Fleisch, Fisch, auch Vegetarisches und hausgemachte Pasta).

Einkaufen

- **Bioladen Ringelblume,** Kappelner Str. 17, Tel. (04641) 93 37 93, Mo–Fr 8–18.30, Sa 8–13 Uhr. Es gibt Brot und Backwaren, eine gute Käse-Auswahl, Obst, Gemüse, Fleisch, Wurst, Wein und Naturkosmetik.

Feste und Veranstaltungen

- **Brarup-Markt,** Ende Juli, laut Eigenwerbung der größte ländliche Jahrmarkt in ganz Schleswig-Holstein, dessen Anfänge bis in die „heidnische Zeit" zurückreichen.

Lindaunis

Lindaunis ist ein kleiner Ort, etwa an der Mitte der Schlei gelegen – Grund genug, hier eine Möglichkeit zur Überquerung der Schlei zu schaffen. In diesem Fall ist es eine **Klappbrücke,** die den Weg auf die andere Seite nach **Stubbe** freigibt. Sowohl der Autoverkehr als auch der Eisenbahnverkehr fließen hier rüber. Die Bahnstrecke verläuft eingleisig. Der Autoverkehr fließt wechselseitig, eine Ampelanlage regelt den Verkehr. Da kommt es schnell zu Staus, besonders wenn die Segler mal wieder zu ihrem Recht kommen. Das passiert jede Stunde, immer um „Viertel vor" wird die Brücke hochgeklappt. Direkt vor der Brücke befinden sich ein kleiner Kiosk und ein Parkplatz.

Gastronomie

- **Café Lindauhof,** „Landarzthaus", Lindauhof 4, 24392 Boren, im Ortsteil Lindau, Tel. (04641) 37 19, www.cafelindauhof.de, März bis Okt. Mo–Fr 11–19, Sa/So 9–19 Uhr, Nov. bis Febr. Sa/So 9–19 Uhr, Januar geschlossen. Hier wurde die TV-Serie *Der Landarzt* gedreht. Heute gibt es in schöner Umgebung leckere Torten, Souvenirs und Selbstgemachtes im Hofladen.

Einkaufen

Kleine Kunststube, Am Noor 7, Lindaunis, 24392 Boren, Tel. (04641) 986 27 71, Mo–Fr 8–12, Di, Do, Fr 14.30–17, Sa 10–17 Uhr. Hier gibt es handgefertigtes Kunstgewerbe von Künstlern aus der Region.

MEIN TIPP: **Obsthof Gut Stubbe,** Lindaunisbrücke 11, 24354 Rieseby, direkt gegenüber von Lindaunis auf der Schwansener Schlei-Seite, Tel. (04355) 14 58, Café Tel. 91 17, www.gut-stubbe.de, ab 1.5. Mi–So 9–18 Uhr. Obst- und Gemüseverkauf direkt vom Hofladen. Im Sommer kann sogar jeder selbst auf den Plantagen pflücken. Was gerade wächst und reif ist, wird im Internet dargestellt. Im hofeigenen Café gibt es hausgemachten Kuchen vom Blech sowie Mittagstisch.

Sieseby

Sieseby ist ein winziges Dorf, malerisch an der **Südseite der Schlei** gelegen, eingebettet in die sanften Hügel der Halbinsel Schwansen. Idyllisch schwappt die Schlei ans **schilfbewachsene Ufer,** dahinter kreuzen die Segler.

Neben der tollen Lage sind vor allem einige alte **reetgedeckte Katen** zu bewundern. Diese stehen wie das gesamte Dorf unter **Denkmalschutz,** Änderungen sind deshalb nicht so einfach durchzuführen. Das war mal anders. Im 19. Jh. gehörte das Dorf dem Hamburger Kaufmann *Gustav Anton Schäfer,* der viele der damals baufälligen Häuser sanierte. Deshalb finden sich noch heute an vielen Gebäuden die Initialen „GAS". *Schäfer* verkaufte „sein" Dorf schließlich an den Herzog von Schleswig-Holstein-Sonderborg-Glücksburg, und dessen Nachkommen gehört noch immer das ganze Dorf.

Eine kleine Kirche mit einer reizvollen Lindenallee bildet den Mittelpunkt des schmucken Dorfes. Die 750-jährige **romanische Feldsteinkirche** steht hinter dem *Schlie-Kroog* fast am Ufer der Schlei und ist strahlend weiß gekalkt wie das ganze Dorf.

Gastronomie

Gasthof Alt Sieseby, Dorfstr. 24, Tel. (04352) 956 99 33, https://gasthof-alt-sieseby.de, Mi–So ab 12 Uhr durchgehend geöffnet. *Maria von Randow* führt dieses historische Lokal. Zwei Gasträume warten auf Besucher, die eine gute regionale Küche mit Produkten aus der Region zu schätzen wissen. Die Produzenten werden auf der Homepage erwähnt.

Einkaufen

Kunsthuset Sieseby, Dorfstr. 24, 24351 Sieseby, Tel. 95 63 07, www.kunsthuset.de. Mi–So 11–18 Uhr, im Winter Sa/So 11–17 Uhr, Jan./Febr. geschlossen. Sechs regionale Kunsthandwerker bieten ihre Werke an.

Rieseby

Rieseby liegt auf der Schwansener Seite der Schlei in Richtung Eckernförde und ist ein weiteres winziges Dörflein mit einem kleinen Schmankerl der Kategorie „Geheimtipp". In der *Schulhaus-Apotheke* (Dorfstr. 29, Tel. (04355) 13 33), verkauft *Sigrun Kramer* einen selbst gebrauten **Kräuterschnaps.** Dieser medizinische Magenbitter ist nach einer

833sc-fr

bayerischen Apothekenrezeptur aus dem Mittelalter hergestellt, ein reines Naturprodukt aus verschiedenen magenwirksamen und verdauungsfördernden Kräutern.

Heimatmuseum

In der 1911 erbauten **Windmühle Anna** ist heute auf mehrere Stockwerke verteilt ein Heimatmuseum untergebracht. Dort ist neben prähistorischen Funden auch eine komplette Schusterwerkstatt erhalten, außerdem gibt es allerlei handwerkliche Gerätschaften. Angeschlossen ist ein Atelier.

■ **Heimatmuseum in der Mühle Anna,** Möhlenbarg 5, 24354 Rieseby, www.muehle-anna.de, März bis Dez., Sa/So 14–17 Uhr, Atelier Do–So 14–18 Uhr.

Ulsnis

Dieser kleine, reizvolle Ort liegt am nördlichen Ufer der Schlei und zählt knapp 600 Einwohner. Schön ruhig und beschaulich geht es zu in Ulsnis mit seinen uralten Wurzeln. Die **Wilhadikirche** wurde bereits 1338 dem heiligen *Wilhadus* geweiht, einem englischen Priester, der im 8. Jh. versuchte, die Friesen zu missionieren, und der 778 zum Bischof von Bremen ernannt wurde. Die ältesten Teile der romanischen Feldsteinkirche stammen aus der Mitte des 12. Jh. und dürften damit zur ältesten Kirche in Angeln zählen. Im Inneren gehört der Taufstein aus Granit (12. Jh.) sogar zu den ältesten des Landes. Dargestellt sind zwei Löwenköpfe als Symbol

⌃ Historische Reet-Kate in Sieseby

für die Überwindung des Bösen durch die Taufe. Die barocke Kanzel entstand 1673, der Altar wurde 1803 komplett erneuert. Die Orgel entstand 1786, und nach einem Umbau 1799 wurde sie über dem Altar platziert. Der Glockenturm entstand im 16. Jh. und steht vermutlich auf einem bronzezeitlichen Grabhügel.

Entlang der Schlei kann man **wandern,** verschiedene ausgeschilderte Wege führen darüber hinaus auch ins hügelige Hinterland.

Brodersby

Zwischen Brodersby und **Missunde** verkehrt die zweite **Autofähre über die Schlei.** Es ist die letzte Möglichkeit an der südlichen Schlei, diese zu überqueren (die nächste ist in Schleswig). Hier gab es schon immer eine Fährverbindung, laut Betreiber sogar seit 1471, da es eine der schmalsten Stellen der gesamten Schlei ist. Nicht zuletzt deshalb wurden hier schon im 11. Jh. blutige Schlachten geschlagen, denn die Kontrolle dieser Stelle bedeutete Macht und Zolleinnahmen.

Die Anlegestelle auf Angeliter Seite ist nicht direkt in Brodersby, sondern etwa zwei Kilometer außerhalb. Brodersby hat verschiedene Ortsteile und eine etwa sieben Kilometer lange Uferlinie der Schlei. Im Ortsteil Burg gibt es eine **Badestelle.** Vom sogenannten Kirchenberg, auf dem die **St.-Andreas-Kirche** steht, eine kleine romanische Feldsteinkirche aus dem 12. Jh., genießt man einen schönen Blick über die Schlei.

Ausflug auf der Schlei

■ **Schleifähre Missunde,** www.schleifaehre-missunde.de, ganzjährig Mo–Fr 6–21.50, Sa/So 8–21.50 Uhr.

Gastronomie

■ **Café Kuchenhaus,** Missunder Fährstr. 24, 24864 Brodersby, Tel. (04622) 98 39 323, www.das-kuchenhaus.de, April bis Sept. tägl. 13–17 Uhr. Ein hellblau eingefasstes historisches Haus unweit der Schlei, in dem ein kleines Café im dänischen Stil in freundlichen, hellen Farben eingerichtet ist. Hier gibt es hausgemachte Torten und Blechkuchen sowie kleinere herzhafte Gerichte.

■ **Fährhaus Missunde,** Missunder Fährstr. 33, 24864 Brodersby, www.faehrhaus-missunde.de, Tel. (04622) 626, tägl. ab 12 Uhr, in der Nebensaison eingeschränkte Zeiten. Regionale und saisonale Produkte wie Fisch, Salate und Fleisch von Tieren aus der Region werden zu schmackhaften Gerichten verarbeitet. Das Lokal hat ein modernes Ambiente, von der Terrasse genießen Gäste einen schönen Blick auf die Schlei.

Einkaufen

Im etwa drei Kilometer von Missunde entfernten Ort Kosel auf der Schwansener Schlei-Seite liegt der **Bio-Hof Schoolbek.** Der Hofladen führt nicht nur eigene Bio-Produkte, sondern auch ein komplettes Bio-Vollsortiment, dazu eine Auswahl an

Naturmode. *Schoolbek 5,* 24354 Kosel, Tel. (04354) 457, www.hof-schoolbek.de, Mo und Fr 9–18 Uhr, Mi und Sa 9–13 Uhr.

Schleswig

Etwa 26.000 Einwohner leben in Schleswig – eine Kleinstadt also, die bei der ersten Annäherung aber gar nicht so klein wirkt, zieht sie sich doch über etliche Kilometer an der Schlei entlang.

Schleswig liegt am äußersten westlichen Ende der Schlei, und diese Lage hatten auch schon die **Wikinger** zu schätzen gewusst. Sie errichteten auf dem gegenüberliegenden Ufer das legendäre **Haithabu.** Dies war zu seiner Blütezeit eine der wichtigsten Niederlassungen im Reich der Wikinger. Auch die **Dänen** wussten um die strategische Lage zwischen der Schlei und den Flüssen Treene und Eider, bauten sie doch in der Nähe einen meterhohen Grenzdamm, das **Danewerk.** Von diesen historischen Bauten sind Reste erhalten, es gibt Museen, die sich damit befassen. *Haithabu* und *Danewerk* gehören mittlerweile zum UNESCO-Welterbe.

Im Stadtbereich sind weitere Sehenswürdigkeiten zu finden, beispielsweise der eindrucksvolle Dom, das *Landesmuseum Schloss Gottorf* oder die alte Fischersiedlung Holm.

Geschichte

Schleswig dürfte wohl einer der **ältesten Orte** in ganz Schleswig-Holstein sein. Denn neben den Anfängen, die in der Wikingersiedlung Haithabu begründet

325sh mf

535ns fr

sind, wird bereits im Jahr 804 eine Ortschaft Sliesthorp an der Schlei erwähnt. Etwa 50 Jahre später ließ der Hamburger Bischof *Ansgar* hier die erste christliche Kirche erbauen.

1066 wurde Haithabu von slawischen Truppen zerstört. Etwa drei Kilometer entfernt, am Nordufer der Schlei, entstand die neue Siedlung Schleswig. Um 1200 erhielt Schleswig Stadtrechte. 1544 der nächste bedeutsame Schritt: Die **Herzöge von Gottorf** errichteten hier ihre ständige Residenz, damit rückte Schleswig in den Mittelpunkt des politischen Lebens. 1848 begann die unruhige Phase der **Loslösungsbestrebungen von Dänemark,** zwei Jahre später errangen die Dänen in einer entscheidenden Schlacht bei Idsted, nahe Schleswig, den kriegsentscheidenden Sieg.

1864 fiel Schleswig-Holstein doch an **Preußen,** vier Jahre später wurde Schleswig sogar Hauptstadt der preußischen Provinz Schleswig-Holstein. Dies änderte sich erst nach dem Zweiten Weltkrieg. Auf Anordnung der britischen Besatzungsmacht verlor Schleswig den Rang als Landeshauptstadt.

Sehenswertes

St.-Petri-Dom

Der St.-Petri-Dom im Kern der Altstadt ist einer der mächtigsten Sakralbauten des Landes. Seine Anfänge gehen bis etwa ins Jahr 1100 zurück. Urkundlich

⌃ Der Brüggemann-Altar im Dom von Schleswig

erstmals erwähnt wurde er 1134, das heutige Bauwerk stammt aus dem 13. Jh. Der Dom ist in seinen Ausmaßen größer als die meisten vergleichbaren Kirchen, allein der Turm misst 112 m, er wurde allerdings erst 1888 gebaut.

Im Inneren des Doms beeindruckt vor allem der **Brüggemann-Altar,** den *Hans Brüggemann* 1514–21 erschuf und der ursprünglich in Bordesholm in der dortigen Klosterkirche stand. Nach der Auflösung dieses Klosters wurde der Altar 1666 nach Schleswig verbracht. Er enthält fast 400 aus Eichenholz handgeschnitzte Figuren und misst zwölf Meter in der Höhe sowie sieben Meter in der Breite. Gezeigt wird die biblische Passionsgeschichte von Jesu Gefangennahme bis zur Himmelfahrt. Im Zentrum sind etwas größer Kreuzigung und Kreuztragung dargestellt, Himmelfahrt und Pfingstwunder sind auf dem Seitenflügel zu sehen.

Betreten wird die Kirche durch das **Petri-Portal** aus der Zeit um 1180. Ein wenig unscheinbar wirkt der Eingang schon, aber beim Bau sparte man an nichts. An Materialien wurden Granit, roter Sandstein aus Schonen, Kalkstein aus Gotland und Tuff aus dem Rheinland verwendet.

Die **Kanzel** ist aus Eichenholz geschnitzt und stammt von einem unbekannten Meister aus dem Jahr 1560. Sie wurde der Kirche gestiftet und gilt als älteste Renaissance-Kanzel in Schleswig-Holstein. Der fünfbögige Lettner war ursprünglich aus Kalkstuck hergestellt, er musste 1940 rekonstruiert werden. Die spätgotische Triumphkreuzgruppe oberhalb wurde um 1500 erschaffen, auch das Gitter zur Abtrennung vom Hauptchor entstand im 16. Jh. Der kleine, um 1300 erschaffene **Königsaltar** zeigt Maria mit dem Jesuskind sowie die drei Könige aus dem Morgenland.

Die **Sakristei** entstand um 1480, nach der Reformation wurde sie als Grabgelege für die Gottorfer Herzöge genutzt. Der **Hohe Chor** wurde Ende des 13. Jh. umgebaut und trägt Fresken der biblischen Geschichte. Im nördlichen Chor befindet sich das Ehrenmal für *Friedrich I.*, König von Dänemark und Norwegen, gleichzeitig Herzog von Schleswig und Holstein. Der **Kreuzgang** entstand 1310–20 und wird Schwahl genannt, was „kühler Gang“ bedeutet.

■ **St.-Petri-Dom,** Norderdomstr. 4, tägl. 10–16 Uhr (außer zu Gottesdienstzeiten).

Rathausplatz

In den Straßen rings um den Dom sind etliche schöne alte Häuser zu finden, die meisten liebevoll restauriert. Nach kurzem Weg über Straßen, die teilweise noch Kopfsteinpflaster haben, ist der Rathausplatz erreicht. Dieser nicht allzu große Platz ist angenehm gestaltet. Etliche ältere Häuser stehen an dem rechteckigen Platz, in dessen Mitte ein Springbrunnen plätschert und ein paar Ruhebänke zum Hinsetzen einladen. Das **Rathaus** selbst ist ein klassizistisches Gebäude aus den Jahren 1794/95. Hier befindet sich der Ständesaal, in dem 1836 bis 1846 die Stände des Herzogtums Schleswig tagten, heute ist er Versammlungsort des städtischen Parlaments.

Vom Rathausplatz zweigt der **Apothekergang** ab, wo einst die älteste Apotheke des Landes stand. Sie stammt aus dem

Jahr 1517, wird heute aber nicht mehr betrieben. Dies ist das älteste Haus von Schleswig. Gleich nebenan ist das **Graukloster** zu finden, ein ehemaliges Franziskanerkloster, dessen Anfänge bis ins Jahr 1234 zurückreichen. Das Kloster wurde von den Franziskanern, den Mönchen mit den grauen Kutten, gegründet, daher sein Name. Mit der Reformation wurde es aufgelöst. Erhalten ist ein gotischer Saal, der mit einer Kreuzigungsgruppe aus dem 13. Jh. ausgemalt ist. Heute ist in dem Gebäude die Stadtverwaltung untergebracht.

Der kleine **Hafen** hat sich zu einer netten Entspannungsmeile gemausert. Im Wasser dümpeln Segelboote am Steg, zum Verweilen laden vier Gastrobetriebe ein, alle mit Terrasse zum Wasser, und gleich nebenan gibt es einen WoMo-Stellplatz, ebenfalls mit Blick auf die Schlei.

Fischersiedlung Holm

Nur wenige Schritte weiter in Richtung Schlei liegt die alte Fischersiedlung Holm. In diesem Stadtteil manifestiert sich die Vergangenheit, ein wahres **architektonisches Kleinod.** Ausgehend vom kreisrunden, zentralen Platz, auf dem ein Friedhof zu finden ist, streben ein paar Straßen dem Wasser entgegen. Hier stehen ausschließlich Häuser aus vergangenen Jahrhunderten, es sind kleine, gedrungene Häuser, alle liebevoll restauriert. Man liest staunend die Jahreszahlen: 1712, 1760, 1786. Die Häuser verströmen einen gemütlichen Charme, vor beinahe jedem von ihnen wachsen Rosen.

Alle Gräber des **Friedhofs** zeigen übrigens nach Osten. Die Holmer Totengilde, „Beliebung" genannt und 1650 gegründet, feiert zwei Wochen nach

834sc-mux

Pfingsten ein Fest mit feierlichem Umzug und Gedenken an die Verstorbenen. Mittelpunkt der Siedlung und auch des Friedhofs ist die kleine **Kapelle** aus dem Jahr 1876. Hier werden alle Verstorbenen vom Holm beerdigt, dafür sorgt die Totengilde.

Vielleicht konnte sich der Stadtteil in dieser Form nur erhalten, weil Holm über Jahrhunderte eine Insel war, erst 1933 wurde das Fischerquartier mit dem Festland verbunden. Die Holmer Fischer haben seit 1480 das verbriefte Recht, auf der Schlei bis hoch nach Arnis fischen zu dürfen. Dieses Recht wird vom Vater auf den Sohn vererbt, aber es gibt heute kaum noch Schleifischer. Das Recht fällt an die Stadt Schleswig zurück, wenn der letzte Holm-Fischer aufgibt.

Das **Holm-Museum** zeigt historische Fotos aus Schleswig.

- **Holm-Museum,** Süderholmstr. 2, tägl. 10–18 Uhr, Eintritt frei.

St. Johanniskloster

Einige Gehminuten von Holm entfernt liegt das St. Johanniskloster. Dieses ehemalige Benediktinerkloster wurde 1194 errichtet und gilt als **eine der besterhaltenen Anlagen im Land.** Ab der Reformation lebten hier unverheiratete Töchter des schleswig-holsteinischen Adels. Erhalten ist auch die romanische **Klosterkirche St. Johannis.** Die Kanzel spendete König *Friedrich V.* im 18. Jh.

☐ In der alten Fischersiedlung Holm

Im ehemaligen Speise- und Versammlungssaal des Klosters, dem **Remter** (ist ausgeschildert und liegt im hinteren Bereich) ist das Chorgestühl der Nonnen aus dem 13. Jh. mit seinen fantasievollen Schnitzereien sehenswert. Hier steht auch die **Orgel,** auf der *Carl Gottlieb Bellmann* (1772–1861) das **Schleswig-Holstein-Lied** komponierte, die Landeshymne des Bundeslandes („Schleswig-Holstein, meerumschlungen"). Sie wird noch immer jeden Tag um Mitternacht von *RSH (Radio Schleswig-Holstein)* gespielt. *Bellmanns* Grab liegt auf dem kleinen Klosterfriedhof. Auf seinem Grabstein steht es groß geschrieben: „Komponist des Schleswig-Holstein-Liedes".

Das Kloster ist ab Holm ausgeschildert und über die Süderholmstraße (Kopfsteinpflaster) zu erreichen. Anbei befindet sich der **Bibelgarten,** in dem Pflanzen gedeihen und vorgestellt werden, die in der Bibel vorkommen. Am Eingangspfosten hängt ein sehr hilfreiches Büchlein, das viele Details erklärt und ausgeliehen werden kann.

Schloss Gottorf

In Schloss Gottorf sind zwei Landesmuseen untergebracht, in einem separaten Gebäude ist eine Gemäldesammlung moderner Künstler zu finden. Auch der Barockgarten ist sehenswert.

Das Schlossgebäude selbst ist bereits imposant anzuschauen. Es ist das **größte Fürstenschloss des Landes** und war von 1544 bis 1713 die Residenz der **Herzöge von Schleswig-Holstein-Gottorf,** einer Nebenlinie des dänischen Königshauses. Umgeben von einem Schlossgraben, erhebt sich das helle, dreistöckige, vierflügelige Gebäude mit dem hohen Dach. Es beherbergt zwei Landesmuseen.

Archäologisches Landesmuseum

Das *Archäologische Landesmuseum* befasst sich mit der Geschichte des Landes seit seinen frühesten Anfängen vor etwa 120.000 Jahren in einzelnen, gut gemachten Abteilungen.

Die ältesten Fundstücke stammen von den **Neandertalern** und sind Werkzeuge wie etwa Faustkeile. Diese Zeitspanne wird anschaulich erläutert, genau wie die folgenden Epochen bis zum **Mittelalter,** das einen Ausstellungsschwerpunkt darstellt. Hier werden die damaligen Strukturen des Zusammenlebens erklärt: Welchen Stellenwert hatten die Stadt, das Dorf, eine Burg, die Kirche, ein Bauer, ein Mönch, ein Händler? Auch der Umgang mit Verstorbenen wird thematisiert, etwa in der Präsentation verschiedener **Hünengräber.**

Ein Anziehungspunkt des Museums sind die rund 2000 Jahre alten **Moorleichen.** Schmale, dünne menschliche Körper mit dunkler, gegerbter Haut wurden aus dem Moor geborgen, wo sie über Jahrhunderte konserviert ruhten. Die Wissenschaft diskutiert noch, ob die Toten dereinst ehrenvoll bestattet oder zur Strafe im Moor versenkt wurden. Auch bemerkenswert ist das sogenannte **Nydam-Schiff,** ein Fund aus dem 4. Jh. n. Chr.

Landesmuseum für Kunst und Kulturgeschichte

Das zweite Museum im Haupthaus zeigt die fast 1000-jährige Kulturgeschichte des Landes. Der Rundgang beginnt in der schönen **Gotischen Halle** mit kirchlicher und sakraler Kunst des Mittelalters und führt bis zur **Klassischen Moderne.** Ein großer Bereich ist auch dem **Jugendstil** gewidmet.

Kunstsammlung der Stiftung Rolf Horn

Zum Museumskomplex gehört auch die in einem seitlichen Nebengebäude untergebrachte Kunstsammlung der Stiftung Rolf Horn mit **Bildern der klassischen Moderne,** darunter Werke von *Emil Nolde* sowie von Malern der „Brücke“ und des „Blauen Reiters“.

Barockgarten mit Riesenglobus

Der Barockgarten hinter dem Schloss war Teil eines 15 Hektar großen fürstlichen Lustgartens, der im 17. Jh. angelegt wurde. Es war der erste **Terrassengarten** nach italienischem Vorbild in Nordeuropa. Die einzelnen Terrassen sind leicht geneigt und nach oben hin etwas schmaler gestaltet, sodass sie eine spezielle Tiefenwirkung entfalten. Die unterste Ebene nimmt der Herkulesteich ein. Auf der dem Teich nächstgelegenen Terrasse sind die Spiegelmonogramme von Herzog *Christian Albrecht* und *Friederike Amalie* in Buchsbaumkulturen gepflanzt, sie kommen vor dem hellen Kies sehr gut zur Geltung. Im Schlossgarten befindet sich auch eine Monumentalfigur des *Herkules,* der mit der *Hydra* kämpft.

Eine spezielle Attraktion des Gartens ist der **Riesenglobus** aus dem 17. Jh. Einst geschaffen im Auftrag des Gottorfer Herzogs *Friedrich III.,* kam er 1717 nach Russland. Nach einigen geschichtlichen Turbulenzen verschwand das Original in St. Petersburg. Eine Replik wurde erschaffen, die in Schloss Gottorf besichtigt werden kann. Der Globus misst 3,12 m im Durchmesser, ist **begehbar**

835sc-mux

und zeigt innen wie außen das Abbild der damals bekannten Welt und des **Sternenhimmels.** Er dreht sich, Besucher nehmen im Inneren Platz und „fahren“ sozusagen **in acht Minuten durchs Universum.**

Installiert wurde der Globus um 1650 in einem Lusthaus und dahinter der Garten um vier Terrassen erweitert. Nachdem der Globus abtransportiert war, verfiel der Garten immer mehr, bis er 2007 nach umfänglicher Restaurierung wieder eröffnet werden konnte.

■ **Museumskomplex Schloss Gottorf,** Schlossinsel 1, 24837 Schleswig, Tel. 81 32 22, www.schloss-gottorf.de, April–Okt. Mo–Fr 10–17, Sa/So 10–18 Uhr, Nov.–März Di–Fr 10–16, Sa und So 10–17 Uhr, Mo geschlossen, Eintritt: 10 €, ermäßigt 8 €, Familienkarte 21 €.

Globushaus, April bis Okt. Di–Fr 10–17, Sa/So 10–18 Uhr, Eintritt 7 €, erm. 5 €, Familien 15 €, der Eintritt in den Barockgarten ist frei.

Stadtmuseum

Das Stadtmuseum liegt etwas außerhalb des Altstadtbereichs am südlichen Ufer der Schlei in einem ehemaligen Adelshof aus dem 17. Jh. Hier wird die **Geschichte von Schleswig** anschaulich dokumentiert, so z.B. die Nazizeit, die Fischerei, der Deutsch-Dänische Krieg oder Haithabu. Im Nebengebäude ist eine einzig-

⌃ Schloss Gottorf

artige Sammlung von **Teddybären** untergebracht, außerdem gibt es regelmäßige Sonderausstellungen des Foto-Clubs.

- **Stadtmuseum,** Friedrichstr. 11, Di–So 10–17 Uhr, Eintritt 5 €, ermäßigt 2,50 €.

Praktische Tipps

Info

- **PLZ:** 24837
- **Vorwahl:** 04621
- **Einwohner:** 24.000
- **Touristinformation:** Plessenstr. 7, Tel. 85 00 56.
- **Stadtführungen:** Die Touristeninformation bietet verschiedene thematische Stadtführungen.
- **Internet:** www.schleswig.de, www.ostseefjordschlei.de

Unterkunft

2 Hotel Strandhalle④, Strandweg 2, Tel. 90 90, www.hotel-strandhalle.de. Das Haus liegt sehr ruhig am Ufer der Schlei gut zehn Minuten zu Fuß von der Innenstadt entfernt. Funktional eingerichtet, bieten einige etwas teurere Zimmer besten Schlei-Blick. WLAN.

4 Hotel Alter Kreisbahnhof④, Königstr. 9, Tel. 302 00, www.hotel-alter-kreisbahnhof.de. Sehr zentral gelegenes Hotel schräg gegenüber vom Dom. Insgesamt 16 gut ausgestattete Zimmer in einem historischen Gebäude mit **4 Restaurant** und WLAN. Weitere 15 Zimmer befinden sich im Gästehaus *Tor zum Holm*.

13 Hotel F-ritz③-④, Friedrichstr. 102, Tel. 93 22 80, www.hotel-f-ritz.de. Ein schlankes, auffällig rotes Haus in einem ruhigen, aber etwas abseits vom Zentrum gelegenen Viertel. 15 Zimmer sowie 6 Apartments, die in modernem Design unterschiedlich ge-

Schleswig

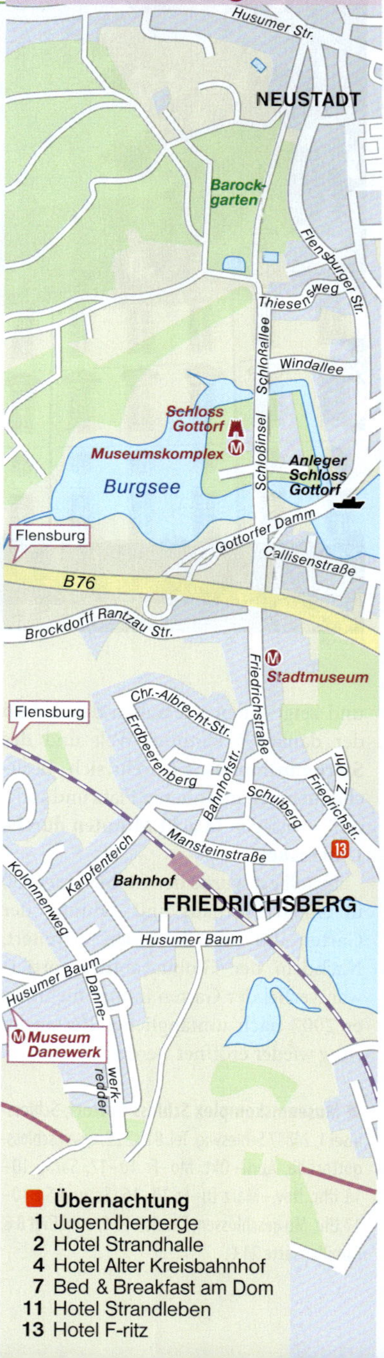

0 400 m
© Reise Know-How Schles OSK_13 4/22
Amselstr.
Berliner Straße
Schubystraße
Friedrich-Ebert-Str.
Chemnitzstr.
Moltkestraße
Stadtfeld
Bismarckstraße
St.-Jürgener-Str.
Gallberg
Carstensstr.
Möwen-weg
H.-Richthofen-str.
Bergkoppel
Suadicanistr.
Lutherstraße
Stadtweg
Klosterhofer Straße
Ilensee
Lange Str.
ALTSTADT
Schwarzer Weg
Plessenstr.
Rathaus, Graukloster
Noorweg
Königstr.
Lollfluß
Schleistraße
St.-Petri-Dom
Knud-Laward-Str.
WoMo-Stellplatz
Am Hafen
Holm-Museum
Friedhof Holm
Schleihallenbrücke
Hafen
HOLM
St. Johanniskloster mit Bibelgarten
Schiffstouren mit der „MS Wappen von Schleswig“
Anleger Stadthafen
LOLLFUSS
Möwen-insel
NSG
Wiking Yachthafen
Schlei
FAHRDORF
Fähranleger Haddeby
Dorf-str.
Haddebyer Chaussee
B76
Kiel
Busdorfer
Bootsanleger Haithabu
Wikinger-Museum Haithabu
Busdorfer Teich
B77
BUSDORF
Haddebyer Noor
Zum Nordtor
LOOPSTEDT
Bergstr.
Rendsburger St.
Wikinger-Häuser
Schulstr.
Margarethen-wall
Alte Landstr.
7 Hamburg
Neumünster, Rendsburg, Hamburg
Essen und Trinken
3 Luzifer
4 Hotel Alter Kreisbahnhof
5 Hafencafé Schleswig
6 Senator Kroog
8 Zanders Nordlicht, Kaphörnchen, Burgermeisterin
9 Schleimöwe
10 Holm Café
12 Odins Haithabu

836sc-mux

staltet wurden. Hinter dem Haus öffnet sich ein großer Garten mit Pool. Gefrühstückt wird, falls das Wetter mitspielt, auf der Dachterrasse.

11 Hotel Strandleben④, Schleibogen 6, Tel. 396 99 65, www.strandleben-schleswig.de. Liegt etwas außerhalb der City im Neubaugebiet „Auf der Freiheit", sehr ruhig direkt an der Schlei. Die topmodernen Zimmer sind hochwertig eingerichtet, jene zur Schlei-Seite sind etwas teurer.

7 Bed & Breakfast am Dom③, Töpferstr. 9, Tel. 48 59 91, www.bb-schleswig.de. Zentral gelegen mit liebevoll eingerichteten Zimmern in einem historischen Stadthaus. Frühstück aus regionalen Bio-Produkten, weiterhin können Yoga-Kurse gebucht werden.

1 Jugendherberge, Nordmark, Spielkoppel 1, Tel. 238 93. Insgesamt stehen 123 Betten zur Verfügung. Anfang Dez. bis Anfang Febr. geschlossen.

Der Barockgarten von Schloss Gottorf

Camping

■ **WoMo-Stellplatz:** 45 Wohnmobile finden einen Platz mit Entsorgung am Stadthafen, Tel. 80 14 50, www.womoplatz-schleswig.de. Schöner Blick direkt auf die Schlei, Sanitäranlagen mit Dusche und WC vorhanden, Brötchenservice wird angeboten. Dez. bis Febr. eingeschränkter Service.

Gastronomie

8 **Kaphörnchen,** Am Hafen 9, tägl. 10–22 Uhr. Auch hier wird Bistroküche serviert, mit Schwerpunkt auf mexikanischer Küche, beim angeschlossenen *Eishörnchen* wird leckeres Eis hergestellt. Von der großen Terrasse hervorragender Schlei-Blick.

8 **Zanders Nordlicht,** Am Hafen 1, Tel. 29 02 07, tägl. 9–21 Uhr. Bistro am Hafen mit Selbstbedienung. Es gibt u.a. Fischbrötchen, Salate, Fischgerichte, und dies alles mit einem tollen Schlei-Blick. Nebenan gibt es einen Raucherraum.

Ebenfalls am Hafen liegen noch das 8 Bistro **Burgermeisterin**, wo man Fischbrötchen und Burger sehr nett in einem Strandkorb sitzend genießen kann, und das 5 **Hafencafé Schleswig** (direkt neben dem WoMo-Stellplatz).

9 **Schleimöwe,** Süderholmstr. 8, Tel. 243 09, www.schleimoewe.de, tägl. 11.30–14 und 17–22 Uhr, spezialisiert auf regionale Fischgerichte, liegt direkt auf dem Holm.

3 **Luzifer,** Königstr. 27, Tel. 48 82 13. https://luzifer-sylt.de. Liegt direkt an der Schlei gegenüber vom ZOB. Hier wird das *Asgaard*-Bier der hauseigenen Brauerei ausgeschenkt, in urig-gemütlichem Ambiente mit viel Holz-Dekor. Im Angebot sind kleine und große Gerichte. Küche tägl. 9–22 Uhr, geöffnet bis 24 Uhr, Fr/Sa bis 1 Uhr.

6 **Senator Kroog,** Rathausmarkt 10, Tel. 222 90, www.senatorkroog.de, tägl. außer Mi 10–19.30 Uhr. Große Auswahl von Gerichten aus der Region in rustikalem Ambiente, Mittagstisch. Im Sommer kann man draußen essen.

10 **Holm Café,** Süderholmstr. 15, Tel. 209 27, www.holm-cafe.de, März–Okt. 13–18 Uhr, Nov. bis Febr. verkürzte Zeiten, Mo ist Ruhetag. Torten und Kuchen, die die Chefin selbst backt, werden in diesem gemütlichen Café serviert, bei gutem Wetter auch auf der Terrasse.

12 **Odins Haithabu,** Haddebyer Chaussee 13, 24866 Busdorf, Tel. 85 05 00, www.odins-haddeby.de, tägl. 7–22 Uhr. Ein historisches Gasthaus am Südufer der Schlei gelegen, ganz in der Nähe des Museums *Haithabu*. Obendrein gibt es hier täglich von 7–11 Uhr ein Freie-Auswahl-Frühstück mit eigenen Backwaren aus dem Holzbackofen. Auch wird regionale Küche mit Produkten der Region gereicht. Zum Haus gehören noch eine nette **Vinbar** (geöffnet bei gutem Wetter Mi–So ab 15 Uhr) und ein **Hofladen** mit regionalen Produkten.

Feste und Veranstaltungen

Gottorfer Landmarkt, Mitte Mai findet traditionell auf dem Schlossgelände der größte Ökolandmarkt Deutschlands statt mit über 130 Ausstellern aus den Bereichen Biolandbau, Ökowissenschaft, Kunsthandwerk, Gartengestaltung und erneuerbare Energien. Natürlich gibt es auch vielfältige Essensangebote und Lebensmittel aus der Region.

■ **Wikingertage,** Anfang August wird die Welt der Wikinger direkt an der Schlei wieder aufgebaut: Wikingerschiffe aus Skandinavien legen an, das Alltagsgeschehen wird nachgestellt und auf historischen Instrumenten musiziert.

■ **Nørden, the nordic art festival**, Anfang Sept., www.norden-festival.com. Dreiwöchiges Kulturfestival mit vielen Künstlern aus dem gesamten Ostseeraum. Es gibt Konzerte, Lesungen, Filme, Tanz u.a.

Schiffstouren

■ **Fa. A. Bischoff,** Schleihallenbrücke bzw. Gottorfer Damm 1, Tel. 233 19, www.schleischifffahrt.de, bietet verschiedene Fahrten mit der *MS Wappen von Schleswig* auf der Schlei an, aber auch ganztägige Touren nach Schleimünde mit mehreren Zwischenstopps, jeden Di Abfahrt 9 Uhr, Ankunft Schleimünde 12.35 Uhr, Rückfahrt von dort um 14.50 Uhr, Ankunft in Schleswig um 18.30 Uhr. Die Fahrten finden nur von Juni bis September statt.
■ **Fam. Sebode,** Tel. (04642) 61 84, www.schlei-ausflugsfahrten.de. Das Schiff *Stadt Kappeln* fährt in der Saison ab April Di und Fr von Kappeln nach Schleswig und zurück, ab Kappeln 10.45 Uhr, Ankunft Schleswig 13.30 Uhr, Rückfahrt ab 15 Uhr. Es gibt auch Touren bis nach Schleimünde.
■ Von April bis Ende Sept. finden auch drei- bis fünfmal täglich einstündige **Hafenrundfahrten** statt. Infos Tel. 275 30, www.schleifahrten.de. Abfahrt vom Stadthafen, Brücke 1.

Nachgebaute Wikingerhäuser in Haithabu

837sc-fr

In der Umgebung

Wikinger-Siedlung Haithabu

Das Wikinger-Museum Haithabu steht an **historischer Stätte.** Haithabu zählte in der Wikingerzeit zu den **wichtigsten Siedlungen in Nordeuropa,** hier liefen alle Fernhandelswege zusammen. Es lag am Endpunkt der Schlei, und so konnten die Schiffe, von der Ostsee kommend, direkt bis in den Hafen fahren. Geschützt war die Siedlung durch einen mächtigen **halbkreisförmigen Damm,** der heute noch zu sehen ist.

Die Wikinger handelten aber auch über die Nordsee und ließen ihre Schiffe von der Eider weiter über die Treene bis nach Hollingstedt segeln bzw. rudern. Von dort wurden Waren mit viel Kraftaufwand 16 km über Land transportiert, bis bei *Haithabu* wieder Wasser erreicht war.

Die **Ausstellung** ist auf mehrere Räume verteilt, die thematisch angeordnet sind. Sie ist modern gestaltet, zeigt in teils begehbaren Schauwänden und -kästen viele, aber nicht zu viele Exponate, durch audiovisuelle Medien unterstützt. So wird z.B. die Schrift auf einem Runenstein erklärt, indem einzelne Fragmente ausgeleuchtet und übersetzt werden. Man findet Exponate zum Thema Haushalt, Bebauung, Religion, Schrift, Handel, Handwerk und Stadtentwicklung. In einer Schiffshalle ist eines der damals so gefürchteten **Wikingerschiffe** zu sehen. Man erfährt, dass die Wikinger nicht nur ein kriegslüsternes Volk waren, sondern dass sie auch als Händler in entlegene Ecken vorstießen. Immerhin erreichten sie Island, Grönland, Neufundland, das Mittelmeer und Rom, drangen sogar bis ins Kaspische Meer vor.

Außengelände

Einen knapp 20-minütigen Fußmarsch entfernt stehen auf historischem Gelände **originalgetreu nachgebaute Häuser** aus der Wikingerzeit, zwischen denen sogar Tiere weiden. Man erhält einen authentischen Einblick in die Lebens- und Arbeitswelt vor mehr als 1000 Jahren. *Haithabu* ist inzwischen zusammen mit dem *Danewerk* zum UNESCO-Welterbe erklärt worden.

Wikinger-Museum Haithabu, Am Haddebyer Noor 3, 24866 Busdorf, Tel. 81 32 22, https://haithabu.de, April bis Okt. tägl. 9–17, Nov. bis März 10–16 Uhr. Die Wikingerhäuser sind im Winter geschlossen. Eintritt Erw. 9 €, erm. 7 €, Familie 19 €, Kinder und Jugendliche 3 €. *Haithabu* liegt an der B76, vier bis fünf Kilometer außerhalb vom Zentrum Schleswigs. Die Busse der Linie 720 nach Eckernförde halten vor dem Museum.

430sh mf

Ein „Wikinger" bei der Arbeit

Danewerk

MEIN TIPP: An historischem Ort liegt ein nettes, kleines **Museum,** fast dänisch-gemütlich, das einen tiefen Einblick in die nicht immer friedvoll verlaufene Geschichte zwischen Dänen und Deutschen bietet. Der Name *Danewerk* bedeutet „Deich der Dänen", und genau das wird thematisiert. Das Museum ist wenige Kilometer westlich von Schleswig zu finden: per Auto über die A7 bis zur Abfahrt Jagel, dann Richtung Husum bzw. *Danewerk.*

Die Dänen ließen vor über 1000 Jahren einen **Schutzwall gegen die deutschen Stämme** errichten. Ausgehend von der Schlei bei Haithabu, zog er sich hin bis zu einem Fluss namens Rheider Au. Dieser mündet in die Treene und bildet ein, wenn auch schwaches, natürliches Hindernis.

Die Wikinger

Blutrünstige Mordgesellen, die Met saufend, Schwerter schwingend und Frauen raubend durch die Lande zogen, mit ihren Schiffen die entlegensten Flüsse befuhren und sicher geglaubte Städte plünderten. Markenzeichen: zotteliger Bart, Helm mit Hörnern und unbändige Kraft. So in etwa sieht das gängige **Klischee** über die Wikinger aus. Im Kern steckt da zwar eine Menge Wahres, aber schon beim leichten Kratzen an der Oberfläche kommt ein anderes Bild zum Vorschein. Beispielsweise trugen sie niemals Hörner-Helme.

Als Räuber sind sie bekannt geworden, als Siedler und gar als Kaufleute weniger. Kein Wunder, lebten die Nordeuropäer zunächst mehr oder weniger friedlich als **Bauern in Dänemark** und dem **südlichen Schweden und Norwegen.** Hauptsächlich siedelten sie an der Küste in kleinen dörflichen Einheiten, beackerten ihre Scholle, fischten, jagten und taten sonst nicht allzu viel Bemerkenswertes. Wie kommt es dann, dass aus Bauern **Piraten** wurden? Es wird vermutet, dass zum einen die Erbfolge eine Rolle gespielt hat, zum anderen eine Art Überbevölkerung. Den jeweiligen Hof erbte nur der Älteste, die jüngeren Söhne gingen leer aus. Kein Wunder also, dass sie in die weite Welt hinauszogen.

793 tauchten die Wikinger erstmals in der Geschichtsschreibung als **plündernde Marodeure** auf. Ausgerechnet den heiligsten Ort Englands, das **Kloster Lindisfarne,** überfielen die Nordmänner. Sie kamen mit schlanken Booten rasend schnell heran, fuhren direkt auf den Strand, stürmten das Kloster, fackelten nicht lange und metzelten die Mönche nieder, raubten, was sie tragen konnten, und verschwanden wieder. Ein Chronist charakterisierte sie später so: „Vollkommen rohe, gottlose, verwegene Gestalten." So schnell hatten die Wikinger ihren Ruf weg, und sie taten in den nächsten Jahrhunderten alles, um ihm gerecht zu werden.

Einige Orte, die sie auf ähnliche Weise überfielen und plünderten: Paris, Sevilla, Köln, Trier, Nantes, Hamburg, Konstantinopel, Aachen – sie kamen ganz schön herum. Einige Städte waren nach mehrmaliger Plünderung schlicht pleite, hatten keine Reichtümer mehr zu bieten. Also mussten die Wikinger **immer weitere Touren** unternehmen und liefen so langsam Gefahr, selbst überfallen zu werden. Darauf sollen sich nämlich auch einige gewitzte Burschen spezialisiert haben: reich beladen zurückkehrende Wikinger auszurauben.

Die **Taktik der Raubzüge** war immer noch dieselbe, die schon beim Überfall auf Lindisfarne angewandt wurde. Mit ihren **langen, flachen Booten** konnten sie tief die Flussläufe hinaufrudern und Städte überfallen, die weit entfernt von der Küste lagen. Hier manifestierte sich ihr Ruf und hier ist auch der Ursprung ihres Namens zu finden. Nur wer auf Räuberfahrt ging, durfte sich „Wikinger" nennen.

Heute werden alle Nordmänner über einen Kamm geschoren, und das ist eigentlich ungerecht. Denn neben all diesen unzweifelhaft grausamen Taten vollbrachten die – um bei dem Namen zu bleiben – Wikinger **kaufmännisch-logistische Meisterleistungen.** Schon frühzeitig trieben sie nämlich auch Handel mit den entferntesten Orten. Auch hier kamen ihnen die schlanken, flachen Boote zugute, mit denen sie bis ins Mittelmeer, nach Kiew und sogar bis Bagdad gelangen konnten. Es soll Tausende von Handelsschiffen gegeben haben, die zwischen London, Dublin und Russland pendelten. Gehandelt wurde mit allem, auch mit Sklaven, gezahlt wurde in Silber. **Hauptumschlagplatz**

war Haithabu. Dort kanalisierten sich die Warenströme, tauschten, kauften oder verkauften die Händler ihre Waren und schickten erneut Langboote aus.

Haithabu lag äußerst verkehrsgünstig im **Schnittpunkt verschiedener Handelsrouten.** Wer aus dem Osten kam, fuhr über die Ostsee in die Schlei und erreichte nach 40 km Haithabu. Händler, die über die Nordsee kamen, fuhren zunächst in den Fluss Eider. Nachdem etwa die Hälfte des heutigen Schleswig-Holsteins passiert war, zweigte ein kleiner Fluss ab, die Treene, heute ein beliebtes Paddelrevier. An einem bestimmten Punkt angelangt, konkret beim kleinen Ort Hollingstedt, wurden die Waren auf Pferdewagen umgeladen und 16 km über Land nach Haithabu transportiert. Noch heute hält sich hartnäckig die Erzählung, dass auch so manches Schiff diese Strecke über Land gezogen wurde. Damit die Jungs dabei nicht allzu sehr maulten, wurde ihnen vorher eine Kanne „Schleppbier" – besonders starkes Met – angeboten. Genau diese These wird aber auch von einer Expertin aus dem Museum als – so wörtlich – „Quatsch!" abgetan.

Haithabu war im 9. und 10. Jh. eine mächtige und **reiche Stadt.** Das lockte natürlich Neider. 1066 überfielen Slawen die Stadt und machten sie dem Erdboden gleich. Haithabu wurde zwar wieder aufgebaut, die Händler zogen allerdings um in das benachbarte Schleswig.

Neben Kriegern und Händlern waren die Wikinger aber auch noch **Siedler.** Auf ihren Fahrten mussten sie so manches Mal in der Fremde überwintern. Daraus entwickelten sich recht schnell feste Siedlungen, so beispielsweise auf **Island und Grönland,** aber auch in **Südengland** und in der **Normandie.**

Von diesen Siedlungen aus wurden dann wieder neue **Entdeckungsfahrten,** sogar bis nach Amerika, unternommen. So gelangte beispielsweise *Leif Eriksson* im Jahr 999 von Grönland aus an die **nordamerikanische Küste.** Wahrscheinlich erreichte er Nova Scotia in Kanada, er nannte die Küste „Vinland". Später sind noch weitere Fahrten unternommen worden, das belegen die Ausgrabungen einer Wikinger-Siedlung auf Neufundland. Die Wikinger können also als Entdecker Amerikas gelten, 500 Jahre vor *Kolumbus.*

048sh mf

Die Wikinger-Häuser in Haithabu

Die Anfänge dieses Schutzwalls datieren aus dem Jahr 650, damals nur ein einfacher Erdwall mit einem Graben davor. Aus einer Sagenüberlieferung stammt die Aussage, dass *Thyra Danebod* das Danewerk bauen ließ, „zum Schutz gegen deutsches Wüten“. Das soll so etwa im 10. Jh. gewesen sein. Schon 350 Jahre früher soll es den ersten Wall gegeben haben, aber unter *Thyra* wurde er neu gebaut.

Die Funktion des Danewerks war, die Landwege von Schleswig zu blockieren, wo Heeres- und Handelswege entlangliefen, die fast wie durch ein Nadelöhr auf Schleswig-Haithabu zuführten. Der Osten war durch die Schlei, der Westen durch die Flüsse Treene und Eider geschützt. Der Rest war sehr flaches Land, durch das ein Schutzwall von rund **sieben Kilometern** Länge gebaut werden musste.

Und so geschah es – im Laufe der Jahrhunderte wurden insgesamt **drei Wälle** gezogen. Die ersten Wälle waren reines **Erdreich,** die späteren durch Holzpalisaden und Feldsteine, zum Schluss sogar durch **Ziegelsteine** geschützt. In einem kleinen Abschnitt ist dies noch heute zu sehen, etwa 200 m hinter dem Museum. Noch ein Stück weiter wurde eine Verteidigungsschanze nachgebaut.

Da das Museum die **deutsch-dänische Geschichte** beleuchtet, werden konsequenterweise alle Erklärungen zweisprachig gegeben, dänisch und deutsch. Außen finden wir sogar den dänischen Namen für das Museum, *Danevirkegården.* Im Inneren des Museums

055sc fr

sind kleine **Modelle** des Danewerks und überdimensionale Karten zu sehen, auf denen der gewaltige Damm nachgezeichnet ist. Historische Bilder beleuchten Details, zeigen die einzelnen Bauabschnitte, erklären kriegerische Auseinandersetzungen – sogar solche aus jüngster Zeit (1864) – und vermitteln einen deutlichen Eindruck von der damaligen Bedeutung dieses Bauwerkes.

Die Nachbildung einer **Kanone** nebst Bedienungstruppe symbolisiert die vielen Schlachten, die es zwischen Deutschen und Dänen einst gab. Im oberen Stockwerk gibt es eine Ausstellung zur dänischen Minderheit in Südschleswig von 1864 bis heute.

■ **Museum Danewerk,** Ochsenweg 5, 24867 Dannewerk, Tel. (04621) 378 14, www.danevirkemuseum.de, März, April und Okt./Nov. Di–So 10–16 Uhr, Mai bis Sept. Mo–Fr 9–17, Sa/So 10–16 Uhr, Dez. bis Febr. Winterpause, Eintritt 5 €, Kinder unter 16 Jahren frei. Das Museum bekommt bis 2024 ein völlig neues Gebäude, daher kann es zu Einschränkungen kommen.

[<] Danewerk – dem für die deutsch-dänische Geschichte so bedeutenden Grenzwall wurde bei Schleswig ein eigenes Museum gewidmet

Freizeitpark Tolk-Schau

Deutschlands nördlichster Familien-Freizeitpark (Eigenwerbung) ist in dem kleinen Ort **Tolk** zu finden, etwa zehn Kilometer nordöstlich von Schleswig an der B201. Der Park ist unterteilt in einen **Erlebnispark** und einen **Museumspark.** Er bietet eine ganze Menge Attraktionen, die aber nicht so spektakulär ausfallen wie beispielsweise im *Hansa-Park.* Es sind eher ruhigere Vergnügungen wie z.B. Go-Karts, Minigolf, Pendelbahnen, Trampoline, Rutschen, Ruderboote, Wackelfahrräder oder Streichelgehege. Natürlich gibt es auch Fahranlagen wie Achterbahn oder *Luna Loop,* aber eben mit weniger Kreischvergnügen. Weiterhin stehen gegen Extragebühr etwa 50 Grillhütten bereit. Außerdem wird eine kleine Übersicht über die heimatliche Tierwelt gegeben, es locken das Tal der Dinosaurier, eine Sommerrodelbahn sowie eine Nachbildung des mittelalterlichen Schleswig.

■ 24894 Tolk, Tel. (04622) 20 84, www.tolk-schau.de, Mitte April–Mitte Okt. 10–18 Uhr, Ruhetage im Mai, Juni, Sept.: Mi, Do, Fr, Eintritt Personen über 95 cm Größe 25 €, unter 95 cm und Geburtstagskinder haben am Tag ihres Geburtstags freien Eintritt. Zu erreichen: von Schleswig über die B201; von der Ostseeküste bei Damp kommend, über die Schlei-Brücke bei Lindaunis.

7

Eckernförder Bucht

» Eckernförde ist ein kleines Städtchen mit einer netten Hafenmeile und einem Sandstrand, nur wenige Schritte vom Zentrum entfernt. Auf beiden Seiten der Eckernförder Bucht liegt eine landschaftlich ungemein reizvolle Gegend mit einer Handvoll hübscher Orte, zumeist mit Strand und wenig überlaufen.

[<] An der Küste der Halbinsel Schwansen bei Waabs

STRÄNDE UND STEILKÜSTE

Ein weiterer tiefer Einschnitt ins Land bei Eckernförde. Die *Hafenstadt* ist unspektakulär-reizvoll mit schmucken, leicht gedrungenen Häusern, einem belebten Hafen und einem sehr langen Strand mitten in der Stadt. Außerhalb zeigt sich die Landschaft ausgesprochen hübsch: kleine Küstenorte, meist mit einem Strand, der mal steinig, mal sandig ausfällt.

NICHT VERPASSEN!

- Ein reizvolles Hafenstädtchen mit herausragender Gastronomie: **Eckernförde** | 273
- Ein etwas versteckter, schöner Strand mit einem guten Lokal: **Weidefelder Strand** | 286
- Eine kaum bekannte Gegend mit spektakulären Steilküsten und feinem Sandstrand: **Schwedeneck** | 288

Diese Tipps erkennt man an der gelben Markierung.

Eckernförder Bucht

Saustrup
Wagersrott
Schegge-rott
Richtberg 44
Norderbrarup
Sandbek
Mehlby
Ellenberg
Klappbrücke
Maasholm 236
Schleimünde
Schlei
Schleimünde
Olpenitz
246 Süderbrarup
Rabenkirchen-Faulück
Dollrottfeld
240 KAPPELN
201
Museumseisenbahn
Grödersby
286 Weidefeld
Schleibach
Nordhagen
244 ARNIS
Autofähre
Heide
Brodersby
285 Schönhagen
Ekenis
Boren
Kiesby
Karby
Nottfeld
Ketelsby
Winnemark
Dörphof
Schuby
Schwansener See
OSTSEE
247 Lindaunis
Lindau
Schlei
Bienebek
Karlsburger Holz
Lindauer Noor
248 Sieseby
Thumby
Schubystrand
Klappbrücke
Gunneby
Kriesebyau
284 Gut Damp
Entdeckerbad 283 Damp
Stubbe
Vogelsang
Bockenau
Schwansen
Norby
Holzdorf
Söby
Großwaabs
248 Rieseby
48 Kollhüh
50 Mexrader Berg
Dinghöft 29
203
Groß Moor
Ritenrade
Kleinwaabs
282 Waabs
Koseler Au
Loose
281 Gut Ludwigsburg
Gammelby
Barkelsby
Hünengrab
Aassee
Langholz
Eckernförder Bucht
Hemmelmark
280 Karlsminde
Gr. Schnaaper See
Karlshöhe
Borby
Hemmelmarker See
Windebyer Noor
Nikolai-Kirche
Louisenberg
273 ECKERNFÖRDE
Surendorf
Hohenhain
Dänisch-Nienhof
Hügelgräber
Noer
Krusendorf
503
288 Schwedeneck
Windeby
Wilhelmstal
Lindhöft
Hügelgräber
Sprenge
Birkenmoor
Goossee
Goosefeld
Neudorf-Bornstein
Altenhof
Hohen Borghorst 37
Osdorf
Hügelgräber
Dänischer Wohld
Lehmsiek
Kaltenhof
Haby
Holtsee
Hüllkenbek
280 Gettorf
Felm
Berge
Lindau
Alte Eider
Revensdorf
Tüttendorf
76
Habyer Au
30 Fuscheraberg
Blickstedt
Lindauer Mühlenau
36 Sehestedt
Staatsforst Rendsburg
Techelsberg 36
Kiel
Neuwittenbek

060sc fr

Überblick

Am Ende dieser tief eingeschittenen Bucht im nordöstlichen Schleswig-Holstein liegt der Ort, der ihr den Namen gab: **Eckernförde.** Die Stadt hat keine auffälligen Sehenswürdigkeiten, aber eine recht charmante Atmosphäre.

Der **rechte Arm** der Eckernförder Bucht mit seinen Stränden und Dörfern ist selbst in Schleswig-Holstein kaum bekannt, **Schwedeneck** wird diese Gegend genannt. Hier zieht sich beispielsweise ein Strand über etliche Kilometer entlang der Küste, mal aus feinem weichen Sand bestehend, mal von felsiger Steilküste begrenzt. Nennenswerte touristische Ziele fehlen – Gottlob, wie manch einer wohl hinzufügen möchte. In der Tat zieht es hierher nur Eingeweihte, die Strände sind alles andere als überlaufen. Wer Unterhaltung sucht, fährt ins nahe Kiel.

Der **linke Arm** der Eckernförder Bucht hat ebenfalls seinen eigenen Reiz. Hier ist die **Halbinsel Schwansen** zu finden, Halbinsel deshalb, weil das Gebiet von der Schlei und der Ostsee begrenzt wird. Schwansen ist schön. So platt darf es einmal formuliert sein, es wäre viel zu schade, hier nur auf der Bundesstraße durchzubrausen. Die Landschaft ist leicht hügelig, ein Feld löst das andere ab, unterbrochen nur von Dörfern, die oft auf „-by“ enden (Borby, Barkelsby, Thumby ...). Die sprachlichen Ursprünge sollen aus dem Schwedischen stammen. Etliche Gutshöfe sind hier zu finden, zeugen von früherem landwirtschaftlichen Wohlstand.

⌃ Reitausflug an der Eckernförder Bucht

Auch hier wechselt das Bild der **Ostseeküste** immer wieder, mal zeigt sie sich als raue Steilküste, dann wieder mit schier endlosen Sandstränden. Das lockt Besucher an, und so hat hier vereinzelt eine touristische Entwicklung stattgefunden. **Waabs** oder in noch stärkerem Maße **Damp** sind reine Touristenorte, in Damp liegt ein riesiger Ferienkomplex. Gleichwohl, die Landschaft ist ausgesprochen schön, lädt zu Wanderungen und Spazierfahrten ein - am besten mit dem Fahrrad.

Eckernförde

Etwa 23.000 Einwohner zählt die Stadt an der Eckernförder Bucht. Zusammen mit Kiel, Rendsburg und Neumünster versteht sich Eckernförde als „nördlichste Stadt eines Wirtschaftsraumes mittleres Schleswig-Holstein". Der Ortskern ist sehr hübsch, schließt sich gleich an den kleinen Hafen an, der wiederum fast nahtlos in einen Stadtstrand übergeht.

Sehenswertes

Das Zentrum mit dem historischen Stadtkern erschließt man sich am besten bei einem Spaziergang durch die Fußgängerzone. Ausgangspunkt ist die **Kieler Straße,** über die man in Richtung Hafen schlendert. Zwischen der Kieler und der St. Nikolai-Straße sind einige typische **Giebelhäuser** zu finden, in der parallel verlaufenden **Gudewerdtstraße** stehen noch sehr schöne, alte Bürgerhäuser.

St.-Nikolai-Kirche

Die St.-Nikolai-Kirche in der gleichnamigen Straße stammt aus dem 13. Jh. Es ist eine kleine Kirche, die dem Bischof *Nikolaus* geweiht wurde, dem Schutzheiligen der Seefahrer. Um 1500 erweiterte man die Kirche um die Seitenschiffe. Der **barocke Altaraufsatz** wurde vom Eckernförder *Hans Gudewerdt* im Jahr 1640 geschnitzt. Die **Kanzel** entstand 1605 durch den Vater des Altarschnitzers, der ebenfalls mit Vornamen *Hans* hieß und „der Ältere" genannt wurde. Bemerkenswert ist auch die **Taufe,** deren Kessel aus Bronze vom Flensburger Glockengießer *Michael Dibler* 1588 erschaffen wurde. Die **Gewölbemalereien** im Chor stammen aus dem Jahr 1578 und stellen Szenen aus dem Evangelium dar. Die **Orgel** wurde 1762 erbaut und knapp zwei Jahrhunderte später erweitert. Unterhalb der Orgelempore befinden sich **Grabstellen** von Adelsfamilien, zwischen beiden Räumen liegt der **Turmraum,** der noch zur Ur-Kirche aus dem 13. Jh. gehörte. Im linken Raum hängt das Großbild von der Sintflut (1632).

Marktplatz

Der Marktplatz ist von mehreren historischen Gebäuden umgeben, wobei das **Rathaus** von 1450 heraussticht. Dieses Gebäude wurde später mehrfach umgebaut. Das moderne Gebäude schräg gegenüber fällt ebenfalls sofort auf. Nach der Spende eines Privatmannes wurde oberhalb des Eingangs ein **Glockenspiel** angebracht, das dreimal täglich – um 10.10, 12.10 und 17.10 Uhr – ertönt. Am Gebäude der Eckernförder Zeitung sind in Höhe des zweiten Stocks an der Fassade zwei Porträts zu sehen: *Johannes Gutenberg,* Erfinder des Buchdrucks, und *Ottmar Mergenthaler,* Erfinder moderner Setzmaschinen.

Heimatmuseum

Der ehemalige Bürgersaal des alten Rathauses beherbergt heute das Heimatmuseum. Ausgestellt sind Modelle und Dokumente, die die Veränderungen der Stadt im Laufe der Jahrhunderte illustrieren. So wird die Arbeitswelt einer **Fischräucherei** dargestellt und das 160-jährige Badeleben des Ostseebades gezeigt. Außerdem gibt es eine historische **Modellbahnanlage,** die den Bahnhof aus den 1950er-Jahren nachbildet mitsamt weiteren historischen Häusern der Stadt.

■ **Museum Eckernförde,** Rathausmarkt 8, Tel. 71 25 47, www.museum-eckernfoerde.de, Nov.–März Di–Fr 14.30–17, Sa/So 11–17 Uhr, April–Okt. Di–Fr 10–12.30 und 14.30–17, Sa/So 11–17 Uhr, Eintritt 3 €, Kinder ab 6 Jahren 1 €, Familien 6 €.

Holzklappbrücke

Vom Marktplatz sind es nur noch wenige Schritte über die Frau-Clara-Straße bis zum Hafen. Dort dominiert die Holzklappbrücke von 1872, die in den benachbarten Stadtteil Borby führt. An der Brücke steht ein kleiner **Pegel-Anzeiger,** der den Wasserstand der Ostsee angibt. Zum korrekten Ablesen: Normal Null liegt bei fünf Metern. Auf der anderen Seite befand sich einst die **Siegfried-Werft,** die vor allem Fischkutter baute. Heute liegt dort ein Lokal gleichen Namens.

Stadtteil Borby

Über die Brücke gelangt man zum Stadtteil Borby, in dem eine **spätromanische Feldsteinkirche** aus dem Jahr 1200 zu finden ist, deren Spitze die schönen Häuser am Ufer überragt. Besonders hervorgehoben wird die gotländische Taufe aus dem 13. Jh. Die Kirche steht in der Bergstraße, nur eine Parallelstraße von der Förde entfernt. Entlang der Hafenbucht verläuft auf der Seite von Borby eine nette, kleine **Promenade,** die mit bunten Blumen und Pflanzen kunstvoll geschmückt ist, obendrein findet man dort einige Kunstwerke, u.a. aus Stein gehauene, maritime Skulpturen oder das Kunstobjekt *Wasser im Fluss* eines Eckernförder Künstlers.

Hafen

Im **Binnenhafen** dümpeln viele Segelboote, darunter auch einige sehr fotogene **historische Schiffe.** Von hier kann man nett am Außenhafen entlang in Richtung des in den Stadtfarben blau-gelb gestrichenen **Leuchtturms** spazieren. Hier beendete 1986 der letzte Leuchtturmwärter Westdeutschlands seinen Dienst, das Leuchtfeuer wurde gelöscht. Auch an dieser Meile liegen mehrere äußerst sehenswerte Segler, bieten ein paar Kioske Fischbrötchen und Getränke an, warten Ruhebänke in geschwungener Wellenform auf müde Spaziergänger. In den beiden Straßen Kattsund und Fischerstraße lebten schon immer die Fischer in zumeist kleinen, etwas gedrungen wirkenden Häusern. Viele sind noch heute sehr nett anzusehen. Zuletzt wurde hier kräftig gebaut, es entstanden schicke Wohneinheiten mit einem tollen Blick aufs Meer, der neidisch machen kann.

MEIN TIPP: Allzu viele Fischkutter gibt es im Hafen nicht mehr, aber an jedem ersten Sonntag im Monat (Ausnahme: August, dann am zweiten Wochenende) findet zwischen 9 und 18 Uhr ein **Fischmarkt** statt. Die Fischer verkaufen ihren Fang direkt von Bord.

Ostsee Info-Center

Im *Ostsee Info-Center,* das nahe dem Strand liegt und auch ein Terrassenlokal mit formidablem Meerblick hat, wird ein buntes und äußerst informatives Programm rund um das Thema Meer geboten, beispielsweise mit einem 12 m² großen Fühlbecken, einer virtuellen Kutterfahrt und einer anschaulichen Präsentation der Küstenlandschaften.

■ **Ostsee Info-Center,** Jungfernstieg 110, Tel. 72 62 66, www.ostseeinfocenter.de, tägl. 11–16 Uhr, Eintritt 5 €, Kinder 3 €.

Bürgerhäuser

Um zurückzukehren, bietet sich ein Spaziergang durch die **Fischerstraße** und im Anschluss die **Gudewerdtstraße** an. Hier kann man noch einmal nette, alte Häuser, die teilweise liebevoll restauriert wurden, bewundern. Wo die Fischer- in die Gudewerdtstraße übergeht, zweigt die Ottestraße ab, die der Kaufmanns- und Reederfamilie *Otte* gewidmet wurde. In der Verlängerung derselben, der Langebrückstraße, ist unter der Haus-

☑ Der Hafen von Eckernförde

058sc fr

Eckernförde

Übernachtung
1 Campingplatz Hemmelmark
9 Gästehaus Zeit
11 Stadthotel
13 Jugendherberge, Beach Side

Essen und Trinken
2 Siegfried Werft
4 Fischdeel
6 Luzifer
7 Römer & Wein
10 Kaffeehaus Heldt, Ratskeller
12 Land in Sicht

Einkaufen/Sonstiges
3 Fischmarkt
5 Bonbonkocherei und Die Feinschmeckerei
8 Speicherpassage mit Bio-Markt

nummer 3 ein **Speicher** zu finden, den die Familie *Otte* 1723 bauen ließ.

Strand

MEIN TIPP: Nach so viel Herumlaufen tut eine Pause gut, also ab zum Strand und erstmal ein wenig ausruhen. Keine fünf Gehminuten vom Zentrum entfernt erstreckt sich der nette Strand mit zwei Kilometer langer **Promenade** – und das mitten in der Stadt! Die beneidenswerte Eckernförder Bevölkerung kann hier bequem die Mittagspause verbringen oder den Feierabend einläuten. Einfach eine der Querstraßen Richtung Meer gehen, der Strand verläuft parallel zu Kieler Straße bzw. Jungfernstieg.

Praktische Tipps

Info

- **PLZ:** 24340
- **Vorwahl:** 04351
- **Einwohner:** 23.000
- **Touristinformation:** Am Exer 1 (Stadthalle), Tel. 717 90.
- **Internet:** www.ostseebad-eckernfoerde.de

Unterkunft

11 **Stadthotel**④, Am Exer 3, Tel. 727 80, www.stadthotel-eckernfoerde.de. Strandnah und doch im Zentrum gelegen, mit insgesamt 65 Zimmern in fünf unterschiedlichen Kategorien, alle haben Granitbäder. Zudem Sauna, nette Bar und WLAN.

13 **Beach Side**③-④, Berliner Str. 71–73, Tel. 66 66 40, www.beachside.de. Das mittelgroße Haus liegt etwas außerhalb der City (ca. 15 Min. Fußweg), dafür aber strandnah. Die funktional eingerichteten 34 Zimmer bieten zumeist Blick aufs Meer und WLAN.

9 **Gästehaus Zeit**④, St. Nicolai-Str. 17, Tel. 889 62 67, www.zeit-in-eckernfoerde.de. Kleines Gästehaus, das ruhig im Ortskern in einer Fußgängerzone liegt, mit vier individuell und liebevoll eingerichteten Zimmern. Morgens wird ein Frühstück mit Produkten aus der Region serviert.

13 **Jugendherberge**①, Sehestedter Str. 27, Tel. 21 54. Die Jugendherberge ist ganzjährig geöffnet und bietet 162 Betten. Keine Busanbindung, aber nur fünf Minuten Fußweg zum Strand, vom Bahnhof ist es ein knapper Kilometer.

Camping

1 **Campingplatz Hemmelmark,** Hemmelmark, 24360 Barkelsby, Tel. 811 49, www.ostsee-camping-hemmelmark.de. Der Platz liegt etwa vier Kilometer außerhalb von Eckernförde bei Hemmelmark an der Nordseite der Eckernförder Bucht. 420 Stellplätze, Imbiss, Laden, Spielplatz, ca. 1000 m Sandstrand. Geöffnet April bis Sept.

- **WoMo-Stellplatz am Noor,** Kakabellenweg, www.stellplatzamnoor.de, liegt nahe dem Bahnhof (im Ort ausgeschildert) an der B76 und bietet 49 Stellplätze. Es gibt ein Sanitär- und Küchengebäude mit Waschmaschinen, Ver- und Entsorgungsstation, WLAN. Bezahlung nur per EC- oder Kreditkarte.

Gastronomie

4 **Fischdeel,** Kattsund 22, Tel. 56 51, https://fischdeel.de, Mi–So ab 12 Uhr. Gemütliches Ambiente und Fisch in allen denkbaren Arten. Die Karte bietet beispielsweise Aal von den Noor-Fischern oder einen Salat *Meer.* Auch für Kinder gibt's eine eigene Karte, auf der sich u.a. die so beliebten Fischstäbchen finden.

10 **Kaffeehaus Heldt,** St.-Nikolai-Str. 1, Tel. 27 31, www.heldt-eckernfoerde.de, tägl. ab 9 Uhr. Stilvolles, gediegenes Ambiente, in der Nähe des

324sh mf

Heimatmuseums. Hausgemachte Torten und Schokolade sowie *Königsberger Marzipan*.

10 Ratskeller, Am Rathausmarkt 8, Tel. 24 12, www.ratskeller-eckernfoerde.de, Mi–Fr 11.30–14.30 und 18–22, Sa/So 11–22 Uhr. Historisches Restaurant mit gediegenem, ruhigem Ambiente

Historische Gasse in Eckernförde

und einer kleinen Terrasse. Geboten wird norddeutsche Küche mit Fisch- und Fleischgerichten, es gibt auch vegetarische und vegane Angebote.

MEIN TIPP: **2 Siegfried Werft,** Vogelsang 12, Tel. 757 70, www.hotel-siegfried-werft.de, im Ortsteil Borby, tägl. 11.30–22 Uhr. Hier punktet die Lage, ohne dass damit die sehr gute Küche herabgewürdigt werden soll. Auf der Terrasse sitzt man wahrlich göttlich in der Sonne und schaut verträumt auf den Binnenhafen.

6 Luzifer, Frau-Clara-Str. 19, Tel. 47 06 61, www.luzifer-sylt.de, tägl. 10–21.30 Uhr. Untergebracht in einem ehemaligen Speicher direkt am Hafen, bietet dieses trendige Lokal neben einer guten Küche einen formidablen Hafenblick von den beiden Terrassen, besonders nett aus den Strandkörben auf der unteren.

7 Römer & Wein, Frau-Clara-Str. 17, Tel. 47 50 44, www.roemerundwein.de, Mo–Do 16–22, Fr/Sa 11–22, So 17–22 Uhr. Schon draußen steht das Motto angeschrieben: „Süddeutsche Lebensfreude und norddeutsches Temperament verbunden mit Wein". Und um den geht es hier hauptsächlich in einer sehr breiten Auswahl. Außerdem gibt es Pfälzer Küche, Flammkuchen oder auch nur einen kleinen Knabberspaß.

12 Land in Sicht, Am Exer 1, Tel. 850 87 59, www.landinsicht-brauhaus.de, tägl. 12–22 Uhr. Ein Brauhaus, zu dem eine gemütliche Strandbar gehört. Angeboten werden 20 Fassbiere und 20 Flaschenbiere, darunter auch das selbst gebraute Eckernförder Bier, sowie warme Speisen.

Einkaufen

5 Bonbonkocherei, Frau-Clara-Str. 22, Tel. 88 99 86, www.bonbonkocherei.de. Liegt etwas versteckt und ist vermutlich für alle Kinder ein Hit! Hier erlebt man, wie Bonbons gekocht werden, und hinterher kann man sich natürlich im Laden damit eindecken. Di–Sa 10–18, So 11–17 Uhr, Mo keine Vorführungen.

3 **Fischmarkt:** Jeden ersten Sonntag im Monat 9–18 Uhr an der Straße Schiffbrücke, Ausnahme: Im August findet er am zweiten Wochenende statt.

■ **Wochenmarkt:** Mi und Sa 8–13 Uhr auf dem Marktplatz bei der St.-Nicolai-Kirche.

8 Ein **Bio-Markt** findet in der *Speicherpassage* statt, Langebrückstr. 21, Tel. 22 82, Mo–Fr 9–18.30, Sa 9–14.30 Uhr.

5 **Die Feinschmeckerei,** Frau-Clara-Str. 26, Tel. 883 44 99, Di–Fr 10–18, Sa 9.30–16 Uhr. Kleines Geschäft für regionale und internationale Delikatessen und Gewürze, außerdem gibt es kleine Gerichte und Kuchen. Eine Terrasse geht nach hinten auf den *Clarahof* hinaus, wo noch eine Destille und zwei kleine Geschäfte mit Mode und Accessoires zu finden sind.

Feste und Veranstaltungen

■ **Drachenfest,** am Ostersonntag steigen zauberhaft gearbeitete Drachen in den Himmel.

■ **Aalregatta** von Kiel nach Eckernförde, im Rahmen der *Kieler Woche* Mitte Juni. Entspannte Segelregatta, bei der alle Teilnehmer im Ziel einen Aal bekommen.

■ **Sprottentage,** Mitte Juli dreht sich an einem Wochenende alles um die Sprotte bei einem Fest am Hafen, u.a. mit einem Stadtteilwettkampf zwischen Borby und Eckernförde um die „Goldene Sprotte".

■ **Piratentage,** für ein Wochenende im August erobern Piraten die Stadt und setzen sogar den Bürgermeister fest.

■ **Green Screen,** einzigartiges kleines Festival internationaler Naturfilme, im September. Ausgesuchte Filme werden vorher in bestimmten Städten im Lande gezeigt, www.greenscreen-festival.de.

Beachbar am Strand von Eckernförde

838sc-fr

Schiffstouren

■ Verschiedene Anbieter bieten **Kurztrips durch die Eckernförder Bucht** an, außerdem Angelfahrten oder Ausflugsfahrten bis nach Damp oder Laboe. Infos am Hafen, wo die Schiffe liegen.

In der Umgebung

Tierpark Gettorf

Der kleine Tierpark, der 1968 von einer privaten Initiative gegründet wurde, liegt etwa 15 Autominuten von Eckernförde entfernt in Richtung Kiel beim Ort Gettorf. Aus kleinsten Anfängen ist ein beachtlicher Park geworden mit 800 Tieren in 120 Arten. Heute haben hier mehrere **Affenpopulationen** wie Mandrill, Weißbüschel-Äffchen, Liszt-Äffchen (die dem berühmten Komponisten tatsächlich ähnlich sehen) und Schimpansen ihr Zuhause gefunden. In der **Vogelparadieshalle** sind tropische und exotische Vögel zu bestaunen: farbenfrohe Aras, Tukane, Kakadus und Nashornvögel. Draußen sind in verschiedenen Gehegen **Huftiere** wie Zebras, Antilopen, Alpakas und Hirsche zu sehen.

Gegenüber vom Spielplatz liegt der **Streichelzoo.** Unter Aufsicht dürfen Esel und andere Tiere gestreichelt und gefüttert werden, aber nur mit Futter, das an der Kasse gekauft wurde.

■ **Tierpark Gettorf,** Süderstr. 33, 24214 Gettorf, Tel. (04346) 416 00, http://tierparkgettorf.de, März–Okt. 9–18 Uhr, Nov.–Febr. 10–17 Uhr, Eintritt 12 €, Kinder (2–17 Jahre) 9 €. Anfahrt mit öffentlichen Verkehrsmitteln: per Bahn von Kiel oder Eckernförde bis Gettorf fahren (halbstündliche Verbindung), vom Bahnhof zu Fuß weiter.

Karlsminde

Wenige Kilometer hinter Eckernförde geht es von der Straße Richtung Waabs rechts ab nach Karlsminde. An der Zufahrtsstraße liegt linker Hand ein prächtiges Exemplar eines **Hünengrabes,** etwa aus der Zeit von 2500 v. Chr. Der offizielle Name lautet Megalithen-Langgrab, warum, das fällt sofort auf: Das Grab misst 60 m in der Länge, ist 5,50 m breit und immerhin 2,50 m hoch. Außen lehnen riesige Findlinge, die unglaubliche ein bis zwei Tonnen schwer sind. Wie wurden die bloß bewegt und so exakt angeordnet, fragt sich der Betrachter unwillkürlich. Drei Bestattungskammern, die einst Schmuck und Gerätschaften enthielten, heute aber leer sind, gibt es im Inneren. Tonnenschwere Findlinge ruhen auch oben wie eine Art Dach über den Grabkammern. Auf dem Hünengrab wachsen heute riesige Bäume.

Wer die Straße bis zur Küste weiterfährt, erreicht den **Campingplatz Gut Karlsminde,** einen großen Platz an der Ostsee.

Camping

■ **Campingplatz Gut Karlsminde,** 24369 Gut Karlsminde, Tel. (04358) 344, www.karlsminde.de, geöffnet März bis Mitte Okt. Recht weitläufige Anlage mit Strandseen, die Stellplätze sind groß. Von einigen Plätzen hat man direkten Ostseeblick.

⊡ Hünengrab in Karlsminde

Gut Ludwigsburg

Auf dem Weg nach Waabs kommt man an einem alten Gutshof vorbei. Das Gut Ludwigsburg, das aus dem 18. Jh. stammt, liegt links der Straße und wird noch bewirtschaftet. Es ist ein **Wasserschloss,** da es von einem Burggraben umgeben ist, ein rotes Backsteingebäude mit breitem Tor und klassischem Aufbau im Rechteck. Nach dem Passieren des Tores liegen links und rechts die Stallungen, im Hintergrund steht das Haupthaus. Sehenswert ist auch die „bunte Kammer", in der man 170 bunt bemalte Embleme bestaunen kann.

Hier können **Reiterferien** für Jung und Alt gebucht werden, außerdem sind geführte Ausritte möglich. Der **Hofladen** ist in der Saison täglich geöffnet und bietet Fleischspezialitäten, Weine, Marmeladen, Obst, Wurst, saisonales Gemüse und weitere Leckereien.

Unterkunft, Gastronomie

- **Gut Ludwigsburg**②-④, 24369 Waabs, Tel. (04358) 988 18, www.gut-ludwigsburg.de. Die Betreiber des Gutes, Familie *Carl,* bieten Ferienwohnungen im Herrenhaus an. Außerdem kann man Reitunterricht nehmen.
- **Hofcafé Alte Räucherei,** in der denkmalgeschützten Räucherei, Tel. (04358) 98 98 33, Mi–So 11–19 Uhr. Es gibt regionale und saisonale Gerichte sowie Kuchen und Torten.

Camping

- **Ostsee-Camping Gut Ludwigsburg,** Ludwigsburg 4, 24369 Waabs, Tel. (04358) 370, www.ostseecamping-ludwigsburg.de, April bis Anfang Okt. Direkt am Strand gelegen, mit eigenem Binnensee. Der 700 m lange und bis zu 40 m breite Strand ist teilweise von Kiesel durchsetzt. Insgesamt gibt es 250 Urlauber-Stellplätze. WLAN gegen Gebühr.

839sc-fr

Waabs

Waabs besteht aus mehreren Dörfern und Streusiedlungen, wobei der Ort **Kleinwaabs** so etwas wie das Zentrum ist. Dazu gehören u.a. noch Großwaabs und der Strandort **Langholz.**

Nähert man sich dem Dorfkern von Kleinwaabs, fällt sofort die mittelalterliche **Marienkirche** auf. Wie oft in dieser Gegend liegt sie etwas erhöht, ist von hohen Bäumen und einem Friedhof umgeben. Teile der Kirche stammen aus dem 17. Jh. (Schnitzaltar) bzw. aus dem 16. Jh. (Altar).

MEIN TIPP: Entlang der gesamten Gemeinde zieht sich ein **kilometerlanger Strand,** der mal schmal und etwas steinig, häufiger aber feinsandig und vor allem selten überlaufen ist. Wiesen reichen fast bis zur Uferkante. Hier und da erhebt sich eine **Steilküste,** an der entlang **Wanderwege** führen. Wer genug Ausdauer hat, kann bis nach Eckernförde (ca. 12 km) laufen.

Praktische Tipps

Info

- **PLZ:** 24369
- **Vorwahl:** 04352
- **Touristinformation:** Mühlenstr. 1, Kleinwaabs, Tel. 956 86 80.
- **Internet:** www.touristikverein-waabs.de

☒ Wanderer an der Küste bei Damp

Unterkunft, Gastronomie

- **Heuherberge Sophienhof**②, *Gut Sophienhof,* 24369 Waabs, zwischen Gut Ludwigsburg und Kleinwaabs gelegen, Tel. (04358) 10 25, www.gutsophienhof.de. Mal etwas anderes: ein Schlafplatz im Heu in einem umgebauten Pferdestall auf dem gut drei Kilometer vom Meer entfernten *Gut Sophienhof.* Insgesamt knapp drei Dutzend Schlafplätze in sechs Kammern. Allergiker schlafen im separaten Blockhaus. Das **Café & Bistro Gut Sophienhof** serviert hausgebackene Torten, Kuchen sowie herzhafte Speisen, Mai–Okt. Mi–So ab 11 Uhr.
- **Hotel und Restaurant Waabs-Mühle,** Mühlenstr. 26, Kleinwaabs, Tel. 22 66, www.waabs-muehle.de, tägl. außer Mi ab 18 Uhr. Die Mühle hat zwar keine Flügel mehr, steht aber noch unverkennbar in malerischer Umgebung. Regionale Küche und selbst gebackenen Kuchen gibt es, von der Terrasse hat man einen tollen Blick. Acht Zimmer werden vermietet.

Camping

- **Ostsee-Campingplatz Familie Heide,** Strandweg 31, Kleinwaabs, Tel. 25 30, www.waabs.de, geöffnet Anfang April–Ende Okt. Ein Rasengelände, das sich bis zum Meer erstreckt. Mit parzellierten Stellplätzen in drei Größen. Beheizte Sanitäranlagen, Uferpromenade, Wellness-Bereich, beheiztes Hallenschwimmbad, Sauna, Solarium, Tennis, Minigolf, Disco und „Kirche unterwegs" haben den Betreibern mehrere Auszeichnungen gebracht.

Aktivitäten

- **SwinGolf:** Naturverbundenes Golfen für jedermann auf einer 18-Loch-Anlage mit Bahnlängen von 60 bis 220 m. *Gut Sophienhof* in Waabs (s.o.), Tel. (04358) 10 25, www.gutsophienhof.de, Mai bis Okt. Mi–So ab 11 Uhr, März und April Fr–So, Nov. Sa/So. Wer es ein wenig ungewöhnlicher haben möchte, kann dort auch **„Fußballgolf"** spielen.

Damp

„365 Tage wegen Urlaub geöffnet." Treffender hätte man es kaum beschreiben können, was hier, auf dem platten Land am **schönsten Strand von Schwansen,** 1973 eröffnet wurde, damals noch unter dem prophetischen Namen „Damp 2000". Es entstand eine große Ferienanlage, verbunden mit einer Klinik.

Damp existierte natürlich schon früher, damals wie heute gab es ein **Gut Damp** und ein winziges Dörflein gleichen Namens. Dann kamen die Investoren, suchten ein freies Gelände an einem schönen Strand und bauten ein Ferienzentrum. Dem zukünftigen Feriengast sollten alle notwendigen Einrichtungen geboten werden, ohne dass er allzu lange Wege gehen musste, und der Urlaubsbetrieb sollte das ganze Jahr laufen. Also mussten genügend Angebote geschaffen werden, damit der Gast auch im Herbst oder Winter kommt.

In Damp ging man noch einen Schritt weiter, hier entstanden auf engstem Raum eine **Reha-Klinik** mit rund 900 Betten und die **Ostseeklinik Damp** mit weit über 300 Betten. So wurde eine große Klinik mit angeschlossenem Rehabilitationszentrum in eine der schönsten Ferienlandschaften gesetzt, was den Heilungsprozess der Patienten sicherlich positiv beeinflussen dürfte.

Daneben werden den Urlaubern eine Vielzahl Ferienwohnungen und Ferienhäuser der unterschiedlichsten Größe angeboten, außerdem ein Drei-Sterne-Hotel. Alles wirkt gewaltig, fast ein wenig überdimensioniert. Tatsächlich ist dies auch der erste Eindruck, wenn man sich dem Ferienpark Dampland nähert.

712sc ms

Die Silhouette zeigt sich zunächst etwas betonlastig, zwei Hochhauskomplexe mit 15 Etagen sind erkennbar, viel Beton in der sonst so lieblich-grünen Landschaft.

Aber auf den zweiten Blick relativiert es sich dann entscheidend. So führt die Straße zwar bis zum Ferienpark, aber hinein darf nicht unbedingt jeder, denn er soll weitgehend **autofrei** bleiben. Dazu wurde außerhalb ein riesiger Parkplatz für 2000 Autos geschaffen, von dem ein kostenloser Pendelbus regelmäßig zum Ferienpark verkehrt.

Die **Ferienhäuser** liegen etwas zurück in einem weitläufigen Gebiet. Die **Ferienwohnungen** sind etwas näher am Geschehen, aber das ist relativ, richtig weite Wege muss niemand gehen. Das Hotel liegt gleich neben der Reha-Klinik unweit des **Yachthafens.** Dort befinden sich in einer Ladenzeile auch alle **touristischen Einrichtungen,** die notwendigen Geschäfte, einige gastronomische Betriebe, die Segelschule, das Meerwasser-Schwimmbad, eine Minigolfanlage sowie ein Fun- und Sportcenter für die Kids.

Der gesamte Ferienkomplex ist **auf die Wikinger ausgerichtet**. Das bietet sich an, die Schleiregion war schließlich Wikingerland, wie man im nahen Museum Haithabu eindrucksvoll nachempfinden kann. Diese thematische Klammer findet sich überall: Das Hotel wurde nach einer Sanierung in „Ostseehotel Midgard" umbenannt, die Ferienhäuser heißen „Asgard", die Gastronomie wurde entsprechend ausgerichtet, und ein Golfplatz ist ebenfalls nach den Wikingern benannt.

Damp bietet jede Menge **Aktivitäten** und eine Vielzahl von Sportmöglichkeiten, nicht zu vergessen die Wellnessangebote, die spektakuläre Saunalandschaft mit acht verschiedenen Saunen, das Värmland, ein Schwitzhüttendorf, oder das **Entdeckerbad** mit einer 97 m langen Rutsche. Außerdem finden Golfer eine 18-Bahn-Wikinger-Golf-Anlage vor und Wassersportler eine Wasserski-Anlage. Und schließlich gibt es noch den 3,2 km langen **Strand,** der sich flach und feinsandig bis zu einer Breite von 40 m erstreckt.

Für **Eltern mit Kindern** ist Damp keine schlechte Wahl, kann man doch hier ein eigenes Ferienhaus mieten und die Kinder ohne große Gefahren toben lassen. Es gibt nicht nur Animation, sondern auch das Indoor-Spaßbad (s.o.) und einen Kidsclub, wo die Lütten den ganzen Tag unter fachgerechter Betreuung spielen können.

Gut Damp

Wer den Ferienpark mal verlassen möchte, um die Umgebung zu erkunden, kann das nahe gelegene *Gut Damp* besuchen. Es liegt an der Zufahrtsstraße nach Damp und wurde erstmals 1438 urkundlich erwähnt. Das **Herrenhaus** stammt in Teilen noch von 1597.

Praktische Tipps

Info

- **Dampland,** Reservierung: Seeuferweg 10, 24349 Damp, Tel. (04352) 806 66, www.ostsee-resort-dampland.de.

Unterkunft

- Das **Ostseehotel Midgard** hat 400 Zimmer in drei unterschiedlichen Kategorien, teilweise mit traumhaftem Meerblick.
- Die **Ferienhäuser Asgard** liegen in einer etwa 30 Hektar großen Grünanlage etwas zurückversetzt. Eine Terrasse und ein Vorgarten gehören dazu, genau wie Gartenmöbel, Einbauküche, Essecke und Sitzgruppen. Fünf verschiedene Größen werden angeboten, von einem 38 m^2 großen Haus bis hin zu einem 85 m^2 großen sogenannten Zeltdachhaus für acht Personen.

Preise zu nennen ist an dieser Stelle praktisch unmöglich; es gibt zu viele unterschiedliche Kategorien.

Camping

- **Damp Ostseecamping,** 24398 Schubystrand, Tel. (04644) 960 10, www.damp-ostseecamping.de, geöffnet Ende März bis Mitte Okt. Dieser große (800 Stellplätze) und sehr beliebte Campingplatz liegt ganz in der Nähe von Damp hinter einem knapp einen Kilometer langen Strand. Er bietet zahlreiche Serviceeinrichtungen und vermietet auch Ferienhäuser. WLAN.

Gastronomie

- Es gibt einige gastronomische Angebote in Dampland, darunter das Restaurant **Isfjord,** ebenfalls im Wikinger-Stil gestaltet, die Gin-Bar **Hammaburg** (Hammaburg war der frühe Name von Hamburg und wurde einst als noch ganz kleine Siedlung von den Wikingern zerstört) oder auch das Buffet-Restaurant **Spitzbergen.**
- **Achter't Holt,** knapp nördlich von Damp an der Straße namens Schau gelegen (ausgeschildert), Tel. (04352) 54 31, www.achtert-holt.de, Karfreitag bis 31. Okt. Mi–So 9–17, Nov. bis Jan. Fr–So 9–17 Uhr. Rustikal-gemütliches Ambiente, selbst gebackene Kuchen und Torten, aber auch Fleisch- und Fischgerichte sowie Flammkuchen gibt's hier.

Schönhagen

„Hier enden alle Wege am Deich der Ostsee“, so charakterisiert die örtliche Touristinformation Schönhagen. Besser hätte man es kaum beschreiben können. Der Ort liegt am Ende einer langen Zufahrtsstraße, hier gibt es kein „Weiter“, sondern nur ein „Zurück“. Und das ist auch gut so, kommen doch nur echte Schönhagen-Fans hierher.

Hier oben, im nördlichen Schwansen, ist die Eckernförder Bucht bereits verlassen, und so genießt man einen ungetrübten Blick auf die **freie Ostsee** bis zum Horizont. Schönhagen ist ein kleines Dorf, hat weniger als 360 Bewohner. Das zeigt in etwa die Richtung, Nachtleben und große Animation wird man hier nicht finden. Dennoch existieren reichlich Gästebetten, und die sind regelmäßig gut ausgebucht. Warum? Weil Schönhagen einen der **schönsten Strände der nördlichen Ostsee** hat. Man kann sagen, dass er von Olpenitz an der Schleimündung bis nach Damp reicht, also über gut zehn Kilometer. Die Breite beträgt etwa 30 m, begrenzt wird er von einem kleinen Deich. Hier läuft eine Promenade entlang, die mehr ein **Wanderweg** ist, also keine Anreize zum Konsum bietet.

Praktische Tipps

Info

- **PLZ:** 24398
- **Vorwahl:** 04644
- **Touristinformation:** Strandstr. 13, Tel. 709 10 00.
- **Internet:** www.schoenhagen-ostsee.de

401sh fr

Unterkunft

- Direkt vor dem Strand auf dem Gelände des ehemaligen Campingplatzes wurde eine dänisch inspirierte **Ferienhaussiedlung** gebaut. Von vielen der gut gestalteten Häuser in unterschiedlichen Größen von 68 m² bis 195 m² (teilweise mit Sauna oder Pool) schaut man aufs Meer. Infos über *Novasol,* www.novasol.de.

Gastronomie

- **Hof Schwansen,** Schloßstr. 8, Tel. 970 42 88, www.hof-schwansen.de, Mai bis Okt. Mi–So 9–17, Nov. bis Jan. Fr–So 9–17 Uhr. Gemütlich-entspanntes Bistro, in dem es selbst gebackenen Kuchen, Kaffee und kleine Gerichte gibt.

Weidefelder Strand

Etwas nördlich von Schönhagen liegt ein **schöner Sandstrand,** der an die 50 m breit und gute zwei Kilometer lang ist. Lange Zeit lag der Weidefelder Strand im Verborgenen und war nur Insidern bekannt. Dann kam Mitte der 80er-Jahre ein wagemutiger Visionär und eröffnete eine Surfschule, die natürlich nur in der Saison lief. Dabei blieb es nicht, heute steht direkt am Strand das beliebte *Restaurant Lobster,* von dem man aus den Fenstern der oberen Etage einen tadellosen Ostseeblick hat. Außerdem wurde

Ruhige Ferien am Strand von Schönhagen

ein großer, gebührenpflichtiger Parkplatz angelegt, alles unter der Leitung jenes Visionärs.

MEIN TIPP: **Café Strand-Restaurant Lobster,** Weidefelder Strand 1, 24376 Kappeln, Tel. (04642) 84 44, https://lobster-kappeln.de, April bis Anfang Nov. Di–So 12–18 Uhr. Schwerpunkt ist Fisch, aber es werden auch Fleisch, Salate und vegetarische Gerichte serviert, alles garniert mit einem tollen Ostseeblick. Außerdem gibt es in der Saison einen Strandimbiss.

Naturpark Hüttener Berge

Der Naturpark Hüttener Berge liegt im Hinterland westlich von Eckernförde. Es ist eine sehr hügelige Landschaft, denn die Gegend wurde durch die Eiszeit geformt. Der Naturpark hat eine Fläche von 219 km², die höchste Erhebung ist der **Scheelsberg** (106 m) bei Ascheffel. MEIN TIPP: Eine kurze Wanderung auf den nahen **Aschberg** (98 m) lohnt wegen des schönen Ausblicks von einem der höchsten Berge Schleswig-Holsteins. Auf dem Berg steht ein gewaltiges **Bismarck-Denkmal.** Wie kommt es in diese einsame Gegend? Bis 1864 war der dänische König zugleich Herzog über Schleswig, Holstein und Lauenburg. *Otto von Bismarck* wollte diese Landesteile für das Deutsche Reich haben, darüber kam es 1864 zum Krieg, den die Dänen verloren. Danach wurde die Staatsgrenze nach Norden verschoben und etwa 200.000 Menschen bekamen einen neuen (deutschen) Herrscher, was die damalige deutsche Minderheit im ehemaligen dänisch beherrschten Gebiet begrüßte. Die Dankbarkeit gegenüber Bismarck wollte man allerorten im Bau eines Denkmals ausdrücken, eines entstand nahe Apenrade (heute dänisch: Aabenraa). Es war ein gewaltiger Koloss von 45 Meter Höhe, in einer Turmnische platzierte man ein sieben Meter hohes Bismarck-Denkmal. 1901 war es fertig. Nach dem Ersten Weltkrieg wurden die Grenzen erneut verschoben, der Bismarck-Turm lag mit einem Mal auf dänischem Territorium. Die Bismarck-Skulptur hatte man aber noch rechtzeitig aus dem Turm herausgelöst und über die Grenze geschafft. Nach einigem Hin und Her wurde sie 1930 zum Aschberg geschafft. Und dort steht Bismarck, gestützt auf sein vier Meter langes Schwert, noch heute.

Mehrere **Rad- und Wanderwege** laufen durch den Naturpark, u.a. ein fünf Kilometer langer Rundkurs beim Aschberg (Infos unter www.naturpark-huettenerberge.de). In dem Gebiet liegen mehrere Seen, von denen der größte der **Wittensee** ist. Er hat die ungewöhnliche Form eines Rechtecks. An seinem Ufer liegen mehrere **Badestellen,** beispielsweise in den Ortschaften Groß Wittensee und Klein Wittensee.

Unterkunft, Gastronomie

■ **Panorama Hotel Aschberg**③–④, Aschberg 3, 24358 Ascheffel, Tel. (04353) 99 80 00 10, www.panorama-aschberg.de. Moderner Komfort in naturbetonter Einrichtung mit viel Holzdekor im nordischen Design und Blick auf den Naturpark Hüttener Berge. Es gibt 30 DZ und zwei Familienzimmer, jedes Zimmer mit Terrasse, Dusche und separatem WC, WLAN. Angeschlossen ist ein **Restaurant.**

- **Hotel Wittensee Schützenhof**③, Rendsburger Str. 2, 24361 Groß Wittensee, Tel. (04356) 170, www.hotel-wittensee.de. Familiengeführt. Mit gemütlichem **Restaurant**. Serviert werden Holsteiner Gerichte, saisonale Speisen und Fischgerichte.

Schwedeneck

Während die Ostseestrände links und rechts von Kiel schon um die Wende zum 20. Jh. als Seebad entdeckt wurden, blieb die Gegend weiter in Richtung Eckernförde lange Zeit im touristischen Dunkel. Schwedeneck wird dieses Gebiet genannt, das wohlhabende Kieler später als Refugium nutzten. Sie erkannten früh die Vorteile der Gegend: unweit der Ostsee, dabei aber nah genug an Kiel, also im Grünen leben und in der Großstadt arbeiten.

Dann kamen die Touristen, vor allem in die **Großgemeinde Schwedeneck.** Etwa auf halbem Weg zwischen Kiel und Eckernförde ist sie zu finden. Man könnte sagen, dass hier die Eckernförder Bucht beginnt, wobei die Grenze zur offenen Ostsee fließend ist. Die Großgemeinde Schwedeneck umfasst die Dörfer Krusendorf, Surendorf, Hohenhain, Dänisch Nienhof, Stohl, Sprenge und Birkenmoor.

Surendorf kann wohl als Hauptort bezeichnet werden. Hier gibt es einen relativ breiten Strand mit einer Promenade, ein Wassersportcenter mit Strandsauna und einen Campingplatz in exponierter Lage direkt am Strand. Zweifelsohne ist die schöne Landschaft hier das dominierende Element. Wer Unterhaltung oder gar Nachtleben sucht, muss sich schon auf den Weg nach Kiel machen, aber das sind ja auch nur 20 km.

In **Krusendorf** steht die malerische Dreifaltigkeitskirche aus dem Jahr 1737 relativ weit von der Küste entfernt. Sie löste einen Vorgängerbau aus dem frühen 14. Jh. ab, der wegen der stetig näher rückenden Steilküste aufgegeben werden musste.

Entlang der gesamten Küste der Gemeinde Schwedeneck zieht sich ein 16 km langer **Strand** vom Bülker Leuchtturm bis nach Krusendorf.

Die Steilküste richtet sich teilweise bis zu 30 Meter auf, beim nächsten Ort **Dänisch-Nienhof** zeigt sie sich fast schon urzeitlich bewaldet. Es ist ein unwirklicher Anblick – die Bäume stehen direkt bis an die Kliffkante, neigen sich teilweise in bedenkliche Schräglage und stürzen durchaus auch mal ab. Ein Bild, das man an der Ostseeküste sehr selten findet. So richtig eindrucksvoll ist dieses Bild von unten, vom Strand aus, wenngleich es sich dort etwas mühsamer geht. Der Strand ist hier überwiegend steinig und man rutscht ständig etwas weg. Oben entlang der Kliffkante führt ein schmaler Weg.

Für eine Rast bietet sich das „Strandhaus Schwedeneck“ an, das tatsächlich direkt am Strand und damit am Weg liegt und zum Ortsteil Dänisch-Nienhof gehört.

Praktische Tipps

Info

- **PLZ:** 24229
- **Vorwahl:** 04308
- **Schwedeneck Touristik,** Zum Kurstrand 5, Schwedeneck, Tel. 331.
- **Internet:** www.schwedeneck.de

840scmux

Unterkunft, Gastronomie

■ **Hotel Tannenhof**②, Sprenger Weg 2, Surendorf, Tel. 666, www.hotel-tannenhof-schwedeneck.com, insgesamt zehn Zimmer, mit kleinem Garten. **Restaurant** mit regionaler Küche.

MEIN TIPP: **Gut Hohenhain**②–③, Schwedeneck, Eckernförder Str. 61, Tel. (0176) 55 05 31 07, www.guthohenhain.de. Auf dem idyllisch gelegenen Gut werden neun gut eingerichtete Ferienwohnungen vermietet. Eine Anfahrtsskizze findet sich auf der Website.

MEIN TIPP: **Strandhaus Seeschlösschen,** Strandstr. 24, Dänisch-Nienhof, Tel. 212, www.strandhaus-schwedeneck.de, tägl. ab 10 Uhr, im Winter Mo Ruhetag. Sehr schöne Lage am Strand mit Blick durch große Fenster aufs Meer, ebenso bei gutem Wetter von der Terrasse. Fischspezialitäten mit mediterranem Einschlag, spanische Tapas, selbst gebackener Kuchen.

■ **Blossom Beach,** Am Kurstrand 16, Surendorf, Tel. 18 96 05, www.blossom-beach.de, Di–Sa 12–23, So 12–17 Uhr. Hier gibt es Snacks, moderne Bistro-Küche und regionale Klassiker als Hauptgericht.

Camping

■ **Campingplatz Grönwohld,** Kronshörn, Schwedeneck, Tel. 18 99 72, www.groenwohld-camping.de, geöffnet Anfang April bis Ende Okt. Tolle Lage direkt am breiten Sandstrand von Surendorf, etwas erhöht. Wer einen Platz in der vorderen Reihe erhält, genießt einen schönen Panoramablick auf die Ostsee.

■ **Campingplatz Surendorf,** Zum Kurstrand, Surendorf, Tel. 331, www.campingplatz-surendorf.de. Auch dieser Platz liegt traumhaft oberhalb der Steilküste.

Aktivitäten

■ **Surfen:** *Nordwind-Wassersport-Center,* am Strand von Surendorf, Tel. 18 31 11, www.nordwind-wassersport.de.

⌃ Rapsblüte vor der Küste bei Schwedeneck

8

Kieler Förde

» Die größte Stadt Schleswig-Holsteins und die nördlichste Großstadt Deutschlands punktet vor allem mit maritimem Flair. Diese Atmosphäre findet man auch in den benachbarten Orten entlang der Kieler Förde.

‹ Traditionssegler im Hafen von Kiel

Kieler Förde 1 : 200 000 0 5 km © Reise Know-How Schleswig Ho_K08 4/22

LANDESHAUPTSTADT DER SEGLER

Kilometerweit schiebt sich die Förde ins Land hinein, an deren Spitze Kiel liegt. Keine Stadt mit architektonischen Reizen, dafür wurde im Krieg zu viel zerstört, aber mit ganz viel maritimem Flair. Schöne Küsten-

orte wie Laboe oder Friedrichsort liegen links und rechts der Kieler Förde. Feine Strände gibt es dort, geerdete Fischlokale, Flanierpromenaden und vor allem eine entspannte Atmosphäre. Die Kieler flüchten gern hierher, nutzen dabei eine kleine Fähre, die aus dem Herzen der Stadt direkt bis an die Strände schippert.

Kiel

Kiel ist die **Landeshauptstadt** und mit 245.000 Einwohnern auch die **größte Stadt Schleswig-Holsteins.**

Bis ins Jahr 1233 reicht die Stadtgeschichte zurück, als Graf *Adolf IV.* eine „Holstenstadt tom Kyle" auf der Halbinsel eines Fördearms anlegte. 1242 erhielt dieser winzige Ort bereits Stadtrechte. Recht schnell wurde die unschätzbar günstige Lage als sturmfreier Hafen erkannt, liegt Kiel doch am Endpunkt einer sich verjüngenden Förde. Jahrhundertelang wurde dies von Fischern und Händlern genutzt, bis 1871 die große Politik einzog. Kiel wurde zum **Reichskriegshafen** befördert, die Kaiserliche Marine hier stationiert und Kriegsschiffe wurden gebaut. Der Schiffsbau nahm riesige Dimensionen an, leider auch zum Nachteil der Stadt. Im Zweiten Weltkrieg war Kiel wegen seiner **Marinegeschwader** ein bevorzugtes Bombenziel, fast 80 % der Stadt lagen in Schutt und Asche.

Nach dem Krieg hat man die Stadt wieder aufgebaut, sie weist allerdings heute kaum historische Sehenswürdigkeiten auf.

Die Kieler Innenstadt zeigt eine lebhafte, moderne Großstadtatmosphäre, der **Hafen** und einige **maritime Sehenswürdigkeiten** ergänzen dieses Bild.

Stadtspaziergang durch Kiel

Kiel ist eine Stadt mit **maritimem Flair,** leicht wehendem Wind, vorbeischwebenden Möwen und vor allem mit einem wunderbaren Blick aufs Wasser. Letzteren sollten sich auch Besucher zunächst einmal gönnen, um so die besondere Kieler Atmosphäre aufzunehmen. Im Anschlusskapitel „Sehenswertes" werden einige der hier genannten Stationen des Stadtspaziergangs näher beschrieben.

NICHT VERPASSEN!

- Spaziergang entlang der **Hafenpromenade Kiellinie** zu ruhigen Terrassenlokalen und zum Seehundbecken | 301
- Die größte Regatta der Welt mit sieben Tagen Dauerparty: **Kieler Woche** | 302
- Die **Schleusen des Nord-Ostsee-Kanals** bei Holtenau | 305
- „Lebendes Museum" mit Handwerkern in historischen Häusern: **Freilichtmuseum Molfsee** | 306
- Reizender Ort an der Förde mit langem Strand: **Laboe** | 308

Diese Tipps erkennt man an der gelben Markierung.

Ein **Bummel durch die Kieler Innenstadt** sollte vor dem **Hauptbahnhof** beginnen, denn von dort erreicht man sehr schnell die zentrale Fußgängerzone. Vorher lohnt es sich aber, eine Prise Meeresluft zu genießen. Dazu quert man die viel befahrene **Kaistraße** und geht zum Wasser – schon ist sie spürbar, diese ganz besondere Kiel-Stimmung! Links warten die Fördedampfer am Anleger, im Hintergrund ruhen hochhausgroße Fährschiffe und daneben liegen winzig wirkende Traditionsschiffe. Man überquert nun einmal die **Hörnbrücke,** bewundert erst rechts die Museumsschiffe im Germaniahafen und geht dann links die Treppen hoch und über die Brücke zum Terminal der Fährgesellschaft *Color Line* (tägl. 8–15 Uhr geöffnet).

Von diesem gläsernen *Termin---al* - kann man einen schönen Blick auf das Kieler Stadtbild und auf die Förde werfen. Danach geht es zurück zum Bahnhofsplatz und von dort nach rechts über die Straße Sophienblatt oder alternativ durch das Einkaufszentrum *Sophienhof* bis zur **Fußgängerzone Holstenstraße.** Sie war die erste für Fußgänger umgemodelte Straße in Deutschland! Heute sind hier viele Geschäfte und auch einige Lokale ansässig. Schon nach wenigen Schritten öffnet sich links der **Europaplatz** mit einer Kieler Institution, der *Sparkassen-Arena.* Hier spielt die Handballmannschaft des *THW Kiel,* und dann verwandeln sich ruhige Nordlichter regelmäßig in heißblütige Fans – die Luft in der Halle brennt!

Weiter geht es durch die Holstenstraße bis zum **Asmus-Bremer-Platz,** wo ein sichtlich entspannter Alt-Bürgermeister aus Bronze auf einer Bank hockt. Im Hintergrund befinden sich das **Rathaus** der Stadt und das **Opernhaus.** Wer sich auf den großen Rathausplatz stellt, mag eine gewisse Ähnlichkeit mit dem Markusplatz in Venedig erkennen, so behaupten es jedenfalls immer wieder Kieler Lokalpatrioten. Hier glitzert auch schon der innerstädtische See **Kleiner Kiel,** und wer meint, dort Haifischflossen zu entdecken, der sei beruhigt: Es handelt sich nur um Kunst im öffentlichen Raum.

Es geht nun zurück zur Holstenstraße, die bald eine breite Straße mit dem Namen **Holstenbrücke** kreuzt. Früher gab es hier tatsächlich einmal eine Brücke über einen Wasserlauf, aber heute ist dieser Teil komplett zur Straße ausgebaut und das Wasser fließt durch Röhren in den nahen Bootshafen (rechte Seite). Boote dümpeln hier nicht mehr, heute ist diese kleine Wasserfläche am Ufer mit Stufen versehen, an denen viele Kieler gerne ein kurzes Päuschen einlegen – den Blick dabei immer aufs Wasser gerichtet, versteht sich. Im Hintergrund ragt passgenau das riesige Fährschiff nach Göteborg auf, das regelmäßig abends gegen 19 Uhr ausläuft bzw. morgens um 9 Uhr zurückkehrt.

Noch ein kurzes Stückchen weiter über die Holstenstraße wird am **Alten**

[>] Kieler Rathaus und Opernhaus am Kleinen Kiel

Markt die Kieler Altstadt erreicht. Leider sind auch hier keine historischen Gebäude mehr erhalten, da Kiel im Zweiten Weltkrieg zu 80 % durch Bomben zerstört wurde. Dort steht aber die sehenswerte **St. Nikolaikirche** mit einem „Teufelchen". Zumindest könnte man die Figur unter der Kanzel für Selbiges halten, doch es handelt sich um *Moses,* dem Hörner aus dem Kopf wachsen. Wer es bis hierher geschafft hat, möchte vielleicht eine kurze Pause einlegen. Da gäbe es verschiedene Möglichkeiten. Ein süffiges, selbst gebrautes Bier in der Kieler Brauerei vielleicht? Oder einen Drink bzw. Snack auf der Terrasse eines Lokals mitten auf dem Alten Markt? Oder vielleicht ein leckeres Stück Torte im altehrwürdigen *Café Fiedler,* das sich nicht weit entfernt an der Dänischen Straße befindet?

Aber zuvor sollte man einen kurzen Abstecher durch die Falckstraße zum **Kieler Kloster** machen. Auch dieses Ge-

bäude existiert durch das Bombardement im Krieg nur noch in Teilen. Ein aussagekräftiges Denkmal erinnert an *Graf Adolf IV.*, den Gründer des Klosters. Graf *Adolf* gelobte nach einer gewonnenen Schlacht, sein restliches Leben als Mönch zu verbringen. Diesen Wechsel der „Berufskleidung" zeigt die Skulptur. Außerdem findet hier täglich um 12, 15 und 18 Uhr ein zauberhaftes Glockenspiel statt.

Die **Dänische Straße** schließt sich vom Alten Markt aus an und gilt als Kiels schickste Einkaufsstraße. Mehrere kleine Fachgeschäfte warten hier auf Kauflustige. Und hier steht mit dem *Warleberger Hof* auch eines der ältesten Häuser der Stadt, in dem das **Stadtmuseum** untergebracht ist.

Am Ende der Dänischen Straße grüßt das **Wahrzeichen der Stadt,** die Skulptur der *Kilia.* Sie war einst ein Geschenk an einen Preußen-Prinzen, der im benachbarten Kieler Schloss residierte. Auch dieses prachtvolle Gebäude wurde im Krieg zerstört, heute steht dort, leicht erhöht, nur ein Zweckbau, der als Veranstaltungszentrum genutzt wird.

Man überquert nun die Straße und geht in den **Schlossgarten** hinein. Auch hier fehlt fast jeder majestätische Bezug, nur ein Reiterstandbild von Kaiser *Wilhelm I.* verschafft ein wenig Prunk. Ist der Schlossgarten durchquert, stößt man am nördlichen Gartenrand auf mehrere Kunstwerke. Diese zählen zum **Skulpturengarten,** der unweit der Kunsthalle angelegt wurde. Kunstfreunde können der **Kunsthalle** einen Besuch abstatten.

Man kann aber auch gleich weiter zu Kiels „Guter Stube" gehen, der **Kiellinie.** Man erreicht die kilometerlange Uferpromenade an der Kieler Förde über die unübersehbare, geschwungene Brücke. Hier entlangzuspazieren, macht einfach Spaß! Der Blick wandert fast zwangsläu-

Adobe.Stock ©demerkur

fig aufs Wasser, schweift über Segelschiffe hinüber zu den großen, blauen Portalkränen der *HDW*-Werft am Ostufer. Mehrere Ruder- und Segelklubs haben hier ihr Vereinsheim, Wassersportler basteln an Ruderbooten und Segelschiffen herum, während Jogger, Radler und Flaneure sich die Kiellinie teilen.

Rasch wird dann auch ein echter Hingucker erreicht, das **Aquarium,** in dessen Außenbecken immer einige Seehunde herumtollen. Die Kiellinie verläuft über gute 3 bis 4 km bis ganz nach oben zum **Oskar-Kusch-Hafen,** wo das Segelschulschiff *Gorch Fock* seit 2021 nach jahrelanger, skandalträchtiger und teurer Instandsetzung wieder seinen Liegeplatz hat, sofern es nicht gerade dienstlich unterwegs ist. An der Promenade passiert man zwischendurch einige ausgesprochen nett gelegene Lokale, deren Terrassen einen fast magisch anziehen. In einem etwas nüchternen Zweckbau hat der **Landtag von Schleswig-Holstein** seinen Sitz.

Noch ein Stückchen weiter folgt der **Sportboothafen Düsternbrook,** wo 1936 die Olympischen Segelwettbewerbe ausgetragen wurden. Wer nicht unbedingt bis zum Oskar-Kusch-Hafen weiterlaufen will (etwa 1 km), kann den Spaziergang hier beenden.

Für den **Rückweg** ist eine kurze **Schiffsreise** empfehlenswert, bei der man die Stadt vom Wasser auf sich wirken lassen kann. Dazu geht man zurück bis zur **Reventloubrücke** (vom Sportboothafen aus kurz hinter dem Landtagsgebäude). Zwar wird man wahrscheinlich etwas warten müssen, da die Fördedampfer nur etwa einmal die Stunde fahren, aber es lohnt sich. Außerdem kann man die Wartezeit sehr entspannt in einem der Bistros unmittelbar vor der Reventloubrücke verbringen. Dort lässt man den lieben Gott ganz schnell einen guten Mann sein und verpasst sogar gerne das Schiff – das nächste kommt ja bestimmt. Die Schiffsfahrt sollte dann nur bis zur nächsten Station („Seegartenbrücke") gehen. Dort steigt man aus und besucht das interessante **Schifffahrtsmuseum Fischhalle** und bestaunt vielleicht auch noch die Museumsschiffe im Museumshafen dahinter.

Zurück in die City geht es über die Straße Wall, vorbei am Bootshafen, den man schon kennt. Vielleicht will man ein kleines Päuschen bei hoffentlich schönem Wetter auf den Ufertreppen oder in einem der Lokale genießen? Oder man stürzt sich erneut in die Shoppingmeile der Holstenstraße.

Sehenswertes

Hörn und Hafen

Unmittelbar beim **Hauptbahnhof** liegt das Ende der Kieler Förde, das Hörn genannt wird. Eine **Klappbrücke** führt über das Wasser auf die andere Seite, wo mehrere **Traditionssegler** im Hafenbecken dümpeln.

☒ Der Landtag von Schleswig-Holstein in Kiel

MEIN TIPP: Hinter der Brücke öffnet sich der Hafen, in dem täglich zwei **Fährschiffe** aus Göteborg (am Schwedenkai) und Oslo (am Norwegenkai) sowie unregelmäßig auch **Kreuzfahrtschiffe** anlegen. Ungewöhnlich ist, dass diese riesigen Schiffe mitten in der Stadt festmachen können. Wer noch nie ein Schiff dieser Größe gesehen hat, wird erst einmal staunend davor stehen, eine Sehenswürdigkeit ganz besonderer Art.

Passagen und Fußgängerzone

Hinter dem Hauptbahnhof beginnt die City mit dem 8 **Sophienhof,** einem riesigen, überdachten Einkaufszentrum. Auch wer keine Shoppingtour starten möchte, sollte einen Spaziergang durch die Passagen machen. Neben einer Vielzahl an Geschäften sind hier auch einige gastronomische Betriebe angesiedelt. Zudem erspart man sich einen Fußweg entlang einer stark befahrenen Straße, denn vom *Sophienhof* geht es über eine zweite Einkaufspassage, den 7 **Holstentörn,** hinunter zur Fußgängerzone **Holstenstraße.** Diese ist nicht überdacht, bringt den Spaziergänger aber zu allen wichtigen Punkten, wieder an einer Vielzahl von Geschäften vorbei.

In Kiel ist das Wasser nie weit

Europaplatz

Zunächst wird der Europaplatz passiert, hinter dessen leicht „hügeliger“ Topografie die **Sparkassen-Arena Kiel** (vormals: *Ostseehalle*) liegt. Dort finden die Handballspiele der Bundesliga-Mannschaft von *THW Kiel* statt, ständig vor ausverkauftem Haus übrigens.

Stadtgalerie

Kleiner Schwenk nach rechts zur Andreas-Gayk-Straße: Bei Hausnummer 31 befinden sich die **Touristinformation** und die Stadtgalerie, in der wechselnde Ausstellungen gezeigt und eine Menge Veranstaltungen geboten werden.

- **Stadtgalerie,** Andreas-Gayk-Str. 31, Tel. 901 34 00, Di, Mi, Fr 10–17, Do 10–19, Sa/So 11–17 Uhr, Eintritt frei.

Rathaus

Zurück zur Holstenstraße und einige Schritte weiter erreicht man den **Asmus-Bremer-Platz.** *Asmus Bremer* war 1702–1720 Kieler Bürgermeister, jetzt schaut er sich als Bronzefigur, entspannt auf einer Bank sitzend, das Treiben an.

Ein kleiner Schwenk nach links führt zum Rathaus. Dieses wurde 1907 bis 1911 im Jugendstil errichtet, vom 67 m hohen **Aussichtsturm** genießt man einen Weitblick über die ganze Stadt. Jedes Jahr wird auf einem Balkon des Rathauses feierlich von der Politprominenz die *Kieler Woche* eröffnet, Startschuss zu einer einwöchigen Mega-Freiluft-Party.

■ **Rathausturm,** Turmbesichtigung März bis Sept. Mi 12.30 und Sa 11, 11.45, 12.30 Uhr im Rahmen einer Führung, Erw. 5,50 €, Kinder (4–12 Jahre) 2,50 €.

St.-Nikolai-Kirche

Zurück zur Fußgängerzone. Diese endet schließlich am **Alten Markt,** an dem die St.-Nikolai-Kirche steht. Der auffallend schlicht gehaltene Backsteinbau entstand schon um 1242, die heutige Form wurde etwa gegen Ende des 14. Jh. fertiggestellt. Im Krieg fiel die Kirche den Bomben zum Opfer, wurde aber 1950 wieder aufgebaut. Der **Flügelaltar** steht seit 1541 in der St.-Nikolai-Kirche, der Erschaffer ist unbekannt geblieben. Gezeigt werden auf den bemalten und geschnitzten Seiten Szenen aus der Oster- und Passionsgeschichte. Der geschlossene Altar zeigt 16 Bilder aus dem Alten Testament. Die Bronzetaufe stammt aus dem Jahr 1344, die Messingschale aus dem 16. Jh. Die Kanzel schuf *Theodor Allers* 1705, wichtigstes Element ist *Moses mit den Zehn Geboten.* Besonders schön sind die **Fenstermalereien** im Inneren, deren verbindendes Element das Blau des Wassers ist.

Kieler Kloster

Das Kieler Kloster in der nach Norden abgehenden Falckstraße wurde um 1240 gegründet. Hierher zog es *Graf Adolf von Schauenburg* in seinen letzten Jahren, ein Denkmal im Garten erinnert daran. Das Kloster hatte nicht sehr lange Bestand.

714sc fr

Es wurde 1530 im Zuge der Reformation aufgehoben, erlebte danach verschiedene Nutzungen, bevor es im Krieg fast komplett zerstört wurde. Im Turm befindet sich heute ein **Carillon** (Glockenspiel) von 50 Glocken, das täglich um 12, 15 und 18 Uhr eine Melodie spielt, die je nach Jahreszeit wechselt. An jedem ersten Samstag im Monat findet um 11 Uhr ein Carillon-Konzert statt.

■ **Kieler Kloster,** Falckstr. 9, www.kielerkloster.de.

Kieler Schloss

Hinter der St.-Nikolai-Kirche führt die Dänische Straße zum **Schlossgarten.** Dieser fällt längst nicht so imposant aus, wie der Name vermuten lässt, das ehemalige Schloss aus dem 13. Jh. wurde ebenfalls durch Bomben völlig zerstört. In den 1960er-Jahren hat man das Gebäude in einem relativ nüchternen Stil wieder aufgebaut, heute beherbergt es **Veranstaltungs- und Konzerträume.**

Kunsthalle

Am Ende des Schlossgartens ist die Kunsthalle angesiedelt, in der wechselnde Ausstellungen zur zeitgenössischen Kunst mit Schwerpunkt auf der **Malerei** vom späten 18. Jh. bis zur Moderne gezeigt werden.

■ **Kunsthalle zu Kiel,** Düsternbrooker Weg 1, Tel. 88 05 756, Di–So 10–18, Mi 10–20 Uhr, Eintritt 7 €, ermäßigt 4 €.

Stadtmuseum Warleberger Hof

Die Dänische Straße hat einige historische Häuser und mehrere kleine, charmante Geschäfte. Unter der Hausnummer 19 ist das kleine Kieler Stadtmuseum zu finden. Es ist im Warleberger Hof untergebracht und zeigt Ausschnitte der Kieler Geschichte und darüber hinaus ständig wechselnde Ausstellungen, die nichts mit Schifffahrt zu tun haben müssen.

■ **Stadtmuseum Warleberger Hof,** Dänische Str. 19, Tel. 901 34 25, Di–So 10–18, Do 10–20 Uhr, Eintritt frei.

Museumshafen und Schifffahrtsmuseum Fischhalle

Vom Alten Markt zum Wasser gehend, erreicht man nach etwa 200 m den Museumshafen. Hier liegen einige nostalgische alte Schiffe, so der Seenotrettungskreuzer **„Hindenburg“** (1944 erbaut), das Feuerlöschboot **„Kiel“** (1941) und der Tonnenleger **„Bussard“,** der bereits 1905 entstand.

Mein Tipp: Unbedingt sehenswert ist das Schifffahrtsmuseum, das direkt am Museumshafen in einer ehemaligen Fischhalle untergebracht ist. Die Ausstellung ist nicht nur für Freunde des Maritimen beeindruckend. Hier wird der **seemännische Alltag** vor dem Hintergrund der Historie des Kieler Hafens dargestellt. So sind Gemälde aus der Anfangszeit des Hafens zu finden und **detailgetreue Modelle,** in denen die Mühen des Schiffbaus in jeder Figur erkennbar sind. Auch auf die **Kriegsmarine** wird ein Blick geworfen.

062sc mf

Schifffahrtsmuseum Fischhalle, Wall 65, Tel. 901 34 28, Di–So 10–18 Uhr, Eintritt frei.

Hafenpromenade Kiellinie

Einen schönen Spaziergang kann man entlang der „Kiellinie" genannten Hafenpromende unternehmen. Hinter dem **Ostseekai** beginnt die Fußgängerpromenade, die über etwa drei Kilometer direkt entlang der Förde verläuft. Hier tobt zur **Kieler Woche** das Leben! Eine Bude steht neben der anderen. Außerhalb dieser verrückten Woche geht es ruhig zu.

Nach einigen hundert Metern ist eine besondere Attraktion erreicht, das **Seehundbecken.** In einem kleinen Außenbecken des **Meerwasser-Aquariums** tummeln sich Seehunde, schwimmend, tauchend, spielend. Das Aquarium wird vom *GEOMAR Helmholtz-Zentrum für Ozeanforschung Kiel* betreut. In mehreren Becken und Aquarien sind etwa 150 Fischarten zu bewundern.

Der weitere Weg führt an den Gebäuden der Landesministerien vorbei zum Oskar-Kusch-Hafen. Dort liegt das aufwendig und entsprechend teuer sanierte **Segelschulschiff „Gorch Fock",** wenn es nicht gerade auf Weltreise ist.

Meerwasser-Aquarium, Düsternbrooker Weg 20, Tel. 600 16 37, http://aquarium-geomar.de, tägl. 9–18 Uhr, Eintritt 3 €.

Das riesige Fährschiff aus Göteborg legt mitten in der City an

Die Kieler Woche

Eigentlich ein bescheidener Name, „Kieler Woche", wenig aussagekräftig an sich. Mehr als diese zwei Worte braucht es aber nicht, dem Kenner sagen sie alles: eine Woche lang anspruchsvolle Regatta-Törns, bei denen etwa **6000 Segler aus 50 Nationen** um Punkte und Pokale kämpfen. Mittlerweile gilt die Kieler Woche als **größte Segelregatta der Welt.** Alle denkbaren Bootsklassen sind vertreten, kämpfen in olympischen und nichtolympischen Abschnitten um Ruhm und Ehre.

Als größte **Segelparty** gilt die Kieler Woche auch, jedenfalls unter Landratten. Eine Woche Remmidemmi, Volksfest, Karneval, **Dauerparty auf den Straßen von Kiel,** oder besser gesagt, auf einigen wenigen, dafür dort umso heftiger. In der Kieler Innenstadt geht es um Bier und Fischbrötchen, wird gefeiert mit über 2000 **Veranstaltungen, Konzerten und Aufführungen.** Die Fußgängerzonen sind übersät mit Buden, Kiosken und Zapfstellen, hier bleibt keine Kehle trocken. Nicht nur Landratten, Touristen und Segler sind unterwegs, sondern auch Marinesoldaten aus aller Herren Länder.

Eine schöne Besonderheit sind die **Kinderattraktionen** im Park *Krusenkoppel* oberhalb der Kiellinie. Hier sind endlos viele Spielgeräte, Tobeflächen, Schminktische und Rutschen aufgebaut, laden Budenzauberer und Jongleure zum Mitmachen ein.

Draußen auf der Förde segeln währenddessen die Könner ihre Regatten aus. Nur schade, dass man von Land so gut wie nichts davon sehen kann. Aber zum Glück gibt's ja noch die andere Kieler Woche. Die spielt sich vor allem im benachbarten Ort **Schilksee** am Eingang der Förde ab, wo die Segler ihr Hauptquartier haben und die Boote ins Wasser lassen. Auch dort gibt es gastronomische Betriebe, aber eben vor allem Segelsport, der zudem auf **Großleinwand** gezeigt wird. Und die Segler feiern mit, aber erst hinterher. Manchmal auch schon vorher, aber nie mittendrin, so viel Ernst muss sein!

715sc fr

Praktische Tipps

Info

- **PLZ:** Kiel hat mehrere Postleitzahlen.
- **Vorwahl:** 0431
- **Einwohner:** 245.000
- **Touristinformation:** Andreas-Gayk-Str. 31, 24103 Kiel, Tel. 67 91 00.
- **Internet:** www.kiel-sailing-city.de

Unterkunft

- **Zimmervermittlung:** Tel. 67 91 00.

10 **InterCity Hotel**③-④, Kaistr. 54–56, Tel. 664 30, www.intercityhotel.com. Direkt am Bahnhof mit Blick auf die Förde, zentrale Lage und nur wenige Schritte in die City. Funktionale Zimmer.

11 **B&B Hotel Kiel**①-②, Kaistr. 70, Tel. 55 72 70, www.hotel-bb.com. Ein preiswertes Haus in zentraler Lage beim Bahnhof, dessen Einrichtung sich auf das Notwendigste beschränkt, das aber 101 tadellose und moderne Zimmer bietet, darunter Familienzimmer für bis zu vier Personen.

MEIN TIPP: 9 **Atlantic Hotel**④, Raiffeisenstr. 2, Tel. 37 49 90, www.atlantic-hotels.de. Wunderbar zentrale Lage direkt gegenüber vom Bahnhof. 187 sehr gut und modern-stylish eingerichtete Zimmer, tolles Frühstücksbuffet. Großer Sauna- und Fitness-Bereich und als besonderer Clou im 8. Stock eine Bar mit Außenlounge und fantastischem Blick über Kiel und die Förde.

12 **Jugendherberge,** Johannesstr. 1, Tel. 73 14 88. Liegt in Kiel-Gaarden, also auf dem Ostufer der Förde. Insgesamt 78 Ein- bis Vierbettzimmer mit Platz für 263 Besucher. Mit Bus 11 oder 12 ab Bahnhof bis Haltestelle Kieler Straße.

Camping

- **WoMo-Stellplatz:** *Förde und Kanalblick* liegt in der Mecklenburger Str. 58, 24106 Kiel, direkt bei der Kanalschleuse (Südseite des Kanals) und trägt seine Lage im Namen (Tel. 38 90 85 15, www.bella-vista-kiel.de). Es ist ein sehr kleiner Platz mit 32 Stellplätzen, davon elf in der ersten Reihe, die etwas teurer sind (15 €, normaler Preis 12 €). Außerdem gibt es eine Aussichtsterrasse mit einem kleinen Imbiss, von der man den riesigen Schiffen beim „Schleusen" zugucken kann. Sanitäranlagen, Ver- und Entsorgungsstation vorhanden.

1 **Campingplatz Falckenstein**, Palisadenweg 171, 24159 Kiel-Friedrichsort, Tel. 39 20 78, www.campingkiel.de, geöffnet April bis Okt. Liegt sehr weit außerhalb vom Zentrum, aber auch sehr schön am Falckensteiner Ufer, unweit vom Strand an der Förde. WLAN.

Gastronomie

MEIN TIPP: 4 **Kieler Brauerei,** Alter Markt 9, Tel. 90 62 90.https://kieler-brauerei.de. Deftiguriges Ambiente, täglich ab 10 Uhr herzhafte Mahlzeiten und vor allem selbst gebrautes Bier.

5 **Ratskeller,** Fleethörn 9, Tel. 971 00 05, https: // ratskeller-kiel.de, tägl. außer Mo, ab 11 Uhr durchgehend geöffnet. Gediegenes Ambiente am Kieler Rathaus, klassische norddeutsche Küche.

MEIN TIPP: 3 **Café Fiedler,** Dänische Str. 3–5, Tel. 26 09 44 55, https://cafe-fiedler.de, Mo–Fr 8–18.30, Sa 9–18.30, So 10–18 Uhr. Traditionsreiches Kaffeehaus und Konditorei mit erlesenen Torten und Pralinen.

MEIN TIPP: 6 **Längengrad,** Schwedenkai 1, Tel. 99 04 87 77, www.laengengrad-kiel.de, Di–Sa 18–24 Uhr. Befindet sich im vierten Stock des Terminals beim Schwedenkai und bietet einen tollen Blick über Hafen und Förde, ganz besonders von der großen Terrasse. Es gibt einen Mittagstisch (12–14.30 Uhr), nachmittags einen Imbiss oder Kuchen und abends ab 17.30 Uhr eine Abendkarte mit Tapas, Pasta, Salaten, Fisch- und Fleischgerichten.

2 **Sandhafen,** Blücherbrücke, in der Saison tägl. ab 12 Uhr. Eine schwimmende Strandbar mitten in der Förde, allerdings fest vertäut an der Blücher-

Kiel

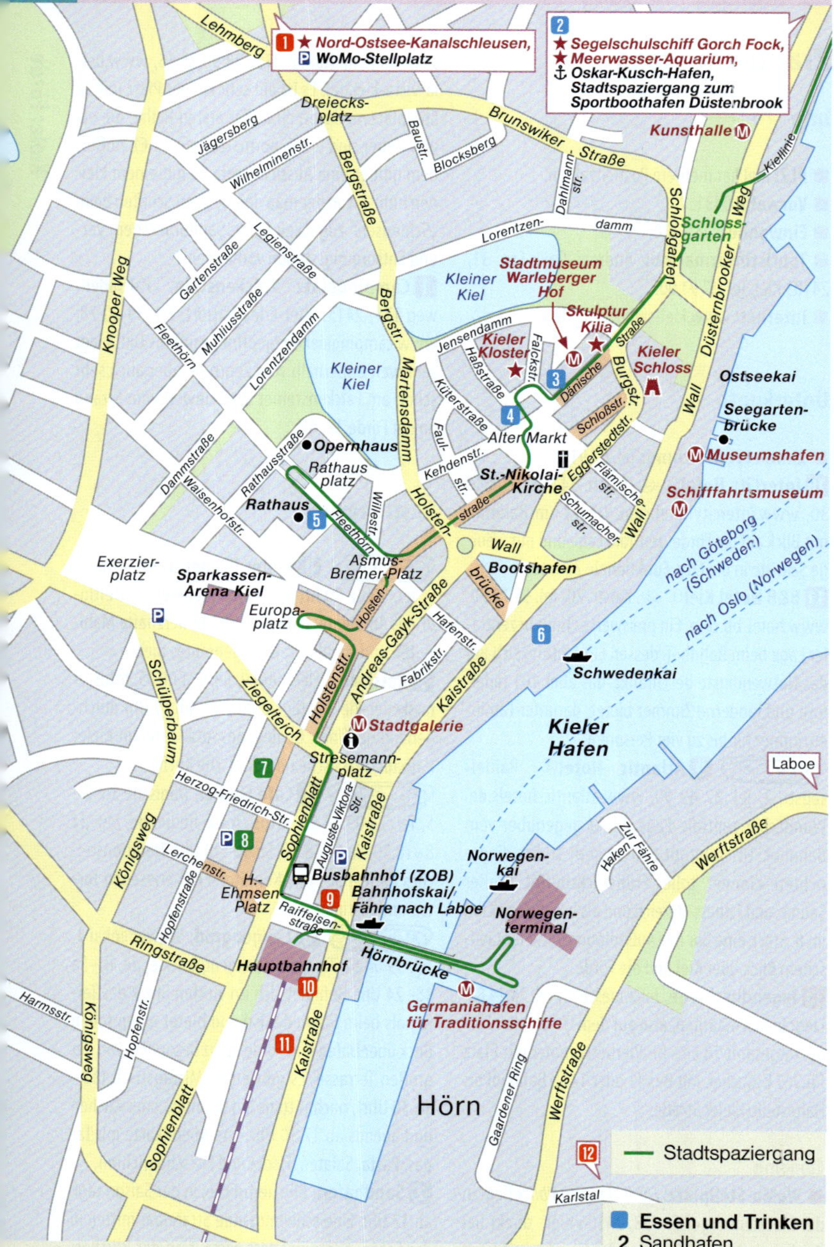

Übernachtung
1 Campingplatz Falckenstein
9 Atlantic Hotel
10 InterCity Hotel
11 B&B Hotel Kiel
12 Jugendherberge

Einkaufen/ Sonstiges
7 Holstentörn
8 Sophienhof

Essen und Trinken
2 Sandhafen
3 Café Fiedler
4 Kieler Brauerei
5 Ratskeller
6 Längengrad

brücke bei der Kiellinie. Sehr entspannte Atmosphäre, man hockt im weichen Sand in Liegestühlen, fast wie am Strand, genießt Drinks und kleine Gerichte und den fantastischen Blick über die Förde.

Feste und Veranstaltungen

- **Kieler Umschlag,** ein historischer Markt in historischen Kostümen, am letzten Wochenende im Februar.
- **Kieler Woche,** größte Segelregatta der Welt, vom dritten Juni-Wochenende an tobt eine ganze Woche lang eine Party in der Innenstadt, nebenbei kämpfen 6000 Segler in 1000 Booten um Siege (siehe Exkurs „Die Kieler Woche").

Schiffstouren

- Die *SFK (Schlepp- und Fährgesellschaft Kiel)* bietet einen **Fährdienst durch die Kieler Bucht** nach Fahrplan an. Man kann vom zentralen Anleger am Bahnhofskai bis nach Strande fahren, aber auch zum gegenüberliegenden Ufer nach Laboe. Die Zeiten variieren je nach Jahreszeit und Wochentag (grobe Regel: einmal stündlich bis kurz vor 18 Uhr). Infos Kaistr. 51, Tel. 594 12 60, www.sfk-kiel.de.
- Mit dem **historischen Raddampfer „Freya"** kann man verschiedene Touren unternehmen, so beispielsweise eine Fahrt in den Nord-Ostsee-Kanal, teilweise die ganze Strecke bis Brunsbüttel. Tickets und Infos direkt an Bord oder über Tel. (04651) 987 00, Bahnhofskai, Kaistr. 51, www.adler-schiffe.de.
- **Hafenrundfahrten:** Von Mai bis Sept. wird tägl. um 11, 13 und 15 Uhr eine jeweils zweistündige Tour durch den Kieler Hafen angeboten. Die Boote starten ab Bahnhofskai, Zustieg auch möglich an der Seegartenbrücke hinter dem Museumshafen. Der Preis beträgt 15 € für Erwachsene, 7 € für Kinder. Infos www.sfk-kiel.de.

In der Umgebung

Kanalschleusen

Der **Nord-Ostsee-Kanal** mündet bei Kiel-Holtenau in die Kieler Förde und damit in die Ostsee. Die Kanalschleusen sind einen Ausflug wert, von der **Aussichtsplattform** kann man schön dem Schiffsverkehr zuschauen.

- **Anfahrt per Bus:** Die Kanalschleusen sind mit der Buslinie 11 in Richtung Wik leicht zu erreichen, Abfahrt vom ZOB, bis zur Endstation fahren. Von der Endstation sind es nur noch 50 m bis zum Kanal, dort 500 m nach rechts gehen, und die Südschleuse ist recht bald erreicht.

Holtenau

Die Kanalschleusen liegen im Kieler Stadtteil Holtenau. Es lohnt sich auch ein Besuch der **anderen Kanalseite.** Mit der kostenlosen Personenfähre kann man ans andere Ufer übersetzen, dann geht man etwa 1000 m nach rechts. Entlang der letzten Meter des Nord-Ostsee-Kanals hat sich eine ganz eigene, sehr charmante Welt entwickelt. Direkt am Kanal stehen einige schicke Häuser mit herrlichem Kanalblick. Am Ausgang in die Förde steht der historische **Leuchtturm Holtenau.** Der Backstein-Leuchtturm weist seit 1895 den Schiffen den Weg in die Schleuse.

Außerdem befindet sich dort das historische Gebäude des **Kanal-Packhauses.** Es entstand in den Jahren 1780 bis 1783 und war eines von mehreren Packhäusern, die entlang des Eiderkanals (Vorgänger des Nord-Ostsee-Kanals) gebaut wurden. Durch die Luken hat man die Ware per Winden auf die Böden hochgezogen. Heute befinden sich in dem Gebäude Wohnungen und ein Lokal.

Unmittelbar davor liegt der **Tiessenkai** mit seinem maritimen Charme. Benannt ist dieser Kai nach dem Schiffsausrüster *Hermann Tiessen,* der hier sein Büro und Lager hatte. In den Räumen befindet sich eine sehr urige Gastwirtschaft, das *Schiffercafé.*

■ **Anfahrt per Bus:** Die Linie 91 fährt vom Hauptbahnhof in der Kieler Innenstadt Richtung Friedrichsort bis zur Haltestelle Kanalschleuse (Nordseite), Kastanienallee.

Gastronomie

■ **Schiffercafé,** Tiessenkai 9, Tel. 908 96 76, www.schiffercafe-kiel.de, tägl. 10–20 Uhr. Uriges Lokal in den Räumen des ehemaligen Schiffsausrüsters *Tiessen.* Innen erkennt man teilweise noch die alten Lager. Es gibt Frühstück, warme Gerichte und auch eine Fischbrötchenkarte. Hier treffen sich auch Kiels Tango-Tänzer! Jeden Sonntagnachmittag (16–19 Uhr) erklingt in einem Nebenraum argentinische Tangomusik und Paare drehen sich in feierlichem Ernst auf relativ engem Raum zu dieser leicht schwermütigen Musik.

Freilichtmuseum Molfsee

Das „Landesmuseum für Volkskunde" bei Molfsee, sechs Kilometer südlich von Kiel, vereint auf einem 60 Hektar großen Gelände insgesamt 70 historische Häuser, die man originalgetreu wieder aufgebaut hat. So finden sich hier **Bauernhäuser, Scheunen, Mühlen** oder **Handwerkerkaten.** Die Objekte stammen aus ganz Schleswig-Holstein, wurden vor dem Verfall gerettet und in Einzelteilen nach Molfsee transportiert.

Das Freilichtmuseum wird „lebendes Museum" genannt, denn hier arbeiten **Handwerker** wie Korbmacher, Drechsler oder Töpfer nach uralter Tradition, es wird sogar stilecht im Windfang Mettwurst geräuchert. Die Katen sind fast alle begehbar, man gewinnt einen guten Eindruck von der Lebenssituation der ländlichen Bevölkerung aus Zeiten, die noch gar nicht so lange vorbei sind.

Eine alte **Schule** wurde ebenso wieder aufgebaut wie eine **Apotheke** mit Kräutergarten, und es gibt sogar einen kleinen historischen **Jahrmarkt mit Schiffsschaukeln.** Im Eingangsbereich befindet sich das **Jahr100Haus**, ein Museum, das Exponate aus den letzten einhundert Jahren Alltag in Schleswig-Holstein zeigt.

■ **Freilichtmuseum Molfsee,** Hamburger Landstr. 97, 24113 Molfsee, Tel. (0431) 65 96 622, www.freilichtmuseum-sh.de, April bis Okt. Di–So 9–18 Uhr, Nov. bis März Di–Fr 10–16, Sa/So 10–17 Uhr, Eintritt 10 €, Schüler 3 €, Familien 21 €.

■ **Anfahrt per Bus:** vom Hauptbahnhof mit der Linie 780 oder 790 bis zur Haltestelle „Rammsee, Freilichtmuseum".

Friedrichsort

An der schmalsten Stelle der Kieler Förde, ein paar Kilometer nördlich der Landeshauptstadt, liegt Friedrichsort. Hier ließ der dänische König *Christian IV.* 1632 eine **Festung** bauen. Sein Sohn *Friedrich III.* erweiterte dieses Bollwerk,

› Der Hafen von Schilksee

das dann schließlich auch seinen Namen trug. Die Anlage stand noch bis zum Ersten Weltkrieg, die letzten Gebäude wurden erst 1945 zerstört.

An Friedrichsort schließt sich der sehr weitläufige **Falckensteiner Strand** an, der von den Kieler Bewohnern gern als Naherholungsgebiet genutzt wird.

■ **Anfahrt:** Im Sommer mit den Schiffen der FSK ab Kiel-Zentrum (Bahnhofskai) oder mit der Buslinie 91 ab Hauptbahnhof bis „An der Schanze", von dort 20 Minuten Fußweg bis zum Strand.

Camping

■ **Campingplatz Falckenstein,** Palisadenweg 171, 24159 Kiel, Tel. (0431) 39 20 78, www.campingkiel.de, geöffnet April bis Okt. Liegt sehr schön am Falckensteiner Ufer, unweit vom Strand an der Förde auf einem terrassierten Gelände. WLAN.

Gastronomie

■ **Deichperle,** Deichweg 24, Tel. 775 47 54, www.deichperle-kiel.de, in der Saison ab April tägl. 10–20 Uhr. Das Lokal befindet sich unweit des Leuchtturms am Falckensteiner Strand und hat eine Terrasse auf dem Deich, von der man einen Panoramablick über die ganze Förde genießt. Serviert werden geerdete Speisen und Getränke.

Strande und Schilksee

Strande ist ein **Ostseebad** am Westufer der Kieler Förde, die hier in die offene Ostsee übergeht. In der Gegend wohnen nicht wenige Kieler, die die Nähe sowohl zum Meer als auch zur Landeshauptstadt

841sc-fr

schätzen. Dabei gibt es schönere Strände im Nahbereich von Kiel, aber dieser ist ziemlich schnell erreicht, im Sommer verkehren sogar die Schiffe der Fördelinie bis Strande.

Der Strand schlängelt sich einige Kilometer weit an der Küste entlang, ein Spazierweg folgt ihm parallel, und dahinter stehen einige Häuser mit traumhaftem Blick. Folgt man dem Weg in Richtung **Bülker Leuchtturm,** wird's einsamer, an manchen Stellen tummeln sich Surfer.

Ganz in der Nähe vom Hafen Strande liegt Schilksee. Ein Schild **„Olympiazentrum"** weist den Weg und erklärt den Hintergrund: Hier fanden 1972 die olympischen Segelwettbewerbe statt. Noch heute dümpeln in den Sommermonaten regelmäßig Hunderte von Segelbooten im Hafen. Bei der **Kieler Woche** ist das Olympiazentrum der Austragungsort für die Segel-Wettkämpfe (siehe Exkurs „Die Kieler Woche").

Unterkunft, Gastronomie

■ **Strandhotel Strand④**, Strandstr. 21, 24229 Strand, Tel. (04349) 917 90, www.strandhotel.de. Kleines Haus mit 29 modernen Zimmern, das in erster Reihe beim Strand liegt. Angeschlossen ist das **Restaurant Riva**, wo eine regionale Küche serviert wird, vor allem Fischgerichte.

Laboe

Der kleine Ort Laboe, an den Ausläufern der Kieler Förde an ihrem Ostufer gelegen, wurde bereits 1240 als ehemaliges slawisches Fischerdorf Lubodne urkundlich erwähnt. Nennenswerte Bedeutung erlangte Laboe allerdings erst im 20. Jh. durch die Stationierung der **Marine** und den Ausbau zum **Ostseebad.** Der Ort war schon zu Beginn des 20. Jh. ein See-

842sc-fr

391sh fr

bad, was man bei einem Spaziergang entlang der Promenade gut nachvollziehen kann. Der **kurtaxenpflichtige Strand** ist nämlich recht schön, feinsandig und mindestens 15 m breit. Hinter der Promenade liegt, sozusagen in bester Lage, eine Reihe gut erhaltener Häuser, teilweise leicht erhöht, und bietet damit einen phänomenalen Blick auf die Förde.

Gelangt man schließlich zum kleinen **Hafen,** wird man überrascht feststellen, dass es hier tatsächlich noch Fischerboote gibt. Auch ein paar Kneipen und Restaurants sind zu finden, insgesamt eine durchaus angenehme Atmosphäre. Und auch ein kleiner Museumssteg existiert, an dem ein paar sehr schöne, **historische Schiffe** liegen.

Blick vom Strand in Friedrichsort nach Laboe

Strand und Promenade von Laboe

Sehenswertes

Marine-Ehrenmal

Schon zu Kaisers Zeiten war die Marine in Kiel präsent, heute erinnern zwei geschichtsträchtige Denkmäler daran. Das bekannteste ist das weithin sichtbare Marine-Ehrenmal, eine „Gedenkstätte für die auf See Gebliebenen aller Nationen und Mahnmal für eine friedliche Seefahrt auf allen Meeren". So heißt es in einer Inschrift am Fuß des Denkmals. 1927 wurde der Grundstein zum Bau gelegt, 1936 war er fertiggestellt. Zunächst fällt die gigantische Größe auf: 72 m misst der **Turm,** der insgesamt 85 m über Ostseeniveau hoch ist, 341 Treppenstufen führen auf die Spitze. Die muss man aber nicht hochlaufen, es existieren zwei Fahrstühle. Weiterhin gehören zum Denkmal eine **Weihehalle** zum Gedenken an die Toten, ein weitläufiger

393sh fr

Ehrenhof mit Flaggen der deutschen Seestreitkräfte und eine **Gedenkwand** mit Schattenrissen der gesunkenen Schiffe der Kriegsjahre 1939 bis 1945.

■ **Marine-Ehrenmal,** Strandstr. 92, Tel. 49 48 49 30, www.deutscher-marinebund.de, April bis Okt. tägl. 9–18, Nov. bis März 10–16 Uhr, Eintritt 7 €, Jugendl. (6–17 Jahre) 5 €, Kombikarte mit U-Boot 11 € bzw. 7,50 €.

U-Boot

Seit 1972 liegt gegenüber vom Marine-Ehrenmal ein U-Boot am Strand und dient als **technisches Museum.** 1943 wurde die U-995 in Hamburg gebaut, sie zählt zu einer Typenklasse, von der 693 Einheiten hergestellt wurden. Sie absolvierte neun „Feindfahrten", bei denen vier Handelsschiffe und ein Kriegsschiff versenkt wurden. Nach dem Krieg übernahm die norwegische Marine das U-Boot, gab es aber 1965 als Zeichen der Aussöhnung zurück. Das U-Boot ist 67 m lang, 6,20 m breit und war für eine Tauchtiefe von 120 m konzipiert, erreichte aber 240 m. Es hatte zwischen 45 und 52 Mann Besatzung.

MEIN TIPP: Als Besucher kann man durch das komplette U-Boot gehen, muss dabei aber durch zwei enge Schotts steigen und erlebt so die **Enge in den Schlafräumen,** in der schmalen **Kombüse** und selbst im **Kommandoraum** hautnah.

■ **Infos:** www.deutscher-marinebund.de, April bis Okt. tägl. 9–18, Nov. bis März 10–16 Uhr, Eintritt Erw. 6 €, Jugendl. (6–17 Jahre) 4,50 €, Kombikarte mit Marine-Ehrenmal 11 € bzw. 7,50 €.

Nur von außen wirkt es groß – das begehbare U-Boot in Laboe

Meeresbiologische Station

Die *Meeresbiologische Station Laboe* liegt unweit vom Marine-Ehrenmal an der Strandstraße. Hier wird anhand von **30 Aquarien** die Unterwasserwelt der Ostsee vorgestellt und erklärt. Etwa 100 Tierarten sind zu bestaunen, u.a. Krabben, Muscheln und Fische. Bei den stündlichen Führungen darf so manches Meeresgetier auch angefasst werden.

■ **Meeresbiologische Station Laboe,** Strandstr. 1, Tel. 42 93 21, www.meeresbiologie-laboe. de, April–Okt. Di–So 11–18 Uhr, Nov.–März Do–Sa 11–18 Uhr, Eintritt 7 €, Kinder bis 12 Jahre 5 € für eine einstündige Führung.

Praktische Tipps

Info

■ **PLZ:** 24235
■ **Vorwahl:** 04343
■ **Einwohner:** 5200
■ **Touristinformation:** Börn 2, Tel. 42 75 50.
■ **Internet:** www.laboe.de

Unterkunft/Gastronomie

■ **Hotel Seeterrassen**③-④, Strandstr. 84–88, Tel. 60 70, www.seeterrassen-laboe.de. Insgesamt 30 DZ und 10 EZ hat dieses Haus, etwa die Hälfte mit Meeresblick. Moderne und zweckmäßige Ausstattung, mit **Restaurant** (regionale Küche).

Camping

■ **WoMo-Stellplatz:** Steiner Weg 15, Tel. 42 75 53. Direkt beim Marine-Ehrenmal liegt ein Platz mit Ver- und Entsorgungsstation für bis zu 18 Fahrzeuge.

Gastronomie

■ **Fischküche Laboe,** Am Hafen, Tel. 42 97 99, https://fischkueche-laboe.de, tägl. ab 11.30 Uhr durchgehend geöffnet. Beste Lage direkt am Hafen zwischen Bushaltestelle und Fähranleger. Kleine Terrasse und netter Blick auf den Hafen. Fisch in allen Variationen, es gibt auch leckere Fischbrötchen.

■ **Ocean Eleven,** Hafenplatz 11, Tel. 494 64 64, http://ocean-eleven.de, tägl. ab 12 Uhr. Top-Lage am Strand, eine Mischung aus Café, Restaurant und Lounge mit entspannter Atmosphäre. Hinten mit kleiner Strandbar und einem unschlagbaren Blick aufs Wasser von der lässigen Terrasse mit Sitzsäcken, Sitzbänken und viel Holzdekor. Internationale Küche, gepaart mit norddeutscher Tradition.

■ **Buena Vista,** Strandstr. 9a, Tel. 42 13 21, https://buenavista-laboe.de, tägl. 12–22 Uhr. Schöne Strandlage mit tollem Blick aufs Wasser, serviert werden spanische Gerichte und Tapas.

An- und Weiterreise

■ Die **Schiffe der Förde-Fährlinie** pendeln zwischen Laboe-Hafen und dem Zentrum von Kiel. Dauer der Überfahrt etwa eine Stunde. Abfahrt zwischen 6.20 und 20.40 Uhr beinahe stündlich von Montag bis Freitag, am Wochenende etwas seltener. Im Herbst eingeschränkt, im Winter kein Verkehr. Infos www.sfk-kiel.de, Tel. (0431) 594 12 60.

■ **Buslinien** 14 und 102 (Schnellbus) fahren in die Kieler Innenstadt.

9

Mittelholstein

» Hier trifft sie tatsächlich zu, die Beschreibung „Land zwischen den Meeren“. Im Zentrum von Schleswig-Holstein gibt es charmante Orte, einzigartige Museen, spannende Ausstellungen und auch eine ganze Menge schöner Natur. All dies ist von den Ferienzentren an Nord- und Ostsee gut als Tagesausflug zu besuchen.

‹ Leicht wellig zeigt sich die Landschaft in Mittelholstein

1 : 200 000
0 — 5 km

ENTDECKUNGEN IM INLAND

Mittelholstein wird geprägt durch *historisch gewachsene Städte,* die jede für sich eine eigenständige Entwicklung hinter sich haben. Auf unterschiedliche Weise konnten sie altes Handwerk oder Bergbau in eine industrielle Produktion verwandeln und sehr lange gut davon leben: Neumünster vom Weberhandwerk, Kellinghusen von der Töpferei und Bad Segeberg vom Kalkabbau. In Nortorf fand man einen ganz speziellen Wirtschaftszweig: Hier wurden Schallplatten im großen Stil gepresst. Alle Städte halten die Erinnerung an diese Zeiten hoch durch interessante Museen.

NICHT VERPASSEN!

- **Hochbrücke** über den Nord-Ostsee-Kanal mit einer Schwebefähre in Rendsburg | 319
- Kunstausstellung auf einem ehemaligen Industriegelände: **NordArt** in Büdelsdorf | 319
- Die idyllisch an einem See gelegene **Klosterkirche Bordesholm** | 324
- Gewaltige historische Webmaschinen im **Textilmuseum Neumünster** | 327
- Schauplatz der **Karl-May-Spiele:** das Freilufttheater auf dem Kalkberg in Bad Segeberg | 338

Diese Tipps erkennt man an der gelben Markierung.

Überblick

Mit Mittelholstein wird ein großes **Gebiet rund um die Stadt Neumünster** bezeichnet, das im Norden etwa bis Rendsburg, im Süden bis Bad Bramstedt reicht. Ein wenig unspektakulär kommt diese Gegend daher. Schillernde Orte gibt es nicht, die Städte sind charmant und geerdet, geprägt von Handwerk und Fleiß. Sie haben teilweise eine jahrhundertealte Tradition, was sich bis heute in ihrem Ortsbild ausdrückt. Aber trotz aller Bescheidenheit bieten diese Städte hochinteressante Sehenswürdigkeiten, die man sonst im ganzen Land nicht findet.

Rendsburg

Die Kleinstadt Rendsburg liegt ziemlich genau in der Mitte von Schleswig-Holstein direkt am **Nord-Ostsee-Kanal.** Auch die **Eider** fließt durch die Stadt. Der Fluss bildete lange Zeit die Grenze zwischen Schleswig und Holstein und war damit zugleich sehr lange die Südgrenze von Dänemark, da das Herzogtum Schleswig dänisch war. Rendsburgs Innenstadt gehörte zu Holstein.

Von Rendsburg ist es nicht sehr weit zu weiteren größeren Städten im Land wie Kiel (32 km), Flensburg (65 km), Schleswig (32 km) oder Husum (58 km). Nah liegen auch die Urlaubsregionen an Nord- und Ostsee, sodass sich Rendsburg für viele Besucher als **Tagesausflugsziel** anbietet.

Adobe.Stock©penofoto.de

Geschichte

Eine erste Besiedlung datiert auf 1150, als eine **Festung** am Grenzfluss Eider angelegt wurde. Schon ein Jahrhundert später erhielt die Siedlung Stadtrechte. Die weitere Geschichte der Stadt war wechselhaft, mehrfach brannte sie ab oder wurde von fremden Truppen belagert. 1665 wurde Rendsburg zur **Garnisonsstadt** und kurze Zeit später entstand eine wuchtige Festung, veranlasst vom damaligen dänischen König. Es sollte neben der Festung in Friedrichsort (bei Kiel) die wichtigste Feste an der Eider sein. Heute ist davon nur wenig erhalten.

1784 wurde der von Kiel kommende **Kanal** bei Rendsburg fertiggestellt, der hier in die Eider mündete. Von nun an bestand eine **schiffbare Verbindung zwischen Ost- und Nordsee,** da die Eider in die Nordsee mündet. Diese Wasserstraße genügte bald nicht mehr und ein ganz neuer Kanal wurde quer durchs Land gebaut. 1895 konnte der Nord-Ostsee-Kanal, der anfänglich noch Kaiser-Wilhelm-Kanal hieß, eröffnet werden, er führte direkt an Rendsburg vorbei. Da der Kanal das Land regelrecht zerschnitt, wurden auf kaiserliche Anordnung mehrere **Brücken und Fährverbindungen** zwischen nun unterbrochenen Straßen geschaffen. Sie alle sind bis heute kostenlos nutzbar – auch das eine kaiserliche Anordnung. Rendsburg bekam eine **spektakuläre Eisenbahnbrücke,** die bis heute das Stadtbild prägt.

☒ Containerschiff am Nord-Ostsee-Kanal bei Rendsburg

Sehenswertes

Der **Stadtkern** von Rendsburg liegt um die erhöht stehende Marienkirche. Früher standen hier viele gedrungen wirkende Häuser, von denen die meisten verschwunden sind, aber die relativ **schmalen Straßen** lassen den alten Grundaufbau noch erahnen.

Altstädter Markt

Neben der hoch aufragenden Marienkirche dominiert das **Alte Rathaus** den Altstädter Markt, der das Zentrum der Altstadt bildet. Dieses eindrucksvolle Backsteingebäude zeigt als Jahreszahl 1566, aber sehr wahrscheinlich ist das mit Stufengiebeln versehene Haus noch älter. Außen sind Glocken angebracht, die ab 10 Uhr alle zwei Stunden eine Melodie spielen. Im Gebäude ist heute die **Touristinformation** untergebracht.

St. Marienkirche

Die St. Marienkirche steht am höchsten Punkt der Stadt und ist ihr ältestes Bauwerk. Baubeginn war 1287, das Gewölbe war 1350 fertiggestellt, der Turm erst 1454. Innen dominiert optisch der prächtige **Holzaltar** aus dem Jahr 1649. Die kunstvoll gearbeitete **Kanzel** ist ähnlich alt (1621), den großen Schalldeckel zieren Darstellungen der vier Evangelisten und das Wappen der Stifterfamilie. Die Bronzetaufe stammt sogar aus dem 14. Jh. Insgesamt 17 Epitaphe (Gedenktafeln Verstorbener) verzieren die Wände, das älteste stammt aus dem 16. Jh. Die beiden Kollektenkästen links und rechts vom Haupteingang stammen aus dem Jahr 1688, sind aber nicht mehr in Gebrauch. Die Leuchter im Mittelgang stifteten Bürger im 17. Jh.

■ **St. Marienkirche,** April bis Sept. Mo–Sa 11–17 Uhr, Okt. bis März Mo–Sa 10–13 Uhr.

Schlossplatz

Der nahe Schlossplatz unweit der Eider ist heute ein großer, freier Platz. Hier befand sich einst die erste Burg der Stadt, später kam ein Schlossgebäude hinzu, das aber bereits 1718 wegen Baufälligkeit abgerissen werden musste. An der Stelle steht eine moderne Seniorenresidenz in einem historischen Gebäude von 1758. Davor fällt als markanter Blickpunkt der kunstvolle **Gerhardsbrunnen** auf, der an *Graf Gerhard III.* erinnert, der Rendsburg die Stadtrechte schenkte. Am Platz steht auch ein **Blindentastmodell,** das Rendsburg als Festung um 1650 zeigt.

Paradeplatz

Der etwas südlich hinter dem Stadtsee gelegene Paradeplatz war früher der Mittelpunkt der Festung Rendsburg. Hier befanden sich zentrale und wichtige Gebäude wie Kommandantur und Arsenal, aber auch die Christkirche. Die vom Platz abzweigenden Straßen tragen Namen, die an die Sitzordnung bei Tisch am dänischen Königshof erinnern: Prinzenstraße, Königinstraße, Kronprinzenstraße, Prinzessinstraße ...).

Die große **Christkirche** entstand zwischen 1695 und 1700. Innen sind Kanzel, Orgelbereich und der Königsstuhl herausragende Schnitzarbeiten. Der Altar wurde von einer Glückstädter Kirche übernommen.

■ **Christkirche,** Mai bis Okt. So–Fr 9–17 Uhr, Sa 10–12 Uhr.

Museen im Kulturzentrum

Im ehemaligen Hohen Arsenal am Paradeplatz sind heute zwei Museen untergebracht. Das **Historische Museum** präsentiert die Stadt- und Kulturgeschichte von Rendsburg anhand von detailgetreuen Stadtmodellen und Exponaten zu den Themen Militärzeit, Schifffahrt oder auch Handwerk. Außerdem gibt es eine Sammlung von Blechspielzeug und Fayencen sowie den historischen Verkaufstresen eines örtlichen Eisenwarenhändlers, den viele Bürger noch kennen.

Das **Druckmuseum** zeigt die Entwicklung des Druckgewerbes der vergangenen 200 Jahre. Alle Maschinen sind noch betriebsfähig und werden an bestimmten Terminen vorgeführt.

■ **Museen im Kulturzentrum,** Arsenalstr. 2–10, Tel. 33 13 36, www.museen-rendsburg.de, Di–Fr 10–18, Sa/So 10–17 Uhr, Eintritt 6 €.

Jüdisches Museum

Im Gebäude der früheren Synagoge im Südosten des Paradeplatzes befinden sich heute ein Museum und ein Ausstellungsbereich für Künstler. Gezeigt wird eine Dokumentation zu den wichtigsten **jüdischen Gemeinden** in Schleswig-Holstein und speziell zur jüdischen Geschichte in Rendsburg. Auch der frühere

Betsaal kann besucht werden, ebenso wie die frühere Frauenempore, auf der heute Elemente der jüdischen Kultur erläutert werden. Im Untergeschoss liegt die **Mikwe,** ein Ritualbad.

■ **Jüdisches Museum,** Prinzessinstr. 7–8, Tel. 44 04 30, www.jmrd.de, Di–So 12–17 Uhr, Eintritt 5 €.

Hochbrücke

Im Süden der Stadt findet sich mit der Hochbrücke die bekannteste Sehenswürdigkeit von Rendsburg. Der Bau der Eisenbahnbrücke über den Nord-Ostsee-Kanal gilt bis heute als eindrucksvolle bautechnische Leistung. Es handelt sich um eine **Stahlkonstruktion,** die zwischen 1911 und 1913 entstand. Beim Bau standen die Konstrukteure vor einem Problem: Die Brücke musste eine Höhe von über 40 m erreichen, damit Schiffe unter ihr hindurchfahren konnten. Der Rendsburger Bahnhof liegt jedoch nur einen knappen Kilometer vom Kanalufer entfernt – zu nah, um diese Höhe auf direktem Wege auszugleichen. Die Lösung: Man baute einen 4,5 km langen, ellipsenförmigen und stetig ansteigenden (12 %) **Bahndamm,** der um einen Stadtteil namens **„Schleife"** verläuft und so schließlich die erforderliche Höhe erreicht. Auf der gegenüberliegenden Seite des Kanals senkt er sich gemächlich in einer Geradeausfahrt ab.

Die Brücke ist 2486 m lang und erreicht eine lichte Höhe von 42 m. Die Züge der Strecke Hamburg – Neumünster – Flensburg – Dänemark verkehren bis heute über die Brücke. Unter der Stahlkonstruktion pendelt wie eine Art Gondel eine **Schwebefähre** über den Kanal, die bis zu sechs Autos und etwa 60 Fußgänger befördern kann. Die Fahrt mit dieser hängenden Fährbühne dauert knapp zwei Minuten und ist kostenlos. Seit der Eröffnung am 2. Dezember 1913 gilt der gleiche Fahrplan: zwischen 5 und 23 Uhr (im Winter 22 Uhr) alle 15 Minuten. Die Schwebefähre kollidierte 2016 mit einem Schiff, sodass eine völlig neue gebaut werden musste, die seit März 2022 in Betrieb ist.

Auf der nördlichen Kanalseite liegt das kleine Lokal Brückenterrasse. Dort befindet sich eine **Schiffsbegrüßungsanlage.** Ein Moderator begrüßt über eine Lautsprecheranlage ab 10 Uhr vorbeifahrende Schiffe standesgemäß mit Nationalhymne und ein paar Informationen zum Schiff und seinem Ziel. Dazu wird die am Ufer wehende Deutschlandfahne kurz „gedippt", also gesenkt.

Westlich der Hochbrücke steht direkt am Kanal die mit genau 575,75 m **längste Sitzbank der Welt** (an der Straße Kanalufer).

NordArt

NordArt ist eine der größten internationalen **Ausstellungen zeitgenössischer Kunst** in Europa. Diese tolle Ausstellung findet statt im benachbarten und doch auch bequem vom Rendsburger Zentrum aus zu Fuß erreichbaren Büdelsdorf. **Kunstwerk Carlshütte** nennt sich das ehemalige Betriebswerk einer früheren Eisengießerei. Nicht nur in den riesigen Hallen, sondern auch unter freiem Himmel in einem **Skulpturenpark** von 80.000 m² Fläche stellen 250 Künstler aus aller Welt ihre teils großvolumigen Werke aus. Dieser ganz besondere Ausstellungsort gibt der gesamten Schau einen unverwechselbaren Charakter!

Im Ausstellungsgarten liegt das **Café Alte Meierei.** Die Terrasse ist geschickt durch Hecken unterteilt, sodass lauschige Ecken entstanden sind.

- **Kunstwerk Carlshütte,** Vorwerksallee, 24782 Büdelsdorf, Tel. (04331) 35 46 95, www.nordart.de, Anfang Juni bis Anfang Okt. Di–So 11–19 Uhr, Eintritt 18,50 €, erm. 16 €, Schüler 6,50 €, Familien zw. 22 € und 40 €. Café geöffnet 12–19 Uhr.

Praktische Tipps

Info

- **PLZ:** 24768
- **Vorwahl:** 04331
- **Einwohner:** 27.300
- **Touristinformation:** Altes Rathaus, Mühlenstr. 32, Tel. 211 20.
- **Internet:** www.tinok.de

Unterkunft

- **Hotel 1690**③, Herrenstr. 6, Tel. 77 02 90, www.hotel-1690.de. Persönlich geführtes Designhotel, das in einem historischen Gebäude aus dem Jahr 1690 untergebracht ist und sechs schick eingerichtete Zimmer sowie sechs Apartments bietet. Frühstück gibt es bei gutem Wetter auch auf der Terrasse im Hinterhof. WLAN.
- **Hotel Onno**④, Königstr. 4, Tel. 589 10, www.onnohotel.com. Zentrale Lage beim Paradeplatz. Stilvoll-modern eingerichtet in warmen Farbtönen und mit Boxspringbetten, dekoriert mit viel individueller Kunst. Insgesamt 36 Zimmer, zwölf Apartments sowie zwei größere Häuser.
- **Convent Garten**④, Hindenburgstr. 38–42, Tel. 59 050, www.ConventGarten.de. Historisches Haus, das direkt am Nord-Ostsee-Kanal liegt und 72 Doppelzimmer sowie acht Juniorsuiten bietet. Von vielen Zimmern direkter Blick auf den Kanal. Angeschlossen sind ein gutes Restaurant und die Bar NOK.

Camping

- **WoMo-Stellplätze:** *Wohnmobilhafen am Kanal-Café,* Am Kamp-Kanal 1, 24783 Ostserrönfeld, Tel. (04331) 70 88 50, www.wohnmobilhafen-nok.de. Gebührenpflichtiger WoMo-Stellplatz mit 33 Plätzen direkt am Kanal, knapp außerhalb von Rendsburg. Ebener, befestigter Boden. Beim Platz liegt das *Kanal-Café.*

  Wohnmobilhafen am Kreishafen NOK, Am Kreishafen 30–32, 24768 Rendsburg, Tel. (04331) 70 88 50, www.wohnmobilhafen-nok.de. Dieser gebührenpflichtige Platz liegt fast direkt unter der Hochbrücke und ist für 35 WoMos konzipiert. Es gibt Sanitäranlagen, WLAN, und das *Café Brückenterrassen* liegt gleich nebenan.

Gastronomie

- **Hauptwache,** Parade 1, Tel. 234 56, www.hauptwache-rendsburg.de. In einem denkmalgeschützten Haus am Paradeplatz, rustikal eingerichtet, durchgehend geöffnet ab 11.30 Uhr. Es gibt internationale Küche, u.a. auch Pizza aus dem Holzofen.
- **Café Milch & Zucker,** Königstr. 26, Tel. 339 88 14, www.cafe-milchundzucker.de, tägl. 10–18 Uhr. Kleines, liebevoll gestaltetes Café in bester Lage. Es gibt Frühstück, selbst gebackenen Kuchen und Torten, aber auch eine kleine Auswahl an Bistro-Gerichten, wie z.B. Flammkuchen und Baguettes.

> Diese Stelle gilt offiziell als geografischer Mittelpunkt Schleswig-Holsteins

Nortorf

Die kleine Stadt Nortorf liegt zwischen Rendsburg und Neumünster ziemlich zentral in Schleswig-Holstein. Konsequenterweise wurde hier denn auch der geografische Mittelpunkt Schleswig-Holsteins ermittelt. Der Ort selbst ist sehr alt, eine frühe Besiedlung wird für das 8. Jh. vermutet, eine erste Kirche dürfte um 950 erbaut worden sein. Urkundlich ist Nortorf seit 1148 als Kirchspiel bekannt, um 1150 entstand eine erste Feldsteinkirche. Mehrfach erlitten Ort und Kirche Schäden in den verschiedensten Kriegen.

Sehenswertes

St. Martinkirche

Die St. Martinkirche liegt am Rande des nett gestalteten **Marktplatzes** in einer kleinen Grünanlage. Ihr 56 m hoher Turm ist weithin sichtbar und somit kann man die Kirche kaum verfehlen. Erbaut wurde sie 1872/73, nachdem eine sehr viel ältere Feldsteinkirche abgerissen werden musste. Innen fallen sofort die optisch dominierenden, großen und **bunten Glasfenster** hinter dem Altar auf. Die Seitenwände sind seit 1969 in Weiß gehalten und kontrastieren mit dem dunklen Holz des Gestühls und den roten Backsteinbögen. Das Taufbecken zählt zu den ältesten

844sc-fr

Kirchenschätzen, es stammt aus dem Jahr 1589, der neugotische Altar ist von 1857.

- **St. Martinkirche,** April bis Okt. 11–17 Uhr, jeden Mittwoch um 11 Uhr findet eine 15-minütige Marktandacht statt.

Deutsches Schallplattenmuseum

In Nortorf hatte die **Schallplattenfirma Teldec** eine große Fabrik, weswegen der Ort früher „Stadt der Schallplatte" genannt wurde. Im ehemaligen Kesselhaus der Teldec GmbH eröffnete im Oktober 2022 das Deutsche Schallplattenmuseum. Zu sehen sind die verschiedensten **Tonträger** wie Schelllack- und Langspielplatten, aber auch Cassetten und CDs. Es wird gezeigt, wie man Schallplatten gepresst hat und wie man sie abspielte.

- **Deutsches Schallplattenmusem,** Niedernstr. 7b, https://museum-nortorf.de, Di–So 10–17 Uhr. Eintritt 4 €, Jugendliche (ab 12 J.) 2 €, Kinder frei.

Skulpturenpark Nortorf

Mitten im **Stadtpark** an der Parkstraße stehen unterschiedliche Skulpturen von Künstlern aus Schleswig-Holstein. Sie sind von den Künstlern so platziert worden, dass sie ein harmonisches Bild mit den sie umgebenden Pflanzen abgeben.

Geografischer Mittelpunkt

Am westlichen Ortsrand liegt knapp drei Kilometer vom Zentrum der amtlich vermessene Punkt, der als geografischer Mittelpunkt des Landes gilt. Dieser Punkt wurde aufgrund einer Initiative des *NDR* ermittelt. Man findet ihn im Ortsteil **Thienbüttel** rechts der Straße nach Brammer, knapp einen Kilometer hinter dem Ortsschild. Der Punkt ist durch eine kreisrunde **Steinplatte** mit der Inschrift **„Die Mitte Schleswig-Holsteins"** markiert. Außerdem stehen dort zwei Stelen mit den Wappen von Schleswig-Holstein und Nortorf.

Praktische Tipps

Info

- **PLZ:** 24392
- **Vorwahl:** 04392
- **Einwohner:** 6600
- **Touristinformation:** *Tourismusverein Nortorfer Land* und Naturpark Westensee, im Rathaus, Niedernstr. 6, Tel. 896 20.
- **Internet:** www.tourismus-naturpark-westensee.de

Unterkunft, Gastronomie

- **Kirchspiels Gasthaus**③-④, Große Mühlenstr. 9, Tel. 202 80, www.kirchspiels-gasthaus.de, tägl. 18–21.30 Uhr, So zusätzlich 12–14 Uhr. Traditionsreiches Haus mit 20 Zimmern. Das Restaurant bietet ein Tagesessen, Fisch, Fleisch, aber auch vegetarische Gerichte sowie regionale Gerichte. WLAN.
- **Alter Landkrug**③, Große Mühlenstr. 13, Tel. 44 14, www.alter-landkrug-nortorf.de. Das Hotel hat 42 Zimmer, darunter zwei Suiten. Das Restaurant serviert Speisen aus Schleswig-Holstein, etwa Fisch aus Nord- und Ostsee und Fleischgerichte, aber auch vegetarische und vegane Gerichte.

In der Umgebung

Tierpark Arche Warder

Beim Ort Warder, wenige Kilometer nordöstlich von Nortorf, findet sich ein sogenannter Themen-Zoo, ein **Schutzpark** für seltene und gefährdete Haustiere. Auf einem 40 Hektar großen Gelände leben etwa 1200 großteils europäische Haus- und Nutztiere, die 86 Rassen angehören. Neben bei uns heimischen Tieren wie Ponys, Schweinen, Schafen und Eseln sind auch **Fjällrinder** oder **Gotlandschafe** aus Skandinavien, **Schottische Hochlandrinder** oder **Steppenrinder** aus Ungarn zu sehen.

Für die Tiere, die im Winter nicht draußen bleiben können, gibt es ein etwa 1000 m² großes **Tierschauhaus.** Besonders spannend dürfte für Kinder der **Streichelhof** sein. Durch den schön gestalteten Park führt ein etwa fünf Kilometer langer, ausgeschilderter Weg, der die Besucher zu allen Tieren lotst. Das wahllose Füttern der Tiere ist nicht erlaubt, aber man kann spezielles Futter an der Kasse erwerben und dies den Tieren geben, allerdings nicht allen.

■ **Tierpark Arche Warder,** Langwedeler Weg 11, 24646 Warder, Tel. (04329) 913 40, www.arche-warder.de, tägl. 10–20 Uhr, im Herbst und Winter bis zum Einbruch der Dunkelheit geöffnet. Eintritt 10 €, Kinder (4–17 Jahre) 7 €, Familien 30 €.

Naturpark Westensee

Ein reizvolles **Seengebiet** liegt im Städtedreieck Kiel-Rendsburg-Nortorf. Der Kern dieser durch die Eiszeit geformten Moränenlandschaft ist der 7 km² große **Westensee,** an dem es eine **Badestelle** mit Grillplatz gibt. Auch an anderen kleinen Seen laden teilweise versteckt liegende Buchten zum Baden ein.

MEIN TIPP: Das als Naturpark ausgezeichnete Gebiet eignet sich gut zum **Wandern,** es gibt an die 20 Rundwanderwege. Weg Nr. 6 führt beispielsweise

☐ Meishan-Schweine im Tierpark Arche Warder

um den Kleinen Schierensee herum. Auch einige **Radwege** wurden angelegt. Schön ist der 33 km lange Rundweg um den Westensee und den Eiderringkanal, der im kleinen Ort Westensee startet und endet. Rundweg Nr. 8 führt hoch zum höchsten Punkt, dem 88 m hohen **Tüteberg,** der sich nahe der Gemeinde Westensee erhebt.

Auch zum **Kanufahren** eignet sich die Region. Auf dem Westensee, dem Eiderringkanal oder anderen stillen Gewässern kann man wunderbar paddeln.

- **Kajakverleih Achterwehr,** *Christa Nikulski,* Am Speicher 1, 24239 Achterwehr, Tel. (04340) 10 89, www.kajakverleih-achterwehr.de.

Bordesholm

Die Gemeinde Bordesholm liegt zwischen Neumünster und Kiel und hat eine exzellente Anbindung durch Bahn und Autobahn (2 km entfernt) an beide Städte sowie nach Hamburg. Auch zur Ostsee sind es nur etwa 20 km, in die hügelige Holsteinische Schweiz kaum 15 km. Man lebt also recht nah an zwei der größten Städte des Landes (Arbeitsplätze), hat aber gleichzeitig einen hohen Freizeitwert mit viel Natur.

Bordesholm liegt direkt an einem größeren See und hier nahm auch die Ortsgeschichte ihren Anfang. Auf einer ehemaligen Insel im **Bordesholmer See** wurde im 14. Jh. ein **Kloster** gegründet. 200 Jahre nachdem Bischof *Vicelin* im benachbarten Neumünster ein Kloster aufgebaut hatte, war dieses baufällig geworden. Die Mönche zogen deshalb um und siedelten auf der kleinen Insel, was bessere Lebensbedingungen (Wasser) versprach. Die Klosterkirche ist noch heute die bedeutendste Sehenswürdigkeit des Ortes.

Sehenswertes

Klosterkirche

Die Klosterkirche liegt nicht mehr auf einer Insel, da diese mittlerweile mit dem Ufer zusammengewachsen ist. Sie steht etwas erhöht am **Ufer des Bordesholmer Sees** und ist von hohem Baumbestand umgeben.

Die erste Kirche war 1322 fertiggestellt, in ihr wurden die Gebeine des Bischofs *Vicelin* bestattet. Die Grabstätte ist aber nicht mehr zu lokalisieren, weswegen es nur eine Erinnerungstafel gibt (links vom Altar). Ein gutes Jahrhundert nach der Fertigstellung wurde die Kirche umgestaltet und 1490 noch einmal vergrößert. 1521 befand sich darin der berühmte Brüggemann-Altar, er war eine Stiftung des Herzogs *Friedrich I. von Holstein-Gottorf,* der hier auch bestattet werden wollte. Dazu kam es aber nicht, der Herzog ruht im Dom zu Schleswig, wo heute auch der Brüggemann-Altar steht. 1566 wurde das Kloster im Zuge der Reformation geschlossen.

Die Kirche ist eine lang gestreckte **Hallenkirche aus Backstein,** die mehrfach verlängert wurde, die Decke besteht aus einem Kreuzrippengewölbe. Nach dem Betreten stößt man auf ein Kenotaph, ein Leergrab, das mitten im Gang

☒ Im Inneren der Klosterkirche

845sc-mux

steht und für norddeutsche Kirchen sehr ungewöhnlich ist. Es zeigt als liegendes Paar Herzog *Friedrich I. von Schleswig-Holstein-Gottorf* und seine Frau *Anna von Brandenburg*, die 1514 in der Kirche bestattet wurden. Auffällig sind weiterhin das Chorgestühl mit Klappsitzen aus dem Jahr 1509, das Triumphkreuz aus dem frühen 15. Jh., die neugotische Kanzel (1860/61) und der spätbarocke Hochaltar, der 1727 den nach Schleswig ausgelagerten Brüggemann-Altar ersetzte. Vor dem Altar steht eine Kupfertaufe (1737) mit einem Deckel, der von einer Taube gekrönt wird, dem Symbol des Heiligen Geistes. Im nördlichen Seitenraum befindet sich ein dreiflügeliger Gemälde-Altar aus dem 16. Jh., der die vier Kirchenväter darstellt (*Gregorius, Augustinus, Ambrosius* und *Hieronymus*).

Die südliche Seitenkapelle wird auch **„Russische Kapelle“** genannt, da sie die Grabkapelle von Herzog *Karl Friedrich* (verstorben 1739) und seiner Frau *Anna Petrowa* ist, Tochter von Zar *Peter dem Großen*. In dieser Kapelle wurde vor nicht langer Zeit eine spätmittelalterliche Wandmalerei entdeckt, die die „Geißelung Christi“ zeigt.

Bordesholmer Linde

Einer der ältesten Bäume in Schleswig-Holstein ist die Winter-Linde, ein **Naturdenkmal** mit einem geschätzten Alter von 650 bis 700 Jahren. Sie steht neben der Klosterkirche und war noch im 19. Jh. **Gerichtslinde** des Amtes Bordesholm. Hier wurde öffentlich Recht gesprochen. Da der Baum so alt und ausladend ist, muss er gärtnerisch gestützt werden und wurde 2019 sehr deutlich gekürzt. Um den Stamm verläuft eine Rundbank. Die Linde ist im Wappen von Bordesholm abgebildet.

Bordesholmer See

Der etwas länglich geformte See kann auf einem etwa sechs Kilometer langen

Weg umrundet werden, der überwiegend abseits von Straßen verläuft. An der Ostseite liegt ein **Freibad** mit einem kleinen Strand und einer 52 m langen Seebrücke. Im Herbst findet hier ein Volkslauf statt (*See & run*, www.see-and-run.de) mit der längsten Strecke von 17,2 km, die auch um den See führt.

St. Johanniskirche in Brügge

Im Nachbardorf Brügge steht eine hübsche, spätromanische **Feldsteinkirche** aus dem 13. Jh., die dem heiligen *Johannes* geweiht ist. Immer am Geburtstag des Heiligen (24. Juni) feiert die Gemeinde hier ein Fest. In der Kirche gibt es drei Darstellungen von *Johannes*, darunter ein kunstvolles Schnitzwerk am Geländer der Kanzeltreppe.

Bemerkenswert ist der **Baldachin-Altar** aus dem 16. Jh., den die Gemeinde Brügge bekam, weil sie einen früheren Altar des Meisters *Hans Brüggemann* abgab. Dessen berühmter Schnitzaltar, der heute als Brüggemann-Altar bekannt ist, stand lange in der Bordesholmer Klosterkirche, wurde aber 1666 nach der Reformation nach Schleswig in den dortigen Dom überführt. Als Ersatz bekam die Klosterkirche den Altar aus der kleinen Kirche der Gemeinde Brügge, der ebenfalls von *Brüggemann* stammte. Aber auch dieser befindet sich nicht mehr in der Klosterkirche, sondern steht jetzt im Landesmuseum im Schloss Gottorf in Schleswig. Der Gemeinde Brügge stiftete dann der Amtmann *Kielmannseck* 1672 einen neuen Altaraufsatz, den man noch heute besichtigen kann.

Der 42 m hohe **Holzturm** stammt wahrscheinlich aus dem Jahr 1649.

Antikhof Bissee

MEIN TIPP: Der Antikhof Bissee im gleichnamigen Dorf, ein paar Kilometer östlich von Bordesholm, ist überregional in Schleswig-Holstein bekannt. Er vereint ein gutes, gemütlich-rustikal eingerichtetes **Restaurant,** in dem regionale und saisonale Gerichte serviert werden. Im Gartenhaus, das im ehemaligen Backhaus untergebracht ist, werden Accessoires für den Garten und Rosenzüchtungen geboten.

- **Antik-Hof Bissee,** Eiderstr. 13, 24582 Bissee, Tel. (04322) 25 00, www.antikhof-bissee.de. Restaurant Mi–Fr 17–21, Sa/So 12–21 Uhr, Gartenhaus ab April Di–Fr 14–18, Sa/So 12–18 Uhr.

Praktische Tipps

- **PLZ:** 24582
- **Vorwahl:** 04322
- **Einwohner:** 7400
- **Touristinformation:** *Tourismusverein Bordesholmer Land,* c/o *Galerie Göldner,* Holstenstr. 69, Tel. (0700) 24 58 20 01.
- **Internet:** www.bordesholmer-land.de

Unterkunft, Gastronomie

- **Hotel Carstens**③, Holstenstr. 23, Tel. 758 00, www.hotel-carstens.de. Das Haus liegt nahe der Verbindungsstraße Neumünster–Kiel und hat 40 zweckmäßig eingerichtete Zimmer, von denen einige in einem Nebengebäude untergebracht sind. Es gibt einen größeren Parkplatz und WLAN. Ein **Restaurant** mit Holsteiner Küche ist angeschlossen. Es bietet auch vegetarische Gerichte, hausgemachte Suppen und eine kleine Kinderkarte.

Neumünster

Neumünster ist nach Kiel, Lübeck und Flensburg die **viertgrößte Stadt des Landes.** Sie wurde erstmals 1127 urkundlich erwähnt. Dank der guten Lage war sie schon immer ein bedeutender Verkehrsknotenpunkt, noch heute führen wichtige Bahn- und Straßenverbindungen hindurch. Im 19. und 20. Jh. war Neumünster ein wichtiges Industriezentrum in der **Tuch- und Lederverarbeitung** mit mehreren großen Fabriken und Tausenden von Beschäftigten. Diese Zeit endete in den Nachkriegsjahren.

Nach dem letzten Krieg wurde die Stadt ein wichtiger Ort in der militärischen Verteidigungsplanung. Drei große Kasernen standen hier, und die **Bundeswehr** war ein wichtiger Wirtschaftsfaktor. Die Kasernen sind längst geschlossen und baulich umgewandelt worden.

Sehenswertes

Der Stadtkern liegt bei der breiten Straße **Großflecken.** Dort finden sich Geschäfte, Lokale und einige historische Häuser wie das **Rathaus** aus rotem Backstein aus dem Jahr 1890. Auffällig sind die drei spitzen Türmchen vor den grün-schwarzen Dachpfannen und der nett gestaltete Mosaikschmuck, der die Entwicklungsgeschichte der Stadt darstellt, von der Gründung als Kloster bis zur Zeit als Industriestandort.

Vicelinkirche

Der Name der Kirche geht auf den **Missionar Vicelin** (1090–1154) zurück, der versuchte, im östlichen Schleswig-Holstein slawische Stämme zum Christentum zu bekehren. 1127 siedelte er in einem kleinen Ort namens Wippendorf, wo er ein **Augustiner-Stift** gründete und diesem den Namen *Novum Monasterium* (neues Kloster) gab, woraus sich später der Stadtname herausbildete. Der Orden wurde 1330 nach Bordesholm verlegt.

In Neumünster entstand 1136 am heutigen Standort der Vicelinkirche eine erste kleine Kirche, die bis 1811 Bestand hatte, dann aber wegen Baufälligkeit abgerissen werden musste. 1834 baute der damals sehr bekannte Architekt *Christian Friedrich Hansen* die heutige Kirche im **klassizistischen Stil.** Sie wirkt innen sehr hell und etwas schmucklos. Gestaltet ist sie als Saalkirche mit zwei umlaufenden Emporen. Zentraler Blickfang am Altar ist nicht das Kreuz (das befindet sich etwas erhöht an der Altarkanzel), sondern ein **Ölgemälde von Detlev Conrad Blanck,** das *Jesus* im Kreise seiner Jünger zeigt. Im Zentrum des Kirchenraumes steht eine **hölzerne Taufe,** in Weiß und Gold gehalten. Die Taufschale von 1763 ist innen vergoldet.

■ **Vicelinkirche,** Hinter der Kirche, Di–Fr 13–17 Uhr, Sa 10–15 Uhr.

Textilmuseum

Das interessante „Museum Tuch und Technik“ zeigt die Textilherstellung in Neumünster seit ihren Anfängen im

AdobeStock©Elke Hötzel

Mittelalter. Ein Schwerpunkt liegt auf dem 19. und 20. Jh., als die Stadt ein wichtiger Standort der Tuchproduktion war und es mehrere große **Webereien** am Ort gab, die Stoffe, Decken und Ähnliches herstellten. Herausragende Exponate sind etliche große und noch immer funktionstüchtige Maschinen aus ehemaligen Tuchfabriken des Ortes. Auch die Anfänge der Handweberei werden demonstriert. In einigen Bereichen der Ausstellung dürfen Besucher die Stoffe anfassen und die Webstühle selbst ausprobieren.

■ **Tuch und Technik – Textilmuseum Neumünster,** Kleinflecken 1, Tel. 559 58 10, www.tuchundtechnik.de, Di–Fr 9–17, Sa/So 10–17 Uhr, Eintritt 6 €.

Das Rathaus von Neumünster

Tierpark

Über 700 Tiere aus 135 Arten leben in einem 24 Hektar großen Waldgebiet, darunter viele **Tiere aus dem Norden** wie Elche, Rentiere, Eisbären und Schnee-Eulen, aber auch Affen, Seehunde, Biber, Pinguine oder kleine Bären.

- **Tierpark Neumünster,** Geerdtstr. 100, Tel. 514 02, www.tierparkneumuenster.de, im Sommer tägl. 9–18 Uhr, sonst bis maximal 16 Uhr, Eintritt 10 €, Kinder (4–16 Jahre) 6 €, Familien 28 €, im Winter ermäßigte Preise.

Praktische Tipps

Info

- **PLZ:** 24534 bis 25539
- **Vorwahl:** 04321
- **Einwohner:** 77.000
- **Touristinformation:** Großflecken 34a (Pavillon), Tel. 432 80.
- **Internet:** www.neumuenster.de

Unterkunft, Gastronomie

- **Best Western Hotel Prisma**③-④, Max-Johannsen-Brücke 1, Tel. 90 40, www.hotel-prisma.de. Größeres Haus mit 93 gut und zweckmäßig ausgestatteten Zimmern, außerdem gibt es einige fantasievolle Räume wie das *Fußballzimmer,* das *Reiterzimmer* oder das *Pretty-Woman-Zimmer.* Angegliedert ist das **Restaurant „campinos".** WLAN.
- **Jugendherberge,** Gartenstr. 32, Tel. 41 99 60. Insgesamt 200 Betten, überwiegend in 2- und 4-Bett-Zimmern.
- **Restaurant Blechnapf,** Gartenstr. 10, Tel. 440 11, www.restaurant-blechnapf.de, Di–Fr 11.30–14.30 Uhr und ab 17.30 Uhr, Sa ab 17.30. Uhr. In diesem nett und gemütlich gestalteten Lokal gibt es mediterrane und norddeutsche Küche. Das Haus liegt ziemlich ruhig und hat eine Terrasse. Der Name ist eine Anspielung auf den Schriftsteller *Hans Fallada,* der in Neumünster im Gefängnis saß und den Roman schrieb „Wer einmal aus dem Blechnapf frißt".

Camping

- **WoMo-Stellplatz:** Hansaring 177, Tel. 20 25 80. Direkt am Frei- und Hallenbad können auf einem von Bäumen eingefassten Platz mit Ver- und Entsorgungsstation bis zu 22 Fahrzeuge ganzjährig stehen. WLAN.

Einkaufen

- **Designer Outlet,** Odenstr. 10, Tel. 558 68 80, Mo–Sa 9–21 Uhr. Ein riesiges Einkaufszentrum mit über 100 Geschäften, überwiegend gehobene Markenwaren werden hier günstiger angeboten. Anfahrt mit Bus Nr. 7 oder 77 ab dem Bahnhof.

Feste und Veranstaltungen

- **Webermarkt,** im Okt., ausschließlich Handgefertigtes aus Stoffen und Seide wird hier verkauft.

Naturpark Aukrug

Der Naturpark Aukrug liegt westlich von Neumünster beim **Ort Aukrug** und misst etwa 380 km². Die Landschaft zeigt sich dicht bewaldet und hügelig, durchsetzt mit Teichen, Mooren und Heidelandschaft. Herzstück des Naturparks ist der **Boxberg,** eine natürliche Erhebung von 76 m. Der Boxberg war mindestens 200 Jahre lang von einem

Buchenwald bedeckt, der aber Anfang des 19. Jh. abgeholzt wurde. Da man damals nicht wieder aufgeforstet hat, konnten sich **Heideflächen** ausbreiten. Erst seit 1950 pflanzt man wieder Nadelgehölze an.

Die Heide blüht sehr schön im August und ist Lebensraum u.a. für **Schmetterlinge, Heuschrecken** und den seltenen **Stierkäfer,** der durch seine buckelige und glänzende Form auffällt. In den Wäldern leben Schwarzstörche, Fleder-

mäuse und seltene Krötenarten. Einzigartig sind die **Arnikawiesen.**

Mein Tipp: Durch den Naturpark verlaufen 17 **Rundwanderwege,** die gut beschildert sind. Zwei Wege führen auf den Boxberg, jeweils beginnend an einem Parkplatz an der vorbeiführenden B430. Oben auf der Kuppe des Boxberges stehen ein Findling und zwei Ruhebänke. Man genießt einen tollen Weitblick über die Wälder.

Dat ole Hus

Im Aukruger Ortsteil **Bünzen** steht das um 1700 erbaute Gebäude *Dat ole Hus* (Das alte Haus), das ein kleines, privates **Heimatmuseum** beherbergt. Die Betreiber berichten, wie die Bevölkerung vor 200 Jahren lebte, und man kann sich Gerätschaften und Möbel sowie Alltagsgegenstände anschauen. Außerdem werden Waffeln, Rote Grütze und Kaffee serviert.

- **Dat Ole Hus,** Na't Ole Hus 1, 24613 Aukrug-Bünzen, Tel. (04873) 603, Sa/So 14–18 Uhr.

Gastronomie

- **Am Boxberg,** Boxbergweg, 24613 Aukrug-Homfeld, Tel. (04873) 62 45, https://am-boxberg.de, tägl. 11–22 Uhr. Unterhalb des Boxberges befindet sich nahe der B430 (an einem der beiden Wanderparkplätze) dieses Ausflugslokal. Es gibt Kaffee und Kuchen sowie deutsche Küche mit Fleisch-, Wild- und Fischgerichten. Von der großen Terrasse, die leicht erhöht liegt, genießt man einen schönen Fernblick. In unmittelbarer Nähe liegt ein Kinderspielplatz.

Kellinghusen

Die knapp 8000 Einwohner zählende Stadt Kellinghusen liegt zwischen Itzehoe und Bad Bramstedt und nennt sich selbst **Keramikstadt.** In dem 1148 erstmals erwähnten Ort lebten schon immer kleine Handwerker. Vor allem durch den reichlich vorhandenen Ton entwickelte sich eine kleine, aber sehr spezielle Industrie der Herstellung von **Fayence-Kacheln.** Kellinghusen war viele Jahre berühmt für die Tonwaren, die als Ersatz für kostbares Porzellan galten. Zwischen 1764 und 1860 existierten in dem kleinen Ort sechs Werke.

Sehenswertes

Ein großer Parkplatz liegt außerhalb der Altstadt an der Straße An der Stör. Vor der zentral gelegenen St. Cyriacus-Kirche verläuft die **Bergstraße** als schmale Kopfsteinpflasterstraße. Hier stehen einige schöne **historische Häuser.** Das **städtische Museum** liegt beim Bürgerhaus am Oberen Marktplatz mit seinem markanten **Tellerturm,** einem Kunstobjekt von *Jo Kley.* Rings um diesen netten Platz finden sich mehrere Terrassenlokale.

St. Cyriacus-Kirche

Die etwas wuchtig wirkende Kirche liegt leicht erhöht und sieht beeindruckend aus. Erbaut wurde sie aus großen **Feldsteinen** im Jahr 1154, was aber nicht zweifelsfrei belegt ist. Sie wurde dem römischen Märtyrer *Cyriacus* (284–305) geweiht. Die Kirche erlitt zweimal schwere Schäden, durch Blitzschlag und einen Brand. Deswegen ist von der historischen Inneneinrichtung nichts erhal-

▷ Die kleine Kirche von Stellau bei Kellinghusen

ten. Die wuchtigen Außenwände blieben vom Feuer überwiegend verschont. Im 18. Jh. wurde der Westturm abgerissen und dafür das Kirchenschiff verlängert, außerdem fügte man den Westgiebelturm an. Im Frühjahr blühen im Kirchengarten Krokusse.

■ **St. Cyriacus-Kirche,** Lindenstraße.

Museum Kellinghusen

Im Museum kann man der Geschichte der **Keramiktradition** nachspüren, ausgestellt sind Fayencen, die teilweise noch aus dem 18. Jh. stammen. Im Shop werden Arbeiten lokaler Künstler angeboten.

■ **Museum Kellinghusen,** Hauptstr. 18, Tel. (04822) 37 62 10, Mo–Fr 10–12.30, Mo–So 14–17 Uhr, Mittwochnachmittag ist das Museum geschlossen, Eintritt 2 €.

Feldsteinkirche Stellau

Die Kirche von Stellau liegt etwas außerhalb von Kellinghusen beim Nachbarort **Wrist** in einem Waldgebiet. Die kleine Kirche wurde um 1230 im romanischen Stil aus wuchtigen Feldsteinen erbaut und mit Segeberger Gips verputzt. Sie hat einen barocken Altar mit zwei **Bischofsfiguren:** links Bischof *Ansgar* (gest. 865), der Missionar des Nordens, rechts Bischof *Vicelin* (gest. 1154), der Missionar der Slawen. Die Kanzel entstand etwa 1560, Mitte des 17. Jh. folgte der Altaraufsatz. *Heinrich von Rantzau* stiftete 1593 eine der ersten Sandsteintaufen. Die Kirche wirkt harmonisch, sie strahlt eine angenehme Ruhe aus.

Auf dem Gelände liegen das neue und alte Pastorat. Neben dem frei stehenden, hölzernen **Glockenturm** sind alte Grabkreuze zu sehen. Am Friedhofseingang befindet sich der **Teufelsstein.** Der Sage

070sc mf

nach wollte der Teufel, der im benachbarten Mönkloh lebte, den Kirchenbau verhindern. Deshalb nahm er einen großen Stein und schleuderte ihn mit dem Strumpfband seiner Großmutter hinüber. Das Band zerriss, der Stein verfehlte sein Ziel und landete in der Wiese. Später wurde er vor dem Friedhofseingang aufgestellt.

Praktische Tipps

Info

- **PLZ:** 25548
- **Vorwahl:** 04822
- **Einwohner:** 7700
- **Touristinformation:** *Stadtmarketing Kellinghusen,* Hauptstr. 18, Tel. 37 62 30.
- **Internet:** www.stadtmarketing-kellinghusen.de

Camping

- **WoMo-Stellplatz:** Ein kostenloser Platz für fünf Fahrzeuge liegt am Ortsrand gegenüber vom Freibad bei der Jakob-Fleischer-Straße. Strom und Wasser gegen Gebühr.

Feste und Veranstaltungen

MEIN TIPP: Jedes Jahr am zweiten Augustwochenende findet ein großer **Töpfermarkt** in Kellinghusen statt, bei dem ansässige und befreundete Töpfer im Ortskern ihre Tonwaren ausstellen.

Bad Bramstedt

Bad Bramstedt liegt zwischen Neumünster und Hamburg und war schon früher ein Kreuzungspunkt wichtiger Fernstraßen, weshalb sich schon frühzeitig ein Markt entwickeln konnte. Der historische **Ochsenweg** von Dänemark nach Wedel (siehe dort) führt auch durch Bad Bramstedt. Die Maria-Magdalenen-Kirche diente als Unterkunft für Pilger und Ochsentreiber. Heute ist der Ort als staatlich anerkanntes **Moorheilbad** bekannt.

Sehenswertes

Die **Skulptur eines Rolands** steht auf dem Marktplatz, dem Bleeck. 1532 war eine erste Figur aus Holz aufgestellt worden, die aber 1628 abbrannte. 1693 baute man eine neue aus Stein. Der Roland gilt als Symbol für Handelsgerechtigkeit, vor allem hier am Ochsenweg. Unter dem Roland wurden Verträge geschlossen und Handelsstreitigkeiten geklärt.

Gegenüber der Skulptur steht das **Torhaus des ehemaligen Guts Bramstedt.** Erbaut wurde das auch „Bramstedter Schloss“ genannte Gebäude 1631–47 als Eingangsbereich zur Gutsanlage, die es nicht mehr gibt.

Maria-Magdalenen-Kirche

Die Hallenkirche aus rotem Backstein erbaute man im 14. Jh., aber sie wurde in späteren Zeiten mehrfach umgestaltet. 1647 stürzte der Turm nach einem Blitzschlag ein und zerstörte Teile des Innenraumes. Nach einer Renovierung Ende des 20. Jh. ist heute wieder ein Teil der alten Balkendecke sichtbar. Die Kanzel stammt vermutlich aus dem Jahr 1625, das Triumphkreuz aus der zweiten Hälfte des 15. Jh. Der Hauptaltar wurde Ende des 14. Jh. erstellt. Vor dem Altar steht eine frühgotische, dreibeinige bronzene Taufe aus dem 13. Jh.

■ **Maria-Magdalenen-Kirche,** Kirchenbleeck, April bis Sept. 8–18 Uhr, Okt. bis März 8–16 Uhr.

Praktische Tipps

Info

■ **PLZ:** 24576
■ **Vorwahl:** 04192
■ **Einwohner:** 13.600
■ **Touristinformation:** Bleeck 17–19, Tel. 506 27.
■ **Internet:** www.bad-bramstedt.de

Unterkunft

■ **Tryp by Wyndham Bad Bramstedt Hotel④,** Am Köhlerhof 4, Tel. 50 50, www.trypbadbramstedt.com. Großes Hotel mit über 100 Zimmern, zwei **Restaurants** und großem Wellnessbereich.

Camping

■ **Roland,** Kieler Str. 52, Tel. 67 23, www.campingplatz-roland.de. Kein zu großer Platz, der etwas nördlich des Zentrums an der Ausfallstraße nach Neumünster liegt und ab dem Marktplatz ausgeschildert ist.

Gastronomie

■ **Glücksmarie,** Birkenweg 23, Tel. 893 49 62, www.gluecksmarie-bb.de, Mi–So 12–22 Uhr. Ein Restaurant, das in Dekoration und auch auf der Karte vom Märchen *Frau Holle* inspiriert ist. Geboten wird eine bodenständige Küche, die sich teils hinter etwas befremdlichen Namen verbirgt, wie z.B. *Glücksmaries Lieblingstier* (Schnitzel). Am Nachmittag Kaffee und Kuchen, abends dann auch Cocktails. Interessant: Die Gerichte werden auch in kleinen Portionen angeboten.

In der Umgebung

Wildpark Eekholt

Als Naturerlebnisstätte präsentiert sich der nicht allzu weit von Bad Bramstedt in einem schönen Waldgelände gelegene *Wildpark Eekholt.* Über 700 Exemplare von 105 Tierarten leben in dem Freigehege, zumeist handelt es sich um heimische Arten. Vor allem im **Streichelgehege** bietet sich für Kinder eine tolle Möglichkeit, einmal ganz vertrauten Umgang mit Tieren zu bekommen. Darüber hinaus gibt es einen Abenteuerspielplatz, Grillstellen, eine Köhlerhütte sowie jede Menge Infos zum Thema *Wald und Waldbewohner,* außerdem diverse pädagogische Veranstaltungen.

■ **Wildpark Eekholt,** 24623 Großenaspe, Tel. (04327) 992 30, www.wildpark-eekholt.de, März bis Okt. 9–18 Uhr, Nov. bis Feb. 10–16 Uhr, Eintritt 11 €, Kinder unter 4 Jahren frei, 4–16 Jahre 9,50 €, Familienkarte 36,50 €.
■ **Anfahrt:** Der Tierpark liegt zwischen Bad Bramstedt und Bad Segeberg. Bei Hartenholm fährt man von der B206 links ab.

Bad Segeberg

„Zentrum im ländlichen Raum" wird Bad Segeberg genannt, und das trifft es, denn weit hat man es hierher nicht, egal ob von Kiel oder Neumünster, auch von Lübeck oder Hamburg fährt man nicht lange. Und das holsteinische Hügelland mit seinen Seen, die Holsteinische Schweiz, liegt buchstäblich um die Ecke.

Landesweit bekannt wurde Bad Segeberg durch ein großes Möbelhaus und die alljährlichen **Karl-May-Spiele.** Sehenswert sind sein historisches Stadtzentrum, die eindrucksvolle Marienkirche und ein romantisches Seeufer.

Sehenswertes

Im Zentrum der Stadt, nur wenige Fußminuten vom Bahnhof entfernt, liegt der **Marktplatz,** in dessen Mitte ein Brunnen als Blickfang steht. Von hier gehen die Kirchstraße und die Lübecker Straße als Fußgängerzone ab, mit Geschäften und Lokalen. Im Norden des Platzes erhebt sich würdevoll die Marienkirche.

Marienkirche

Mit dem Bau einer ersten Kirche wurde im frühen 12. Jh. begonnen. Seinerzeit verlief die Grenze zum feindlichen Slawenreich in unmittelbarer Nähe, nämlich entlang der Trave, die durch den Ort fließt. Segeberg war Vorposten und Grenzstadt, eine gefährliche Lage also. Bischof *Vicelin* wollte von hier aus die Slawen bekehren, aber diese drehten den Spieß um: Sie zerstörten 1138 kurzerhand die Holzkirche.

Der zweite Bauversuch fiel dann eine Spur größer aus, eine imposante **Backsteinkirche** entstand. 1156 war Grundsteinlegung, aber die Bauarbeiten zogen sich noch gute 60 Jahre hin. Was herauskam, war und ist solide. Lediglich ein Teil der halbrunden Apsis im Chorraum wurde in den Wirren des Dreißigjährigen Krieges zerstört.

Innen beeindrucken die bunten Fenster, aber auch die wuchtigen Pfeiler und Säulen. In der Schlichtheit des Raumes fällt der reich verzierte, doppelt klappbare **Schnitzaltar** als bedeutendes Kunstwerk auf. Er stammt aus dem Jahr 1515 und gilt als einer der schönsten des Landes (neben dem Altar im Dom zu Schleswig). Mehrere Szenen aus dem Leben Jesu sind dargestellt. Ein Meisterstück ist auch die **Bronzetaufe** aus dem Jahr 1447, sie wird von vier Figuren Geistlicher getragen. Ebenso beachtlich ist die Kanzel, um 1612 gefertigt. Ihre Brüstung zeigt Reliefs mit biblischen Szenen.

■ **Marienkirche,** Kirchplatz 5, tägl. 9–16 Uhr.

Am Landratspark

Wer die Kirchstraße bis zu ihrem Ende geht, erreicht eine stark befahrene Straße. Auf der gegenüberliegenden Seite stehen an der Hamburger Straße das wuchtige Gebäude der heutigen Kreisverwaltung (links) und das historische **Haus Segeberg** (rechts). Letzteres ließ sich Mitte des 18. Jh. der damalige dänische Amtmann als standesgemäßen Sitz bauen. Dahinter liegt der **Landratspark,** eine Anlage nach englischem Vorbild.

Rantzau-Kapelle

Noch einige Schritte weiter entlang der Hamburger Straße folgt links die Rantzau-Kapelle. *Heinrich von Rantzau* (1526–98) ließ sie als dänischer Statthalter zum Gedenken an König *Friedrich II.* im Jahr 1588 errichten. Die Ur-Kapelle wurde aus vor Ort abgebautem Kalkstein gebaut und hielt nicht allzu lange. 1770 besserte man nach und errichtete den Ziegelbau. Im Inneren der Kapelle befinden sich ein Bildnis *von Rantzaus* und eine Steintafel, die auf Lateinisch die wichtigsten Daten erklärt.

Neben der Kapelle steht der **Rantzau-Obelisk** von 1599. Einst war das Denkmal stolze 15 m hoch, heute ist nur noch der Sockel mit einem Stumpf erhalten.

Großer Segeberger See

Von der Kirchstraße nach Norden abbiegend, gelangt man zum Großen Segeberger See. Man erreicht ihn über die Kurhausstraße, die in die Große Seestraße übergeht. „Groß" trifft es wirklich, das gegenüberliegende Ufer scheint weit entfernt. Tatsächlich liegt der See mit 178 Hektar etwa im Mittelfeld der Holsteinischen Gewässer. Sein Ufer misst 8,5 km Umfang. Auf einem **Wanderweg** kann man den See umrunden.

An der **Promenade** am Westufer des Sees liegen der **Kurpark,** das große Klinikum und die **Otto-Flath-Kunsthalle.** Darin sind Skulpturen, Zeichnungen und Aquarelle des Holzbildhauers *Otto Flath* (1906–87) ausgestellt. Dieser sehr produktive Künstler lebte mehr als 50 Jahre in Bad Segeberg. Er schuf über 40 Altäre, ca. 3500 Skulpturen und weit über 10.000 Zeichnungen. Die Kunsthalle zeigt einen Querschnitt seines Schaffens. Die benachbarte **Villa Flath,** sein ehemaliges Wohnhaus, dient als Ausstellungsraum für zeitgenössische Künstler.

- **Otto-Flath-Kunsthalle,** Bismarckallee 5, Tel. 87 99 00, 1.4.–30.10. Sa/So 15–18 Uhr, Eintritt 4 €.

Rathaus

Zur anderen Seite vom Marktplatz verläuft die **Lübecker Straße,** an der auch das Rathaus aus dem Jahr 1827 steht. Erbaut wurde es von dem bekannten dänischen Architekten *C.F. Hansen,* der in Hamburg einige beeindruckende Gebäude erschuf und in seiner Zeit als eine Art Star-Architekt galt. Im Segeberger Rathaus heiratete 1864 der Schriftsteller *Theodor Storm* („Der Schimmelreiter") *Constanze Esmarch,* die Tochter des Bürgermeisters. Nicht so bekannt ist, dass *Storm* nur ein Jahr nach der Trauung eine außereheliche Beziehung begann, die viele Jahre später, nach *Constanzes* Tod, zu seiner zweiten Ehe führte.

Alt-Segeberger Bürgerhaus

MEIN TIPP: Das **Heimatmuseum,** passenderweise untergebracht im **ältesten Haus des Ortes** (gleich neben dem Rathaus). Das Alt-Segeberger Bürgerhaus, so der offizielle Name, stammt aus dem Jahr 1541. Wer durch die Klöndöör hineingeht, betritt eine Wohnwelt aus vergangenen Jahrhunderten. Ausgestellt sind 800 Jahre Segeberger Stadtgeschichte und 500 Jahre **Bürgerliche Wohnkultur.** Da stößt man auf die Einrichtung ei-

ner sogenannten Guten Stube und auf deren Alltags-Pendant, eine Art Wohnzimmer, oder auch auf eine Küche mit entsprechenden Gerätschaften. Im Stall ist eine Vielzahl von **Handwerksgeräten** ausgestellt, u.a. die Werkstatt einer Holzschuh- und Pantoffelmacherei. Alles wurde mit viel Liebe zum Detail aufbereitet. So hängt hier auch ein gewaltiges Hirschgeweih. Ein Auszug aus dem Geweih-Archiv verrät, dass der Hirsch 1886 geschossen wurde.

■ **Museum Alt-Segeberger Bürgerhaus,** Lübecker Str. 15, Tel. 96 42 04, www.museum-badsegeberg.de; April bis Okt. Mi–So 12–17 Uhr, Eintritt 2 €, Kinder und Jugendliche 1 €, Familien 4 €.

Freilufttheater Karl-May-Spiele

Von der Lübecker Straße führt ein ausgeschilderter Weg hoch zum 91 Meter hohen **Kalkberg.** (Er beginnt schräg gegenüber dem *Hotel-Restaurant Bürgerstuben.*) Oben schaut man gut 45 Meter

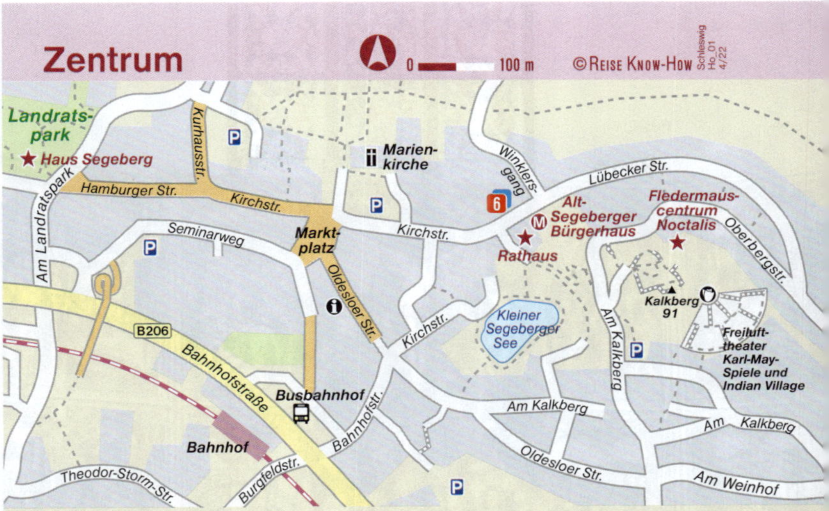

Übernachtung
2 Hotel Residence
4 Jugendherberge
5 Camping am See
6 Hotel-Restaurant Bürgerstuben

Essen und Trinken
1 Ricklinger Landbrauerei
3 Goldmarie am See
6 Hotel-Restaurant Bürgerstuben

über den Häusern von Bad Segeberg weit ins Land, über die Stadt und zu den Seen. In das riesige Freilufttheater blickt man hinab: Der Schauplatz der legendären *Karl-May-Spiele* erstreckt sich in einer großen Mulde im Kalkberg. Entlang des Weges nach oben stehen etliche Hinweistafeln mit Erklärungen, auch zur hiesigen **Fledermauspopulation,** die im Höhlensystem des Berges Unterschlupf gefunden hat.

Neben dem Freilufttheater befindet sich das **Indian Village,** ein nachgebauter Westernort des Jahres 1880. Zu sehen gibt es Blockhäuser, *Tipis,* einen *Drugstore,* einen *Barbershop* (Frisör), das Büro eines *Sheriffs* (samt Zelle), und man kann natürlich auch einen *Saloon* betreten. Außerdem werden zwei Ausstellungen gezeigt: Die „Welt der Indianer“ thematisiert ihr Alltagsleben, aber auch die Verfolgung und Unterdrückung durch die Weißen. Die Ausstellung „60 Jahre Karl-May-Spiele“ zeigt Plakate aller Veranstaltungen, Kostüme und Requisiten.

846sc-fr

■ **Karl-May-Spiele Bad Segeberg,** Eintrittskarten: Karl-May-Platz, 25795 Bad Segeberg, Ticket-Hotline: (01805) 95 21 11, www.karl-may-spiele.de. Gespielt wird ungefähr von Ende Juni bis Anfang September am Donnerstag, Freitag und Samstag um 15 und 20 Uhr, am Sonntag um 15 Uhr.

■ **Indian Village,** Ende Juni bis Ende August Do–Sa 10–20, So 10–18 Uhr, Eintritt 2,50 €, Kinder bis 15 Jahre 2 €.

Fledermauscentrum Noctalis

Direkt am Kalkberg liegt eines der größten deutschen Winterquartiere für Fledermäuse: Das Erlebniszentrum *Noctalis* bringt Besuchern die wundersame Welt dieser Tiere auf 500 m² und vier Etagen näher. Eine **Schauhöhle** kann nur im Rahmen einer Führung besich-

Üppig gearbeiteter Schnitzaltar in der Marienkirche

tigt werden. Rund 15.000 Fledermäuse überwintern darin, außerdem lebt hier der einmalige Segeberger Höhlenkäfer *(Choleva Holsatica)*. Die Höhlen sind im Winter geschlossen, damit die Fledermäuse nicht gestört werden. Sie versetzen sich nämlich in Winterschlaf, sobald die Temperaturen sinken. Die Ausstellung ist gut gemacht.

■ **Fledermauscentrum Noctalis,** Oberbergstr. 27, Tel. 808 20, www.noctalis.de, Schauhöhle Mai bis Sept. Di–So 10–18 Uhr, nur *Noctalis*-Ausstellung Di–So 10–18 Uhr, Eintritt Ausstellung 9 €, Kinder 7 €, Schauhöhle ebenfalls 9 € bzw. 7 €.

Praktische Tipps

Info

- **PLZ:** 23781 bis 23795
- **Vorwahl:** 04551
- **Einwohner:** 17.200
- **Touristinformation:** Oldesloer Str. 20, Tel. 964 90.
- **Internet:** www.bad-segeberg.de

Unterkunft

6 **Hotel-Restaurant Bürgerstuben**③, Lübecker Str. 12a, Tel. 74 75, www.buergerstuben-segeberg.de. Kleines, familiär geführtes, historisches Haus mit soliden Zimmern im Ortszentrum.

2 **Hotel Residence**③, Krankenhausstr. 4, Tel. 96 50, www.Hotel-Residence-online.de. Unweit vom See und nah genug zur City, ruhig gelegen. 30 moderne Zimmer, Sauna und Café.

4 **Jugendherberge,** Kastanienweg 1, Tel. 25 31. Kaum mehr als fünf Minuten Fußweg sind es ins Zentrum von der beim See gelegenen JH. Insgesamt 168 Betten in 1-, 2-, 4- und 6-Bettzimmern.

Camping

5 **Camping am See,** Kastanienweg 8, Tel. 47 13, www.seecamping-segeberg.de, ganzjährig geöffnet. Nett gelegen, direkt am See bei einem Naturschutzgebiet. Trotzdem ist es nicht weit zur City.

Gastronomie

3 **Goldmarie am See,** Große Seestr. 18, Tel. 908 44 57, www.goldmarieamsee. de, tägl. 9.30–18, im Winter bis 17 Uhr. Denkmalgeschützte Villa mit einem verglasten Anbau in perfekter Lage direkt am Großen Segeberger See. Es gibt Frühstück, Blechkuchen und eine „Geht-immer-Karte" (u.a. mit „glücklicher Currywurst"), auch Mittagstisch.

6 **Restaurant Bürgerstuben,** Lübecker Str. 12a, Tel. 74 75, www.buergerstuben-segeberg.de, Mi–Fr und So 11–14 und 17.30–21, Sa 17.30–21 Uhr. Nett gestaltetes Lokal, bietet norddeutsche Küche und hat auch einige fantasievolle Kreationen wie „Winnetous Lieblingsessen". Die Spezialität des Hauses ist hausgemachtes Sauerfleisch.

MEIN TIPP: **1** **Ricklinger Landbrauerei,** Grüner Weg 1, Rickling, Tel. (04328) 13 14, www.ricklinger-landbrauerei.de, Do/Fr 16–21, Sa/So 11–20 Uhr. Etwa 10 km von Bad Segeberg entfernt, der Ort Rickling liegt an der B205 nach Neumünster. Kleine Gasthausbrauerei, die selbst gebrautes Bier anbietet, herbes Pils oder malziges Dunkel und noch weitere Biere. Außerdem gibt es deftige Speisen, Kuchen und Eis.

In der Umgebung

Erlebniswald Trappenkamp

Entdeckungen zur Landschaftsform Wald kann man im *Erlebniswald Trappenkamp* bei Daldorf machen. Das Pädagogische Zentrum des Landes Schleswig-Holstein bietet hier rund ums Jahr

Kalk und Salz, Fledermäuse und Winnetou – der Kalkberg in Bad Segeberg

Der Kalkberg prägte das Ortsbild von Segeberg schon immer. In den historischen Anfängen der Stadt baute man die sogenannte Siegesburg auf seinem Gipfel, der damals noch 110 Meter hoch lag. Die Burg wurde zerstört und wieder aufgebaut, aber 1644 war endgültig Schluss. Durchziehende schwedische Krieger, die der Dreißigjährige Krieg nach Segeberg verschlagen hatte, zerstörten sie bis auf die Grundmauern. Nicht weiter schlimm, mögen sich die damaligen Stadtväter gesagt haben, wir wollten sowieso Kalk abbauen und verkaufen, da würde eine Burg nur stören.

Bereits 1465 hatten Hamburg und Segeberg einen Handelsvertrag über die regelmäßige Lieferung von **Segeberger Kalk** geschlossen. Seitdem wurde der Rohstoff abgebaut, in manchen Jahren bis zu 5000 Tonnen. Das ist zu viel – selbst für diesen Berg. Nach ein paar Jahrhunderten senkte sich sein Gipfel von 110 Metern auf die heutigen 91 Meter! Als sei das nicht genug, wurde noch eine Art Delle in seine Flanke gegraben. (Darin befindet sich heute das Freilufttheater.) Ziemlich genau um 1800 endeten die Kalklieferungen nach Hamburg, da die Nachbarn aus Lüneburg billiger liefern konnten.

Etwa 70 Jahre später entdeckte man ein **Salzlager** unter dem Berg in 150 Metern Tiefe. Der Versuch, dieses Salz abzubauen, scheiterte aber, denn die Schächte liefen voll Wasser. Glück

069sc fr

im Unglück, denn das Wasser erwies sich als gesättigte Sole, ideal für **Kur- und Heilzwecke.** Bald darauf entstand der erste Kurbetrieb, Segeberg wurde zum **„Bad".**

Die nächste Station in der wechselvollen Geschichte des Kalkbergs ergab sich 1913: Spielende Kinder entdeckten zufällig ein unterirdisches, 2260 Meter langes **Höhlensystem.** Es ließ sich wegen seiner riesigen **Fledermauspopulation** auch als Touristenattraktion nutzen.

Dann kamen die Nazis an die Regierung. Sie planten, das ganze Land mit Freilichtbühnen zu überziehen, nannten sie altgermanische Thing-Stätten. In Segeberg wurde der Plan umgesetzt, der Reichsarbeitsdienst baute von 1934 bis 1937 ein **halbrundes Theater mit etwa 10.000 Plätzen.** Übermäßig viele Vorstellungen gab es aber bis 1945 nicht.

Nach Kriegsende suchte man eine neue Möglichkeit, die Freilichtbühne zu nutzen, und kam 1950 auf die Idee, Stücke frei nach Werken von *Karl May* aufzuführen. 1952 ritt *Winnetou* zum ersten Mal vor dem Segeberger Kalkfelsen durch den Wilden Westen, und es war sogleich ein riesiger Erfolg. Mittlerweile haben sich die **Karl-May-Spiele** fest etabliert und locken jeden Sommer Zehntausende von Zuschauern an. Prominente Schauspieler werden alljährlich verpflichtet. So war der inzwischen verstorbene, aus den gleichnamigen Filmen mit seiner Winnetou-Rolle fest verwobene **Pierre Brice** häufig zu Gast in Bad Segeberg.

[<] Im Sommer reiten Winnetou und Old Shatterhand am Segeberger Kalkberg

eine ganze Reihe von Veranstaltungen zum Thema, will aber auch individuellen Besuchern ermöglichen, das Biotop Wald zu entdecken. So gibt es mehrere **Walderlebnispfade,** den größten norddeutschen **Schmetterlingsgarten** unter freiem Himmel, verschiedene **Wildgehege,** aber auch einen **Wichtelpfad** für Drei- bis Sechsjährige und die **Wald-WasserWelt.** Daneben finden sich noch eine Waldwirtschaft, ein Waldladen und eine Holzspielhalle.

- **Erlebniswald Trappenkamp,** Tannenhof, 24635 Daldorf, Tel. (04328) 17 04 80, www.erlebniswald-trappenkamp.de, Mo–Fr 10–16, Sa/So 10–17 Uhr (letzter Einlass), Besucher können bis 20 Uhr auf dem Gelände bleiben, Eintritt 8 €, Kinder bis 15 Jahre 5 €, Familien 21 €.
- **Anfahrt:** Über die A21, Abfahrt Daldorf, von dort sind es noch zwei Kilometer.

072sc mf

10 Holsteinische Schweiz

Die Holsteinische Schweiz mit ihren tiefblauen Seen ist ein eher stilles Reiseziel. Gäste schätzen das entschleunigte Ambiente und das beachtliche Kulturangebot. Die liebliche, leicht hügelige Landschaft hat zu allen Jahreszeiten ihren Reiz und lädt zu Erkundungen ein: zu Fuß, per Rad, mit dem Kanu oder einem Ausflugsschiff.

< Das Eutiner Schloss

GROSSE SEEN UND GANZ KLEINE BERGE

Schon vor 250 Jahren schwärmte *Johann Heinrich Voß* (1751–1826) dass es keine Landschaft gäbe, „… die lieblicher zum Auge und gewinnender zum Herzen guter, sinniger Menschen spricht als die unsrige.“ Schön ist es in der Holsteinischen Schweiz auch heute noch: *An die 200 Seen* liegen eingebettet zwischen sanft geschwungenen Hügeln, sattgrünen Wiesen und hübschen

Dörfern. Ob man die reizvolle Landschaft auf Wanderungen oder Radtouren erkunden oder eher genussvoll in einem der vielen Lokale mit Seeblick auf sich wirken lassen möchte, ist Geschmackssache. Wer es mal etwas trubeliger wünscht, besucht die größeren Orte *Preetz, Eutin* oder *Plön.*

Überblick

Als Holsteinische Schweiz ist das nicht exakt begrenzte Hügelland bekannt, das im **Hinterland der Ostsee** etwa zwischen Lübeck und Kiel liegt. Diese ungemein reizvolle Region mit ihren vielen Seen ist für norddeutsche Verhältnisse ausgesprochen hügelig. Geformt wurden die Erhebungen durch das Abschmelzen der Gletscher in der letzten Eiszeit. Auch der **höchste Berg** Schleswig-Holsteins, der **Bungsberg,** ragt hier mit seinen stolzen 168 Metern in den Himmel. Das mag nicht sonderlich beeindrucken, ändert aber nichts an der Tatsache, dass sich auf dem Gipfel sogar ein Skilift befindet!

Der Begriff „Holsteinische Schweiz" wurde im 19. Jh. durch einen Hotelier geprägt, der sein Haus so nannte. Später wurde der Name für die gesamte Region übernommen. Größere Städte sind Plön, Eutin, Preetz und Malente, wobei **Plön** und **Eutin** als frühere Residenzstädte noch heute ein sehr schönes **Schloss** aufweisen. Landwirtschaft wurde hier über viele Jahrhunderte durch mächtige und große Güter betrieben, zumeist von adeligen Familien bewohnt. Diese auffälligen **Gutshäuser** werden teilweise noch als Bauernhöfe genutzt. Manche sind aber auch Orte für **kulturelle Veranstaltungen,** etwa als Spielstätte beim Schleswig-Holstein Musikfestival.

Tourismus spielt seit dem 19. Jh. eine wichtige Rolle in der Region, wobei heute neben Ruhe suchenden Badegästen und Campern vermehrt Radler, Wanderer und Kanufahrer kommen.

NICHT VERPASSEN!

- Das strahlend weiße **Schloss von Plön** | 358
- Die hübsche **St. Petrikirche** in Bosau | 364
- Die klassische Schiffstour durch die Holsteinische Schweiz: **5-Seen-Fahrt ab Malente** | 373
- Das Schloss und die historischen Straßenzüge von **Eutin** | 374
- Der höchste Berg von Schleswig-Holstein: der **Bungsberg** | 384

Diese Tipps erkennt man an der gelben Markierung.

Ausflugsschiff auf dem Dieksee

847sc-fr

Preetz

„Tor zur Holsteinischen Schweiz" wird Preetz genannt, und das stimmt, wenn man aus dem Norden anreist. Der Ort ist nur knapp 20 km von Kiel entfernt und „nah am Wasser gebaut": Er liegt zwischen drei Seen (Postsee, Kirchsee und Lanker See), und die Schwentine fließt hindurch. Der Fluss entspringt am Bungsberg, dem östlichen „Einfallstor" zur Holsteinischen Schweiz. Im Zentrum von Preetz stehen viele historische Häuser. Die Stadtkirche und der ruhige Klosterbereich lohnen ebenfalls die Besichtigung.

Zur Slawenzeit gab es bereits eine erste Siedlung am Ufer der Schwentine; diese trug den Namen *Porece,* was nichts anderes bedeutet als „am Fluss". Um 1210 wurde eine erste Kirche errichtet, die zwar mehrfach umgebaut wurde, aber noch immer an ihrem ursprünglichen Standort steht. Von hier aus sollte das heidnische Wendenland christianisiert werden. 1211 ließ *Graf Albrecht von Orlamünde* ein **Benediktinerinnenkloster** gründen, das ab 1261 in Preetz seinen festen Sitz hatte. Es dauerte keine 300 Jahre, da unterstanden 40 Dörfer der klösterlichen Kontrolle und Abgabenpflicht. Das Nonnenkloster wurde für Jahrhunderte höchste Verwaltungsinstanz und übte bis 1867 die Rechtspflege aus. In Preetz entwickelte sich eine rege Handwerkerschaft, speziell das Schusterhandwerk blühte. Noch heute trägt Preetz den Beinamen **„Schusterstadt".**

Sehenswertes

Rund um den Markt

In der Innenstadt lassen sich etliche historische Gebäude bewundern, vor allem in den Straßen Kirchenstraße, Kronsburg, Löptiner Straße und Mühlenberg. Kleine Hinweistafeln erläutern die jeweilige Historie.

Am Marktplatz steht das nach seinem letzten Besitzer benannte **Ratzow-Haus,** das 1680 als Fachwerkbau errichtet wurde (Hausnr. 24). Schräg gegenüber liegt die **Alte Goldschmiede** (Nr. 3), in der man dieses Handwerk bereits 1722 betrieb. Das Gebäude Markt 2 ist bereits seit etwa 1700 als **Alte Schmiede** bekannt. Alle drei Häuser haben heute eine moderne Frontfassade, die historische Gestaltung erkennt man nur an der Seite.

Vom Marktplatz zweigt die kleine **Fußgängerzone Lange Brückstraße** ab, in der mit den Preetzer Caféstuben ein weiteres historisches Gebäude steht, außerdem liegen hier etliche nette kleine Geschäfte. In der Bahnhofstraße, die vom Markt zu selbigem führt, steht das klassizistische **Rathaus** von 1870/71.

An der Nordseite des Marktplatzes steht auf einem kleinen Grünstreifen an der Straße Garnkorb der „wahrscheinlich größte Holzpantoffel der Welt". Preetzer Schuhmacher erschufen ihn im Jahr 2008. Der **Holzschuh** misst 3,06 m Länge und 1,03 m Breite und erinnert an die Schustertradition von Preetz.

074sc fr

Stadtkirche

Vom Marktplatz führt die Kirchenstraße hoch zur Stadtkirche. Die **spätbarocke Saalkirche** stammt ursprünglich aus dem frühen 13. Jh. (ca. 1210) und wurde seither mehrfach umgebaut. Damals stand sie genau am ehemaligen Grenzwall Limes Saxoniae, der die Heiden von den Christen trennte, von hier aus sollte das Slawenland jenseits der Grenze christianisiert werden. Aus dieser Zeit stammt noch der **romanische Taufstein.**

Das Innere der Kirche wirkt schlicht und zugleich beeindruckend. Auch der Altar ist relativ schlicht gehalten, er hat ein Triumphkreuz, dessen Corpus aus dem 15. Jh. stammt. Die Bronzekronen aus dem 17. Jh. sind Schenkungen, zwei davon stammen von örtlichen Handwerkerinnungen. Hervorzuheben ist auch die raumgreifende **barocke Orgel** aus dem Jahr 1734. Noch heute haben fünf in der Nähe von Preetz gelegene Güter einen besonderen Kirchenstuhl, die Wappen dieser Häuser schmücken die Logen. Links neben dem Altar befindet sich ein separater Raum, der ehemalige Altarraum, der heute für spezielle Feiern genutzt und auch „kleine Kirche" genannt wird.

Rund um die Kirche

Auch in der Kirchenstraße stehen einige **historische Häuser.** Schräg vor der Stadtkirche fällt das Gebäude mit der Inschrift „Soli Deo Gloria 1734" auf.

⊲ Im Inneren der Stadtkirche Preetz

Unmittelbar vor der Kirche steht unter Hausnummer 43 das Giebelhaus mit der Inschrift „Ad. Grothkopf, Schneidermeister" aus dem Jahr 1738. **Organistenhaus** wird das Gebäude in der Kirchenstraße 61 genannt, es gilt als ältestes Preetzer Gebäude. Die Gemeinde erwarb es 1669 als Wohnraum für die jeweiligen Organisten der Kirchen. **Goldschmiede** nennt sich ein schönes Gebäude in der Kirchenstraße 54, das um 1650 erbaute Fachwerkhaus ist das letzte seiner Art am Ort. Nur wenige Schritte weiter steht am Feldmannsplatz die kleine **Skulptur eines Schusterjungen,** das Wahrzeichen der Stadt Preetz.

Heimatmuseum

Das Heimatmuseum liegt ein wenig nördlich des Marktes in der Mühlenstraße. Ausgestellt sind Exponate zur Stadtgeschichte wie historische Fotos, archäologische Funde aus der Frühzeit, Preetzer Keramik und Silber. Dazu gibt es Informationen rund um das **Schusterhandwerk** mit Original-Werkzeugen und auch Wechselausstellungen. Ein Kuriosum: die Bescheinigung des Deutschen Patentamtes aus dem Jahr 1948, nach der einem Preetzer Schuster das Patent auf **„eindrehbare Fußballstollen"** zugesprochen wurde. Besagter Schustermeister hatte also nichts Geringeres erfunden als die heute weltweit verwendeten auswechselbaren Stollen an Fußballschuhen. Leider war er nicht in der Lage, sich die Weltrechte schützen zu lassen.

■ **Heimatmuseum,** Mühlenstr. 14, Tel. 18 88, Sa/So 15–17 Uhr, Eintritt frei.

Kloster

Am nördlichen Stadtrand liegt mit der Klosteranlage die bedeutendste Sehenswürdigkeit von Preetz. Der Haupteingang ist das **Torhaus,** das zwischen 1707 und 1737 an Stelle eines abgebrannten älteren Tores erbaut wurde. Oben befinden sich drei ehemalige Arrestzellen, die bis 1930 sogar noch genutzt wurden.

Sobald der Besucher das Torhaus durchschritten hat, empfängt ihn angenehme Ruhe. Im Zentrum des Areals steht die Klosterkirche, davor eine uralte Eiche und ringsherum gruppieren sich mehrere **historische Häuser.** Diese sind zum größten Teil noch bewohnt. Besonders schön ist das helle Gebäude links von der Kirche, aber auch im hinteren Bereich stehen sehr hübsche Bauten.

Die wohlhabende Ritterschaft und die Lübecker Kaufleute, deren Töchter als Schülerinnen das Kloster besuchten, sicherten den Benediktinerinnen ein nicht unerhebliches Grundeinkommen. Darüber hinaus unterstanden dem Kloster große Ländereien und knapp 40 Dörfer, die alle den Zehnten abliefern mussten. Das Preetzer Kloster war alsbald das reichste im Land. Insgesamt 70 Nonnen lebten hier bis etwa zur Reformationszeit 1542, als Kloster- und Kirchenbesitz eingezogen wurden. Die Preetzer konnten allerdings dank der mächtigen Ritterschaft eine Sonderregelung durchsetzen: Das Kloster wurde in ein adeliges Damenstift umgewandelt. Dort wurden nun unverheiratete Töchter der Ritterschaft untergebracht. Denen war aber alsbald das klösterliche Leben zu streng, vor allem die Unterbringung in den kargen Klosterzellen missfiel. Die Familien bauten daraufhin nach und nach eben jene komfortablen Wohnhäuser für ihre Töchter auf dem Klostergelände.

Die **Klosterkirche** wurde in den Jahren 1325 bis 1340 erbaut. Es entstand ein für die Gegend typischer Backsteinbau, der in den folgenden Jahrhunderten mehrfach renoviert wurde. Das Innere wird dominiert vom Chor und dem prächtigen **Chorgestühl,** das ursprünglich für die 70 Nonnen erbaut wurde. Später kamen **Familienlogen** hinzu, nicht minder großartige Arbeiten. Der Chor wird von einem kunstvollen Gitterwerk begrenzt. Der barocke Hochaltar stammt aus dem 18. Jh. Vor dem früheren Sitz der Priorin steht ein Schnitzaltar aus dem 16. Jh., der die heilige Familie zeigt. Im nördlichen Seitenschiff findet sich ein barocker Schnitzaltar von *Hans Gudewerdt dem Jüngeren,* der ursprünglich aus einer Kirche in Dänischhagen stammt und den die Preetzer 1844 erwarben. Bemerkenswert sind die Orgel, der Laienaltar an der Westwand und Fragmente der Kanzel an der Südwand.

- **Kloster Preetz,** Klosterhof 5, Tel. 868 29, https://klosterpreetz.de, Führungen durch die Klosterkirche 15.5.–15.9. Di und Fr um 15 Uhr, 5 €.

Praktische Tipps

Info

- **PLZ:** 24211
- **Vorwahl:** 04342
- **Einwohner:** 16.000
- **Touristinformation:** Mühlenstr. 9, Tel. 728 04 20.
- **Internet:** www.schusterstadt-preetz.de

Unterkunft, Gastronomie

- **Landhaus Schellhorn**③, Am Berg, Tel. 88 86 60, www.landhaus-schellhorn.de. Gemütliches Haus im Fachwerkstil, etwas außerhalb des Ortes in ruhiger Lage. Ein **Restaurant** mit Biergarten ist angeschlossen.
- **Preetzer Caféstuben,** Lange Brückstr. 22, Tel. 98 21, www.preetzer-cafestuben.de, geöffnet Di–Sa 9–18, So 10–18 Uhr. Café in einem historischen Haus, angeboten werden Frühstück, Mittagstisch, selbst gebackener Kuchen und Torten. Hinten liegt ein sehr schöner Garten an der Schwentine.

Camping

- **Camping Am Kirchsee,** Kahlbrook 25, Tel. 30 95 49, www.kanucenter-ploen.de, geöffnet April bis Anfang Okt. Kleiner Platz in ruhiger Lage am Kirchsee, etwa zehn Minuten Fußweg vom Zentrum entfernt. WLAN. Es gibt auch einen ganzjährig geöffneten **Wohnmobilpark.**

Einkaufen

Die kurze Fußgängerzone **Lange Brückstraße,** die vom Marktplatz abzweigt, hat einige recht nette kleine Geschäfte. Es lohnt sich, einmal durchzubummeln.

- **Holzschuhmacherei,** Wakendorfer Str. 17, Tel. 812 17, https://preetzer-holzschuhe.de. Oberhalb der Tür steht es ganz genau: „Theodor Hamann, Holzschuhmachermeister, 1846 gegründet". Verkauft wird in der hinteren Werkstatt, vorn sind im kleinen Schaufenster Schuhe ausgestellt – Handwerk, über das man heute nur ehrfürchtig staunen kann. Montag bis Samstag von 9 bis 13 Uhr öffnet der letzte Holzschuhmachermeister auch sein kleines **Schustermuseum.**

☐ Die Johanniskirche in Plön

Plön

Plön liegt am **Großen Plöner See,** an dessen Ufer sich auch das strahlend weiße **Schloss** erhebt. Davor verläuft ein idyllischer Spazierweg, und nicht weit davon entfernt liegt die Stadt. Neben dem Großen Plöner See gibt es rund um den Ort noch weitere Seen. Zählt man alle Gewässer in und um Plön zusammen, kommt man auf 20.

Da in einem so wasserreichen Gebiet der Baugrund knapp war, dehnte sich die Stadt in drei Richtungen recht weitläufig aus. Der Ortskern liegt unterhalb des Schlosses. Schon seit Jahrhunderten wird hier ein Markt abgehalten. Einst lockte ein weiser Regent Handwerker an und überließ ihnen Raum in der sogenannten Neustadt etwas außerhalb des damaligen Stadtgebietes. Diese drei Fixpunkte (Schloss, Markt, Neustadt) mar-

Adobe.Stock©saro49

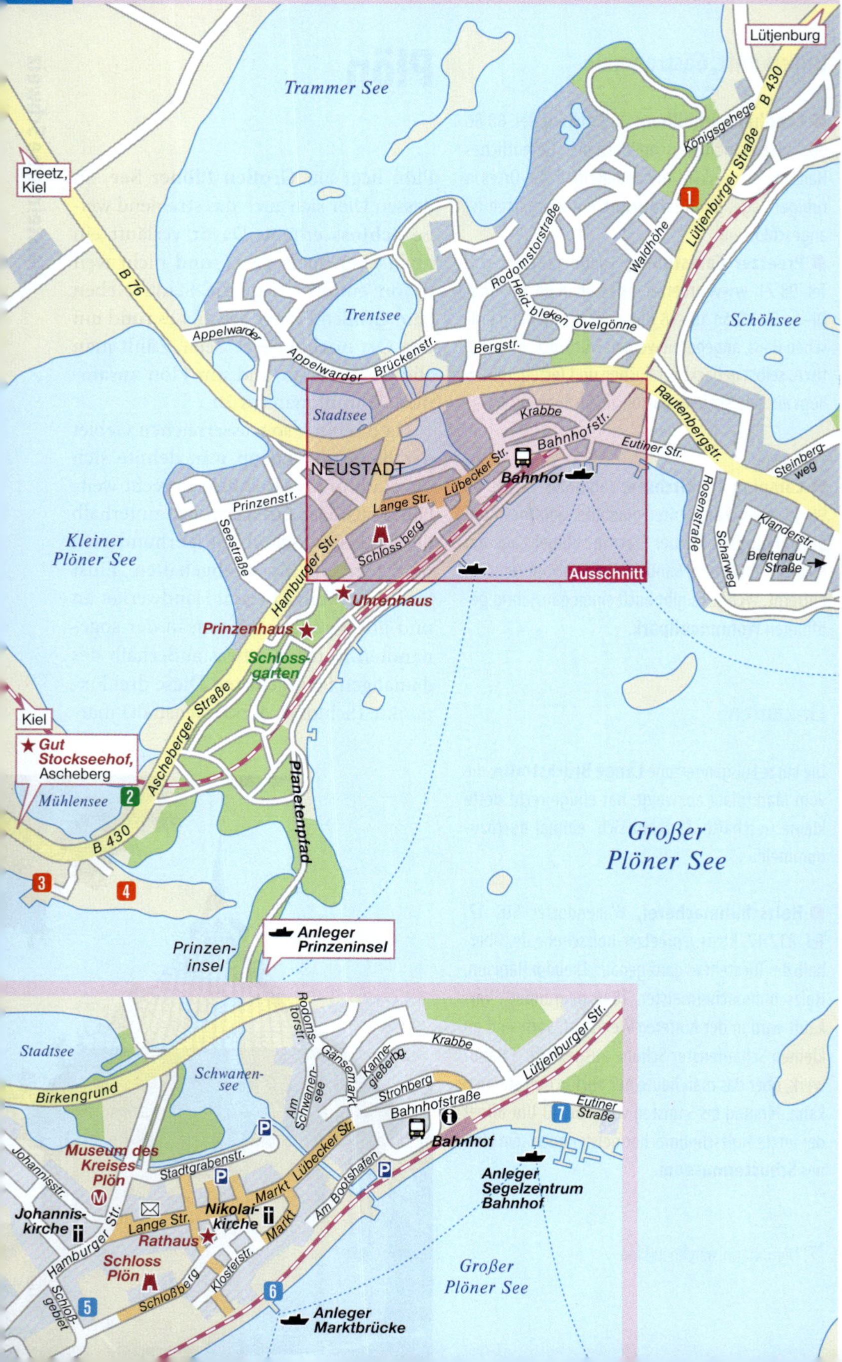
0
500 m
Trammer See
Lütjenburg
Preetz, Kiel
Königsgehege
B 430
Lütjenburger Straße
Waldhöhe
Rodomstorstraße
Heidbleken
Övelgönne
Schöhsee
B 76
Trentsee
Appelwarder
Appelwarder
Brückenstr.
Bergstr.
Rautenbergstr.
Stadtsee
Krabbe
Bahnhofstr.
Eutiner Str.
NEUSTADT
Lübecker Str.
Bahnhof
Steinbergweg
Prinzenstr.
Lange Str.
Seestraße
Rosenstraße
Scharweg
Klanderstr.
Kleiner Plöner See
Schlossberg
Hamburger Str.
Breitenau-Straße
Ausschnitt
Uhrenhaus
Prinzenhaus
Schlossgarten
Kiel
Gut Stockseehof, Ascheberg
Ascheberger Straße
Planetenpfad
Mühlensee
B 430
Großer Plöner See
Anleger Prinzeninsel
Prinzeninsel
Stadtsee
Rodomstorstr.
Krabbe
Lütjenburger Str.
Schwanensee
Gänsemarkt
Kannegießerberg
Birkengrund
Am Schwanensee
Strohberg
Bahnhofstraße
Eutiner Straße
Museum des Kreises Plön
Lübecker Str.
Bahnhof
Johannisstr.
Stadtgrabenstr.
Am Bootshafen
Anleger Segelzentrum Bahnhof
Johanniskirche
Markt
Nikolaikirche
Lange Str.
Hamburger Str.
Rathaus
Markt
Schloss Plön
Klosterstr.
Großer Plöner See
Schloßgebiet
Schloßberg
Anleger Marktbrücke

kieren noch heute den historischen innerstädtischen Bereich. Verbindende Achse ist die Fußgängerzone Lange Straße. Plöns Sehenswürdigkeiten liegen mit wenigen Ausnahmen in dieser Zone.

Aber am reizvollsten dürfte wohl ein Spaziergang entlang des Seeufers sein, wenn der morgendliche Frühnebel sich langsam auflöst.

Im 12. Jh. ließ *Graf Adolf II.* hier eine erste Burg bauen und verlegte sie wenig später auf den heutigen Schlossberg, von wo er die nach Norden führende Handelsstraße nach Lübeck kontrollieren konnte. So entwickelte sich hier auch ein Marktplatz. Zwischen 1633 und 1636 entstand anstelle der Burg das Renaissance-Schloss (s.u.).

Sehenswertes im Ort

Rund um den Markt

Auf dem zentral gelegenen Markt bei der Nikolaikirche findet seit 1820 der große **Wochenmarkt** statt (jeden Dienstag- und Freitagvormittag). Vom Markt verlaufen in beide Richtungen die Fußgängerzonen **Lange Straße** und **Lübecker Straße** mit Lokalen, Geschäften und auch noch einigen historischen Häusern. Der Verlauf der Langen Straße wurde seit dem Mittelalter kaum verändert. Sie führte einst vom Lübecker Tor zum Wentorper Tor, die beiden Stadttore begrenzten den damaligen Ort. Vom Wentorper Tor am Anfang der Langen Straße ist noch ein Scharnierstein erhalten geblieben. Er liegt vor dem Eingang der Johanniskirche (s.u.). Das Lübecker Tor befand sich etwa beim Durchfluss der Schwentine an der Lübecker Straße.

Nikolaikirche

Die Nikolaikirche wurde in den Jahren 1866 bis 1868 erbaut, als Ersatz für ein abgebranntes Gotteshaus, in das der Blitz eingeschlagen hatte. Innen empfängt den Besucher eine angenehme Stille. Der Kirchenraum unter einem Tonnengewölbedach ist in einem minimalistischen Stil gehalten und wirkt insgesamt sehr hell. Der schlichte Altar steht in der Mitte. In den Querschiffen finden sich ansteigende Emporen, was im Norden sehr selten ist. Die wunderbar gestalteten **Fenster** dominieren optisch, sie wirken durch ihre Leuchtkraft sehr intensiv. Dargestellt sind die christlichen Feste Weihnachten, Ostern und Pfingsten. Altar und Taufe entstanden erst 1985, die mächtige Orgel 1967.

■ **Nikolaikirche,** Markt, Mo–Sa 9–16, So 11–16 Uhr.

Historische Gebäude

Vom Markt steigt die **Klosterstraße** leicht an. Dort stehen etliche historische Häuser, allerdings nicht mehr das namensgebende Kloster, in dem von 1468 bis 1578 Augustiner lebten. Auch am parallel verlaufenden **Schlossberg** stehen historische Gebäude aus dem 18. und 19. Jh. Dort befindet sich auch das **Rathaus** mit seiner klassizistischen Fassade, 1816–18 erbaut. Architekt war kein Geringerer als der Däne *C.F. Hansen,* der auch in Hamburg bedeutende Häuser errichtete.

▷ Der Große Plöner See

Twieten

Die Straßen Lange Straße, Schlossberg und Klosterstraße sind durch **schmale Gassen,** sogenannte Twieten, verbunden. Sie führten einst bis ganz ans Ufer des Plöner Sees heran und dienten der Feuerbekämpfung. Die eng stehenden Häuser mit ihren Strohdächern stellten immer eine Brandgefahr dar, tatsächlich brannte es mehrfach in der Stadt. Deshalb ließ der Herzog zunächst die Strohdächer verbieten, aber nur mit mäßigem Erfolg. Im 18. Jh. legte man die schmalen Wege hinunter zum See an, damit im Falle eines Brandes schnell das nötige Löschwasser herbeigeschafft werden konnte.

Neustadt und Johanniskirche

Die Lange Straße mündet auf der Höhe des ehemaligen Wentorper Tors in die **Hamburger Straße.** Ab 1695 ließ Herzog Hans Albrecht jenseits des Stadttores gezielt Handwerker ansiedeln. Die noch heute existierende **Johannisstraße** entstand. Zunächst baute man 26 kleine Häuschen. Wenngleich aus jenen Tagen keine Gebäude mehr erhalten sind, bietet sich hier dennoch ein hübsches Gesamtbild restaurierter Häuser. An diesen hängen vereinzelt noch die jeweiligen **Zunftzeichen,** beispielsweise die Brezel beim Bäcker.

Hier steht auch die Johanniskirche. Es handelt sich um eine relativ schlichte **Fachwerksaalkirche** aus dem Jahr 1658, die 1861 und 1910 jeweils umfassend renoviert wurde. Bemerkenswert sind die sechs Wandleuchter, die Kaiserin *Auguste Viktoria* für jeden ihrer sechs Söhne

025hs sm

spendete, die im Plöner Schloss unterrichtet wurden.

Vor dem Eingang befindet sich als letztes **Relikt des Wentorper Tores** ein Torangelstein; das Tor selbst wurde bereits 1815 abgebrochen. Außerdem lehnt an der Außenwand der Grabstein des afrikanischen Hoftrompeters *Christian Gottlieb,* der als „Mohr von Plön" in die Stadtgeschichte einging.

■ **Johanniskirche,** Hamburger Straße, Mai bis Sept. Di–So 14.30–17.30 Uhr.

Kreismuseum

Gegenüber der Johanniskirche liegt das Kreismuseum, untergebracht in einem der ältesten Gebäude der Stadt. Von 1803 bis 1928 lebte und arbeitete in dem Haus eine Apothekerfamilie. Vor dem Gebäude befindet sich ein **Apothekergarten,** in dem über 350 Pflanzen gegen verschiedene Krankheiten und Leiden wachsen.

Ausgestellt sind unter anderem holsteinisches Glas und archäologische Funde aus der Vor- und Frühgeschichte des Kreises Plön, außerdem Zinn- und Silberwaren von Schützengilden und Handwerksämtern. Es gibt auch eine historische Apotheke, Erinnerungen an die Plöner Kadettenanstalt, eine Schuster- und Uhrmacherwerkstatt sowie altes Handwerksgerät.

■ **Museum des Kreises Plön,** Johannisstr. 1, Tel. 74 43 91, www.kreismuseum-ploen.de, Di–Sa 14–17, So 11–17 Uhr, Eintritt 2,50 €, Kinder bis einschl. 14 Jahre frei.

Bahnhof

Der Plöner Bahnhof beeindruckt vor allem durch seine einmalige Lage, verlaufen die Gleise doch keine zehn Meter vom **Ufer des Großen Plöner Sees** entfernt. Wer hier aussteigt, hat sogleich einen zauberhaften Blick auf die landschaftlichen Schönheiten. Bereits 1866 entstand ein erstes Bahnhofsgebäude, aber an jene Tage erinnert nur noch wenig, am ehesten noch das hölzerne Vordach, das 1896 zur „Kaiserlichen Haltestelle Prinzenstation" gehörte. Dies war ein kleiner Bahnhof, der unterhalb des Schlossparks extra für die Sprösslinge Kaiser *Wilhelms II.* gebaut wurde, die ihre Ausbildung hier absolvierten.

Plöner Planetenpfad

Entlang des Wanderweges am **Großen Plöner See,** etwa ausgehend vom Bahnhof, hat man einen sogenannten Planetenweg installiert. Im Maßstab 1:2 Milliarden wurden in maßstabsgetreuen Abständen **Planetenmodelle** platziert. Ein Meter Wegstrecke entspricht zwei Millionen Kilometern im Weltraum. Man „erläuft" die unfassbaren Entfernungen und kann sie sich so besser vorstellen. Infotafeln erklären die Zusammenhänge. Den äußersten Planeten Neptun erreicht man nach 2,7 km Wegstrecke am Südende der lang gezogenen **Prinzeninsel.**

▷ Das Schloss von Plön

Schloss und Umgebung

Hoch oberhalb der Stadt thront das strahlend weiße Schloss. Schon von Weitem fällt es auf, egal ob man per Auto oder Bahn anreist. Den prächtigsten Blick darauf hat aber derjenige, der sich Plön vom Wasser her nähert.

Zwischen 1633 und 1636 entstand das Renaissance-Schloss unter Herzog *Joachim Ernst.* Zuvor stand hier die 1173 erbaute Burg des Grafen von Schauenburg. Diese war mehrfach beschädigt und schließlich abgerissen worden. Das eigentliche Schloss wurde im 17. Jh. gebaut, in späteren Jahren kamen weitere Gebäude und Gärten hinzu. Im Laufe der Jahrhunderte hat sich das Schloss stark verändert. Als die Preußen ab 1867 in Schleswig-Holstein das Sagen hatten, wurde eine Kadettenanstalt eingerichtet, mit entsprechenden Umbauten. 1896 ließ der deutsche Kaiser *Wilhelm II.* hier seine sechs Söhne unterrichten; die Anwesenheit dieser Prominenz zog erneute Um- und Neubauten nach sich. In der Nazi-Zeit drillte man hier Schüler einer Nationalpolitischen Erziehungsanstalt, und auch da durften bauliche Veränderungen nicht fehlen. Nach Kriegsende übernahm das Land Schleswig-Holstein das Schloss und richtete ein Internat ein. 2001 kaufte der Optikerkonzern Fielmann die ganze Anlage, renovierte das Gebäude aufwendig und richtete eine Akademie für das Optikerhandwerk ein.

Erbaut als Repräsentationsschloss, liegen die langen Flure und Empfangsräume zur Sonnenseite nach Süden, die einzelnen Wohnzimmer dagegen nach Norden. Der dreigeschossige Bau hatte eine klare Aufteilung: Unten waren Administration, Küche und Speisesaal für Bedienstete eingerichtet, oben wohnten die Herzöge nebst Familie und unter dem Dach die Dienerschaft. Zu besichtigen sind heute noch der Wohnbereich der Herzöge, der Rittersaal, die Kapelle und der heutige Schulbetrieb.

Schlossbesichtigungen sind nur im Rahmen einer kostenlosen Führung von 45 bis 60 Min. Dauer möglich. Mi 19–21 Uhr, Do, Sa, So 16.30–18.30 Uhr, Anmeldung unter Tel. 80 10 erforderlich. Infos www.fielmann-akademie.de.

Auf dem Schlossgebiet

Auf dem Schlossgebiet entstanden im Laufe der Jahrhunderte noch etliche Gebäude und Parks; hier eine Übersicht:

Wer von der Hamburger Straße kommend die Straße „Schlossgebiet" hochsteigt, passiert zunächst das **Inspektorenhaus,** in dem seit 1896 der jeweilige Schlossverwalter lebte (Hausnummer 2). Nur ein kleines Stück weiter stand eine **Schwimmhalle,** 1908 eigens für die Kaisersöhne erbaut. Die blaublütigen Kadetten sollten auch im Winter die Möglichkeit zum Schwimmen haben. Heute ist hier ein Restaurant eingerichtet (Restaurant Alte Schwimmhalle, s.u.).

Die große Rasenfläche, die sich vor dem Betrachter öffnet, war früher die herzogliche **Reitbahn.** Links davon entstand um 1745 ein **Marstall** für die Pferdezucht des Regenten. Über dem Hauptportal des lang gestreckten Gebäudes ist noch eine Sandsteinfigurengruppe mit einem liegenden Pferd zu erkennen. Nebenan stand einst das **Lazarett** der Kadettenanstalt, heute befinden sich dort Eigentumswohnungen.

Uhrenhaus

An der Stirnseite der Reitbahn steht das **Uhrenhaus,** so genannt wegen seiner auffälligen Giebeluhr. Ursprünglich nutzte man das Gebäude aus dem Jahre 1746 als Reithalle, wenn es draußen mal zu ungemütlich war.

Prinzenhaus

Etwas weiter nach hinten versetzt steht das Prinzenhaus (Schlossgebiet 10). Erbaut zwischen 1744 und 1751, diente das Gebäude zunächst dem Herzog als Gartenschloss. Später wurden die Flügelbauten ergänzt, als die Kaisersöhne eine standesgemäße Unterkunft benötigten. Das Haus war üppig ausgeschmückt und gilt als eines der schönsten Beispiele für **Rokoko-Architektur** im Land. Eine umfangreiche **Ausstellung** erklärt die Geschichte des Hauses mit vielen Gemälden und Originaldokumenten.

- **Prinzenhaus,** Führungen Mai bis Sept. Mi 15 Uhr, So 15 Uhr, Okt. bis April So 15 Uhr, Eintritt 4 €.

Schlossgarten

Hinter dem Prinzenhaus liegt der weitläufige Schlossgarten, der ab 1730 im französisch beeinflussten Barock-Stil errichtet wurde, mit symmetrisch angelegten Wegen und Hecken, geraden Lindenalleen, exakten Rasenornamenten und ausgeklügelten Blickachsen. In den Folgejahren wurde der Garten, entsprechend den sich verändernden Moden, zu einem Landschaftsgarten englischen Stils umgestaltet. Bemerkenswert sind nach wie vor die **Lindenalleen,** zu denen passend Bäume und Sträucher gepflanzt wurden.

Prinzeninsel

Durchquert man den Garten und ein weiter hinten gelegenes Waldgebiet, gelangt man zur etwas abseitig gelegenen Prinzeninsel, die eigentlich keine mehr ist. Die lang gestreckte Insel ist mit dem Festland verbunden und zu Fuß erreichbar, da der Wasserstand des Sees seit 1882 um gut einen Meter gesenkt wurde. Sie verdankt ihren Namen dem Umstand, dass Kaiser *Wilhelm II.* dort von 1901 bis 1910 seine Söhne im Fach Landwirtschaft unterrichten ließ.

Praktische Tipps

Info

- **PLZ:** 24301 bis 24306
- **Vorwahl:** 04522
- **Einwohner:** 8900
- **Touristinformation:** Bahnhofstr. 5, Tel. 509 50.
- **Internet:** www.holsteinischeschweiz.de/ploen

Unterkunft

1 Landhaus Hohe Buchen④, Lütjenburger Str. 34, Tel. 78 94 10, www.landhaus-hohe buchen.de. Ruhiges Haus mit acht Zimmern im modernen italienischen Landhausstil, gute 15 Gehminuten vom Zentrum entfernt. Eine Bibliothek sowie ein schöner Park runden das nette Ambiente ab.

3 Jugendherberge, Ascheberger Str. 67, Tel. 25 76, www.ploen.jugendherberge.de. 201 Schlafplätze in 1- bis 6-Bett-Zimmern bietet diese Herberge, die etwa zwei Kilometer außerhalb am Großen Plöner See liegt. Zum Gelände gehören eine Badestelle, ein Volleyballfeld und ein Bolzplatz.

Camping

4 Campingplatz Spitzenort, Ascheberger Str. 76, Tel. 27 69, www.spitzenort.de, geöffnet Anfang April bis Ende Okt. Der Platz liegt auf einer Art Halbinsel mitten im Großen Plöner See, etwa zwei Kilometer außerhalb des Ortes. Sehr schöne Lage unter Bäumen, ideal für Wassersportler, gute Ausstattung; er wurde mehrfach ausgezeichnet.

Gastronomie

7 **Alte Kate,** Eutiner Str. 8, Tel. 98 59, https://altekate-ploen.de, Mi–So 11.30–21 Uhr. In dem reetgedeckten Lokal gibt es eine überschaubare Karte mit Holsteiner Gerichten mit Fisch und Fleisch, zusätzlich eine Tagesempfehlung. Von Terrasse und Wintergarten schöner Seeblick.

MEIN TIPP: 6 **Restaurant Seeprinz,** Strandweg 1, Tel. 789 71 55, https://seeprinz-ploen.de, tägl. 10–21 Uhr. Sensationelle Lage direkt am Großen Plöner See mit einer Terrasse, die sich um das Haus herumzieht und auf den See hinausragt. Regionale Küche mit saisonalen Spezialitäten, nachmittags hausgebackene Kuchen.

MEIN TIPP: 5 **Restaurant Alte Schwimmhalle,** Schlossgebiet 1a, Tel. 59 36 30, www.restaurantalteschwimmhalle.de, tägl. ab 12 Uhr, Di Ruhetag. Schöne Lage unterhalb vom Schloss. Es gibt täglich wechselnde Tagesgerichte, hausgemachte Kuchen und Torten, auch Gerichte für Vegetarier sowie 3- und 4-Gänge-Menüs. Vor dem Lokal liegt eine sehr gemütliche Terrasse. Regelmäßig Livemusik, außerdem finden kulturelle Veranstaltungen im angeschlossenen **Kulturforum** (www.kulturforum-ploen.de) statt.

Kanufahren

Paddeln kann man auf der **Schwentine,** dem Fluss, der etliche Seen der Holsteinischen Schweiz verbindet. Je nach Lust und Ausdauer kann man so bis Eutin gelangen. Leichter hat man es in Richtung Kiel, da paddelt man mit der Strömung.

2 **Kanuvermietung Plön,** Ascheberger Str. 6, Tel. 41 11, www.kanuvermietungploen.de.

Schiffstouren

■ **Große-Plöner-See-Rundfahrt,** Abfahrtszeiten Mi–So ab 11 Uhr viermal am Tag bis 16.30 Uhr (kann sich ändern!). Vier Abfahrtsstellen gibt es in Plön: **Fegetasche** (Abfahrt um 11, 12.30, 14 und 15.30 Uhr), **Segelzentrum** und **Marktbrücke** (jeweils um zwanzig nach bzw. zehn vor), **Prinzeninsel** (jeweils zur vollen bzw. halben Stunde). Gefahren wird etwa ab Ende April bis Anfang Okt. Tickets gibt es nur an Bord; die Tour dauert zwei Stunden. Preise Erw. 13 €, Kinder 7 €, Familien 29 €, Infos Tel. 67 66, www.grosseploenersee-rundfahrt.de.

■ **Bosau-Fahrt:** Vom 1. Mai bis 3. Okt. tägl. außer Mo und Di fünf Fahrten zwischen 10.30 und 16.30 Uhr. Bosau wird nach rund eineinhalb Stunden erreicht. Fahrräder können mitgenommen werden. Preise Erw. 13 €, Kinder 7 €, Fahrrad 2,50 €. Infos Tel. 67 66, www.grosseploenersee-rundfahrt.de.

Radtouren

Rund um den Großen Plöner See

MEIN TIPP: Der Große Plöner See lässt sich auf einer schönen Tour von gut 40 km Länge komplett umradeln. Wer nur etwa die Hälfte fahren will, kann **von Bosau per Schiff** zurückfahren.

Von Plön fährt man zunächst bis **Ascheberg** entlang der B76 (das ist leider unvermeidlich), dann geht's aber kurz hinter dem Ort links ab in Richtung **Gut Aschebergshof.** Gegenüber der Hofeinfahrt führt rechts ein Weg durch den Wald nach **Dersau** (ausgeschildert). Dersau wird durchradelt und kurz vor dem Ortsausgang geht es nach links Richtung **Sepel** und **Godau.** Dieser Streckenteil ist etwas hügeliger, dafür hat man oft einen tollen Ausblick. Von Godau aus gelangt

076sc fr

man auf einer schönen Waldpiste zum **Gut Nehmten.** Das Gutsgelände kann nicht besichtigt werden, also geht es weiter durch den Wald in Richtung Bosau. Kurz vor **Bredenbek** stößt man auf eine Straße ohne Radweg. Hier geht's nach links über **Stadtbek** nach **Bosau,** von wo man das Schiff zurück nach Plön nehmen kann (s.o.: „Schiffstouren").

Wer noch Puste hat, fährt aus dem Ort hinaus und entweder über **Augstfelde** oder über **Gut Ruhleben** weiter Richtung Plön. Beide Wege führen schließlich nach **Plön-Fegetasche.**

Die restlichen Kilometer bis in die Plöner Innenstadt geht es dann sehr schön entlang dem Ufer des Großen Plöner Sees.

Radtour von Plön nach Malente

Eine sehr schöne Strecke von ca. zehn Kilometern Länge führt von Plön-Fegetasche nach Malente. Ausgangspunkt ist die **Straße Kieler Kamp,** die kurz hinter Fegetasche von der B76 abzweigt. Diese fährt man bis zum Ende und folgt ganz hinten im Rondell rechts dem Pfad hinter den Häusern in den Wald Richtung Malente. Nach etwa 200 Metern den linken Weg nehmen und nach 300 Metern abermals den linken Pfad wählen. Danach geht es am Ufer eines Sees entlang, bis nach ca. fünf Kilometern der Waldweg auf die Straße nach **Niederkleveez** stößt. Hier nach links, durch das Dorf hindurchfahren und ca. 100 Meter hinter dem Lokal *Fährhaus* dem schmalen Pfad nach links folgen. Er führt nach Malente, zunächst an einigen Häusern vorbei, dann in einen Wald hinein und immer unmittelbar am **Dieksee** entlang. Die Tour endet direkt an der Malenter Diekseepromenade.

In der Umgebung

Gut Stockseehof

MEIN TIPP: Das *Gut Stockseehof* südlich des Großen Plöner Sees ist ein historischer Gutsbetrieb, dessen Geschichte bis ins 14. Jh. zurückreicht. Das heutige prächtige Herrenhaus entstand aber erst 1960. Der Gutshof wird noch landwirtschaftlich betrieben, aber es gibt auch regelmäßig Veranstaltungen wie z.B. **Weihnachtsmärkte** oder **Konzerte,** u.a. beim *Schleswig Holstein Musik Festival.* Beliebt sind die Möglichkeiten zum **Selberpflücken** zur Kirsch- und Himbeerernte.

☐ Die Radtour von Plön nach Malente führt am Dieksee entlang

■ **Gut Stockseehof,** Stockseehof 2, 24326 Stocksee, Tel. (04526) 30 97 15, www.stockseehof.de.

Bosau

Bosau überrascht: Stolze 850 Jahre hat der Ort am **Südende des Großen Plöner Sees** schon auf dem Buckel, und doch erscheint er sehr modern und lebendig. Er bietet eine angenehme Kombination aus touristischer Infrastruktur und gewachsenem Dorf. Bosau ist ein relativ lang gestreckter Ort, dessen Hauptstraße über mehrere Kilometer **unmittelbar am Seeufer** entlangläuft. Etliche Häuser stehen hier, teils privat bewohnt, teils mietbar, alle mit schönstem Seeblick.

Eine mittelgroße **Badestelle mit Sandstrand** liegt etwa in der Ortsmitte neben dem Campingplatz. Der dortige Parkplatz füllt sich im Sommer immer ruckzuck, denn eine bessere Bademöglichkeit findet man nicht so schnell.

Sehenswertes

Bei einem Spaziergang durch den Ort fallen etliche schöne Häuser auf, mal unter Reet, mal als Fachwerkhaus. Insgesamt ein angenehmes Bild von nett gestalteten Häusern und Gärten.

St. Petrikirche

Die St. Petrikirche in Bosau ist wohl die bekannteste Kirche der Holsteinischen Schweiz. Ihre Geschichte ist eng verknüpft ist mit **Bischof Vicelin,** dem Missionar der ostholsteinischen Slawen (siehe Exkurs). Nach Bosau gelangte er gewissermaßen auf der Flucht. Ursprünglicher Bischofssitz war nämlich Oldenburg, aber dieser weiter östlich gelegene Ort war immer noch unter slawischer Oberhoheit. Da *Vicelin* dort den Bischofssitz nicht einrichten konnte, verschlug es ihn nach Bosau. 1151 ließ er eine erste Kirche bauen, die ein Jahr später geweiht wurde. Tragischerweise erlitt er nur wenige Tage nach der Weihe einen Schlaganfall und zog sich daraufhin nach Neumünster zurück, wo er am 12. Dezember 1154 verstarb.

Die Bosauer Kirche erlebte in den folgenden Jahrhunderten mehrere Umbauten. So wurde z.B. der Turm während des Dreißigjährigen Krieges im Jahre 1627 völlig zerstört. Die Kirche baute man aus **Feldsteinen,** die Seitenwände wurden mit Gips ausgegossen, was dem Gebäude seinen strahlend weißen Glanz verlieh. Dieser Verputz blätterte im Laufe der Zeit aber wieder ab, sodass 1970 die gesamte Kirche weiß gekalkt wurde.

Im Inneren fällt das **Triumphkreuz** vor dem Chor auf. Die genaue Herkunft ist nicht bekannt, es wird auf ca. 1470 datiert und stammt aus der Werkstatt von *Bernt Notke.* Der dreiflügelige Hauptaltar in der Apsis zeigt das Weltengericht. Er stammt aus der Zeit um 1350, genauere Daten fehlen auch hier. Bei zwei Restaurierungen wurden leider die Figuren vertauscht und entsprechen nicht mehr dem Original. Weiterhin bemerkenswert ist die 1636 gearbeitete Kanzel mit sieben geschnitzten Abbildungen der Apostel. An der Nordwand hängen 20 Bilder, die Lebensstationen von *Jesus Christus* darstellen.

☒ Bischof Vicelin ließ im 12. Jahrhundert die St. Petrikirche in Bosau erbauen

Dunkersche Kate

Auf dem Weg zur Kirche passiert man die *Dunkersche Kate* (Bischof-Vicelin-Damm 11), ein reetgedecktes Fachwerkhaus, das wahrscheinlich um 1687 erbaut wurde. Neben dieser Kate steht noch eine kleine **Altenteilerkate** in einem hübschen Bauerngarten.

Praktische Tipps

Info

- **PLZ:** 23715
- **Vorwahl:** 04527
- **Einwohner:** 3300
- **Touristinformation:** Bischof-Vicelin-Damm 11, Tel. 970 44.
- **Internet:** www.holsteinischeschweiz.de/bosau

Unterkunft, Gastronomie

- **Strauers Hotel am See**③-④, Gerold-Damm 2, Tel. 99 40, http://strauer.de. Insgesamt 39 Zimmer und Suiten hat das Haus, alle haben Seeblick. Die Einrichtung ist komfortabel und in hellen Farben gehalten. Außerdem gibt es eine Liegewie-

Bischof Vicelin, Missionar in Ostholstein

Vicelin wurde um 1090 in Hameln geboren. Seine Eltern verstarben früh, weshalb ein Onkel seine Erziehung übernahm. Nach einigen Studienjahren in Paderborn kam *Vicelin* 1118 nach Bremen, wo er vier Jahre als Leiter an der Domschule wirkte. 1122 ging er nach Frankreich, um sein Studium fortzusetzen. 1126 kam er nach Magdeburg, wo der dortige Erzbischof *Norbert von Xanten* ihn zum Priester weihte. *Vicelins* Wunsch, als Missionar zu den slawischen Völkern geschickt zu werden, konnte der Erzbischof nicht entsprechen, und so reiste Vicelin nach Bremen. Der dortige Erzbischof *Adalbero* entsandte ihn schließlich 1126 tatsächlich zu den Wagriern im heutigen Ostholstein. Es dauerte aber nicht lange und *Vicelin* musste aufgrund kriegerischer Auseinandersetzungen über den Limes Saxoniae nach Faldera-Wippenthorp (heutiges Neumünster) fliehen. Dort gründete er als Basis für eine Missionarstätigkeit das Augustiner-Chorherrenstift Neumünster.

Trotz mehrerer Anläufe war ihm bei seinen Christianisierungsversuchen wenig Erfolg vergönnt. 1134 wurde im Grenzgebiet in Segeberg eine Kirche errichtet, in der *Vicelin* fortan predigte. 1147 kam es zu der entscheidenden Schlacht, die zur endgültigen Unterwerfung der slawischen Stämme führte. Eine der Bedingungen, die die Sieger an die Slawen stellten, war, sich taufen zu lassen. *Vicelin* konnte nun doch noch erfolgreich missionieren. Er gründete mehrere Kirchen in Oldenburg, Bosau, Mecklenburg (das spätere Schwerin) und Ratzeburg. 1149 wurde er zum Bischof von Oldenburg ernannt, aber nur ein Jahr später erlitt er einen Schlaganfall. Daraufhin zog er sich nach Neumünster zurück, wo er am 12. Dezember 1154 starb.

077sc fr

se, Sauna und Hallenbad, einen Bootssteg und ein **Restaurant** mit Seeterrasse (Mo geschlossen). Die Küche bietet regionale und saisonale Speisen, am Nachmittag stehen leckere Torten und Kuchen zur Wahl. WLAN.

■ **Brooks Café,** Achter de Mur 2, Tel. 202, www.brooks-cafe.de, Anfang März bis Anfang November Mi–So 12–18 Uhr. Gemütliches Café mitten im Ort mit einer kleinen Gartenterrasse hinter einer hohen Hecke, auf der es selbst gebackene Torten und *Quiche* gibt, aber auch *Holsteiner Katenschinken.*

Camping

■ **Campingpark Augstfelde,** 24306 Augstfelde, Tel. (04522) 81 28, www.augstfelde.de, geöffnet von Anfang April bis Ende Oktober. Ein vergleichsweise großer Platz im Nachbardorf Augstfelde, ungefähr vier Kilometer nordöstlich von Bosau. Direkt am Vierer See gelegen mit eigenem Seeufer. Verschiedene Serviceangebote, u.a. ein Jugendzeltplatz. WLAN.

In der Umgebung

Gut Seedorf

Etwa zehn Kilometer südlich von Bosau liegt das Gut Seedorf. Es besitzt eines der schönsten **Torhäuser** überhaupt, dreistöckig und von zwei Türmen flankiert. Auf beiden Turmspitzen zeigen Wetterfahnen die Windrichtung an. Der Durchgang fällt beinahe klein aus angesichts des mächtigen rechteckigen Torhauses. Auch das weit im Hintergrund liegende Herrenhaus wirkt dagegen relativ bescheiden.

Hans Blome errichtete das Torhaus 1583 als Wohnsitz. Es wurde in jüngster Vergangenheit mehrfach renoviert, heute wird es als Standesamt, Archiv und **Veranstaltungsort** genutzt.

Berlin

Ja, das winzige Dörfchen in Ostholstein trägt den gleichen Namen wie die deutsche Hauptstadt. Die Ostholsteiner Berliner machen sich einen Spaß aus der **Namensgleichheit,** so haben sie etwa ihre **Straßennamen** dem großen Bruder angepasst. Es finden sich Bezeichnungen wie Unter den Linden, Potsdamer Platz, Heerstraße, sogar ein Kurfürstendamm. Und sollte dann noch zufällig mal ein Bauer mit seinem Güllewagen vorbeirumpeln, kann man wahrheitsgemäß anstimmen: „Das ist die Berliner Luft, Luft, Luft!“

Malente

Der malerisch zwischen Kellersee und Dieksee gelegene Ort Malente darf sich seit 1996 mit der Bezeichnung **heilklimatischer Kurort** schmücken. Genau genommen ist Malente eine Großgemeinde, also ein Zusammenschluss mehrerer Dörfer. Verwaltungszentrum und Hauptort ist **Bad Malente-Gremsmühlen,** der eigentliche Kurort, in dem sich auch der Bahnhof befindet.

Die Anfänge des Ortes werden auf den Zeitraum um 1150 datiert. Damals existierte eine erste Wendensiedlung, die *Malenta* genannt wurde, was „klein“ bedeutet. Dieser Name traf auch so lange zu, bis man viele Jahrhunderte später die

▷ Das Torhaus von Gut Seedorf

Heilkraft des Klimas und der lieblichen Landschaft erkannte. 1867 entstand das erste Hotel und bereits Ende des 19. Jh. schickte ein Berliner Professor Patienten zur Kur hierher. Dann folgten nach und nach der Bau einer Eisenbahnlinie, eines Sanatoriums, einer Badeanstalt und der Diekseepromenade, der Ort prosperierte touristisch. 1905 kam es zur Zusammenlegung von Malente und Gremsmühlen, seitdem fungieren sie als touristische Marke ziemlich erfolgreich.

Ein Spaziergang entlang der Diekseepromenade oder am Ufer des Kellersees lässt wohl kaum einen Besucher unberührt. Irgendwie entspannt sich jeder, atmet befreiter, lächelt versonnen. Ist ja auch kein Wunder, denn neben dem angenehmen Klima zählt die Seenlandschaft zum Schönsten, was die Holsteinische Schweiz zu bieten hat.

Sehenswertes

Dieksee

Der Dieksee zählt mit nicht ganz vier Quadratkilometern zu den größeren Seen der Holsteinischen Schweiz. Die Uferlänge beträgt 11,5 km, und wer dem ausgeschilderten Wanderweg einmal um den See folgt, legt sogar knappe 14 km zurück, da der Weg bei Neversfeld einen Haken ins Hinterland schlägt. Aber auch wer sich mit einem Spaziergang über die

037hs mf

1906 angelegte **Promenade** begnügt, kann sich schwerlich dem Reiz der Landschaft entziehen. Weit wandert der Blick über den See in den angrenzenden Wald. Entlang der Promenade liegt ein halbes Dutzend guter Unterkünfte, etliche mit einem Terrassenlokal. Die kleine Meerjungfrau, die im oberen Abschnitt zu finden ist, guckt genauso verträumt auf den See wie die meisten Spaziergänger.

Die Promenade endet im **Waldgebiet Holm,** das von ausgeschilderten Wanderwegen durchzogen ist. Dort befinden sich auch eine **Kneipp-Anlage** und die **Spiegelteiche,** die so heißen, weil die umliegenden Bäume besonders reizvoll in ihrem Wasser reflektiert werden.

Kellersee

Der Kellersee ist Malentes zweites Gewässer. Dieser See liegt an der Ostseite des Ortes nur etwa einen Kilometer vom Ufer des Dieksees entfernt. Er misst 5,52 km^2 und nimmt damit Platz vier in der Hierarchie der größten Seen des Landes ein. Bereits seit 1882 befahren ihn **Ausflugsschiffe** auf einem Rundkurs mit mehreren Stopps. Wer will, kann also **Wanderungen** um den See (Uferlänge: 15,5 km) auch in Teilstrecken unternehmen und dann bequem zurückschippern. Wer eine komplette Umrundung schafft, läuft nur einen knappen Kilometer mehr auf einem ausgeschilderten Wanderweg, man bewegt sich also überwiegend in Ufernähe.

Der kleine Bootshafen von Malente

078sc fr

Kurpark

Der Kurpark liegt etwas erhöht unmittelbar beim Bahnhof, er senkt sich im hinteren Teil bis zu den **Schwentinewiesen** ab. Auch hier kann man sehr nett spazierengehen, dabei kleine Höhenunterschiede überwinden und sich an der Pflanzenvielfalt erfreuen. Außerdem gibt es ein Freilichttheater mit 600 Plätzen, eine Musikmuschel, eine Liegehalle, Schachfelder sowie Kaminhäuschen.

Wildpark

Oberhalb des Dieksees wurde 1964/65 in einem Wald ein größeres Gelände eingezäunt. In diesem Freigehege, das heute etwa 20 Hektar misst, lebt Rot-, Dam- und Schwarzwild. Man kann auf ausgewiesenen Wegen hindurchspazieren und die Tiere beobachten.

Tews Kate

MEIN TIPP: Die **älteste Räucherkate Ostholsteins** steht im Waldgelände an der Sebastian-Kneipp-Straße, Teile des Hauses sind über 300 Jahre alt. Es handelt sich um eine typische Räucherkate mit offenem Herd ohne Schornstein, in der Mensch und Tier unter einem Dach lebten. Kaum zu glauben: Bis 1967 war die Kate noch bewohnt. 1969 wurde sie von ihrem ursprünglichen Standort am Markt hierher versetzt. Im Haus ist das kleine **Heimatmuseum** untergebracht, in dem landwirtschaftliches Gerät ausgestellt ist. Aber auch historische Haushaltsgeräte zum Spinnen und Weben sowie eine Küche aus vergangenen Zeiten und ein etwa hundert Jahre alter Dreschkasten sind zu bewundern.

■ **Tews Kate,** Sebastian-Kneipp-Str., Ostern bis Okt. Fr–So 14–17 Uhr, Eintritt frei, eine Spende wird erbeten.

Arboretum

Verlässt man den Ort auf der Sebastian-Kneipp-Straße, erreicht man nach kurzer Zeit das Arboretum. Seit 1980 hegt und pflegt die Gemeinde hier 120 verschiedene, teils **seltene Baumarten** aus aller Welt. Das Gelände lässt sich auf Rundwegen erkunden.

Maria-Magdalenen-Kirche

Die Historie der Maria-Magdalenen-Kirche reicht weit zurück. Am 22. Juli 1227 kämpfte *Graf Adolf IV.* mit seinen Truppen bei Bornhöved gegen die Dänen. Da konnte er göttlichen Beistand gut gebrauchen, er erflehte Hilfe von *Maria Magdalena.* Es muss wohl geholfen haben, denn die Dänen steckten eine Niederlage ein, ausgerechnet am Namenstag der Heiligen. *Graf Adolf* stiftete aus Dankbarkeit mehrere Kirchen und Klöster und so kam vermutlich auch Malente zu seiner Kirche. Sie ist recht klein, aber innen durchaus reizvoll. Vor allem die Kanzel mit ihren detailreichen Schnitzarbeiten sticht hervor. Bänke und Altarbereich sind eher schlicht gehalten, passen jedoch sehr gut zur insgesamt schnörkellosen Einrichtung. Außen erkennt man an einigen Stellen noch die ursprüngliche Wand aus Feldsteinen. Der Turm war bis 1983 aus Holz und wurde erst dann durch einen Backsteinturm ersetzt.

- **Maria-Magdalenen-Kirche,** Bahnhofstr. 59, Ecke Janusallee, Mo–Fr 9–16 Uhr.

Immenhof-Museum

In einem kleinen Museum wurden Ausstellungsstücke wie Bilder, Plakate und Kostüme zu den in den 1950er Jahren sehr erfolgreichen **Immenhof-Filmen** zusammengestellt. Dort steht auch die **Originalkutsche** aus den Filmen, außerdem wurde der Gutshof *Immenhof* im Kleinformat nachgebaut, und natürlich darf auch ein Kleid der Hauptdarstellerin *Heidi Brühl* nicht fehlen.

- **Immenhof-Museum,** Kampstr. 1, www.immenhofmuseum.de, Sa/So, Feiertage 14–17 Uhr, Eintritt frei, Spende erbeten.

Wunderwelt Wasser

Unmittelbar am **Kellersee** liegt ein als Naturerlebnisraum sehr nett gestalteter Bereich, durch den ein Weg von etwa einem Kilometer Länge führt. Zu den zahlreichen **Stationen zum Hören, Tasten und Sehen** führen naturbelassene Wege und Holzstege. Dazu gibt es viele Erklärungstafeln zu Pflanzen und Tieren, die im oder am Wasser ihren Lebensraum haben. Man lernt so ein einzigartiges Biotop kennen.

- **Wunderwelt Wasser,** Janusallee, ganz am Ende, April bis Nov. 8–18 Uhr, Eintritt frei.

Praktische Tipps

Info

- **PLZ:** 23714
- **Vorwahl:** 04523
- **Einwohnerzahl:** 11.000
- **Touristinformation:** *Tourismus-Service Malente,* Bahnhofstr. 3, Tel. 959 01 20.
- **Internet:** www.bad-malente.de

Unterkunft

2 **Hotel Dieksee Collection by Ligula**③-④, Diekseepromenade 13–15, Tel. 99 50, https://ligula.se/de/collection/hotel-dieksee. Traditionsreiches Haus mit moderner Ausstattung und 70 Zimmern. Die Hotelgäste können auf einer großen Liegewiese entspannen. Es gibt einen Pool, ein Fitness-Center und WLAN. Unten befindet sich ein 2 **Restaurant,** in dem deutsch-französische Küche serviert wird, bei passendem Wetter auch auf der Terrasse. WLAN.

1 **Hotel Diekseepark**③, Diekseepromenade 23, Tel. 20 20 70, www.seehotel-diekseepark.de. Liegt ebenfalls direkt an der Promenade, viele der 46 Doppelzimmer mit Balkon zum See. Die Räume sind farblich und dekorativ angenehm und funktionell eingerichtet. Das Haus hat einen Pool, ein Fitness-Center und WLAN.

MEIN TIPP: 11 **Hotel Weißer Hof**③, Voßstr. 45, Tel. 992 50, www.weisserhof.de. „Ein Landhaus der besonderen Art", so bewirbt sich dieses Hotel selbst, und das vollkommen zu Recht. Nett gemütlich ist das leicht verwinkelte, im Fachwerkstil gebaute Haus. Auffällig und dem Namen angemessen die weißen Dachpfannen, die schon von Weitem auffallen. Extras sind unter anderen ein idyllischer, 5000 m² großer Garten, Hallenbad, Sauna, Solarium, 11 **Restaurant** mit Gartenterrasse und eine Wellness-Oase.

9 Jugendherberge Bad Malente, Kellerseestr. 48, Tel. 17 23. Direkt am Kellersee gelegen, aber schon etwas außerhalb der City. 196 Betten, überwiegend in Zwei- bis Vierbettzimmern verteilt auf vier Gebäude auf einem riesigen Gelände.

8 Ingenhof③-⑤, Dorfstr. 19, 23714 Malente-Malkwitz, Tel. (04523) 20 21 59, www.ingen hof.de. Knapp außerhalb von Malente-Gremsmühlen gelegene Hofanlage, auf der noch Landwirtschaft betrieben wird. Vor allem werden Erdbeeren, Himbeeren (auch zum Selberpflücken) und Wein angebaut, hierzu gibt es auch Seminare, Führungen und Verköstigungen. Obendrein können mehrere allergikergerechte FeWos für 1–4 bzw. 1–6 Personen gemietet werden, sowie ein Ferienhaus. Großes Angebot speziell für Kinder. Zwischen Mai und September öffnet ein Feldcafé.

Camping

10 Campingplatz An der Schwentine, Wiesenweg 14, Tel. 43 27, geöffnet Ende März bis Anfang Okt. Kleiner Platz, relativ zentral an der vorbeifließenden Schwentine gelegen.

Gastronomie

12 Wein Römer, Voßstr. 49a, Tel. 15 50, www.weinroemer.de, Di–Fr ab 18 Uhr. Ein Weingeschäft mit Ausschank und kleinen Gerichten.

5 La Grotta, Hindenburgallee 1, Tel. 32 68, www.lagrotta-malente.de, geöffnet 17–22 Uhr, So zusätzlich 11.30–14 Uhr, Di Ruhetag. Urgemütliche italienische Pizzeria, als Grotte dekoriert, mit guter Weinauswahl und charmanter Crew.

☐ In Tews Kate befindet sich heute das Heimatmuseum

079sc fr

Bad Malente-Gremsmühlen

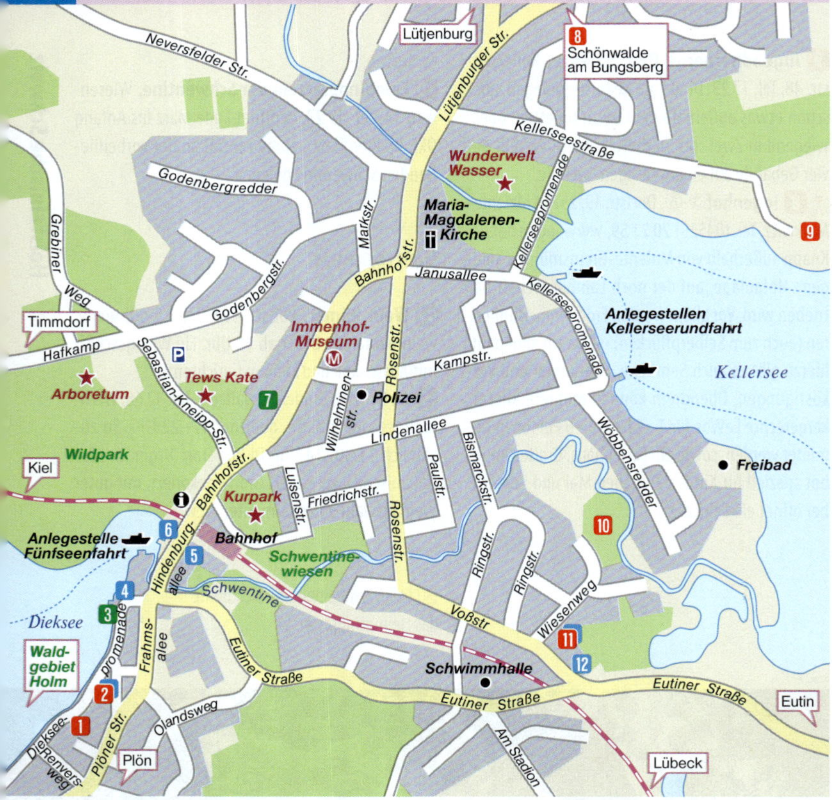

6 **Villa Colonial,** Hindenburgallee 2, Tel. 20 78 15, www.villa-colonial.de. Küche Mo–So 11.30–22 Uhr. Liegt beim Bahnhof und zugleich am Dieksee, sehr angenehme Terrasse mit Seeblick. Gutes Angebot: Fisch, Pasta, Burger, Salate und regionale Gerichte.

4 **Bootshaus am Dieksee,** Diekseepromenade 4, Tel. 31 04, www.boots-haus.de, Mo–Sa 11.30–22, So 11.30–21 Uhr. Unmittelbar am See liegt dieses Lokal, das eine Terrasse direkt über dem See hat. Serviert wird klassische norddeutsche Küche in mehreren Räumen, beispielsweise in der Bootshalle oder in der Fischerhütte.

Einkaufen

7 **Petersens Schinkenräucherei,** Bahnhofstr. 23, Tel. 22 96, www.schlachterei-petersen.de, Di–Sa 7.30–18, So 11–18 Uhr. In einem Fachwerkhaus von 1788 hängen Dutzende von Holsteiner Katenrauchschinken von der Decke, auch Wurstwaren werden zum Verkauf angeboten. Man kann die Spezialitäten auch probieren.

Übernachtung
1 Hotel Diekseepark
2 Hotel Dieksee Collection by Ligula
8 Ingenhof
9 Jugendherberge Bad Malente
10 Campingplatz An der Schwentine
11 Hotel Weißer Hof

Essen und Trinken
2 Restaurant Dieksee
4 Bootshaus am Dieksee
5 La Grotta
6 Villa Colonial
11 Restaurant Hotel Weißer Hof
12 Wein Römer

Einkaufen/Sonstiges
3 Bootsverleih
7 Petersens Schinkenräucherei

Feste und Veranstaltungen

Bauernmarkt, Mitte September findet rund um die *Tews Kate* (s.o.) ein großer ländlicher Markt statt mit Live-Musik, Kunsthandwerkern und vielen Probiermöglichkeiten für regionale Produkte.

Aktivitäten

3 Bootsverleih: *Bootshaus am Dieksee,* Diekseepromenade, Tel. 31 04; Verleih von Ruder- und Tretbooten sowie Kanus.

Schiffstouren

5-Seen-Fahrt: Der Klassiker unter den Schiffstouren in der Holsteinischen Schweiz ist die Runde über fünf miteinander verbundene Seen. Die knapp zweistündige Tour führt von Bad Malente-Gremsmühlen nach Plön-Fegetasche und zurück. Es geht gemütlich über **Dieksee, Langensee, Behlersee, Höftsee** und **Edebergsee.** Abfahrt ist zwischen 10 und 16 Uhr stündlich, aber der volle Fahrplan gilt nur in der Saison von Ende April bis Anfang Okt., außerhalb dieser Zeit fährt das Schiff seltener. Zu bestimmten Zeiten ist ein Schiff mit Restaurationsbetrieb unterwegs. Preise: Erwachsene 13 €, Kinder unter 15 Jahren 6,50 €, Familien 29,50 €, Infos: Tel. 22 01, www.5-seen-fahrt.de.

Kellerseefahrt: eine knapp zweistündige Rundfahrt über den zauberhaften Kellersee mit Anleger in Malente (Janusallee, Lindenallee und Fischerei), außerhalb noch Stopps am Fährhaus Eutin-Fissau und in Sielbeck-Uklei. Die Rundfahrt kann einmal unterbrochen werden, etwa in Sielbeck-Uklei, wo man zum nahen Ukleisee spazieren kann. Abfahrtszeiten Janusallee: Mi–So 10, 12, 14, 16 Uhr von etwa Mitte April bis Anfang Okt. Preise: Erwachsene 13 €, Kinder unter 15 Jahren 6,50 €, Familien 29,50 €, www.5-seen-fahrt.de.

In der Umgebung

Wanderung nach Plön

Eine sehr schöne Wanderung von zehn Kilometern Länge kann man nach Plön unternehmen. Auf dem zweiten Abschnitt führt sie unmittelbar am Südufer des Behler Sees entlang.

Von der **Diekseepromenade** läuft man zunächst durch das **Waldgebiet Holm** bis zum Nachbarort **Niederkle-**

veez. Im Ort folgt man ein Stückchen der Hauptstraße, kommt am Lokal Fährhaus vorbei, bis schließlich etwas außerhalb ein Weg erneut in ein Waldstück hineinführt. Plön bzw. Adlerhorst sind hier ausgeschildert. Dieser Weg endet schließlich in einer Villengegend in der **Straße Kieler Kamp.** Dieser folgt man bis zur Einmündung in die B76, wo es nach rechts zur **Anlegestelle Fegetasche** geht. Von dort fahren die Ausflugsschiffe der 5-Seen-Fahrt wieder zurück nach Malente.

In die **Plöner City** sind es noch ca. drei Kilometer, die man sehr nett entlang dem Strandweg am Großen Plöner See laufen kann (ausgeschildert).

Findlingsgarten

Gut und gerne zwei Millionen Jahre alt ist der **Riesen-Findling** von **Kreuzfeld,** etwa drei Kilometer westlich von Malente an der Zufahrtsstraße zur B76. Der 126 Tonnen schwere Koloss zählt mit fast fünf Metern Durchmesser zu den größten seiner Art in Schleswig-Holstein. 1999 fand man bei Baggerarbeiten in der Elbe übrigens einen noch größeren, 217 Tonnen schweren Stein. Entdeckt wurde der Malenter Stein 1983 in einer Kiesgrube, etwa 250 Meter von seinem jetzigen Standort entfernt. Der Stein war während der Eiszeit von Skandinavien nach Ostholstein gelangt. 1990 platzierte man ihn unter großen Mühen an seinem aktuellen Standort. Dort entstand gleichzeitig ein kleiner, äußerst informativer Findlingsgarten. Etliche gut erhaltene, aber deutlich kleinere Steine, die in der Gegend gefunden wurden, werden auf Tafeln beschrieben.

Eutin

Eine Stadt, die den Beinamen **„Rosenstadt“** trägt, muss einem doch sympathisch sein. Nett lässt es sich hier durch historische Straßenzüge bummeln, über den zentralen Marktplatz, durch den Schlossgarten oder am Ufer der **Eutiner Seen** entlang. Zwei davon liegen im Stadtgebiet (der Große und der Kleine Eutiner See), weitere in der näheren Umgebung (Sibbersdorfer See und Kellersee). Im Zentrum des Ortes herrscht eine zurückhaltende, fast hanseatische Gelassenheit. Viele Häuser sind schon mehrere Jahrhunderte alt und die Eutiner pflegen diese alte Bausubstanz mit ebenso viel Engagement wie die zahllosen Rosenstöcke, die vor beinahe jedem Haus wachsen und im Sommer zauberhaft blühen. Und dann gibt es da noch das **Eutiner Schloss** und das kulturelle Erbe *Carl Maria von Webers.* Jeden Sommer gedenkt die Stadt der Schaffenskraft des Komponisten mit **Freiluftkonzerten** auf der malerischen Waldbühne.

Sehenswertes

Am Markt

Der innerstädtische Bereich rund um den Marktplatz bietet ein hübsches Panorama. Viele historische Häuser lassen sich hier anschauen, in manchen Stra-

[>] Der Marktplatz von Eutin mit dem Brauhaus und der St. Michaeliskirche

080sc fr

ßen liegen sie dicht an dicht. Am rechteckigen Marktplatz steht beispielsweise das **Rathaus** (Nr. 1), erbaut 1789–91, ein dreistöckiger Fachwerkbau mit klassizistischer Putzfassade. Im Haus Nr. 9 findet sich das **Witwenpalais,** 1786 für die Witwe des Herzogs *Friedrich August* erbaut. Das vermutlich **älteste Haus** Eutins ist ein Fachwerkbau mit der Hausnr. 10, der zwischen 1635 und 1638 errichtet wurde.

Markt 11 lautet die Adresse der Privatbrauerei **St. Michaelis-Bräu,** einer Eutiner Institution. In einem historischen Gebäude, dessen Geschichte sich bis ins 17. Jh. zurückverfolgen lässt, wird ein sehr süffiges Bier gebraut.

Die **Touristinformation** befindet sich ebenfalls am Markt (Nr. 19). Dort kann man Eintrittskarten für diverse Veranstaltungen erwerben. In der Mitte des Platzes steht ein **Gedenkstein** zur Erinnerung an die Toten des Krieges 1870/71.

St. Michaeliskirche

Die St. Michaeliskirche erhebt sich im Herzen der Stadt, nur wenige Schritte vom Marktplatz entfernt. Sie zählt zu den **ältesten Gotteshäusern der Region.** Bischof *Gerold,* Nachfolger *Vicelins,* ließ sich Mitte des 12. Jh. im damals Utin genannten Ort nieder und hier ein erstes Gotteshaus erbauen. Die Errichtung der St. Michaelis-Kirche folgte etwas später; sie geht auf Bischof *Bertold* (Amtszeit 1210–20) zurück. Aus diesen Anfängen stammt noch ein Teil des Mittelbaus.

Die Namensgebung nach dem kämpferischen Erzengel *Michael* zeigte schon die symbolische Bedeutung der Kirche, nämlich als Standort für die Christianisierung des benachbarten slawischen Raums. Der Stellenwert wuchs aber noch weiter durch zwei Ereignisse: 1257 erhielt Utin Stadtrechte und mehrfach suchte der Bischof von Lübeck hier Schutz im Streit mit der Lübecker Bürgerschaft. Während eines dieser nicht ganz freiwilligen Aufenthalte gründete der Bischof 1309 ein Kollegiatstift, womit eine Vergrößerung der St. Michaelis-Kirche sowie eine Ernennung zur **Stiftskirche** einherging.

In späteren Epochen erfuhr der Bau manche Veränderung, aber etliche Teile stammen noch aus den Anfängen, so der sechsarmige **Marienleuchter** mit der Madonnenfigur in der Südkapelle, der 1322 von der Schneiderinnung gespendet wurde. Auch Teile der Chorbemalung wurden in der ersten Hälfte des 14. Jh. geschaffen. Aus dem Jahr 1256 stammt das **Triumphkreuz,** das eine **Reliquie** enthält: unter einem Bergkristall soll sich ein Splitter vom Kreuz Christi befinden. Dieses hatte, so die Legende, einst Bischof *Burkhard von Sercken* von einer Italien-Reise mitgebracht.

Der Erzengel *Gabriel* ist auf dem 1444 erschaffenen siebenarmigen Bronzeleuchter abgebildet. Die Bronzetaufe datiert auf das Jahr 1511, und die holzgeschnitzte Kanzel ist ein Werk des späteren Bürgermeisters *Claus Lilie;* sie wurde 1653 geweiht. Neueren Datums (1961) sind die Fenster im Chor mit ihren ausdrucksstarken Glasmalereien, die allegorisch „Glaube, Liebe und Hoffnung" darstellen.

Prägend für die Stadtsilhouette ist der schlanke, spitz zulaufende **Kirchturm,** der 67m in den Himmel ragt.

■ **St. Michaeliskirche,** Mo–Sa 10–16, So 15–17 Uhr, Juni bis Mitte Okt. donnerstags Führungen um 14.30 Uhr, Treffpunkt vor der Touristinfo.

Am Rosengarten

Auch die Straße Am Rosengarten zählt zu den älteren des Stadtgebiets. Sie endete einst am Stadtgraben und damit an der damaligen Stadtgrenze. Später wurde hier ein zweites Tor für eine Verbindungsstraße nach Norden geschaffen. Am Rosengarten stehen noch einige schöne **Fachwerkhäuser.**

Hier zweigt ein kurzer Weg ab, der hinunter zum Großen Eutiner See führt. Ausgangspunkt ist der kleine Platz mit der **Skulptur** „Dumm Hans – de plietsche Bauernjung". Dieses Denkmal erinnert an den „Märchenprofessor" *Wilhelm Wissers* (1843–1935), der etwa 600 überwiegend plattdeutsche Märchen sammelte. Erschaffen wurde es von *Karlheinz Goedke,* der auch in Mölln *(Till Eulenspiegel)* und Lauenburg *(Der Rufer)* sehr eindringliche figürliche Skulpturen schuf. In Eutin stehen noch weitere Arbeiten von *Goedke*, beispielsweise ganz in der Nähe in einer Bucht auf einem Stein „Die Schauende" oder vor der Wilhelm-Wisser-Schule an der Elisabethstraße „Der junge Poet".

Stolbergstraße

Einen Block hinter dem Marktplatz verläuft die Stolbergstraße, die als eine der **ältesten Straßen** Eutins gilt. Auch hier sind zahlreiche gut erhaltene historische Häuser zu finden. Einige dieser Gebäude an der östlichen Straßenseite weisen im Grundaufbau eine gewisse Ähnlichkeit mit ostholsteinischen **Gutsanlagen** auf – natürlich in deutlich kleineren Dimensionen: Das Wohnhaus liegt leicht zurückgesetzt, flankiert links und rechts von seitlich vorstehenden Gebäuden, fast so wie die Stallungen auf den Gutshöfen. Die hier lebenden Hofbeamten und kirchlichen Würdenträger stammten vielfach aus ostholsteinischen Gutsfamilien und übertrugen vermutlich ihre früheren „Wohngewohnheiten" in die neue städtische Heimat. Gut zu sehen ist dies bei Haus Nr. 18 (erbaut 1752) sowie bei den Gebäuden Nr. 16 (1775) und Nr. 12 (19. Jh.).

Das Haus Nr. 8/10 aus dem 18. Jh. bewohnten mehrere prominente Zeitgenossen. Der bekannteste war wohl der Maler **Johann Heinrich Wilhelm Tischbein,** ein Freund *Goethes,* der das berühmte Gemälde „Goethe in der Campagna" schuf. *Tischbein* lebte in diesem Haus 20 Jahre bis zu seinem Tod 1829.

Auch das Haus Nr. 6 aus dem 18. Jh. hat Ähnlichkeit mit einem Gutshof. Einst war hier ein Hotel untergebracht, in dem der Vater *Carl Maria von Webers* mit seiner Kapelle aufgetreten sein soll.

Entlang der westlichen Straßenseite stehen vorwiegend Häuser aus dem Zeitraum des 17. bis 19. Jh. Sie wurden zumeist von **Handwerkern** bewohnt und stehen generell etwas enger zusammen als die Häuser der Ostseite. Sehr typisch ist das Gebäude Nr. 7, welches aus dem 17. Jh. stammt. Die Fachwerkhäuser Nr. 11 und 13 wurden im 18. bzw. 19. Jh. erbaut, während das **Fachwerkgiebelhaus** der Nr. 15 zu den ältesten Bauwerken der Stadt zählt. Das heute von einem Rosenstock geschmückte Gebäude wurde etwa um 1600 errichtet und ist nett anzuschauen. Die Häuser Nr. 17 und 19 stammen aus dem 18. Jh.

Tischbein-Gartenhaus

Parallel zur Stolbergstraße verläuft die Straße Jungfernstieg unmittelbar vor dem Schlossgarten entlang. Auf der dem Schlossgarten gegenüberliegenden Straßenseite stehen einige **Wohnhäuser mit Garten.** In einem dieser Gärten wurde das sogenannte *Tischbein-Gartenhaus* angelegt. Anhand einer Reihe von 14 Info-Tafeln, die man auf einem verschlungenen Weg durch den idyllischen Garten abläuft, werden **Lebensstationen des Malers** *Johann Heinrich Wilhelm Tischbein* vorgestellt, dazu ein Querschnitt durch sein Werk. Der *Kunstkreis Eutin* führt in dem Haus auch regelmäßig Veranstaltungen durch und zeigt wechselnde Kunstausstellungen.

■ **Tischbein-Gartenhaus,** Stolbergstr. 8 (Haupteingang), www.kunstkreiseutin.de.

Lübecker Straße

Die Verlängerung der Stolbergstraße heißt Lübecker Straße, sie führte im Mittelalter vom Marktplatz zum Stadttor mit der Brücke über den Stadtgraben. Hier verlief die Stadtgrenze, erst im 17. Jh. begann man mit dem Bau der ersten Häuser jenseits des Stadttores. Da man dort mehr Platz zur Verfügung hatte, fielen diese Häuser vielfach großzügiger aus, zu erkennen ab Haus Nr. 19. Die Gebäude Nr. 5 und 11 stammen aus dem 19. Jh. Nr. 17 wurde 1770 erbaut, es handelt sich um das ehemalige St. Georg-Hospital. Hier befand sich zeitweise auch die städtische Armenschule.

Der **schmale Gang** zwischen den Häusern Nr. 17 und 19 zeigt den ehemaligen Verlauf des **Stadtgrabens** und der früheren Stadtgrenze. Heute führt hier der schmale Baurat-Küchler-Weg zum Schlossgarten. Die Häuser Nr. 6, 8 und 10 stammen aus dem 18. Jh., die Gebäude Nr. 14, 18 und 22 wurden im 19. Jh. erbaut. Ganz am Ende dieser Straße liegt unter Nr. 48 das **Geburtshaus von Carl Maria von Weber,** ein Gebäude aus dem 18. Jahrhundert.

Eutiner Schloss

Wer sich dem Schloss von der Innenstadt her nähert (ausgeschildert), gelangt zunächst zum **Schlossplatz.** Hier stehen drei anderthalbstöckige Putzbauten, die um eine größere Rasenfläche gruppiert sind. Links (Blickrichtung Schloss) liegt der ehemalige **Marstall,** heute Sitz des Ostholsteinmuseums. Rechts befindet sich die Eutiner Kreisbibliothek im Gebäude der ehemaligen **Wagenremise.** Im Gebäude der Stirnseite, dem ehemaligen **Kavaliershaus,** residiert die Landesbibliothek Eutin. Dieser Bereich wurde 1828 zu seiner heutigen Form umgestaltet. Das Schloss selbst liegt auf einer kleinen Landspitze, die von zwei Buchten eingerahmt wird, direkt am Großen Eutiner See. Man erreicht das Gebäude über eine **Steinbrücke,** die einen **Wassergraben** überquert.

Schon um 1150 ließ sich Bischof *Gerold* hier eine Unterkunft in geschützter Lage errichten, wie Chronist *Helmold von Bosau* in seiner Slawen-Chronik schreibt. Die Nachfolger bauten die damals noch sogenannte **Bischofsburg** weiter aus und verstärkten das Gebäude durch Mauern und Gräben. 1689 zerstörte ein Feuer große Teile der Altstadt und auch der Burg, aber das Gebäude wurde schnellstmöglich wieder aufgebaut. Die heutige Form geht auf Baumeister *Rudolf Matthias Dallin* zurück, der von 1717 bis 1727 für Fürstbischof *Christian August* die Bauarbeiten durchführte. Heraus kam ein dreigeschossiger Vierflügelbau mit einem auffälligen, etwas vorstehenden Eingangsturm von vier Etagen hinter der Steinbrücke.

Heute vermittelt das Schloss in einer Dauerausstellung einen tiefen Einblick in die herrschaftliche **Wohn- und Lebenskultur.** Sehr sehenswert sind die kleine hauseigene **Kapelle,** die neben einer Arp-Schnittger-Orgel einen eigenen

[>] Das Eutiner Schloss – Blick auf die Gartenfassade des Südflügels

herzöglichen Stuhl über dem Altar hat, und die Audienzzimmer, der Rittersaal sowie die **Privatgemächer,** z.B. der Schlafraum. Alle Räume sind mit schönen **Stuckarbeiten** und wertvollen Möbeln ausgestattet.

■ **Eutiner Schloss,** Tel. 709 50, www.schloss-eutin.de, Mo–So 10–18 Uhr, Eintritt Erw. 10 €, ermäßigt 6 €, Familie 10 € bzw. 20 €, je nach Personenanzahl. Es gibt verschiedene Führungen für kleine und größere Gruppen.

■ Im Innenhof befindet sich das **Lokal Schlossküche,** in dem man nett und in Ruhe draußen sitzen und kleine Gerichte verzehren kann.

Ostholstein-Museum

Das Ostholstein-Museum ist im ehemaligen **Marstall** des Eutiner Schlosses untergebracht. Auf zwei Etagen werden lokale Fundstücke zur **Kunst- und Kulturgeschichte** von Ostholstein gezeigt sowie pro Jahr bis zu zehn Sonderausstellungen zu unterschiedlichen Themen.

081sc mf

Eutin

0 500 m

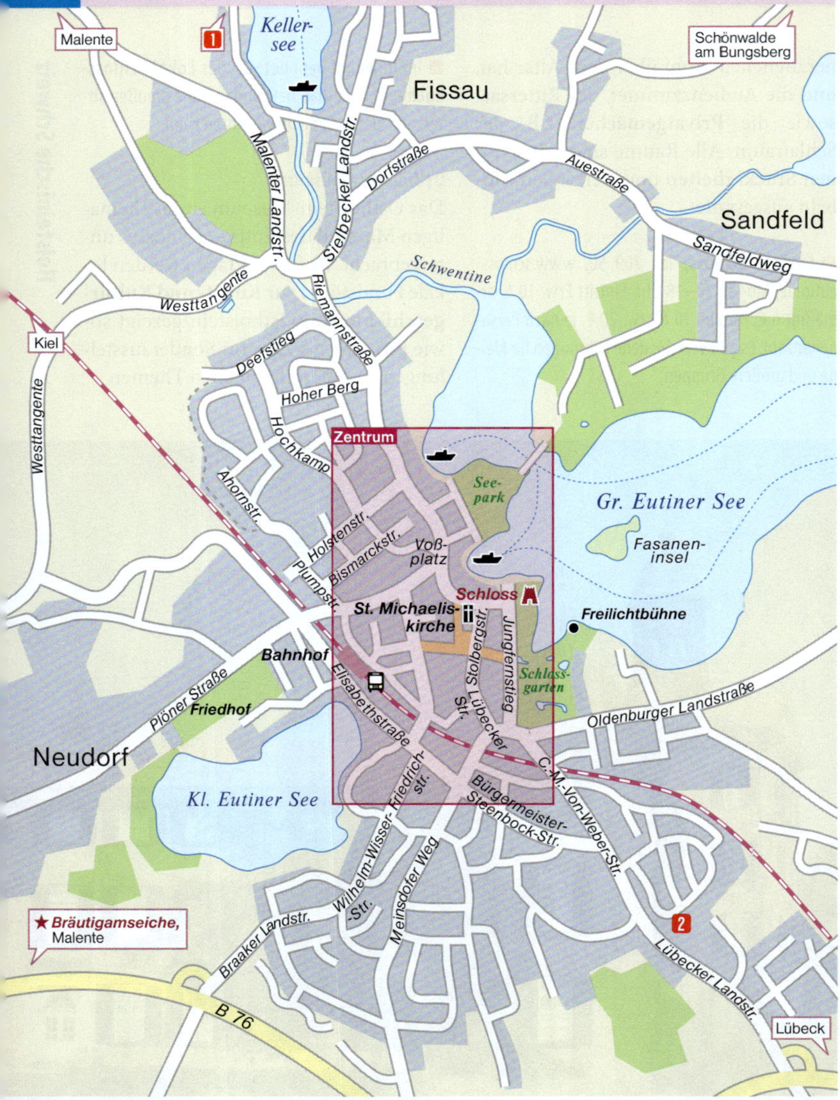

Schwerpunkt ist das Oberthema „Eutin zur Goethezeit“ mit Exponaten zu bekannten Künstlern und Dichtern, die eine Verbindung zu Eutin hatten. Gezeigt wird auch die holsteinische Landschaft in der Malerei. Weitere Themen sind die historische Entwicklung der Region und bürgerliches Wohnen im

Zentrum

0 ——— 200 m

Übernachtung

1 Naturpark-Camping Prinzenholz
2 EUT-IN Hotel Alte Straßenmeisterei

Essen und Trinken

3 Brauhaus Eutin
4 Kunst und Kaffee

19. Jh. Daneben gibt es eine Sammlung von Fayencen aus Stockelsdorf zu bewundern und Gegenstände von Eutiner Zinngießereien.

Ostholstein-Museum, Tel. 78 85 20, www.oh-museum.de, März bis Okt. Di–So 11–17, Nov. bis Jan. Di–Fr 14–17 Uhr, Sa/So 11–17 Uhr, im Febr. geschlossen, Eintritt 6 €, Kinder ab 6 Jahren 3 €, Schloss-Besucher 5 €.

Schlossgarten

Der Garten erfuhr mehrfach grundlegende Veränderungen. Ursprünglich befand sich südlich der Burganlage ein recht sumpfiges Gelände. Dieses Gebiet ließ Fürstbischof *Johann Friedrich* (1607–34) planieren und einen ersten Garten anlegen. Spätere Herrscher setzten hier eigene Akzente. So entstand ab 1670 eine Gartenanlage nach holländischem Vorbild. Ab 1716 wurde der Garten wieder umgemodelt. *Johann Christian Lewon* schuf einen prächtigen **Barockgarten** nach dem Vorbild des französischen Schlosses Versailles mit Kaskaden, Fontänen und akkurat geschnittenen, symmetrisch angelegten Hecken. Schließlich erfolgte eine abermalige Umgestaltung unter Herzog *Peter Friedrich Ludwig* (1755–1829). Er ließ den Schlossgarten völlig neu konzipieren und außerdem auf 14 Hektar vergrößern. Das neue Konzept sah einen Park im Stil eines **Englischen Landschaftsgartens** vor, mit einer aufgelockerten Mischung aus Rasenflächen, Baumreihen und Teichen.

Aus der französischen Phase stammt noch die hinter dem Schloss verlaufende, 335 m lange **Lindenallee.** Diese führt auf einen unmittelbar am Großen Eutiner See stehenden **Seepavillon** zu, der um 1800 erbaut wurde. Von diesem Platz genießt man einen sehr schönen, romantischen Blick über den See. Wer möchte, kann auf einem Spazierweg am See entlang weitergehen und so das Schloss umrunden. Schlägt man die andere Richtung ein, erreicht man bald die **Freilichtbühne,** sie liegt unmittelbar am Ufer. Hier finden im Sommer alljährlich Opernaufführungen zu Ehren *Carl Maria von Webers* statt. Nicht allzu weit entfernt wird des Komponisten in einem 1794 erbauten Tuffsteinbau gedacht. Recht nahe an der außen vorbeiführenden Oldenburger Landstraße steht der fotogene **Rundtempel** (Monopteros) aus dem Jahr 1795.

Eutiner Festspiele

MEIN TIPP: Seit 70 Jahren finden im Sommer auf der **Freilichtbühne im Schlossgarten** am Ufer des Eutiner Sees die *Eutiner Festspiele* statt. Zumeist werden Opern gespielt.

- **Kartenzentrale,** Am Schlossgarten 7, Tel. 800 10, www.eutiner-festspiele.de.

Großer Eutiner See

Die Maße des Großen Eutiner Sees sind auf den ersten Blick nicht sonderlich beeindruckend: Etwas über zwei Quadratkilometer beträgt die Fläche. Das reicht unter den ostholsteinischen Seen nur zu einem guten Mittelplatz. Seine beeindruckende Uferlänge von 11,3 km macht den See aber besonders für Wanderer attraktiv. Der ausgeschilderte **Rundwanderweg** misst nur 8,5 km, er verläuft geradliniger als das gewundene Ufer. Auf halber Strecke kommt man an dem beliebten Ausflugslokal *Redderkrug* vorbei, wo man sich erst mal stärken kann. Wer nicht weiterlaufen mag, nimmt das in der Saison fünfmal täglich verkehrende **Schiff** und lässt sich zurück nach Eutin-City schippern. Dort im Bereich der Anlegestelle an der nördlichen Schlossseite kann man schön spazierengehen. Bereits in den frühen 1930er Jahren wurde die **Seepromenade** angelegt, die um die Schlossbucht herum zum **Seepark** führt. Dieser Park auf einer Landzunge entstand um 1934.

Praktische Tipps

Info

- **PLZ:** 23701
- **Vorwahl:** 04521
- **Einwohnerzahl:** 17.000
- **Touristinformation:** Markt 19, Tel. 709 70.
- **Internet:** www.holsteinischeschweiz.de/eutin

Unterkunft

2 **EUT-IN Hotel Alte Straßenmeisterei**④, Lübecker Landstr. 55, Tel. 77 88 10, www.altestrassenmeisterei.de. Das Haus liegt auf einem schön gestalteten, parkähnlichen Gelände mit Teich und hat 14 individuell und komfortabel eingerichtete Zimmer. WLAN.

Camping

1 **Naturpark-Camping Prinzenholz,** Prinzenholzweg 20, am Kellersee in Eutin-Fissau, Tel. 52 81, www.naturpark-camping-prinzenholz.de, geöffnet Anfang April bis Ende Okt. Ökologisch ausgerichteter Platz, bei dem Solarenergie das Brauchwasser erwärmt und WCs mit Seewasser gespült werden. Außerdem kann man Glamping oder einen Luxusstellplatz in Toplage buchen.

▷ Blick auf den Eutiner See mit der Bronzestatue „Die Schauende"

Adobe.Stock©schoopman

Gastronomie

4 Kunst und Kaffee, Stolbergstr. 18, Tel. 713 19, Fr–So 14–18 Uhr, ganzjährig geöffnet. Das kleine, nette Café liegt in einem historischen Garten im Ortskern. Es gibt hausgemachten Kuchen und ein reichhaltiges Angebot an Kaffee und Tee.

MEIN TIPP: **3 Brauhaus Eutin,** Markt 11, Tel. 76 67 77, www.brauhaus-eutin.de, tägl. ab 11 Uhr. Rustikal-gemütliches Ambiente auf zwei Ebenen. Neben kleinen und größeren Gerichten wird vor allem selbst gebrautes, sehr leckeres Bier kredenzt. Wenn's warm wird, trinkt man das „Flüssigbrot" entweder draußen auf der Terrasse zum Marktplatz oder hinten im Biergarten.

Feste und Veranstaltungen

- **Bluesfest auf dem Rathausmarkt,** im Mai, großes Festival mit Künstlern aus Skandinavien, dem Baltikum und Deutschland, der Eintritt ist frei, https://baltic-blues.de.

Schiffstouren

- **Rundfahrten auf dem Großen Eutiner See,** einstündige Tour ab Anleger Stadtbucht, in der Saison von Mitte Mai bis Mitte Sept. drei Fahrten: 12.30, 14, 15.30 Uhr, Sa/So auch 11 Uhr, außerhalb der Saison seltener, in der kalten Jahreszeit kein Betrieb. Preise Erwachsene 7,50 €, Kinder bis 15 Jahren 4 € für die Rundfahrt. Infos Tel. 0172 41 41 136, www.eu tiner-seerundfahrt.de.

In der Umgebung

Bräutigamseiche

MEIN TIPP: Unter dem Begriff „Bräutigamseiche" verbirgt sich das wohl **kurioseste Postfach Deutschlands.** Mitten im Dodauer Forst, etwa vier Kilometer außerhalb von Eutin, steht eine jahrhundertalte Eiche mit einem Astloch. Genau dort werden noch heute Briefe und Postkarten von Kontakt Suchenden platziert, ganz regulär vom Briefträger! Die korrekte Anschrift lautet: Bräutigamseiche, Dodauer Forst, 23701 Eutin. Seit 1927 stellt die Post Briefe oder Postkarten zu, legt diese im Astloch ab. Eine Leiter lehnt am Baum, jeder kann hochsteigen und sich die Post anschauen. Wer will, antwortet den Schreibern. Nicht nur **Heiratswillige** hinterlassen hier ihren Wunsch nach Kontaktaufnahme, sondern auch Menschen, die eine Brieffreundschaft suchen.

Wie es dazu kam? Mehrere Legenden ranken sich um dieses Postfach, eine erzählt von nicht standesgemäßer Liebe. Im 19. Jh. verliebten sich die Tochter des Försters und ein reicher Fabrikantensohn ineinander, was sich damals einfach nicht schickte. Was also tun? Die beiden tauschten Liebesbriefe über die Eiche aus, und es erwies sich, dass ihre Gefühle stärker waren als alle Standesdünkel. Schließlich fand dann doch die Hochzeit statt – natürlich unter der Eiche. Seitdem tauschen Menschen über die Eiche Briefe aus. So soll es auf diesem Wege schon zu mindestens fünf Eheschließungen gekommen sein.

Zu finden ist der legendäre Briefkasten wie folgt: Von der B76 (Eutin – Plön) biegt man beim Obsthof Münster (s.u.) in den Wald ab, nach ca. 200 m erreicht man einen Parkplatz und von dort ist er ausgeschildert.

Der Bungsberg

Jetzt kommen wir zu einer ganz besonderen Sehenswürdigkeit: dem **höchsten Berg Schleswig-Holsteins.** Der Bungsberg erreicht eine Höhe von, nun ja, bitte nicht lachen, von 168 Metern! Am Gipfelkreuz liegt ein kleiner Markierungsstein, der stolz die „Höhe" anzeigt.

Der eigentliche Clou kommt jetzt: Am Bungsberg befindet sich Schleswig-Holsteins einziger **Skilift.** Sobald es, was selten genug vorkommt, in Ostholstein schneit, eilen begeisterte Abfahrtsläufer zum Bungsberg. Die Abfahrt ist in weniger als 30 Sekunden zu Ende, aber das beeinträchtigt den Spaß nicht. Leider ist dieser Skilift nun schon einige Jahre nicht mehr in Betrieb. Ob sich jemand findet, der ihn noch einmal übernimmt, ist derzeit unklar.

[>] Größe ist relativ – weit und breit findet sich kein höherer „Berg"

053hs mf

Oben erhebt sich ein **Fernmeldeturm,** knapp 200 Stufen führen hinauf. In einer Höhe von etwa 45 Metern befindet sich eine Besucherplattform, von der aus man einen sehr schönen Weitblick hat. Gegenüber vom Fernmeldeturm steht, mittlerweile von den Bäumen fast verschluckt, der 1863 erbaute **Elisabethturm.** Seine Höhe wird mit 64 Fuß angegeben (etwa 21 Meter), später erhöhte man ihn noch einmal um 12 Fuß, da die umliegenden Buchen zu hoch gewachsen waren.

Der Bungsberg liegt nordöstlich von Eutin beim Ort **Schönwalde.** Die Anfahrt ist von dort ausgeschildert.

Schön 6b

082scfr

11 Hohwachter Bucht

» Wenig bekannt trotz sehr schöner, langer Sandstrände ist die Hohwachter Bucht. Die meisten Orte sind klein, Heiligenhafen mit seinem Fischerhafen ist schon der größte. Rund um Schönberger Strand kann man kilometerweit am Meer entlangradeln. Hohwacht selbst glänzt mit sehr schönen Hotels.

‹ In der Hohwachter Bucht findet man wenig besuchte Strände

GEHEIMTIPP AN DER OSTSEE

Leicht am Rande liegend, aber doch nicht aus der Welt gefallen, zeigt sich die Hohwachter Bucht, der Küstenabschnitt zwischen der Kieler Förde und Fehmarn. Schöne *Sandstrände* mit Namen, die Sehnsüchte wecken (Kalifornien, Brasilien), schmucke Orte, die

sich nicht völlig dem Tourismus ergeben haben, und ein Ferienzentrum am Weissenhäuser Strand, bei dem die Jahreszeiten keine Rolle spielen. Wer ruhige Tage am Meer verbringen will und auf rauschendes Nachtleben verzichten kann, ist hier richtig.

Überblick

Wenn es noch so etwas wie einen Geheimtipp an der Ostseeküste gibt, dann könnte es die Hohwachter Bucht sein. Sicher werden dies etliche Urlauber dementieren, die schon seit Jahr und Tag hierher kommen. Aber selbst wer schon viele Ostseestrände gesehen hat, kennt diesen Küstenabschnitt vielleicht noch nicht. Die Orte veranstalten keinen so großen Rummel um sich selbst. So mancher hochgelobte Strand der Lübecker Bucht würde hier vor Neid erblassen, wenn das denn ginge.

Was macht den Reiz dieser Gegend aus? Zunächst einmal wären da eine Reihe von ganz vorzüglichen Stränden, sei es in Heiligenhafen (auf einer Nehrung), am Weissenhäuser Strand (mit einer 365-Tage-Feriensiedlung unter Glas), in Schönberg oder in Hohwacht selbst (Sandstrand und Steilküste mit viel Grün). Die Strände sind durchweg **feinsandig, lang gezogen** und obendrein auch recht **breit.** Der Tourismus hat hier überall Einzug gehalten, aber mit der Ausnahme von Weissenhäuser Strand dominiert er nicht. Ein **alter Ortskern** ist überall erhalten. Die Gäste wissen das zu schätzen und die Einheimischen offenbar auch.

Wer sich aufmacht, das **Hinterland** zu erkunden, findet so reizvolle Orte wie Lütjenburg mit seinem alten Stadtbild, Oldenburg mit einer historischen Einmaligkeit, dem Wallmuseum, oder Schönberg mit seiner Museumsbahn.

NICHT VERPASSEN!

Diese Tipps erkennt man an der gelben Markierung.

Schönberger Strand

Schönberger Strand nennt sich der an der Küste liegende Ortsteil von Schönberg, etwa vier Kilometer vom Hauptort entfernt. Da er nur über eine Zufahrtsstraße zu erreichen ist, herrscht hier eine wunderbare Ruhe. Dies wird noch dadurch verstärkt, dass sich die paar Autos, die es tatsächlich wagen, die Straße vor dem Deich zu befahren, durch einen regelrechten Slalom-Parcours hindurchwinden müssen – Verkehrsberuhigung eben. Viel los ist hier nicht. Es gibt einige Campingplätze, vereinzelte Lokale und eine Seebrücke, die 260 m ins Meer hinausragt.

Der Strand

Das eigentliche Highlight ist der Strand selbst: Er zieht sich scheinbar endlos und flach hin, ist etwa 20 m breit und durch einen Deich gegen den Ort abgeschirmt. Der Strand erstreckt sich weit nach Westen in Richtung Kieler Bucht. Etwas schmaler ist er in diesem Bereich, aber

083sc fr

immer noch gut zehn Meter breit. Er wird von einer **Dünenbepflanzung** begrenzt. Dahinter verläuft ein fünf bis acht Meter breiter, geteerter Weg. Es folgen das Deichvorland, der Deich sowie eine Straße, dann erst kommen die wenigen Häuser. Entsprechende Ruhe herrscht vor. Zahlreiche Ferienwohnungen sind entstanden, von einigen genießt man einen Blick über den Deich aufs Meer.

Wer will, kann auf dem **Deich** beziehungsweise vor dem Deich bis nach Laboe radeln. Hier verläuft ein asphaltierter Streifen von acht bis zehn Metern Breite, auf dem keine Autos fahren, **für Inliner und Radler ein Traum!** Praktisch überall kann man das Rad mal schnell abstellen und durch die Dünen zum Strand laufen, inklusive eines erfrischenden Bades in der Ostsee.

Kalifornien und Brasilien

Kalifornien und Brasilien gehören zur **Gemeinde Schönberg.** Wir befinden uns aber immer noch an der Ostsee. Woher die Namen stammen? Im Jahre 1735 strandete an der hiesigen Küste die Segelbark *California* und wurde durch einen heftigen Sturm zerstört. Unter den Wrackteilen, die ans Ufer getrieben wurden, war auch eine Planke mit der Inschrift *California.* Die Trümmer fand ein Fischer und zimmerte daraus eine Hütte,

⌃ Dünenstrand bei Schönberg

an deren Vorderfront er die Planke anbrachte. Zu dieser ersten Fischerhütte gesellten sich weitere – der Ort Kalifornien war geboren. Als in der Nähe dann ein weiterer Ort entstand, beschlossen dessen Gründer, ebenfalls einen nicht alltäglichen Namen zu wählen: Brasilien. Die Bezeichnung „Ort" für Brasilien ist aber etwas geschmeichelt, besteht es doch nur aus drei Straßen, ist somit eigentlich ein Vorort von Kalifornien.

Museumsbahn

Ein tolles Erlebnis ist die Fahrt mit der Museumsbahn, die an bestimmten Tagen zwischen Schönberg und Schönberger Strand hin- und herpendelt. Zu bestimmten Terminen fährt sie sogar bis nach Kiel. Die Strecke wird von historischen Zügen und **Dampfloks** befahren, aber auch von **Straßenbahnwaggons.** Die historischen Straßenbahnen drehen auf einer eigenen Strecke ihre Runden in Schönberger Strand.

Etwa 30 historische Bahnwaggons und einige Straßenbahnen sind am **Museumsbahnhof** zu besichtigen, so beispielsweise Wagen, die ein gutes Jahrhundert alt sind. Jünger als 50 Jahre ist kaum eines der Fahrzeuge. Es ist schon spannend zu sehen, was für ein Kraftpaket eine alte Dampflok ist, und wie es in der Holzklasse(!) aussah, der dritten Klasse eines Personenwagens. Der Museumsbahnhof kann jederzeit betreten werden, eine Spende ist erwünscht. Er wird von einer Privatinitiative betrieben, die die unterschiedlichsten Wagen unterhält und eine Dokumentation des Eisenbahnwesens betreut.

- **Museumsbahn:** Die Bahn verkehrt an jedem Sa und So von Ende Mai bis Anfang Okt. zwischen Schönberger Strand und Schönberg. Weiterhin finden Sonderfahrten zu Pfingsten, Ostern und Himmelfahrt statt, an ausgewählten Terminen fahren Züge bis/von Kiel. Genaue Infos unter www.vvm-museumsbahn.de, am Bahnhof und bei der *Touristinformation Schönberg* (s.u.).
- **Museumsbahnhof,** Am Schierbek 1, 24217 Schönberg, Tel. 23 23.

Schönberg

Einen Abstecher nach Schönberg kann man zu Fuß vom Schönberger Strand machen, entlang eines **Naturlehrpfades** durch die Salzwiesenlandschaft. Hier gibt es Informationen u.a. zu Bienenvölkern und Eulenschutz, zu Nistkästen von Vögeln und zu Findlingen, aber auch über die Ostsee im Allgemeinen.

Kindheitsmuseum

„Ein Jahrhundert Kindheit" ist das Motto der Sammlung im Kindheitsmuseum. Schwerpunkt der Ausstellung ist Spielzeug, darauf wird man schon im Vorraum eingestimmt. Dort liegen Straßenspiele, auch älteren Datums, die ausprobiert werden dürfen. Weiterhin ist ein altes Schulzimmer zu finden und ein zeitgeschichtlicher Gang durch „100 Jahre Kindheit".

- **Kindheitsmuseum,** Knüllgasse 16, Tel. 68 65, www.kindheitsmuseum.de, Mai So 14–17, Juni bis Ende Okt. Di–So 14–17, Do auch 10–12 Uhr, Eintritt 3 €, Kinder 1,50 €.

Probsteier Heimatmuseum

Der **Region Probstei** widmet sich ein auf einem ehemaligen Hof untergebrachtes Freilichtmuseum mit Scheune, Speicher und Backhaus. Der Kulturraum Probstei wird vorgestellt. Im reetgedeckten Haupthaus ist der größte Teil der Dauerausstellung zu sehen: Exponate zu Arbeit und Alltagsleben mit Beispielen der bäuerlichen Wohnkultur und Trachten. In der Scheune ist vor allem landwirtschaftliches Gerät ausgestellt, dazu die Werkstatt eines Schuhmachers und eines Schmieds. Weiterhin gibt es ein Backhaus, das bei bestimmten Veranstaltungen wie Märkten in Betrieb ist.

- **Probsteier Heimatmuseum,** Ostseestr. 8, Tel. 31 74, www.probstei-museum.de, Mai–Okt. Di–So 14–17 Uhr, zusätzlich Do 10–12 Uhr, 1.–24.11. nur So 14–17 Uhr, 15.3.–30.4. nur Sa/So 14–17 Uhr, Eintritt 3 €, Kinder 1 €.

Praktische Tipps

Info

- **PLZ:** 24217
- **Vorwahl:** 04344
- **Touristinformation:** *Tourist Service,* Käptn's Gang 1, Schönberg, Tel. 414 10.
- **Internet:** www.schoenberg.de

Unterkunft

- **Naturfreundehaus**②, Deichweg 1, Kalifornien, Tel. 13 42, www.naturfreundehaus-kalifornien.de. Das Haus gehört zur Organisation *Die Naturfreunde* und bietet Familien preiswerten Aufenthalt. Die Zimmer sind zweckmäßig eingerichtet, teilweise mit Etagenduschen.
- **Hotel Strandräuber**③, Deichweg 4, Tel. 416 90, www.hotel-strandraeuber.de. Familiengeführtes kleines Garni-Hotel mit Zimmern, die seemännisch „Kojen" genannt werden und wahlweise Land- oder Ostseeblick haben, sowie 1- und 2-Raum-Apartments, ebenfalls teils mit Meerblick.
- **Beach Hotel California**③-④, Deichweg 3, Tel. 413 70 70, https://beach-hotel-california.de. Die Unterkunft hat 35 helle und modern eingerichtete Zimmer, Apartments und auch Mehrbettzimmer in lässigem Design und überschaubarer Größe, aber nur teilweise mit Meerblick.
- **Jugendherberge Schönberg,** Stakendorfer Weg 1, Tel. 29 74, http://schoenberg.jugendherberge.de. Knapp über 200 Betten verteilen sich auf zwei Gebäude in Zwei- bis Sechs-Bett-Zimmern.

Camping

- **Campingplatz Ferienpark California,** Große Heide 26, Tel. 95 91, www.camping-california.de, geöffnet April bis Sept. Der Platz liegt hinter dem Ostseedeich und ist durch hohe Tannen etwas windgeschützt. Er hat 400 Stellplätze und etliche Angebote wie Minigolf, eigene Reitanlage, Imbiss und Restaurant. WLAN auf dem gesamten Platz.

Gastronomie

- **Fisch von Ehlers,** Promenade 20, www.fisch-ehlers.de. Alteingesessene Fischbude am Deich vom Schönberger Strand, wo auch ausgezeichnete Fischgerichte aus eigener Räucherei serviert werden. Außerdem gibt es Fischbrötchen zum Verzehr auf der Terrasse oder oben am Deich mit Blick auf die Ostsee. Ab 11 Uhr.
- **Omas Kaffeestuuv,** Promenade 15, Tel. 41 51 02, www.omas-kaffeestuuv.de, tägl. 12–18 Uhr. Kleines, historisch-gemütliches Café aus dem 17. Jh. mit Garten und Deichterrasse. Serviert werden Torten, hausgemachter Kuchen, Pfannkuchen

sowie kleine Speisen und Omas Eierpunsch. Früher, so erzählt man sich hier, wurde der *Köm* (Korn) in Fünf-Liter-Krügen gereicht. Aus dieser Tradition gibt es hier auch heute noch Bier und *Köm,* aber nur aus kleinen Gläsern.

Lütjenburg

Die kleine Stadt Lütjenburg im Küstenhinterland hat gerade mal 5500 Einwohner, genießt aber schon seit 1275 Stadtrechte. Von der langen Geschichte zeugen noch etliche **historische Bauten** im Ortskern. Ein Bummel durch die ruhigen Straßen mit den schön renovierten Häusern macht den Reiz dieser Kleinstadt aus. Interessanterweise bemühte man sich, die neuen Häuser im innerstädtischen Bereich an die historische Bauweise anzupassen – ein durchaus gelungenes, einheitliches Innenstadtbild.

Sehenswertes

Rund um den Marktplatz

Nahe der aus dem 13. Jh. stammenden **St.-Michaelis-Kirche** mit einem bemerkenswerten Grabmal der Spätrenaissance für *Otto von Reventlow* ist eine Art Marktplatz zu finden. Dort steht auf einem Brunnen die **Figur des Hein Lüth,** des Stadtausrufers. Schwungvoll hebt er die Glocke, fordert die Vorbeihastenden zur Einkehr auf und verkündet wichtige Nachrichten mit der ganzen Überzeugungskraft seines Amtes.

Gegenüber der Kirche liegen die **Vier Bürgerhäuser,** das sind vier Häuser aus vier Jahrhunderten (Markt 1: von 1680, Markt 2: von 1820, Markt 3: von 1900, Markt 4: von 1780). Besonders eindrucksvoll ist auch das **Rathaus** (erbaut 1790), gleich hinter Hein Lüth zu finden, ein schmuckes, aber für ein Rathaus relativ kleines Gebäude mit schönen Verzierungen. Außerdem steht hier das älteste Wohnhaus der Stadt, das **Färberhaus,** das schon 1576 erbaut wurde, ein Fachwerkgiebelhaus von fünf Achsen mit Backsteinfüllungen im sogenannten Zierverbund.

Wenn man Richtung Oberstraße geht, sich also von der Kirche entfernt, trifft man auf die alte **Kornbrennerei D.H. Boll** von 1831. Hier werden so exotische Drinks wie *Kieler Tropfen, Lütjenburger* oder *Hohwachter Plumstak* angeboten.

Weitere historische Gebäude sind das **Bäckerhaus** von 1790 (Oberstraße, Ecke Amaker Markt) und der **Alte Posthof** von 1777 (Amaker Markt, Ecke Neuwerkstraße). Hier war einst die Station der Postkutschenlinien nach Plön, Kiel und Oldenburg, an der erschöpfte Pferde gewechselt wurden und man dem Kutscher einen Schnaps einschenkte, bevor es weiterging.

Bismarckturm

Das **Wahrzeichen der Stadt Lütjenburg,** der 1898 erbaute Bismarckturm, liegt nur wenige Schritte außerhalb des historischen Kerns (der Teichtorstraße, die vom Markt wegführt, zum Park folgen). Von oben (18,50 m) genießt man einen schönen Blick auf die Stadt.

Turmhügelburg

MEIN TIPP: Etwas außerhalb des Ortes findet sich eine rekonstruierte Turmhügelburg. Die **nachgebaute Burganlage** aus dem frühen Mittelalter vermittelt einen Eindruck davon, wie frühere Wehranlagen häufig ausgesehen haben. Einige Hütten stehen an einem Wassergraben, ein hölzerner Turm überragt die kleine Siedlung. Zu sehen sind Wohnhäuser, eine kleine Kapelle, das Haus eines Ritters, eine Schmiede, ein Backhaus, eine Brücke und das Burgtor.

- **Turmhügelburg,** Bunendorp, nahe der L165 Richtung Darry, www.turmhuegelburg.de, April bis Okt. Di–So 11–17 Uhr, Eintritt frei, Spende erbeten.

Eiszeitmuseum

Im nicht weit von der Turmhügelburg entfernt gelegenen Eiszeitmuseum wird die erdgeschichtliche Entstehung von Schleswig-Holstein gezeigt. Man erfährt, welche Folgen das Abschmelzen der mächtigen **Gletscher** hatte, die einst das Land bedeckten. Viele **Fossilien** sind ausgestellt, aber auch Exponate zum Anfassen.

- **Eiszeitmuseum,** Nienthal 7, Tel. 41 52 10, www.eiszeitmuseum.de, Mai–Sept. tägl. 10–18 Uhr, Okt.–April Di–So 11–17 Uhr, Eintritt 4 €, Kinder 2 €.

Praktische Tipps

Info

- **PLZ:** 24321
- **Vorwahl:** 04381
- **Einwohner:** 5500
- **Touristinformation:** Markt 4, Tel. 41 99 41.
- **Internet:** http://stadt-luetjenburg.de

Gastronomie

- **PUR,** Neuwerkstr. 9, Tel. 40 41 47, Bistro Mi–So 12–22 Uhr, Küche 12–15 und 18–21 Uhr. *PUR* steht für „Produkte aus der Region". Geboten werden Kaffee und Kuchen, Salate, Flammkuchen, Fisch, Fleisch und saisonale Gerichte, aber auch Ladenverkauf.

In der Umgebung

Gut Panker

In Ostholstein gab es schon seit Beginn der sogenannten Gutswirtschaft um 1550 einige hochherrschaftliche Gutshöfe und Schlösser. Damals wurden verschiedenen Grafen weite Ländereien zugesagt, entsprechende Residenzen entstanden. Die möglicherweise **schönste Gutsresidenz** ist beim winzigen Ort Panker zu besichtigen. Das über 500 Jahre alte, ziemlich große Gut wird noch bewirtschaftet, das Herrenhaus noch bewohnt. Es kann daher nur von außen besichtigt werden, was aber schon beeindruckend genug ist.

Wenn man *Gut Panker* erreicht, fällt zunächst die riesige Reitkoppel auf. Ringsherum erhebt sich ein jahrhundertealter Baumbestand. Im Rechteck um das Herrenhaus angesiedelt liegen

Adobe.Stock © Lars Gieger

die Post, Reitställe, eine Galerie, eine Gastwirtschaft und ein Gemeindehaus. Die **Gärten** wurden in den 1950er Jahren nach erneuter Renovierung im französischen Stil gehalten. Die ganze Anlage besticht durch augenfällige Pflege. Es gibt aber auch noch ein kleines **Dorf** mit Backsteinhäusern, altem Baumbestand und Wiesen. Das Dorf ist bewohnt, u.a. auch von mehreren Künstlern aus der Region.

Auf dem Gelände des Guts existiert seit gut 200 Jahren eine kleine **Gastwirtschaft,** die einst einem verdienten Knecht als Gnadenbrot von den Gutsherren gegeben worden war. Heute sind hier zwei Restaurants etabliert, eines („1797") auf Sterne-Niveau, das andere („Ole Liese") bietet regionale Gerichte, angeschlossen ist auch ein kleines Hotel. Die *Ole Liese* (alte Liese) war das Lieblingspferd des Grafen, daher der Name.

Gastronomie

■ **Restaurant „Ole Liese" und „1797",** Gut Panker, 24321 Panker, Tel. (04381) 90 690, www.oleliese.de. Das *1797* ist ein Gourmet-Restaurant, das mit einem Michelin-Stern ausgezeichnet ist und in dem regionale Gerichte in Top-Qualität geboten werden. Mitte April bis Ende Okt. Mi–Sa ab 18.30 Uhr. Außerdem gibt es die *Ole Liese Wirtschaft,* ein Restaurant im Landhausstil, das regionale Spezialitäten serviert. Di ab 14, Mi–So 12–20.30 Uhr.

Gut Panker

Hessenstein

MEIN TIPP: *Graf Friedrich von Hessenstein* ließ in den Jahren 1839 bis 1841 auf dem 128 m hohen **Pilsberg** einen Aussichtsturm bauen, einen **Backsteinturm** von 17 m Höhe mit einigen gezackten Türmchenspitzen. Der **Weitblick von der Plattform** zählt mit zum Schönsten, was Ostholstein zu bieten hat. Also rein in den Turm, die 111 Stufen der engen Wendeltreppe hochgestiegen und auf halber Höhe einen Euro in den Automaten geworfen, damit eine Drehtür den weiteren Weg freigibt. Der Turm liegt etwa zwei Kilometer westlich von Panker.

Gastronomie

- Unten kann man sich von diesen Mühen gleich prima erholen im genau vor dem Turm liegenden Restaurant **Forsthaus Hessenstein.** Hier wird seit vielen Jahren gute regionale und saisonale Küche serviert. Tel. (04381) 94 16, Mi–Sa 17.30–21.30, So/Fei. 12–14.30 und 17.30–21.30 Uhr.

Esel- und Landspielhof Nessendorf

Im südöstlich von Lütjenburg gelegenen Nessendorf befindet sich ein **Erlebnispark** mit 100 Eseln und vielen Eselkutschen. Die Betreiber befassen sich seit Jahren mit der Eselzucht, dieses Wissen wird an die Besucher weitergegeben. Natürlich dürfen Kinder die Tiere **streicheln,** können darauf **reiten** oder eine kleine **Kutschfahrt** unternehmen. Außerdem gibt es einen großen Kinderspielplatz, eine Spielscheune und Veranstaltungen. So kann man etwa eine Schnell-Ausbildung zum „Hobby-Eselpfleger" machen.

- **Esel- und Landspielhof Nessendorf,** Wiesengrund 3, 24327 Blekendorf, Tel. (04382) 748, www.eselundlandspielhof.de, Mitte März bis Anfang Nov. tägl. 10–18 Uhr, Eintritt Erw. 9 €, Kinder ab 2 Jahren 8 €, Hunde 1 €.
- **Anfahrt:** von Lütjenburg auf der B202 Richtung Oldenburg, bei Kaköhl biegt man rechts ab und erreicht nach 3 km den Eselpark.

Hohwacht

Bereits an der Zufahrtsstraße von Lütjenburg dominiert die Farbe Grün. Links und rechts der Straße erstrecken sich **kleine Wäldchen,** Wiesen und – zur richtigen Jahreszeit – Rapsfelder, dann bekommt das Grün gelbe Farbtupfer. Die Straße schlängelt sich am Rande des Ortes weiter, auf der rechten Seite ziehen sich noch immer kleine Wäldchen hin. Links zweigen einige Straßen ab, die zum Strand führen. Die Zufahrtsstraße endet schließlich an einem Parkplatz. Von hier bis zum Strand sind es etwa 300 m.

Wer die **Strandstraße** entlanggeht, findet eine richtig nette, kleine Ecke mit drei, vier kleinen Hotels und einigen Ferienwohnungen in der zweiten Reihe. Der **Strand** ist hier nicht allzu breit, nach wenigen Metern erhebt sich eine **bewaldete Steilküste.** Dort steht auch ein **Aussichtsturm,** eine moderne Pylon-Konstruktion, die einer Flunder nachempfunden wurde.

Im **Zentrum** des Ortes stehen viele Einzelhäuser, fast wie in einer gewachsenen Dorfgemeinschaft, mit durchgehenden Grünanlagen und hohem Baumbestand. Am kleinen Berliner Platz finden sich Touristinformation, Kirche, Polizei und ein paar Lokale. Von dort sind es zehn Minuten Fußweg zum Strand. Viele Urlauber fühlen sich hier fast wie zu Hause, weniger wie in einer Ferienanlage. Der Ort strahlt Ruhe aus, ein nennenswertes Nachtleben findet nicht statt. Wer die grüne Umgebung genießt und auf eine schicke Strandpromenade verzichten kann, wird Hohwachts Slogan „Unter einem Dach von Bäumen" zu würdigen wissen.

Praktische Tipps

Info

- **PLZ:** 24321
- **Vorwahl:** 04381
- **Einwohner:** 1000
- **Touristinformation:** *Hohwachter Bucht Touristik,* Berliner Platz 1, Tel. 905 50.
- **Internet:** www.hohwachterbucht.de

Unterkunft

MEIN TIPP: **Hotel Genueser Schiff**④, Seestr. 18, Tel. 75 33, www.genueser-schiff.de. In unmittelbarer Meernähe liegt dieses stilvolle, gemütliche Haus, in dem Zimmer und Apartments vermietet werden. Von fast allen Räumen hat man Meerblick. Das Hotel nennt sich „Ausschlaf-Hotel", denn es gibt bis 12 Uhr Frühstück. WLAN.

- **Seeschlösschen**③-④, Dünenweg 4, Tel. 407 60, www.seeschloesschen-hohwacht.de. Kleines, schmuckes Haus, etwa in der Ortsmitte am Strand gelegen mit einem ausgezeichneten **Restaurant.** Schön eingerichtete Zimmer, toller Ostsee-Blick vom Balkon. Im Haus gibt es einen Pool und eine Sauna-Grotte.
- **Hotel und Apartments Hohe Wacht,** Ostseering 5 – Kurpark, Tel. 900 80, www.hohe-wacht.de. Moderne Häuser, bestens ausgestattet, zentral und in Strandnähe gelegen. Hell und freundlich eingerichtete Zimmer, Suiten und Apartments, die Hotelzimmer mit getrenntem Bad und WC. Die Apartments sind zwischen 33 und 60 m² groß. Außerdem vorhanden: Sauna, Solarium, Massage, Fitnessraum, Schwimmbad und ein gutes **Restaurant** mit regionaler Küche sowie eine Raucherlounge. Preiskategorie: Hotel④, FeWo③-⑤.
- **Basalt**③, Nixenweg 1, Tel. 20 88 98, www.basalt-hohwacht.de. Kleines Hotel mit sechs gemütlichen, unterschiedlich großen Zimmern, WLAN. Das dazugehörige Restaurant bietet eine kreative Küche basierend auf norddeutschen Gerichten, bevorzugt mit Produkten aus der Region, geöffnet Di–So 17.30–21 Uhr.

Camping

- **WoMo-Stellplatz:** Insgesamt 19 Stellplätze mit Entsorgungsstation befinden sich an der Straße Am Buchholtz in Alt-Hohwacht, nur 250 m vom Meer entfernt, Tel. 98 90, geöffnet von April bis Okt.

Gastronomie

- **Genueser Schiff,** Seestr. 18, Tel. 75 33, www.genueser-schiff.de, 12.30–16 und 17.30–20.30 Uhr, Di geschlossen. Ein reetgedecktes Haus hinterm Deich mit Ostseeterrasse. Regionale Küche mit mediterranem Einschlag, der Patron erhielt schon mehrere Auszeichnungen. Ein kleiner Clou ist das **Strandkorb-Café,** man bekommt seinen Kaffee direkt zum Strandkorb serviert.
- **Seaside,** Seestr. 14, Tel. 41 48 60, www.seaside-hohwacht.de, tägl. ab 10 Uhr. Dieses urige Holzbistro steht ganz nahe beim Strand und bietet kreative Pasta-, Fisch- und Fleischgerichte. Es hat zwei Sonnenterrassen und eine Kinderspielecke.

[>] Der Naturstrand von Hohwacht

■ **Fischräucherei Kruse,** Am Brackstock 1a in Alt-Hohwacht, www.fischraeucherei-kruse.de, Tel. 81 39, April bis Mitte Okt. tägl. ab 15 Uhr. Traditionell wird hier Fisch auf Buchenholz geräuchert.

Weissenhäuser Strand

Weissenhäuser Strand ist ein riesiger **Ferienpark** mit Apartments, Bungalows und einem Strandhotel. Es ist eine künstliche Ferienanlage, die am Ostseestrand liegt und zusätzlich eine ganze Palette an Freizeitangeboten bereithält. Das Besondere daran ist, dass viele dieser Aktivitäten **unter Glas,** also drinnen stattfinden. Dadurch wird der Ferienpark mehr als jeder andere zum **Urlaubsziel für alle Jahreszeiten.**

Das 7500 m^2 große subtropische **Badeparadies** mit einer 150 m langen Rutsche ist das Highlight, aber damit nicht genug: In einem **Sport- und Spielcenter** werden Bowling, Kegeln, Pool-Billard, Tischtennis, Tennis, Squash, Badminton und sogar Minigolf angeboten. Außerdem: eine Wellness-Oase, das Dünenbad, eine ruhigere Badelandschaft, der 120.000 m^2 große *Columbus Park,* eine einmalige Wasserlandschaft mit vielen Freizeitattraktionen, eine Wasserski-Anlage, ein Streichelzoo, eine Pony-Ranch und eine südländische Galerie zum Bummeln. Das Angebot ist vielfältig und wird ständig erweitert.

Weitläufig verteilt über das ganze Gelände liegen die **Ferienwohnungen,** einige näher zum Strand, andere mehr zum Wald hin. Der **Strand** ist drei Kilometer lang und teilweise 30 bis 40 m breit, er fällt sacht ins Meer ab und ist von Dünen begrenzt.

380sh mf

Die Ferienanlage ist gut durchdacht und bietet eine ganze Menge. Wer hier Urlaub macht, dem wird es an wenig bis nichts mangeln. Man muss sich nur darüber im Klaren sein, dass dies eine künstliche Anlage ist, ein alter Dorfkern oder Ähnliches existiert nicht. Wer also ein sorgloses Rundum-Angebot zu schätzen weiß, wird sich hier bestimmt wohl fühlen, zumal es besonders zur Nebensaison gute Pauschalangebote gibt.

Ganz in der Nähe liegt das **Schloss Weissenhaus.** Ein Internet-Millionär kaufte das Schloss mitsamt dazugehörendem **Dorf.** Er investierte dem Vernehmen nach 70 Mio. Euro und baute das gesamte Areal grundsaniert um zu einem Luxus-Resort mit Gourmet-Restaurant (www.weissenhaus.net).

Info

- **Ferienpark Weissenhäuser Strand,** Seestr. 1, 23758 Weissenhäuser Strand, Tel. (04361) 550, www.weissenhaeuserstrand.de.

Oldenburg

Diese Kleinstadt, die unweit von Heiligenhafen und Weissenhäuser Strand liegt, weist eine gut tausendjährige Geschichte auf. Und genau daraus resultiert eine beinahe einmalige Sehenswürdigkeit. Hier liegt das neben dem Wikingermuseum Haithabu bedeutendste archäologische Bodendenkmal des Landes, eine **slawische Ringwallanlage.** Die Wallanlage ist mitten im Ort zu finden, keine hundert Meter vom Marktplatz entfernt.

Gegen Ende des 7. Jh. wurde ein erster Schutzwall von den damaligen slawischen Herrschern errichtet, später wurde er zu einer großen Burg erweitert. Die Anlage erhielt schließlich einen halbkreisförmigen, vorgelagerten zweiten Wall. Der war nicht ganz so gut befestigt wie der eigentliche, schützte aber zunächst vor überraschenden Angriffen. Wenn es dann doch mal böse kam, gab man einfach den ersten Wall auf und zog sich hinter den zweiten, den eigentlichen Schutzwall, zurück. Den konnten die Angreifer meist nicht mehr einnehmen, vielfach waren sie schon vom Sturm auf den ersten dezimiert und erschöpft. Aus beiden Wällen entstand schließlich ein großer, dessen leicht elliptische Form noch heute erhalten ist. 1227 stand hier im Inneren die mächtige Burg des Grafen von Holstein, allerdings wurde diese bereits 1261 wieder zerstört. Im Laufe der Jahrhunderte sank die Bedeutung der Festung immer mehr, bis sie regelrecht in Vergessenheit geriet.

Wer um die Anlage herumschlendert, erhält einen tiefen Eindruck, kann sich gut vorstellen, dass diese bis zu 18 m hohen Erdwälle schwer zu überwinden waren. Im Inneren ist heute nur eine kleine Schautafel zu finden, neben ein paar Häusern. Diese wurden wohl vor etlichen Jahren in den Wall gebaut, als man dessen Bedeutung noch nicht gebührend zu würdigen wusste.

> Hütten im Wallmuseum

716sc ms

Wallmuseum

MEIN TIPP: Die entsprechende Würdigung findet ein paar hundert Meter weiter im Wallmuseum statt. Hier wurden drei große Reetdachhäuser im Stil der ostholsteinischen Bauernhöfe restauriert und zum Museum umgebaut, in einem der beiden wird die Wallgeschichte dokumentiert. Der Besucher erhält einen Eindruck vom bäuerlichen Leben, aber auch eine Übersicht über die **slawische Besiedlungszeit** und die Entstehungsgeschichte des Walls. Anhand von Modellen wird der schrittweise Ausbau der Anlage erklärt. Eine zweite Ausstellung zeigt das Leben und die Arbeitsbedingungen in einer slawischen Siedlung. Im Inneren eines der Häuser sind durch **menschengroße Puppen** realistische Lebens- und Arbeitsszenen nachgestellt, der Besucher blickt den „Händlern" oder „Handwerkern" direkt in die Stube.

Im **Außenbereich am See** wurde eine recht große slawische Siedlung nachgebaut mit kleinen Häusern, Handwerkerhütten, einer Einsiedelei und dem slawischen Fürstenhof. Außerdem gibt es einen Bootssteg mit **historischen Kanus.** Vereinzelt finden Veranstaltungen statt, bei denen die slawische Zeit anschaulich dargestellt wird.

■ **Wallmuseum,** Professor-Struve-Weg 1, 23758 Oldenburg in Holstein, Tel. (04361) 62 31 42, www.oldenburger-wallmuseum.de, April–Okt. Di–So 10–17 Uhr, Eintritt 6,50 €, erm. 3,50 €, Fam. 15 €.

Heiligenhafen

Heiligenhafen liegt gegenüber von Fehmarn am Ostende der Howachter Bucht. 1259 wurde erstmals eine Siedlung an der Stelle des heutigen Ortes erwähnt; ein halbes Jahrhundert später bekam Heiligenhafen bereits Stadtrechte. Das war rasant, aber dann ging es nicht ganz so flott weiter. Um wieder in den Blickpunkt des Geschehens zu gelangen, dauerte es noch bis 1803, als eine Fährverbindung mit Dänemark eröffnet wurde. Das war dann auch ausschlaggebend für den Bau eines größeren **Hafens.** Der dominiert das Stadtbild noch heute, wenn auch zu nicht geringem Teil durch Freizeitkapitäne mit ihren Segeljachten. Eine riesige **Marina** ist so entstanden, etwas vom eigentlichen Hafen entfernt, aber noch im Stadtbereich.

Heiligenhafen trägt den Beinamen **Ostseeheilbad,** liegt aber streng genommen gar nicht an der Ostsee – oder zumindest nur zur Hälfte. Der Ort lag einst an einer Bucht, deren Außenkante sich aber immer weiter ins Meer schob, bis eines Tages die Bucht geschlossen und ein Binnensee entstanden war. Die **Landzunge,** Nehrung genannt, verlängerte

848sc-mux

sich weiter ins Meer hinaus. Hier erstreckt sich der schöne, gut 5 km lange Strand.

Inzwischen wurde der Ort mächtig aufgehübscht. Die **Promenade** ist sehr schön, mehrere Spielflächen für Kinder wurden eingerichtet, und vor allem entstand eine einzigartige, 400 m lange **Seebrücke.** Ihre Form besteht aus drei sich am Ende überlagernden Streben, im Mittelteil wird sie sogar zweistöckig mit einem Kinderspielbereich. Am Ende dieser Holzbrücke können Badefreudige in die Ostsee steigen. Zudem entstanden neue, zumeist lässige Hotels, die dem Ort ein frisches Ambiente geben.

Sehenswertes

Rund um den Marktplatz

Der Ortskern von Heiligenhafen versprüht einen netten, teilweise **altertümlichen Charme.** Im Zentrum rund um den Markt sind etliche schöne, alte Häuser in Gassen mit Kopfsteinpflaster zu finden, einige wurden stilvoll renoviert. Manche Neubauten wurden in der Bauweise diesem Stil angepasst.

Ein **Glockenspiel** steht am Marktplatz vor dem **Rathaus** und spielt fünfmal am Tag (9, 12, 15, 18 und 21 Uhr) eine Melodie, immer ein anderes Lied. Eine Übersicht hängt an der Rathauswand. Allabendlich läutet gegen 22 Uhr die „Kökschenglocke" (Köchinnenglocke) vom Rathaus und schickt mit einer Melodie nach einem plattdeutschen Text die Bürger zu Bett („Go to bett, slop recht nett!").

Die Grundmauern der **evangelischen Kirche** stammen noch aus dem 13. Jh., die Stufenhalle wurde im 15. Jh. erbaut. Das Chorgestühl und die Standfiguren Adam und Eva stammen aus dem 16. Jh. (Führungen: Di, Do, Sa um 11 Uhr).

Unterhalb der Kirche befindet sich ein alter **Salzspeicher,** der auf 1587 datiert wird. Im kleinen **Heimatmuseum** wird die Stadtgeschichte erläutert und es werden Exponate zur Seefahrt und Fischerei gezeigt. Das Haus, eine restaurierte Jugendstilvilla, steht unter Denkmalschutz.

■ **Heimatmuseum,** Thulboden 11a, Tel. 38 76, April bis Okt. Di–Fr und So 15–17 Uhr. Eintritt frei.

Am Hafen

An der kleinen Hafenmeile kommt maritime Stimmung auf. Zumeist dümpeln dort Schiffe, ein paar urige Kneipen locken zum Bierchen zwischendurch und mehrere Geschäfte bieten allerlei Nautisches an. Nett kann man dort flanieren und mal in die **Fischhalle** schauen, dort gibt's frischen Fisch auf den Teller oder zum Außer-Haus-Verkauf.

Der benachbarte **Yachthafen** ist sehr groß, an mehreren Stegen machen kleine und auch etliche nicht so kleine Segelschiffe fest. Im Sommer schaukelt ein einzigartiger Mastenwald auf der Ostsee, was nett anzuschauen ist.

◁ Traumhafte Lage: Häuser auf dem Graswarder

Strand und Nehrung

Der Strand ist auf der Nehrung Graswarder zu finden, etwa 50 Meter misst er an der breitesten Stelle, später wird er allerdings schmaler. Er ist weitestgehend frei von Steinen und wird von einem leichten Dünenbewuchs begrenzt. Einige Häuser stehen in erstklassiger Lage direkt am Strand. Die Ausläufer der Nehrung sind zum **Vogelschutzgebiet** erklärt worden. Führungen finden von April bis Oktober täglich um 10.30 und zwischen Juni und August zusätzlich um 15 Uhr ab dem 14 m hohen **Beobachtungsturm** statt, der am Ende des Weges auf dem Graswarder steht und an einen riesigen Vogel erinnert.

Ein 1 **Ferienpark** (www.ostsee-ferienpark-heiligenhafen.de) liegt etwas außerhalb im Westen des Ortes, wo die Nehrung einst begann. Dort steht auch das **Aktiv-Hus Wellness und Gesundheit** mit einer großen Saunalandschaft, Meerwasser-Hallenbad, Sportarena und einer 1000-Quadratmeter-Kinderspielwelt mit dem Namen „Schatzinsel".

Praktische Tipps

Info

- **PLZ:** 23774
- **Vorwahl:** 04362
- **Einwohner:** 9200
- **Touristinformation:** *Tourismus-Service,* Bergstr. 43, Tel. 907 20.
- **Internet:** www.heiligenhafen-touristik.de

Unterkunft

4 Hotel Meereszeiten④, Am Yachthafen 2–4, Tel. 50 05 00, www.hafenhotel-meereszeiten.de. Ein modern gestaltetes Hotel direkt am Hafen gelegen. Als Gast genießt man von fast allen Zimmern einen Blick aufs Wasser. Neben den Hotelzimmern werden auch fünf Apartments vermietet. Die Einrichtung ist in hellen Farben und mit viel Holz gestaltet. Es gibt eine Tagesbar, aber kein angeschlossenes Restaurant.

085sc mf

Die Seebrücke auf der Nehrung von Heiligenhafen

3 Bretterbude②, Seebrückenpromenade 4, Tel. 500 40, www.bretterbude-hhf.de. Lässiges 3-Sterne-Hotel mit jugendlich-sportlichem Charme. Viel Holz wurde verbaut, die eher kleinen Zimmer heißen „Butzen", und es gibt sogar eine Strandbar. WLAN.

2 Beach Motel③, Seebrückenpromenade 3, Tel. 500 30, www.beachmotel-hhf.de. Sehr schickes, größeres Hotel mit 115 stilvoll eingerichteten und unterschiedlich großen Zimmern, viele davon mit Meerblick, sowie 62 FeWos. WLAN.

Gastronomie

Unmittelbar am Hafen liegt ein touristisches Zentrum mit einer Reihe von Lokalen und Geschäften.

6 Zum Alten Salzspeicher, Hafenstr. 2, Tel. 28 28, www.salzspeicher.com, Fr–Di 12–15 und 17–21 Uhr. In einem historischen Gebäude unweit des Hafens, Fisch- und Fleischgerichte sowie jahreszeitliche Spezialitäten und Pfannkuchen.

MEIN TIPP: **7 Fischhalle,** Am Hafen, Tel. 50 67 23, tägl. 9–19 Uhr (Restaurant *Fischtresen* 11–20 Uhr). Liegt am Ende der rechten Hafenseite und bietet Frühstück, eine gute Fisch-Küche und Fischbrötchen. Auch Ladengeschäft für frischen oder geräucherten Fisch.

5 Restaurant Seeteufel, Thulboden 10, Tel. 50 68 87, www.seeteufel.eu, Do–So 17–22 Uhr, Juli, Aug. auch Di und Mi. Es gibt in dem kleinen Restaurant vor allem Fisch, aber auf der regelmäßig wechselnden Karte stehen auch Tagestipps und saisonale Gerichte.

Ausflug nach Fehmarn

Die Ostseeinsel Fehmarn lässt sich unproblematisch erreichen. Dabei gestaltet sich bereits die Anreise über die Brücke zu einem Genuss. Die eindrucksvolle **Fehmarnsundbrücke** sieht man schon von Weitem. Jetzt sollten selbst eilige Fahrer das **Panorama der Ostsee** genießen: Weit öffnet sich der Fehmarnsund, lässt den Blick schweifen auf die See. Links zieht sich der Strand von Heiligenhafen hin, im Hintergrund blitzt Fehmarn durch. Segelboote gleiten durchs Bild, Wolken huschen vorbei, kurz: Urlaubsstimmung kommt auf.

Recht flott rollt der Verkehr über die Brücke. Rechts kann man den kleinen Hafen von Fehmarnsund sehen, links den Strand von Strukkamphuk. Die B207 verläuft quer über die Insel bis nach Puttgarden, sie endet dort direkt am Fährhafen.

Aber so weit will ein Kurzbesucher meist gar nicht. Zumeist geht es nach kurzer Fahrt rechts ab nach **Burg,** in die Inselhauptstadt. Danach könnte ein Besuch in **Burgstaaken,** dem Hafen von Burg, auf dem Programm stehen. Weitere **interessante Inselziele:** Südstrand (ein schöner Sandstrand), Puttgarden (dort kann man „Fährschiffe gucken" und im *Border Shop* einkaufen), Orth (ein kleiner, gemütlicher Hafen), Wallnau (Wasservogelreservat). Das eigentlich Schöne an Fehmarn sind aber die Landschaft, die Farben und die vielen kleinen Dörfer. All das wird man beim Bummeln auf der Insel entdecken.

Burg

Der eigentliche Ortskern des Hauptortes von Fehmarn liegt entlang der **Breiten Straße** zwischen Kirche und Marktplatz. Mehrere Inselhauptstraßen laufen auf Burg zu, verweben sich zu einem Verkehrsknotenpunkt, der unglücklicherweise durch die Breite Straße verläuft. Das Attraktive in Burg ist dennoch das angenehme Ortsbild entlang der Breiten Straße und in einigen Nebenstraßen. Die von etlichen hohen Bäumen und historischen Gebäuden gesäumte Straße trägt noch immer klassisches Kopfsteinpflaster. Viele der Häuser wurden schon im 19. Jh. erbaut, unübersehbar etwa beim Rathaus.

St. Nikolaikirche

Geht man die Breite Straße bis zum Ende, stößt man auf die St. Nikolai-Kirche. Das Gotteshaus, das wie alle Fehmarner Kirchen aus dem 13. Jh. stammt, liegt mindestens einen Meter über dem Straßenniveau, ebenso wie der Friedhof davor. Beim Betreten der Kirche fällt zunächst die angenehme Schlichtheit der Bauweise ins Auge. Von außen wirkt sie durch den roten Backstein etwas düster, innen zeigt sie sich freundlich-hell. Sehr schön sind die drei **Fenster** mit Glasmalereien, welche die Geburt Christi (links), Christus am Kreuz (Mitte) und die Auferstehung (rechts) zeigen. Der **Hauptaltar** ist eine gotische Schnitzarbeit aus dem 14. Jh. Links vor dem Altar steht ein Taufbecken in Form eines Pokals, darüber hängt ein Votivschiff, eine Hansekogge. Vor dem Mittelgang steht die Kanzel, die 1667 geschaffen wurde.

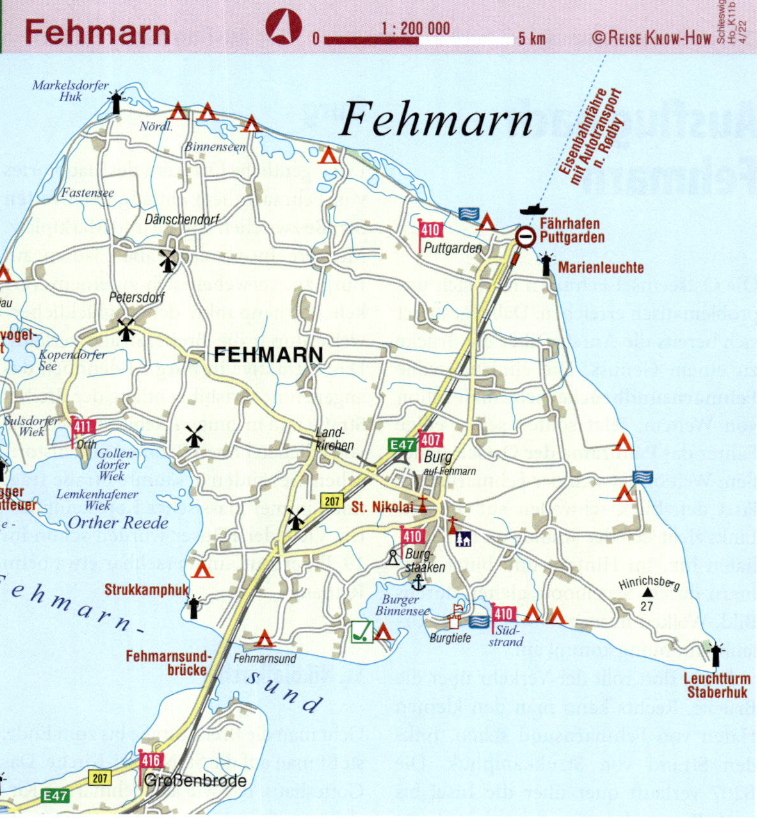

Der hintere Bereich wird von der gewaltigen **Orgel** dominiert, erbaut 1662. Ursprünglich stand sie in Glückstadt, wurde 1940 aber nach Fehmarn verkauft. Geht man den Mittelgang vom Altar zur Orgel entlang, so fallen die kunstvoll geschnitzten **Wappen** an den Stirnseiten der Sitzreihen auf, die frühere Honoratioren benennen. Sie stammen überwiegend aus dem 17. Jahrhundert.

Heimatmuseum

Gleich neben der Kirche, in einem kleinen historischen Gebäude, ist das Heimatmuseum der Insel untergebracht. Es trägt den offiziellen Namen „Fehmarn-Museum". In 23 Abteilungen wurde ein bunter Querschnitt durch die Fehmarner Historie zusammengetragen, beispielsweise Funde aus der Steinzeit, Handwerksgerät aus vergangenen Jahrhunderten und Fotos von Handwerkszünften und Familien der vorigen Jahrhundertwende. Weiterhin gibt es einen großen Webstuhl mit entsprechenden Gerätschaften, die „Gute Stube" eines wohlhabenden Insulaners, Literatur über Fehmarn op Platt, Schiffsmodelle und eine spezielle Abteilung, die den „Unsinn des Aberglaubens" vorführt.

Ein anderer Raum ist den sogenannten „Monarchen" gewidmet, den herumziehenden Tagelöhnern. So erfährt man etwa, welche Zeichen sie an Bäumen und Zäunen anbrachten, um nachfolgende Kollegen zu informieren, zu welchem Menschenschlag der Bauer gehörte.

■ **Heimatmuseum,** Breite Str. 49, Tel. (04371) 62 57, www.museum-fehmarn.de, Juni bis Okt. Di–Sa 11–16 Uhr, Eintritt 4 €, Kinder bis 14 Jahre frei.

Galileo Wissenswelt

Die *Galileo Wissenswelt* ist ein **Aktivmuseum,** das sich besonders an junge Besucher richtet. Die Ausstellung ist in **zwei Themenbereiche** unterteilt: Im Bereich Technik lassen sich Naturphänomene interaktiv erleben, zum Beispiel optische Täuschungen, Akustikspiele oder Magnetismus. Auch Knobelspiele erwarten die Besucher. Hier kommen vor allem Kinder und Jugendliche auf ihre Kosten. Der Teilbereich „Naturkunde" widmet sich dem Thema „Urzeit, Erde, Leben".

■ **Galileo Wissenswelt,** Mummendorfer Weg 11b, Tel. 86 44 46, www.galileo-fehmarn.de, Ende März bis Anfang Nov. tägl. 10–18 Uhr, sonst Sa/So 10–16 Uhr, Eintritt Einzelausstellungen Erw. je 13 €, erm. 11 €, Vierer-Ticket für weitere zwei Ausstellungen am Hafen 22 €.

Schmetterlingspark

In der glasbedachten Halle des Burger Schmetterlingsparks flattern rund 1000 Schmetterlinge (ca. 50 verschiedene Arten) bei einer Temperatur zwischen 24°C und 30°C in einer tropisch anmutenden Vegetation frei herum – besonders für Kinder ist der Schmetterlingspark ein Erlebnis.

■ **Schmetterlingspark,** Mummendorfer Weg 11b, Tel. 88 93 363, www.schmetterlingspark-fehmarn.de, geöffnet Mitte März bis Anfang Nov. tgl. 10–17.30, Juli/Aug. bis 18 Uhr, Eintritt 11,50 €, Familienkarte je nach Personenzahl zwischen 31,50 € und 44,50 €.

Meereszentrum Fehmarn

MEIN TIPP: Eine Sehenswürdigkeit, die sich kein Fehmarn-Besucher entgehen lassen sollte, liegt am Ende der Gertrudenthalerstraße bei den Supermärkten. Vor allem Kinderherzen schlagen im Meereszentrum höher, aber auch Erwachsene staunen über die bunte Welt der Unterwasserfauna. Die Stars des Meereszentrums sind die **Haie.** Sie schwimmen in einem drei Millionen Liter fassenden Becken. Der Clou ist, dass die Besucher durch einen zehn Meter langen Tunnel durch dieses Becken gehen können, die Haie schwimmen derweil direkt über die Köpfe des staunenden Publikums hinweg.

Weiterhin werden in mehreren Dutzend Aquarien die buntesten **tropischen Unterwassertiere** gezeigt, etwa Seepferdchen, Muränen, Korallen und Krebse. Der Besucher geht im Halbdunkel durch die Ausstellungsräume, betrachtet die bläulich schimmernde Unterwasserwelt und kann sich im angeschlossenen **Café** zwischendurch ausruhen.

■ **Meereszentrum Fehmarn,** Getrudenthaler Str. 12, Tel. (04371) 44 16, www.mega-meeres

welten.de, Nov. bis Ende Febr. tgl. 10–17 Uhr, März bis Ende Okt. 10–18 Uhr; Eintritt 11 €, Kinder 3–15 Jahre 7 €, Senioren, Studenten, Schüler 9 €.

Hafen Burgstaaken

Den Hafen von Burg erreicht man über den Staakensweg, der von der Breiten Straße direkt zur **Hafenmole** führt. Dort stehen genügend Parkplätze zur Verfügung, um den Ansturm der Neugierigen zu bewältigen. Dahinter dümpeln immer noch die Schiffe der Fehmarner Fischer, die ihren Fang direkt vom Kutter verkaufen. Außerdem können noch ein **U-Boot** besichtigt werden, ein **Überseemuseum,** in dem Kulturen aus aller Welt vorgestellt sind, und man kann im **„Dunkelexperiment"** in die Welt der Sehbehinderten und Blinden eintauchen.

Silo Climbing

Etwas Spannendes können Kletterfreaks am Burger Hafen unternehmen, nämlich an einem 40 m hohen Silo hochklettern! An der **Außenwand des Silos** wurden kleine Vorsprünge befestigt. Hier können Freeclimber sich hochhangeln, Bedingung: Ein zweiter muss sichern.

- **Silo Climbing Fehmarn,** Burgstaaken 50, neben dem Geschäft *Yachtkontor,* Tel. 50 31 02, www.siloclimbing.de, Mitte Juni bis Ende Aug. 9.30–18 Uhr, Frühjahr und Herbst bis 13 Uhr.

Südstrand

Ein schöner, langer Sandstrand erstreckt sich über etwa zwei Kilometer auf dem Nehrungshaken von **Burgtiefe.** Zur Ostsee hin liegt dieser helle Sandstrand, auf der anderen Seite begrenzt ein großer **Yachthafen am Burger Binnensee** die Nehrung. Gigantisches wurde hier errichtet, von Weitem schon sichtbar: drei siebzehnstöckige Apartmenthäuser mit reichlich Parkraum erheben sich direkt vor dem Strand. Von allen Wohnungen blickt der Feriengast aufs Meer. In Blickrichtung Binnenland liegt kein einziges Fenster.

Puttgarden

Der bekannteste Ort Fehmarns ist Puttgarden, zumindest seitdem die **Vogelfluglinie** existiert. 1963, als die Brücke vom Festland auf die Insel eröffnet wurde, war der Weg frei für durchgehende Bahn- und Straßenverbindungen nach Dänemark. Ab sofort konnte man direkt reisen, eben fast Luftlinie. Seit jenen Tagen besteht der große **Fährhafen** in Puttgarden an der Nordseite Fehmarns. Im Halbstundentakt laufen heute Fährschiffe aus, hinüber nach Rødby auf der dänischen Insel Lolland. Die Europastraße E45 endet direkt vor dem Hafen und auch der Bahnhof Puttgarden liegt unmittelbar vor der **Kaianlage.**

MEIN TIPP: Besucher können den Fährverkehr prima von einer Brücke aus beobachten. Außerdem liegt am Kai ein vierstöckiges **Einkaufsschiff** *(Port Center Border Shop),* auf dem Alkoholika und viele skandinavische Produkte verkauft werden.

Orth

Orth ist einer der ganz wenigen Orte auf Fehmarn, die direkt am Meer liegen. Wenngleich es aus kaum mehr als zwei Straßen besteht, punktet das Städtchen im Südwesten der Insel durch maritimes Flair und **Wassersportmöglichkeiten.** Orth besitzt einen kleinen Hafen mit Liegeplätzen für Segelboote, außerdem liegt zentral am Kai ein umgebauter Kutter als Restaurant. Eine kleine Hafenpromenade mit ein paar Lokalen und Geschäften rundet die nette Atmosphäre ab.

Wasservogelreservat

An der Westseite der Insel wurde 1977 auf einem ehemaligen Gutshof bei **Wallnau** ein Naturschutzgebiet mit Wasservogelreservat eingerichtet. Weite Teile der Wallnauer Niederung sowie ein 300 m breiter Streifen der Ostsee gehören dazu. Das Areal hat eine Gesamtgröße von 297 Hektar und besteht aus flachen Teichen, Feuchtwiesen und einem zwei Kilometer langen Strand mit Dünen. Der Naturschutzbund hat hier ein **Informationszentrum** und einen **Lehrpfad** angelegt. Besucher dürfen das Reservat betreten, aber nicht die Wege verlassen. Zum Beobachten der Vögel wurden vier Sichtschutzwälle errichtet, in die kleine Hütten mit Beobachtungsschlitzen eingebaut wurden.

- **Wasservogelreservat Wallnau,** Tel. 10 02, www.nabu-wallnau.de, März bis Okt. tägl. 10–17 Uhr, das Infozentrum ist bis 1. November geöffnet, das Freigelände ganzjährig. Führungen in der Saison von März bis Okt. 11, 13 und 15 Uhr, im Sommer zusätzl. Führungen. Eintritt 8,50 €, Kinder 6–18 Jahre 3,50 €, montags haben Kinder freien Eintritt.

Praktische Tipps

Info

- **PLZ:** 23769
- **Vorwahl:** 04371 (für die meisten Orte), für Orth und Wallnau gilt 04372.
- **Touristinformation:** *Tourismus-Service Fehmarn,* Bahnhofstr. 3, Burg, Tel. 50 63 58, außerdem am Südstrand in Burgtiefe, Zur Strandpromenade 4.
- **Internet:** www.fehmarn.de

Feste und Veranstaltungen

- **Rapsblütenfest,** mit der Wahl der Rapsblütenkönigin, im Mai in Petersdorf.
- **Stadtfest,** in Burg auf dem Marktplatz, im Juli, alle 2 Jahre (2024 etc.).
- **Beachvolleyball Masters Cup,** im Juli (kann auch mal im August stattfinden).
- **Drachenfest,** Mitte September, ein Riesenspektakel mit den fantasievollsten Drachen überhaupt.

849sc-fr

12 Lübecker Bucht

Wie aufgereiht liegen an der weit geschwungenen Lübecker Bucht die Badeorte – manche etwas ruhiger, manche etwas mondäner, aber alle mit einem sehr schönen Sandstrand. Außerdem lockt die Hansestadt Lübeck mit ihrer historischen Altstadt und dem leckeren Marzipan.

Herbstliches Strandleben in Travemünde

STRÄNDE WIE AUF EINER PERLENKETTE

An der Lübecker Bucht finden sich schöne *Strände* und *Ferienorte* für jeden Geschmack, von familiär bis ziemlich edel. Dicht an dicht liegen die Orte entlang der halbrunden Bucht zwischen Travemünde und Neustadt, nördlich davon dann mit etwas mehr Abstand. Alle haben eine schmucke Strandpromenade, an der es sich nett flanieren lässt. Auf den Terrassen der Lokale genießt man zum Fischgericht den stimmungsvollen Meerblick. Mit *Lübeck* liegt die schönste Stadt von Schleswig-Holstein südlich der Bucht an der Trave. Ein Tagesausflug ist beinahe Pflicht.

NICHT VERPASSEN!

- „Endlose" schöne Sandstrände in **Scharbeutz** | 434
- Mondänes Flair in **Timmendorfer Strand** | 437
- Eulen, Adler und Störche im **Vogelpark Niendorf** | 441
- Prachtvolle Bäderarchitektur in **Travemünde** | 442
- Weltkulturerbe der UNESCO: die historische Altstadt von **Lübeck** | 450

Diese Tipps erkennt man an der gelben Markierung.

Überblick

„Badewanne von Hamburg" wird die Lübecker Bucht auch manchmal spöttisch genannt, aber ein Körnchen Wahrheit steckt schon dahinter. Ostsee und Lübecker Bucht, das ist für viele ein Synonym. Kein Wunder, erreicht man doch, von Hamburg kommend, die ersten Strände in einer knappen Stunde, egal ob per Auto oder Zug. Die Strände nahe Lübeck sind die beliebtesten, je weiter man nach Norden fährt, desto weniger Tagesausflügler trifft man.

Die meisten Strände sind schön, oft genug etliche Kilometer lang und von weichem, feinem Sand. Vereinzelt sind auch Steilküsten vorhanden. Ab der Mündung der Trave reihen sich von Süd nach Nord aneinander: **Travemünde** (der Strand von Lübeck), **Niendorf** (klein und beschaulich), **Timmendorfer Strand** (das Ostsee-Gegenstück zu Sylt), **Scharbeutz** (familiär), **Haffkrug** (dörflich), **Sierksdorf** (Strand und *Hansa-Park*) und schließlich **Neustadt** (ohne nennenswerten Strand).

Hier findet eine kleine Zäsur statt, nördlich von Neustadt folgen einige Urlaubsorte, die nicht so stark von Tagesgästen angesteuert werden, es dominieren **Campingplätze.** In Pelzerhaken, dem Strand, der am nächsten zu Neustadt liegt, ist eine klassische **Steilküste** mit steinigem Strand zu finden. Trotzdem haben sich hier fast ein halbes Dutzend Campingplätze angesiedelt.

Die Strandsituation ändert sich im weiteren Verlauf abermals. Schließlich ist **Grömitz** erreicht, der größte Ferienort an der gesamten Ostseeküste. Der

1 : 200 000
0
5 km
Fehmarnsund-brücke
Graswarder
Binnen-see
402
HEILIGENHAFEN
416
Großenbrode
207
E47
Heiligenhafen-Mitte
-Ost
Binnen-hafen
E47
Gremersdorf
Gremersdorf
Löhrstorf
Neu-kirchen
Ölendorf
Ostermade
Jahnshof
Putlos
Oldenburg i.H.-Mitte
501
Oldenburg i.H.-Nord
Michaelsdorf
Kraksdorf
401
Wallmuseum
Heringsdorf
Göhl
400
OLDENBURG
in Holstein
Lensahner-B.
26
Oldenburg i.H.-Süd
Oldenburger Graben
Fargemiel
Süssau
Damloser Wald
Eiskellerberg
21
Rosenfelde
Sipsdorf
426
Holsteinische
Harmsdorf
See-koog
Damlos
Weißenberg
98
Grube
Gruberdieken
426
Lensahn
Rieps-dorf
Kabelhorst
Thomsdorf
417
Dahme
Lensahn
Schweiz
Guttau
Manhagen
425
Cismar
Dahmeshöved
Grönwohlds-horst
Schwarzer Grund
Beschendorf
419
Kellenhusen
Lensterstrand
Lübeck, Hamburg
421
Grömitz
E47
Brenkenhagen
501
Basilika
Schashagen
Mecklen-burger Bucht
43
Scharbeg
Neustadt i.H.-Pelzerhaken
Bliesdorf
Brodau
Merkendorf
426
NEUSTADT
in Holstein
Rettin
Pelzerhaken
Walkyriengrund

850sc-fr

Strand dort ist erstklassig, fast kein Haus im Ort, das nicht irgendein Zimmer vermietet. Hotels, Ferienhäuser, Apartments, ein Dutzend Campingplätze, der weit und breit größte Segelhafen, dies alles in einem Ort, der nur 7100 Einwohner zählt. Wer einen schönen Ostseestrand mit reichlich Trubel sucht, ist hier richtig.

Im weiteren Verlauf der Küste in Richtung der Insel Fehmarn liegen die Orte weiter auseinander. **Kellenhusen** und **Dahme** sind die nächsten (ruhige Familienbäder hinterm Deich), schließlich **Großenbrode,** ein ruhiger Ort, der ebenfalls seine Fans hat.

Eine Menge Küstenorte stehen also als Urlaubsresidenz zur Auswahl, aber ein Ziel wird vermutlich von allen Gästen angesteuert: **Lübeck.** Die alte Hansestadt bietet ein äußerst reizvolles Innenstadtbild mit an die tausend historischen Gebäuden.

Großenbrode

Großenbrode ist der nördlichste Ferienort an der Lübecker Bucht, direkt vor der großen Insel Fehmarn gelegen. Ein wenig im touristischen Abseits liegt er aber auch, der kleine Ort. Die Europastraße 47 führt haarscharf vorbei, die Bahnlinie mitten hindurch. Vereinzelt halten Züge, aber nicht alle. Gleis und Straße laufen parallel zur **Fehmarnsundbrücke,** bringen Reisende an die Inselstrände oder auf die Fähre nach Dänemark. Aus Sicht von Großenbrode doch ein wenig ungerecht, denn der Ort kann mit einem schönen Strand und ruhiger Beschaulichkeit dienen.

Der 1,5 km lange **Strand** ist flach und feinsandig. Eine **Promenade** ist zu finden und eine Handvoll drei- bis viergeschossiger Häuser. Die meisten haben einen Balkon zum Meer, das sind die Ferienwohnungen. Vor der Seebrücke öffnet sich ein größerer Platz mit einem netten Flanierbereich, an dem auch einige Lokale liegen.

Der alte Ortskern mit der Bahnstation liegt ein bis zwei Kilometer vom Strand entfernt. Dort steht die örtliche Sehenswürdigkeit, die **St.-Katharinen-Kirche.** Die Backsteinkirche hat einen seltenen hölzernen Glockenturm aus dem 17. Jh. Der Altar stammt von 1694, die Kirche wurde erstmals um 1230 erwähnt. Das zeigt, wie lange das Gebiet besiedelt ist.

Praktische Tipps

Info

- **PLZ:** 23775
- **Vorwahl:** 04367
- **Einwohner:** 2200
- **Touristinformation:** Teichstr. 12, Tel. 99 71 13.
- **Internet:** www.grossenbrode.de

Unterkunft

- **Ostsee Hotel**③, Südstrand 8, Tel. 71 90, www.ostsee-hotel-grossenbrode.de. Das moderne Haus liegt am Südstrand und bietet 28 hochwertig ausgestattete Zimmer mit Balkon (Ostseeblick!). Zudem Wellness-Bereich mit unterschiedlichen Saunen.

Camping

- **Campingplatz Strandparadies Großenbrode,** Südstrand 3, Tel. 86 97, http://camping-grossenbrode.de, geöffnet Anfang April bis Ende Okt. 500 Stellplätze. Sport, Spiel, Einkaufen – alles ganz in der Nähe. Im Ort ausgeschildert, liegt der Platz nur 300 m vom Strand entfernt. Strom kommt aus regenerativen Quellen. Kostenpflichtiges WLAN.

- **WoMo-Stellplätze:** Es gibt zwei Plätze. Einer liegt Am Kai 29 beim Wassersportzentrum und bietet Ver- und Entsorgungsstation, Strom, WC, Duschen. Infos www.wassersportzentrum.net.

Der andere Platz heißt *Wohnmobilhafen Reise,* Südstrand 1, www.wohnmobilhafen.info. Ver- und Entsorgestation, Strom, WC, Dusche, WLAN.

Gastronomie

- **Café Meerkieker,** Am Kai 15, Tel. 71 79 72, Di–So 12–18 Uhr. Schöne Meerblick-Lage, geboten werden hausgemachte Torten, außerdem eine gute Bistroküche und unregelmäßig Veranstaltungen wie Konzerte oder Kunstausstellungen.

Dahme

Wer sich dem Ort nähert, wird zunächst etwas überrascht feststellen, dass man sich an einer Weggabelung für „Dahme Nord" oder „Dahme Süd" entscheiden muss. Das deutet auf einen großen Ort hin, was aber bei näherem Hinsehen nicht zutrifft. Dahme erstreckt sich zwar über einige Kilometer, allerdings mehr im Bereich des Strandes. Das ergibt sich vor allem daraus, dass Hochhäuser hier so gut wie unbekannt sind, der Ort sich entsprechend in der Fläche breitgemacht hat.

◁ Die Seebrücke von Großenbrode

Schnell erkennt man auch, dass Dahme einen gewachsenen **Ortskern** hat. Die Bewohner vermieten zwar auch Ferienwohnungen, aber die neueren Apartmentanlagen liegen am Ortsrand. Dort sind siebenstöckige Häuser jüngeren Datums zu finden, im Ortskern dagegen mehr Einfamilienhäuser. Da es keine Durchgangsstraße gibt, bleibt es praktisch überall ziemlich ruhig.

Der **Strand** zeigt sich auch hier von seiner schönen Seite: feiner weißer Sand, 20 bis 25 Meter breit, 6,5 endlose Kilometer lang und sacht ins Meer übergehend. Dann folgt die 1,5 Kilometer lange **Promenade** mit einigen Gastronomiebetrieben, Läden und dem Meerwasserwellenbad, dahinter verläuft ein Deich mit breitem Deichvorland. Entlang der Promenade stehen relativ viele kleine, reetgedeckte Häuschen.

Örtliche Sehenswürdigkeit ist der **Leuchtturm Dahmeshöved,** das Wahrzeichen von Dahme. Obwohl schon 1878 erbaut, ist er noch im Dienst, allerdings mittlerweile vollautomatisch, kein Leuchtturmwärter muss mehr einsame Schichten schieben. Von oben (108 Stufen!) hat man einen tadellosen Fernblick. Führungen von April bis Oktober täglich außer am Samstag halbstündlich zwischen 15 und 16.30 Uhr.

Praktische Tipps

Info

- **PLZ:** 23747
- **Vorwahl:** 04364
- **Einwohner:** 1200
- **Touristinformation:** Seestr. 50, Tel. 492 00.
- **Internet:** www.dahme.com

Unterkunft

Stranddorf Augustenhof⑤, Rosenfelderstrand, im benachbarten Ort Grube, Tel. (04365) 97 91 94, www.stranddorf.de. Nur durch einen Deich vom Meer getrennt, liegen hier auf einem Natur-

Lokal mit Aussicht in Dahme

089sc mf

grundstück 30 ökologisch orientierte Ferienhäuser in drei Größen von 55 bis 72 m^2.

■ **Seehotel Lönö**③, Strandstr. 9, Tel. 10 85, www.seehotel-lönö.de. 3-Sterne-Haus, das ruhig direkt hinterm Ostseedeich liegt und einen Gastronomiebetrieb hat. Es bietet 33 helle Zimmer mit Balkon oder Terrasse. WLAN.

■ **Jugendherberge,** Dahmeshöved 1, Tel. 47 01 73. Top-Lage direkt am Meer mit insgesamt 144 Betten in überwiegend 4- und 2-Bett-Zimmern, die eigene Dusche und WC haben.

Camping

■ **Campingplatz Zedano,** Anhalter Platz 100, über Dahme Nord erreichbar, Tel. 366, www.zedano.de, ganzjährig geöffnet. 350 Stellplätze, diverse Einrichtungen, Grill, Restaurant, Bootssteg, auf naturbelassenem Gelände. Wer will, kann einen Wohnwagen mieten oder ein Mobilheim oder sogar eine sogenannte Komfort-Camping-Parzelle mit eigenem Privatbad! Auch Möglichkeit zum *Glamping (glamorous camping)* im exklusiven Safarizelt mit Loungemöbeln und Badewanne. WLAN.

Gastronomie

■ **Milchbar,** Strandpromenade 14, Tel. 471 21 72, www.milchbar-dahme.de, tägl. ab 12 Uhr. Durchgehend warme Küche mit Fisch- und Fleischgerichten, Curry, veganen Speisen und Burgern, aber auch Snacks wie Kartoffelpuffer oder Waffeln. Eine Terrasse liegt am Strand.

■ **Restaurant-Café Blöser,** Strandpromenade 22, Tel. 480 20, www.restaurant-bloeser.de, Do–Di 11–21 Uhr. Sehr schöner Blick auf den Strand vom eigenen Strandgarten unter einem Glasschiebedach. Zudem gibt es direkt am Strand eine Terrasse. Neben vegetarischen werden regionale Gerichte mit Fisch und Fleisch serviert, aber auch Kuchen.

Kellenhusen

Kellenhusen ist ein Ort, dem man das Etikett **Familienbad** geben kann. Damit ist gemeint, dass es relativ ruhig zugeht, der Tourismus zwar überall spürbar ist, aber keine dominierende Stellung einnimmt. Kellenhusen ist eher ein Dorf, das seinen schönen Strand nutzt, um Gäste anzulocken, aber nicht, um sich vollständig der Ferienindustrie zu verschreiben. So sind mehrheitlich kleine, familiäre Unterkünfte zu finden. Längst nicht jeder Hausbesitzer vermietet Zimmer. Sicher, es gibt auch ein paar modernere Bauten, Apartmentanlagen mit sieben Stockwerken, aber die sind eher die Ausnahme.

Der **Strand** ist feinsandig, immerhin stolze vier Kilometer lang und flach ins Wasser übergehend.

MEIN TIPP: Eine einzigartige **Seebrücke** von gut 300 m Länge ragt ins Meer über drei künstlich aufgeschüttete Inseln. Dort kann man von Rampen ins Wasser springen. Auch die **Promenade** bricht so manches Klischee auf. Ziemlich verspielt, mit Ruheecken und kleinen Kunstwerken versehen, verläuft sie parallel zum Strand. Hier gibt es ein paar Lokale und Shops, aber auch kleinere Waldstücke. Es fällt auf, dass ein beachtlicher Baumbestand erhalten ist, der in weiten Teilen fast bis an den Strand grenzt. Das selbst gewählte Attribut „Wald und Wellen" trifft es somit ausgezeichnet.

Ein **Deich** verläuft etwa 50 m hinter dem Strand, erst danach kommen die Häuser des Ortes.

Kellenhusen ist über eine Zufahrtsstraße zu erreichen, die B501 verläuft am Ort vorbei, ein weiterer Grund für die

090sc mf

ruhige Atmosphäre. Gleich außerhalb des Ortes erstreckt sich ein riesiges Waldgebiet.

Praktische Tipps

Info

- **PLZ:** 23746
- **Vorwahl:** 04364
- **Einwohner:** 1100
- **Touristinformation:** An der Strandpromenade 15, Tel. 497 50.
- **Internet:** www.kellenhusen.de

Die futuristische Seebrücke in Kellenhusen

Unterkunft, Gastronomie

- **Tante Emma**③, Am Ring 41, Tel. 336, http://tante-emma-hotel.de. Das legere Haus liegt zentral, etwa 200 m vom Strand entfernt. Es bietet EZ, DZ und Familienzimmer, aber auch Apartments für 2 bis 4 Personen mit nordisch-maritimem Charme. Außerdem das **Restaurant Bootsmann,** März bis Okt. tägl. 17.30–22 Uhr. Mi Ruhetag.
- **Hotel Erholung**③, Am Ring 31, Tel. 47 09 60, www.hotel-erholung.de. Haus mit Tradition seit 1903, das 35 Zimmer, Suiten und Ferienwohnungen hat. Zum Strand sind es nur 100 m.
- **Restaurant Vogelsang,** Vogelsang 7, etwas außerhalb gelegen, Tel. 94 61, www.restaurant-vogelsang.de, Mi–Mo 11–22 Uhr. Gutes Essen zu moderaten Preisen bei wechselnder Karte, neben deutschen Gerichten gibt es u.a. auch Flammkuchen und Vegetarisches.

Camping

■ **Campingparadies Kellenhusen,** Kirschenallee 16–18, Tel. 81 40, www.campingparadies-kellenhusen.de. Der Platz befindet sich in ruhiger Lage vor dem Deich, nur wenige Meter von der Ostsee entfernt. Auch Mobilheime werden vermietet.

Grömitz

Grömitz ist ein Ferienort, der sich weitestgehend dem Tourismus und seinen Wünschen geöffnet hat und erfolgreich sehr viele Besucher anlockt. Immerhin kann der Ort einen **8 km langen Sandstrand** mit einer 3,6 km langen Strandpromenade sein Eigen nennen. Eine ganze Reihe von Gaststätten und Shops animieren hier zur Einkehr. Eine klassische **Seebrücke** ragt 398 m in die Ostsee hinaus, Ausflugsdampfer legen hier tagtäglich an. Nicht allzu weit entfernt befindet sich der große **Yachthafen** von Grömitz. Dort entstand auch eine maritime **Promenade.** Breite, flache Stufen führen ins Meer, Holzstege durch die Dünen, und für Kinder wurde ein Spielplatz geschaffen. Besucher schätzen vor allem den schönen **Strand.** Auch dies ist möglich: Im Strandkorb lümmeln und gleichzeitig im Internet surfen.

Sehenswertes

St.-Nicolai-Kirche

Die St.-Nicolai-Kirche aus dem 13. Jh. in der Fußgängerzone der Kirchenstraße ist so etwas wie die örtliche historische Attraktion. Erbaut um 1230, wurde die Kirche urkundlich erstmals 1259 erwähnt. Teile des Gebäudes, konkret das rechteckige Langhaus, stammen noch aus der Gründungsphase. Der Altar entstand 1734 in einem in der Gegend eher ungewöhnlichen österreichischen Barockstil. Der Taufstein ist eine Kopie der ursprünglich 1703 erschaffenen hölzernen Taufe. Die verschnörkelte Taufkrone wurde um 1700 gefertigt. Auch die Rokoko-Kanzel stammt aus dem 18. Jh. Der Turm entstand vermutlich im 15. Jh. und bekam 1665 seine heutige Gestalt.

Zoo Arche Noah

Unweit vom Zentrum an der Straße nach Cismar befindet sich der Zoo *Arche Noah.* Zu besichtigen sind rund 300 heimische Tiere, aber auch Schimpansen, Emus und Lamas. Es gibt auch einen Streichelhof, auf dem bestimmte Tiere angefasst werden dürfen.

■ **Zoo Arche Noah,** Mühlenstr. 32, Tel. 56 60, www.zoo-arche-noah.de, März–Okt. 9–18 Uhr, Nov.–Febr. bis zur Dunkelheit, Fütterungszeiten ca. 11–12 und 15.30–16 Uhr, Eintritt 11 €, Kinder (3–15 Jahre) 7 €.

Tauchgondel

Am Ende der **Seebrücke** kann man mit einer Tauchgondel zu einer 40-minütigen Unterwasserreise aufbrechen und dabei einiges über den Lebensraum Ostsee erfahren.

■ **Tauchgondel,** Juni bis Aug. Mi–Sa 10–19, Nov. bis März 11–16, sonst 10–18 Uhr, Erwachsene 9 €, Kinder 6 €, www.tauchgondel.de.

Praktische Tipps

Info

- **PLZ:** 23743
- **Vorwahl:** 04562
- **Einwohner:** 7700
- **Touristinformation:** Neuer Markt 1 oder Am Seebrückenvorplatz, Tel. 25 60.
- **Internet:** www.groemitz.de

Unterkunft

6 **Hotel Seemöwe**④, Fischerstr. 3, Tel. 25 53 90, www.seemoewe.de. Historisches Haus (erbaut 1910), das den Charme der Tradition mit den Erfordernissen der Moderne (u.a. WLAN und Flachbild-TV) verbindet. Das Haus hat nur sieben DZ und vier Suiten mit hochwertiger Einrichtung, fast alle mit Küche. Kein Restaurant, aber das reichhaltige Frühstück wird bis 11 Uhr serviert.

12 **Hotel Strandidyll**③-④, Uferstr. 26, Tel. 18 90, www.strandidyll.de. Größeres, geschwungenes Gebäude in ruhiger Lage am Strand Richtung Yachthafen, fast alle Zimmer mit Balkonen bzw. Terrassen mit Blick auf die Ostsee. WLAN.

11 **Strandhotel**④, Uferstr. 1, Tel. 22 55 00, www.strandhotel-groemitz-ostsee.de. Ein auffälliges Haus direkt an der Strandpromenade, viele der 39 schick und modern eingerichteten Zimmer sind mit Meerblick.

10 **a-ja Resort,** Am Strande 35, Tel. (0800) 252 73 76 78, www.ajaresorts.de. Großer, sechsstöckiger Neubau mit 222 Zimmern, der im Ortszentrum am Strand liegt mit direktem Zugang zum Freizeitbad *Grömitzer Welle.* Das Haus hat zwei Bars, ein Restaurant mit Selbstbedienung in der oberen Etage und einen großzügigen Spa-Bereich. Die Zimmer sind funktional eingerichtet. WLAN.

Camping

2 Insgesamt zehn Campingplätze reihen sich ab dem Ortsrand von Grömitz am Lensterstrand auf. Aus dem Ort hinaus über den Mittelweg fahren, und schon passiert man sie alle. Es ist schwierig, einen Platz hervorzuheben. Die Plätze **Lerchengrund, Camaro** und **Porta del Sol Mare** liegen am nächsten zur Stadt, das besagt aber nicht viel, die anderen schließen sich alsbald an. Der Campingplatz **Sonnenland** liegt am weitesten entfernt, er ist vor dem örtlichen FKK-Strand angesiedelt.

- **WoMo-Stellplätze:** Der WoMo-Platz *Achtern Diek* liegt am Lensterstrand gleich hinter dem Deich, Lenster Weg 1, www.womo-groemitz.de. Er hat Platz für 154 WoMos, moderne Sanitäranlagen, Grillplätze, ganzjährig geöffnet, freies WLAN.

Gastronomie

An der **Strandpromenade** liegen mehrere **Restaurants** mit zum Teil recht großen Terrassen, u.a.:

9 **Strandhalle,** Kurpromenade 56, Tel. 22 25 70, www.strandhalle-groemitz.de, Di–So ab 12 Uhr, durchgehend warme Küche, sonntags Brunch. Ein sehr großes Lokal in zentraler Lage an der Promenade. Dazu gehört auch das *Proviantaurant Klabautermann,* das gleich nebenan liegt und holsteinische Küche bietet. Direkt am Strand dann noch die *Ostseelounge,* eine chillige Location, wo man sich bei einem Cocktail in weichen Sitzen schön aufs Meer wegträumt.

4 **Falkenthal Seafood Bar,** Kurpromenade 6, Tel. 51 52, www.falkenthal-seafood.de, tägl. ab 10 Uhr. Ein Bistro mit größerer Terrasse. Neben Fischgerichten werden auch Suppen, Pasta und „Kinderteller" geboten.

8 **Seaside,** Kurpromenade 54, Tel. 258 80, tägl. außer Di ab 12 Uhr. Strategisch gut gelegen am Hauptzugang zur Promenade und zum Strand. Recht chillige Atmosphäre, Mischung aus Bar und Restaurant mit saisonaler, regionaler Küche aus Norddeutschland. Große Terrasse.

Grömitz

0 200 m ©Reise Know-How Schles OSK_08 4/22

7 Restaurant Seefahrtsklause, Seestr. 4, Tel. 22 04 13, Mo–Di, Fr–So 17.30–21 Uhr. Saisonale Küche mit Schwerpunkt auf Fisch, darunter Räucherfisch und Austern. Tagsüber gibt es Fischbrötchen.

5 Gosch, Kurpromenade 12, Tel. 22 57 050, www.gosch.de, tägl. ab 11 Uhr. Direkt an der Promenade betreibt der Sylter Großgastronom eines seiner beliebten Lokale mit bewährtem schnellen Service. Wie immer dreht sich hier alles um Fisch und Fischbrötchen. Toller Meerblick von der großen Terrasse.

Einkaufen

1 **Hof Klostersee,** Grömitz-Grönwohldshorst bei Cismar, Klostersee 1, 23743 Grömitz, Tel. 517, http://klostersee.org. Auf diesem *Demeter*-Biohof wird Käse hergestellt, außerdem Joghurt, Quark und ein gutes Dutzend verschiedener Brote. Gemüse, Wurstwaren, Obst und weitere Bio-Lebensmittel gibt es auch im gut bestückten **Hofladen** (Mo–Fr 9–18, Sa 9–16 Uhr).

Feste und Veranstaltungen

- **Grömitzer Woche,** große Sportwoche mit Beachvolleyball, Beachsoccer und Tennis, auch mit Jedermann-Turnier, Anfang Juli.
- **Ostsee in Flammen,** ein tolles Feuerwerk im August als Abschluss des *Grömitzer Lichtersommers,* bei dem im Sommer mittwochs an verschiedenen Orten Illumination oder Feuershow gezeigt wird.
- **Klosterfest im Kloster Cismar,** am zweiten Wochenende im August öffnen sich die Klosterpforten und es wird ein bunter Markt mit vielen Kunsthandwerkern abgehalten.

Aktivitäten

- **Schiffsausflüge:** ab Seebrücke Grömitz u.a. nach Travemünde, Poel und Boltenhagen, außerdem Ostseerundfahrten. Infos über die allgegenwärtigen Aushänge.

3 **Hochseilgarten:** *Kletterpark Grömitz,* Blankwasserweg 120, Tel. 266 29 40, www.kraxelmaxel.de, meist ab 13 Uhr geöffnet, Erw. 24,50 €, Kind/Jugendl. (5–17 Jahre) 20,50 €, in der Kleingruppe 23,50 € bzw. 19,50 €. In diesem Kletterpark kann man in Höhen zwischen 4 und 10 m zu über 60 Stationen klettern.

851sc-fr

In der Umgebung

Kloster Cismar

MEIN TIPP: Der kleine Ort Cismar, zwischen Kellenhusen und Grömitz an der B501 gelegen, gilt als **Künstlerdorf,** und tatsächlich trifft diese plakative Beschreibung zu. Mittelpunkt ist das Kloster Cismar, ein wuchtiger, roter Backsteinbau mit schönem Garten, in dessen Zentrum eine riesige, Schatten spendende Kastanie wächst. Cismar ist die **größte mittelalterliche Klosteranlage** in Ostholstein. Etwa um 1245 entstand die Anlage, von der ein Teil noch erhalten ist. Nach der Reformation 1561 wurde das Kloster aufgelöst und das Gebäude ging auf die Herzöge von Schleswig-Holstein-Gottorf über. Nach Umbauten in den Jahren 1982 bis 1987 gehört es heute zum **Landesmuseum Schloss Gottorf.** Hier werden vor allem **Kunstausstellungen** gezeigt.

Das L-förmige Gebäude ist drei Etagen hoch und besitzt ein tief heruntergezogenes großes Dach. Im Brunnenkeller befindet sich eine Dauerausstellung zur Historie des Klosters. Die **Kirche** entstand zwischen 1245 und 1330, sie zeigt einen eindrucksvollen Chorbereich, und dort befindet sich auch der historische **Flügelaltar**, der allgemein als einer der ältesten Flügelaltäre weltweit gilt. Dieser bis zu sechs Meter breite Altar stellt im Mittelteil in kräftigen Farben die Passionsgeschichte Jesu dar, rechts zeigen Bildnisse den Ordensgründer Benedikt von Nursia, links den Schutzpatron des Klosters, Johannes den Evangelisten. Leider ist der Flügelaltar nur eingeschränkt zu besichtigen. Direkt am Vorraum der Kirche befindet sich eine Glaswand, näher dürfen die Besucher nicht herangehen, da sich sonst die Luftfeuchtigkeit im Raum erhöht, was die Farben angreift. Eine nähere Besichtigung ist nur im Rahmen einer Führung möglich (April bis Oktober Mittwoch und Samstag um 17 Uhr oder alle zwei Wochen bei einem Gottesdienst am Sonntag um 10 Uhr.

Seit dem 18. Jh. wird nur noch der Ostteil als Kirche genutzt, im westlichen Teil wurde eine Amtmannswohnung eingerichtet. In diesen Räumen finden **Wechselausstellungen** des Landesmuseums für Kunst und Kulturgeschichte statt.

■ **Kloster Cismar,** Bäderstr. 42, 23743 Grömitz/Cismar, Tel. (04366) 88 46 522, www.klostercismar.de, Anfang April bis Okt. Di–So 10–17 Uhr, Eintritt frei. Über die aktuelle Ausstellung kann man sich auf der Webseite informieren. Im ehemaligen Speisesaal der Mönche ist ein **Klostercafé** eingerichtet, Ostern bis Okt. Di–So 10–18 Uhr.

Haus der Natur Cismar

Ein kleiner Spaziergang von nur 150 m führt vom Kloster zum Haus der Natur, einem netten, kleinen privaten Naturmuseum mit einer Sammlung von über 10.000 Exponaten. Schwerpunkt ist eine unglaublich vielfältige Sammlung von **Muscheln und Schnecken,** man glaubt gar nicht, wie viele Arten es gibt. Insgesamt 5000 unterschiedliche sind ausgestellt, es soll die größte Muschelsammlung Deutschlands sein.

◁ Am Strand von Grömitz

■ **Haus der Natur,** Bäderstr. 26, 23743 Cismar, Tel. (04366) 12 88, tägl. 10–19 Uhr, an der B501 im Ortskern gelegen, Eintritt 4 €, Kinder 1 €.

Museumshof Lensahn

Der Museumshof in Lensahn zeigt Techniken und Gerätschaften, die vor gar nicht mal so langer Zeit noch Alltag in der Landwirtschaft waren. Die Geräte können angefasst und sogar ausprobiert werden. Außerdem führt ein 2,4 km langer **Naturlehrpfad** an 150 Obstbaumsorten und über 200 Waldbaumarten vorbei; auf halbem Weg wartet ein Aussichtsturm. Außerdem gibt's viele **Tiere,** mehrere thematisch geordnete **Gärten** (u.a. ein Duft- und Färbergarten), ein **Backhaus** und das Lokal *Im alten Kuhstall,* in dem Holsteiner Küche serviert wird.

■ **Museumshof Lensahn,** Prienfeldhof, Bäderstr. 18, 23738 Lensahn, Tel. (04363) 911 22, www.museumshof-lensahn.de, 1.4.–18.10. tägl. 10–18 Uhr, Eintritt 6 €, Jugendliche (13–17 Jahre) 3,50 €, Kinder (4–12 Jahre) 2,50 €.
■ **Anfahrt:** auf der A1 Abfahrt Nr. 12 „Lensahn". Der Hof liegt direkt in Lensahn.

Braasch's Schinkenräucherei

MEIN TIPP: **Harmsdorf** ist ein kleines Dorf an der Straße von Lensahn nach Lütjenburg. In dem Ort wird in einer historischen **Räucherkate** seit 1663 leckerer Schinken geräuchert, eine in der Region bekannte Delikatesse. Hunderte Schinken hängen in der „Räuchersaison" von der Decke. Die geht traditionell vom 15. Oktober (Gallustag) bis Mai, wobei die einzelnen Schinken mindestens drei Monate geräuchert werden. Eine echte Holsteiner Spezialität, die man sich einmal gönnen sollte und die besonders lecker im Frühjahr zu Spargel schmeckt.

■ **Braasch's Schinkenräucherei,** Hauptstr. 25, 23738 Harmsdorf, Tel. 16 12 oder 16 43, www.schinken-braasch.de, Mo–Fr 9–18 Uhr, Sa 9–13 Uhr. Von Nov. bis März wird jeweils eine Stunde früher geschlossen.

Neustadt

Neustadt liegt direkt an der Ostsee. Ein kleiner Binnensee war schon frühzeitig als sicherer Hafen bekannt. Dieser wird noch heute genutzt, und von hier bis zum alten Stadtkern mit dem rechteckigen Marktplatz sind es nur ein paar Schritte. Der alte Reiz ist teilweise noch spürbar, denn einige jahrhundertealte Gebäude sind insbesondere am Hafen und beim Binnensee erhalten geblieben.

Bereits 1244 wurde dem damaligen Flecken „Nygenstadt by der Cremper" das Stadtrecht zugesprochen – das können nicht viele Orte von sich behaupten. Der Name „Neustadt" bezieht sich auf die Neugründung eines Ortes unweit des alten Dorfes, nämlich von Altenkrempe (s.u.). Schon zur Zeit der Hanse war der Hafen dieses neuen Ortes ein wichtiger Umschlagplatz, obwohl Neustadt nie Mitglied der Hanse war. Dennoch flossen genügend Waren über den kleinen Hafen und ließen einige Händler zu Wohlstand kommen. Im Mittelalter zerstörten mehrere Brände große Teile der Stadt, sodass nicht mehr allzu viele historische Gebäude erhalten sind. Von den ehemals drei Stadttoren existiert noch eines, dort befindet sich das stadtgeschichtliche Museum *zeiTTor.*

Sehenswertes

Hafen

Vereinzelt dümpeln Fischerboote im Hafen und ständig liegen hier ein paar **Museumsschiffe,** schöne alte Segler aus Holz. Jede Menge Spanten, Tauwerk und Holzrollen lassen den Laien staunen und den Seebären neidische Blicke werfen.

Ein historisches Bauwerk ist direkt an der Brücke am Hafen zu finden, etwas unscheinbar allerdings, nämlich das **Brückengeldeinnehmerhaus.** Hier wurde noch bis 1930 Brückenzoll kassiert, für Personen, Vieh und Fahrzeuge.

Unmittelbar vor der Brücke liegt das **Hospital zum Heiligen Geist.** Es wurde 1344 von der Stadt gegründet, um kranke Pilger auf dem Weg zum Kloster Cismar aufzunehmen. Heute leben hier in zehn Wohnungen ältere Bürger der Stadt. Im Sommer kann man durch eine gläserne Tür einen Blick in die historische **Kapelle** werfen. Die kleine Saalkirche entstand 1408. An den Wänden sind noch Reste gotischer Quaderfugenmalereien aus dem 14. Jh. erkennbar, außerdem steht im Inneren ein Altar aus Kalksandstein (1670). Die Kanzel aus dem 16. Jh. ist geschmückt mit Evangelistenbildern.

Ist die Brücke passiert, läuft man auf einen alten Speicher zu, den **Pagodenspeicher** von 1830, in dem Korn gelagert wurde. Heute befindet sich darin eine Teehandlung.

Marktplatz

Der zentrale Marktplatz ist der zweitgrößte Schleswig-Holsteins nach dem sehr großen Platz in Heide an der Nordseeküste. Hier findet jeden Dienstag- und Freitagvormittag ein **Wochenmarkt** statt. Der Marktplatz hat in der Mitte eine Fontänen-Installation und am Rande steht die Skulptur zweier Fischer, die von einem ortsansässigen Reeder gestiftet wurde. Dort erhebt sich auch die Kirche.

Stadtkirche

Mit Gründung der Stadt 1244 begann der Bau der Kirche in der typisch norddeutschen Backsteinbauweise. 1344 folgte der 56 m hohe Turmbau. Die Kirche wirkt ziemlich groß, so misst das Mittelschiff 17,30 m in der Höhe. Der Barockaltar entstand 1643 und zeigt die wichtigsten christlichen Geschehnisse wie Abendmahl, Kreuzigung und Auferstehung. Das Triumphkreuz aus dem 15. Jh. zählt zu den ältesten Kirchenschätzen. Die Kanzel stiftete 1571 ein Elternpaar als Dank für den Freispruch ihres Sohnes vor dem Reichskammergericht von der Anklage wegen Hinrichtung eines Gutarbeiters. An den Kirchenwänden hängen großformatige Porträts, meist von Pastoren.

Museum zeiTTor

Wer den Marktplatz überquert, erreicht eine Fußgängerzone, die zum **Kremper Tor** führt. Hier befand sich einst der Zugang zur Stadt, der Unterbau des Tores stammt noch aus dem Jahr 1244, als Neustadt sein Stadtrecht bekam.

Mein Tipp: Im Torgebäude wurde das **Stadtmuseum** eingerichtet, es trägt den richtungsweisenden Namen *zeiTTor*, denn Besucher sollen „durch unser Tor in die Vergangenheit reisen“, und zwar bis zur Steinzeit. An vielen **Mitmachstationen** wird die jeweilige Epoche anschaulich präsentiert, beispielsweise kann sich man sich im steinzeitlichen Feuermachen per Holzkeil versuchen. So „reisen“ Besucher durch die Bronze- und Steinzeit, durchs Mittelalter und schließlich in die jüngere Vergangenheit. In einem Nebenraum wird mit vielen Fotos, Erklärungstafeln und einem Schiffsmodell des **Untergangs der „Cap Arkona“** gedacht, einem Schiff, das mit Tausenden Menschen beladen war und in den letzten Kriegstagen von Bombern vor Neustadt versenkt wurde.

- **zeiTTor,** Am Markt 1, Tel. 61 93 07, www.zeittor-neustadt.de, Ostern bis Okt. Di–Sa 10.30–17, So 14–17 Uhr, Nov. bis Ostern Sa/So 14–16 Uhr, Eintritt 4 €, unter 18 Jahren frei.

Strand

Das Strandbad liegt am Stadtrand und ist ausgeschildert. Falls Zweifel bestehen, dem Schild „Umwelthaus“ folgen, es liegt gleich nebenan. Der Strand ist relativ klein, in Sichtweite liegen der Segelhafen und Schiffe der Marine. Badefreuden kommen hier nur bedingt auf. Zum Entspannen ist es aber ganz schön, liegt es doch in einem größeren Waldgelände.

Pelzerhaken

Pelzerhaken gilt als der **Strand von Neustadt,** was im Prinzip stimmt, aber es ist durchaus ein selbstständiger Ort, wenn auch ein kleiner. Auf der Fahrt, von Neustadt kommend, geht es über die Pelzerhakener Landstraße. Unübersehbar findet sich hier ein gutes halbes Dutzend **Campingplätze** vor einem schönen hellen Sandstrand. Den ständig wehenden Wind nutzen vor allem **Surfer.** Deren Zone liegt etwas außerhalb vom Ort Pelzerhaken. Hier ist insgesamt nicht viel los. Der Strand erstreckt sich insgesamt über gut zehn Kilometer. Die **Promenade** wurde neu gestaltet, man kann hier sehr nett flanieren. In diesem Abschnitt zeigt sich der Strand feinsandig und weitestgehend frei von Steinen.

Praktische Tipps

Info

- **PLZ:** 23730
- **Vorwahl:** 04561
- **Einwohner:** 16.500
- **Touristinformation:** Bürgerbüro Neustadt, Am Markt 1, Tel. 61 95 56. Büro in Pelzerhaken, Dünenweg 7, Tel. (04503) 779 41 80.
- **Internet:** www.stadt-neustadt.de

Unterkunft

- **Das Strandhaus**③-④, Haffkamp 98, 23730 Brodau/Rettin, Tel. (0160) 90 63 60 37, www.dasstrandhaus.de. Nur 15 m vom Strand entfernt stehen insgesamt 13 schlanke, zweistöckige Häuser nach schwedischem Vorbild mit einer Wohnfläche von etwa 80 m². Durch die großen Fenster schaut man direkt aufs Meer. Es gibt unterschiedliche Häusertypen. Auf Wunsch werden Brötchen geliefert.

■ **Hotel Strandkind**③-④, Pelzerhakener Str. 43, Tel. 51 33 50, www.hotel-strandkind.de. Kleines Haus mit 41 Zimmern am Surferstrand Pelzerhaken. Erbaut aus natürlichen Materialien, das Interieur besteht aus hellen Farben und schnörkellosem, fast skandinavischem Design. Integriert sind eine finnische und eine Bio-Sauna.

Camping

In der Nähe von Neustadt liegen etliche Campingplätze, die meisten am Strand von Pelzerhaken.

■ **WoMo-Stellplatz Ostsee,** Auf der Pelzerwiese 45, Tel. 527 74 69, www.wohnmobilstellplatz-ostsee. de. Etwa 50 Stellplätze mit Ver- und Entsorgungsmöglichkeiten am Surfstrand von Pelzerhaken, geöffnet von April bis Ende Dez.

Gastronomie

■ **Krabbes Restaurant,** Grüner Gang 17, Tel. 71 242, www.krabbes-restaurant.de, tägl. außer Mo ab 11.30 Uhr durchgehend. Norddeutsche Küche steht hier im Vordergrund, die Gerichte wechseln nach Jahreszeit. Es gibt auch Fischgerichte und Vegetarisches. Sonn- und feiertags ab 9 Uhr Frühstücksbuffet, außerdem regelmäßig Live-Konzerte.

MEIN TIPP: **Klüver's Brauhaus,** Schiffbrücke 2–4, Tel. 71 48 11, https://kluevers.com, tägl. 10.30– 23 Uhr. Super Lage direkt am Hafen mit kleiner Terrasse. Drei hausgebraute Biere im Ausschank, außerdem werden maritime und rustikale Speisen serviert.

Der Hafen von Neustadt mit dem Pagodenspeicher

852sc-fr

MEIN TIPP: **Miera Mare,** Schiffbrücke 15, Tel. 526 88 15, www.miera-restaurant.de, Mi–Fr ab 15, Sa/So ab 12 Uhr. Rustikal-gemütliches Lokal am Hafen mit ambitionierter regionaler Fisch- und Fleischküche.

In der Umgebung

Altenkrempe

Altenkrempe liegt fast schon in Sichtweite zu Neustadt in dessen Hinterland. Der Ort ist uralt, wurde bereits 1197 als *Crempene* erstmals erwähnt. Seit 1316 trägt er den Zusatz „alt", als man seinen Namen zu *Oldhenkrempe* änderte. Das war notwendig, um ihn von der Neugründung *de Nyge Crempe* (das heutige Neustadt) zu unterscheiden.

1197 baute man auch die unübersehbare **Backsteinkirche.** Damals wollte der Herzog der aufstrebenden Handelsmetropole Lübeck Konkurrenz machen. Entsprechend entstand ein prächtiges Gotteshaus, dessen hoher Kirchturm auch von der nahen Autobahn sichtbar ist. Die Kirche entstand recht schnell, aber so richtig entwickelte sich der Ort dann doch nicht. Altenkrempe blieb ein Dorf mit einer eindrucksvollen Kirche.

Viel später ließ der Gutsherr vom nahen Gut Hasselburg hier einige Kätnerhäuser bauen, die heute noch stehen. Dieses Gesamtensemble von gedrungenen **Reetdachhäusern** im Umfeld der Kirche gibt Altenkrempe eine unverwechselbare Note.

Gut Hasselburg

Gut Hasselburg in der Nähe von Altenkrempe hat eines der schönsten Torhäuser überhaupt. Schon die Zufahrt besticht, da man sich dem Gutshof durch eine lange Lindenallee nähert. 1763 wurde das stattliche **Torhaus** errichtet. Nach dem Durchschreiten öffnet sich eine großzügige Hofanlage. Links und rechts stehen Stallgebäude mit einem hohen Dach und deutlich niedrigeren Mauern. Ein Graben und der Ehrenhof trennen diese Zone vom im Hintergrund liegenden Herrenhaus, das nicht betreten werden kann und auf Privatgelände steht. Dort finden öfters Konzerte statt, wie auch in der großen Scheune.

Sierksdorf

Sierksdorf ist ein kleiner, lang gestreckter Ort, der sich südlich von Neustadt über einige Kilometer zwischen Bundesstraße und Strand entlangzieht. Im unteren Abschnitt führt eine Straße mit dem bezeichnenden Namen „Am Strand" parallel an eben diesem entlang. Das ändert sich aber schon bald, die Straße führt weg vom Strand, steigt etwas an und wechselt folgerichtig auch ihren Namen zu „Bergweg". Hier liegen etliche einzeln stehende Häuser, auch regelrechte Villen mit üppigen Gärten. Dieser Bereich umfasst den älteren Ortskern, in dem das touristische Geschehen nicht dominiert. Etwas außerhalb liegen die für den Feriengast errichteten Bauten. In erster Linie ist damit der *Hansa-Park* gemeint, ein Freizeit- und Familienpark mit breitem Angebot.

055hs mf

Vor über 50 Jahren weilte einer der bekanntesten Expressionisten während der Sommermonate in Sierksdorf, der **Maler Karl Schmidt-Rottluff.** In der Touristinformation wurde eine Dokumentation aufgebaut, außerdem kann man an einer Exkursion auf den Spuren des Künstlers teilnehmen.

Der **Strand** ist ansprechend, hellsandig und kilometerlang, aber etwas schmaler als in den benachbarten Orten.

Ein sogenannter **Schulwald** wurde im örtlichen Wald eingerichtet. Hier soll man den Wald mit allen Sinnen erleben können. Dazu wurden neben erklärenden Hinweistafeln etliche Stationen zum Fühlen (auf einem speziellen Pfad) und Erleben eingerichtet. Der Eingang liegt an der Prof.-Haas-Straße.

Hansa-Park

Der *Hansa-Park* ist einer der besten Themenparks Deutschlands. Da gibt es Achterbahnen mit 360-Grad-Looping, eine Wasserrutsche, in die man mit viel Gekreische hineinrauscht, den fliegen-

Das Torhaus von Gut Hasselburg

den Hai, in dem es siebenmal kopfüber geht, den *Fliegenden Holländer*, den *Fluch von Novgorod* („mit dem steilsten Absturz im Dunkeln weltweit") und so weiter ... Aber es gibt auch ruhigere Attraktionen: das Spielparadies *Kiddie-Camp*, das Spielschiff *Niña*, das der Kolumbus-Karavelle nachempfunden ist, 300 m² große Hüpfberge oder eine Westernstadt. Abgerundet wird das Programm durch verschiedene Show-Veranstaltungen. Das Angebot ist riesig und wird ständig erweitert.

- **Hansa-Park,** Am Fahrenkrog 1, Tel. 47 40, www.hansapark.de; tägl. ab 9 Uhr, etwa von Ende März/Anfang April bis Mitte Okt., die genauen Öffnungszeiten wechseln jährlich, Eintritt 4–14 Jahre 33 €, ab 15 Jahren 42 €. Alle Fahranlagen, Shows, Ausstellungen und Sonderveranstaltungen sind im Eintrittspreis enthalten.

- **Anfahrt:** Der *Hansa-Park* ist leicht zu finden, da überall ausgeschildert. Wer über die A1 kommt, wählt die Ausfahrt „Neustadt-Süd". Vom Bahnhof Sierksdorf sind es fünf Minuten Fußweg.

Praktische Tipps

Info

- **PLZ:** 23730
- **Vorwahl:** 04563
- **Einwohner:** 1600
- **Touristinformation:** Vogelsang 1, Tel. 47 89 90.
- **Internet:** www.sierksdorf.de

Der Strand von Sierksdorf

091sc fr

Gr. Eutiner See
St. Michaelis-K.
Eutin, Plön, Preetz, Kiel
Griebeler See
Sierhagen
Hasselburg
Alten-krempe
Basilika
Fehmarn
Brenkenhagen
Schashagen
Bliesdorf
Brodau
Holsteinische
Schweiz
Groß Meinsdorf
Redingsdf. See
Gömnitzberg
94
Bujendorf
Binnen-wasser
Neustadt i.H.-Pelzerhaken
Merkendorf
Stadtkirche
NEUSTADT in Holstein
Rettin
Pelzerhaken
Neustadt i.H.-Mitte
Fassensdorf
Barkauer See
Süsel
Süseler See
Rasthof Neustädter Bucht
Hansa-Park
Neustädter Bucht
Kesdorf
Sierksdorf
Ober-steenrade
Pönitz am See
Taschensee
Unter-
Eutin
Haffkrug
Scharbeutz
1 : 200 000
0
5 km
Gr. Pönitzer See
Scharbeutz
Kling-berg
Garkau
Lübecker Bucht
Ostsee-Therme
Lütt Kiepen-barg
Luschen-dorf
Pansdorf
Sea Life Center
Timmendorfer Strand
Brodtener Steilufer
Brodten
Schwartau
Grellberg
82
Över-diek
Pansdorf
Groß Timmendorf
Niendorf
Vogelpark
Trelleborg-Malmö-Helsinki-Kaliningrad-Riga
Alt-Techau
Neu-
Hemmels-dorfer See
Warnsdorf
Travemünde
E47
Ratekau
Priwall
Curau
Ratekau
Groß Parin
Rensefeld
BAD SCHWARTAU
Pötenitz
Pötenitzer Wiek
Sereetz
Sereetz
Lübeck-Dänischburg
Dreieck Bad Schwartau
Siems
Dummers-dorf
Dänischburg
Bad Schwartau
Lübeck-Siems
Kücknitz
Gothmund
Dassower See
Stockelsdorf
Israelsdorf
Herrenwyk
Herren-tunnel
Trave
Vorwerk
Lübeck-Zentrum
Schlutup
Sankt Gertrud
Selmsdorf
Krempels-dorf
Lübeck-Moisling
Nord-
Marienk.
Marli
Bockholzberg
83
Holstentor
St. Lorenz
Hamburg
LÜBECK
Palingen
Buntekuh
Süd-
Eichholz
SCHÖNBERG
Moisling
Sankt Jürgen
Rothebek
Herrnburg

Unterkunft, Gastronomie

Mein Tipp: **Aparthotel Seehof**③-④, Gartenweg 30, Tel. 477 70, www.seehof-sierksdorf.de. Schön und ruhig inmitten eines großen Gartens direkt oberhalb der Steilküste gelegen. Nebenan bietet das Haus unterschiedlich große Apartments.

■ **Hof Sierksdorf**④, Am Strand 32, Tel. 88 84, www.hofsierksdorf.de. Schöne Anlage mit 18 bestens eingerichteten FeWos③-④ ausgestattet mit Balkon oder Terrasse, teils mit Meerblick.

Unten ist ein gemütliches **Lokal,** vom Strand nur durch eine Straße getrennt mit Terrasse und Blick auf die Ostsee. Serviert wird klassische Holsteiner Küche, inklusive Fischteller und saisonaler Spezialitäten.

Scharbeutz

Bereits vor 1000 Jahren wurde eine slawische Siedlung mit dem Namen *Scorbuze* erwähnt. Urkundlich verbrieft ist Scharbeutz seit 1271, als dieser Flecken an eine Adelsfamilie übertragen wurde. Stolze 700 Jahre zählt also Scharbeutz, gleichzeitig ist die Großgemeinde eine der jüngsten in Schleswig-Holstein. 1974 wurden mehrere kleinere Verwaltungseinheiten zu einer Großgemeinde Scharbeutz zusammengelegt, ein junger Ort mit langer Historie. Die Gemeindechronik erzählt, dass sich bereits um 1837 Badeleben entwickelte. Im größeren Stil setzte dann in den 1950er-Jahren der Tourismus ein, der den Ort bis heute entscheidend prägt.

Hauptattraktion war schon immer der **schöne Strand,** etwa sechs Kilometer lang, gut 30 bis 40 m breit, feinsandig und sacht ins Wasser übergehend. Eine klassische **Seebrücke** ragt weit ins Meer hinein, **Ausflugsdampfer** legen noch heute hier an. Der Strand ist in verschiedene Zonen unterteilt. So gibt es einen Aktionsstrand für Unterhaltung (Abschnitt 19 bei der Seebrücke), einen Bereich für Kinder, für Sportler, für Hunde und auch einen „Relaxstrand" (Abschnitt 25, gegenüber der Strandkirche).

Ganz toll wurde die Strandpromenade umgestaltet zu einer **„Dünenmeile".** Ein Bohlenweg führt am Strand entlang durch die Dünen mit angepflanztem Strandhafer, alles wirkt sehr ansprechend. Schön integriert und damit in bester Meerblick-Lage sind einige **Holzhäuser** im farbenfrohen skandinavischen Stil mit Dachbepflanzung, wo u.a. die Lokale *Gosch* und das *Café Wichtig* zu finden sind. Etwas außerhalb nahe Haffkrug gibt es an der Promenade eine **Dünengolf-Anlage,** das ist eine Mischung aus traditionellem Golf und Minigolf. Durch diese Umgestaltung und das Ansiedeln einiger lässiger Lokale direkt am Strand hat Scharbeutz seine ursprünglich recht gediegene Atmosphäre etwas verjüngt und wirkt trendiger.

Scharbeutz ist ein kleiner und kompakter Ort, seine wichtigsten Einrichtungen konzentrieren sich rund um den **Kurpark,** und auch die Unterkünfte liegen nicht weit entfernt vom Strand in den Seitenstraßen.

Die **Ostsee-Therme** hat einen über die Ortsgrenzen hinaus reichenden Ruf erlangt. Sie ist ein klassisches Erlebnisbad mit heißen Whirlpools, Strömungskreiseln, einer Tropenlandschaft und insgesamt 310 m langen Rutschen. Natürlich fehlen auch Ruhezonen, Bars und Sauna nicht.

Haffkrug

Das nördliche Nachbardorf Haffkrug wurde 1974 mit Scharbeutz zusammengelegt. Kaum hat man Scharbeutz verlassen, stolpert man auch schon über das Ortsschild.

Der **Strand** ist hier auch noch schön, also feinsandig und flach ins Wasser übergehend. Begrenzt wird er von einer **flachen Düne,** dahinter verläuft die hübsch gestaltete Promenade samt Radweg, dann folgt schon die Durchgangsstraße. Entlang der ziemlich langen Promenade wurde ein **Fisch-Lehrpfad** geschaffen. Infotafeln erklären die verschiedenen Fischarten und informieren über das harte Leben der Fischer mit etlichen historischen Fotos.

Haffkrug zählt zu den **ältesten Seebädern** an der Lübecker Bucht. Diese lange touristische Tradition hat den Ort aber nicht völlig in den Griff genommen. Es geht hier nach wie vor recht beschaulich zu, der ursprüngliche Charme blieb erhalten. Besonders die alteingesessenen **Räuchereien** bieten teilweise seit Jahrzehnten erstklassige Fischspezialitäten. Der Ort hat ein paar abzweigende Straßen und einige Unterkünfte.

Praktische Tipps

Info

- **PLZ:** 23683
- **Vorwahl:** 04503
- **Einwohner:** 11.700
- **Touristinformation:** *Tourismus-Service,* Strandallee 134, Tel. 779 41 60.
- **Internet:** www.luebecker-bucht-ostsee.de/scharbeutz

Unterkunft

- **Bayside Hotel**③-④, Strandstr. 130a, Tel. 609 60, www.bayside-hotel.de. Topmodernes, neueres Haus mit 132 liebevoll dekorierten Zimmern und Suiten sowie einem großen Spa- und Beauty-Bereich. Außerdem gibt es mehrere Gastronomiebetriebe, darunter ein Dachrestaurant.
- **Petersens Landhaus**④, Seestr. 56a, Tel. 355 10, www.petersens-landhaus.de. Ein Garni-Hotel mit Schwimmbad im Landhausstil im Ortskern.
- **Jugendherberge Scharbeutz-Strandallee,** Strandallee 98, Tel. 720 90. Sehr schön mitten im Ort gelegene JH, nur durch eine Straße vom Strand getrennt. Dort hauseigener Strandabschnitt mit Beachvolleyballfeld. Insgesamt 142 Betten in 38 Zimmern.

In Haffkrug

- **Hotel Meerzeit**④, Bahnhofstr. 9, Tel. (04563) 478 87 88, www.hotel-meerzeit.de. Etwa 100 m vom Meer entfernt beim Kurpark, 20-Zimmer-Haus mit komfortablen, zweckmäßig eingerichteten Zimmern.

Camping

- **Ostseestrand Ferienpark Scharbeutz,** Strandstr. 98b, Tel. 779 47 55, www.ferienpark-scharbeutz.de. Neuerer Platz, der auch Ferienhäuser anbietet, ganzjährig geöffnet. WLAN.
- **WoMo-Stellplatz:** auf dem Parkplatz Hamburger Ring 6, Ecke Trelleborgstraße, nur wenige Meter vom Strand entfernt in einer Seitenstraße mit Ver- und Entsorgungsstation, Infos www.womohafen-scharbeutzer-strand.de.

092sc fr

Gastronomie

■ **Herzberg's Restaurant,** Strandallee 129, Tel. 741 59, www.herzbergs-restaurant.de, tägl. außer Do 11.30–15 und 17–22 Uhr. Nettes Ambiente, Fisch dominiert die Karte, gute regionale Küche.

■ **Gosch,** Strandallee 134, Tel. 898 09 86, www.gosch.de, tägl. ab 11 Uhr. Eine Dependance des bewährten Sylter *Gosch*-Konzepts liegt schön in den Dünen beim Strand. Die *Gosch*-Küche zum Selbstabholen und das lässige Ambiente locken Gäste wie eh und je.

■ **Grand Beach Café,** Strandallee 134a, Tel. 898 10 00, www.grandebeach-cafe.de, tägl. ab 8.30 Uhr. Liegt ebenfalls in der Dünenmeile. Tolle Meerblick-Lage und gute Küche.

MEIN TIPP: **Beach Lounge,** Strandallee 139. Fällt auf! Schicke Sitzgruppen aus Lärchenholz mit hellen Polstern, weiße Sonnensegel und eine sehr entspannte, chillige Atmosphäre. Speziell zum Sundowner sitzt man hier göttlich!

In Haffkrug

■ **Aalkate,** Strandallee 30, Tel. (04563) 12 84. Traditionsreiches Restaurant, in dem Fisch noch selbst geräuchert wird, tägl. 9–19 Uhr.

■ **Ocean's,** Strandallee 2 B, Tel. 13 57, www.oceans-restaurant.de, tägl. ab 9.30 Uhr. Bestechende Lage vor der Seebrücke mit größerer Terrasse. Neben Fischgerichten gibt es auch Fleisch auf den Teller sowie Frühstück, hausgemachten Kuchen und Drinks, denn das Lokal nennt sich selbst „Restaurant, Café, Weinhaus".

Strandleben in ⌃ Haffkrug und ⟩ Scharbeutz

Feste und Veranstaltungen

■ **Aalwoche,** ein Wochenende Mitte Juli in Haffkrug, kulinarische Fischmeile, bei der gebratener und geräucherter Fisch angeboten wird.

Aktivitäten

Gumdas Spielstrand, Kinder-Spiel-Treff, Abschnitt 18 neben der Seebrücke. Hier können Kinder (4–10 Jahre) unter Anleitung und Aufsicht spielen, toben, basteln. April bis Ende Sept., Tel. 77 09 64.

■ **Dünengolf-Anlage,** Strandallee, Pönitzer Chaussee, Tel. 0172 429 81 82, April bis Okt. ab 10 Uhr. Eine Mischung aus Minigolf und „richtigem" Golf, gespielt wird auf 18 Bahnen, die mit Kunstrasen ausgelegt sind, aber auch betreten werden.

Timmendorfer Strand

Timmendorf hat mit seinen herrlichen Villen, teuren Hotels und eleganten Restaurants eine **leicht mondäne Atmosphäre,** die ein wenig an Sylt erinnert. Einen Hauch von Exklusivität mag man verspüren. Wenn die Sonne scheint, kommen schnell viele Tagesgäste, denn Hamburg ist relativ nah und ein kurzer Abstecher hierher schnell gemacht. Wer Spaß am Bummeln, Flanieren und Sehen-und-Gesehen-Werden hat, sucht die Fußgängerzone auf. Timmendorf ist ein gewachsener Ort, kein künstliches Ferienzentrum. Zwar tummeln sich an heißen Tagen die Urlauber, aber sobald man sich einmal von der „ersten Straße" entfernt, wird es gleich ruhiger.

853sc-fr

Wer es noch ruhiger wünscht, braucht nur dem **Strand** ein Stück zu folgen und hat diese Welt hinter sich gelassen. Der Strand erscheint endlos, er ist feinsandig und gut 30 bis 40 m breit. Im oberen Bereich Richtung Niendorf verläuft ein Holzbohlenweg durch die **Dünen,** dort finden sich auch einige pfiffig geformte Ruhebänke.

Sehenswertes

Eine Art Zentrum bilden der Kurpark und die **Promenade,** eine typische Bummel- und Flaniermeile mit exklusiven Schmuckläden, Designermode, schicken Deko-Läden, Freiluftcafés und jeder Menge Restaurants. Kleine Besonderheit am Rande: Quer durch die Fußgängerzone verläuft der 54. Breitengrad, auffällig markiert auf dem Pflaster.

Etwa in Höhe des zentralen Punktes des touristischen Lebens ragt eine **Seebrücke** ins Meer hinein. Diese wurde aufwendig umgestaltet und hat an der Spitze ein Gebäude im Stil eines japanischen Teehauses, in dem sich das *Restaurant Wolkenlos* befindet.

Nicht weit entfernt steht eine etwa zwei Meter hohe **Skulptur** aus Eisen, die **Udo Lindenberg** in einer typischen Pose zeigt, zu finden hinter dem *Maritim Seehotel.* Hier schrieb der Panik-Rocker einst den Song „Horizont" – weshalb die Skulptur auch dieses Wort trägt.

Sea Life Center

Eine der spektakulärsten Sehenswürdigkeiten der ganzen Küste ist das *Sea Life Center.* In 38 verschiedenen **Aquarien** werden über 2500 Tiere aus Nord- und Ostsee, aber auch aus Süßwasserseen in ihrer **jeweiligen Lebensumwelt,** ihrer ureigenen Gewässerzone vorgestellt. Die Fische tummeln sich in Aquarien, die die Bedingungen der Ostsee, der Atlantiktiefen, aber auch eines rauschenden Wasserfalls nachahmen. Alles ist naturgetreu nachgebildet, selbst eine Fjordlandschaft und ein Hafen sind zu finden. Daneben ist sogar eine Seepferdchenausstellung zu bewundern.

Den Besuchern wird die Möglichkeit gegeben, sich den Tieren weitestgehend zu nähern, überall sind Vergrößerungsfenster und **Panorama-Glaskuppeln** eingebaut. Dort steckt man den Kopf hinein und schaut wie ein Taucher den Fischen in die Augen. Die größte Attraktion ist wohl ein acht Meter langer **Unterwassertunnel,** in dem man sich wie auf dem Meeresboden fühlt. Über den Besuchern schwimmen die Fische und glotzen genauso neugierig zurück. Sogar die Möglichkeit zum Streicheln bestimmter Fische ist vorgesehen. Zu festen Uhrzeiten werden die Tiere gefüttert.

■ **Sea Life Center,** Kurpromenade 5, Tel. 358 80, www.visitsealife.com, tägl. 10–18 Uhr, Juli/Aug. bis 19 Uhr, Nov.–Febr. 10–17 Uhr, Eintritt 17 €, Kinder (3–14 Jahre) 14 €.

[>] Seebrücke mit dem Lokal „Wolkenlos"

Praktische Tipps

Info

- **PLZ:** 23669
- **Vorwahl:** 04503
- **Einwohner:** 9000
- **Touristinformation:** *Tourist-Service,* Timmendorfer Platz 10, Tel. 357 70.
- **Internet:** www.timmendorfer-strand.de

Unterkunft

- **Seestern**③-④, Strandallee 124, Tel. 26 51, www.seestern-timmendorf.de. Zentrale Lage, zwölf Zimmer. Zum Strand sind es über einen nahen Zugang nur wenige Schritte. Sauna, Solarium, eigener Parkplatz vorhanden. WLAN.
- **Landhaus Carstens**④, Strandallee 73, Tel. 60 80, www.landhauscarstens.de. Kleines, feines Haus am Strand mit 31 Zimmern, davon 22 im alten Gebäude an der Seepromenade, die anderen in einem moderneren Haus gegenüber. Insgesamt sehr freundlich und hochwertig-modern eingerichtet. Eingangsbereich und Kamin-Lounge sind im englischen Stil gehalten. Neben einem Wellness-Bereich mit Sauna und chlorfreiem Pool gibt es ein gutes **Restaurant** mit Gartenterrasse.
- **The Cozy Hotel**④, Schmilinskystr. 2, Tel. 76 09 10 00, www.barefoothotel.de. Ein Hotel, das sich durch viel Holz, Naturmaterialien und warme Töne auszeichnet und den unkomplizierten Stil der amerikanischen Ostküste abbildet. Das Haus liegt zentral beim Kurpark und ca. 200 m vom Strand entfernt. Es gibt 55 Zimmer und Suiten in vier Kategorien in hellen, klaren Farben, beispielsweise mit weißem Holz. Hunde sind willkommen, WLAN.

922sc sm

Gastronomie

■ **Anno 1865,** Wohldstr. 25, Tel. 88 87 90, https://anno1865.de, Mo–Do 17–22, Fr–So 12–22, Di Ruhetag. Das Lokal trägt den Zusatz „Steakhaus", und so werden in dem historischen Reethaus vor allem Steaks in allen Varianten und in bester Qualität geboten, u.a. vom Lava-Grill.

■ **Filou,** Kurpromenade 2, Tel. 12 15, www.restaurant-filou.de, ab 11.30 Uhr, Küche bis 21 Uhr. Angeboten werden Snacks, Salate, Pasta, aber auch Fisch- und Fleischgerichte, außerdem gibt es als Besonderheit den „heißen Stein", auf dem man sich Fleischgerichte zubereiten lassen kann.

■ **Café Engel's Eck** und **Central Café Fitz,** beide in der Fußgängerzone mit riesiger Terrasse. Man sieht und wird gesehen. Das *Engel's Eck* wird deshalb auch *Café Wichtig* genannt und wirbt mittlerweile selbst mit diesem Etikett, https://cafewichtig.de. Beide Cafés sind sehr beliebt, sehr zentral gelegen und bieten eine gute Bistrokarte für den ganzen Tag vom Frühstück bis zum Abenddrink.

■ **Gosch,** Kurpromenade 6, Tel. 898 34 75, www.gosch.de, tägl. ab 11 Uhr. Der Sylter Groß-Gastronom *Gosch* hat im Kurpark einen Ableger mit einer beachtlichen Außenterrasse. Bekannt-gute *Gosch*-Qualität mit Selbst-Abholservice, wie bei *Gosch* üblich, natürlich mit viel Fischigem, aber auch mit mediterraner Küche.

Schiffstouren

■ Das **Ausflugsschiff** *MS Hanseat II* der Reederei Belis startet beinahe täglich von der Seeschlösschenbrücke mit dem Restaurant *Wolkenlos* zu Rundfahrten durch die Ostsee, auch bis nach Grömitz oder Neustadt. Nähere Infos: www.ostsee-rundfahrten.de.

Niendorf

Niendorf ist der nächste Strandort hinter Timmendorf in Richtung der Travemündung. Ein alter Kern um den kleinen Hafen hat sich erhalten, er liegt am Ortsende an der Strandstraße.

Mein Tipp: Einige Fischerboote dümpeln hier im **Hafenbecken.** An Buden wird fangfrischer Fisch verkauft. Zwei, drei Lokale sind dort auch zu finden und als originelles Fotomotiv die Figur eines alten „Sailors", der auf einer Bank sitzt und versonnen aufs Meer blinzelt. In der Saison findet an jedem ersten Sonntag ab 9 Uhr ein **Fischmarkt** direkt am Hafen statt. Insgesamt hat sich hier eine Art maritimes Zentrum gebildet, es gibt eine Töpferei, eine Galerie und 100 m entfernt in Richtung Timmendorf ein Eiscafé am Hafen, das leckeres italienisches Eis anbietet.

Der **Strand** ist sehr schön, weichsandig und fast frei von Steinen. Außerdem geht er flach ins Meer über. Er ist über acht Kilometer lang und führt, nur durch den Niendorfer Hafen unterbrochen, weiter bis nach Timmendorf.

Direkt hinter dem Strand verläuft eine **Promenade** zwischen Strand und Häuserzeile, unterbrochen von einigen Lokalen. Sie wurde nett aufgehübscht und zeigt sich ziemlich schmuck. Unmittelbar dahinter liegen Häuser, darunter auch einige **Ferienwohnungen.** Wer hier sein Zimmer zur richtigen Seite hat, schaut aufs Meer, ansonsten auf die Strandstraße, eine der zwei Straßen, die sich durch das Dorf schlängeln.

Außer dem Hafen findet man noch ein **Meerwasserhallenbad,** das Abwechslung bietet (s.u.), ansonsten dominiert ruhiges Strandleben. Wer mehr Unterhaltung wünscht, muss „rüber“ nach Timmendorf fahren.

Vogelpark Niendorf

Eine echte Attraktion ist ein Besuch im *Vogelpark Niendorf.* Er ist zu Fuß vom Ort erreichbar und liegt am Nordufer des Hemmelsdorfer Sees. Einfach der Straße An der Aalbeek folgen, die in Höhe des Hafens abzweigt, eine überdimensionale Eule weist den Weg. Tausend Vögel in 250 Arten aus aller Welt, aber vor allem heimische, sind hier zu finden, so Kraniche, Störche, Reiher, aber auch Fasane, Adler oder Geier. Weiterhin findet man eine der weltweit größten Sammlungen von lebenden **Eulen** (laut Eigenwerbung). Ein großer Teil der Vögel lebt **frei auf dem Gelände,** das durch Schilfbewuchs, kleine Teiche und ein natürliches Sumpfgebiet geprägt ist. Deswegen sprechen die Betreiber auch vom „natürlichsten Vogelpark Deutschlands“.

- **Vogelpark Niendorf,** An der Aalbeek, 23669 Timmendorfer Strand, Tel. 47 40, www.vogelpark-niendorf.de, tägl. 9–19.30 Uhr, in der Nebensaison 10–16 Uhr, Eintritt 12 €, Kinder (3–15 Jahre) 6 €. Vor Ort keine Kartenzahlung möglich.

Praktische Tipps

Info

- **PLZ:** 23669
- **Vorwahl:** 04503
- **Touristinformation:** *Gästezentrale,* Strandstr. 121a, Tel. 35 77 60.
- **Internet:** www.niendorf-ostsee.de

Unterkunft

- **Hotel Mein Strandhaus**④, Strandstr. 65/67, Tel. 89 50, www.hotel-mein-strandhaus.de. Familienunternehmen in fünfter Generation. Bestechende Lage direkt am Strand. Von etlichen der 35 Zimmer toller Meerblick, angeschlossen ist ein Restaurant und ein Schwimmbad. WLAN.
- **Hotel Atlantic**③, Strandstr. 119, Tel. 88 91 00, www.hotel-atlantic-niendorf.de. Ein schickes, weißes und familiäres Haus, freundliche Zimmer, teilweise mit Meerblick.
- **Hotel Seehuus** ab④, Strandstr. 69, Tel. 80 12 69, www.seehuus-hotel.de. Liegt sehr schön direkt am Strand und hat 74 Zimmer mit Balkon und viele Räume mit tollem Meerblick. Es gibt unterschiedliche Zimmerkategorien von *Classic* bis zur *Penthouse Suite.* Insgesamt mit modernem Design und in angenehmen Farben gestaltet. WLAN.

Gastronomie

- **Hafenräucherei Klüvers,** Strandstr. 37, Tel. 68 80, https://kluevers.com, tägl. 10–19 Uhr, direkt am Hafen mit Selbstbedienung. Geräucherter oder panierter Fisch mit Kartoffelsalat ist der Renner!
- **Riff Strandbar,** direkt am Strand beim Hafen zu finden, am Ende von „Grüner Weg“, www.riff-strandbar.de, Mai–Okt. 12–22 Uhr. Sehr entspanntes *Beach-Feeling* bei einem kühlen Drink und chilliger Lounge-Musik.

■ **Fischkiste,** Strandstr. 56, Tel. 315 43, www.fischkiste.de, März–Okt. tägl. 11–22 Uhr durchgehend, Nov.–März Do–Mo 12–21 Uhr. Direkt am Hafen, entsprechend werden wunderbare Fischgerichte gezaubert, aber es gibt auch Fleischiges. Verglaste Außenterrasse mit Blick aufs Meer.

■ **Café Strandvilla,** Grüner Weg 5, Tel. 314 04, www.strand-villa.de, tägl. 12–18 Uhr. Befindet sich am Hafen in einer schicken, alten Villa und hat eine Meerblick-Terrasse. Neben Kuchen und Torten gibt es auch Flammkuchen.

Einkaufen

■ **Hafentöpferei,** Am Hafen 3, Tel. 70 39 35, tägl. außer Mi 11–17 Uhr. Angeboten wird hauptsächlich Gebrauchskeramik.

■ **Meerseifen,** Strandstr. 116, Tel. (0151) 41 63 61 69, www.meerseifen.de, Mi–Sa 14–17 Uhr. In einem kleinen Werkstattladen verkauft Frau *Dammann* eigene Seifen aus pflanzlichen Fetten.

Feste und Veranstaltungen

■ **Jazzbaltica,** internationale Jazz-Größen spielen alljährlich im Juni bei dem renommierten Jazz-Festival, das seit 1991 stattfindet (seit 2012 in Niendorf), www.jazz baltica.de.

■ **Hafentage,** mit Showprogramm und Feuerwerk, im August.

Aktivitäten

■ **Meerwasserhallenbad,** Strandstr. 133, Tel. 54 56, www.meerwasserhallenbad-niendorf.de. Liegt am Strand und bietet bei 28 °C einen tollen Blick aufs Meer. Geöffnet: generell mit leichten Abweichungen 10–18 Uhr, Mi und Fr ab 7 Uhr.

Karls Erlebnishof, Fuchsbergstr. 4, 23626 Warnsdorf, Tel. (045029) 88 84 32, www.karls.de, geöffnet ab 8 Uhr, Eintritt frei. Etwa zwei Kilometer im Hinterland in Warnsdorf befindet sich dieser Bauernhof mit diversen Unterhaltungsmöglichkeiten wie Ponyreiten, Trecker fahren, spielen, Tiere streicheln und natürlich einkaufen auf einem großen Bauernmarkt. Außerdem wird von 8 bis 11 Uhr ein Frühstück geboten, es gibt auch Mittagessen sowie täglich frisch gebackenen Kuchen. Anfahrt: Höhe Meerwasserhallenbad von der Küstenstraße abbiegen und Niendorf über die Häver Allee verlassen.

Lübeck-Travemünde

„An diesem Ort, in Travemünde, wo ich die unzweifelhaft glücklichsten Tage meines Lebens verbracht habe, Tage und Wochen, deren tiefe Befriedigung und Wunschlosigkeit durch nichts Späteres in meinem Leben (...) zu übertreffen und in Vergessenheit zu bringen war – an diesem Ort gingen das Meer und die Musik in meinem Herzen eine ideelle, eine Gefühlsverbindung für immer ein."

Thomas Mann liebte Travemünde, dieses Geständnis machte er 1926. Heute dürfte es für viele Lübecker, aber auch für eine nicht geringe Zahl von Hamburgern ebenfalls gelten. Für beide ist Travemünde problemlos zu erreichen, die Hamburger müssen nur etwas länger fahren.

Was macht den Reiz dieses Seebades aus? Natürlich lockt in erster Linie der **Strand,** gute vier bis fünf Kilometer lang und teilweise **100 m breit,** das macht ihm

▷ Häuser im Bäderstil in Travemünde

kaum ein anderer Ostseestrand nach. Im weichen, hellen Sand können Tausende den Tag genießen, ohne sich auf die Füße zu treten. Etwa 2000 Strandkörbe stehen in der Hochsaison bereit. Aber das ist nicht alles. Travemünde – verwaltungsmäßig ein Stadtteil von Lübeck – bietet eine reizvolle Mischung von Strandleben und Stadtflair in einem eigenständigen Ort, der nicht ausschließlich durch den Tourismus entstanden und geprägt ist. Außerdem besticht auch das große neu gebaute Resort auf dem Priwall, auf der anderen Traveseite.

Sehenswertes

Der Strand endet an der **Mündung der Trave.** Hier steht das weithin sichtbare **Maritim-Hochhaus** mit 35 Stockwerken, in dem auch ein Hotel untergebracht ist. Nicht weit davon erhebt sich der älteste **Leuchtturm** (1539) des Landes. 142 Stufen führen hoch zur Plattform in 31 m Höhe. Ein kleines Museum zur Leuchtfeuergeschichte ist ebenfalls zu besichtigen, aber vor allem kann man den tollen Fernblick genießen.

■ **Alter Leuchtturm,** Am Leuchtenfeld 1, April bis Juni, Sept. bis Okt. Di, Do, Sa, So 13–16, Juli/Aug. tägl. 11–16 Uhr, Eintritt 2 €.

Promenade und Kaiserallee

Die Promenade verläuft parallel zum **Strand** und, nachdem sie einen „Knick“ gemacht hat, über gut 1,5 km entlang der **Trave** weiter. Hier flanieren die Touristen in Richtung Altstadt, passieren dabei einige Lokale, einen Park und den Hafen. Dahinter geht es in die Altstadt.

Die Kaiserallee führt hinter der Strandpromenade entlang. Sie wird von kastenförmig geschnittenen Linden gesäumt. Hier liegen schöne, alte **Häuser im Stil der Bäderarchitektur.** Diese beherbergen zum größten Teil kleine Ho-

093sc mf

094sc mf

tels und Pensionen, die überwiegend sehr geschmackvoll gestaltet sind.

Altstadt

Der alte Ortskern liegt nahe dem Hafen rund um die **St.-Lorenz-Kirche.** Sie stammt aus dem Jahr 1522 und birgt in ihrem Inneren einen wertvollen Holzaltar. In der Nähe liegt Ecke St.-Lorenz-Str./Vorderreihe die **Alte Vogtei**, ein Backsteingiebelhaus aus der Zeit um 1600. Besonders auffällig ist das Sandsteinwappen über der Tür.

Rings um die St.-Lorenz-Kirche finden sich etliche **Giebelhäuser** aus dem 18. und 19. Jh., besonders in der **Straße Vorderreihe.** Diese Straße ist, genau wie die Kaiserallee, unter Denkmalschutz gestellt worden. Eine ganze Reihe erhaltenswürdiger Häuser, teilweise liebevoll restauriert, stehen hier und zeugen von alter Pracht. Das älteste Haus stammt aus der zweiten Hälfte des 16. Jh. und steht in der Jahrmarktstraße 13.

Viele der alten Bädervillen in Travemünde sind noch heute Hotels

Seebadmuseum

Das kleine Seebadmuseum am Marktplatz nahe der St.-Lorenz-Kirche erinnert an die lange Geschichte Travemündes als Seebad, seit 1802 zieht es „Sommerfrischler" an die Ostsee. Die alte Zeit wird hier wieder lebendig durch Filme, Hörstationen und Exponate. Kinder werden wohl über die „uncoole" damalige Bademode staunen.

Seebadmuseum, Torstr. 1, Tel. 999 80 94, www.seebadmuseum-travemuende.de, März–Dez. Di–So 11–17 Uhr, Eintritt 6 €, ermäßigt 3,50 €.

Fischereihafen

Der Fischereihafen liegt am westlichen Ende der Promenade, gleich neben der Autofähre zur Landzunge Priwall. In diesem kleinen, netten Abschnitt landen noch echte Fischerboote an, von denen der Fang teilweise direkt verkauft wird. Passend dazu befinden sich am Hafen einige **urige Kneipen,** die frisch gezapftes Bier und Fischbrötchen anbieten, mit vereinzelt aber doch etwas rauem Charme.

Segelschiff „Passat"

Das Segelschiff *Passat,* eine **Viermastbark** der legendären **Flying-P-Linie,** liegt in der Mündung der Trave. Dieser stolze Segler wurde 1911 fertiggestellt. Etliche Fahrten nach China und vor allem nach Chile, um Salpeter zu laden, hat die *Passat* unternommen. Bis 1957 fuhr sie für verschiedene Reeder, später auch als Schulschiff. 1957 fand die letzte Reise statt, denn die Zeit der Großsegler war vorbei. Nach einigem Hin und Her liegt das Schiff nun seit 1965 an seinem Ankerplatz in Travemünde und ist mittlerweile zum **Wahrzeichen des Ortes** geworden. Ein gleichartiges Schwesterschiff, die *Pamir,* ging 1957 unter, in der Lübecker Jakobikirche wird mit einer Gedenktafel daran erinnert.

Ein **Rundgang über das Schiff** lässt staunen – über die schiere Größe, die Enge der Kojen, über das ausgeklügelte Konzept, nach dem die Segel gesetzt und gerefft wurden. Man spürt fast die körperliche Arbeit, die dahinter steckte. Besucher bewundern die Takelage, die gewaltigen Ruder, die enorme Höhe der Masten, die Dicke der Taue. Außerdem können der tiefe **Frachtraum,** die unterschiedlich großen **Kojen** und ein **Funkraum** besichtigt werden. Unter Deck befindet sich eine Dokumentation mit vielen alten Fotos, Arbeitsgerätschaften und erklärenden Hinweistafeln.

Passat, Am Priwallhafen 16, Tel. 52 87, Ostern bis Mitte Mai tägl. 11–16.30 Uhr, Mitte Mai bis Ende Sept. tägl. 10–17 Uhr, Ende Sept. bis Okt. tägl. 11–16.30 Uhr, Eintritt 5 €.

Landzunge Priwall

Das dem Ort gegenüber liegende Trave-Ufer wird von der Landzunge Priwall gebildet. Die winzige Landzunge war, als die DDR noch existierte, ein **deutsch-deutsches Kuriosum.** Gebietsmäßig gehörte diese Halbinsel zu Travemünde, also zur Bundesrepublik. Der einzige Landweg aber führte durch die DDR, war damit also versperrt. Bis 1989 war Priwall deshalb nur mit einer **Fähre** zu erreichen. Diese pendelt heute noch von der Vorderreihe. Von der Strandpromenade, fast bei der Trave-Mündung, legt eine Personenfähre („kleine Norderfähre") ab.

Entsprechend abgelegen und isoliert lagen die wenigen Häuser, Campingplätze und auch der durchaus schöne Strand. Nach dem Fall der Mauer passierte lange Zeit nicht viel, aber dann regte sich doch der Wunsch nach touristischer Nutzung. Und so kam ein dänischer Investor ins Spiel, der das große Projekt **Priwall Wa-**

Großsegler – Stolz der Seefahrt

„Einmal noch nach Bombay oder nach Schanghai, einmal noch nach Rio oder nach Hawaii", *Hans Albers* traf den Nerv der Zeit. Wenn ein Großsegler, ein Schiff mit drei oder gar vier Masten, im Hamburger Hafen lag, dann drückten sich die Jungs die Nasen platt und bekamen gestandene Seeleute feuchte Augen. Kein Wunder, das war ein Anblick! Ein **Viermastschiff weckt Sehnsüchte,** lässt Abenteuervisionen aufkommen, ist der Stolz der Seefahrt. Wenn es voll aufgetakelt ausläuft, schwört sich so mancher: „Nächstes Mal bin ich dabei, ganz sicher!" Aber das ist Schnee von gestern – eine Epoche ist vergangen, die Zeit der Großsegler unwiederbringlich vorbei.

Um die Wende zum 20. Jh. war das mal anders, und die heute in Travemünde liegende **„Passat"** gehörte dazu. Damals wurde beispielsweise von der Hamburger Reederei *Laeisz* eine ganze **Flotte Großsegler** gebaut und betrieben, die sogenannten *Flying-P-Liner.* Insgesamt 65 Schiffe, darunter 17 Großsegler, wurden gebaut, und alle 65 Namen begannen mit dem Buchstaben P: *Padua, Pamir, Passat, Perkeo, Peking, Pola* usw. Diese Besonderheit hatte einen einfachen Hintergrund, soll doch die Ehefrau des Reeders auf den Kosenamen *Pudel* gehört haben. So wurde dann auch 1856 das erste Schiff getauft. Das galt als gutes Omen, und Reeder *Laeisz* beließ es dabei, so einfach war das damals.

Bis zum Ersten Weltkrieg gab es insgesamt 210 Großsegler, die meist als **Frachtsegler auf allen Weltmeeren** im Einsatz waren. Teilweise lieferten sich die Kapitäne regelrechte **Wettfahrten** auf dem Weg um Kap Hoorn oder nach Australien. *Weizen-Regatta* wurde das genannt, weil es darum ging, bei den Weizen-Auktionen als Erster im Ziel einzulaufen. Den Kapitänen wurde dafür eine Prämie gezahlt, und so knüppelten sie ihre Schiffe und Mannschaft regelrecht über die Ozeane.

854sc-fr

1911 wurde die *Passat* auf Jungfernfahrt nach Valparaiso in Chile geschickt, um Salpeter zu laden. Insgesamt 15 große Fahrten unternahm die *Passat* später, umrundete 39 Mal Kap Hoorn. 1949 wurde dann das **letzte große Weizen-Rennen** ausgetragen, die *Passat* gegen die *Pamir* auf der Strecke Australien – Europa. Die *Passat* siegte nach 109 Tagen, die *Pamir* lief 19 Tage später ein.

Dann änderten sich langsam die Zeiten, die schnelleren und wirtschaftlicheren **Motorschiffe** verdrängten nach und nach die Segler. Aber auch für die Mannschaften wurde bei aller Romantik die Arbeit durch die Motorschiffe angenehmer; das sollte man nicht vergessen. Dazu kam noch der Schock des **Untergangs der „Pamir“.** Am 21. September 1957 wurde das Schiff in Höhe der Azoren von einem fürchterlichen Sturm überrascht, kenterte und versank binnen kurzer Zeit. 80 Mann ertranken, nur sechs konnten gerettet werden. Damit war das **Ende der Großsegler** besiegelt. Nur einige Einzelkämpfer wollten das nicht wahrhaben und schickten Segler trotz ungünstiger Frachtraten auf Reisen. Vergebens, gegen die Containerschiffe kam kein Segler an.

Heute sind **vier Schiffe der Flying-P-Line** übriggeblieben: Die *Padua* läuft als russisches Schulschiff *Kruzenshtern,* die *Pommern* liegt auf den Ålandinseln als Museumsschiff, die *Peking* in New York und die *Passat* in **Travemünde.** Großsegler sieht man heute nur noch selten im Einsatz, beispielsweise in Kiel, wenn das deutsche **Segelschulschiff „Gorch Fock“** mal im Hafen liegt, oder bei Großereignissen wie der *Sail,* einem Segler-Treff, der alle zwei Jahre stattfindet.

◻ Die „Passat“ im Hafen von Travemünde

terfront plante. Vorgesehen waren mehrere große Komplexe an Ferienwohnungen und Hotels. Ein großer Teil des Projekts wurde schon umgesetzt. Es gibt mehrere gastronomische Betriebe, einige Shops, einen Marktplatz, Spielplatz, und die *Passat* liegt sehr fotogen vor dem großen Segelhafen (400 Liegeplätze). Es hat sich enorm was getan auf dieser Seite, aber auch **auf der nördlichen Trave-Seite** entstanden im Mündungsbereich neue Unterkünfte, etwa das große *aja-Hotel* und das Apartmenthaus *High End Travemünde.* Als Ergänzung soll noch eine schmucke Trave-Promenade hinzukommen, die das Gesamtbild abrunden wird.

„Warum ist die Scholle platt?“ Fragen wie diese werden in der **Ostseestation Travemünde** beantwortet. Erfahrene Meeresbiologen führen Besucher in kleinen Gruppen zu etwa 25 Schau-Aquarien und berichten äußerst informativ über die vielen Geheimnisse der Ostseebewohner.

■ **Ostseestation Travemünde,** Priwallpromenade 29, April bis Okt. Di–So 10–18 Uhr (Nov. bis März nur Do–So), öffentliche Führungen nach Voranmeldung um 10, 11.30 und 16 Uhr, Eintritt 10 €, Kinder bis 12 Jahre 6,50 €, Familien 30 €, Besuch ohne Führung 13–16 Uhr, Eintritt 7 €, Kinder bis 12 Jahre 5 €, Familie 22 €.

Praktische Tipps

Info

- **PLZ:** 23570
- **Vorwahl:** 04502
- **Touristinformation:** *Welcome Center,* Strandbahnhof, Bertlingstr. 21, Tel. (0451) 889 97 00.
- **Internet:** www.travemuende-tourismus.de

Unterkunft

Eine ganze Reihe von Unterkünften liegt in schönen, meist familiären Häusern entlang der Kaiserallee, also in unmittelbarer Strandnähe. Die Lage hat allerdings auch ihren Preis.

- **Lili Marleen**②, Torstr. 34, Tel. (04502) 888 26 11, http://hotel-lilimarleen.de. Sehr schönes, kleines Haus in der zweiten Reihe von Travemünde unweit der Kirche. Das schmucke, helle Gebäude bietet einige liebevoll eingerichtete Zimmer, die maritime Namen tragen. Es gibt auch Apartments, die in den benachbarten Altstadthäusern untergebracht sind.
- **Villa Wellenrausch**③, Kaiserallee 5, Tel. 40 50 28 61 10, http://villa-wellenrausch.de. Weißes, prächtig verziertes Gebäude im Stile der Bäderarchitektur. Schicke Zimmer in hellen Farben und fast nordischem Stil in unterschiedlichen Größen. Es gibt neben EZ und DZ auch Apartments. WLAN.
- **SlowDown Hotel**④, Priwallpromenade 20, Tel. 76 68 448, www.slowdown-travemuende.de. Großer Komplex auf dem Priwall mit 110 Zimmern mit Küchenzeile, die Superior-Zimmer mit Wasserblick, die Suiten haben sogar einen Whirlpool und eine Sauna. Mit Wellnessangeboten.

Camping

- **Campingplatz Ivendorf,** Frankenkrogweg 2–4, Tel. 48 65, www.camping-travemuende.de, ganzjährig geöffnet. Etwa drei Kilometer außerhalb von Travemünde, von der B75 nach Ivendorf abzweigen, ausgeschildert. Mit Natur-Schwimmteich. WLAN.
- **WoMo-Stellplatz:** ganz in der Nähe vom Brodtener Ufer liegt der ganzjährig geöffnete WoMo-Stellplatz *Komitzberg,* Komitzberg 40, mit Platz für 49 Fahrzeuge. Strom, Wasser und Entsorgungseinrichtungen gegen Gebühr nutzbar, Tel. 80 41 30.

Gastronomie

- **Luzifer,** Auf dem Baggersand 3, Pier 3, Tel. 30 78 11, www.luzifer-sylt.de, Mo–Fr ab 9.30, Sa/So ab 9 Uhr. Das relativ große Lokal mit schöner Terrasse liegt vor dem Fischereihafen direkt an der Trave, daher bietet sich ein toller Blick auf die Trave bis hinunter zur *Passat.* Das Lokal serviert gute Bistroküche in lockerer Atmosphäre.
- **Gosch,** Vorderreihe 64a, Tel. 77 79 099, www.gosch.de, Mo–Fr ab 12, Sa/So ab 11 Uhr, jeden Samstag Live-Musik ab 19.30 Uhr. Der Sylter Groß-Gastronom *Gosch* hat einen hervorragenden Platz an der Trave mit einer großen Terrasse. Es gibt die bekannt gute *Gosch*-Bistro-Küche mit viel Fisch und Selbstabholung in einer entspannten Atmosphäre und mit tadellosem Blick auf die weite Trave.
- **Landungsbrückenrestaurant & Kaisergarten,** Vorderreihe 52, Tel. 41 99, Mo–So 11.30–23 Uhr. Großes Lokal mit einer sehr großen Terrasse, das direkt am Ufer der Trave liegt, teilweise sitzt man dort sehr kommod in Strandkörben. Serviert wird eine mediterrane Küche, außerdem regionale Fischgerichte.
- **Trave-Blick**②, Vorderreihe Brücke 148, neben der Prinzenbrücke, Tel. (04502) 26 45, www.traveblick-travemuende.de, ab 11 Uhr, Sa/So ab 10 Uhr geöffnet. Das Lokal schwimmt auf zwei Pontons in der Trave. Serviert wird gutbürgerliche Küche mit Fisch und Fleisch in urigem Ambiente.
- **Ahoi Travemünde**, Priwallpromenade 1, Tel. 78 01 300, www.ahoisteffenhenssler.de, tägl. 11–22 Uhr. Der umtriebige Gastronom Steffen Henssler hat direkt an der Mündung der Trave eines seiner lässigen Lokale eröffnet. Von der ruhigen Ter-

rasse genießt man einen formidablen Meerblick. Serviert wird eine gute Bistroküche mit Fisch, Salaten, Burgern, Sushi Bowls oder auch Schnitzel.

Feste und Veranstaltungen

- **windart,** von Mai bis Ende Okt. stehen an markanten Orten attraktive, innovative Windspiele.
- **Shanty-Festival,** Ende Juni treten 40 internationale Chöre auf.
- **Travemünder Woche,** eines der größten Segelsportereignisse überhaupt mit etwa 2000 Seglern, im Juli.
- **St.-Lorenz-Markt,** Altstadtfest rund um die St.-Lorenz-Kirche, im August.

Schiffstouren

- **MS Hanse Ferry** pendelt ganzjährig zwischen Lübeck und Travemünde. Infos: www.hanse-travemuende.de.
- Die **MS Hansa** unternimmt Ausflugsfahrten zum Dummersdorfer Ufer oder in die Pötenitzer Wiek. Die Abfahrt zu diesen einstündigen Touren erfolgt von der Überseebrücke 2, meist dreimal tägl. um 12.30, 14 und 15.30 Uhr. Infos: www.hansa-lübeck.de.

In der Umgebung

Brodtener Steilufer

MEIN TIPP: Ein beeindruckendes Steilufer liegt nur wenige Kilometer nördlich von Travemünde (von der B76 an ausgeschildert). Der Weg dorthin führt über eine zwei bis drei Kilometer lange Piste. An schönen Sommertagen ist hier kein Parkplatz zu bekommen, dann staut sich die Blechlawine entlang des ganzen Weges. Sowohl von Travemünde als auch von Niendorf aus kann man aber auf einem **Wanderweg** zu Fuß oder per Rad sehr schön immer an der Steilküste entlang dorthin gelangen.

Man steht auf dem etwa 20 m hohen Kliff und sieht tief unten das Meer. Das Kliff steigt sogar an manchen Stellen bis zu 30 m hoch und zieht sich über etliche Kilometer hin, ein beeindruckender Anblick. Geröllmassen brechen durch Herbststürme immer mal wieder ab und sammeln sich unten am Ufer.

Am oberen Rand der Steilküste liegt ein bekanntes **Restaurant,** die *Hermannshöhe.* Von der gemütlichen Außenterrasse genießt man eine wunderbare Aussicht.

Gastronomie

- **Erlebniscafé Hermannshöhe,** Hermannshöhe 1, 23750 Lübeck, Tel. 888 54 25, www.die-hermannshoehe.de, tägl. 11–18 Uhr, Sa/So Frühstücksbüffet 8–11 Uhr. Geboten wird saisonale Holsteiner Küche, aber auch Snacks, Pizza, Flammkuchen sowie selbst gebackener Kuchen und Torten, das Ganze bei Selbstbedienung. Ein **Shop** *(Luv & Lee)* mit regionalen Produkten ist angeschlossen.

Lübeck

Lübeck ist mit seiner wunderschönen Altstadt unangefochten die touristische Nummer eins in Schleswig-Holstein. Das hat auch die UNESCO erkannt, die **Altstadt** wurde 1987 in die Liste des **Weltkulturerbes** aufgenommen.

Wer sich der Stadt nähert, vielleicht gar durch das weltberühmte Holstentor schreitet, ahnt sofort, warum. Die fünf großen Kirchen mit ihren insgesamt sieben Türmen geben der Stadt ihre unverwechselbare **Silhouette.** Dann spaziert man über eine der zahlreichen **Brücken** – die Altstadt ist komplett von Flüssen umgeben – und folgt einer der leicht ansteigenden Straßen ins Zentrum.

Wohin soll man sich zuerst wenden? Es ist eigentlich egal, denn die Wege sind kurz und es gibt in fast jeder Straße etwas zu entdecken. Also, einfach drauflosspazieren, die **Lübecker Altstadt** ist ein Gesamtkunstwerk, und allzu groß ist sie auch nicht. Vom Holstentor bis zur gegenüberliegenden Rehderbrücke, über die man die Altstadt wieder verlassen kann, sind es gerade mal 1000 m, etwa doppelt so lang ist der Weg von der Burgtorbrücke bis zum Dom.

Auffällig sind die schlanken, hohen, alten **Kaufmannshäuser.** Meist sind sie drei, vier Stockwerke hoch und verjüngen sich im oberen Teil. Dominierend sind hier die **Stufengiebel,** die es mit sich bringen, dass in der oberen Etage meist nur ein Fenster eingebaut werden konnte. Die alten Kaufmannshäuser haben oben, knapp unter dem Dach, meist eine Winde oder einen handbetriebenen kleinen **Kran.** Damit wurden die gehandelten Waren hochgezogen und, sicher vor der Flut, im **Speicher** im zweiten Stock gelagert. Andere Waren kamen in den Keller. Die **Luken,** durch die diese Waren rutschten, sind noch heute auf Straßenniveau zu erkennen. Der **Eingang** zum Haus lag meist eine halbe Etage über dem Bürgersteig – auch dies war eine Sicherung gegen mögliche Überschwemmungen.

Geschichte

819 wurde bereits eine slawische Burganlage am Zusammenfluss von Schwartau und Trave errichtet. 1072 wurde erstmals der Name *Liubice* in einer Chronik festgehalten, daraus entwickelte sich dann später der Name Lübeck. 1138 wurde diese Siedlung komplett zerstört und 1143 von *Graf Adolf II.* neu gegründet. 1157 brannte sie ab und ein erneuter Versuch zur Besiedlung wurde von *Heinrich dem Löwen* 1159 gestartet. Auf der Halbinsel zwischen Trave und Wakenitz entstand Lübeck zum zweiten Mal.

Bereits 1160 wurde der **Bischofssitz** von Oldenburg in die junge Siedlung, die bald Stadtrechte erhielt, verlegt. Kurz danach entstand der erste Dom, weitere Kirchenbauten wurden noch im gleichen Jahrhundert begonnen (St. Marien, St. Petri).

1226 das nächste einschneidende Datum: Kaiser *Friedrich II.* erteilte Lübeck das Reichsfreiheitsprivileg. Damit wurde Lübeck eine **freie Reichsstadt** und unterstand auf ewig dem jeweiligen Reichsoberhaupt. Dieses Recht galt immerhin 711 Jahre, bis 1937.

Im 13. Jh. begann man mit dem Bau von **Backsteingebäuden.** Vorher hatten

Feuersbrünste mehrfach die bis dato existierenden Holzhäuser vernichtet.

Im 14. Jh. festigte sich die politische und vor allem wirtschaftliche Macht der Stadt. Die Lübecker **Kaufleute** eröffneten Auslandskontore, bauten Frachtschiffe, trieben Handel mit verschiedenen Ostseehäfen und erhielten schließlich das Recht, als erste deutsche Stadt Golddukaten zu prägen. Bald errangen die Lübecker Kaufleute eine führende Stellung. Etwa Mitte des 14. Jh. entstand dann die später so bekannte **Hanse.** In Lübeck dominierten die mächtigen Kaufleute auch den Rat der Stadt. Das endete erst 1408, als die Zünfte der **Handwerker** mehr Rechte einforderten und sie auch bekamen.

In den folgenden Jahrhunderten blieb Lübeck eine Stadt, die stark vom Handel lebte, auch nach dem Untergang der Hanse. Das zeigte sich beispielsweise 1716, als ein Handelsvertrag mit Frankreich abgeschlossen wurde. Schon zu Tagen der Hanse war häufig **Rotwein** aus Frankreich nach Lübeck mitgebracht worden, ein Kaufmann kam schließlich auf die Idee, diesen nachreifen zu lassen. Durch den Handelsvertrag wurde Rotwein in größeren Mengen nach Lübeck geschafft und in den Kellern gelagert und veredelt. Der Lübecker *Rotspon* war alsbald ein Qualitätsbegriff.

Dies konstatierten auch französische Soldaten, die im Jahre 1806 die Stadt eroberten. Angeblich soll ihnen der Lübecker Rotwein besser gemundet haben als der daheim. Die **französische Besetzung** war erst 1813 beendet, zwei Jahre später trat Lübeck dem Deutschen Bund bei. 1871 schließlich wurde die „Freie und Hansestadt" Mitglied des **Deutschen Reiches.**

1933 kamen die Nazis an die Macht, der Senat wurde abgesetzt, die Bürgerschaft aufgelöst, die NSDAP regierte. Diese gliederte Lübeck 1937 in die **preußische Provinz Schleswig-Holstein** mit ein, nach 711 Jahren war die Reichsfreiheit beendet. Am 28. März 1942 wurde etwa ein Fünftel der Altstadt durch **Bombenangriffe** vernichtet.

Nach dem Krieg blieb Lübeck im neu gegründeten Bundesland Schleswig-Holstein und die Altstadt wurde wieder aufgebaut. 1987 wurde die letzte Kirche, St. Petri, restauriert, im gleichen Jahr erklärte die **UNESCO** die Altstadt zum Weltkulturerbe.

Stadtspaziergang Lübeck

Im Anschlusskapitel „Sehenswertes" werden einige der hier genannten Stationen des Stadtspaziergangs näher beschrieben.

Starten sollte man am Wahrzeichen von Lübeck, dem mächtigen **Holstentor** an der Westseite der Altstadt. Für Besucher, die für den Spaziergang gerne geschichtliches Hintergrundwissen hätten, bietet sich das sehenswerte stadtgeschichtliche Museum im Torbau an.

Hinter dem Holstentor überquert man die Trave und gelangt somit in den **Altstadtbereich.** Rechter Hand liegen an der Trave mehrere Lokale mit großen Außenterrassen vor einem Ensemble malerischer Häuser, über deren Dächern der schlanke Turm der St. Petrikirche herausragt. Schräg links, in nordöstlicher Richtung, befindet sich hingegen der Kern der Altstadt. Dorthin gelangt man, indem man geradeaus der **Holstenstraße** folgt und dann nach links in die Fußgängerstraße **Breite Straße** einbiegt. Diese auch „Modemeile“ genannte Hauptachse führt zunächst zum sehenswerten **Rathaus** mit dem Rathausmarkt. Vom Marktplatz aus bietet sich der beste Blick auf die eindrucksvolle Silhouette des Rathauses. Nur wenige Schritte weiter auf der Breiten Straße erreicht man die **St. Marienkirche** mit ihren zwei mächtigen Türmen, die sich am höchsten Punkt der Altstadt in den Himmel recken – ein steinernes Symbol von einstiger Macht und Reichtum der Hansestadt. Abermals nur wenige Schritte weiter befindet sich das **Buddenbrookhaus** mit kunstvoller Fassade, in dem zwei Ausstellungen sowohl den Roman *Buddenbrooks* würdigen als auch die weit verzweigte Familie des Autors *Thomas Mann.* Jede einzelne Sehenswürdigkeit der letztgenannten Highlights ist es wert, für sich und in aller Ruhe besichtigt zu werden.

Wer die Breite Straße weiter in nördlicher Richtung entlangspaziert, steuert auf die **St. Jakobikirche** zu, die Kirche der Seefahrer. Genau gegenüber liegt das Traditionslokal *Schiffergesellschaft,* das bei knurrendem Magen ein guter Pausenstopp wäre. Die Breite Straße mündet in einen größeren Platz, den Koberg. Dort steht das **Heiligen-Geist-Hospital,** die älteste Sozialstation Europas, die an den fünf schlanken und sehr spitzen Türmen problemlos zu erkennen ist.

Von hier geht es in südlicher Richtung zurück, diesmal jedoch entlang der zweiten Lübecker Hauptstraße, der **Königstraße.** An dieser Meile liegen mehrere interessante Museen, zunächst passiert man das Museum *Behnhaus Drägerhaus* mit einer wunderbaren Gemäldeausstellung, die in zwei Kaufmannshäusern mit klassizistischer Fassade untergebracht ist.

Dann folgt das *Willy-Brandt-Haus,* in dessen Räumen mittels Bildern, Filmen und Originaltönen des ehemaligen Bundeskanzlers gedacht wird. Unmittelbar danach zweigt links die **Glockengießerstraße** ab. Hier liegen zum einen das *Günter-Grass-Haus,* das u.a. Plastiken und Zeichnungen des Literaturnobelpreisträgers zeigt, zum anderen wenige Schritte weiter auf der linken Seite der *Füchtingshof* und der *Glandorps Hof,* zwei der schönsten Stiftungshöfe in Lübeck. Hier befanden sich kleine Behausungen für Witwen und Arme.

Zurück auf der Königstraße schlendert man an der **St. Katharinenkirche** vorbei – hier kann man sogar einen echten *Tintoretto* bewundern – bis zur Fleischhauerstraße. In dieser Straße liegen viele kleine, reizvolle Geschäfte, an denen entlang man bis zur Schlumacherstraße bummelt. Hier biegt man zweimal direkt hintereinander nach rechts ab und schlendert die Hüxstraße wieder hoch.

Auch in der **Hüxstraße** findet man schöne Geschäfte mit liebevoller Dekoration und abwechslungsreichem Angebot, dort warten auch mehrere Lokale auf Kundschaft. An der Ecke Hüxstraße/Breite Straße gegenüber dem Rathaus liegt das berühmte *Café Niederegger.* Hier kann man sich mit edlem Marzipan eindecken oder im Café in der oberen Etage bei einer kleinen Verschnaufpause die überaus schmackhafte Marzipan-Nuss-Torte probieren.

▷ Lübecks Wahrzeichen – das mächtige Holstentor

So gestärkt spaziert man weiter in südlicher Richtung zum **Dom.** Dazu geht man die Breite Straße bis zu deren Ende, dann weiter die Sandstraße und deren Verlängerung, die Mühlenstraße, entlang, bis rechts die kurze Straße mit dem prägnanten Namen Fegefeuer abzweigt. Diese führt zum „Paradies" genannten Nordportal des sehenswerten Doms. Obwohl der Dom während der alliierten Bomberangriffe im Zweiten Weltkrieg schwer beschädigt wurde, weiß die Innenausstattung zu begeistern, ein Blick in den Dom lohnt sich allemal.

Vom Dom aus flaniert man durch die Straße Parade am Pferdemarkt wieder nach Norden, biegt an der Marlesgrube nach links und kurze Zeit später nach rechts in die Straße Kleine Kiesau. Hier durchstreift der Besucher noch einmal kleine Straßen mit **malerischen Häusern** aus verschiedenen Jahrhunderten, deren Fassaden die unterschiedlichen Stilepochen repräsentieren.

Schließlich erreicht man die sehr schmale und kurze Straße Kolk, in der das liebenswerte **TheaterFigurenMuseum** liegt. Hier lagern etwa 1000 Theaterpuppen aus drei Jahrhunderten!

Zum Schluss des Spaziergangs geht man die nette Stichstraße Kleine Petersgrube oder eine der Parallelgassen hinunter zur **Trave,** um auf der Terrasse eines der vielen dort befindlichen Lokale eine wohlverdiente Stärkung zu sich zu nehmen.

718sc ms

Sehenswertes

Zielloses Bummeln ist hier wie wohl nirgends sonst anzuraten, um die herausragenden Bauwerke zufällig zu finden. Es gibt an die **1000 historische Bauwerke,** absolut unmöglich, sie an dieser Stelle auch nur halbwegs ausführlich zu beschreiben.

Die Bebauung erfolgte nach einheitlichem Muster, noch heute in jeder Straße wiederzuerkennen. Die Häuser sind relativ schmal, aber hoch aufragend und meist aus **rotem Backstein** gebaut. Die **Giebel** verjüngen sich, allerdings auf unterschiedlichste Weise. Neben den Stufengiebeln finden sich Rund- oder auch Spitzgiebel. Hinter der Fassade versteckt sich oftmals ein viel kleineres Haus, der breite Giebel lässt es viel größer erscheinen, als es tatsächlich ist. Vereinzelt hat das Haus nicht mal so viele Stockwerke, wie die Fassade andeutet. Außerdem liegen dahinter oftmals lang gestreckte **Innenhöfe** und Wohngänge, die teilweise auch heute noch bewohnt werden.

Holstentor

Wahrzeichen der Stadt ist das Holstentor. Gar nicht so wuchtig, wie man meinen könnte, steht dieses ehemalige Stadttor am Ende einer etwa 100 m langen Grünanlage. Fast schon obligatorisch, das Foto vom gegenüberliegenden Ende zu schießen. So selbstverständlich ist dies für wohl alle Touristen, dass einer der beiden Löwen, die hier „Wache" halten, sich bereits gelangweilt zum Schlafen gelegt hat. 1464–78 wurde das Holstentor erbaut. Es ist von zwei dreistöckigen Türmen mit spitzem Dach eingerahmt, der Mittelbau begrüßt den Besucher mit goldenen Lettern und der Inschrift „Concordia Domi Foris Pax" (drinnen Eintracht, draußen Frieden). Die Mauern des Holstentores sind bis zu 3,50 m dick, einst fanden 30 Geschütze hier Platz.

Das Holstentor beherbergt das gleichnamige Museum, auch **Stadtgeschichtliches Museum** genannt. Hier sind vor allem Erinnerungsstücke aus der Zeit der Hanse zu besichtigen wie historische Schiffsmodelle und Waffen. Anhand verschiedener Stadtmodelle wird die Entwicklung Lübecks dokumentiert. Ausführlich wird auch das Thema Seefahrt und Lübecks Stellung im Ostseeraum behandelt.

■ **Holstentor-Museum,** Holstentorplatz, Tel. 122 41 29, http://museum-holstentor.de, Jan.–März Di–So 11–17 Uhr, April–Dez. tägl. 10–18 Uhr, Eintritt 8 €, bis 18 Jahre 2,50 €, erm. 4 €, Familien 9 € (ein Erw.) bzw. 17 € (zwei Erwachsene).

Salzspeicher

Gleich neben dem Holstentor ist der alte Salzspeicher zu finden, er liegt direkt an der Trave. Das in Lüneburg gewonnene Salz wurde hier gelagert, nachdem es über die noch heute so genannte „Salzstraße" in die Hansestadt gebracht worden war. Das Salz war in früheren Jahren eines der wertvollsten Handelsgüter und wurde von Lübeck hauptsächlich nach Skandinavien geliefert.

[>] Der alte Salzspeicher

345sh mf

Anlegestellen Rundfahrten

Nach dem Durchqueren des Holstentores passiert man die **Trave** und hält sich ein kurzes Stück nach links. Dort liegen die Schiffe der *Blauen Linie*, der Cityschifffahrt. Die *Weiße Flotte* der *Quandt*-Linie ist gegenüber vom Salzspeicher zu finden, also nach dem Passieren des Holstentores rechts. Beide bieten etwa einstündige **Stadtkanal- und Hafenrundfahrten** an. So kann man die Schönheiten der Stadt von einer ganz neuen Seite erleben, zumal der Kapitän die Mitfahrer mit einer wahren Flut von Döntjes (halb wahre, halb übertriebene bis gelogene Erzählungen) und Fakten zuschüttet.

Museumshafen

Wer jetzt noch ein Stückchen am Ufer der Trave entlangspaziert, stößt nach ein paar hundert Metern auf den Museumshafen, auch Oldtimer-Hafen genannt. Dort liegen ein gutes Dutzend **historische Segelschiffe,** die meisten noch klassisch aus Holz gearbeitet. Von hier legen auch regelmäßig Schiffe nach Travemünde ab.

Rathaus

Das Rathaus stammt teilweise noch aus dem 13. Jh. und erfuhr seitdem eine Reihe von Veränderungen. Unverändert ist die Außenfassade mit den schönen Wappenbildern, den Türmen mit vergoldeten Spitzen und den „Windlöchern". Diese sind vom Innenhof aus zu erkennen.

Hinter der Eingangstür betritt man ein großes Foyer. Rechts liegt der **Audienzsaal,** der von 1754 bis 1761 im Rokokostil gebaut wurde. Er war früher ein Gerichtssaal, denn hier tagte das höchste Hansegericht. Heute wird er für feierliche Anlässe genutzt. Erst beim Verlassen des Saales fällt auf, dass das Portal zwei unterschiedlich hohe Türen hat. Wer vor Gericht schuldig gesprochen wurde, musste die rechte Tür nehmen. Diese ist niedriger, sodass der schuldig Gesprochene den Raum nur mit gebeugtem Haupt verlassen konnte. Freigesprochene konnten die linke, höhere Tür nehmen und erhobenen Hauptes hinausgehen.

Die Freitreppe führt in die obere Etage zum **Bürgerschaftssaal.** Dieser entstand 1891 durch Abtrennung vom Börsensaal. Hier tagen am letzten Donnerstag im Monat die 60 Mitglieder der Bürgerschaft, des Stadtparlamentes von Lübeck. Nebenan tagt im **Roten Saal** jeden Mittwoch der Senat der Stadt Lübeck. Der Name stammt von der roten Wandbespannung, die aus venezianischer Seide besteht.

Einer der ersten Anbauten entstand zwischen 1298 und 1308 mit dem sogenannten **Langen Haus.** Dieses stand auf Arkaden, da unten die Goldschmiede ihre Verkaufsbuden hatten und diesen Platz nicht aufgeben wollten. Das rechtwinklig angelegte Rathaus grenzt an seiner nördlichen Seite mit seinen Arkaden den Marktplatz ab zur Fußgängerzone

Adobe.Stock©Mattoff

Breite Straße. Dieser **Markt** ist seit dem Mittelalter ein Treffpunkt der Marktbeschicker, die noch heute am Montag und Donnerstag ihre Waren anbieten. In der Vorweihnachtszeit findet hier ein zauberhafter Weihnachtsmarkt statt.

■ **Rathaus,** Breite Str. 62, Tel. 22 10 05, Besichtigungen sind nur im Rahmen einer Führung möglich: Mo–Fr 11, 12, 15 Uhr, Sa/So 12 Uhr, Eintritt 5 €.

Café Niederegger

Das *Café Niederegger* gegenüber dem Rathaus ist weit mehr als ein Kaffeehaus, es ist Synonym für **Lübecker Marzipan.** Im Erdgeschoss wird das Niederegger-Marzipan verkauft. Über 300 Spezialitäten sind im Angebot, vom kleinsten Marzipanbrot bis zum aufwendigen Präsentkorb. Im hinteren Bereich der unteren Etage und vor allem auch in der ersten Etage befindet sich das große 13 **Café Niederegger,** in dem leckere Torten und kleinere Gerichte serviert werden. Noch eine Etage höher liegt der **Marzipan-Salon,** den man durch eine Tür zum Treppenhaus etwa im mittleren Bereich des Cafés betritt. Dort erhält man einen kulturgeschichtlichen Überblick zum Marzipan und Informationen über die Geschichte des Hauses *Niederegger.* Vor allem aber stehen dort zwei sehr eindrucksvolle Modellgruppen: zum einen die Silhouette der Lübecker Altstadt mit den sieben Türmen, zum anderen eine lebensgroße Personengruppe mit zwölf Berühmtheiten, teils aktuelle, teils historische. Alles aus Marzipan modelliert!

◁ Cafés vor geschichtsträchtiger Kulisse findet man am Rathausmarkt

13 **Café Niederegger,** Breite Str. 89, Tel. 530 11 27, www.niederegger.de, Mo–Fr 9–19, Sa 9–18, So 10–18 Uhr.

Marienkirche

Direkt neben dem Rathaus steht die Marienkirche, erbaut zwischen 1250 und 1350 im gotischen Stil. Die **Türme** sind stolze 125 m hoch. Das Innere der Marienkirche zeigt sich ziemlich groß, mit 38,50 m Mittelschiffshöhe und hohen, schlanken Pfeilern. Die Decke und die Pfeiler sind hell und relativ schlicht gehalten, der Marienaltar dagegen ist reich verziert und kostbar. Die Marienkirche soll die **drittgrößte Kirche Deutschlands** sein. Sie steht auf dem höchsten Punkt der Stadt.

In der Bombennacht im Jahr 1942 wurden Teile der Kirche zerstört. So stürzten die Glocken auf den Boden und unter dem Gewicht zerbarsten Glocken und Fußboden. Immerhin wogen die Glocken 40 bzw. 144 Zentner! Die Reste sind noch heute zu besichtigen.

Astronomische Uhr

MEIN TIPP: Interessant ist auch die astronomische Uhr, die in einem Seitenflügel untergebracht ist und mit einer verblüffenden Exaktheit etwas verklausuliert das Datum und die Uhrzeit angibt. Diese Uhr war ein **absolutes Meisterwerk,** einige Fachleute sprechen sogar von einem Weltwunder. Fertiggestellt wurde sie 1566, nachdem ein Uhrmachermeister jahrelang daran gearbeitet hatte. 376 Jahre funktionierte sie tadellos, dann fiel sie den Bomben des Zweiten Weltkrieges zum Opfer. Ein anderer Meister, der Lübecker Uhrmacher *Paul Behrend,* arbeitete jahrelang an der Neugestaltung der Uhr, ohne festen Auftrag, nur durch Spendengelder der Lübecker unterstützt. Die neue Uhr ist der alten exakt nachempfunden, die Kalenderscheibe kann bis ins Jahr 2080 zählen.

Das **Kalendersystem** der Uhr besteht aus zwei Kreisen. Der innere Kreis zählt die Jahreszahlen von 1911 bis 2080 mit den jeweiligen Ostersonntagen, weiterhin ist bei jeder Zahl ein roter Buchstabe zu finden, der sogenannte Sonntagsbuchstabe. Der äußere Kreis zeigt neben den 365 Tagen in roten Buchstaben die fortlaufenden **Wochentage,** A B C D E F G, die Buchstaben wiederholen sich ständig. Ein Sonntag ist durch die roten Buchstaben neben den Jahreszahlen ersichtlich. Neben 1964 ist z.B. ein rotes E zu finden, dies zeigt, dass im Jahr 1964 alle mit einem roten E bezeichneten Tage des äußeren Kreises Sonntage waren. Folglich ist F ein Montag, G ein Dienstag usw.

Wie liest man die Uhr? Wer z.B. wissen will, auf welchen Wochentag der 24.12.1966 fiel, schaut zunächst auf die Jahreszahl 1966. Dort stehen die roten Buchstaben, die den Sonntag markieren, B und C. (Wenn zwei rote Buchstaben zu finden sind, gilt der erste für die Monate Januar, Februar, der andere für die restlichen.) Für unsere Frage gilt also Buchstabe C. Neben dem 24. Dezember auf der Skala des äußeren Kreises steht ein rotes B. Da der Buchstabe C einen Sonntag anzeigt, muss B ein Samstag sein. Der 24.12.1966 war also ein Samstag.

Täglich um 12 Uhr kann man einen **Figurenreigen** auf dem Uhrensockel bewundern.

■ **Marienkirche,** Schüsselbuden 13, Tel. 39 77 00, www.st-marien-luebeck.de, 1.4.–3.10. tägl. 10–18 Uhr, Mi ab 11.30 Uhr, 4.10.–31.3. 10–16 Uhr, Eintritt 4 €.

Buddenbrookhaus

Das Buddenbrookhaus in der Mengstraße ist den weltberühmten Schriftsteller-Brüdern **Thomas und Heinrich Mann** gewidmet. Im unteren Bereich findet sich eine sehr ausführliche biografische Darstellung zur Familie *Mann,* einschließlich der Nachkommen von *Thomas Mann* bis in die Gegenwart.

■ **Buddenbrookhaus,** Mengstr. 4, Tel. 122 41 90, http://buddenbrookhaus.de. Das Buddenbrookhaus wird grundlegend umgestaltet und bleibt bis voraussichtlich 2024 geschlossen, ein Teil der Ausstellung ist in der Zwischenzeit im nahen Museum Behnhaus, Königstr. 9–11, zu sehen.

Haus der Schiffergesellschaft

Das *Haus der Schiffergesellschaft,* Breite Straße 2, ist wie das Schabbelhaus heute eine vielgepriesene Gaststätte, früher war es das Versammlungshaus der Schiffer und Bootsleute. 1535 wurde das Haus erbaut, das Portal 1768 neu gestaltet. Im Hauptraum, der Diele, wie sie auch heute noch heißt, stößt man

▷ Glandorps Hof

096sc mf

auf die **Gelage,** die rustikalen Sitzgelegenheiten. Aus dicken Eichenplanken sind die durchgehenden Tische und Bänke gezimmert. Dort saßen die **Schiffer,** nach bestimmten Gruppen unterteilt. An der Rückwand befindet sich leicht erhöht ein besonderes Gelag, hier saßen die „Älterleute", ältere und erfahrene Seemänner. Sie beobachteten das Treiben, und durch ihre Altersautorität konnten sie so manchen Streit schlichten, behauptet jedenfalls die Chronik. Alte Wappen der Seefahrer, unzählige Erinnerungsstücke und der 431 Pfund schwere Kronleuchter tragen zur einmaligen Atmosphäre bei.

Schabbelhaus

In der Mengstraße (Nr. 48), also an der Untertrave, ist das *Schabbelhaus* zu finden, ein typisches Beispiel für die Lübecker **Kaufmannshäuser.** Heute befindet sich hier ein sehr geschätztes Restaurant.

Höfe und Gänge

In der Altstadt findet sich noch eine Reihe von sehr schmalen Gängen, die von Straßen abzweigen und schnell zu übersehen sind. Sie entstanden im Mittelalter, als Wohnraum knapp war, aber die Menschen innerhalb der Stadtmauern untergebracht werden sollten. Die Lösung: Es wurden Gänge in die Vorderhäuser gebrochen, die zu Hinterhöfen führten, und dort baute man winzige einstöckige **Buden,** Häuser mit nur einem Zimmer. Etliche dieser Gänge und Wohnungen existieren noch. Mancher Gang ist durch eine Pforte verschlossen, andere können betreten werden. Zu finden sind sie beispielsweise in den Straßen Engelsgrube, Bäckergang oder Fischergrube.

Eine weitere Besonderheit sind die Höfe, einst von wohlhabenden Lübeckern gegründete Wohnungen, die um einen Hinterhof liegen und früher für weniger betuchte Mitbürger bestimmt waren. Die Glockengießerstraße beherbergt bestens erhaltene mittelalterliche **Innenhöfe** und Gänge. Diese sind hervorragend restauriert worden und noch heute bewohnt. Ein besonders gelungenes Beispiel ist der **Füchtingshof** aus dem Jahr 1639. *Johann Füchting* stiftete einen Teil seines Vermögens für die Armen und so entstand diese Wohnanlage. Weitere Innenhöfe sind in der Glockengießerstraße zu finden, meist erklärt eine Wandtafel die historischen Hintergründe.

Jakobikirche

Die Jakobikirche in der Breiten Straße gilt auch als die **Kirche der Seefahrer,** sie stammt ebenso wie die Marienkirche aus dem 13. Jh. Der Turm ist 112 m hoch. Die Ausstattung hat den Krieg unbeschädigt überstanden.

Wer sich nach dem Passieren des Haupteingangs nach rechts wendet, findet vor dem Hochaltar auf der rechten Seite die **Brömbse-Kapelle,** benannt nach *Heinrich Brömbse,* einem ehemaligen Lübecker Bürgermeister. Hier steht eines der wertvollsten Kunstwerke der Kirche, der **Brömbse-Altar.** Es handelt sich um einen Sandsteinaltar, auf dem sehr detailgetreu die Kreuzigungsszene abgebildet ist. Den spätbarocken Hochaltar von St. Jacobi schuf 1717 *Hieronymus Hassenberg.* Die Kanzel aus Holz wurde 1698 vom Bildhauer *Jakob Budde* erschaffen. Das auffällige Taufbecken wurde bereits 1466 von *Klaus Grude* aus Bronze gegossen, drei kniende Engel tragen das Becken. Die Kirche hat zwei **Orgeln.** Die Stellwagenorgel schräg gegenüber vom Eingang stammt aus dem 15. Jh., sie gilt als eine der ältesten bespielbaren Kirchenorgeln weltweit. Die prächtige Große Orgel stammt auch aus dem 15. Jh., wurde aber in späteren Jahren mehrfach erweitert.

In einer Seitenkapelle liegt das **Rettungsboot** des 1957 gesunkenen Segelschulschiffes „Pamir“ (siehe auch Travemünde). Nur sechs Mann konnten sich damals retten. Eine Gedenktafel erinnert außerdem an alle gesunkenen Lübecker Schiffe.

■ **Jakobikirche,** Jakobikirchhof 3, Tel. 30 80 10, www.st-jakobi-luebeck.de, generell ab 10 Uhr geöffnet, je nach Jahreszeit wird zwischen 15 und 18 Uhr, Jan. bis April am Mo geschlossen.

Heiligen-Geist-Hospital

Das *Heiligen-Geist-Hospital* (Große Burgstraße) wurde bereits 1276–86 erbaut. Es ist das älteste und am besten erhaltene deutsche Hospital. Der Komplex bestand aus Kirche und Langhaus. Sehr auffällig ist die Außenfassade mit ihren drei Giebeln und den vier schlanken Türmen.

Der Eingangsbereich besteht aus der **ehemaligen Kirche,** die dem Langhaus vorgelagert ist. Auffällig sind im Inneren sehr schöne Glasmalereien und auch der schmuckvolle Lettner über dem Eingang zum Hospitalbereich. Außerdem befinden sich im Kirchenraum 13 Holzfiguren von Heiligen aus dem 14. und 15. Jh. sowie zwei Altäre und eine Kanzel. Prägend für den Raum sind zwei sehr schöne, großformatige **Wandgemälde,** die auf etwa 1320 datiert werden.

Das **Langhaus** war die Wohnstätte für weit über hundert ältere Lübecker. Die Bewohner schliefen im Langhaus. Zunächst standen die Betten in langen Reihen in der großen Halle angeordnet. So konnten sie auch dem Gottesdienst folgen. Die kleinen, erst 1820 errichteten Kojen sorgten dann für etwas Privatsphäre. Rechts im Gang schliefen die Männer, links die Frauen. Die typischen Wohnkojen, **Kabäuschen** genannt und 6 m² groß, sind noch erhalten, eine davon kann man besichtigen.

■ **Heiligen-Geist-Hospital,** Koberg 11, Tel. 799 56 10, Sommerzeit 10–17 Uhr, Winterzeit 10–16 Uhr (Mo geschlossen), Eintritt frei.

Europäisches Hansemuseum

MEIN TIPP: Ein bemerkenswertes Museum erinnert an die Glanzzeit der Hanse von den Anfängen bis zum Niedergang im 17. Jh. Die Ausstellung zeigt verschiedene, exemplarisch für die Hansegeschichte stehende, **rekonstruierte Szenen.** Hautnah erlebt man beispielsweise einen engen Handelsraum für Tuche und Stoffe in Brügge, durch den man schreitet und so fast magisch ins Geschäft einbezogen wird. Oder man besucht einen Hansetag in einem Festsaal in Lübeck, einen Umschlagplatz für Stockfisch in Bergen oder ein Hansekontor in London. Auch die fürchterliche **Zeit der Pest** wird szenisch nicht ausgespart. Der Einstieg in diese Zeit erfolgt per Fahrstuhl, der nach unten schwebt, einer Zeitreise gleich ins Jahr 1133. An der ersten Besuchsstation stellen zwei beladene Koggen am Ufer der Newa symbolisch den Beginn der Handelszeit dar. Zwischen diesen Rauminszenierungen liegen ruhige, helle Räume, in denen klassisch **Exponate der Hansezeit** ausgestellt sind, teils Originale, teils gut gemachte Reproduktionen.

Der Rundgang endet im benachbarten **Burgkloster,** wo sich die Hanse sinnbildlich auflöst und mit einem neuzeitlichen Song verabschiedet wird. Das neue Hansemuseum ist baulich mit dem Burgkloster verbunden. Das renovierte Gebäude kann man gesondert besichtigen (ohne Hansemuseum), mit seinen Wandmalereien, Schmuckfußböden und dem harmonisch gestalteten Gewölbe. Es wird unter anderem an die vier Lübecker Geistlichen erinnert, die zur Nazi-Zeit im hier installierten Gerichtssaal zum Tode verurteilt wurden.

■ **Europäisches Hansemuseum,** An der Untertrave 1, Tel. 809 09 90, www.hansemuseum.eu, tägl. 10–18 Uhr, Eintritt Erw. 9 €, erm. 7 €, Kinder bis 17 Jahre frei, Sonderausstellung 10 € bzw. 5 €.

Günter-Grass-Haus

In der Glockengießerstraße befindet sich das *Günter-Grass-Haus.* Im Eingangsbereich hängt eine ausführliche biografi-

Lübeck

0 400 m ©Reise Know-How Schles OSK_13 4/22

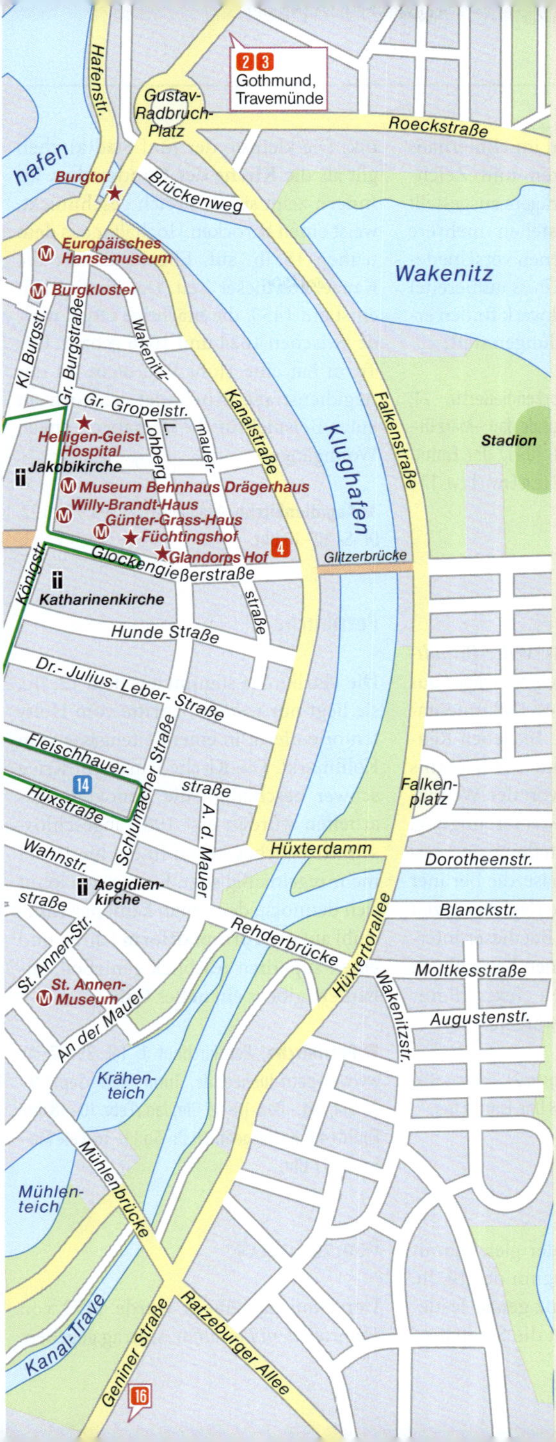

Übernachtung
1 Campingplatz Schönböcken
2 Jugendherberge Lübeck – Vor dem Burgtor
3 Wohnmobil Treff Lübeck
4 Hotel Rucksack
6 Klassik-Altstadt-Hotel
7 Jugendherberge Lübeck – Altstadt
10 Hotel Jensen
15 Atlantic Hotel Lübeck
16 Ibis Budget Lübeck City Süd

Essen und Trinken
5 Schiffergesellschaft
9 Brau Berger
11 Lübecker Hanse
12 Ratskeller
13 Café Niederegger
14 Café Calma

Einkaufen
8 Marzipan-Speicher

Stadtspaziergang

sche Übersicht, während im Hinterhaus hauptsächlich Skulpturen und Zeichnungen des Nobelpreisträgers ausgestellt sind. Im Hauptraum stehen mehrere Touch-Screens, unter denen verschiedene Lebensthemen von *Grass* aufbereitet wurden. Im oberen Stockwerk finden ergänzend Wechselausstellungen statt.

■ **Günter-Grass-Haus,** Glockengießerstr. 21, Tel. 122 42 30, http://grass-haus.de, Jan.–März Di–So 11–17 Uhr, April–Dez. tägl. 10–17 Uhr, Eintritt 8 €, ermäßigt 4 €, Familien 9 € (ein Erw.) bzw. 17 € (zwei Erw.).

Willy-Brandt-Haus

Interessant ist auch das *Willy-Brandt-Haus.* Dem dritten Nobelpreisträger aus Lübeck wird ein eigenes Dokumentationszentrum gewidmet. In sieben Räumen wird das Leben und Vermächtnis *Brandts* dokumentiert, von der Weimarer Republik bis zur Wiedervereinigung. Schwerpunkte der Ausstellung sind seine Jugendzeit, die Exilphase, die Berliner Jahre und schließlich die Regierungszeit bis zu seinem Rücktritt. Bei dieser interaktiven Ausstellung können Besucher an verschiedenen Stationen Text-, Film- und Tondokumente auswählen.

■ **Willy-Brandt-Haus,** Königstr. 21, www.willy-brandt-luebeck.de, tägl. 11–18 Uhr, Eintritt frei.

Aegidienkirche

Die Aegidienkirche in der gleichnamigen Straße dürfte zu Beginn des 14. Jh. gebaut worden sein, ganz genau festlegen kann sich nicht mal die Stadtchronik. Die kleinste der fünf Stadtkirchen gilt als die **Kirche der Handwerker.** Im Innern zeigt sie sich reich geschmückt, weist einen barocken Hochaltar aus dem frühen 18. Jh. auf. Ebenso datiert die Kanzel aus dieser Zeit. Das Taufbecken entstand 1453, die mächtige Orgel wurde zwischen 1624 und 1626 gebaut. Der Turm hat eine Höhe von 86 m. In der Aegidienstraße 46 befindet sich noch ein gutes Beispiel für die damaligen engen Wohngänge.

■ **Aegidienkirche,** Aegidienstr. 75, Tel. 70 56 22, Di–Sa 10–16 Uhr.

Petrikirche

Die Petrikirche stammt aus dem 13. Jh., sie liegt nur wenige Schritte vom Holstentor entfernt in einer Seitengasse vom Kohlmarkt. Die Kirche wurde im Krieg schwer beschädigt, die Renovierungsarbeiten wurden erst 1987 abgeschlossen. Kirchliches Leben findet hier nicht mehr regelmäßig statt. Ein Besuch lohnt sich dennoch, denn man kann per Fahrstuhl auf die **Turmplattform** fahren und einen superben Ausblick genießen, außerdem gibt es ein nettes **Café.**

■ **Petrikirche,** Petrikirchhof 1, Tel. 39 77 30, www.st-petri-luebeck.de, Turm März–Sept. 9–20 Uhr, Okt.–Dez. 10–19 Uhr, Jan./Febr. 10–18 Uhr, Eintritt 4 €, Kirche geöffnet Di–So 11–16, Café Mo–Sa 11–17 Uhr.

Dom zu Lübeck

Der Dom zu Lübeck wurde 1173 von *Heinrich dem Löwen* in Auftrag gegeben,

1247 wurde er geweiht. Der aus rotem Backstein gebaute Dom hat zwei wuchtige, 115 m hohe Türme, das Gebäude ist 132 m lang. Ursprünglich ein romanischer Bau, wurde das Gotteshaus im 13. Jh. zu einer gotischen Hallenkirche umgestaltet. In der Bombennacht von 1942 wurde der Dom schwer beschädigt, der Wiederaufbau begann erst 1960.

Zentraler Blickfang im Langhaus ist das 17 m hohe **Triumphkreuz** von *Bernt Notke,* erschaffen 1470–1477, das mit reichem Schnitzwerk („Jesus am Lebensbaum") versehen ist. Hinter dem Kreuz befindet sich der steinerne Lettner mit seiner hölzernen Verkleidung aus der Mitte des 14. Jh. Der Lettner war eine Art Schranke in einer Kirche, die den Laienbereich vom priesterlichen Raum trennte. Später wurde diese Schranke stabiler gebaut, reicher verziert und diente auch als Kanzelersatz zur Verkündung der Predigt. Auffällig ist die Uhr von 1628 an der rechten Seite des Lettners.

■ **Dom zu Lübeck,** Mühlendamm 2–6, Tel. 747 04, www.domzuluebeck.de, April–Okt. 10–18 Uhr, Nov.–März 10–16 Uhr.

Die Aegidienkirche

Thomas Mann – der Lübecker Bürgerschreck

Das **Bürgertum** war überhaupt nicht begeistert, im Gegenteil. Sogar hochkarätig **verärgert** sollen ehrbare Kaufmannsleute gewesen sein. So sehr, dass ein Onkel des Geschmähten eine Anzeige im örtlichen Blatt aufgab, um sich von seinem Neffen zu distanzieren. Was war bloß geschehen? Eigentlich nichts weiter, als dass ein Roman erschienen war, der Titel: **„Buddenbrooks – Verfall einer Familie".**

Autor war ein gewisser *Thomas Mann*. Der wurde 1875 als Spross einer alteingesessenen Kaufmannsfamilie in Lübeck geboren. Der Vater war Inhaber einer Getreidefirma und Senator, altehrwürdige hanseatische Distinguiertheit also. Nach dem Tod des Vaters 1893 zog die Mutter mit den Kindern nach München. Dort, sozusagen aus sicherer Entfernung, schrieb *Thomas Mann* seinen **ersten Roman,** der 1901 veröffentlicht wurde: „Die Buddenbrooks". 1929 erhielt er dafür den **Nobelpreis** und charakterisierte den Roman „als Seelengeschichte des deutschen Bürgertums, von der nicht nur dieses selbst, sondern auch das europäische Bürgertum überhaupt sich angesprochen fühlen konnte."

Zunächst einmal fühlten sich Lübecker Bürger angesprochen, immerhin waren Schauplatz und etliche Personen so klar erkennbar, dass sogar **Namenslisten** kursierten, welche Romanfigur wem im wirklichen Leben entsprach. So war schnell klar, dass die Firma *Buddenbrook* der eigenen Firma der Familie *Mann* nachgezeichnet war, der Konsul *Johann B.* dem Großvater von *Thomas* entsprach, der eigene Vater genauso vorkam wie ein Onkel, eine Tante, ja, sogar der Autor selbst *(Justus B.)*.

Was aber regte sie so auf? Im Untertitel wird vom **„Verfall einer Familie"** gesprochen, und diesen beschreibt *Mann* über vier Generationen. Die ehrbar-spießige Vorzeigefamilie des Bürgertums bemerkt nicht die Veränderungen der Zeit, hält an alten Ritualen fest, die Kinder in der letzten Generation verlassen den Kaufmannspfad, wenden sich künstlerisch-träumerischen Tätigkeiten zu. Parallel dazu steigt eine weniger traditionell eingestellte Familie auf, die Wertvorstellungen der Buddenbrooks und damit die des Bürgertums gehen unter.

Thomas Mann blieb in München in sicherer Entfernung, veröffentlichte **weitere bedeutende Werke,** u.a. „Tonio Kröger", „Der Tod in Venedig", „Der Zauberberg". 1933 emigrierte er in die Schweiz. Die **Nazis** sprachen ihm später die deutsche Staatsbürgerschaft ab, *Mann* nahm daraufhin die tschechische an. 1939 ging er schließlich in die USA und wurde 1944 US-Staatsbürger. Nach Kriegsende kam er zurück in die **Schweiz,** wo er am 12.8.1955 im Alter von 80 Jahren starb.

Kurz zuvor, am 20. Mai verlieh ihm die Stadt Lübeck die **Ehrenbürgerschaft,** allerdings nur mit einer einzigen Stimme Mehrheit. So ganz hatte man ihm wohl damals immer noch nicht verziehen. Das ist jetzt vorbei, heute hält die Hansestadt die Erinnerung an *Thomas Mann* und seinen Bruder *Heinrich Mann* in hohen Ehren. So wurde an der Stelle, wo sein Geburtshaus stand, in der Beckergrube 38, eine Gedenktafel anlässlich seines hundertsten Geburtstages enthüllt.

Herz Jesu-Kirche

Die Herz Jesu-Kirche war die erste nach der Reformation neu gebaute katholische Kirche in Lübeck. Sie wurde 1891 geweiht. In der Krypta befindet sich eine Gedenkstätte für **vier Lübecker Geistliche,** die am 10.11.1943 hingerichtet wurden, nachdem sie sich offen gegen das NS-Regime positioniert hatten. Drei von ihnen waren katholisch, einer ein evangelischer Pastor. Anhand von Schautafeln wird das Leben der einzelnen Geistlichen dargestellt, ein zeitkritischer Bezug zur Nazizeit gegeben und auch das begleitende soziale Umfeld beschrieben. Im Jahr 2011 wurden die drei katholischen Kapläne seliggesprochen.

- **Propstei Herz Jesu,** Parade 4, Tel. 709 87 65, www. kath-kirche-luebeck.de, Mo–Fr 10–18, Sa 10–16, So 12–18 Uhr.

TheaterFigurenMuseum

Etwa 700 m weiter in Richtung Holstentor befindet sich rechts in einer Seitenstraße das *TheaterFigurenMuseum.* Etwa **1200 Theaterpuppen** aus Europa, Afrika und Asien werden hier in fünf miteinander verbundenen Gebäuden gezeigt, damit gilt es als das größte seiner Art in Europa. Handpuppen, Marionetten, Stabpuppen, Schattenfiguren sind ebenso ausgestellt wie afrikanische Masken oder asiatische Musikinstrumente.

Das Museum ist derzeit wegen Umbaus geschlossen. Auch das Figurentheater kann nicht am gewohnten Ort auftreten, es spielt am Ausweichplatz Hansemuseum. Infos und Termine unter www.kolk17.de.

Unweit des TheaterFigurenMuseums verläuft die **Straße Große Petersgrube** hinunter zur Trave. An dieser Straße stehen Häuser aller wichtigen Baustile. Die ursprünglichen Fassaden sind erhalten geblieben, so Häuser im Stil der Gotik (Nr. 7, 11, 15), der Renaissance (Nr. 4) und des Barock (Nr. 9, 21). An der Obertrave liegen mehrere Restaurants mit teilweise recht großen, einladenden Terrassen direkt am Fluss.

- **TheaterFigurenMuseum,** Kolk 14, Tel. 786 26, www.theaterfigurenmuseum.de, das Museum bleibt bis 2023 geschlossen.
- **Figurentheater Lübeck,** Kolk 20, Tel. 700 60, www.figurentheater-luebeck.de.

Museumsquartier St. Annen

Einen Besuch lohnt auch das Museumsquartier St. Annen. In dem **ehemaligen Kloster** aus dem 16. Jh. wird **sakrale Kunst des Mittelalters** und in einem Ergänzungsbau moderne Kunst nach 1945 gezeigt. Im Erdgeschoss befindet sich eine Sammlung mittelalterlicher **Schnitzaltäre,** die überwiegend aus Lübecker Kirchen stammen. Die meisten wurden von Kaufleuten der Zünfte gestiftet. Neben den Altären finden sich liturgische Gebrauchs- und Schmuckgegenstände.

In der oberen Etage ist in 25 Themen- und Epochenräumen die **Lebenswelt von Lübecker Bewohnern** dargestellt. Man erhält Einblicke in die Zeit vom späten Mittelalter bis zum frühen 19. Jh. Berücksichtigt werden dabei sowohl einfache Handwerker als auch reiche Kaufleute. Außerdem wird die Geschichte Lübecks anhand audiovisueller Medien und einer Zeitleiste anschaulich präsentiert. Die angeschlossene **Kunsthalle** zeigt auf vier Ebenen moderne Kunst nach 1945 und Wechselausstellungen.

■ **Museumsquartier St. Annen,** St. Annen-Str. 15, Tel. 122 41 37 (Kasse), http://museumsquartier-st-annen.de, Jan.–März Di–So 11–17 Uhr, April–Dez. Di–So 10–17 Uhr, Eintritt 12 €, erm. 7 €, Kinder 6 bis 18 Jahre 4 €, Familien 13 € (ein Erw.) bzw. 20 € (zwei Erw.).

Praktische Tipps

Info

■ **PLZ:** Lübeck hat elf Postleitzahlen, die Innenstadt hat die 23552

■ **Vorwahl:** 0451

■ **Einwohner:** 212.000

■ **Touristinformation:** *Welcome Center Lübeck* und *Travemünde Marketing,* Holstentorplatz 1, 23552 Lübeck, Tel. 889 97 00.

■ **Internet:** www.luebeck-tourismus.de

■ **Stadtführungen** finden meist um 11 Uhr statt, Dauer ca. 2 Std., Tel. 889 97 00.

■ **Travetunnel:** Für die Unterquerung der Trave im Tunnel wird eine Pkw-Maut von 2,10 € erhoben. Ein Shuttlebus befördert Radfahrer und Fußgänger kostenlos.

855sc-fr

Typische Lübecker Häuser mit Stufengiebeln

Unterkunft

MEIN TIPP: **15** **Atlantic Hotel Lübeck**④, Schmiedestr. 9–15, Tel. 38 47 90, www.atlantic-hotels.de. Mitten in der Altstadt liegt dieses große 4-Sterne-Hotel, das dank aufeinander abgestimmter Farben und Dekore eine sachlich-moderne Eleganz ausstrahlt. Es bietet 135 komfortabel eingerichtete Zimmer, Studios und Suiten, ein hauseigenes Restaurant, eine Bar, einen Sauna- und Fitnessbereich und eine Dachterrasse mit tollem Blick über die Dächer der Stadt. Außerdem befindet sich im dritten Stock eine *Smokers Lounge*. WLAN.

10 **Hotel Jensen**④, An der Obertrave 4–5, Tel. 70 24 90, www.hotel-jensen.de. Es gehört zur Gruppe der *Ringhotels* und bietet neben einer stilvollen Einrichtung einen schönen Blick auf die Trave und das Holstentor.

6 **Klassik-Altstadt-Hotel**④, Fischergrube 52, Tel. 70 29 80, www.klassik-altstadt-hotel.de. Charmantes Haus mit 29 Zimmern, die „klassisch-romantisch" eingerichtet und jeweils einem berühmten Lübecker gewidmet sind. Sehr zentral.

16 **Ibis Budget Lübeck City Süd**②, Berliner Str. 1, Tel. 58 58 20, www.ibis.com. Im Preis-Leistungs-Verhältnis kaum zu schlagen. Korrekte Zimmer, minimalistische Einrichtung und Service, aber alles okay. Etwas außerhalb der City gelegen, Buslinie 7 ab ZOB bis Haltestelle „Ibis-Hotel". WLAN.

4 **Hotel Rucksack**①, Kanalstr. 70/Ecke Glockengießerstr., Tel. 70 68 92, www.rucksackhotel-luebeck.de. Eine der günstigsten Bleiben im Zentrum, im „Werkhof" (dort auch das legere *Café Affenbrot*): sechs Räume, 28 Betten, also auch Mehrbettzimmer. WLAN.

7 **Jugendherberge Lübeck – Altstadt,** Mengstr. 33, Tel. 70 20 399. 84 Betten hat das Haus in der Altstadt, Waschbecken in den Zimmern, Dusche und WC zentral auf den Etagen.

2 **Jugendherberge Lübeck – Vor dem Burgtor**, Am Gertruden-Kirchhof 4, Tel. 334 33, vom ZOB per Buslinie 3, 11, 12 bis Gustav-Radbruch-Platz fahren und ein Stück die Travemünder Allee gehen bis zur ersten Straße links. 211 Betten in 2- bis 6-Bett-Zimmern.

Camping

1 **Campingplatz Schönböcken,** Steinrader Damm 12, Tel. 89 30 90, www.camping-luebeck.de, geöffnet Mitte März bis Ende Okt. Autobahnausfahrt „Lübeck-Moisling" von der Autobahn A1 wählen, dann ausgeschildert, der Platz liegt etwa vier Kilometer von der Stadt entfernt. Busverbindung mit Linie 2 in die Stadt, Haltestelle „Schönböckener Hauptstraße". 70 Stellplätze, Zeltwiese, Spielplatz, Kiosk,WLAN.

3 **WoMo-Stellplatz:** *Wohnmobil Treff Lübeck,* An der Hülshorst 11, Tel. 321 11, www.sportpark-huelshorst.com/stellplatz, ganzjährig geöffnet. Der Platz liegt außerhalb der Altstadt in Richtung Travemünde in einer Seitenstraße neben dem Sportpark Hülshorst, wo es auch ein Lokal gibt. Bus 12 fährt in die Innenstadt. Stromanschluss sowie Ver- und Entsorgungsstation sind vorhanden. Insgesamt etwa 45 Stellplätze. WLAN.

Gastronomie

11 **Lübecker Hanse,** Kolk 3–7, Tel. 30 40 65 11, www.luebeckerhanse.de, Mi–Sa ab 17 Uhr. Saisonale Küche mit Fischgerichten, Lamm, Wild und Geflügel aus der Region, serviert in einem 400 Jahre alten Haus, das liebevoll eingerichtet ist.

12 **Ratskeller,** Am Markt 13, Tel. 720 44, www.ratskeller-zu-luebeck.de, tägl. ab 12 Uhr, zentral gelegen, mit geschützter Terrasse, bürgerlich-holsteinische Küche in einem urigen Kellergewölbe.

14 **Café Calma,** Hüxstr. 67, Tel. 727 29, www.cafecalma.de, Mo–Sa 9–18, So 9.30–15 Uhr. Sehr gemütliches Café mit Innenhof. Das vielfältige Frühstücksangebot (z.B. *Kutter-Frühstück* mit viel Fisch oder *Ranger-Frühstück* mit einer großen Portion Rührei) wird Mo–Fr bis 12 Uhr, Sa/So bis 13 Uhr angeboten, außerdem kleine warme Gerichte wie Pasta, Quiche und holsteinische Speisen.

5 **Schiffergesellschaft,** Breite Str. 2, Tel. 767 76, https://schiffergesellschaft.de, tägl. 10–24 Uhr. Norddeutsche Küche und Fischgerichte in nostalgischem Ambiente.

9 **Brau Berger,** Alfstr. 36, Tel. 714 44, www.brauberger.de/cms, Mo–So ab 17 Uhr. Traditionsbrauerei in einem urigen Kellergewölbe, in dem selbst gebrautes, sehr süffiges Bier ausgeschenkt wird und deftige Speisen serviert werden.

Einkaufen

Direkt in der Lübecker Altstadt konzentriert sich eine ganze Reihe von bezaubernden, kleinen Geschäften auf relativ wenige **Straßen.** Hier einige herausragende *Shopping-Spots:*

- **Hüxstraße:** Gilt für viele als Lübecks schönste Einkaufsstraße mit einer Vielzahl von kleinen, interessanten Läden.
- **Fleischhauerstraße:** Ähnlich attraktiv wie die Hüxstraße, aber mit nicht ganz so vielen Läden – diese sind aber genauso originell.
- **Breite Straße:** Diese Fußgängerstraße wird auch „Modemeile" genannt, aber hier finden sich nicht nur Bekleidungsgeschäfte.
- **Königsstraße:** Keine reine Einkaufsstraße, aber es gibt dort einige spannende Läden zu entdecken.

8 **Marzipan-Speicher,** An der Untertrave 98, www.marzipanland.eu, tägl. 10–18 Uhr. In diesem historischen Haus wird Lübecker und Königsberger Marzipan verkauft, obendrein gibt es ein Café und eine tägliche Marzipan-Show.

Feste und Veranstaltungen

- **HanseKulturFestival,** Kunst und Kultur mit Events und Ständen in wechselnden Vierteln der Altstadt, alle zwei Jahre im Juni (2024 etc.).
- **Handgemacht-Markt,** 60 Kunsthandwerker präsentieren Mitte Oktober ihre Werke und Produkte auf dem Marktplatz.

Schiffstouren

- **Panoramaschiff MS Hanse** pendelt ganzjährig zwischen Lübeck und Travemünde (Fahrtdauer 1½ Stunden). Anleger Travemünde: Vorderreihe 64 a (neben *Gosch*), Anleger Lübeck: Hansekai (vor dem Hansemuseum). Abfahrt Travemünde tägl. 11, 15, 17 Uhr, Abfahrt Lübeck 10.30, 13, 17 Uhr, im Winter eingeschränkte Fahrzeiten. Tickets Erw. Einzelfahrt 16 €, Kinder 4 bis 12 Jahre 12 €, hin und zurück 28/18 €. Extratickets für Familien und auch für Fahrräder. Infos unter www.hanse-travemuende.de.
- **Cityschifffahrt Gabriel,** Wallstr. 17, Tel. 29 63 424, www.cityschifffahrt.de, etwa stündliche Abfahrten zur großen **Stadt-, Kanal- und Hafenrundfahrt.** Der Anleger ist keine 50 m vom Holstentor entfernt.
- **Weiße Flotte** der *Quandt*-Linie, Tel. 777 99, www.quandt-linie.de. Unternimmt ebenfalls **Stadt- und Hafenrundfahrten,** bietet aber auch eine Fahrt nach **Travemünde.** Abfahrt jeweils vom Anleger Holstentorterrassen gegenüber vom Salzspeicher oder vom Anleger Wallhalbinsel vor der *Musik- und Kongresshalle (MuK).*
- **Stühff Barkassenfahrt,** Abfahrt An der Obertrave 14, Tel. 70 78 222, www.luebecker-barkassenfahrt.de, einstündige Fahrten mit einer original Hamburger Hafenbarkasse ganzjährig zwischen 10 und 17.30 Uhr, in der Nebensaison seltener, Preis 13 €.

023sh mux

In der Umgebung

Gothmund

MEIN TIPP: Gothmund ist ein **winziges Dorf an der Trave** im Norden von Lübeck, unweit des Herrentunnels. Hier lebten seit alters her Fischer, urkundlich erwähnt wurden sie schon im frühen 16. Jh. Ursprünglich machten sie nur kurzfristig Station auf ihrem Weg von der Ostsee über die Trave nach Lübeck. Deshalb standen hier anfangs nur einfache Katen. Heute jedoch befinden sich hier richtig schmucke **Reetdachhäuser,** die liebevoll gepflegt werden. Im Hafen dümpeln immer noch **Fischerboote.** Ein Spaziergang durch das kleine Dorf ist wie ein Sprung in vergangene Zeiten. Gothmund ist ein richtig kleines Schmuckstück, ein Ort, der übrigens nur zu Fuß erkundet werden kann. An der Trave entlang verläuft ein **Treidelpfad,** an dem früher die Schiffe „getreidelt", also gezogen wurden. Heute kann man schön mit dem Fahrrad entlangfahren.

■ Anfahrt: Gothmund liegt knapp außerhalb vom innerstädtischen Bereich Lübecks, die B75 Richtung Travemünde führt nahe vorbei. Von Lübeck fährt Bus Nr. 12 hierher (Haltestelle Normannenweg).

^ Idyllisches Dörfchen an der Trave: Gothmund

13 Herzogtum Lauenburg und Stormarn

»Eine abwechslungsreiche Gegend ist der Südzipfel von Schleswig-Holstein. Das Landschaftsbild wird geprägt vom breiten Elbstrom, von sanften Hügeln, Wäldern und Seen. Prachtvolle Schlösser, mächtige Kirchen und interessante Museen lohnen Abstecher in die Region zwischen Hamburg, Lübeck und Elbe.

‹ Historische Häuser in Mölln

SPECKGÜRTEL MIT SINN FÜR TRADITION

Nah an Hamburg liegen die Kreise Herzogtum Lauenburg und Stormarn, aber sie sind doch eine ganz eigene Welt. Jahrhundertealte Traditionen werden in *Mölln, Ratzeburg* und *Lauenburg* aufrecht erhalten, schöne Kirchen und spannende Museen wollen entdeckt werden. In *Reinbek* und *Ahrensburg* stehen zwei der prächtigsten Schlösser von ganz Schleswig-Holstein.

NICHT VERPASSEN!

- Der prachtvolle **Ratzeburger Dom** | 477
- **A. Paul Weber-Museum** in Ratzeburg mit Druckgrafiken des satirischen Zeichners | 478
- **Eulenspiegel-Museum** in Mölln, gewidmet dem größten aller Schelme | 482
- Das malerisch am Elbufer gelegene **Lauenburg** | 488
- Auf den Spuren von **Otto von Bismarck in Friedrichsruh** | 493
- Das wunderschöne **Schloss Ahrensburg** | 496

Diese Tipps erkennt man an der gelben Markierung.

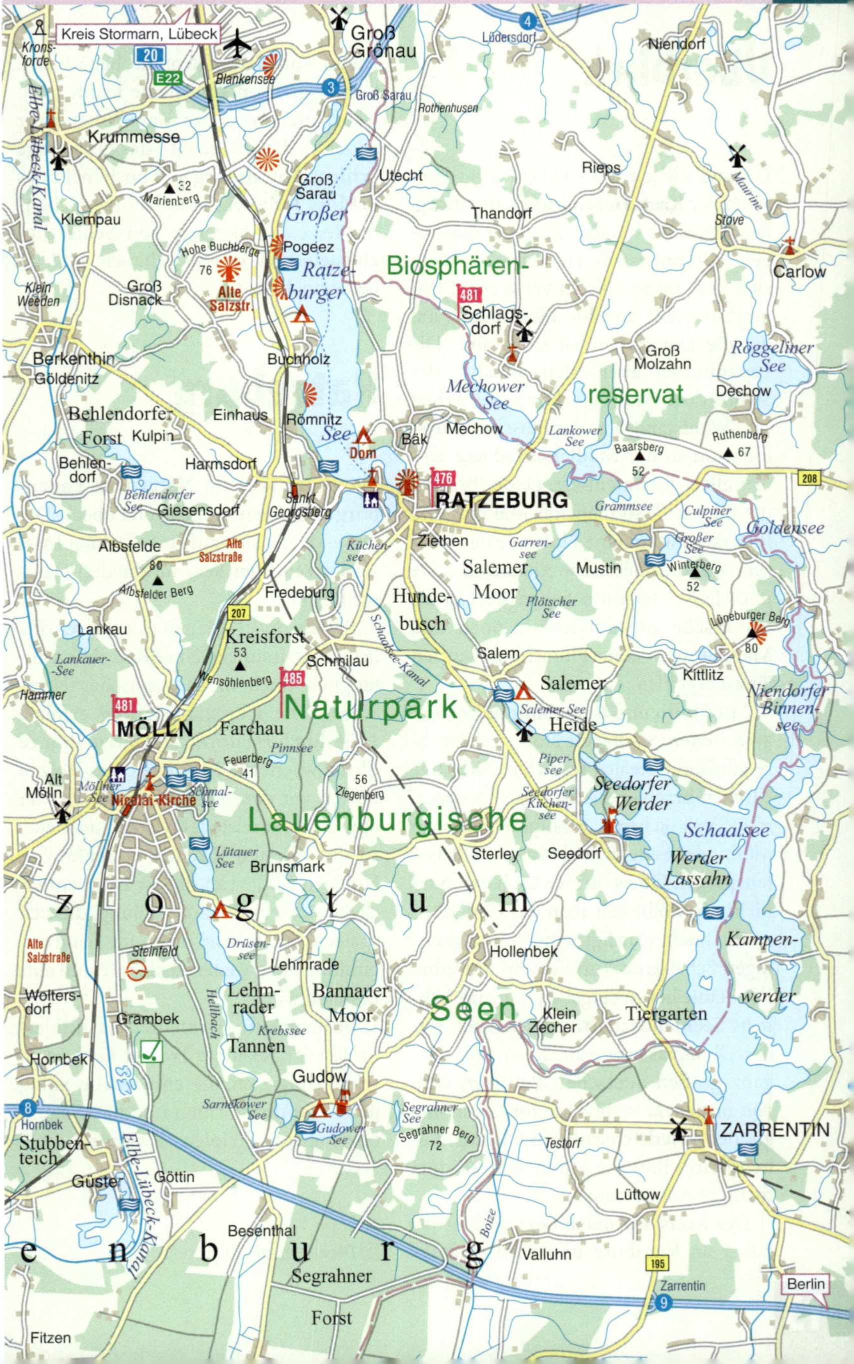
Kreis Stormarn, Lübeck
Krons-forde
20
E22
Blankensee
Groß Grönau
4
Lüdersdorf
Niendorf
3
Groß Sarau
Rothenhusen
Elbe-Lübeck-Kanal
Krummesse
Utecht
Rieps
Maurine
Marienberg
Groß Sarau
Großer
Thandorf
Stove
Klempau
Hohe Buchberge
76
Pogeez
Ratze-
burger
Biosphären-
Carlow
481
Schlags-dorf
Klein Weeden
Groß Disnack
Alte Salzstr.
Groß Molzahn
Röggeliner See
Berkenthin
Göldenitz
Buchholz
Mechower See
reservat
Dechow
Behlendorfer Forst
Kulpin
Einhaus
Römnitz
See
Dom
Bäk
Mechow
Lankower See
Baarsberg
52
Ruthenberg
67
Behlen-dorf
Harmsdorf
476
208
Behlendorfer See
Giesensdorf
Sankt Georgsberg
RATZEBURG
Grammsee
Culpiner See
Goldensee
Albsfelde
Alte Salzstraße
Küchen-see
Ziethen
Garren-see
Großer See
80
Salemer Moor
Mustin
Winterberg
52
Albsfelder Berg
Fredeburg
Hunde-busch
Plötscher See
Lankau
207
Schaalsee-Kanal
Lüneburger Berg
80
Lankauer-See
Kreisforst
53
Schmilau
Salem
Kittlitz
Hammer
Wensöhlenberg
485
Salemer
Niendorfer Binnen-see
481
MÖLLN
Farchau
Naturpark
Salemer See
Heide
Pinnsee
Feuerberg
41
Piper-see
Alt Mölln
Möllner See
Nicolai-Kirche
Schmal-see
56
Ziegenberg
Seedorfer Werder
Seedorfer Küchen-see
Lauenburgische
Schaalsee
Lütauer See
Brunsmark
Sterley
Seedorf
Werder Lassahn
z o g t u m
Alte Salzstraße
Steinfeld
Drüsen-see
Lehmrade
Hollenbek
Kampen-
Wolters-dorf
Lehm-rader
Bannauer Moor
werder
Hellbach
Grambek
Krebssee
Tannen
Seen
Klein Zecher
Tiergarten
Hornbek
Gudow
8
Hornbek
Sarnekower See
Segrahner See
Gudower See
Segrahner Berg
72
ZARRENTIN
Stubben-teich
Testorf
Güster
Göttin
Boize
Lüttow
Elbe-Lübeck-Kanal
Besenthal
e n b u r g
Valluhn
195
Segrahner
Zarrentin
Berlin
9
Forst
Fitzen

Überblick

Der südlichste Kreis von Schleswig-Holstein, der **Kreis Herzogtum Lauenburg,** liegt etwas im Windschatten der mächtigen Millionenstadt Hamburg, braucht sich aber keinesfalls zu verstecken. Immerhin fließt hier die Elbe vorbei, auf die die Hamburger so stolz sind. Die Lauenburger aber auch, brachte der Strom doch viele Jahrhunderte Arbeit und Wohlstand, was das Elbschifffahrtsmuseum in der **Stadt Lauenburg** eindringlich dokumentiert. Leider brachte die Elbe auch so manches Mal Not und Bitterkeit, wenn eine Flutwelle das Wasser bis in die malerische Altstadt drückte und Häuser zerstörte. Sehenswert ist die historische Altstadt immer noch und Maßnahmen zum Flutschutz wurden längst ergriffen.

Mit **Mölln** und **Ratzeburg** liegen hier zwei weitere Städte, die stolz sind auf ihre jahrhundertealte Tradition. Mächtige Kirchen brachten sie hervor. Eine skurrile Type schrieb Stadtgeschichte in Mölln, der Schelm schlechthin, **Till Eulenspiegel.** Ob es ihn wirklich gab oder nicht, in Mölln hält man das Gedenken an ihn hoch, würdigt seinen hintergründigen Schabernack mit einem Museum. Die Städte liegen eingebettet in eine liebliche **Seenlandschaft,** auf der schon Ruder-Olympiasieger trainierten. Einer der ganz großen deutschen Politiker, *Otto von Bismarck,* verbrachte im Lauenburgischen **Friedrichsruh** seine letzten Lebensjahre, ihm zu Ehren gibt es dort mehrere Ausstellungen.

Der **Kreis Stormarn** liegt noch etwas näher an Hamburg und wird entsprechend von der Metropole beeinflusst. Gebietsgrenzen sind heute kaum noch wahrzunehmen. Das war früher ganz anders, davon zeugt das prächtige **Schloss Ahrensburg** und noch mehr das **Schloss Reinbek,** eine frühere Nebenresidenz der Herzöge von Schleswig-Holstein. Schön anzuschauen sind sie beide noch heute.

Ratzeburg

Ratzeburg liegt im **Naturpark Lauenburgische Seen** südlich von Lübeck. Der Ort erstreckt sich auf einer kleinen **Insel im Ratzeburger See,** auf die drei Dämme führen.

Bereits im 11. Jh. gab es erste schriftliche Erwähnungen einer Racesburg, anfänglich noch unter slawischer Herrschaft. Die Christianisierung erfolgte 1154 durch *Heinrich den Löwen.* Ihm zu Ehren wacht die Skulptur eines stolzen Löwen vor dem Ratzeburger Dom, der optisch die Inselstadt überragt und heute zu den ältesten Kirchen in Schleswig-Holstein zählt. Um diesen Dom entwickelte sich eine kleine Siedlung, die sich später von der Insel über eine Landverbindung noch weiter ausdehnte und aufs Festland wuchs.

In Ratzeburg wirkte der als „Ruder-Professor" bekannte Trainer *Karl Adam* sehr erfolgreich. Er entwickelte völlig neue Trainingsformen und hatte damit überragende Erfolge. Zwischen 1957

› Der Ratzeburger Dom

100sc mf

und 1967 gewannen „seine" Boote sieben Titel bei Welt- und Europameisterschaften, der Achter holte bei den Olympischen Spielen 1960 und 1968 Gold.

Sehenswertes

Ratzeburger Dom

Die Gegend um Ratzeburg stand im 11. Jh. unter slawischer Herrschaft, ab etwa 1050 wurden Versuche der Christianisierung unternommen. So baute man ein **Kloster** auf dem Ratzeburger St. Georgsberg, das aber 1066 bei einem Aufstand des **slawischen Stamms der Wenden** zerstört wurde. 1093 wurden die Wenden endgültig besiegt, 1154 das **Bistum Ratzeburg** neu gegründet durch *Heinrich den Löwen.* 1154 erfolgte auch die Grundsteinlegung des Doms, dessen Bau 1220 beendet wurde.

Entstanden ist eine **dreischiffige Kirche** mit gotischem Kreuzgang und einem wuchtigen, weithin erkennbaren **Turm.** Im Inneren wirkt der Dom nicht ganz so wuchtig. Hier befindet sich das älteste **Chorgestühl** in Norddeutschland, das um 1200 gebaut wurde. Herausragend ist der **Flügelaltar,** dessen Mittelteil, eine Passionstafel, aus der Zeit um 1430 stammt. Links und rechts vom Altar befinden sich im Boden acht Gedenksteine für die ersten der insgesamt 29 Bischöfe, die Ratzeburg hatte. Im südlichen Querhaus steht ein Barock-Retabel aus dem Jahr 1629. Im nördlichen Seitenchor zeigt die Ansverustafel aus dem Jahr 1681 in zwölf Bildern die Leidensgeschichte des Abtes und seiner 18 Mitstreiter, die 1066 beim Slawenaufstand auf dem St. Georgsberg ums Leben kamen. Ebenfalls im nördlichen Querhaus hängt das Epitaph von *Herzog August von Sachsen-Lauenburg* und seiner Frau (1649). Die Bronzetaufe in der Vierung stammt von 1440.

Direkt hinter dem Dom verläuft der **Kreuzgang** des ehemaligen Domklosters mit Kreuzrippengewölbe, der Ende des 13. Jh. erbaut wurde. Er ist mit Wandbildern aus dem 14. und 15. Jh. in den sechs gotischen Fensterblenden geschmückt. Diese waren lange zugemauert und wurden 1895 zufällig entdeckt. Im Innenhof des Klosters befindet sich die *Barlach*-Skulptur „Der Bettler auf Krücken".

A. Paul Weber-Museum

Der **Lithograf und Zeichner** *A. Paul Weber* (1893–1980) schuf unzählige Werke, sehr häufig mit politischem oder gesellschaftskritischem Hintergrund und den Mitteln der Satire. Das Museum wurde noch zu Lebzeiten des Künstlers 1973 eröffnet. Gezeigt werden in 23 Räumen etwa 300 Skizzen, Handzeichnungen, Holzschnitte, Radierungen und Lithografien, darunter seine bekannten **Buchillustrationen zu Münchhausen und Reineke Fuchs.** Während der Nazizeit wurde *Weber* inhaftiert, auch diese Phase wird in sehr kritisch-düsteren Bildern dargestellt. Es ist eine gut gemachte Schau zu diesem gesellschaftskritischen

Das Kreismuseum Herzogtum Lauenburg

Geist in einem historischen Haus aus dem 17. Jahrhundert.

Im Keller befindet sich eine weltweit einmalige Sammlung von **Lithografiesteinen.** Es sind etwa 700 Steinplatten aus Kalkschiefer, die beidseitig mit Druckgrafiken versehen sind.

■ **A. Paul Weber-Museum,** Domhof 5, Tel. 86 07 20, www.weber-museum.de, tägl. außer Mo 10–13 und 14–17 Uhr, Eintritt 3 €.

Kreismuseum Herzogtum Lauenburg

In einem ehemaligen Herrenhaus aus dem Jahr 1764 der Mecklenburger Herzöge ist das Kreismuseum Herzogtum Lauenburg untergebracht. Im oberen Stockwerk ist noch der Rokokosaal mit seiner hübschen Stuckdekoration erhalten. Gezeigt wird eine Sammlung zur **Stadt- und Kulturgeschichte** sowie zur Lauenburgischen Naturkunde. Herausragend dabei ist ein historischer Kupferstich der Stadt aus dem Jahr 1588. Weitere Themen sind die ehemalige **innerdeutsche Grenze,** die hier ganz in der Nähe verlief, und das Leben in den 1950er-Jahren. Zu sehen sind auch eine historische Schuhmacherwerkstatt und eine Küche aus dem 18. Jahrhundert.

■ **Kreismuseum Herzogtum Lauenburg,** Domhof 12, Tel. 860 70, www.kmrz.de, Di–So 10–13 und 14–17 Uhr, Eintritt 3 €.

Ernst-Barlach-Museum

Der **Bildhauer und Zeichner** *Ernst Barlach* (1870–1938) verbrachte in den Jahren 1878 bis 1884 Teile seiner Jugend in diesem Haus, das sein Vater, der Landarzt *Dr. Georg Barlach,* gekauft und als Praxis genutzt hatte. Nach dem frühen Tod des Vaters verließ die Familie Ratzeburg. Heute ist in dem Haus ein Museum zu Ehren von *Barlach* eingerichtet. Es zeigt Skulpturen, Grafiken, Holzschnitte und Zeichnungen des Künstlers als Dauerausstellung. Im Obergeschoss finden wechselnde Ausstellungen zur Kunst der klassischen Moderne statt.

■ **Ernst-Barlach-Museum,** Barlachplatz 3, Tel. 37 89, Di–So 11–18 Uhr, Nov. bis April geschl., es kann aber kurzfristig zu Öffnungen am Sa und So kommen, Eintritt 8 €.

St. Petrikirche

Die Kirche am Barlachplatz ist mit ihrer Bauform als **Querkirche** einmalig im norddeutschen Raum. Sie wurde 1791 als Stadt- und Garnisonskirche für die Bürger und Soldaten der Stadt geweiht und ersetzte einen Vorgängerbau aus dem 13. Jh. Stilistisch wirkt das Innere recht zurückhaltend, besonders der Altarbereich ist schlicht gestaltet, darüber dominiert allerdings die gewaltige Orgel. Große Glasfenster links und rechts des Altars beherrschen optisch den Raum. Dargestellt sind Stationen aus dem Leben des Apostels *Petrus.*

■ **St. Petrikirche,** Barlachplatz 7, April–Sept. 10–17, Okt.–März 10–16 Uhr.

Praktische Tipps

Info

- **PLZ:** 23909
- **Vorwahl:** 04541
- **Einwohner:** 14.000
- **Touristinformation:** Rathaus, Unter den Linden 1, Tel. 800 08 86.
- **Internet:** www.herzogtum-lauenburg.de

Unterkunft

- **Hansa Hotel**③, Schrangenstr. 25–27, Tel. 86 41 00, www.hansa-hotel-ratzeburg.de. Modernes Haus im Ortskern mit 23 komfortablen Zimmern und einem Wellnessbereich mit Sauna. Angeschlossen ist ein **Restaurant.** WLAN.
- **Hotel Seehof**③, Lüneburger Damm 1–3, Tel. 86 01 01, www.der-seehof.de. Liegt direkt am See und am Damm, der zur Altstadt führt. Das Haus bietet 50 großzügige Zimmer, von vielen genießt der Gast einen schönen Blick auf den See. Außerdem gibt es eine Sauna, kostenlosen Kanuverleih, eine hoteleigene Liegewiese und WLAN. Ein gutes **Restaurant** ist angeschlossen.
- **Jugendherberge,** Reeperbahn 6–14, Tel. 840 95 04. Die 2012 erbaute JH liegt direkt am See. Sie hat eine Sauna und eine Dachterrasse und bietet 170 Betten in 4- und 2-Bett-Räumen.

Camping

- **Camping Schwalkenberg,** Dorfstr. 32, 23909 Römnitz, Tel. 0172 411 70 32, www.campingplatz-schwalkenberg.de, geöffnet März bis Okt. Der Platz liegt am Ostufer des Ratzeburger Sees.
- **WoMo-Stellplätze:** Kleiner Platz für 12 WoMos in der Fischerstraße beim Schwimmbad *Aqua Siwa,* ausgestattet mit Strom und Entsorgungsstation.

Gastronomie

- **Fischerstube,** Schloßwiese 2, Tel. 35 59, www.fischerei-ratzeburg.de, tägl. ab 11 Uhr. Liegt sehr schön direkt am Ratzeburger See und hat eine nette Terrasse mit Seeblick. Serviert werden kalte und warme Fischgerichte, der Fang kommt direkt aus dem See.
- **Eis Pavillon Pelz,** Schloßwiese 1, Tel. 27 54, www.eis-pelz.de, geöffnet ab 11 Uhr. Das kleine Eiscafé liegt am Damm unmittelbar vor der Insel und stellt seit über 60 Jahren hervorragendes Eis her, was die langen Schlangen bezeugen.
- **Café Bischofsherberge,** Domhof 31, Sa/So 14–18 Uhr. Das Café liegt sehr schön direkt beim Dom und bietet hausgemachte Kuchen und Torten an. Betreiber ist die Vorwerker Diakonie, in der Menschen mit und ohne Behinderung arbeiten.

Feste und Veranstaltungen

- **Töpfermarkt,** Mitte Juli zeigen etwa drei Dutzend Töpfer ihre unterschiedlichen Töpferwaren und Kunstwerke direkt am Ratzeburger See.

Aktivitäten

- **Stadtführungen:** Zwischen Anfang Mai und Ende September finden jeden Samstag um 10.30 Uhr zweistündige Stadtführungen statt. Treffpunkt ist die Alte Wache am Marktplatz, Kosten 5 €. Weiterhin gibt es historische Themenführungen mit dem Nachtwächter, dem Landsknecht und der gräflichen Köchin, Infos dazu über die Touristeninformation, s.o.
- **Bootsverleih und Segelkurse:** *Peter Morgenroth* vermietet Kanus, Segel-, Tret- und Elektromotorboote sowie Wasserfahrräder. Er bietet außerdem Segelkurse an, auch für Kinder. Am Jägerdenkmal 1, Tel. 832 00, www.schaalsee-canusalem.de.

Schiffstouren

■ **Fahrt über den Ratzeburger See,** Schloßwiese 6, Tel. 79 00, www.schiffahrt-ratzeburg.de. Eine zweistündige Rundfahrt wird je nach Saison mehrfach täglich angeboten, Preis: Erw. 15 €, Kinder (4–14 Jahre) die Hälfte.

■ Es gibt auch die Möglichkeit, bis zum Ort **Rothenhusen** zu fahren und dort umzusteigen auf ein anderes Schiff, das über die Wakenitz bis nach **Lübeck** fährt. Infos beim *Fährhaus Rothenhusen,* Tel. (04509) 80 59, www.wakenitzfahrt.de.

In der Umgebung

Grenzhaus Schlagsdorf

MEIN TIPP: Ein **Informationszentrum zur innerdeutschen Grenze** befindet sich im historischen Grenzraum östlich des Ratzeburger Sees im Ort **Schlagsdorf,** heute auf dem Gebiet von Mecklenburg-Vorpommern. Das Grenzhus Schlagsdorf dokumentiert die Entwicklung der Grenzanlagen und ihren immer perfekteren Ausbau. Es berichtet über Schicksale von Menschen, die im Bereich der Grenze lebten, erzählt von Fluchten. Im Außengelände werden die damaligen **Sperr- und Grenzanlagen** in rekonstruierter Form gezeigt.

Außerdem gibt es den 3,5 km langen **Grenzparcours „Grenzweg Schlagsdorf“,** bei dem an 14 Stationen der Wandel der Natur sowie Details der innerdeutschen Grenze dargestellt werden. Den Weg kann man jederzeit betreten.

■ **Grenzhaus Schlagsdorf,** Neubauernweg 1, 19217 Schlagsdorf, Tel. (038875) 203 26, www.grenzhus.de, Mo–Fr 10–16.30, Sa/So 10–18 Uhr, Eintritt 4 €.

Mölln

Etwa 30 km südlich von Lübeck und nicht weit von Ratzeburg liegt Mölln im Gebiet des Naturparks Lauenburgische Seen. Eine erste urkundliche Erwähnung des Ortes datiert von 1188. Im Jahr 1202 erhielt der Ort Lübecker Stadtrecht. Wenige Jahre später wurde der kleine Ort ein Kirchspiel, es entstand eine erste Kirche.

Mölln lag schon immer strategisch günstig, ist von mehreren **Seen** umgeben, und vor allem führte ein wichtiger Handelsweg hier vorbei, die **Alte Salzstraße** von Lüneburg nach Lübeck. Viele Händler nutzten diesen Weg und machten Station in Mölln. Auch der 1398 fertig gebaute **Stecknitzkanal** führte durch den Ort. Er verband Lübeck und Lauenburg und damit die Ostsee mit der Elbe. Der Kanal wurde 500 Jahre lang genutzt, hauptsächlich um Salz zu transportieren, erst Ende des 19. Jh. wurde er durch den heutigen **Elbe-Lübeck-Kanal** abgelöst. Die Stecknitzfahrer hatten in der St. Nicolai-Kirche einen eigenen Stuhl, was deren Bedeutung unterstreicht. Im Zuge dieser Handelsaktivitäten profitierte auch das kleine Mölln.

Eine überregionale Bedeutung erlangte der Ort durch die Figur des **Till Eulenspiegel,** die mit Mölln in Verbindung gebracht wird. Eulenspiegel war ein umherziehender Schalk, der Anfang des 14. Jh. seine Späße trieb und den es nach Mölln verschlug, wo er 1350 verstarb. Ob es tatsächlich ein historisches Vorbild für die literarische Figur gibt, ist nicht ganz zweifelsfrei geklärt, aber noch heute steht an der Außenwand der

St. Nicolaikirche sein – angeblicher – Grabstein. Die Stadt jedenfalls hält sein Andenken sehr hoch, feiert alle drei Jahre die **Eulenspiegel-Festspiele** (nächste 2023) und errichtete ein eigenes Eulenspiegel-Museum und einen Eulenspiegelbrunnen.

Sehenswertes

St. Nicolai-Kirche

Im heutigen Ortskern beim historischen **Marktplatz** entstand eine Kirche, wurden Bürgerhäuser gebaut und das Gebäude des Stadthauptmanns. Die Backsteinkirche erhebt sich hoch auf dem Eichberg über dem kleinen Marktplatz, sie ist dem heiligen *Nikolaus* geweiht, dem Schutzpatron der Seefahrer und Kaufleute.

Die Kirche entstand Anfang des 13. Jh., sie wirkt von außen ziemlich wuchtig, im Inneren ist sie reich ausgestattet. So stammt das **Triumphkreuz** (1503) aus der Werkstatt von *Bernt Notke,* der in Lübeck viele bedeutende Projekte realisierte. Die Bronzetaufe ist nur unwesentlich jünger (1509). Hochaltar und Kanzel stammen aus dem ersten Drittel des 18. Jh. Der auffällige siebenarmige Leuchter entstand bereits 1436. Das **Chorgestühl** hat noch einige Kastenstühle, beispielsweise das reich geschnitzte Gestühl der Stecknitzfahrer. Im Eingangsbereich hängt das Epitaph des Bürgermeisters *Godeke Engels* mit einer historischen Stadtansicht aus dem Jahr 1578. Nahe beim Ausgang hängt eine Rarität, nämlich eine Sammlung schmaler Holztafeln, auf denen die Anzahl der jährlichen Abendmahlsteilnehmer festgehalten ist. An der westlichen Außenwand steht eine **Gedenkplatte** für den nach der Legende 1350 in Mölln an der Pest gestorbenen **Till Eulenspiegel.**

Eulenspiegel-Museum

Das Museum zur Erinnerung an den bekannten Schalk *Till Eulenspiegel* ist in einem Fachwerkhaus aus dem Jahre 1582 direkt am Marktplatz untergebracht. Auf zwei Ebenen sind Exponate zu seinem Leben ausgestellt. Einige seiner Streiche wurden figürlich nachgestellt, Filme berichten aus seinem Leben. Außerdem wird die künstlerische Darstellung der Figur in Literatur und Malerei gezeigt.

■ **Eulenspiegel-Museum,** Marktstr. 2, Mai bis Okt. Mo–Fr 10–13 und 14–17, Sa/So 11–17 Uhr, Nov. bis April Mo–Fr 14–16, Sa/So 11–13 und 14–16 Uhr, Eintritt 2,50 €, Kombikarte mit Möllner Museum 4 €.

Eulenspiegelbrunnen

Gegenüber vom Museum und unterhalb der St. Nicolai-Kirche befindet sich eine **Skulptur** des *Till Eulenspiegel* an einem Brunnen. Erschaffen wurde sie 1950 zu dessen 600. Todestag vom Möllner Bildhauer *Karlheinz Goedtke,* der dem Schalk seine eigenen Gesichtszüge gegeben hat. Daumen und Fußspitze der Figur schimmern gülden, da viele Besucher diese Stellen berühren. Das soll Glück bringen.

856sc-fr

Museum Historisches Rathaus

Eine Ausstellung im historischen Rathaus von 1373 zeigt die Entwicklung der Stadt, u.a. mit einem Stadtmodell aus dem Jahr 1750. Sie informiert über die Möllner **Handwerkerzünfte** und blickt auf die gar nicht so lange zurückliegende Wirtschaftswunderzeit zurück. Im zweiten Ausstellungsbereich wird die Geschichte der **Schifffahrt auf dem Stecknitzkanal** und dem Elbe-Trave-Kanal beleuchtet.

- **Museum Historisches Rathaus,** Am Markt 12, Tel. 83 54 62, Mai bis Aug. Mo–Fr 10–18, Sa/So 10–16, Sept. bis April Mo–Fr 10–17, Sa/So 10–15.30 Uhr, Eintritt 2,50 €, Kombikarte mit Eulenspiegelmuseum 4 €.

Die glücksbringende Skulptur des Till Eulenspiegel

Praktische Tipps

Info

- **PLZ:** 23879
- **Vorwahl:** 04542
- **Einwohner:** 18.500
- **Touristinformation:** Marktstr. 12, Tel. 856 88 90, www.moelln-tourismus.de.
- **Internet:** www.moelln-tourismus.de

Unterkunft

- **Seehotel Schwanenhof**③, Am Schulsee, Tel. 848 30, www.seehotel-schwanen hof.de. Das Haus liegt direkt am Schulsee und hat 29 komfortable Zimmer sowie eine Suite. Von den Balkonen genießt man einen schönen Blick auf den See, das Hotel liegt allerdings etwas außerhalb des Zentrums. Es gibt eine Sauna und ein **Restaurant.**
- **Hotel Waldhalle**④, Waldhallenweg 1, Tel. 858 80, www.waldhalle.de. Das imposante Hotel im Stil der Gründerzeit hat eine große, einladende Terrasse, ein Restaurant sowie einen Wellness-Bereich. Es liegt an der nördlichen Uferseite vom Schmalsee. Es

gibt EZ, DZ sowie Zimmer für drei Personen. Im **Restaurant** werden regionale, aber auch internationale Gerichte serviert, es gibt auch Torten aus der eigenen Konditorei. WLAN.

■ **Jugendherberge,** Am Ziegelsee 2, Tel. 26 01. Die JH liegt außerhalb vom Zentrum auf einem großen Gelände. Die insgesamt 148 Betten verteilen sich auf zwei Gebäude mit 2- und 4-Bett-Zimmern.

Camping

■ **WoMo-Stellplatz:** am Ziegelsee, Alt Möllner Straße. Liegt zentrumsnah hinter dem Bahnhof und bietet Platz für 24 Fahrzeuge. Stromversorgung ist vorhanden, Entsorgung ist an einer ca. einen Kilometer entfernten Tankstelle möglich.

Gastronomie

■ **Café Markt,** Marktstr. 3, Tel. 865 69, Mi–Mo 12–22 Uhr Uhr. Sehr zentral am historischen Marktplatz in einem alten Fachwerkhaus. Es ist nicht nur ein Café, sondern auch ein Restaurant mit Mittags- und Abendkarte. Schöne Einrichtung, man sitzt vielleicht etwas eng, was aber zum historischen Ambiente passt.

■ **Zum Weißen Ross,** Hauptstr. 131, Tel. 27 72, www.moelln-tourismus.de/a-restaurant-zum-weissen-ross, Di–Sa 12–15, 18–22, So 12–15 Uhr. Das Restaurant liegt am Stadtsee und hat eine Terrasse und eine offene Küche, in der frische, saisonale und regionale Gerichte zubereitet wird.

Feste und Veranstaltungen

■ **Kurparkspektakel,** Anfang Juli, mit viel Kleinkunst und Akrobatik, es treten Artisten, Pantomimen, Jongleure und Zauberer auf.

■ **Altstadtfest,** mit dem zweitgrößten Flohmarkt im Lande, Ende August (am Sonntag).

■ **Spektakulum Mulne,** Mitte September wird der Kurpark in einen mittelalterlichen Markt verwandelt, mit Musik, Tanz, vielen Händlern und natürlich auch mit Till Eulenspiegel.

923sc sm

< St. Nicolai-Kirche von Mölln mit Maibaum

■ **Herbstmarkt,** ein sehr großer Markt mit 450-jähriger Tradition, findet Anfang November mitten in der historischen Altstadt statt (erstmals übrigens 1561), Fahrgeschäfte, nostalgische Karussells und diverse gastronomische Angebote.

Naturpark Lauenburgische Seen

Der 1960 gegründete Naturpark Lauenburgische Seen ist mit 47.000 Hektar (35 km Länge, 17 km Breite) der drittgrößte Naturpark Schleswig-Holsteins. Die eiszeitlich geformte Hügellandschaft konnte sich in der Nachbarschaft der früheren innerdeutschen Grenze ruhig entwickeln. Die Landschaft ist geprägt von **dichten Wäldern und 40 Seen,** darunter als größte der **Ratzeburger See** und der **Schaalsee.** Dieser ist 24 km² groß und erreicht eine Tiefe von 72 m, damit ist er der tiefste See in Norddeutschland. Früher verlief die innerdeutsche Grenze mitten durch den Schaalsee.

In dieser geschützten Naturlandschaft siedelten sich seltene Großvögel an wie **Seeadler, Schwarzstorch** oder **Eisvogel,** aber hier lebt auch der selten gesehene **Fischotter.** Es gibt drei Aussichtstürme, von denen man mit etwas Glück die Tiere und vor allem die Vögel beobachten kann: am Mechower See, am Schaalsee und am Kittlitzer See.

In und durch den Naturpark führen 20 gekennzeichnete **Rad- und Wanderwege,** teilweise starten sie direkt von Ratzeburg oder Mölln.

Kanu fahren

Auch als Paddelrevier ist die Gegend gut geeignet. Vor allem auf dem ruhigen **Schaalseekanal** kann man in einer unerwarteten Einsamkeit auf dem Wasser wandern. Aber auch wer längere Strecken fahren möchte, kann beispielsweise am Ratzeburger Küchensee starten und über den Schaalseekanal den Schaalsee erreichen. Sogar von Lübeck aus lässt sich eine lange Tour über die **Wakenitz** machen.

In **Siebenbäumen** gibt es ein Komplett-Angebot mit Kanuanlieferung und Taxi-Service zum Einstiegsort sowie Übernachtung im Planwagen oder Tipi.

■ **Infos und Kanuvermietung:** *Kanu-Center,* Grinauer Weg 23b, 23847 Siebenbäumen (an der B208 Richtung Bad Oldesloe), Tel. (04501) 412, www.kanu-center.de.

Info

■ **Herzogtum Lauenburg Marketing,** Hauptstr. 150, 23879 Mölln, Tel. (04542) 85 68 60, www.herzogtum-lauenburg.de.

Gastronomie

■ **Kaiserhof Salem,** Café und Hofaden, Seestr. 58, 23911 Salem, Tel. (04541) 84 04 41, www.kaiserhof-salem.de, Mo–So 8–18 Uhr. Am Salemer See gelegen. Es gibt Frühstück, Mittagstisch und nachmittags selbst gebackenen Kuchen und Torten. Angeschlossen ist ein **Hofladen** mit Waren aus der Region oder sogar aus eigener Herstellung.

Anschlusskarte rechts
Lütjensee
Siek
Ringwall
Meiendorf
Am Hagen
Ammersbek
Stapelfeld
Großensee
Möncht. Großensee
Stenzert.
Grönwohld
Trittau
Braak
Hamfelde (in Holstein)
Brunsbek
Rausdorf
Trittauer heide
Hamfelde (in Lauenburg)
Fernsicht
Stellau
Kronshorst
Corbek
Grande
Kuddewörde
Dahmker
Stemwarde
Witzhave
Kasseburg
Willinghusen
Reinbek
E26
Kuckucksberg 63
Rotenbek
Witzhave
Neu-Schönningstedt
Hünengräber
Bille
Schwarzenbek/Grande
Möhnsen
GLINDE
Ohe
Alter Hau
Vierthege
Ost-steinbek
Wiesenfeld
Rohmoor
Hammelsberg 40
Bismarck-museum
Kammerbekshorst
Havighorst
Schönningstedt
Silk
Havekost
Eisenbahn-museum
Sachsenwald
REINBEK
Aumühle
Lohbrügge
Wohltorf
Wildpark
Wentorf bei Hamburg
Radekamp
Sande
Neubörnsen
Kröppelshagen-Fahrendorf
Dassendorf
SCHWARZENBEK
Bergedorf
HH-Curslack
Börnsen
Steinberg 80
Brunstorf
Rülau
Rülauer Forst
HH-Bergedorf
Escheburg
Hohenhorn
Worth
Horst
Kollow
Curslack
GEESTHACHT
Horster Moor
Voßmoor
Geesthacht
Hamwarde
Düneberg
Wiershop
Gülzow
Vierlande
Achterdiek
Neuengamme
Altengamme
Richtweg-Riesdahl
Hansaviertel
Rappenberg 86
Kronsberg 59
Stove
Schwinde
Niedermarschacht
Pumpspeicherwerk
Krukow
Achterdeich
Elbstorf
Kernkraftwerk
West-Krauel
Drennhausen
Drage
Marschacht
Grünhof
Juliusburg
Obermarschacht
Tespe
Tesperhude
Laßrönne
Ilau-Schneidegraben
NSG
ELBE
Schnakenbek
Winsener Marsch
Tönnhausen
Museumsbahn
Avendorf
Freizeitbad "Die Insel"
Alte Ilau
Bütlingen
Heide-Express (Elbmarschbahn)
Oldershausen
Artlenburg
WINSEN (Luhe)
Neetze
Borstel
Ilmenau-kanal
Horburg
Barum
Schiffshebewerk Scharnebeck
Winsen-Ost
Sangenstedt
Rottorf
Handorf
Lüdershausen
Reiherssee

Elmenhorst
Bad Segeberg
Lübeck
Schüren-
söhlen
Jersbek
Trems-
büttel
Tremsbüttel
18
1
Groß
Boden
BARGTE-
HEIDE
Lasbek
21
Bunsberg
34
Eichede
Stubben
19
27
Kreuz
Bargteheide
Timmerhorn
75
Bargteheider
Moor
Ammersbek
Delings-
dorf
Hammoor
Mollhagen
Steinburg
Schip-
horst
Ammersbek
Toden-
Staatsforst
Schüberg
55
Bünning-
stedt
495
Rönnbaum
Franzdorf
AHRENSBURG
Bredenbeker
Teich
Trittau
-dorf
Sprenge
Bocksberg
63
E22
Schönberg
Groß-
hansdorf
404
Wentorf
Hohehorst
Bille
Volksdorf
Hoisdorf
Schmalenbeck
Lütjen-
see
Ammersbek
28
Ahrensburg
Lütjen-
see
Ringwall
Am Hagen
Siek
Meiendorf
1
Möncht.
Stenzert.
29
Stapelfeld
Großen-
see
Grön-
wohld
Staatsforst
Hahnheide
435
Hamburg
Großensee
Anschlusskarte links

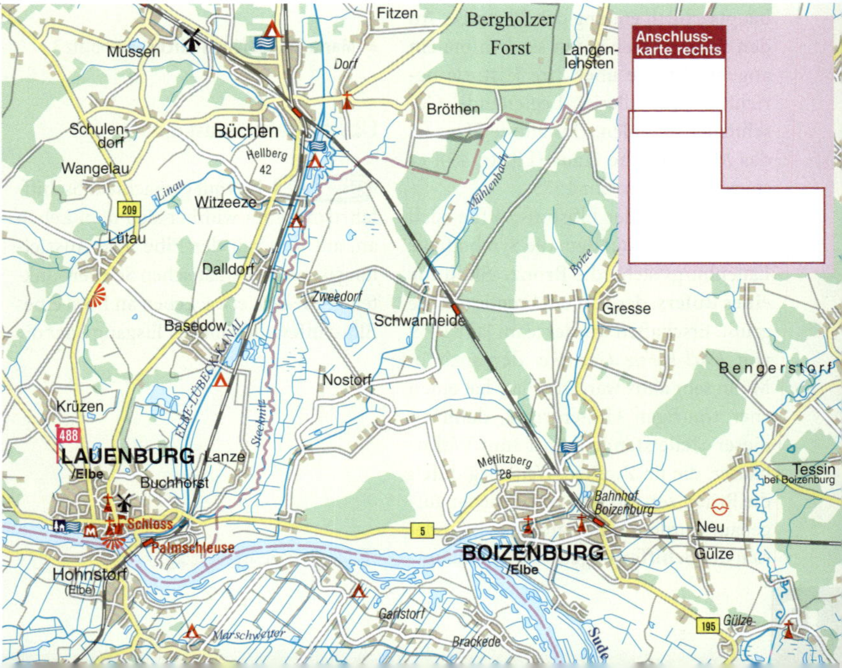
Fitzen
Bergholzer
Forst
Langen-
lehsten
Anschluss-
karte rechts
Müssen
Dorf
Bröthen
Schulen-
dorf
Büchen
Hellberg
42
Wangelau
Linau
Mühlenbach
209
Witzeeze
Lütau
Boize
Dalldorf
Zweedorf
Gresse
Schwanheide
Basedow
ELBE-LÜBECK-KANAL
Nostorf
Bengerstorf
Krüzen
Stecknitz
488
LAUENBURG
/Elbe
Lanze
Mettlitzberg
28
Tessin
bei Boizenburg
Buchhorst
Bahnhof
Boizenburg
Schloss
5
Neu
Palmschleuse
BOIZENBURG
/Elbe
Gülze
Hohnstorf
(Elbe)
Garlstorf
195
Gülze
Marschwetter
Brackede
Sude

Lauenburg

Die südlichste Stadt Schleswig-Holsteins liegt malerisch direkt am **Ufer der Elbe.** Lauenburg ist über 800 Jahre alt und lebte lange Zeit vom Handel und der Schifffahrt auf dem Fluss, was sehr eindringlich im Elbschifffahrtsmuseum erzählt wird. Die kleine Stadt hat eine **reizvolle Altstadt** mit der malerischen Elbstraße, die parallel zum Ufer verläuft und an der mehrere historische Häuser stehen. Im Ortskern ragt der spitze Turm der Maria-Magdalenen-Kirche heraus, dort liegen auch das Museum und die Touristinformation.

Sehenswertes

Der historische Kern erstreckt sich hauptsächlich entlang der Elbstraße. An den meisten Gebäuden sind Infotafeln angebracht, die über ihre Historie berichten und allerlei begleitende Geschichten erzählen. Das älteste Haus ist das **Mensingsche Haus** (Elbstr. 49), es stammt aus dem Jahr 1573.

Am Beginn der Elbstraße öffnet sich der Ruferplatz, auf dem die Symbolfigur Lauenburgs steht, die **Bronze-Skulptur eines Rufers,** der vorbeifahrende Schiffe grüßt. Erschaffen wurde sie im Jahr 1959 von *Karl-Heinz Goedtke,* der auch in Mölln sehr aktiv war. Der Platz hat einen eher traurigen Hintergrund, denn an dieser Stelle standen einst fünf Wohnhäuser, die im Zweiten Weltkrieg durch die Briten zerstört und nicht wieder aufgebaut wurden. Unten am Fluss befindet sich der **Schiffsanleger,** von dem hauptsächlich Ausflugsfahrten starten, außerdem verläuft hier ein schmaler **Wanderweg** direkt an der Elbe entlang.

Maria-Magdalenen-Kirche

Die Kirche entstand 1227 als Kapelle und wurde dann mehrfach umgebaut, so stammt der Chor aus dem Jahr 1827, der Turm wurde sogar erst 1902 errichtet. Das Innere wirkt etwas schlicht, es dominieren die hellen Sitzreihen und Emporen. Der Altarbereich ist recht nüchtern gehalten, dahinter allerdings dominiert ein mächtiges **spätgotisches Triumphkreuz** aus der Zeit um 1500, das wahrscheinlich aus der Werkstatt des Lübeckers *Bernd Notke* stammt. Das bronzene Taufbecken ist aus der zweiten Hälfte des 15. Jh. Ebenfalls spätgotisch ist der markante **Marienleuchter** in der Mitte des Kirchenschiffes.

■ **Maria-Magdalenen-Kirche,** Kirchplatz 3.

Elbschifffahrtsmuseum

MEIN TIPP: Das gut gemachte Elbschifffahrtsmuseum widmet sich dem Leben an, auf und mit der Elbe. Die Ausstellung ist nach thematischen Schwerpunkten gegliedert, etwa: Leben an Bord eines Elbschiffes, die Elbe bei Eisgang oder die

☐ Die Elbstraße in Lauenburg

Be- und Entladung von Schiffen. Wie bewegte man Schiffe gegen den Strom? Welche Personenschifffahrt gab es und was waren Schiffsmühlen? Es gibt relativ wenig Text in der Ausstellung. An den einzelnen Stationen stehen Bildschirme mit *Touch-Screen*-Funktion, bei denen man Bilder oder Filme abrufen kann, alles sehr anschaulich gemacht. Technik-Fans werden im Keller leuchtende Augen bekommen, dort sind mehrere gewaltige **Schiffsmotoren** ausgestellt.

■ **Elbschifffahrtsmuseum,** Elbstr. 59, Tel. 590 92 19, www.elbschifffahrtsmuseum.de, Mo–Fr 10–18, Sa/So 10–17 Uhr, Eintritt 5 €, erm. 4 €, Kinder 3 €.

Schloss und Schlossturm

1182 ließ *Bernhard von Askanien* oberhalb der Elbe auf einem Hügel in strategisch exzellenter Lage eine Festung bauen. Diese Anlage wurde im 15. Jh. ausgebaut und war als Schloss von Lauenburg bekannt. Leider fielen große Teile der Anlage 1616 einem Feuer zum Opfer. Heute stehen nur noch ein Gebäudeteil und der Schlossturm. Dieser wurde 1708 zum **Amtshaus** umgestaltet, untergebracht sind hier heute die Stadtverwaltung und das Amtsgericht.

Der runde **Schlossturm** hat bis zu zwei Meter dicke Mauern und ist damit in seiner Bauweise dem Lübecker Hols-

098sc fr

tentor ähnlich. 1725 wurde er umgebaut zur heutigen Gestalt. Innen sind noch einige der sehr kleinen Zellen zu besichtigen, außerdem kann man über eine schmale Treppe ganz nach oben auf eine Aussichtsplattform steigen.

Neben dem Hauptgebäude befindet sich ein Aussichtspunkt, der **Askanierblick,** von dem man eine schöne Sicht auf die Elbe hat und mit Glück auch den Rufer am Elbufer erkennen kann. Zu dem Aussichtspunkt gelangt man über den schmalen Weg „Kirchplatz", der rechts von der Kirche nach oben führt.

Außerdem liegt dort oben der **Fürstengarten,** ein schöner, ruhiger Park, dessen gestalterische Ursprünge im 15. Jh. liegen. Am Elbhang wurde ein schöner Terrassengarten mit Zierpflanzen angelegt.

Palmschleuse

Ein interessantes technisches Bauwerk ist die historische Palmschleuse an der Einmündung der Stecknitz in den Elbe-Lübeck-Kanal im Osten der Stadt. Sie wurde 1398 zunächst aus Holz gebaut und gilt als **älteste Kammerschleuse Europas.** Erst 1724 wurde sie aus Stein erneuert, in Betrieb war sie bis 1896. Den Namen erhielt sie nach einem Schleusenwärter mit Namen *Palm.*

Die Palmschleuse war eine von 15 Schleusen auf dem **Stecknitzkanal** (heutiger Elbe-Lübeck-Kanal). Dieser wurde von den sogenannten Stecknitzfahrern mit **Kähnen** befahren, die hauptsächlich Salz von Lüneburg nach Lübeck transportierten. Der Stecknitzkanal war eine der **wichtigsten Wasserstraßen des Spätmittelalters,** konnten über ihn die Waren doch schneller und sicherer transportiert werden als über Land. Er war auch Teil einer wichtigen Wasserverbindung zwischen Nord- und Ostsee, die den langen und mühsamen Weg um Norddänemark herum erübrigte. Über die Elbe transportierte man die Waren auf Schiffen bis Lauenburg, von dort ging es dann mit flachen Kähnen weiter über den Stecknitzkanal bis nach Lübeck. Dazu benötigte man Schleusen, um den Wasserspiegel zu regulieren und die Schiffe zu heben oder zu senken.

Praktische Tipps

Info

- **PLZ:** 21481
- **Vorwahl:** 04153
- **Einwohner:** 12.000
- **Touristinformation:** Elbstr. 59, Tel. 590 92 20.
- **Internet:** www.lauenburg.de

Unterkunft

- **Hotel Zum Alten Schifferhaus**③, Elbstr. 114, Tel. 586 50, www.schifferhaus.de. Historisches Fachwerkhaus in der malerischen Altstadt an der Elbe. Es gibt auch ein kleineres Gästehaus, das etwa 100 m entfernt ist. 60 Betten in 31 funktional eingerichteten Zimmern, mit Dusche und WC. WLAN.
- **Jugendherberge,** Am Sportplatz 7, Tel. 25 98, www.jugendherberge.de/jh/lauenburg. Diese JH liegt etwa 700 m außerhalb des Zentrums und hat 124 Betten, die überwiegend in Vier- bzw. Sechs-Bett-Zimmern untergebracht sind.
- **Jugendherberge „Zündholzfabrik",** Elbstr. 2, Tel. 59 88 80, www.jugendherberge.de/jh/ lauenburg-zuendholzfabrik. Diese etwas kleinere JH liegt relativ zentrumsnah direkt an der Elbe, sie hat 79

097sc fr

Betten, die auf Ein-, Zwei- und Vier-Bett-Zimmer verteilt sind, alle mit Dusche und WC.

Camping

- **WoMo-Stellplatz:** Hafenstr. 14, Tel. 0171 811 21 85, www.yachthafen-lauenburg.de. Ein Stellplatz liegt am Yachthafen, nur wenige Gehminuten außerhalb der Altstadt am Ufer des Elbe-Lübeck-Kanals. Dort ist auch ein nettes Lokal vorhanden. WC, Dusche und Strom gegen geringe Gebühr.

Gastronomie

- **Zum alten Schifferhaus,** Elbstr. 114, Tel. 586 50, tägl. 11.30–22 Uhr. Das Lokal liegt an der Elbe in einem historischen Haus von 1663. Norddeutsche Küche mit viel Fisch, aber auch Fleisch- sowie vegetarische Gerichte, die man bei schönem Elbblick genießen kann.
- **Rufers Restaurant,** Elbstr. 100, Tel. 598 24 94, www.rufers-restaurant.com, Mi–Mo 11–22 Uhr. Liegt im Ort und hat einen schönen Elbblick. Geboten wird eine monatlich wechselnde Speisekarte, u.a. mit selbst gemachter Pasta, auch mit Angeboten für Vegetarier und Veganer, dazu gibt es Torten.

Schiffstouren

- Die Reederei *Helle* bietet verschiedene Erlebnistouren an, beispielsweise eine **Dreiländerfahrt** (Schleswig-Holstein, Mecklenburg-Vorpommern, Niedersachsen), eine Fahrt durch den **Elbe-Lübeck-Kanal** oder zum **Schiffshebewerk Scharnebeck.** Infos Tel. 59 28 48, www.reedereihelle. de, Abfahrt vom Ruferplatz.
- Außerdem fährt regelmäßig der historische, kohlenbefeuerte **Raddampfer „Kaiser Wilhelm"** zwischen Ende April und Ende September auf der Elbe nach Bleckede und an bestimmten Tagen sogar bis nach Hamburg. Infos www.raddampfer-kaiser-wilhelm.de.

⌃ Lauenburg liegt malerisch am Elbufer

Reinbek

Die Stadt Reinbek zählt 26.000 Einwohner und liegt südöstlich des Hamburger Stadtgebietes. Sie gehört damit zur **Metropolregion Hamburg,** die Hamburger City ist per S-Bahn in 25 Minuten erreicht. Reinbeks Lage in der Nähe zum Sachsenwald an der hier zum Mühlenteich aufgestauten Bille macht die Stadt für viele Hamburger als **Naherholungsgebiet** attraktiv.

Schloss Reinbek

Unmittelbar beim Bahnhof steht das historische Schloss Reinbek. Es wurde 1572–76 gebaut auf Veranlassung von *Herzog Adolf I. von Schleswig-Holstein-Gottorf,* dem Sohn des dänischen Königs. Das Schloss entstand auf dem Grundstück eines aufgelösten Zisterzienserinnenklosters aus dem 13. Jh., Fundamente davon wurden sehr viel später bei Restaurierungsarbeiten im Schlosshof entdeckt. Das Schloss war ein Nebensitz der Landesherren und ab 1647 **Sitz des königlich-dänischen Amtmanns.** Als Schleswig-Holstein 1867 zur preußischen Provinz wurde, ernannte man den letzten dänischen Amtmann zum neuen Landrat des neu gegründeten **Kreises Stormarn.**

Das Schloss verlor derweil seine Funktion und verfiel über die Jahre. Nach unterschiedlicher Nutzung erwarben es die Stadt Reinbek und der Kreis Stormarn gemeinsam im Jahr 1972 und ließen es aufwendig renovieren.

Heute wird das Schloss für **kulturelle Veranstaltungen** und für Feierlichkeiten

104sc mf

genutzt, gern auch für Hochzeiten. Mehrere Räume sind zu besichtigen, teils mit historischem Mobiliar, teils mit ornamentreichen Deckenbalken. Ganz oben unterm Dach befindet sich eine gut gemachte **stadtgeschichtliche Ausstellung** sowie eine **Siegelsammlung,** eine der größten ihrer Art überhaupt, u.a. mit Siegeln von *Napoleon, Goethe* und *Zar Nikolaus II.* Außerdem werden zwei Räume für Wechselausstellungen zur modernen Kunst genutzt.

Das Schloss liegt in einem großflächigen **Park,** der unmittelbar an den **Mühlenteich** grenzt. Hier wachsen viele Bäume, die bereits ungefähr 150 Jahre alt sind, darunter Linden und Tannen, aber auch Exoten wie chinesische Götterbäume.

■ **Schloss Reinbek,** Schlossstr. 5, 21465 Reinbek, Tel. (040) 72 73 46 13, www.schloss-reinbek.org, Mi–So 10–17 Uhr, Eintritt 3 €.

Aumühle

Aumühle ist eine 3100-Einwohner-Gemeinde unweit von Hamburg, die zum Kreis Herzogtum Lauenburg gehört. Der Ort liegt im **Sachsenwald,** dem größten Waldgebiet des Landes, das von den Hamburgern gern als Naherholungsgebiet genutzt wird. Sehenswert sind ein interessantes Eisenbahnmuseum und der **Ortsteil Friedrichsruh,** der stark geprägt ist von *Otto von Bismarck.*

☒ Im Inneren von Schloss Reinbek

Eisenbahnmuseum Lokschuppen Aumühle

Auf einem Gelände unweit vom Bahnhof Aumühle befindet sich ein Freilichtmuseum, auf dem **historische Eisenbahnwaggons** aus Norddeutschland aus der Zeitspanne von 1870 bis etwa 1950 ausgestellt sind. Außerdem gibt es schöne alte **Dampfloks, Triebwagen, Post- und Gepäckwagen** sowie alte **S-Bahnen** zu bewundern. Kurze Fahrten kann man mit einer kleinen Handhebeldraisine unternehmen.

■ **Eisenbahnmuseum Lokschuppen Aumühle,** Am Mühlenteich, www.vvm-museumsbahn.de, So 11–17 Uhr, Eintritt frei.

Otto von Bismarck in Friedrichsruh

Friedrichsruh ist ein Ortsteil von Aumühle und bis heute mit dem Namen der Familie *von Bismarck* verbunden. Kaiser *Wilhelm I.* schenkte 1871 seinem Kanzler *Otto von Bismarck* als Dank für die deutsche Reichsgründung den **Sachsenwald.** Der damals so genannte „Eiserne Kanzler" baute sich direkt an der Bahnstrecke Hamburg–Berlin ein **Herrenhaus** und verbrachte hier seinen Lebensabend. Seine Nachfahren, die Familie *von Bismarck,* wohnt noch heute hier. Unmittelbar neben der Bahnstrecke befindet sich das **Mausoleum,** in dem *Otto von Bismarck* und seine Frau *Johanna* ruhen. Es kann besichtigt werden (Eintritt 2 €), die Karten gibt es im Museum.

Ebenfalls unmittelbar an der Bahnstrecke steht das hübsche Gebäude des ehemaligen Bahnhofs, in dem heute die **Otto-von-Bismarck-Stiftung** sitzt und

106sc mf

107sc mf

eine sehr sehenswerte Ausstellung zeigt unter dem Titel **„Otto von Bismarck und seine Zeit“.** Hier werden wichtige Stationen seines politischen Lebens dargestellt und erklärend in den zeitgenössischen Kontext eingebunden.

Gegenüber vom Stammsitz der Familie befindet sich das **Bismarck-Museum** im Alten Landhaus. Hier wird der Eiserne Kanzler in neuen Räumen gewürdigt mit vielen Fotos, Skulpturen, Briefen, Handschriften, Zeitungsausschnitten, einer Sammlung seiner Orden und Auszeichnungen sowie seinem Stammbaum. Ausgestellt ist auch sein ehemaliges Arbeitszimmer.

Der Familiensitz wurde gegen Ende des Zweiten Weltkrieges von den Briten gezielt bombardiert, weil sie hier hohe Nazifunktionäre vermuteten, was aber falsch war. Später baute die Familie das Gebäude wieder auf.

▪ **Otto-von-Bismarck-Stiftung,** Am Bahnhof 2, 21521 Friedrichsruh, Tel. (04104) 977 10, www.bismarck-stiftung.de, April bis Okt. Di–So 10–18, Nov. bis März Di–So 10–16 Uhr, Eintritt frei.

▪ **Bismarck-Museum,** Am Museum 2, 21521 Friedrichsruh. Tel. (04104) 24 19, gleiche Öffnungszeiten, Eintritt 4 €.

Garten der Schmetterlinge

In einem gut beheizten und schön gestalteten **Tropenhaus** mit einem Wasserlauf leben und flattern Schmetterlinge aus Afrika, Südamerika und Asien. In Schaukästen wird gezeigt, wie sich die Tiere verpuppen. Darüber hinaus gibt es einen Libellenteich, einen Bienenschaukasten, einen Spielplatz, ein Bambushaus, ein Café und auch einen „singenden Wassergarten“.

◸ ◹ Schöne Exemplare im Schmetterlingsgarten in Friedrichsruh

■ **Garten der Schmetterlinge,** Am Schlossteich 8, 21521 Friedrichsruh, Tel. 04104 60 37, www.gartenderschmetterlinge.de, Mitte März bis Mitte Okt. 10–18 Uhr, Eintritt 8,50 €.

■ **Anfahrt mit der Bahn:** Friedrichsruh hat zwar einen eigenen Bahnhof, aber hier halten ziemlich selten Züge, deshalb besser in Aumühle aussteigen. Den Bahnhof nach rechts verlassen, nach Überqueren der Schönningstedter Straße hält man sich rechts und folgt der Beschilderung zum Garten der Schmetterlinge auf einem schönen Fußweg durch den Sachsenwald. Gesamtweg bis zum Schmetterlingsgarten: etwas mehr als einen Kilometer.

Gastronomie

MEIN TIPP: **Waldesruh am See,** Am Mühlenweg 2, 21521 Aumühle, Tel. (04104) 695 30, www.waldesruh-am-see.de, Mi 17–21, Do–So 12–21 Uhr. Größeres Restaurant, das nahe dem Bahnhof Aumühle sehr schön im Wald an einem See liegt und eine Seeterrasse hat. Es gibt norddeutsche Küche nach „Feinheimisch-Kriterien", auch Wild aus dem Sachsenwald, Fisch und ein Kinder-Angebot.

Ahrensburg

Ahrensburg liegt nordöstlich von Hamburg und ist die größte Stadt des Kreises Stormarn. Geschichtlich ist die Kleinstadt (31.000 Einwohner) erstmals 1314 urkundlich erwähnt worden, aber es gab dort bereits ein Jahrhundert früher eine Burg. Im 16. Jh. stand der Ort unter dänischer Herrschaft. *Peter Rantzau,* der Gesandte des dänischen Königs, baute sich um 1585 ein Schloss mit Wassergraben und eine Schlosskirche. 1867 wurde

108sc mf

Ahrensburg eine selbstständige Gemeinde, 1949 bekam sie Stadtrechte. Heute profitiert Ahrensburg stark von seiner Nähe zu Hamburg und zählt wirtschaftlich zur Metropolregion der Hansestadt.

Schloss Ahrensburg

Das strahlend weiße Schloss liegt idyllisch in einem Park und ist von einem **Wassergraben** umgeben. Um 1585 wurde es durch den dänischen Statthalter *Peter Rantzau* erbaut und 1759 durch *Heinrich Carl Schimmelmann,* der das Gebäude kaufte, im Barockstil umgestaltet. Die Familie *Schimmelmann* blieb bis 1932 auf dem Schloss, danach erlebte das Gebäude eine wechselvolle Geschichte, bis es 2003 in eine private Stiftung überging und aufwendig renoviert wurde.

Das Schloss steht auf einer kleinen Insel und ist von hohen Bäumen umgeben. Es hat äußerlich eine starke Ähnlichkeit mit dem ebenso strahlend weißen Schloss Glücksburg nahe Flensburg. Das Gebäude wird von vier schlanken Türmen mit Hauben aus Kupfer flankiert.

Das gesamte Gebäude hat vier Etagen, zwei davon können besichtigt werden. Zu sehen sind mehrere **prachtvoll gestaltete Zimmer** mit schönen Möbeln, Tapeten, Gemälden und Kristalllüstern, die überwiegend aus dem 19. Jh., teilweise auch aus dem 18. Jh. stammen. Unten befinden sich der prachtvolle Gartensaal und das holzgetäfelte Speisezimmer. Eine **Rokokotreppe** führt ins obere Geschoss, wo die ehemaligen **Schlaf- und Wohnbereiche** liegen. Dort befinden sich auch der Emkendorfer Saal mit einigen wertvollen Gemälden, das Blaue Wohnzimmer, das nach seiner schönen blauen Tapete benannt ist, das Pellicia-Kabinett mit seinen kunstvoll gestalteten Tapeten und das **Porzellanzimmer** mit einer Sammlung von Meissner Porzellan. Der Festsaal hat ein beeindruckendes, sternförmig ausgelegtes Parkett.

Der umgebende **Schlosspark** ist ebenfalls sehenswert. Zwei Sandsteinlöwen bewachen den Zugang an der Schlossbrücke. Bereits unter *Schimmelmann* entstand eine erste Gartenanlage, aber erst sein Nachfolger baute den Park ein Jahrhundert später planmäßig aus und pflanzte u.a. seltene Bäume. Der Park schuf eine Verbindung zur Stadt, die heute nur noch teilweise erhalten ist.

■ **Schloss Ahrensburg,** Lübecker Str. 1, Tel. (04102) 425 10, www.schloss-ahrensburg.de, März bis Okt. Di–Do, Sa/So 11–17 Uhr (Mo und Fr geschlossen), Nov. bis Febr. Mi, Sa, So 11–17 Uhr, Eintritt 8 €. An der Kasse bekommen alle Besucher einen Audioguide oder eine Infotafel sowie Filzpantoffeln, die man während des Rundgangs über den Schuhen tragen muss.

Schlosskirche

Die Schlosskirche liegt etwas außerhalb des eigentlichen Schlossbereichs und auch außerhalb vom Wassergraben. Sie wurde zwischen 1594 und 1596 erbaut als **Grabkapelle** für die gräfliche Familie *Rantzau.* 1713 zerstörten schwedische Heere die Kirche, danach musste sie neu erbaut werden, weshalb nur wenige Kirchenschätze aus der ursprünglichen Kirche existieren. Dazu zählen der Altartisch und die geschnitzte Wange der ers-

☒ Schloss Ahrensburg

Adobe.Stock©kara

ten Bank links. Beidseitig vom Altar stehen die „Pastorenstühle", wie die kleinen Häuschen genannt werden, die früher Beichtstühle waren. Eine kleine Seitenkapelle ließ sich 1745 *Graf Detlef Rantzau* als Ort für seine Bestattung erbauen. Den Glockenturm ließ *Schimmelmann*, der das Schloss im 18. Jh. kaufte, anlässlich der Hochzeit seiner Tochter bauen.

Die Kirche wird von zwei länglichen Gebäuden begrenzt, den sogenannten Gottesbuden mit je zwölf Wohnungen. Diese Gebäude ließ *Graf Peter Rantzau* für invalide und verarmte Hofarbeiter herrichten, die damals noch Leibeigene waren.

Unterkunft, Gastronomie

- **Restaurant Strehl,** Reeshoop 50, Tel. (04102) 412 61, Do–Sa ab 17, So 12–15 und ab 17 Uhr. Gutbürgerliche Küche, u.a. mit mehreren Gerichten „rund um die Bratkartoffel", aber es gibt auch saisonale Wild- und Fischgerichte.
- **Restaurant Söbentein**, Am Alten Markt 17, Tel. (04102) 80 53 29, www.soebentein.de, tägl. 12–22 Uhr. „Söbentein" ist plattdüütsch und bedeutet 17, drückt also die Hausnummer aus. Plattdeutsche Begriffe tauchen auch auf der Speisekarte auf, die sich regional mit internationalen Einsprengseln zeigt. Das Restaurant ist Teil des Hotels am Schloss, das immerhin 75 Zimmer hat.

Adobe.Stock©Elenarts

14

Ausflüge nach Dänemark

» Ein Besuch beim dänischen Nachbarn ist immer nett und bereichernd. Die hyggelige (gemütliche) Atmosphäre in den Orten Tønder und vor allem in Ribe, die schier endlosen Strände auf der Insel Rømø, die spannenden historischen Museen zu den Wikingern und zur Eisenzeit, all das ist gleich jenseits der Grenze zu finden.

‹ Charmantes Straßenbild im Städtchen Ribe

STIPPVISITE BEIM NACHBARN

Knapp hinter der Grenze liegt das hübsche Städtchen *Tønder*, mit gemütlichem Ortskern, schmucken, leicht gedrungenen Häusern und einem Einkaufs-El-Dorado für Kunsthandwerk und Geschenkideen. Einige Kilometer nordöstlich liegt *Løgumkloster*, das seit dem 12. Jh. bekannt ist und einst zu den reichsten Klöstern der Region zählte. Der *Hjemsted Udkigspost* ist ein Aussichtsturm am Rande der historischen Nachbauten eines eisenzeitlichen Dorfs. Nebenan führt ein Autodamm auf die *Insel Rømø* mit ihrem breitem Strand. *Ribe* ist die älteste Stadt Dänemarks. Sie punktet mit einem mächtigen Dom und einem zauberhaften Ortskern.

Tønder

Die Kleinstadt (7600 Einwohner) liegt nur wenige Kilometer jenseits der deutsch-dänischen Grenze. Der Ort zählt zu den **ältesten Städten Dänemarks** und war bereits im 11. Jh. bekannt. 1243 erhielt Tønder als erster Ort in Dänemark Stadtrechte. Im Mittelalter lag Tønder noch direkt am Meer und war eine Hafenstadt. Diesen Status verlor die Stadt in späteren Jahren, da dem Meer durch Eindeichungen Land abgerungen wurde.

In der jüngeren Vergangenheit geriet das kleine Tønder zweimal in die große Politik. Nach dem für Dänemark verlorenen Krieg mit Preußen im Jahr 1864 fiel die Stadt und die gesamte Grenzregion an das Deutsche Reich, sein Name wechselte zu Tondern. Nach dem Ersten Weltkrieg wurde nach einer Volksabstimmung die Grenze erneut verschoben, Tondern fiel zurück an Dänemark, obwohl die Mehrheit der Stadtbewohner für eine Zugehörigkeit zu Deutschland gestimmt hatte.

Sehenswertes

Tønder hat über all die Jahre ein zauberhaftes **innerstädtisches Häuserensemble** erhalten können. Es macht einfach Spaß durch die charmanten Straßen zu spazieren, auf Details an den liebevoll gepflegten Häusern zu achten. Die Stadt lebte lange Zeit vom Handel und speziell von Tuch- und Klöppelarbeiten, was einige Händler sehr reich machte. Eines der schönsten Häuser ist das **Drøhse Hus** aus dem Jahr 1672 in der Storegade 14. Dort werden noch heute Ausstellungen zu Textilien und Klöppelarbeiten gezeigt (Di–Fr 11–17, Sa 10–14 Uhr, Eintritt 50 DKK). Sowieso sollte man einmal über die Haupteinkaufsstraße **Storegade** flanieren, mal in ein Geschäft schauen, um reizvolles Design oder stilvolle Alltagsdinge zu entdecken, und zwischendurch oberleckeres dänisches Soft-Eis schlecken.

MEIN TIPP: Unbedingt besucht werden muss **Det Gamle Apotek** („Die Alte Apotheke") aus dem Jahr 1595. Dieses verwinkelte Gebäude ist eine Fundgrube für Geschenkideen und Kunsthandwerk. In insgesamt 46 Räumen gibt es wohl nichts, was man nicht finden könnte. In den Kellerräumen ist sogar das ganze Jahr über eine Weihnachtsausstellung zu sehen.

- **Det Gamle Apotek,** Østergade 1, https://det-gamle-apotek.dk, Mo–Fr 10–17.30, Sa/So 10–16 Uhr.

Geldfragen zu Dänemark

Dänemark hat noch eine eigene Währung, die **Dänische Krone,** abgekürzt DKK. Der Kurs lag Ende 2022 bei 1 € = 7,44 DKK. Als Faustformel für das Umrechnen kann man sich 1:7 merken. Das passt nicht ganz genau, reicht aber sicher als Näherungswert auf die Schnelle.

In Dänemark wird fast alles mit der **Geld- oder Kreditkarte** bezahlt, selbst kleinste Beträge beim Bäcker oder für einen *Hot Dog* im Kiosk. Für Ausländer können bei dieser Bezahlform manchmal noch Gebühren anfallen, da viele Banken die Konvertierung berechnen. Manchmal stellen Händler aber auch am Kartenlesegerät den Betrag auf Euro um, was sich vor allem bei größeren Beträgen bemerkbar macht.

Adobe.Stock©Stig Alenas

Ganz in der Nähe öffnet sich ein größerer Platz mit der **Skulptur des Kagmanden,** der eine Peitsche in der Hand hält. Dieser strenge Herr gemahnt die Einhaltung der Gesetze, denn hier stand in der Vergangenheit der Pranger (*Kag* genannt), wo schon geringe Vergehen teilweise brutal bestraft wurden.

Sehr viel friedlicher zeigt sich die große und eindrucksvolle **Kristkirke** einmal ums Eck. Schon 1350 stand hier eine erste Kirche, die aber 1591 wegen Baufälligkeit abgerissen wurde. Nur der Kirchturm blieb stehen und wurde so Bestandteil der neu gebauten, heutigen Kirche. Das Kircheninnere stammt überwiegend aus dem 17. Jh. und zeigt den damaligen städtischen Wohlstand. Dazu zählt auch der reich an Details gearbeitete Altar, eine Schenkung des damaligen Amtsschreibers im Jahr 1695. Der achteckige Taufstein aus schwarzem Marmor stammt aus Belgien und wurde um 1400 erschaffen, der Taufhimmel wurde 1619 angefertigt. Auch die reich geschmückte Kanzel (1586) ist eine Schenkung. An den Wänden hängen 14 Gedenktafeln *(Epitaphien),* die älteste stammt aus dem Jahr 1586.

Sehenswert ist auch das **Kunstmuseum** im weithin sichtbaren Wasserturm. Dort befindet sich zudem eine Ausstellung des Möbeldesigners *Hans J. Wegner,* der 1914 in Tønder geboren

⌃ In der Innenstadt von Tønder

› Løgumkloster

wurde, 36 von ihm entworfene Stühle sind auf acht Etagen verteilt zu sehen. Sie sind eine Schenkung des bekannten Designers an seine Heimatstadt.

■ **Kulturhistorie Tønder,** Wegners Plads 1, Mo–So 10–17 Uhr, Nov. bis März Mo geschl., Eintritt Erw. 95 DKK, www.msj.dk.

Tønder erreichen

Tønder liegt nur wenige Kilometer nördlich der deutsch-dänischen Grenze, an der Fernstraße *(Primærrute)* 11, der Verlängerung der deutschen Bundesstraße 5. Auch mit der Bahn ist Tønder erreichbar: Von Niebüll fährt regelmäßig ein Zug hoch bis Esbjerg und passiert dabei Tønder.

Løgumkloster

Løgumkloster liegt nordöstlich von Tønder und ist sowohl ein kleiner Ort, als auch ein ehemaliges **Zisterzienserkloster.** Es wurde ab 1175 hier aufgebaut, der Name leitet sich vom lateinischen *Locus Dei* (Ort Gottes) ab. Das Kloster gewann rasch großen Einfluss und auch politische Macht, und so zählte es nach einigen Schenkungen zu einem der reichsten Klöster des Landes neben dem Bischofssitz von Ribe und Schleswig.

Der Aufbau eines Zisterzienserklosters ist überall gleich. Es handelt sich immer um einen Komplex aus vier Flügeln, die einen geschlossenen Bereich mit Innenhof bildeten. In Løgumkloster war der nördliche Flügel die Kirche und der

722sc ms

Ostflügel der „Kapitelsaal". Dieser war der Versammlungsraum der Mönche, in dem sie u.a. jeden Tag eine der strengen Ordensregeln vorgelesen bekamen. Vom früheren Kloster sind nur noch Teile übrig, darunter die Kirche, die ab 1200 errichtet wurde und deren Fertigstellung etwa ein Jahrhundert dauerte, sowie ein Teil des Ostflügels. 1548 wurde das Kloster im Zuge der Reformation aufgelöst, die Klosterkirche zur Pfarrkirche herabgestuft und die Klostergebäude weitestgehend abgerissen.

Die Kirche ist relativ schmucklos, gemäß den Regeln der Zisterzienser. Das barocke Taufbecken stammt aus dem Jahr 1704. Der Flügelaltar stammt aus dem späten 15. Jh., kam aber erst 1825 in diese Kirche. An der Nordwand befindet sich ein Reliquienschrein aus dem frühen 14. Jh. Das Kruzifix der Triumphkreuzgruppe wurde ebenfalls im 14. Jh. erschaffen. Die Kanzel baute man um 1580 in Tønder.

■ **Løgumkloster,** Slotsgade 11, 6240 Løgumkloster, Mo–Sa 10–17.30, So 12–17 Uhr.

Etwas außerhalb steht am Sølstedgaardvej ein 25 m hoher **Turm** mit dem **größten Glockenspiel Nordeuropas** (49 Glocken). Hier werden sechsmal am Tag Kirchenlieder gespielt.

Løgumkloster erreichen

Von der Fernstraße 11 zweigt knapp nördlich von Tønder die Fernstraße 25 ab, die nach etwa 10 km Løgumkloster erreicht.

Campingplatz auf der Nordseeinsel Rømø

Adobe.Stock©pia-pictures

Hjemsted Aussichtsturm

Fast unmittelbar vor dem Damm zur Insel Rømø war lange Zeit das größte Freilichtmuseum zur Eisenzeit Dänemarks (800 v. Chr.–400 n. Chr.) angesiedelt, denn in der Nähe von Skærbæk wurden in den 1970er-Jahren Überreste eines eisenzeitlichen Dorfes entdeckt. Aus diesem Fund entstand das Freilichtmuseum mit etlichen nachgebauten Gebäuden. 2019 aber war Schluss, die Gemeinde verkaufte das Gelände samt den Museumsgebäuden an private Investoren aus der Umgebung, und die haben andere Pläne. Man möchte hier den Tourismus auf ein ganz neues Niveau bringen, wie der Sprecher der Gruppe betont. Das ehemalige Freiluftmuseum von 12 Hektar Größe wurde in das „Marsk Camp" (Marsch Camp) verwandelt. Ein großer Wohnmobilpark entstand, dazu kommen ein Restaurant, Spielplatz und Minigolfplatz. Als eine Art Leuchtturm wurde ein **Aussichtsturm** („Marsktårnet") von 25 Metern Höhe gebaut. Er schraubt sich spiralförmig in die Höhe und erinnert an die menschliche DNA. Von der Plattform, die nach 146 Stufen erreicht wird (abwärts sind es nur 131), soll man sogar Sylt erkennen können, jedenfalls bei gutem Wetter. Die ehemaligen Museumsgebäude bleiben stehen und werden restauriert.

■ **Hjemsted Udkigspost,** Hjemstedvej 60, 6780 Skærbæk, www.marskcamp.dk. Tickets für den Turm kosten 90 DKK und können online oder unter Tel. 0045 72 18 67 80 bestellt werden.

Rømø

Rømø ist die **dänische Nachbarinsel von Sylt,** sie liegt etwa drei Kilometer entfernt in Sichtweite von List auf Sylt. Die kleine Insel misst 17 km in der Länge und 6 km in der Breite. Im Unterschied zu Sylt ist sie allerdings durch einen **Auto-Damm** mit dem Festland verbunden, wodurch sie ganz unproblematisch erreicht werden kann.

Rømø hat etwa 600 Einwohner und gefühlt ebenso viele Ferienhäuser. Hier gibt es keine großen Orte, keine größeren touristischen Konzentrationen und keinen Besucheransturm. Es sind eher Individualisten, die hier urlauben, aber auch **Familien** in teils etwas abgeschiedenen Ferienhäusern oder auf dem Campingplatz. Auch am Strand bleibt viel Platz rund ums Handtuch. Der breite **Strand bei Lakolk** beispielsweise misst, zumindest bei Ebbe, 6 km und kann zum Teil sogar mit dem Auto befahren werden. Diese Breite entstand durch eine früher vorgelagerte Sandinsel, die heute mit Rømø verbunden ist und immer noch wächst. In der Inselmitte besteht Rømø teilweise aus Kiefernwäldchen, Heide und einigen Dünen. Das prägende Bild ist jedoch der kilometerbreite Weststrand.

Rømø gehörte, wie Sylt, im 12. Jh. dem St. Knut-Kloster in Odense, ab 1290 gehörte es zum Kloster Ribe. Auch von Rømø kamen Seeleute, die im 17. und 18. Jh. auf Walfang gingen, und so gelangten auch hier viele Familien zu Geld. Zwischen 1864 und 1920 gehörte „Röm" zur preußischen Provinz Schleswig-Holstein, erst nach der Volksabstimmung

724sc ms

von 1920, als die Grenzen verschoben wurden, wurde Rømø wieder dänisch.

Rømø erkunden

Vom Hafenort **Havneby** führt eine Straße nach Norden in Richtung Festlandsdamm, dem **Rømødæmningen** (Röm-Damm). Entlang dieser Straße liegen alle Sehenswürdigkeiten. Ein Kurzbesuch, egal ob mit Auto oder Fahrrad, folgt dieser Straße. Und schließlich kann und sollte noch ein Abstecher zum schönen und sehr breiten Strand von Lakolk auf dem Programm stehen.

MEIN TIPP: Nach einer Rundreise über die Insel hat man sich eine **Pause am Hafen** verdient, dort sind mehrere Lokale zu finden. Besonders empfehlenswert ist *Otto & Ani's Fisk Bistro,* das direkt am Hafen liegt. Eine kleine, etwas unscheinbare Bude, in der es frischen Fisch, leckere Fischbrötchen sowie Räucherfisch gibt, auch Tellergerichte und bei großem Hunger sogar ganze Fischplatten.

^ Sankt Clemens-Kirke

> Dänemarks älteste und kleinste Schule

Sehenswertes

Havneby ist der Hafen, wo die Sylt-Fähre anlegt und auch ein wenig das kommerzielle Zentrum mit einigen Lokalen und Shops, darunter Geschäfte mit Sport-, Freizeit- und Outdoorbekleidung, sowie einem Fahrradverleih.

Nur zwei, drei Kilometer weiter nördlich steht die schöne, weiße **Sankt Clemens-Kirke.** Sie stammt ursprünglich aus dem Jahr 1200, aber davon ist nur noch ein Gebäudeteil erhalten. Später wurde die Kirche mehrfach renoviert und auch erweitert, als durch den Walfang Geld auf die Insel kam. Von außen wirkt sie sehr schön, innen eher etwas gedrungen und schlicht, aber auch gemütlich. Die Sitze tragen teilweise noch die Namen oder Kürzel ihrer Besitzer, denn Kirchenbänke konnte man früher kaufen. Einige Reihen nahe der Orgel waren für die Bürger von List reserviert, sie heißen deshalb auch „Lister Stühle". Der Altar stammt aus einer Werkstatt in Tønder und setzt sich aus mehreren Teilen verschiedener Epochen zusammen. Der Taufstein aus Granit stammt aus der Zeit um 1100 und ist damit der älteste Kirchenschatz. Die Kanzel wurde 1584 gebaut. Die im Walfang reich gewordenen Kapitäne spendeten einige der sieben Votivschiffe, die von der Decke hängen. Das älteste ist eine Fregatte aus dem frühen 18. Jh., sie hängt vor der Kanzel. Die drei großen Kronleuchter sind ebenfalls Spenden von Walfängern, sie stammen aus der Zeit um 1700.

Auf dem **Friedhof** stehen an der Nordmauer insgesamt 36 Grabsteine aus dem 17. und 18. Jh., einige davon sind kunstvoll gestaltet. Sie erzählen teilweise die Familiengeschichte, oft wird auch die Anzahl der Kinder genannt, und auf einigen sind bildhafte Darstellungen zu finden, wie das Abschiednehmen eines Seemanns, die Darstellung einer Familie oder auch biblische Motive.

Nördlich der Zufahrt zum Rømødæmningen liegt bei **Toftum** der **Kommandørgård,** das beeindruckende Reetdachhaus eines ehemaligen Kommandeurs, 1749 erbaut und heute ein **Nationalmuseum.** Es zeigt die Wohneinrichtung einer einst reichen Familie, teils mit

725sc ms

726sc ms

blau-weißen Holländischen Kacheln eingekleidete Wände, und im Seitengebäude ist das Skelett eines Pottwals ausgestellt, der 1996 vor Rømø angespült wurde.

■ **Kommandørgård,** Juvrevej 60, Toftum, geöffnet Ostern und Mai 10–15 Uhr, Juni bis Sept. 10–17 Uhr, Herbstferien (42. Woche) 10–15 Uhr, Mo immer geschlossen, Eintritt 50 DKK.

Zum Ausstellungsbereich gehört auch die knapp südlich gelegene **kleinste und älteste Schule Dänemarks.** Gegründet wurde sie 1784 von Dorfbewohnern, die wollten, dass ihre Kinder eine gewisse Bildung erhielten, und diese Schule selbst organisierten. Lehrer waren Bauern und ältere Kapitäne, unterrichtet wurde Lesen, Schreiben, Rechnen und auch Navigation. Die Mädchen lernten vom 5. Lebensjahr bis zum 8., die Jungen bis zum 12. Lebensjahr.

Nur einen Kilometer weiter nördlich steht bei **Juvre** an der Straße ein **Zaun aus Walkieferknochen** aus dem Jahr 1772. *Peter Andersen List* aus Rømø war von 1785 bis 1775 Kommandeur auf einem Walfänger und brachte die Walknochen mit nach Hause. Sie dienten auf der weitestgehend baumlosen Insel als Holzersatz beim Hausbau, aber auch als Zaun. Dieser Zaun aus Walkieferknochen ist der letzte erhaltene auf den nordfriesischen Inseln. Ein ähnlicher Zaun steht noch auf Borkum, eine der sieben Ostfriesischen Inseln.

⌃ Der sagenhaft breite Strand bei Lakolk

Ein Abstecher zum sehr breiten **Strand bei Lakolk** darf nicht fehlen. Dazu die Vesterhavsvej, die schnurgerade Verbindungsstraße vom Rømødæmningen zum Strand befahren. Lakolk ist ein kleines touristisches Zentrum mit Campingplatz, Supermarkt, Pølser-Bude und eben der Zufahrt zum sagenhaft breiten Strand. Es gibt einen Parkplatz, Mutige fahren bis auf den Strand, woran man sich erstmal gewöhnen muss.

Rømø erreichen

Die Insel kann ganz einfach erreicht werden. Ab der Grenze einfach die dänische Nationalstraße 11 nach Norden fahren und bei Skærbæk nach links auf die lokale Straße 145 abbiegen, die über den Rømødæmningen nach Rømø führt.

Ribe

Ribe ist die **älteste Stadt Dänemarks** und hat um einen zentral stehenden mächtigen Dom ein ausgesprochen zauberhaftes Stadtbild erhalten können, womit Ribe auch zu den **schönsten Orten Dänemarks** zählt.

Ribe war schon im 9. Jh. ein Handelsort, der an einem schiffbaren Fluss mit Verbindung zur Nordsee lag. Archäologische Funde belegen sogar eine frühe Siedlung, die auf das Jahr 710 datiert wird. 860 kam der Missionar *Ansgar* nach Ribe und baute hier eine erste Holzkirche, sie gilt als die **erste Kirche in ganz Skandinavien.** Die Handelsaktivitäten dauerten bis etwa zum 15. Jh. an, dann begann ein schleichender Niedergang. Zunächst verlagerten sich altbewährte Handelswege, hinzu kam eine Reihe von Unglücken (Feuer, Sturmfluten, die Pest). Die Stadt existierte aber weiter und profitierte auch von mehreren Klöstern, die sich hier zwischenzeitlich aufgebaut hatten, sowie vom Status eines Bischofssitzes. Der Bischof von Ribe war mächtig und hatte Besitzungen auch weit außerhalb der Stadt, die sogar bis auf die Insel Sylt reichten. Auch List stand unter seiner Herrschaft sowie Amrum und Teile von Föhr. Zwischen 1864 und 1920 gehörten große Gebiete südlich von Ribe zum Deutschen Reich, die Stadt war dadurch unfreiwillig zur Grenzstadt geworden.

Sehenswertes

Der **innerstädtische, mittelalterliche Kern** konnte alle Stürme der Zeit überdauern, er zählt heute zu den charmantesten Altstadtkernen überhaupt. Zahllose kleine, gedrungene Häuser stehen an schmalen Straßen aus Kopfsteinpflaster, und alles gruppiert sich um den mächtigen **Dom.** Die Altstadt ist nicht übermäßig groß, die Straßen messen insgesamt nur 5,5 km Länge, ihre Verläufe scheinen sich seit dem 13. Jh. kaum verändert zu haben. Die meisten Straßen wurden seinerzeit nicht planmäßig angelegt, sondern bildeten sich einfach heraus. Es gibt nur eine völlig gerade verlaufende Straße, die Stenbogade. Insgesamt 109 Gebäude stehen unter **Denkmalschutz.**

Sehr schicke Häuser stehen in der Præstergade und Grønnegade, auch die schmalen Gassen beim Fluss sind sehr

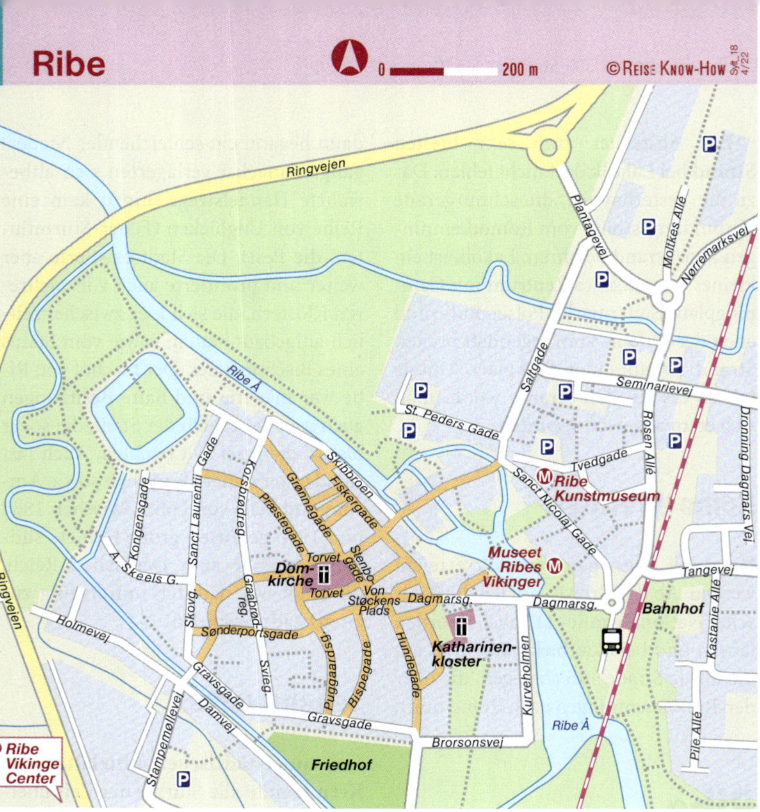

idyllisch. Ein besonders eindrucksvolles und ziemlich schiefes Giebelhaus steht an der Sønderportsgade 37.

Dom zu Ribe

Ansgar, der Missionar des Nordens, errichtete eine erste Holzkirche in Ribe im 9. Jh., die Steinkirche wurde zwischen 1150 und 1175 begonnen und etwa hundert Jahre später im Stil der Romanik beendet. Das Baumaterial Tuffstein musste mühsam mit Lastkähnen aus Köln hertransportiert werden, allein für die Fundamente und Sockel wurde heimischer Granit genutzt. Innen wirkt die 68 m lange und 34 m breite Kirche sehr hell und schlicht gestaltet. Auffällig ist die Apsis mit der Kuppel und den ausdrucksstarken Wandmalereien, die aber erst in den 1980er-Jahren entstanden. Davor steht u.a. die Bronzetaufe aus dem Jahr 1375, das Eichengestühl wurde dagegen erst Anfang des 20. Jh. geschaffen. Die Kanzel ist eine Arbeit aus dem Jahr 1597. An den Seiten finden sich zahlreiche Grabplatten und Gedenkbildnisse, darunter auch eine Skulptur des Drachentöters *St. Jürgen,* die sich vor der hellen Wand sehr deutlich abzeichnet, sie stammt von 1475. Besonders wertvoll ist auch das Südportal mit der Katzenkopftür, an der ein Granitrelief die

Kreuzabnahme darstellt, erschaffen um 1150.

Der rechteckige Turm wurde 1333 fertiggestellt, nachdem ein früherer Turm 1283 eingestürzt war. Dieser Backsteinturm wird **„Bürgerturm"** genannt und trägt oben eine Sturmglocke, die bei Gefahren läutete. Der südliche Turm ist auch ein Nachbau, der frühere Marienturm musste 1790 abgerissen werden. Der Bürgerturm trägt ein Glockenspiel, das täglich um 8 und um 18 Uhr den Psalm „Die lieblichste Rose ist gefunden" spielt und um 12 sowie um 15 Uhr das Volkslied „Königin Dagmar liegt krank in Ribe".

■ **Dom zu Ribe,** geöffnet ab 11 Uhr, Mai bis September ab 10 Uhr, am Sonntag immer ab 12 Uhr. Der Eintritt ist frei, Turmbesteigung 20 DKK.

Katharinenkloster

Nicht sehr weit entfernt von der Stadtmitte steht die **Katharinenkirche,** die zum 1228 von den Dominikanern gegründeten Kloster gehörte. Die heutige Kirche stammt aber aus dem 16. Jh., das Kloster wurde im Zuge der Reformation 1536 aufgelöst. Es war dann zunächst Hospital, heute sind hier neun Wohnungen eingerichtet, die für „ältere dänische Staatsbürger über 45 Jahre" gedacht sind. Diese Kirche ist die einzige, die neben dem Dom nach der Reformation weiterhin als Kirche genutzt wurde, weitere zwölf Kirchen wurden geschlossen. Die Katharinenkirche wurde Anfang des 20. Jh. aufwendig restauriert, da sie durch den insgesamt sumpfigen Untergrund stark geneigt war. Durch die Kirche kann man den schönen Innenbereich des ehemaligen Klosters betreten.

Vor der Kirche steht der auffällige **St. Katharina-Brunnen,** an dem die Geschichte Ribes in acht Reliefs dargestellt ist, angefangen mit *Ansgar* und dem Bau der ersten Kirche.

☑ Blick auf die Altstadt von Ribe

728sc ms

729sc ms

Museet Ribes Vikinger

Dieses moderne **Geschichtsmuseum** liegt gegenüber vom Bahnhof, direkt am Fluss, knapp außerhalb der historischen Altstadt. Die Ausstellung erzählt die tausendjährige Geschichte Ribes von den Anfängen im 8. Jh., wobei die ersten Handelsbeziehungen beleuchtet werden, die Zeit der Wikinger, das Mittelalter und der Bogen bis etwa zur Zeit des beginnenden 18. Jh. gespannt wird. Viele Fundstücke sind ausgestellt, darunter Schmuck, Waffen, Münzen und Trachten. Schautafeln erklären die Zusammenhänge. Obendrein sind szenisch ein Marktgeschehen aus dem 8. Jh. sowie eine Baustelle aus der Zeit um 1500 nachgebildet.

■ **Museet Ribes Vikinger,** Odins Plads 1, www.ribesvikinger.dk, Juli/Aug. tägl. 10–17, Sept./Okt. tägl. 10–16, Nov. bis Juni Di–So 10–16 Uhr, Eintritt Erw. 85 DKK, Kinder bis 17 Jahre frei.

Ribe Kunstmuseum

Das Kunstmuseum zählt zu den **ältesten im dänischen Königreich** (seit 1891) und befindet sich in einer stolzen Villa mit prächtigem Garten. Ausgestellt ist dänische Kunst aus der Zeit zwischen 1750 und 1950. Es gibt auch wechselnde Sonderausstellungen.

■ **Ribe Kunstmuseum,** St. Nicolaj Gade 10, www.ribekunstmuseum.dk, Juli/Aug. Di–So 10–17 Uhr, Sept. bis Juni 11–16 Uhr, Eintritt Erw. 80 DKK, Personen unter 18 J. frei.

Ribe VikingeCenter

Dieses **Wikingermuseum** liegt etwas außerhalb der Stadt, ist aber gut ausgeschildert. Auf dem einen Hektar großen Freilichtgelände wird die Welt der Wikinger nicht nur gezeigt, sondern durch zahlreiche Freiwillige auch „gelebt". Hier wurde die **Wikingersiedlung Ripa** nachgebaut mit einem Marktplatz, einem Hafen, einem Bauernhof mit Tieren, der alten Ansgar-Kirche und vor allem mit Menschen, die ihr Handwerk oder Landwirtschaft betreiben oder sich auch schon mal zu Kämpfen formieren. Es gibt zahlreiche Aktivitäten speziell für Kinder.

■ **Ribe VikingeCenter,** Lustrupvej 4, 6760 Ribe, www.ribevikingecenter.dk, geöffnet zwischen Ende April und Mitte Oktober. Das Wikingermuseum ist meist (!) nur von Montag bis Freitag ab 10 Uhr geöffnet, geschlossen wird zwischen 15.30 und 17 Uhr. Nur zwischen Ende Juni und Ende August hat es täglich 11–17 Uhr geöffnet. Eintritt Erw. 130 DKK, Kinder (3–13 J.) 65 DKK.

Ribe erreichen

Von der Grenze über die Fernstraße 11 sind es ca. 55 km bis Ribe. Vom gut erreichbaren kostenlosen *Parkplatz Nord* an der Straße Plantagevej kann die Altstadt mit dem kaum zu übersehenden mächtigen Dom in 10 Minuten Fußweg über die Saltgade erreicht werden. Ribe hat einen zentrumsnahen Bahnhof, und die Züge aus Niebüll halten auf ihrer Fahrt nach Esbjerg auch hier.

730sc ms

‹ Der Dom zu Ribe

› In der Altstadt von Ribe

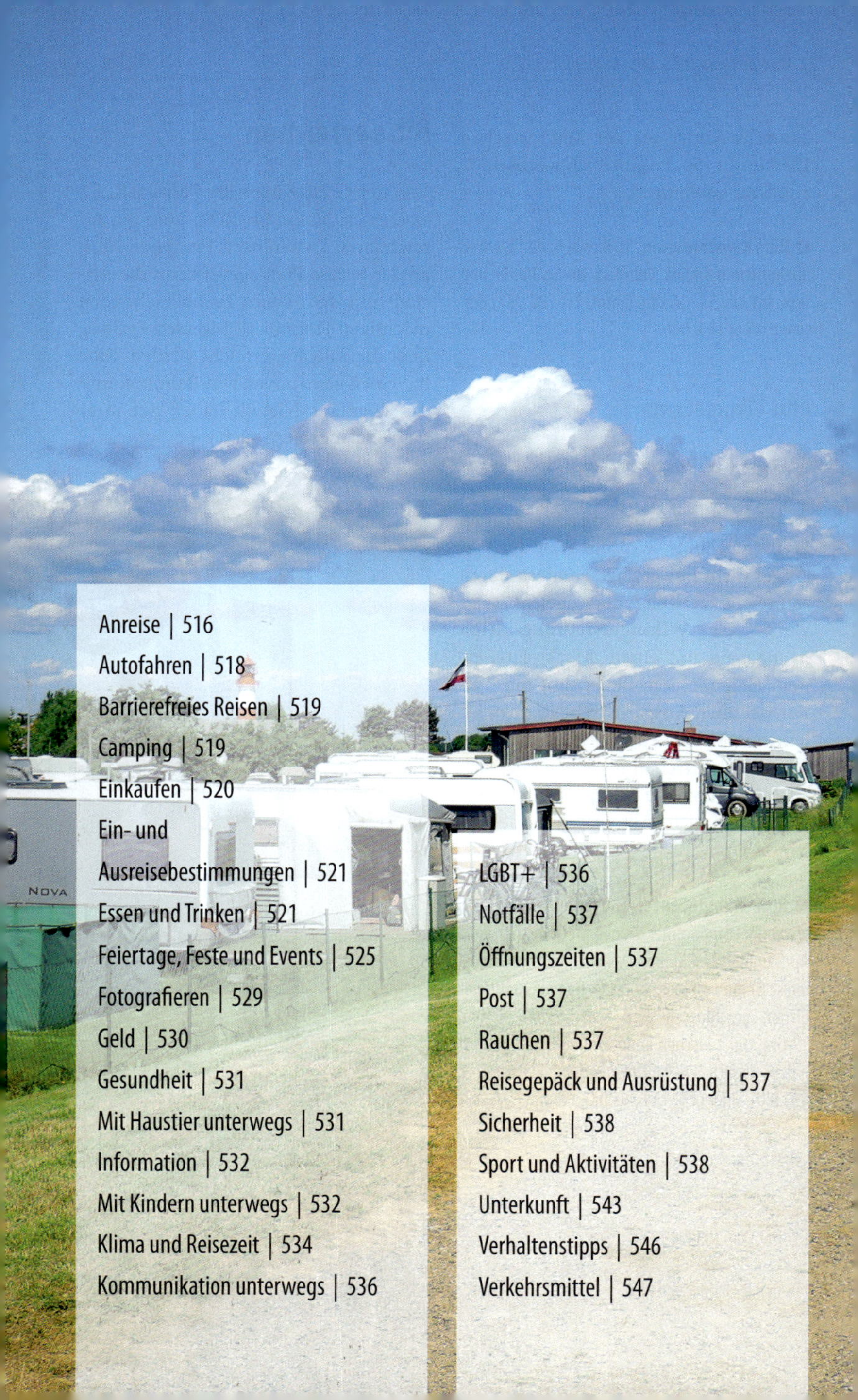

857sc-fr

15 Praktische Reisetipps A–Z

Dieser Campingplatz liegt tatsächlich nur einen Katzensprung vom Strand

Anreise

→ Autofahren
→ Verkehrsmittel

Mit dem Auto

Die Fahrt nach Schleswig-Holstein führt für viele über die **Autobahn Richtung Hamburg** und damit durch den Elbtunnel, was an manchen Tagen zu einer Nervenprobe werden kann (aber nicht muss). Zunächst einmal muss nicht jeder Reisende überhaupt dieses Hindernis passieren. Alle, die zur südlichen Ostsee, also zur Lübecker Bucht, nach Fehmarn oder in die Hohwachter Bucht wollen, fahren auf der **A1** über mehrere Autobahnkreuze südöstlich an Hamburg vorbei. Ähnliches gilt für Reisende in den Süden Schleswig-Holsteins (Herzogtum Lauenburg und Stormarn). Die A1 verläuft über Lübeck bis Oldenburg i.H. und passiert etliche Orte der Ostseeküste fast in Sichtweite.

Diejenigen, die es in den Raum Kiel, Eckernförde, Schleswig zieht oder auch an die Nordsee bzw. ins Binnenland, fahren über die **A7** nach Norden und werden so in Hamburg durch den **Elbtunnel** geleitet. Meist fließt der Verkehr problemlos, schnell hat man die 3,6 km lange Röhre passiert. Aber manchmal gibt es kilometerlange Staus vor dem Tunnel. Das passiert verstärkt an Wochenenden, wenn die Ferien beginnen oder enden, vielleicht obendrein in Skandinavien Sommerferien sind oder der Schwerlastverkehr noch schnell vor dem Sonntagsfahrverbot die dänische Grenze erreichen will. Wenn diese Faktoren zusammentreffen, ist die Staugefahr vor Hamburgs Nadelöhr recht hoch.

Nach dem Passieren des Elbtunnels verläuft die A7 zunächst weiterhin dreispurig. Nach etwa vier bis fünf Kilometern verbreitert sie sich auf vier Spuren, jetzt heißt es aufpassen:. An dieser Stelle liegt die Autobahnabfahrt „Stellingen". Hier rollt der Pendelverkehr nach Schleswig-Holstein von Hamburgs am stärksten befahrener Straße auf die Autobahn. Nach knapp drei Kilometern ist das **Autobahndreieck Nordwest** erreicht, hier gabeln sich die Verkehrsströme. Reisende in Richtung Nordsee folgen der Beschilderung „Pinneberg/Itzehoe/ Heide" und fahren weiter auf der **A23,** die bis Heide existiert. Weiter nördlich fließt der Verkehr über die viel befahrene Bundesstraße **B5**, die sich bis nach Dänemark hoch zieht, leider immer noch überwiegend einspurig. Mitten durchs Land verläuft die **B77** von Itzehoe (ca. 60 km nördlich von Hamburg) bis nach Schleswig, auch auf diesem Weg kommt man recht flott in den Norden und unterquert dabei übrigens auch den Nord-Ostsee-Kanal durch einen frisch renovierten Autotunnel.

Wer zur Ostsee will, folgt den Schildern „Kiel/Flensburg" und bleibt auf der A7, die allerdings ziemlich weit entfernt von der Küste verläuft, über Neumünster, Rendsburg, Schleswig nach Flensburg. Am Bordesholmer Dreieck zweigt die A215 Richtung Kiel ab.

Umfahren des Elbtunnels

Für **Reisende an die Nordsee,** die den Elbtunnel vermeiden möchten, z.B. weil es dort zu einem Stau kommt, hier ein Umgehungstipp: Kurz vor Hamburg die A7 über die Abfahrt Nr. 32 („Heimfeld") verlassen und auf der B73 Richtung Stade fahren. Ab Stade weiter auf der B495 bis Wischhafen. Von dort pendelt eine **Fähre über die Elbe** nach Glückstadt. Gefahren wird etwa von 4.30 Uhr bis 22.30 Uhr (ab Wischhafen) und von 5.11 Uhr bis 23.15 Uhr (ab Glückstadt), Frequenz: alle 30 Minuten, bei großem Verkehrsaufkommen auch häufiger. Die Fahrzeit beträgt knappe 25 Minuten. Nähere Informationen unter Tel. (04124) 24 30, www.elbfaehre.de. In Glückstadt angekommen, lohnt sich ein Bummel durch den Ortskern am Marktplatz und zum nahen malerischen Hafen. Speziell am Marktplatz liegen auch einige gute Lokale für eine anständige Pause. Von Glückstadt sind es nur 20 km (ausgeschildert) bis zur A23, die hoch zur Nordseeküste führt und die bei Hohenfelde wieder erreicht wird.

Für **Reisende an die Ostsee,** die den Elbtunnel vermeiden möchten, hier noch ein weiterer Tipp, bei dem man schon frühzeitig eine Ausweichstrecke wählt: Die A7 bereits bei der Ausfahrt Soltau-Ost verlassen und dann immer der B209 folgen. Diese Bundesstraße quert bei Lauenburg die Elbe (ein Besuch der Elbstadt ist sehr anzuraten!) und führt dann durch den Südosten von Schleswig-Holstein bis Schwarzenbek. Von dort weiter nach Norden über die B404, die bei Hammoor die Autobahn A1 erreicht, die nach Lübeck und weiter hoch zur Ostseeküste führt.

Anreise per Bahn und Bus

Viele Orte in Schleswig-Holstein sind gut mit der Bahn zu erreichen. Obwohl etliche Züge bis in den Norden durchfahren, ist der zentrale Umsteigebahnhof Hamburg. Von **Hamburg Hauptbahnhof** hat man stündlich Anschluss sowohl nach Lübeck als auch nach Kiel und Flensburg.

An die **Nordseeküste** fahren die Züge ab dem **Bahnhof Hamburg-Altona.** Entlang der Küste verläuft eine Zugverbindung bis auf die Insel Sylt. Diese Linie passiert mehrere Ferienorte. Zudem gibt es Umsteigeverbindungen zu den Badeorten Büsum (in Heide), St. Peter-Ording (in Husum) und Dagebüll (in Niebüll).

Die **Ostseeorte** sind unterschiedlich gut per Bahn zu erreichen. Die Lübecker Bucht ist sehr gut angeschlossen, von **Lübeck** geht es weiter nach Travemünde, aber auch über eine reizvolle Nebenstrecke durch mehrere Ostseebäder bis nach Fehmarn. Der nördliche Bereich der Ostseeküste ist nur teilweise per Bahn erreichbar, beispielsweise die Städte Kiel, Schleswig, Eckernförde und Flensburg. Einige Orte an der Ostsee sind nicht ans Schienennetz angeschlossen, man muss die letzten Kilometer von Kiel, Eckernförde, Süderbrarup, Schleswig oder Flensburg per Taxi zurücklegen – oder mit lokalen Bussen.

Die größeren Orte in der **Holsteinischen Schweiz** sind an Lübeck angebunden. Von dort gibt es eine landschaftlich sehr reizvolle Strecke durch die Holsteinische Schweiz bis nach Kiel. Von Lübeck verkehren Züge durchs **Herzogtum Lauenburg** und nach Ahrensburg. Dorthin kommt man auch von Hamburg. **Mittelholstein** ist ebenfalls gut per Bahn erreichbar. Die Orte im Binnenland sind zumeist ans Bahnnetz angeschlossen, es gibt verschiedene Linien.

Viele Küstenorte werden von lokalen **Linienbussen** angesteuert. Zentrale Busbahnhöfe gibt es in vielen Städten, zumeist liegen sie in der unmittelbaren Nachbarschaft des Bahnhofs, wie in Husum, Eckernförde, Kiel und Lübeck. In anderen Städten, wie Schleswig oder Flensburg, sind beide leider räumlich deutlich getrennt.

Autofahren

→ Anreise

Schleswig-Holstein ist ein kleines und recht schmales Bundesland. Von der Nordsee hinüber zur Ostsee sind es, je nach Ausgangsort, lediglich zwischen 50 und 100 km, was man leicht in einer Tagestour schafft. Es verlaufen mehrere Bundesstraßen in Ost-West-Richtung und verschiedene Autobahnen in Nord-Süd-Richtung.

Autofahren entlang der Küste ist im Hochsommer kein Vergnügen! Die kleinen Orte sind gut besucht, obendrein kommen Tagesgäste aus Hamburg und dem übrigen Schleswig-Holstein hinzu. Täglich fahren auch Lieferwagen in die Ferienorte, die all diese Menschen versorgen, sodass es im Urlaubsort eng werden kann.

Autofahren im Hinterland ist dagegen (meist) entspannt, da Schleswig-Holstein von einer Vielzahl schmaler Straßen durchzogen ist, die fernab vom Durchgangsverkehr wenig frequentiert sind. Die einzige Voraussetzung ist hier eine detaillierte Landkarte. Es wird jedem schnell auffallen, dass hier ruhiger gefahren wird.

Der Besuch der nächstgrößeren Stadt kann per Auto erfolgen, muss aber nicht. Die meisten **Badeorte** sind durch eine regionale Buslinie mit den größeren Städten verbunden, und zwar nach dem grundsätzlichen Fahrplan „morgens in die Stadt – mittags bzw. am späten Nachmittag zurück".

Alle **drei Autobahnen** sind stark befahren, neben dem alltäglichen Verkehr und dem Urlaubsverkehr fließt hier der Schwerlastverkehr nach Skandinavien. Kaum ruhiger geht es auf den wichtigsten Bundesstraßen zu, die die größeren Orte verbinden. Sehr **stauträchtige Strecken** sind die B75, B76 und die B207 im Bereich der Lübecker Bucht. Speziell am Wochenende flüchtet halb Hamburg hierher, und entsprechend voll sind die Straßen.

Die **West-Ost-Verbindungen** sind zahlreich, mehrere Bundesstraßen verbinden die Nordsee- mit der Ostseeküste. Die lange geplante West-Ost-Autobahn A20 existiert bislang nur auf einem Teilstück zwischen Bad Segeberg und Lübeck. Geplant ist ein Weiterbau bis zur Nordsee mit anschließender Unterquerung der Elbe schon lange, aber eine Fertigstellung wird noch dauern.

Viele Ortschaften an den Küsten sind im Kern klein geblieben, nehmen aber im Sommer Tausende Gäste auf, da entstehen immer wieder **Parkprobleme.** In St. Peter-Ording, dem größten Ferienort an der Nordsee, hat man diese Situation so gelöst, dass Autofahrer an zwei Stellen bis direkt auf den kilometerlangen Strand fahren können (aber nicht im Wohnmobil übernachten dürfen). Andere Orte richten große kostenlose Parkflächen am Ortsrand ein, und wieder andere bieten Parkplätze entlang der Strandstraße, die aber kostenpflichtig sind.

An **Tankstellen** herrscht kein Mangel, E-Ladesäulen gibt es aber noch nicht flächendeckend. Infos: www.standorttool.de.

Barrierefreies Reisen

Die **Urlaubsorte an den Küsten** haben sich in den letzten Jahren immer mehr auf die Bedürfnisse von Reisenden mit Handicap eingestellt. In manchen Orten gibt es Strand-Rollis oder wenigstens rolligerechte Zugänge auf die Strandpromenade. Museen und Ausstellungen haben spezielle Zuwege und rolligerechte Wege geschaffen (beispielsweise: *Hansa-Park* an der Ostsee, Hansemuseum in Lübeck, *Sealife Timmendorfer Strand*), ebenso einige Kirchen. Auch eigens umgebaute **Ferienwohnungen** gibt es, man muss allerdings schon ein wenig danach suchen. Mittlerweile geben viele Ferienorte auf ihrer jeweiligen Homepage auch ganz konkrete Tipps zum barrierefreien Urlaub, etwa wo es behindertengerechte WCs gibt, wo einen Rollstuhlverleih oder barrierefreie Unterkünfte.

Gute **Informationen** mit einer ganzen Menge konkreter Tipps finden sich auf www.ostsee-schleswig-holstein.de/barrierefreies-reisen.html und www.nordseetourismus.de/alle-barrierefrei.

Camping

→ Unterkunft

Campingplätze sind entlang der ganzen Küste zu finden. Die meisten liegen direkt am Meer, sodass man Strandzugang hat. Auf zahlreichen Campingplätzen sind viele Parzellen an Dauercamper vergeben, die einen Jahresplatz gemietet haben und jedes Wochenende hier verbringen, aber so gut wie immer gibt es auch Stellplätze für Urlauber. Und auf gar nicht so wenigen Plätzen werden zusätzlich reine Zeltwiesen angeboten für Camper, die ganz klassisch mit einem Zelt ankommen, zumeist Rad- oder Motorradfahrer. Ansonsten reisen viele Gäste mit Wohnmobil an und bekommen dafür gut befestigte Stellplätze, auch Caravans haben in der Regel ihre eigene Zone. Die **Ausstattung** der Plätze ist durchweg gut, teilweise sogar erstklassig. Viel wurde investiert, um den Campinggästen eine Menge zu bieten, was auch honoriert wird, denn die Plätze sind im Sommer immer gut ausgelastet, eine frühzeitige Reservierung ist angeraten.

- **Verband der Campingunternehmer Schleswig-Holstein**, Tel. (04554) 70 56 533, www.vcsh.de.

Wohnmobilstellplätze

Die Urlaubsorte haben sich auf Wohnmobilisten eingestellt. Mittlerweile gibt es kaum noch einen Ort an der Küste, der keinen Stellplatz für Wohnmobile eingerichtet hat. Stromanschluss sowie Ver- und Entsorgungsstationen gehören zum Standard. Konkrete Adressen werden im Info-Teil des jeweiligen Ortes genannt.

Einkaufen

→ Essen und Trinken

In praktisch allen Ferienorten gibt es kleine oder größere **Supermärkte.** Da im Land die sogenannte Bäderregelung greift, können viele Geschäfte auch **am Sonntag öffnen,** zumindest in der Saison. Vor allem in den größeren Ferienorten gibt es kleine **Boutiquen** oder Fachgeschäfte, die für Touristen interessante Waren anbieten. Je kleiner der Urlaubsort, desto geringer ist das Angebot.

Einkaufstipps für Lebensmittel aus der Region

In den jeweiligen Ortsbeschreibungen finden sich genauere Angaben zu den folgenden Läden und Höfen.

- **Flensburg:** *Johannsen Rum, Braasch's Rum,* S. 222
- **Friedrichskoog:** *Urthel* (u.a. Nordseekrabben), S. 77
- **Harmsdorf bei Grömitz:** *Braasch's Schinkenräucherei,* S. 426
- **Lübeck:** *Niederegger Marzipan,* S. 457
- **Malente:** *Petersens Schinkenräucherei,* S. 372
- **Gut Stockseehof bei Plön:** Himbeeren oder Kirschen selbst pflücken, S. 363
- **Tetenbüll:** *Milchschafshof Volquardsen,* vor allem Schafskäse, S. 132

Im nahen Hinterland befinden sich zahlreiche **Hofläden** auf Bauernhöfen, die ihre eigenen landwirtschaftlichen Produkte anbieten oder Lebensmittel aus der Region vertreiben. Ein Einkauf dort ist meist ein besonderes Erlebnis, zumal viele Höfe selbst produzierte Waren und Lebensmittel verkaufen, die man sonst nirgends bekommt. So ist **Schinken** direkt aus der Räucherei nicht nur ein kulinarischer Genuss, sondern wegen seiner Haltbarkeit auch ein schönes Mitbringsel. **Marmeladen, Liköre oder Säfte** sind beliebte Produkte, die man vielerorts direkt beim Obstbauern erstehen kann.

Das Angebot an für Schleswig-Holstein typischen Souvenirs ist ansonsten überschaubar. Die klassischen maritimen Schmuckstücke wie **Buddelschiffe, Muscheln oder Seesterne** sind natürlich in allen Küstenorten erhältlich. Sehr beliebt ist auch Bernstein. Spezielle Geschäfte, die **Schmuck aus Bernstein** in allen Variationen anbieten, gibt es z.B. in St. Peter-Ording oder Burg auf Fehmarn. Flensburg hat eine lange Tradition der Rum-Herstellung, noch heute gibt es dort kleine Fabriken, die **Rum** produzieren und in eigenen Läden verkaufen.

Ein bekanntes Produkt aus Schleswig-Holstein ist **Marzipan,** das in Lübeck hergestellt wird. *Niederegger* ist nicht der einzige Lübecker Marzipan-Hersteller, aber wohl die bekannteste Marke. In der Lübecker City befindet sich eine große Niederlassung, aber man bekommt das Marzipan in vielen Geschäften überall im Lande.

Ein- und Ausreisebestimmungen

→ Autofahren
→ Mit Haustier unterwegs
→ Notfälle

Zollbestimmungen

Der Warenverkehr für den privaten Gebrauch ist **innerhalb der EU frei.**

Dies gilt nicht für die **Schweiz.** Für die Einfuhr nach Deutschland gelten folgende **Freimengen pro Person:**

- **Tabakwaren** (für mind. 17-jährige): 200 Zigaretten oder 100 Zigarillos oder 50 Zigarren oder 250 Gramm Rauchtabak oder eine anteilige Zusammenstellung dieser Waren.
- **Alkohol und alkoholhaltige Getränke** (für mind. 17-jährige): 1 l Spirituosen über 22 Vol.-% oder 2 l Alkohol und alkoholische Getränke mit max. 22 Vol.-% oder eine anteilige Zusammenstellung dieser Waren und 4 l nicht schäumende Weine und 16 l Bier.
- **Kraftstoffe:** bis zu 10 l in einem Kanister.
- **Andere Waren** bis zu einem Warenwert von insgesamt 300 Euro, bei Reisenden unter 15 Jahren bis zu einem Warenwert von insgesamt 175 Euro.

Für die **Rückkehr** in die Schweiz:

- **Tabakwaren** (für mind. 17-jährige): 250 Zigaretten oder 250 Zigarren oder 250 Gramm andere Tabakfabrikate oder eine anteilige Zusammenstellung dieser Waren.
- **Alkohol und alkoholhaltige Getränke** (für mind. 17-jährige): 1 l Spirituosen über 18 Vol.-% und 5 l alkoholische Getränke mit max. 18 Vol.-%.
- **Kraftstoffe:** bis zu 25 l in einem Kanister.
- **Andere Waren** bis zu einem Warenwert von insgesamt 300 CHF.
- **Lebensmittel:** 1 kg Fleisch und Fleischzubereitungen von allen Tierarten, mit Ausnahme von Wild, Fischen, Krebstieren, Weichtieren und anderen wirbellosen Wassertieren; 1 kg Butter; 5 kg Öle, Fette und Margarine zu Speisezwecken.

Weitere **Informationen** unter:

- **Deutschland:** www.zoll.de
- **Schweiz:** www.ezv.admin.ch
- **Österreich:** www.bmf.gv.at

Essen und Trinken

→ Einkaufen

Bodenständigkeit ist ein Merkmal der Bewohner Schleswig-Holsteins, und das drückt sich auch in der Küche aus. Sie ist geerdet, sucht ihre Grundlagen in dem, was Acker und Feld zur jeweiligen Jahreszeit hergeben. Doch auch die Viehzucht hat Tradition, und so kommt Fleisch nicht zu kurz. Bei einem Land mit so viel Küste aber ist es besonders Fisch in allen Varianten, der den Speiseplan ergänzt. Doch schließen sich Bodenständigkeit und Raffinesse nicht aus. Es gibt auch **Sterne-Köche** im Land, an der Ostsee beispielsweise *Dirk Luther* (*Alter Meierhof* in Glücksburg) mit zwei *Michelin*-Sternen. Auch auf ökologischer Ebene tut sich etwas. Unter dem **Gütesiegel „Feinheimisch“** werden im Einzelhandel und in bestimmten Lokalen regionale und saisonale Lebensmittel aus Schleswig-Holstein angeboten (www.feinheimisch.de).

Immer mehr Restaurants bieten wenigstens einige **vegetarische oder vegane Gerichte** an, doch ist dem Autor an der gesamten Küste kein einziges rein vegetarisches Lokal bekannt. Unter den Ortsbeschreibungen werden Hinweise auf Lokale gegeben, die vegetarische bzw. vegane Speisen auf der Karte haben.

Fisch

Seezunge, Scholle, Aal, Makrele und natürlich **Hering** bekommt man überall an der Küste. Fisch wird gebraten, gedünstet, gekocht oder auch geräuchert serviert. In jedem Hafen werden Fischbrötchen verkauft und auch an so manchem binnenländischen Gewässer. Auch **Krabben** gibt es überall, aber sie werden nur in der Nordsee gefangen. Dennoch, ein Krabbenbrötchen gibt es sicher in jedem Küstenort.

Oder wie wäre es mit **Kieler Sprotten?** Die kleinen geräucherten Heringe werden mit Haut und Haaren, soll heißen mit Gräten, verputzt (aber ohne Kopf und Schwanz). Sie kommen gar nicht aus der Landeshauptstadt, sondern aus dem benachbarten Eckernförde.

Typische Speisen

In einem landwirtschaftlich geprägten Gebiet gibt es zahlreiche **saisonale Gerichte,** die je nach Erntezeit der Produkte auf den Tisch kommen.

So wird im Herbst gern **Rübenmus** gegessen, wenn die Steckrüben frisch geerntet sind. Man zerkleinert die Rüben zunächst, lässt sie lange garen, kocht dann Möhren (oder auch Kartoffeln) und püriert schließlich das ganze Gemüse in einem Topf. Serviert wird das Rübenmus mit klein gewürfeltem Speck und Kochwurst.

Grünkohl mit Schweinebacke, Kochwurst und Kartoffeln ist ein weiteres Gericht, das wohl auch den Wikingern gemundet hätte. Serviert wird es nur in der kalten Jahreszeit. Grünkohl muss auf dem Feld den ersten Frost ertragen haben, erst dann ist er sozusagen reif für die Verarbeitung.

Dann wäre da noch **Labskaus,** ein eigenwilliges Gericht, das nicht jeder mag. Das liegt aber mehr an seinem Äußeren, denn das Labskaus leuchtet einem rot und fein gehackt entgegen. Die Bestandteile sind Pökelfleisch vom Rind oder Schwein, Gurken, Matjesfilets, Rote Bete (daher die Farbe) und Kartoffeln. Alles wird gut vermischt und mit einem Spiegelei garniert. Schmeckt besser, als es aussieht!

Wer im Frühsommer kommt, sollte einmal **Spargel mit Katenschinken** probieren, dazu nur ein paar Salzkartoffeln. Katenschinken heißt so, weil der Schinken in einer Kate geräuchert wurde, einem kleinen Haus, zumeist unter Reet mit großem Kamin.

In der Sommerzeit wird gern **Rote Grütze** angeboten, ein leckerer Nachtisch aus eingekochten Himbeeren, Johannisbeeren und Kirschen mit Milch oder Vanillesauce.

Und wer auf der Speisekarte ein **Bauernfrühstück** entdeckt, ist wahrscheinlich endgültig überzeugt, dass die Schleswig-Holsteiner von den Wikingern abstammen. Dieses deftige Essen

⊡ Hausgemachtes Angebot am Straßenrand

858sc-mux

besteht nämlich aus Bratkartoffeln, Würfelschinken, Gurken und Rührei und wird am Abend oder zum Mittag serviert. Nein, nicht zum Frühstück.

Alkoholisches

Wer deftig isst, benötigt einen „Klaren" zum Nachspülen, einen „Verteiler", wie es an der Küste so schön heißt, oder auch einen „Lütten". Gemeint sind **Korn** oder besser noch **Aquavit,** wobei diese dänischen oder norwegischen Schnäpse von Kennern bevorzugt werden. Man trinkt sie am besten eiskalt (das Glas muss noch eisbeschlagen sein), und dann heißt es: „Nich' lang schnacken – Kopf in Nacken", und weg damit! Dazu gibt es **Bier** und sonst nichts. Die Bügelflaschen mit dem Plopp-Geräusch aus Flensburg oder Marne haben mittlerweile fast Kultstatus, aber auch andere, meist recht kräftige Biere fließen aus dem Zapfhahn der örtlichen Theken. Einige kleinere **Brauereien** brauen ihr eigenes Bier und bieten es direkt über hauseigene Lokale an (siehe jeweilige Ortsbeschreibungen).

- **Eutin:** *Brauhaus Eutin*, S. 383
- **Flensburg:** *Hansens Brauerei*, S. 221
- **Husum:** *Brauhaus Husum*, S. 160
- **Kiel:** *Kieler Brauerei*, S. 303

Buchtipp

Schleswig-Holstein hat viele kleine, schnuckelige, gemütliche Cafés, etliche sind in diesem Reiseführer beschrieben. Die Kochbuch-Autorin *Marion Kiesewetter* kennt aber noch sehr viel mehr und stellt diese in mehreren Büchern vor, u.a. in dem Band **„Auf Café-Tour"** (erschienen im *Boyens Verlag*). *Marion Kiesewetter* beschreibt darin 10 besondere Cafés, und deren Betreiber verraten köstliche Torten- und Kuchenrezepte.

Die Pharisäer von Nordstrand

Es war einmal ein rechtschaffener **Pastor,** der wurde zu einer neuen Gemeinde im fernen Friesenland geschickt. Nordstrand hieß der Ort und war eine Insel. Wie überall an der Küste war es da gar bitterkalt im Winter, kein Wunder, dass sich die Bewohner ständig mit einem oder gar mehreren s-teifen Grogs schützen mussten. Um es kurz zu machen, sie soffen wie die Löcher!

Der Pastor wetterte gegen die Trinkerei von der Kanzel herab, wünschte den saufenden Friesen Pest und Galle an den Hals. Vergebens. Friesen können bekanntlich verdammt stur sein.

Eines Tages wurde der gute Mann dann, wie es Brauch war, nach einer Kindstaufe noch zu einer kleinen Geselligkeit eingeladen. Natürlich gab es **keine hochprozentigen Getränke,** sondern nur Tee oder Kaffee. Der Tag ging, aber leider nicht der Pastor. Der blieb genauso stur hocken und die Nordstränder auf dem Trockenen.

Bis ein plietscher Bauer seiner Magd auftrug, **in die Kaffeetassen einen kräftigen Schuss Rum** zu gießen und obenauf einen ordentlichen Klecks **Sahne** zu drapieren. Gegen den Geruch. Und so geschah es, dass die Gesellschaft immer lustiger wurde, auch ohne Alkohol, wie jedenfalls der gute Pastor meinte. Er freute sich gar sehr, dass es anscheinend auch „ohne" ging, bis, tja, bis man ihm eine falsche Tasse gab. Entsetzt sprang er auf – sofort das Spiel durchschauend – und schimpfte laut los: **„Ihr scheinheiliges Volk, ihr Pharisäer!"**

Und so wurde es geboren und auch gleich getauft, das Getränk, das man überall an der Nordseeküste in der kalten Jahreszeit bekommen kann: der Pharisäer.

Ein Pharisäer ist „echt", wenn er **4 cl Flensburger Rum** enthält. Das wurde vor einigen Jahren vom **Flensburger Amtsgericht** höchstamtlich entschieden. Ein Flensburger Bürger hatte sich nämlich in einer Kneipe beim Wirt beschwert, dass sein Pharisäer zu viel Kaffee und zu wenig Rum enthalte, er deshalb selbigen nicht zu bezahlen gedenke. Der Wirt, nicht faul, zeigte den störrischen Trinker wegen Zechprellerei an. So etwas landet in Deutschland vor Gericht.

Was also war zu tun? Der Richter verlegte die Sitzung an den einzig richtigen Ort, nämlich in die Kneipe *Bei Tante Lene.* Dort wurde dann über den Pharisäer zu Gericht gesessen. Mehrere Tassen unterschiedlicher Beimischung setzte Tante *Lene* dem strengen Herrn Richter vor, der genüsslich kostete. Jede einzelne Tasse, natürlich. Man müsse sich ja schließlich ein fundiertes Urteil bilden, hicks! Tschulligung! Das Urteil wurde um eine Woche vertagt und dann gefällt: Ein Pharisäer ist erst echt mit 4 cl Rum, alles andere wirke eher ernüchternd. Weise gesprochen! Da merkt man dann, dass der Richter ein Nordlicht war.

- **Lübeck:** *Brau Berger*, S. 470
- **Neustadt:** *Klüver's Brauhaus*, S. 429
- **Rickling:** *Ricklinger Landbrauerei*, S. 341
- **Schleswig:** *Luzifer* mit dem *Aasgard*-Bier, S. 261

Flensburg hat eine uralte **Rum-Tradition** mit eigenen Destillerien, die noch heute Rum herstellen und vor Ort verkaufen. Auch ein Rum-Museum gibt es dort. **Wein** ist nicht so verbreitet. In Lübeck gibt es allerdings einen ganz eigenen Rotwein, *Rotspon* genannt.

Wer im Winter die Küste besucht, kommt um einen heißen **Grog** nicht herum. Norddeutsch-trockene Beschreibung: „Rum mut, Water dörv, Zucker kunn" (Rum muss, Wasser darf, Zucker kann). Damit sind die Bestandteile schon genannt. Ein Grog wärmt herrlich durch nach einem Spaziergang am winterlichen Strand. Serviert wird er in schmalen, hohen Gläsern, ein Stößel steckt im Glas. Damit wird der Zucker zerkleinert und umgerührt.

Tja, und dann gibt es noch so nette Getränke wie **Tee-Punsch,** *Pharisäer* oder *Tote Tante*. Allen gemein ist, dass sie immer einen Schuss Rum verstecken. Der Name **Pharisäer** soll entstanden sein, als ein Pastor, der immer erbittert von der Kanzel gegen den Alkohol gewettert hatte, eines Tages nach dem Kirchgang zum Mittagessen eingeladen wurde und eine Überraschung erlebte (siehe Exkurs). Eine **Tote Tante** besteht aus einer halben Tasse süßer Schokolade, in die ein großes Schnapsglas Rum gegossen wird. Darauf kommt eine Haube aus geschlagener Sahne, die mit Schokostreuseln garniert wird.

Feiertage, Feste und Events

→ Zu jeder Zeit

Februar

- **Biikebrennen:** eine Art Nationalfest der Nordfriesen. Am 21.2. werden überall im Land bei Anbruch der Dunkelheit große Holzstapel verbrannt, friesische Ansprachen gehalten und dann geht es ab in den nächsten Krug, Grünkohl satt fassen.
- **Kiel:** *Kieler Umschlag*, ein historischer Markt mit Kostümen, am letzten Wochenende im Februar.
- **Marne:** *Karneval* mit Rosenmontagsumzug und eigenem Karnevalsruf: „Marn, hol fast!".

März

- **Husum:** *Krokusblütenfest*. Im Schlossgarten blühen Millionen von Krokussen, eine lilafarbene Pracht sondergleichen.

April

- **An der gesamten Nordseeküste** und auf den Inseln: *Lammtage*, in fast allen Restaurants wird Deichlamm angeboten (manchmal schon im März, aber auch im Mai möglich).
- **Eckernförde:** *Drachenfest*, am Ostersonntag steigen zauberhaft gearbeitete Drachen in den Himmel.
- **Husum:** *Motorradtreffen am Ostersonntag*, Tausende Biker treffen sich hier.
- **Wedel:** *Ochsenmarkt*, Rinder werden wie früher per Handschlag verkauft.

Mai

- **Eckernförde:** *Sprottentage*, an einem Mai-Wochenende dreht sich beim Fest am Hafen alles um die Sprotte.
- **Eutin:** *Bluesfest* auf dem Rathausmarkt, großes Festival mit Künstlern aus Skandinavien, dem Baltikum und Deutschland, der Eintritt ist frei, www.baltic-blues.de.

■ **Fehmarn, Petersdorf:** *Rapsblütenfest* mit der Wahl der Rapsblütenkönigin.

■ **Fehmarn:** *Surffestival,* die Elite surft vor Fehmarn, www.surffestival.de.

■ **Flensburg:** *Rumregatta,* am Himmelfahrtswochenende findet diese Segelregatta mit Gaffelseglern statt. Ziel ist der zweite Platz, der mit einer Dreiliter-Flasche Rum belohnt wird. Der Sieger bekommt einen meist witzigen, aber wertlosen Preis.

■ **Kappeln:** *Heringstage,* vier Tage ab Himmelfahrt.

■ **Schleswig:** *Gottorfer Landmarkt.* Auf dem Schlossgelände findet der größte Ökolandmarkt Deutschlands statt mit über 130 Ausstellern.

■ **Travemünde:** *windart,* bis Ende Oktober stehen an markanten Orten attraktive und innovative Windspiele.

Juni

■ **Bad Segeberg:** *Karl-May-Spiele* (bis Sept.).

■ **Brunsbüttel:** längster *Flohmarkt* der Westküste, am zweiten Sonntag.

■ **Eckernförde:** *Aalregatta,* von Kiel nach Eckernförde. Entspannte Segelregatta, bei der alle Teilnehmer im Ziel einen Aal bekommen.

■ **Friedrichskoog:** *Matjestage,* es wird dem jungen Hering gehuldigt.

■ **Glückstadt:** *Matjestage,* großes Volksfest, auf dem Marktplatz und am Hafen an vielen Verkaufsständen dreht sich alles um den Matjes.

■ **Kiel:** *Kieler Woche,* größte Segelregatta der Welt, in der gesamten, letzten vollständigen Juni-Woche tobt eine Party in der Innenstadt, nebenbei kämpfen 5000 Segler in 1000 Booten um Siege.

■ **Mölln:** *Eulenspiegeltage,* der Marktplatz wird in einen mittelalterlichen Markt verwandelt mit Gauklern, Künstlern und Handwerkern, die uraltes Können zeigen.

■ **Niendorf:** *Jazzbaltica,* Internationale Jazz-Größen spielen bei dem renommierten Jazz-Festival, das seit 1991 stattfindet, www.jazzbaltica.de.

■ **Rendsburg:** *NordArt,* eine der größten internationalen Kunstausstellungen zur zeitgenössischen Kunst in Europa, bis Anfang Okt., www.nordart.de.

Juli

■ **Brunsbüttel:** *Wattolümpiade,* das matschigste Sport-Ereignis am Elbdeich, „Wattlethen" treten in witzigen Kostümen an zu sportlichen Wettkämpfen im Schlick vor dem Deich. www.wattoluempiade.de

■ **Büsum:** *Krabbentage* mit Kutter-Regatta, bei der Krabbenkutter aus verschiedenen Orten der Nordsee nach Büsum kommen und bis über die Toppen geflaggt in den Hafen einlaufen.

■ **Eutin:** *Eutiner Opernfestspiele,* im Park auf einer Freilichtbühne, www.eutiner-festspiele.de.

■ **Fehmarn:** *Beachvolleyball Masters Cup* (kann auch mal im August stattfinden).

Stadtfest am ersten Juli-Wochenende.

■ **Flensburg:** *Dampf rundum,* größtes Dampfertreffen Europas, bei dem historische Dampfschiffe in den Hafen kommen, in ungeraden Jahren.

■ **Friedrichstadt:** *Festtage* mit malerischem Lampionkorso auf den Grachten.

Rosenträume, am ersten Wochenende im Juli (oder am letzten im Juni) dreht sich alles um die Rose.

■ **Grömitz:** *Grömitzer Woche,* große Sportwoche mit Beachvolleyball, Beachsoccer und Tennis, auch mit Jedermann-Turnier, Anfang Juli.

■ **Haffkrug:** *Aalwoche,* in der Fischerei-Tradition von Haffkrug. Mitte des Monats baut sich am Wochenende eine kulinarische Fischmeile auf, bei der gebratener und geräucherter Fisch angeboten wird.

■ **Heide:** *Heider Marktfrieden,* ein großes Volksfest auf dem Marktplatz, alle zwei Jahre (2023 etc.).

■ **Heiligenhafen:** *Mitternachtslauf,* Ende Juli findet ein Lauf über 10 km statt, mitten in der Nacht rund um den Binnensee, Startzeit ist 23 Uhr, http://lauf.mitternachtslauf.com.

■ **Maasholm:** *Hafentage,* Anfang Juli verwandelt sich der Hafen von Maasholm in eine Feiermeile.

■ **Mölln:** *Kurparkspektakel* mit viel Kleinkunst und Akrobatik, Anfang des Monats.

▷ Das Schleswig-Holstein Musik Festival – hier open air in Neumünster

859sc-mux

■ **Neustadt:** *Europäisches Folklore Festival,* Trachtenwoche (alle drei Jahre, das nächste Mal 2025). Ende des Monats wird eine Woche gefeiert mit zwölf internationalen Folkloregruppen, die zum Schluss gemeinsam zum Fackeltanz antreten.

■ **Ratzeburg:** *Töpfermarkt,* Mitte des Monats zeigen etwa drei Dutzend Töpfer ihre unterschiedlichen Töpferwaren und Kunstwerke direkt am Ratzeburger See.

■ **St. Peter-Ording:** *Drachenfestival,* wunderschöne Drachenkonstruktionen steigen in den windigen Himmel;

Beach-Volleyball-Turnier;

Kite Surf World Cup, die Elite der Kiter fährt vor dem Strand um Weltcup-Punkte, verbunden ist das Ganze mit einer großen Beach-Party.

■ **Süderbrarup:** Ende Juli findet der *Brarup-Markt* statt, laut Eigenwerbung der größte ländliche Jahrmarkt in ganz Schleswig-Holstein, dessen Anfänge bis in die „heidnische Zeit" zurückreichen.

■ **Travemünde:** *Travemünder Woche,* eines der größten Segelsportereignisse überhaupt mit etwa 2000 Seglern.

August

■ **Eckernförde:** *Piratentage,* für ein Wochenende erobern Piraten die Stadt und setzen sogar den Bürgermeister fest.

■ **Friedrichstadt:** *Kulturnacht.* Am letzten August-Wochenende zeigen Galerien, Museen und Privathäuser ihre Kunstwerke.

■ **Glücksburg:** *Ostseeman Triathlon* über die *Ironman*-Distanz mit Schwimmen in der Förde.

■ **Grömitz:** *Ostsee in Flammen,* ein tolles Feuerwerk als Abschluss des Grömitzer Lichtersommers, bei dem immer am Mittwoch an verschiedenen Orten eine Illumination oder Feuershow gezeigt wird.

■ **Husum:** *Husumer Hafentage* und *Kunsthandwerker-Tage* (etwas später)

■ **Kellinghusen:** *Töpfermarkt,* die kleine Stadt Kellinghusen hat eine sehr lange Töpfer-Tradition. Am zweiten Wochenende im August stellen ansässige und befreundete Töpfer im Ortskern ihre Tonwaren aus.

■ **Mölln:** *Altstadtfest* mit dem zweitgrößten Flohmarkt im Lande, Anfang September.

■ **Niendorf:** *Hafentage* mit Showprogramm und Feuerwerk.

Schleswig-Holstein Musik Festival

Anno 1985 war es, als acht Menschen mit Visionen einen Verein gründeten, dessen Ziel es war, ein Musikfestival mit „Ambiente-Spielorten" im Land zwischen den Deichen zu etablieren. Soll heißen, dass weniger Konzertsäle gefragt waren, sondern eher Kirchen, Herrenhäuser, Reitställe und einfache bäuerliche Scheunen. Eine Schnapsidee? Vielleicht, aber der Macher *Justus Frantz* ließ sich nicht beirren. Er schaffte es, sogar *Leonard Bernstein* zu locken, und der wiederum lockte Musiker und Zuschauer. So nahm alles seinen Lauf.

1986 ging das erste SHMF (Schleswig-Holstein Musik Festival) über die Bühne. Tatsächlich kamen 100.000 Besucher, im dritten Jahr sogar 300.000, später pendelten die Zahlen zwischen 100.000 und 200.000. An die 100 Konzerte finden nun in den Monaten Juli und August in vielen, auch kleineren Orten statt. Gefragt ist dabei nicht Größe, sondern Atmosphäre, also findet ein Konzert eher auf der urigen Diele eines Bauernhofes als in der Kieler Ostseehalle statt. Und diese Mischung zieht. Auch nachdem *Justus Frantz* 1994 die Intendanz abgab, ist der Grundtenor erhalten geblieben: Ambiente geht vor Halle.

In den Sommermonaten sind sie unübersehbar, die Plakate und Fahnen mit dem geschwungenen SHMF-Logo.

■ **SHMF,** Tickets gibt es ab etwa April unter der Hotline (0431) 23 70 70, www.shmf.de.

■ **Schleswig:** *Wikingertage,* alle zwei Jahre (gerade Zahlen) wird die Welt der Wikinger an der Schlei wieder aufgebaut: Wikingerschiffe aus Skandinavien legen an, das Alltagsgeschehen wird nachgestellt und auf historischen Instrumenten musiziert.

Festival Nørden, großes und breit gefächertes Kulturfest über zwei Wochen.

■ **Wacken bei Itzehoe:** *W.O.A.,* größtes Heavy Metal Festival weltweit.

September

■ **Dithmarschen:** In Meldorf, Wesselburen, Heide und anderen Orten von Dithmarschen finden die *Kohltage* statt, an denen dem hier angebauten Gemüse gehuldigt wird.

■ **Eckernförde:** *Green Screen,* einzigartiges kleines Festival internationaler Naturfilme. Ausgesuchte Filme werden vorher in bestimmten Städten im Lande gezeigt. www.greenscreen-festival.de.

■ **Flensburg:** *Fördewoche,* tägliche Segelregatta mit anschließender Party.

■ **Husum:** *Pole-Poppenspäler-Tage.* Eine der liebevollsten Novellen von *Theodor Storm* handelt von dem alten Puppenspieler namens *Pole Poppenspäler.* Dieses Fest erinnert an die Kunst des Marionettenspiels. Ende September.

Husumer Filmtage, einwöchiges FilmFestival, www.husumer-filmtage.de.

folkBaltica, ein internationales Folk-Festival mit Konzerten auch in Flensburg und im südlichen Dänemark, www.folkbaltica.de.

■ **Malente:** *Bauernmarkt,* Mitte des Monats findet im Altstadtbereich ein großer ländlicher Markt statt mit Live-Musik, Kunsthandwerkern und vielen Probiermöglichkeiten für regionale Produkte.

■ **Travemünde:** *Seebadfest,* Altstadtfest rund um die St. Lorenz-Kirche.

Oktober

■ **Husum:** *Krabbentage,* in Husum feiert man im Herbst am Hafen ein großes Fest rund um das Schalentier, www.stadtfeste-husum.de/husumer-krabbentage.

- **Fehmarn:** *Drachenfest,* Mitte des Monats, ein Riesenspektakel mit den fantasievollsten Drachen überhaupt.
- **Neumünster:** *Webermarkt,* hochwertige Handwerkskunst bietet ausschließlich Handgefertigtes aus Stoffen und Seide.

November

- **Mölln:** *Herbstmarkt,* ein sehr großer Markt mit 460-jähriger Tradition, findet Anfang November mitten in der historischen Altstadt statt (erstmals übrigens 1561), Fahrgeschäfte, nostalgische Karussells und diverse gastronomische Angebote.

Dezember

- **Weihnachtsmärkte** gibt es praktisch überall, besonders stimmungsvoll ist der in Lübeck.

Fotografieren

→ Zu jeder Zeit

An der Küste zu fotografieren ist im gleißenden Sonnenlicht gar nicht so einfach, oft werden die Bilder zu dunkel (Lichtreflexion vom Wasser) und man ärgert sich hinterher. **Weicheres Licht** hat man in den frühen Morgen- bzw. Abendstunden. Vor allem morgens kann man überraschend stimmungsvolle Bilder machen, wenn Strand und Meer noch leer sind und man viel mehr Details entdeckt als mittags am rappelvollen Strand.

Im Mai (spätestens) blüht der **Raps**, was ein zauberhaftes Motiv sein kann, vor allem, wenn das Rapsfeld in Sichtweite der Küste oder eines Flusses liegt und vielleicht noch ein paar Wolken spektakulär vorbeiziehen.

Im Monat Juni geht im Norden die Sonne sehr spät unter, oft ist es sogar noch gegen 23 Uhr nicht dunkel und es gibt Restlicht. Gerade dann kann man zauberhafte **Lichtstimmungen** einfangen.

Menschen zu fotografieren ist immer eine Gratwanderung. Die Norddeut-

Im reizvollen Abendlicht lassen sich stimmungsvolle Fotos machen, wie hier auf Sylt

860sc-fr

schen sind zwar generell gelassene Menschen, aber zu aufdringlich sollte man als Fotograf nicht sein. Der Fischer, der im Hafen in seinen Netzen pult oder vielleicht sogar Fisch direkt vom Kutter verkauft, ist sich meist bewusst, dass er ein beliebtes Fotomotiv darstellt, dennoch sollte man respektvoll vorgehen. Kann ja nicht schaden, vorher zu fragen, ob man ein Foto schießen darf.

Geld

→ Notfälle

Ist Schleswig-Holstein ein teures Pflaster? Im Prinzip nein (Ausnahme am ehesten die Insel Sylt), aber einige Punkte sollten bei der Planung bedacht werden. Wahrscheinlich wird eine **Familie** ihren zweiwöchigen Urlaub eher nicht in einem Hotel verbringen, sondern auf einem Campingplatz oder in einer Ferienwohnung. Zum Thema Camping muss nichts gesagt werden, preiswerter kann man nicht nächtigen. Eine **Ferienwohnung** kostet um die 70 bis über 100 € pro Tag, wobei die Preise im Sommer und vor allem in den Schulferien durchaus höher liegen können. Wer außerhalb der Ferienzeiten der nördlichen Bundesländer und von NRW reisen kann, dürfte hier so manchen Euro sparen können. Denn FeWo-Urlauber versorgen sich selbst, und die Dinge des täglichen Bedarfs bekommt man überall. Praktisch jeder halbwegs größere Ort hat einen Supermarkt, dort kaufen die meisten Urlauber ein und bereiten die Mahlzeiten selbst zu.

Selbst wer sich ein Glas Bier an der Strandpromenade gönnt oder abends mal die örtliche Fischplatte probieren will, wird beim Zahlen nicht erschrecken, „Sylter" Preise sind selten, alles bleibt im Rahmen. Die meisten **Restaurants** glänzen nicht mit teuren Gerichten, sie wollen eher die breite Masse anlocken. Allerdings gibt es auch einige ganz hervorragende Restaurants, sogar Sterne-Küche findet man im Norden. Auch eine gute Erfahrung sind Landgasthöfe, die nicht selten sehr schön gelegen sind und für die es sich lohnt, ein paar Kilometer zu fahren.

Der **Strandbesuch** fordert zweimal sein monetäres Recht: Einen Strandkorb kann man mieten, die Kurtaxe muss bezahlt werden. Ist ein Strandkorb nötig? Nicht unbedingt, aber wenn der Himmel einmal bedeckt ist und der Wind etwas stärker bläst, kühlt man doch schnell aus. Dann den Strandkorb in den Wind zu drehen und sich hineinzufläzen ist einfach göttlich. Die **Kurtaxe** wird nicht überall erhoben, aber doch in den meisten Orten. Dort, wo man drauf verzichtet (Damp, Hasselberg, Friedrichskoog), hat man ein neues Werbemittel gefunden: „Kurtaxenfrei!" Die meisten Gemeinden von Bade- und Kurorten erheben aber diese Gebühren, um Kureinrichtungen zu unterhalten. Obendrein genießen Gäste mit der Kurkarte weitere Vorteile, die von Ort zu Ort schwanken. Es gibt entlang der Schleswig-Holsteinischen Ostseeküste in 18 kurtaxepflichtigen Orten eine optisch einheitliche **Ostseecard** (www.ostseecard.de). Sie ermöglicht den freien Strandbesuch in allen teilnehmenden Orten und weitere Leistungen wie Rabatte beim Einkauf oder in der Gastronomie. Wer möchte, kann weitere Pakete auf die

Karte buchen lassen und erhält dafür Ermäßigungen bei einer Vielzahl von Anbietern (Aquarien, Freizeitparks, Kultureinrichtungen). Die Höhe der Kurtaxe bleibt in den einzelnen Orten aber weiterhin unterschiedlich.

Gesundheit

In allen etwas größeren Ferienorten praktizieren Ärzte. Wer in einem kleineren Ort urlaubt, hat es in der Regel auch nicht weit zum nächsten Arzt oder Zahnarzt. Adressen kann jeder Vermieter mitteilen. Krankenhäuser findet man in den großen Küstenorten wie Lübeck, Kiel, Flensburg, Eckernförde, Schleswig, Neustadt, Heide, Husum.

Mit Haustier unterwegs

Hundehalter sollten auf jeden Fall den Vermieter ihrer **Ferienwohnung** vor der Reise kontaktieren und nachfragen, ob sie ihren Hund mitbringen können, denn nicht jeder Vermieter erlaubt dies. Das hat ganz praktische Gründe. Ein nachfolgender Gast könnte allergisch auf Hundehaare reagieren, und deshalb müsste die FeWo sehr gründlich gereinigt werden, ein Aufwand, den mancher Vermieter scheut. Ähnliches gilt auch für **Hotels** und **Restaurants,** nicht überall sind Haustiere willkommen.

An **Deich** und **Strand** sollte der Hund angeleint sein. Zu schnell sind Nester oder Gelege von Seevögeln aufgestöbert, die Vögel erschreckt oder gar das Gelege beschädigt. Erst recht muss der Hund angeleint sein, wenn am Deich Schafe weiden. In vielen Orten lautet die Regel, dass Hunde am Strand ganzjährig grundsätzlich angeleint sein müssen und am Strand nur an bestimmten Abschnitten sein dürfen. An den Badestellen sind Hunde nicht erwünscht. Ausgewiesene **Hundeauslaufbereiche** liegen meist am seitlichen Bereich eines Strandes. Jedoch: In der Nebensaison dürfen Hunde zumeist an jeden Strand.

Ostsee

- Zu **Hundestränden** an der **Lübecker Bucht:** www.luebecker-bucht-ostsee.de/urlaub-mit-hund.
- Zu **Hunden** an den **Stränden der Ostsee:** www.ostsee-schleswig-holstein.de/hundestraende.html, www.ostseemithund.com.

Nordsee

Am weitläufigen **Strand von St. Peter-Ording** lautet die Regel, dass der Hund im Ort und am Strand grundsätzlich ganzjährig angeleint sein muss und am Strand nur an bestimmten ausgewiesenen Abschnitten laufen darf. An den Badestellen sind Hunde nicht erwünscht. Hundeauslaufbereiche liegen südlich der Badebrücke im Ortsteil Bad, am Strandabschnitt Ording Nord sowie innerorts in Bad.

In **Büsum** dürfen Hunde angeleint auf der Deichkrone gehen, zwischen 1.10. und 31.3. kann der Hund angeleint auch am Wasser auf der Deichpromenade laufen. Außerdem gibt es zwei Zonen mit Hundestränden am nördlichsten und südlichsten Strandabschnitt.

Büsum und St. Peter-Ording haben jeweils eine eigene **Broschüre „Urlaub mit Hund"** herausgebracht, in der noch viele weitere praktische Tipps aufgelistet sind. Sie kann von der Homepage der beiden Urlaubsorte heruntergeladen werden.

Information

Infostellen in den Orten

Es gibt kaum einen Ferienort in Schleswig-Holstein, der nicht ein eigenes Informationsbüro unterhält. Diese Büros werden unterschiedlich genannt, mal Fremdenverkehrszentrale oder **Touristinformation,** manchmal noch **Kurverwaltung.** Sie machen alle aber das Gleiche, nämlich Werbung für ihren Ort. Wer sich an eine dieser Stellen wendet, erhält Prospektmaterial, Hotel- und Ferienwohnungslisten, Handzettel von Lokalen, Sehenswürdigkeiten oder Ausflugsdampfern. Die Adressen der Büros sind in den jeweiligen Ortsbeschreibungen angegeben.

Fremdenverkehrszentrale

Die **Tourismus-Agentur Schleswig-Holstein** ist für das ganze Bundesland zuständig und hat eine gut gemachte Homepage, verschickt aber auch auf Anfrage Prospekte.

- **TASH** *(Tourismus-Agentur Schleswig-Holstein),* Tel. (0431) 60 05 83, www.sh-tourismus.de.

Überregionale Informationsstellen

Wer noch keine konkreten Vorstellungen hat und sich einen Überblick verschaffen möchte, dem helfen die überregionalen Infostellen. Dort erhält man allgemeine Infos zu einzelnen **Regionen** Schleswig-Holsteins und Prospekte.

- **Nordsee-Tourismus-Service GmbH,** Zingel 5, 25813 Husum, Tel. (04841) 897 50, www.nordsee tourismus.de.
- **Ostsee-Holstein-Tourismus e.V.,** Tel. (04503) 88 85 25, www.ostsee-schleswig-holstein.de.
- **Schleswig-Holstein Binnenland Tourismus e.V.,** Tel. (04821) 94 96 32 60, www.sh-tourismus.de/landschaften/binnenland.
- **Herzogtum Lauenburg Marketing und Service GmbH,** Tel. (04542) 85 68 60, www.herzog tum-lauenburg.de.
- **www.luebecker-bucht-ostsee.de,** Vorstellung der Orte mit Tipps und Veranstaltungen und spezielle Tipps für Kinder.
- **www.ostseeferienland.de,** vielfältige Infos und Tipps über die Region zwischen Grömitz und Dahme.
- **www.ostseefjordschlei.de,** Infos und Tipps zur Ferienregion Schlei.

Mit Kindern unterwegs

→ Kinder-Tipps:

Immer nur im Sand buddeln? Den Möwen bei ihrem stolzen Spaziergang am Strand zuschauen? Ein Eis schlecken, morgens zum Strand und am Abend zurück? Das wird selbst den geduldigsten Kindern irgendwann zu langweilig. Dem kann man vorbeugen und ein paar Ausflüge unternehmen, die Abwechslung und Unterhaltung nicht nur für die Kinder versprechen. (Genauere Angaben finden sich in den Ortsbeschreibungen.)

Ausflugstipps Nordsee

- **Schiffe anschauen:** Nicht nur für die Kurzen ein Heidenspaß; je größer der Dampfer, desto neugieriger auch die Größeren. Auf dem **Nord-Ostsee-Kanal** sieht man sie hautnah. Am besten geht das in der Schleusenanlage von **Brunsbüttel** oder in **Burg** von der Terrasse des *Burger Fährhauses* aus.
- **Waldmuseum:** In **Burg** steht das Waldmuseum richtig schön im Wald und liefert einen profunden Einblick in unser heimatliches Ökosystem.
- **Seehundstation in Friedrichskoog:** Die possierlichen Tiere paddeln ganz verspielt im Wasser herum und gucken mit ihren Knopfaugen neugierig zurück. Hier werden Heuler aufgezogen, also Jungtiere, die von ihrer Mutter getrennt wurden und später in der Nordsee ausgewildert werden.
- **Indoor-Spielhalle:** Eine riesige Halle in Form eines Wals befindet sich in **Friedrichskoog.** Unzählige Spiel- und Sportmöglichkeiten werden geboten. Etwas Ähnliches gibt es in Wesselburen.
- **Multimar Wattforum in Tönning:** Einfach ein Muss! Das Wattenmeer und die Nordsee samt Bewohnern werden anschaulich vorgestellt. An vielen Mitmach-Modellen erfährt man Wissenswertes rund um die Küste, beispielsweise, wie eigentlich Wellen entstehen oder Ebbe und Flut.
- **Puppentheater** von *Marianne Vocke* in **Garding.** Eine kleine Privatbühne, auf der Frau *Vocke* liebevolle Marionettenstücke spielt.
- **Besuch in der Steinzeit:** In die Vergangenheit reisen kann man in **Albersdorf,** wo ein Lehrpfad rund um eine steinzeitliche Siedlung angelegt wurde.
- **Grachtenfahrten:** In der „Holländerstadt" **Friedrichstadt** kann man auf den Kanälen und Grachten durch die Stadt schippern, sowohl auf einem Ausflugsdampfer als auch in einem Tretboot.
- Der **Zoo von St. Peter-Ording** heißt Westküstenpark: Tiere aus nächster Nähe begucken und streicheln und den flinken Seehunden zuschauen.
- **Poppenspäler-Museum in Husum:** Hier werden diverse Marionetten ausgestellt. Das Museum wurde nach einer Figur von *Theodor Storm* benannt.
- **Indoor Fun Park Pelotero in Wesselburen:** größere Indoor-Spielhalle, in der Kinder und auch Jugendliche toben können.
- **Naturzentrum Bredstedt:** Anhand von Modellen wird der Besucher über die unterschiedlichen nordfriesischen Landschaften aufgeklärt. Täuschend echt aufgebaut, sodass man fast Teil des Ganzen wird.

Ausflugstipps Ostsee

- **Esel- und Landspielhof Nessendorf** bei **Hohwacht,** hier dreht sich alles um die Esel.
- **Museumsbahn in Schönberg,** eine tolle historische Bahn dampft im Sommer ein kurzes Stück des Weges durch die Landschaft zum Strand.
- **Kindheitsmuseum in Schönberg,** ein Museum, das 100 Jahre Kindheit und Spielzeug widerspiegelt.
- **Barfuß-Park in Schwackendorf** (unweit von Kappeln). Auf einem insgesamt 1,5 km langen Tast-Pfad mit diversen Stationen und unterschiedlichen Untergründen können Besucher ihren Füßen eine völlig neue Erfahrung gönnen.
- **Tierpark Gettorf** bei Eckernförde, ein mittelgroßer Zoo. Auch in **Grömitz** befindet sich ein kleiner Zoo namens „Arche Noah".
- **Tierpark Warder** bei **Kiel,** hier werden heimische und nordeuropäische Tiere gehalten.
- **Wikingermuseum Haithabu** in **Schleswig,** die Welt der Wikinger wird anschaulich dargestellt.
- **TolkSchau in Tolk bei Schleswig,** ein Freizeitpark mit einer Vielzahl von kleinen Attraktionen, also keinen spektakulären Fahranlagen.
- **Museumsbahn Süderbrarup – Kappeln,** tuckert in den Sommermonaten durch die schöne Angelner Landschaft bis zum Hafen von Kappeln.

- **Hansa-Park Sierksdorf,** ein Freizeit- und Erlebnispark mit einer Vielzahl von spektakulären Attraktionen, nicht nur für Kinder ein Heidenspaß.

MEIN TIPP: In praktisch jedem Zoo und auch in vielen Museen gibt es **Kinder-Rallye-Bögen.** Dort haben die Betreiber Fragebögen entwickelt, mit denen die Kinder geschickt durch die Anlage gelotst werden. Sie müssen unterwegs Fragen beantworten und dazu gezielt bestimmte Punkte anlaufen.

Museen

- **Phänomenta in Flensburg,** hier lassen sich Phänomene der Natur und der Wissenschaft spielerisch erkunden.
- **Figurentheater in Lübeck,** der Welt des Kasperltheaters, der Marionetten und anderer Spielfiguren ist ein eigenes Museum gewidmet, außerdem finden regelmäßig Vorführungen in einem kleinen Puppentheater statt. Das Haus ist derzeit wegen Umbaus geschlossen.
- **Haus der Natur in Cismar** bei Grömitz, die größte Muschelsammlung weit und breit, außerdem werden viele heimische Tierarten erklärt.
- **Meereszentrum in Burg auf Fehmarn,** exotische Fische schwimmen in unzähligen Aquarien, Highlight des Zentrums ist das Haibecken.
- **Schifffahrtsmuseum Kiel,** die Geschichte des Kieler Hafens wird anschaulich erklärt. Die Ausstellung enthält viele Modelle, überdimensionale Bilder und original Handwerkszeug der Schiffsbauer.
- **Sea Life Center in Timmendorf,** es werden exotische Fische gezeigt, die man hautnah betrachten kann, z.B. durch Glaskuppeln, die ins Becken hineinragen. Spektakulär ist auch der Tunnel, durch den Besucher auf dem Boden eines Beckens durchgehen, während oben die Fische schwimmen.

Spaßbäder

- **Grömitzer Welle** in Grömitz
- **Ostseetherme** in Scharbeutz
- **Subtropisches Badeparadies** am Weissenhäuser Strand
- **Meerwasserschwimmbad** in Niendorf
- **Meerwasserwellenbad** in Laboe
- **Fördeland Therme** in Glücksburg
- **Meerwasser-Wellenbad** in Eckernförde

Ausflugstipps Binnenland, Holsteinische Schweiz, Dänemark

- **Karl May Spiele in Bad Segeberg,** auf einer Freilichtbühne kämpfen *Old Shatterhand* und *Winnetou* gegen die Bösewichter des Wilden Westens, zwischen Juni und September, jedes Jahr ein anderes Programm.
- Der **Wildpark Eekholt bei Bad Bramstedt** ist ein Freigehege mit vielen heimischen Tierarten.
- In **Neumünster** gibt es einen **Zoo.**
- Von **Plön** aus starten die **Ausflugsschiffe** zur 5-Seen-Fahrt.
- In **Rendsburg** kann man mit einer **Schwebefähre** über den Nord-Ostsee-Kanal schweben.
- Der **Erlebniswald in Trappenkamp** gibt ungeahnte Einblicke in das Ökosystem Wald.
- **Wikingermuseum Ribe Viking Center** im dänischen Ort Ribe, mit der Wikingersiedlung *Ripa.*

Klima und Reisezeit

→ Reisegepäck und Ausrüstung

Das Klima in Schleswig-Holstein kann so zusammengefasst werden: Es wird sehr selten richtig kalt, aber auch sehr selten richtig heiß. Das liegt an der Nähe zum Meer und am ständig wehenden Wind. Der weht vorzugsweise aus West oder

☒ Der beständig wehende Wind kühlt die Luft immer etwas ab

Südwest, also von der Nordsee her, was Badeurlaubern auch an der Ostsee meist eine angenehme Brise beschert. Der Westwind bringt atlantische Tiefausläufer an die Nordseeküste. Von dort ziehen die Regenwolken über Land nach Osten und regnen sich über den Altmoränen, vor allem aber im Gebiet des Bungsbergs in der Holsteinischen Schweiz ab. Deswegen bleibt die Ostseeküste häufiger verschont von schlechtem Wetter. Generell ist das Wetter an der Ostsee einen Tick freundlicher als an der Nordsee, wobei man die Großwetterlage aber nicht unterschätzen darf, denn das Land ist sehr schmal.

Durch den Wind kühlt die Luft immer leicht ab, gleichzeitig ist die Wahrscheinlichkeit extrem tiefer Temperaturen im Winter äußerst gering, es herrscht dann eher feucht-kühle Witterung, wobei es vereinzelt Ausnahmen in den tiefer gelegenen Landesteilen gibt. Der Westwind beschert der Küste aber auch vor allem im Januar und Februar schwere Stürme. Es dauert immer recht lange, bis im Frühjahr angenehm warme Temperaturen erreicht sind. **Ostern** fällt sehr häufig noch ziemlich kühl aus, auch wenn die Sonne scheint. **Mai und Juni** gelten als die schönsten Monate mit der geringsten Bewölkung. **Juli und August** bringen ebenso schöne und gelegentlich auch mal heiße Tage, vereinzelt kommt es zu schwülen Temperaturen und damit zu Gewitterschauern. Gar nicht so selten sind aber auch speziell im Juli bedeckte Tage mit Temperaturen, die zumindest an der Küste sogar eine Jacke nötig machen. **September und Oktober** glänzen oft noch mit schönen Phasen und geringen Niederschlägen, bevor dann im November wieder mit schweren Herbststürmen gerechnet werden muss und feuchtkaltes, meist auch recht graues Wetter Einzug hält. Von **Dezember bis Februar** kann Schnee fallen, was aber in

861sc-fr

Schleswig-Holstein nicht so oft passiert. Dabei bestätigen natürlich Ausnahmen die Regel.

Das Klima lenkt auch die Touristenströme. Die meisten Besucher kommen im Sommer nach Schleswig-Holstein, die Schulferienzeit ist **Hauptsaison.** Dann sind die Strände voll, die Unterkünfte oft ausgebucht. Kurz vor oder nach den Sommerferien, also bis Mitte Juni und ab Mitte September ist es spürbar ruhiger. Wer kann, sollte in dieser Zeit reisen. Das Wetter ist schon bzw. noch angenehm, aber die Strände sind nicht ganz so überlaufen wie im Juli oder August. Auch im Herbst lohnt sich ein Besuch, ein Meeressspaziergang mit frischer Brise ist herrlich. Die Wintermonate Januar, Februar und März sind die reiseschwächsten Monate, ebenso wie der November. Hier sind einige Unterkünfte und gastronomische Betriebe geschlossen, die Urlaubsorte schon ziemlich verwaist. Im Dezember wird es dann zum Jahreswechsel noch einmal sehr voll, die Phase zwischen Weihnachten und 6. Januar hat sich fast zu einer neuen Hochsaison entwickelt.

Kommunikation unterwegs

Die **Netz-Abdeckung** in Schleswig-Holstein ist gut, aber es gibt noch einige wenige „Funklöcher", wo man keinen oder nur sehr schlechten **Handy-Empfang** hat. Dazu zählen nicht nur schwach besiedelte Regionen, sondern auch Naturschutzgebiete. Vor allem an der Westküste gibt es im Bereich Dithmarschen und Nordfriesland stellenweise Empfangsschwankungen. Allerdings wurde kräftig gebaut, um genau diese Funklöcher zu schließen, die Lage verbessert sich daher ständig.

Hotspots für freies **WLAN** gibt es in vielen größeren Städten. Schleswig-Holstein baut obendrein ein landesweites kostenloses WLAN-Netz auf, es soll an 2000 Standorten Zugang ins Netz ermöglichen (detailliertere Infos dazu unter #SH_WLAN bzw. www.sh-wlan.de). Viele Ferienorte an den Küsten bieten aber schon freies WLAN an, entweder an zentralen Punkten im Ort oder sogar am Strand. Das gilt praktisch für die gesamte Ostseeküste zwischen Lübeck und Fehmarn und auch in Hohwacht. An der Nordsee gibt es in Büsum und St. Peter-Ording ebenfalls freies WLAN.

LGBT+

Gleichgeschlechtliche Paare dürften sich in Schleswig-Holstein wohlfühlen, denn die Nordlichter sind bekanntermaßen etwas zurückhaltender und lassen jeden auf seine Art glücklich werden. Eine schwul-lesbische Hochburg unter den Ferienorten existiert nicht, es gibt aber in einigen, vor allem größeren Städten, Lokale für die Community, z.B.:

- **Flensburg:** *S & L Disco,* Schiffbrücke 67, www.sl-disco.de.
- **Kiel:** *Birdcage,* Rathausstr. 10, https://birdcage-kiel.de; *Harlekin,* Kirchhofallee 38, www.harlekinbar.de.

Notfälle

- **Allgemeiner Notruf /Feuerwehr:** 112
- **Polizeinotruf:** 110
- **Ärztlicher Bereitschaftsdienst** (nachts, an Wochenenden und Feiertagen): (0251) 116 117
- **ADAC-Pannendienst:** 0180 222222
- **Deutscher Sperrnotruf:** 116 116

Öffnungszeiten

In praktisch allen Ferienorten gibt es kleine oder größere Supermärkte, in denen man Dinge des täglichen Bedarfs bekommt, außerdem immer auch kleine Shops, die Waren für den Strandbesuch und sportlich-maritime Bekleidung anbieten. Da im Land die sogenannte **Bäderregelung** greift, dürfen sehr viele Geschäfte auch am Sonntag öffnen, zumindest in der Saison. Das gilt aber meist nicht in den größeren Orten, die zwar nahe der Küste liegen, aber für die eben nicht die Bäderregelung greift.

Post

Ein Postamt gibt es in größeren Ferienorten zwar noch, aber in den kleineren bieten Agenturen den Postservice an, das kann ein Supermarkt sein, ein Zeitschriftenladen oder auch ein Souvenirshop. In ganz wenigen Orten gibt es gar kein entsprechendes Angebot. Wo Postkarten verkauft werden, gibt es mitunter auch Briefmarken, aber dies gilt nicht für jeden Shop.

Rauchen

In Schleswig-Holstein ist das Rauchen in Restaurants und Gaststätten sowie Diskotheken verboten. Ausnahmen sind abgetrennte Raucherbereiche und reine Einraumkneipen, die dann als „Raucherkneipe“ fungieren. In Letzteren dürfen keine Speisen zubereitet werden und Minderjährige haben keinen Zutritt. Erlaubt ist das Rauchen zudem in Festzelten und in der Außengastronomie. An Stränden ist es nicht ausdrücklich verboten, aber man bittet die Gäste, ihre Kippen nicht in den Sand zu stecken oder ins Meer zu werfen, teilweise werden sogar kleine, mobile Aschenbecher zur Verfügung gestellt.

Reisegepäck und Ausrüstung

→ Klima und Reisezeit

Jeder Urlauber freut sich natürlich auf schönes Wetter, aber das kann nicht garantiert werden. 14 Tage ohne Regenschauer sind möglich, aber eben leider auch das Gegenteil. Also bitte eine **Regenjacke** nicht vergessen. An den Küsten kommt noch hinzu, dass durch den beständig wehenden Wind die Temperaturen stets ein wenig kühler sind als im

Hinterland oder in größeren Städten. Deswegen gehört ins Reisegepäck eine **Windjacke**, man wundert sich sonst doch ziemlich, wie frisch es am Abend werden kann. Auch ein wärmendes Kleidungsstück (Sweatshirt oder gar Pullover) sollte nicht fehlen. Und da der Wind durchaus auch mal heftiger bläst, sind eine Mütze oder Stirnband ebenfalls nicht verkehrt.

Am Strand liegen und die Zeit vergessen gehört natürlich dazu, aber auch hier kann der Wind auf Dauer ein wenig stören, kühlt man irgendwann doch aus. Deswegen sollte man an einen Windfang denken, eine Strandmuschel vielleicht, oder die Miete eines Strandkorbes erwägen. Wenn aber die Sonne so richtig vom Himmel brennt und noch dazu nur eine leichte Brise weht, unterschätzen viele die Kraft der Sonne und dass sie vom Wasser reflektiert wird, also nicht ohne eine gute **Sonnencreme** mit hohem Lichtschutzfaktor reisen.

Sicherheit

→ Verhaltenstipps

Schleswig-Holstein und die Küsten sind sichere Zonen. Natürlich muss man am Strand oder an der Promenade die üblichen Vorsichtsmaßnahmen beachten, z.B. Geld, Handy oder Fotoapparat nicht deutlich zeigen oder lässig tragen, aber dem Autor ist keine Region bekannt, in der man besonders vorsichtig sein müsste. Auch nicht in den größeren Städten, wo, wie überall, Taschendiebe auftreten können, aber auch nicht mehr als in jeder anderen größeren Stadt.

Sport und Aktivitäten

→ Camping

Baden

Im Land zwischen den Meeren kann man natürlich sehr schön baden. Strände und Zugänge zum Wasser gibt es überall, wobei für die **Nordseeküste** eine Einschränkung gilt. Hier werden die Strände von Ebbe und Flut beherrscht. Das Wasser zieht sich teilweise sehr weit zurück, was man besonders in St. Peter-Ording bemerkt. Aber auch die übrige Küste ist davon betroffen, und bei Ebbe zeigt sich nur das **Wattenmeer.** Uneingeschränkten Badegenuss hat man also nur bei Flut.

An der **Ostsee** sieht es anders aus, die Gezeiten sind dort nicht zu bemerken. Speziell im südlichen Bereich dieser Küste haben die Ferienorte sehr schöne Sandstrände, während die nördlichen Ostseestrände nicht selten kieselig oder gar steinig sind. Baden kann man natürlich dennoch, es fehlt nur vereinzelt ein feiner, heller Sandstrand.

In der Holsteinischen Schweiz und im Binnenland liegen zahlreiche **Seen.** Die meisten haben eine Badestelle, über die man gefahrlos ins Wasser gelangt. Einfach irgendwo drauflos schwimmen sollte man nicht. Manche Seen sind sehr tief und damit kalt. Wenn einen dann die Kräfte verlassen, fehlt oft Hilfe. Viele Orte im Inland haben ein **Freibad,** oft mit einer großen Sonnenwiese und meist einer kurvenreichen Rutsche.

Kanu fahren

Im Binnenland gibt es zahlreiche Möglichkeiten zum Kanu fahren. Ein sehr schönes Revier ist die **Eider-Treene-Sorge-Region** (siehe Kapitel „Halbinsel Eiderstedt und Hinterland"), wo man speziell auf der Treene wunderbar paddeln kann. Im Bereich der **Holsteinischen Schweiz** findet man auf den dortigen Seen schöne Stellen. Gut geeignet ist auch die Schwentine, die durch die gesamte Holsteinische Schweiz bis nach Kiel fließt. Eine Hochburg der Ruderer ist Ratzeburg. Die den Ort umgebenden **Lauenburgischen Seen** und der Schaalseekanal sind ebenfalls ein hervorragendes Paddelrevier.

Museumsbesuche

Im Folgenden eine **Übersicht zu verschiedenen interessanten Museen** im Land. (Genauere Angaben finden sich in den jeweiligen Ortsbeschreibungen.)

Geschichtsmuseen

- **Danewerksmuseum bei Schleswig,** erinnert an den jahrhundertealten Grenzdamm zwischen Dänemark und Holstein.
- **Eiszeitmuseum in Lütjenburg,** zeigt die ganz frühe Geschichte des Landes.
- **Freilichtmuseum Molfsee** bei Kiel, historische Häuser, Mühlen, Hofanlagen aus ganz Schleswig-Holstein.
- **Steinzeitpark Dithmarschen in Albersdorf,** lässt die Steinzeit aufleben und zeigt Großsteingräber und Häuser der Jungsteinzeit.
- **Turmhügelburg in Lütjenburg,** Rekonstruktion einer mittelalterlichen Burganlage.
- **Unewatt,** ein lebendiges Museum in einem bewohnten Dorf, in dem mehrere historische Häuser besichtigt werden können.
- **Wallmuseum in Oldenburg,** erinnert an die slawische Zeit in Ostholstein.
- **Wikingermuseum Haithabu** in Schleswig, zeigt die Zeit und Kultur der wilden Nordmänner.
- **Wikingermuseum Ribe Viking Center** im dänischen Ort Ribe, mit der Wikingersiedlung *Ripa*.

Museen zu Schriftstellern und Künstlern

- **Ernst Barlach:** Mölln und Wedel
- **Johannes Brahms:** Heide
- **Günter Grass:** Lübeck
- **Klaus Groth:** Heide
- **Friedrich Hebbel:** Wesselburen
- **James Krüss:** Helgoland
- **Heinrich und Thomas Mann:** Lübeck
- **Theodor Mommsen:** Tönning
- **Emil Nolde:** Seebüll
- **A. Paul Weber:** Mölln

Technische Museen und Sehenswürdigkeiten

- **Tuch- und Textilmuseum** in Neumünster
- **Eidersperrwerk** bei Tönning
- **Klappbrücken** in Kappeln und Lindaunis
- **Sperrwerke** der Eider und Stör, jeweils mit Klappbrücke
- **Schwebefähre** unter der Eisenbahnbrücke Rendsburg
- **Museumshäfen** in Lübeck und Flensburg
- **U-Boot** in Laboe
- **Kanalschleusen** des Nord-Ostsee-Kanals in Brunsbüttel und Kiel-Holtenau

Radfahren

Fahrrad-Urlaub ist **sehr beliebt** in Schleswig-Holstein, egal ob man kurze Touren auf vielen kleinen Wegen und Straßen (die teils nur von landwirtschaftlichem Verkehr genutzt werden) rund um seinen Ferienort plant, oder ob man einem der **Radfernwege** folgt. Mehrere dieser Fernradwege (s.u.) führen meist in Nord-Süd-Richtung durchs Land. Die bekanntesten sind der *Ostsee-küstenRadweg*, der *Nordseeküsten-Radweg* und der *Ochsenweg*. Eine interessante Querverbindung ist der *Mönchsweg*. Alle Radwege sind gut ausgeschildert, und es gibt genügend Infomaterial. Die Seite **www.bettundbike.de** schlägt fahrradfreundliche Unterkünfte vor.

Einen Radausflug ins Hinterland zu machen ist eine reizvolle Sache, ausgeschilderte Wege gibt es überall. Und Schleswig-Holstein ist ein überwiegend flaches Land. Aber es gibt Regionen, da wird es sehr **hügelig,** vor allem im Osten. Dazu zählt praktisch das gesamte Hinterland der Lübecker Bucht mit der Holsteinischen Schweiz – der Name kommt nicht von ungefähr. Hier geht es ständig einen Hügel rauf, aber auch wieder runter. Da hilft dann wirklich ein E-Bike.

Egal wo und vor allem an der Nordseeküste gilt, dass man beim Radfahren immer einen unerwünschten Begleiter hat, den **Wind.** Deswegen raten Experten dazu, die geplante Radtour nach Windrichtung zu legen. Es ist nämlich kein Vergnügen, am Ende einer Tour noch Kilometer gegen den Wind zu fahren. In den meisten Ferienorten hängen **Wetterberichte** in den Touristeninformationen aus, auch bei den Rettungsschwimmern am Strand werden auf einer Tafel immer die Temperaturen und Windrichtung vermerkt.

Radfernwege

Der große Vorteil der Fernradwege ist, dass sie versuchen, die Radler abseits der großen Straßen zu führen. Dadurch wird man zwar oftmals gezwungen, einige Schlenker und sogar Umwege in Kauf zu nehmen, aber man gelangt so auch durch bezaubernde, stille Gegenden und nicht selten unmittelbar an einem Landgasthof vorbei.

Auf **www.sh-fahrradland.de** werden die wichtigsten Fernradwege vorgestellt mit vielen Tipps und speziellen *Apps.*

Der **Ostseeküsten-Radweg** (449 km) war einer der ersten Radfernwege im Land. Er verläuft immer entlang der Ostseeküste zwischen Lübeck und Flensburg und passiert zahlreiche Ferienorte. Man hat so überall Zugang zu Unterkünften, Lokalen und Stränden.

Der **Nordseeküsten-Radweg** ist ein kleiner Teilabschnitt (325 km) eines ca. 6000 km langen Radfernweges, der entlang der Nordsee durch mehrere Länder verläuft. Der Schleswig-Holstein-Teil zieht sich von Brunsbüttel bis zur dänischen Grenze, er verläuft teils direkt an der Küste, teils etwas im Hinterland.

Der **Ochsenweg** (245 km) folgt der historischen Route der Ochsentreiber, die aus Dänemark kamen und die Rinder nach Wedel trieben. Der Radweg verläuft durch das zentrale Binnenland, wobei mehrere größere Städte passiert werden, in denen es Unterkünfte gibt.

Der **Mönchsweg** (340 km) folgt einer fiktiven Pilgerroute. Er verläuft von Glückstadt an der Elbe bis zur Ostsee nach Fehmarn, quert dabei das südliche

Holstein und passiert unterwegs etliche sehenswerte Orte und Kirchen.

Weitere etwas kürzere Radfernwege sind die **Alte Salzstraße** (115 km), die zwischen Lübeck und Lauenburg verläuft, eine **Nord-Ostsee-Kanal-Route** (100 km), die dem Kanal folgt, aber auch etliche Besichtigungs-Schlenker ins Hinterland macht, der **Eider-Treene-Sorge-Radweg** (240 km), der einen Rundkurs durch die Region dieser drei Flüsse beschreibt, und der **Wikinger-Friesen-Weg** (180 km) von der Ostsee bei Kappeln quer durchs Land zur Nordsee nach St. Peter-Ording.

Schiffstouren

An der **Nordsee** lassen sich eine ganze Reihe von Inseln per Fähre oder Ausflugsschiff erreichen. Von Büsum wird hauptsächlich **Helgoland** angefahren. Von Husum und Tönning werden Schiffstouren ins **Wattenmeer** angeboten. Vom Hafen Strucklahnungshörn auf Nordstrand pendelt eine Fähre zur Nachbarinsel **Pellworm,** außerdem legen hier zweimal am Tag die Schiffe der Sylter Adler-Linie ab, die über Hallig Hooge, Amrum nach Hörnum auf **Sylt** und zurück fahren. Vom kleinen Hafen Schlüttsiel werden Trips zu den **Halligen** Hooge, Oland, Gröde und Langeness angeboten. Dagebüll ist ein größerer Fährhafen im Vergleich zu den anderen, dort legen die regulären Fährschiffe nach **Amrum** und **Föhr** ab.

An der **Ostsee** werden hauptsächlich **kurze Ausflugsfahrten** angeboten. Die Schiffe fahren vor der Küste zum Nachbarort oder ein Stückchen weiter und drehen schließlich wieder um. Von Kiel aus kann man Fahrten bis in den Nord-Ostsee-Kanal buchen, von Schleswig aus werden Ausflugsfahrten auf der Schlei angeboten, teilweise bis zur Mündung. Auch von Flensburg kann man einen Kurz-Törn auf der Förde machen. Sogar ein kurzer Törn von Langballig rüber nach Sønderborg ist wieder möglich

Auf den größeren **Seen der Holsteinischen Schweiz** verkehren mehrere Ausflugsschiffe. Die bekannteste Tour dürfte die 5-Seen-Fahrt sein, die in Plön bzw. Malente startet. Auch die Große-Plöner-See-Rundfahrt ist ein Klassiker. Weitere Schiffsfahrten kann man von Brunsbüttel auf der **Elbe,** teilweise sogar hinüber nach Cuxhaven auf der anderen Elbseite mit einer regulären Fähre, unternehmen.

Und dann ist da noch Friedrichstadt, die sogenannte „Holländerstadt", die von einigen **Kanälen** durchzogen ist. Ständig tuckern kleine Ausflugsdampfer durch den Ort, die eine Stadtrundfahrt auf dem Wasser anbieten.

Segeln

Die **Ostsee** ist ein herrliches Segelrevier, wohl mehrere Tausend Freizeitkapitäne haben in einem der zahlreichen Häfen ihr Schiff liegen. Nicht wenige unternehmen am Wochenende einen Törn hinüber nach Dänemark oder kreuzen vor der Küste, übernachten in einem fremden Hafen, bevor es dann wieder zurückgeht. **Segelschulen** finden sich in etlichen Orten, u.a. in Grömitz, Maasholm, Heiligenhafen, Timmendorfer Strand, Kiel und Hohwacht.

Auch im Binnenland kann man Segeln, z.B. auf dem **Großen Plöner See.**

Dort machen die Kleinsten mit einem „Opti" erste Segel-Erfahrungen. An der Nordsee ist das Segeln wegen der Tide und der höheren Wellen schwieriger. Hier sollten nur erfahrene Skipper unterwegs sein.

■ Eine Übersicht über die **Segelschulen an der Ostsee** findet man unter www.ostsee-schleswig-holstein.de/segelschulen.html.

Surfen und Kite-Surfen

Surfer und Kite-Surfer finden in Schleswig-Holstein sehr gute Bedingen vor. An der Nordsee treffen sie sich vor allem am Strand von **St. Peter-Ording.** Dort und auf **Sylt** gibt es auch Surfschulen. Beide Reviere gelten aber als anspruchsvoll. Etwas ruhiger geht es auf einem Speicherkoog bei **Meldorf** zu. Dort können auch Einsteiger frei von kabbeligen Wellen ihr Glück versuchen. Die Kitesurfer üben derweil direkt auf der Nordsee.

An der Ostsee gibt es mehrere gute Surf-Stellen, vor allem auf **Fehmarn.** Dort sind mehrere Surfspots zu finden, sowohl für Könner als auch sehr flache Reviere für Einsteiger. Auf dem Festland gibt es beliebte Spots bei **Pelzerhaken** (nahe Neustadt) und in **Friedrichsort** bzw. **Schönberg** (beide bei Kiel). Für Einsteiger eignen sich aber auch viele andere Orte. Surfschulen gibt es vor allem an der **Lübecker Bucht.**

Es gibt mehrere Orte in Schleswig-Holstein, wo es sich gut kiten lässt

862sc-mux

Wandern

Ein klassisches Wanderland ist Schleswig-Holstein eher nicht. Dennoch kann man hier tolle Wanderungen unternehmen, beispielsweise auf dem Deich entlang der Nordseeküste oder zumindest in Teilbereichen auch an der Ostsee, etwa zwischen Kiel und Eckernförde und weiter bis Damp.

Der **Fördesteig** verläuft ausgeschildert von Flensburg sehr schön an der Küste entlang bis Kappeln (www.foerdesteig.de).

Teile des **Jakobsweges** verlaufen durch Schleswig-Holstein. Wer ihn also mal ausprobieren will und nicht gleich den klassischen Jakobsweg durch Nordspanien gehen möchte, hat zwei Möglichkeiten: Ein Streckenteil der **Via Scandinavica** verläuft von Fehmarn kommend entlang der Ostseeküste nach Lübeck und weiter bis nach Göttingen und Eisenach. Eine zweite Route heißt **Via Jutlandica,** sie kommt aus Dänemark und verläuft von Flensburg auf zwei möglichen Strecken durchs Land: bis Lübeck oder nach Glückstadt, wo es auf der anderen Elbseite weitergeht.

Unterkunft

→ Camping

Hotels und Pensionen

In praktisch allen größeren Ferienorten gibt es Hotels oder Pensionen in zumeist ganz beachtlicher Bandbreite. Bis vor gar nicht so langer Zeit war diese Kategorie an der Nord- und Ostseeküste eher zweitranging. Manches Hotel versprühte noch einen ziemlich gestrigen Charme. Das hat sich geändert, in den letzten Jahren entstanden einige neue, topmoderne Häuser vor allem in den größeren Ferienorten. Sie ziehen damit auch eine andere Kundschaft an. Diese modernen Häuser in futuristischem Design liegen generell im oberen Preissegment, sie sind aber noch immer eher die Ausnahme. Die **gute Mittelklasse** dominiert und so mancher Hotelbesitzer hat sein Haus in den letzten Jahren renoviert. Auch **preiswerte Pensionen** lassen sich finden, wenngleich ein Trend zu Häusern mit mehr Komfort zu erkennen ist.

Ferienwohnungen

Kaum ein Ort im ganzen Land, in dem nicht Ferienwohnungen oder Apart-

Preiskategorien

Die **Übernachtungstipps** in diesem Buch sind in Preiskategorien eingeteilt:

Hotels, Pensionen, Privatvermieter
(Die Preise gelten jeweils für ein Doppelzimmer)

①	bis 50 €
②	50–70 €
③	70–100 €
④	über 100 €

Ferienwohnungen

①	bis 50 €
②	50–70 €
③	70–100 €
④	100–125 €
⑤	über 125 €

Überblick Buchungsportale

Als Ergänzung zu den sorgfältig zusammengetragenen Unterkunftsempfehlungen in diesem Buch können **Buchungsportale** wie *Booking.com, hrs.de, Agoda.com* oder *Airbnb* dazu genutzt werden, aktuelle Preise und die Bewertungen anderer Reisender einzusehen sowie Unterkünfte direkt zu buchen.

Die Plattformen arbeiten mit Unterkünften aller Art zusammen und machen diese für Reisende leicht auffindbar. Bewertungen, Fotos und Filtermöglichkeiten nach zahlreichen Details helfen bei der Auswahl. Auch der Kontakt zwischen Vermietenden und Unterkunftssuchenden sowie die Bezahlung können über die Plattformen abgewickelt werden.

Eine gewisse Vorsicht ist bei der Benutzung dennoch geboten. Wann immer möglich, sollten die Angaben mit zusätzlichen Quellen überprüft werden. Sind die Bewertungen wirklich auf allen Plattformen und Suchmaschinen so gut? Sind sie so zahlreich, dass ein Missbrauch unwahrscheinlich ist? Weshalb genau fanden die Bewertenden die Unterkunft gut und stimmt das mit meinen Interessen überein? Häufig hilft die jeweils eigene Internetseite der Unterkunft, Google Street View oder ein Anruf, um genauere Informationen zu bekommen.

Wem einzelne Aspekte besonders wichtig sind, der sollte auf jeden Fall genau prüfen – z.B. ob der versprochene „geschlossene Parkplatz" wirklich so beschaffen ist, dass man das vollgepackte Auto dort stehenlassen möchte. Auch der angepriesene „Bestpreis" und die durch die Plattformen suggerierte knappe Verfügbarkeit lösen sich bei einem Anruf vielleicht in Luft auf, weil die Vermietenden einen eigenen günstigen Preis bieten, um sich die teure Vermittlungsprovision an die Plattform zu sparen.

Während die Plattformen also eine praktische Hilfe bei der Reiseplanung sein können, empfiehlt sich doch häufig ein kritischer zweiter Blick!

☑ Zimmer mit Meerblick in Scharbeutz

863sc-fr

ments angeboten werden. Die Auswahl ist riesig. Einen guten Überblick bekommt man über die Internetseiten der einzelnen Touristeninformationen. Wer gerne in einem Katalog blättert, kann diesen ebenfalls dort bestellen.

Es gibt auch ganze **FeWo-Siedlungen,** so auf dem Priwall bei Travemünde oder in Schönhagen (Ostsee), beide bei *nova sol.de* zu finden, oder auch die tollen Reetdachhäuser bei Gelting (www.ost see-reetdorf.de).

Urlaub auf dem Bauernhof

Für Familien mit kleinen Kindern empfiehlt sich ein Urlaub auf dem Bauernhof, der die Kids an die Natur heranführt und ihnen das Leben der heimatlichen Tierwelt nahebringt. Schleswig-Holstein ist ein Agrarland, unzählige Bauernhöfe sind zwischen den beiden Meeren zu finden. Es ist kein Geheimnis, dass viele Landwirte hart zu kämpfen haben. Kein Wunder also, dass so mancher sich nach einer Nebenerwerbsquelle umgeschaut hat. Mittlerweile existiert eine Arbeitsgemeinschaft Urlaub auf dem Bauernhof, die ein **Anbieterverzeichnis** herausgebracht hat. Hier werden die Höfe nach strengen Qualitätsnormen vorgestellt. Es wird auch erwähnt, ob es sich um einen landwirtschaftlichen Vollerwerbsbetrieb handelt oder die Landwirtschaft aufgegeben wurde. Im zweiten Fall findet man zwar ländliches Ambiente, kann aber nicht die alltägliche Arbeit der Landwirte erleben. **Ponyhöfe** werden ebenfalls vorgestellt.

- **Infos:** www.landsichten.de

Jugendherbergen

Jugendherbergen liegen überwiegend in den größeren Städten. Eine interessante Überraschung: Die Schlafsäle, in denen ganze Fußballmannschaften Platz fanden, sind absolut out. **Zwei- bzw. Vierbettzimmer** sind heute die Regel, Familien erhalten (meist) auf Wunsch einen eigenen Raum. Hat man einen **Jugendherbergsausweis,** zahlt man weniger, sonst muss man eine Tagesmitgliedschaft erwerben (auch als Familie erhältlich).

- **Deutsches Jugendherbergswerk,** Landesverband Nordmark, Tel. (040) 65 59 95 66, https://nordmark.jugendherberge.de.

Übernachtung im Strandkorb

Ein weiteres Angebot hat die Küste erreicht, vor allem die Ostseeküste – der Schlaf-Strandkorb. **„Schlafen im Strandkorb"** nennt es sich. Zumeist für eine Nacht (vereinzelt auch länger) kann man sich solch einen speziellen Strandkorb mieten und damit auch ganz offiziell direkt am Strand bei Meeresrauschen einschlummern. Das ist mittlerweile in vielen Ostsee-Orten möglich, meist stehen dort aber nur wenige Strandkörbe, bei echtem Interesse also rechtzeitig nachfragen. Die Preise liegen je nach Ort und gebuchtem Paket bei etwa 40–70 €. Infos unter www.ostsee-schleswig-holstein.de/strandschlafen-ostsee. An der Nordsee besteht das Angebot u.a. in **Büsum** und **Simonsberg** an der Husumer Bucht. www.nordseetourismus.de/schlafstrand koerbe.

864sc-mux

Verhaltenstipps

→ Sicherheit

Wer sich am Strand aufhält, darf die Kraft der **Sonne** nicht unterschätzen. Durch den ständig wehenden Wind empfindet man es nicht als so warm, warum sich also besonders schützen? Das krebsrote Ergebnis kann man abends vor dem Spiegel bewundern. Übermäßige UV-Bestrahlung führt nicht nur zu Sonnenbrand, sondern erhöht auch die Hautkrebsgefahr. Am besten hält man sich im Schatten auf, etwa im Strandkorb oder unter einem Sonnenschirm, und benutzt starke Sonnenschutzmittel.

An den Küsten sind überall **bewachte Strandabschnitte** zu finden, hier passen Rettungsschwimmer auf Badegäste auf. Das ist auch sehr notwendig, denn viele Gäste unterschätzen die Strömungen, die Kraft der Wellen oder ihre eigenen Schwimmkünste. Deshalb sollte man immer im Bereich der durch Fahnen abgesteckten Zonen baden. Sicher ist sicher.

Vor dem Baden sollte immer ein prüfender Blick auf die überall wehenden **Strandflaggen** geworfen werden, denn diese zeigen die Windrichtung an. Haben wir ablandigen Wind? Oder weht der Wind vom Meer kommend? Vor allem, wenn man mit einer Luftmatratze, einem Schlauchboot oder SUP-Board aufs Wasser will, sollte man ganz besonders auf den Wind achten. Denn es kann schnell passieren, dass man bei ablandigem Wind hinausgetrieben wird, und dann kommt man meist nur schwer wieder zurück.

15

Verkehrsmittel

→ Anreise
→ Autofahren
→ Sport und Aktivitäten/Radfahren

Das Bundesland ist zwar eher klein, man kann jedoch sehr viel Interessantes besuchen. Aber wie reisen? Mit eigenem Auto, Motorrad oder WoMo bieten sich viele Vorteile, aber es geht auch mit dem Fahrrad und sogar per Bahn und Bus.

Per Bahn

Auch das ist machbar – man erreicht nur nicht alle Ecken so ganz einfach und nur mit einer gewissen Planung. Grob gesagt verlaufen **vier Bahnlinien** von Hamburg kommend hoch nach Norden. Eine Bahnstrecke führt entlang der Nordsee bis nach Sylt. Sie wird *Marschbahn* genannt, passiert einige bekanntere Orte, und von zwei Knotenpunkten erreicht man sogar die großen Badeorte Büsum oder St. Peter-Ording.

Durch die Landesmitte führt eine Linie über Neumünster, Rendsburg, Schleswig hoch bis Flensburg, und auf einer von Neumünster abzweigenden Strecke wird die Landeshauptstadt Kiel erreicht. Von Kiel führt eine lokale Linie über den großen Badeort Eckernförde bis nach Flensburg, aber eben nicht unmittelbar an der Ostsee entlang. Die vierte Linie führt von Hamburg über Lübeck bis hoch zur Insel Fehmarn und passiert dabei etliche Badeorte an der Lübecker Bucht (Ostsee).

Darüber hinaus gibt es noch ein paar **Querverbindungen**, sodass man problemlos auch von der Nord- zur Ostsee gelangt. Der Haken ist einfach, dass ein Großteil der Ostseeorte eben nicht mit der Bahn erreicht werden kann, dafür gibt es aber von allen größeren Städten mit Bahnhof Busverbindungen.

Per Bus

Schleswig-Holstein ist von einem dichten Linienbussystem durchzogen. Normalerweise orientiert sich der **Fahrplan** an den Bedürfnissen der Dorfbewohner, d.h. morgens wird in die Stadt und mittags zurück gefahren. Natürlich ist das Angebot in touristisch stark frequentierten Orten deutlich gewachsen. Es existieren sogar fahrplanmäßige Verbindungen bis nach Hamburg.

Große **Knotenpunkte** sind Eckernförde, Flensburg, Kiel, Schleswig, Lübeck, Husum und Heide. Von diesen Orten fahren Busse in die jeweilige Umgebung und somit eigentlich in jeden Ferienort. Manche Linien werden stündlich bedient, andere fahren seltener und einige wenige Linien verkehren nicht in den Schulferien. Wer sich die Mühe macht, die jeweiligen Fahrpläne zu googeln (beispielsweise unter www.nah.sh), wird Verbindungen in wahrscheinlich jedes Dorf finden, auch dies eine Möglichkeit, die Küsten abseits der üblichen Pfade zu erkunden.

[<] Auf Badende wird aufgepasst

16
Land und Leute

054sh fr

Die Landesflagge Schleswig-Holsteins

Auf einen Blick

Ganz oben, dort liegt das nördlichste Bundesland Schleswig-Holstein. Und hier schwappen gleich **zwei Meere** an die Küsten: rechts (östlich) die **Ostsee,** links (westlich) die **Nordsee.**

Die Nordseeküste

Wo beginnt die Nordseeküste? Jedenfalls nicht gleich hinter Hamburg, wie manchmal vermutet wird. Nein, Hamburg liegt an der Elbe und dieser mächtige Fluss mündet zwar tatsächlich bei Brunsbüttel in die Nordsee, es sind aber immerhin noch 70 km. Erst ab **Brunsbüttel** sprechen wir von der Nordseeküste des Bundeslandes Schleswig-Holstein. Ein Merkmal der hiesigen Nordseeküste ist allerdings das Fehlen (bis auf eine Ausnahme, St. Peter-Ording) so richtig schöner, hellsandiger **Strände.** Diese gibt es zwar auch in Schleswig-Holstein, aber nur auf den Nordseeinseln und an der Ostsee. Diese Küste wird durch ein Wattenmeer geprägt, das periodisch zweimal am Tag überspült wird, und ebenso periodisch zieht sich das Wasser wieder zurück. Einzige Ausnahme ist, wie gesagt, St. Peter-Ording, dort hat sich ein 12 km langer Strand durch eine Sandbank gebildet, der sehr (!) breit ist. An den anderen Orten hat man den Begriff **„grüner Strand“** gewählt und direkt am Deich oder am begrünten Deichvorland Strandkörbe aufgestellt und Liegewiesen zum Sonnenbaden eingerichtet. Und so mancher Gast scheint dies sogar zu schätzen, hat man doch nicht ständig Sand auf dem Handtuch.

An der Nordseeküste Schleswig-Holsteins gibt es zwei größere **Ferienorte,** zwei kleinere und viele Orte, die nicht so stark vom Tourismus eingenommen

865sc-fr

sind. Die beiden größten sind **St. Peter-Ording** und **Büsum,** etwas ruhiger und kleiner sind **Friedrichskoog** und die **Halbinsel Nordstrand.** St. Peter-Ording ist der meistbesuchte Ort und hat ein sehr großes Angebot an Unterkünften und Aktivitäten, auch und gerade an sportiven. In den letzten Jahren eröffneten hier mehrere gute Hotels, die dem Ort ein frisches, jüngeres Profil gaben. Auf diesen Spuren ist auch der zweitgrößte Urlaubsort, Büsum, unterwegs. Lange ging es hier eher etwas gesetzter zu, aber das hat sich gewandelt. Auch hier entstanden mehrere neue Hotels, teilweise sogar recht große Bauten in bester Lage. Außerdem entstand eine Badelagune mit Sandstrand, und auch das kulturelle und sportliche Angebot ist enorm angewachsen.

Aber auch das **Hinterland,** die kleinen Orte auf der **Halbinsel Eiderstedt** sind unbedingt sehenswert. Dort stehen überall sehr schmucke Kirchen, werkeln Künstler in urigen Katen, und auf so manchem Bauernhof kann man sich im Hofladen mit den frischesten Lebensmitteln eindecken.

Die Ostseeküste

Die **Ostseeküste von Schleswig-Holstein** verläuft in Süd-Nord-Richtung über offiziell gemessene 535 km von **Lübeck** bis fast hoch nach **Flensburg.** Von diesem Wert fallen aber bereits 71 km Küstenlänge auf die **Insel Fehmarn** und viele weitere Kilometer auf die verschiedenen Einbuchtungen, **Förden** genannt. Nimmt man die reine Festlandküste, ergeben sich 328 km Küstenlänge, wohingegen die Auto-Entfernung von Lübeck nach Flensburg gerade einmal 170 km misst. Allzu lang ist sie also nicht, diese Küste.

Ein markantes Merkmal der Ostseeküste von Schleswig-Holstein ist, dass sie **mehrere Buchten** hat, die teilweise sehr tief ins Land ragen. Ausnahmen sind die **Lübecker Bucht** im Süden, sie ist dafür sehr bauchig, fast halbrund, und auch die sich anschließende **Hohwachter Bucht** zeigt sich eher halbgerundet und ragt nicht weit ins Land hinein. Sehr viel spitzer und tiefer verläuft die **Kieler Förde,** an deren Endpunkt die Landeshauptstadt Kiel liegt. Auch die weiter nördlich folgende **Eckernförder Bucht** ist spitz zulaufend, ragt aber nicht sehr weit ins Land hinein. Anders die dann folgende **Schlei,** die auch als Fjord bezeichnet wird und sehr schlank ist. Sie ragt 42 km weit ins Land hinein, an ihrem Endpunkt liegt die Stadt Schleswig. Bei der **Flensburger Förde** ganz im Norden sind es ebenfalls 40 km, sie ist zugleich Grenzgebiet zu Dänemark, an ihrer Spitze liegt die charmante Stadt Flensburg.

Ein weiteres Merkmal dieser Ostseeküste sind die **Steilküsten** und (nur vereinzelt zu findende) steinige Strände. Die große Mehrheit der **Strände** besteht aus wunderbar **hellem** und **feinem Sand.**

Die Ostseeküste kann in **verschiedene Regionen** unterteilt werden, die sich überwiegend an den schon erwähnten Buchten orientieren. Die südlichste ist die große und weit geschwungene **Lübecker Bucht,** sie reicht von Travemünde, dem Ferienort von Lübeck, bis hoch nach Großenbrode, dem letzten Fest-

[<] Sommer an der Nordseeküste: Strandkörbe gehören unbedingt dazu

landsort vor der Insel Fehmarn. An der Lübecker Bucht liegen mehrere der gut besuchten Ferienorte. Alle haben einen schönen Sandstrand, eine ausgeklügelte Ferien-Infrastruktur, viele Unterkünfte, Lokale, Geschäfte und Serviceeinrichtungen sowie eine zumeist einhundertjährige Erfahrung mit Badegästen. Praktisch alle Orte lassen sich bequem über die Autobahn A1 erreichen, die meisten Orte auch per Bahn, beides unterscheidet sie von vielen anderen Ostseeorten.

Fehmarn ist die einzige Ostseeinsel Schleswig-Holsteins. Sie zählt zu den sonnenreichsten Landstrichen Deutschlands. Auch auf Fehmarn gibt es Sandstrände, Steilküsten und Naturstrände. Insgesamt ist die Insel sehr flach und weitestgehend landwirtschaftlich geprägt, der Tourismus spielt sich hauptsächlich in den Küstenorten ab. Dort liegt ein gutes Dutzend erstklassiger Campingplätze, natürlich werden überall Ferienwohnungen vermietet (auch in den Orten des Hinterlands) und es gibt viele Angebote zu „Ferien auf dem Bauernhof". Obendrein ist Fehmarn ein beliebtes Ziel der Wind- und Kite-Surfer.

Die **Hohwachter Bucht** war lange Zeit etwas weniger bekannt. Die Küstenlinie ist ein Mix aus Steilküste und sehr schönen Sandstränden, so beispielsweise in Heiligenhafen oder auch in Hohwacht. Die Strände weiter nördlich in Richtung Kiel (Schönberg, Laboe u.a.) sind kilometerlang und von einer schmalen Dünenkette begleitet.

Die **Kieler Förde** öffnet sich sehr breit zur Ostsee und verläuft nur etwas spitz bis zur Landeshauptstadt Kiel, weswegen auch sehr große Schiffe den Kieler Hafen anlaufen können, der mitten im Zentrum liegt. Dort machen auch riesige Kreuzfahrtschiffe und die Fähren aus Göteborg und Oslo fest. Links und rechts dieser Förde liegen einige schöne Strände, die allerdings überwiegend von der Kieler Bevölkerung besucht werden, der Tourismus ist nicht so stark ausgeprägt.

Die 17 km tiefe **Eckernförder Bucht** bietet ebenfalls einen Mix aus Steilküs-

740sc ms

ten und schönen Sandstränden, etlichen Campingplätzen und kleineren Orten. Tourismus findet statt, bleibt aber überschaubar. Die Stadt Eckernförde ist eine mittlere Kleinstadt mit einem sehr charmanten Hafengebiet.

Die **Schlei** ragt 42 km tief ins Land hinein bis hin zur reizvollen Stadt Schleswig. An den Ufern der Schlei erstreckt sich eine sehr liebliche, leicht hügelige Landschaft mit vielen kleinen Dörfern und der Kleinstadt Kappeln. An der Schlei liegt mit Arnis die kleinste Stadt Deutschlands und bei Schleswig die ehemalige Wikingersiedlung und heutiges *Museum Haithabu.* Die Schlei hat keine nennenswerten Strände. An dieser Küste liegen überwiegend kleine Orte, aber auch Damp, ein sehr großes Ferienzentrum mit angeschlossener Klinik.

Die **Flensburger Förde** ist nicht nur ein Seitenarm der Ostsee, sondern auch zugleich Grenze zu Dänemark, was bedeutet, dass die Ostseeküste von Schleswig-Holstein hier endet. Auch in diesem Gebiet ist das Hinterland leicht hügelig, es liegen dort kleine, schmucke Dörfer, Tourismus findet nur in bescheidenem Rahmen statt. An der Küste befinden sich ein paar Häfen für Segler, es gibt Campingplätze, natürlich auch Ferienwohnungen, aber keine größere und alles beherrschende touristische Infrastruktur. Im Gegenteil: Mit der Geltinger Birk wurde hier sogar ein großer Landstrich unter Naturschutz gestellt. Flensburg, am Ende der Förde gelegen, ist eine charmante Stadt, sie hat einen etwas lässigen, fast schon dänischen Charakter.

Zusammengefasst kann man sagen, dass die großen Ferienorte im südlichen Bereich liegen, vor allem an der Lübecker Bucht, teilweise auf der Insel Fehmarn sowie an der Hohwachter Bucht. Die meisten Orte im nördlichen Küstenbereich sind eher klein und nicht übermäßig touristisch ausgeprägt (mit Ausnahmen). Hier liegen auch interessante und besuchenswerte Städte.

Das Binnenland Schleswig-Holsteins

Und das Land zwischen den Küsten? Das Binnenland von Schleswig-Holstein? Dieser Teil steht nicht so sehr im touristischen Fokus, mit Ausnahme der **Holsteinischen Schweiz,** einer lieblichen Seen- und Hügellandschaft im Hinterland der Lübecker Bucht (Ostsee). Das weitere Binnenland hat einige mittelgroße Städte, die von Industrie und Handel leben, aber auch einiges Überraschende an Kunst und Kultur bieten. In **Bad Segeberg** beispielsweise werden seit Generationen im Sommer auf einer großen Freilichtbühne die *Karl-May-Spiele* abgehalten, welche alljährlich Tausende Besucher anziehen. **Rendsburg** liegt im Zentrum von Schleswig-Holstein, direkt am Nord-Ostsee-Kanal, und hat ein einzigartiges Jüdisches Museum. Und jeden Sommer findet hier eine großartige Ausstellung zur modernen Kunst statt – die *NordArt.* Im Südzipfel von Schleswig-Holstein liegt das wenig besuchte Gebiet **Stormarn** und **Herzogtum Lauenburg,** geprägt durch Hügel, Seen, Wälder und den breiten Strom der Elbe. Hier stehen prächtige Bauwerke wie das Schloss von Ahrensburg oder der Dom zu Ratzeburg, schmucke Kleinstädte wie **Mölln** oder das direkt am mächtigen Elbstrom gelegene **Lauenburg.**

◁ Die Silhouette von Lübeck

Geografie

„Schleswig-Holstein, meerumschlungen", heißt es ziemlich treffend in der Landeshymne. Im Westen liegt die Nordsee, im Osten die Ostsee, dazwischen verläuft der sogenannte Geestrücken. Außerdem gibt es noch die fruchtbaren Marschlandschaften (eher im Westen) und die hügelige Landschaft der Holsteinischen Schweiz im östlichen Schleswig-Holstein. Dies sind die großen Landschaftsräume des Landes, entstanden und modelliert aus dem Abschmelzen der Eismassen nach der letzten Eiszeit.

Die **Westküste** mit der Nordsee ist durch das Wattenmeer geprägt, dort liegen mehrere Inseln und Halligen sowie die einzige deutsche Hochseeinsel Helgoland. In der Ostsee findet sich die große Insel Fehmarn. Die **Ostküste** ist durch mehrere tiefe Einschnitte geprägt, durch Fjorde oder Förden, wie sie hier heißen. Diese sind bei Flensburg (Flensburger Förde), Schleswig (die Schlei) und auch bei Kiel (Kieler Förde) zu finden. Bei Eckernförde und Lübeck liegen zwei größere, weit geöffnete Buchten.

Grundsätzlich ist Schleswig-Holstein flach, aber nicht nur in der **Holsteinischen Schweiz** gibt es zahlreiche Erhebungen, auch im Gebiet Angeln und Schwansen (nordöstlich von Eckernförde und Schleswig) wird die Landschaft durch zahlreiche lang gezogene Hügel geprägt. Dieser Streifen wird auch **Ostholsteinisches Hügelland** genannt.

Als längster Fluss galt lange die **Eider** mit 188 km, die aber nach neueren Untersuchungen doch nur 108 km lang ist, da ein Teilstück Bestandteil des Nord-Ostsee-Kanals ist. Damit ist die **Trave,** die bei Travemünde in die Ostsee mündet, mit 124 km der längste Fluss Schleswig-Holsteins. Die Eider schlängelt sich von Ost nach West durchs Land und mündet in die Nordsee. Zwischen 811 und 1864 war die Eider die Grenze zu Dänemark. Die wohl mächtigste Wasserstraße ist künstlich, der 99 km lange

866sc-fr

Nord-Ostsee-Kanal, der von Brunsbüttel (Nordsee) bis nach Kiel (Ostsee) quer durchs Land verläuft.

Der größte (28 km^2) und zugleich tiefste (56 m) See im Lande ist der **Große Plöner See,** er zählt sogar zu den zehn größten Seen in Deutschland.

Die höchste Erhebung ist der **Bungsberg** (167 m) unweit der Ostsee bei Schönwalde. Abgesehen von diesem „Rekordberg" existieren noch sieben weitere „Berge", die 100 m oder mehr erreichen. Übrigens befindet sich die tiefste Landstelle Deutschlands in Schleswig-Holstein: unweit von Burg (Dithmarschen) in der Wilster Marsch bei Neuendorf-Sachsenbande. Sie liegt 3,54 m unter dem Meeresspiegel.

Die Ostsee

Die Ostsee ist – erdgeschichtlich betrachtet – ein Säugling: kaum 12.000 Jahre jung und am Ende der letzten Eiszeit entstanden. Als durch die allmähliche Erwärmung Nordeuropas die Eismassen langsam schmolzen, sammelte sich dieses Schmelzwasser in der Baltischen Senke. Das Ganze erhielt den Namen „Baltische Eissee". Sie bildete in etwa die Umrisse der heutigen Ostsee, wenn auch mit teilweise deutlichen Unterschieden. Beispielsweise waren damals Dänemark und Südschweden eine zusammenhängende Landmasse. Das Eis jedenfalls schmolz weiter ab und das Schmelzwasser füllte den Binnenraum derart, dass weite Teile des Landes überflutet wurden. Dadurch entstand die noch heute existierende Verbindung zwischen Norddänemark und Südschweden zur Nordsee. Die Ostsee hat nur eine sehr enge Verbindung zur Nordsee, und das wirkt sich langfristig ungesund aus, denn allmählich wird der Sauerstoff knapp. In der Ostsee bildet sich (langsam) ein Süßwasserüberschuss, münden doch annähernd 200 Flüsse in die Ostsee. Weiterhin sorgen die ständigen Regenfälle des Nordens für einen Süßwasseranstieg. Ein Austausch mit dem salzhaltigeren Nordseewasser kann nur durch eine relativ enge und vor allem flache Stelle erfolgen, denn die Ostsee ist nur an drei Stellen mit der Nordsee verbunden – durch den Kleinen Belt, den Großen Belt und den Sund.

Damit nicht genug, der gesamte Ostseeboden besteht aus mehreren riesigen Becken mit hohen Rändern, Schwellen genannt. Genau an der schmalen Verbindung zur Nordsee liegt die Darßer Schwelle – ein echtes Hindernis für schweres Salzwasser, denn salzhaltiges Wasser ist schwerer als Süßwasser, fließt also nicht an der Oberfläche. Umgekehrt kann das salzarme Wasser „oben" relativ problemlos abfließen, das schwerere Salzwasser findet dagegen „unten" so manches Hindernis, da die Ostsee an den entscheidenden Stellen ziemlich flach ist.

Förden und Buchten

Ein Blick auf die Karte offenbart es: Die Küstenlinie der schleswig-holsteinischen Ostseeküste zeigt tiefe Einschnitte. Diese Buchten und Förden stehen mit ihren Eigennamen für eine ganze Region: Flensburger Förde, die Schlei bei Schles-

◁ Typische Marschlandschaft im Westen

wig, Kieler Förde. Die Strände, besonders in der Lübecker und der Eckernförder Bucht, führen recht sacht ins Wasser, abrupte Absenkungen sind nur selten zu finden. Die meisten Strände sind wunderbar feinsandig, aber es gibt auch einige steinige Strände, vor allem im nördlichen Bereich.

Steilküsten

Ein kleiner Teil der Küste wird durch Steilküsten geprägt. Wo sich ein Kliff erhebt, ist oft nur ein **schmaler, steiniger Strand** vorhanden. Im Laufe der Zeit passiert es immer wieder, dass durch Sickerwasser und Anbrandungen das Kliff unterspült wird. Langsam, aber sicher wird so das Erdreich abgetragen, eine kleine Aushöhlung entsteht. Dann bricht eines Tages die überstehende Kliffkante ab und das Spiel beginnt wieder von vorn. Beispiele für diese Art Steilküste findet man bei Travemünde (Brothener Ufer), bei Waabs (unweit Eckernförde), zwischen Surendorf und Schwedeneck bei Stohl (zwischen Kiel und Eckernförde), auf Fehmarn bei Klausdorf und Staberdorf.

Meist aber steigt die Küste sehr flach an und endet in einem kleinen **Strandwall,** den man mit etwas Fantasie als Deich bezeichnen kann, oder sie endet in einer kleinen **Dünenzone.**

Nehrung, Haff und Strandsee

Eine weitere Besonderheit sind parallel zum Strand verlaufende, **schmale Landzungen,** sogenannte Nehrungen. Sie entstanden durch Ablagerungen, die von der Strömung an die Küste getrieben wurden. Da die Küstenströmung konstant bleibt, lagern sich im Laufe der Zeit immer an derselben Stelle Partikel ab – eine Landzunge entsteht. Passiert dies im größeren Stil, wird die Bucht langsam, aber sicher vom Meer abgeschnitten, sie verlandet. Die so entstandene verkleinerte Bucht wird **Haff** genannt. Sollte es so weit kommen, dass keine oder nur eine schmale Verbindung zum Meer bleibt, spricht man von einem **Strandsee.** Ein sehr schönes Beispiel für eine kilometerlange Nehrung ist der Ort Heiligenhafen unweit von Fehmarn.

Die Nordsee

Die Nordsee entstand vor etwa 10.000 Jahren. Damals war sie noch klein und flach. England und Nordeuropa bildeten eine Einheit und die heutigen Nordfriesischen Inseln gab es noch nicht. Aber dann schmolzen die Gletscher der letzten Eiszeit langsam ab. Landmassen erhoben sich, vom Druck des Eises befreit, und niedrig gelegenes Land versank in den Fluten. Der Wasserpegel stieg langsam, Inseln entstanden. Vor etwa 5000 Jahren lag der Wasserstand gut zehn Meter unter dem heute gültigen Normalnull.

Knapp 1000 Jahre später entstanden die ersten **Watten.** Der gestiegene Wasserpegel staute schließlich auch die Flüsse und ein breiter, schlammiger Streifen bildete sich. Hier lagerten sich im Lauf der Jahrtausende viele Sinkstoffe ab, Nährboden für Kleinstlebewesen aller

☒ Steilküste an der Ostsee bei Schwedeneck

118sc fr

Art. Durch die Gezeiten fielen diese Gebiete periodisch trocken und wurden dann ebenso regelmäßig wieder überschwemmt. Kleine Inseln entstanden, auf denen schließlich auch Menschen siedelten.

Mehrfach kam es zu schweren **Sturmfluten** an der Nordseeküste, einige davon wahre Jahrhundertfluten mit katastrophalen Folgen. Am 16. Januar 1362 kam es zu einer vernichtenden Überschwemmung, die Marcellusflut ging als *Grote Mandränke* in die Annalen ein. Deiche brachen, das Wasser riss ganze Landstriche auseinander, die sagenhafte Insel Rungholt verschwand von der Karte, Husum wurde quasi über Nacht zur Hafenstadt. Auch die Allerheiligenflut (1. November) von 1570 richtete unglaubliche Schäden an den Küsten an und riss Tausende in den Tod.

In der Nacht vom 11. auf den 12. Oktober 1634 schlug die Nordsee abermals zu, in der *Zweiten Groten Mandränke* wurde die Insel Strand in vier Teile gerissen: Pellworm, Nordstrand und die Hallig Nordstrandischmoor entstanden neben der heute so genannten Hamburger Hallig. 10.000 Menschen und über 50.000 Tiere ertranken in der schlimmsten Sturmflut, die die Nordseeküste bisher heimgesucht hat.

Weitere schwere Sturmfluten folgten, 1717 tragischerweise genau zum Weihnachtsfest. Dabei ertranken wieder viele Menschen, aber auch für die Überlebenden war es oftmals ein Sturz in bitterste Not, denn Hab und Gut gingen in den Fluten unter.

Küstenschutz

Zum Schutz wurden im Laufe der Zeit die **Deiche** immer höher gebaut, später auch flacher zur Meerseite, sodass die Wellen den Deich nicht so leicht zerschlagen konnten. Deiche schützen das Land gegen Hochwasser, aber genauso wichtig sind Entwässerungsgräben, sogenannte **Siele.** Denn der Deich unterbricht natürliche Entwässerungsrinnen, das waren zumeist die Priele. Fehlende Kanäle würden zu einem Süßwasserstau führen. Deshalb sind Acker- und Weideland von Gräben durchzogen, die Oberflächen- und Grundwasser durch den Deich leiten. Das Siel wurde so gebaut, dass es Wasser vom Meer nicht hineinlässt. Umgekehrt kann das Wasser aus den Gräben bei Ebbe das Sieltor öffnen und abfließen.

Seit etwa dem 11. Jh. wird Deichbau betrieben, zuerst noch einfach, später äußerst verfeinert. Heute fallen Deiche zur Wasserseite sehr flach ab, das war noch zu Zeiten von *Theodor Storms* „Schimmelreiter“ ganz anders. Damals waren es einfache Wände aus Holzbohlen, die auf der Rückseite mit Klei geschützt waren. Deichbau war knüppelharte Handarbeit, schwerer Kleiboden musste transportiert und an der Holzwand festgestampft werden. Heute verrichten diese Arbeiten Bagger. Sie legen zunächst einen Sandkern an. Darauf wird eine dicke Schicht Kleiboden gelegt, die an der Außenböschung sacht zum Wasser abfällt. Zum Schluss folgt eine Rasendecke, die später von Schafen kurzgehalten und gleichzeitig festgetrampelt wird.

Wenn „normale“ Hochwasser auftreten, rollen die Wellen an der langen Böschung ab. Die früheren Deiche wurden oftmals von starken Wogen zerschlagen. Deichbrüche treten heute vor allem auf, wenn die Flut über die Deichkrone schwappt. Dann wird der Deich aufgeweicht und irgendwann bricht er.

MEIN TIPP: In Büsum gibt es ein **Deichmuseum,** wo auf der freien Wiese verschiedene Deiche aus acht Jahrhunderten nachgebaut wurden. Sehr deutlich lassen sich daran die unterschiedlichen Bauweisen erkennen.

Ebbe und Flut

Die Nordsee wird durch die **Gezeiten** geprägt, auch **Tiden** genannt. Fließt das Wasser ab, spricht man von Ebbe, auflaufendes Wasser wird Flut genannt. **Hochwasser** ist der höchste Stand des Wassers. Hat das ablaufende Wasser seinen niedrigsten Stand erreicht, herrscht **Niedrigwasser.** Wenig später beginnt das Wasser wieder aufzulaufen. Der kurze Zeitraum dazwischen wird Stauwasser genannt, hier „steht“ das Wasser.

Etwa **sechs Stunden** läuft das Wasser auf, dann läuft es sechs Stunden wieder ab. Nach exakt 12 Stunden und 25 Minuten wird dann wieder Hochwasser erreicht. Dieses Phänomen ist weltweit zu beobachten und hängt mit dem **Mond** zusammen. Ein kompliziertes Zusammenwirken der Anziehungskräfte und der Fliehkraft des Mondes und der Erde

> Das Wattenmeer bei Ebbe

erzeugt ein Ansteigen und Absinken des Wasserstands, an den Küsten als Ebbe und Flut spürbar.

Gefährlich wird es bei Neumond oder Vollmond, da sich dann die Kräfte verstärken und eine Springtide oder **Springflut** entstehen kann. Herrscht bei auflaufendem Wasser starker Westwind, kommt es zu einer der gefürchteten Sturmfluten. Das Gegenteil ist eine Nipptide. Bei Halbmond heben sich die Kräfte von Sonne, Mond und Erde zum Teil auf, die Flut nippt nur schwach ans Ufer.

Strände

Herrliche weiße **Sandstrände,** gesprenkelt mit Strandkörben, im Hintergrund wiegt sich der Strandhafer auf den Dünen im Wind – so stellt man sich die Nordseeküste vor. Das gibt es auch, und zwar auf Sylt und Amrum, den großen Inseln in der Nordsee.

Und auf dem Festland? Bis auf eine einzige Ausnahme findet man dort nichts dergleichen. Diese Ausnahme heißt St. Peter-Ording. Dort öffnet sich ein extrem breiter Strand, es gibt an der ganzen Festlandsnordseeküste keinen vergleichbaren. Die sonstige Küstenregion wird vom Wattenmeer geprägt, ohne nennenswerten Sandstrand.

In Büsum, dem zweitgrößten Ferienort an der Nordseeküste, hat man aus der Not eine Tugend gemacht und verkauft das Nicht-Vorhandensein als „grünen Strand". Hier wird der weit abfallende **Deich als Strandersatz** angeboten und auch angenommen, mit Strandkörben und Liegewiesen. Einen kleinen, künstlichen Sandstrand hat man in Büsum auch noch geschaffen. Auch in Friedrichskoog, der touristischen Nummer drei an der Küste, muss der Urlauber mit einem Deich vorlieb nehmen. An der restlichen Küste sieht es nicht anders aus: Badestellen, die wenigstens bei Ebbe

263ns mf

mal ein wenig Sand rausrücken, werden als Geheimtipp gehandelt. Jeder Vermieter hat da garantiert eine unschlagbare Empfehlung!

Das Wattenmeer

Eine graue Schlickwüste, ein Nichts aus Wasserresten, Schlamm und Muscheln, so mag der erste, oberflächliche Eindruck ausfallen. Das Watt lebt aber, und wie! Länderübergreifend wurde das Wattenmeer zum **Nationalpark** erklärt. Entlang der Nordseeküste erstreckt sich der Nationalpark Wattenmeer über etwa 450 km zwischen dem dänischen Esbjerg und dem holländischen Den Helder, es ist damit das größte zusammenhängende Wattgebiet der Welt. Es misst etwa 10.000 km², der Anteil von Schleswig-Holstein beträgt 4400 km².

Das Watt lebt von den Gezeiten, alle sechs Stunden wird es überflutet, knapp sechs Stunden später liegt es wieder trocken. Es ist von unzähligen **Prielen** durchzogen, schmalen Wasserläufen, die auch bei Ebbe nur teilweise trockenfallen. Diese Priele kanalisieren die Gezeitenströme, die den Schlick heranführen.

Tiere im Watt

Der blauschwarze Boden wird ständig angereichert durch Mikroorganismen, von denen sich **Wattwürmer, Muscheln und Krebse** ernähren. Das wiederum lockt **Wattvögel** an, die, Beute pickend, im Watt herumstolzieren. Etwa 4200 Tierarten leben hier, davon sind 250 endemisch, sie kommen nirgendwo sonst auf der Welt vor.

Ein Wattwanderer wird sicherlich die vielen kleinen Häufchen bemerken, Kothäufchen, wo sich ein Wattwurm (Pierwurm) einen Gang gegraben hat. Ebenfalls unterirdisch leben Sandklaffmuschel, Plattmuschel, Schlickkrebs und Pfeffermuschel. Auffällig ist auch der Bäumchenröhrenwurm, dessen kunstvoll zusammengeklebte Röhre ein Stückchen aus dem Boden schaut. Durch diese Röhre wird Wasser angesaugt, werden Nahrungspartikel aufgenommen und dann wieder ausgestoßen.

Andere Tiere, hauptsächlich Schnecken, Krebse und einige Muschelarten, leben oberirdisch, sie entwickelten einen harten Panzer gegen das Austrocknen und als Schutz gegen Vögel. Auch **Miesmuscheln** leben nicht eingegraben, sondern schließen sich oberirdisch zu großen Gruppen zusammen, sodass Muschelbänke entstehen.

Schon am Strand sind sie ständig zu finden, die hellen **Herzmuscheln.** Im Watt leben sie knapp unter der Oberfläche des Bodens. Sie filtern durch ein Röhrchen Plankton über das Wasser ein, durch ein zweites Röhrchen wird das Wasser wieder ausgestoßen. Wattführer zeigen gern einen Trick, den sie den Möwen abgeschaut haben: Die Vögel trampeln mit ihren Füßchen auf dem weichen Wattboden, dadurch kommen die Muscheln an die Oberfläche und sind eine sichere Beute für die Trampler.

Die Sandklaffmuschel lebt im Wattboden in einer Tiefe von 15–25 cm. Auch sie filtert durch ein Röhrchen Wasser in

> Auf den Seehundbänken wollen die Tiere ihre Ruhe haben

201ns mf

ihren Körper hinein und durch ein zweites Röhrchen wieder hinaus. Ähnlich leben die Pfeffermuschel und die Plattmuschel, beide in etwa 7–12 cm Tiefe.

Außerdem legen etwa 10–12 Millionen **Zugvögel** hier alljährlich eine Rast ein. Das Wattenmeer ist zudem Lebensraum für mehr als 5000 Pflanzenarten.

Erleben kann man das Watt eigentlich überall, in allen größeren Ferienorten der Nordsee werden **Wattwanderungen** angeboten. Nur mit kundiger Begleitung eines Wattführers sollte man ins Watt gehen, dieser kann die möglichen Gefahren durch umschlagendes Wetter erkennen und erzählt eine Menge Spannendes zu diesem einzigartigen Lebensraum.

Seehunde

Der wohl berühmteste Bewohner des Wattenmeeres ist der Seehund. Seehunde ziehen sich zum Gebären und Säugen auf Sandbänke zurück, sodass man auch von „Seehundbänken" spricht. Seehunde werden zumeist im Juli geboren, sie kommen auf einer der vielen Sandbänke zur Welt. Wenn wenig später die Flut diesen Geburtsort wieder überspült, müssen sie sofort ihre ersten Schwimmversuche starten.

Die Jungtiere wachsen schnell, schon nach wenigen Wochen hat sich ihr Gewicht teilweise verdreifacht. Nach der Säugephase mit nahrhafter Muttermilch von 45 % Fettgehalt (zum Vergleich: Sahne hat 38 %) müssen die Tiere das Jagen lernen. Dabei kommt es oft zur Trennung von der Mutter. Wattwanderer finden dann gelegentlich kläglich schreiende **Heuler.** Das sind Jungtiere, die von ihrem Rudel kurzfristig getrennt wurden und sich nun allein im Watt orientieren müssen. Sie wirken hilflos, aber dies ist Bestandteil des Abnabelungsprozesses. Die kleinen, niedlichen Tiere rühren das Herz, doch niemals sollten sie angefasst werden, sonst nimmt die Mutter sie unter Umständen nicht mehr an. Meist schwimmt die Mutter ganz in der Nähe, traut sich wegen der Menschen aber nicht an ihr Junges heran. Also: Niemals Heuler anfassen, andere Gäste fernhalten, großen Abstand wahren und Polizei bzw. Kurverwaltung verständigen.

Es gibt von mehreren Häfen an der Nordsee **Ausflugsfahrten zu den Seehundbänken,** bei denen man die Tiere aus sicherer Distanz beobachten kann. Mit etwas Glück gelingt dies auch bei einer Fährfahrt von Nordstrand zur Insel Pellworm.

Landgewinnung durch einen Koog

Wer heute durch Dithmarschen fährt, beispielsweise von Marne in Richtung Friedrichskoog, wundert sich vielleicht über die vielen Deiche, die mitten auf der Wiese stehen und scheinbar keinen Nutzen haben. Das täuscht, denn vor vielen Jahrzehnten schwappte hier die Nordsee an den Deich.

Die Menschen an der Westküste erkannten früh, dass der Boden am Meer äußerst **fruchtbar** ist. Man musste ihn „nur" entwässern. Also wurden zuerst **Lahnungen** ins Meer gebaut. Das sind Dämme im Abstand von 200 bis 400 m, die von der Küste ins Meer hineinragen. Sie bestehen mindestens aus einer doppelten Reihe von Pfählen, oft sogar aus mehreren Reihen. Man rammt sie in den Wattenboden, verdrahtet sie miteinander und füllt die Zwischenräume mit Reisig und Buschwerk, Faschinen genannt. Allzu hoch sind die Pfähle nicht, bei Flut werden sie meist überspült, aber das Wasser läuft dann langsamer ab.

Um Land zu gewinnen, baut man zusätzlich noch quer verlaufende **Dämme** aus dem gleichen Material. So wird ein mehrere Hektar großes Gebiet abgeteilt, in dem die Gezeiten nicht mehr so stark wirken. Das Wasser beruhigt sich, Schwebstoffe sinken ab. Im Lauf der Jahre verschlickt das Areal immer mehr, steigt regelrecht an. Das Wasser erreicht schließlich das neue Land seltener. Wind und Sonne trocknen den Boden immer stärker aus.

Auf diese Art wird Land gewonnen, Marschland. Es dauert zwar Jahre, aber allmählich wird der Boden von Sinkstoffen belegt, erste **Pflanzen** sprießen (zumeist der robuste Queller). Das Land steigt langsam an, ergrünt, Schafe finden Nahrung. Dann muss das Land, das nun Koog genannt wird, entwässert werden, erste Wege werden gebaut. Schließlich kommt es zur **Eindeichung.** Das alles dauert: Durchschnittlich rechneten die Planer mit Zeitspannen von 15 bis teilweise 40 Jahren.

Insgesamt entstanden so an der Westküste **90 Köge,** der erste war 1436 der Alte Wiedingharder Koog. Beinahe durchgängig von der dänischen Grenze bis zur Elbe existieren Köge. Die Nordseeküste von Schleswig-Holstein ist also weitestgehend künstlich geschaffen. So wurde seit dem 15. Jh. immer wieder „vorgedeicht", die Küstenlinie tatsächlich verschoben. 1718 erschuf man den Sophienkoog, 1787 den Kronprinzenkoog. Der letzte Koog wurde in den 1980er-Jahren in Angriff genommen. Es ist der **Beltringharder Koog,** seine 3400 ha stehen heute unter Naturschutz. Seitdem wurden keine Köge mehr angelegt, vom Gedanken der Landgewinnung hat man sich verabschiedet.

Die Halligen

Eine Hallig unterscheidet sich per Definition von einer Insel dadurch, dass sie **keinen Deich** hat oder bestenfalls einen flachen Sommerdeich, der nicht zum Hochwasserschutz geeignet ist. Sie ragt bei normaler Flut aus dem Wasser heraus, aber jede Sturmflut sorgt für **Land unter.** Das Ufer einer Hallig ist mit Steinen geschützt, die als Wellenbrecher dienen und so verhindern, dass ständig Land durch die Wellen abgerissen wird.

Heute existieren noch die Halligen Gröde, Habel, Hamburger Hallig, Hooge, Langeneß, Norderoog, Nordstrandischmoor, Oland, Südfall und Süderoog. Forscher gehen davon aus, dass es einst bis zu 90 Halligen gab, von denen die allermeisten bereits untergegangen oder mit dem Festland verbunden sind. Das gleiche Schicksal droht grundsätzlich auch den verbliebenen, denn mehrmals im Jahr werden sie bei jeder halbwegs größeren Sturmflut unter Wasser gesetzt. Deshalb stehen alle Häuser auch auf leicht erhöhten Hügeln, **Warften** genannt.

Dauerhaft **bewohnt** sind die Halligen Langeneß, Hooge, Gröde, Nordstrandischmoor und Oland. Sie werden landwirtschaftlich bewirtschaftet und es hat sich ein bescheidener Tourismus entwickelt. Früher hatten die Halligbewohner keinen Strom, keinen Wasseranschluss und nur sehr unregelmäßige Verbindungen zum Festland. Das Leben war äußerst beschwerlich und gefährlich. Es gab nur eine bescheidene Landwirtschaft, viele Männer fuhren zur See. Regenwasser wurde in speziellen Gruben (Fething genannt) aufgefangen. Dieses Wasser durfte sich nicht mit dem salzigen Meerwasser vermischen, sonst litten Tiere und Menschen Durst. Erst seit den 1950er-Jahren sind die Halligen vom Festland ans Strom- und noch später ans Wassernetz angeschlossen worden.

Die Holsteinische Schweiz

Die hügelige Holsteinische Schweiz mit ihren zahlreichen Seen liegt im Osten Schleswig-Holsteins, etwa zwischen Kiel, Neumünster und Lübeck, wobei diese Städte selbst nicht zum Gebiet zählen. Eine strenge geografische oder administrative Abgrenzung existiert nicht. Zu den größeren Orten der Region gehören z.B. Plön, Eutin, Preetz und Malente.

Die Landschaft ist durch mehrere Eiszeiten geformt worden. Das Schmelzwasser floss ab in Richtung der eisfreien Zone, hauptsächlich nach Westen. Auf diese Art entstanden die sogenannten **Urstromtäler,** die sich mit Schmelzwasser füllten und breite Flüsse bildeten, so beispielsweise die quer durchs Land verlaufende Eider. Auch die letzten Eismassen hatten wieder Ton, Sand und Geröll mit sich geschleppt, zum Teil tonnenschwere Brocken, wie der gewaltige Findling von Malente beweist.

Diese **Gesteinsmassen** bildeten nach dem Abtauen leichte Erhöhungen. Im Laufe der Zeit wurden die Geröllberge durch das abfließende Schmelzwasser rundgewaschen. Die heute für die Landschaft so typischen sanft geschwungenen Hügel entstanden. Die Vertiefungen zwischen diesen Hügeln füllten sich nach und nach mit Wasser, wurden zu unterschiedlich großen **Seen.** Insgesamt entstanden an die 200 Seen in der ostholsteinischen Hügellandschaft.

Naturschutz

Der Nationalpark

1985 wurde der **Nationalpark Schleswig-Holsteinisches Wattenmeer** gegründet. Er umfasst das Gebiet des Wattenmeers zwischen der Elbmündung im Süden und der Grenze zu Dänemark im Norden, die Nordfriesischen Inseln und einige Halligen sind ausgenommen. Die Gesamtfläche des Schutzgebietes beträgt 4410 km².

Insgesamt **4200 Tierarten** leben hier, 250 davon sind endemische Arten. Im Gebiet des Nationalparks leben nur zwei Menschen ganzjährig, nämlich auf Hallig Süderoog, zusätzlich drei im Sommerhalbjahr (eine Person auf der Insel Trischen und zwei auf Hallig Südfall).

Aber auch das gibt es: Eine Erdölplattform steht in der Kernzone und fördert jährlich 900.000 Tonnen Öl. Sie ist fein säuberlich aus dem Nationalparkgebiet ausgeklammert.

Im Jahr 2009 wurde das Wattenmeer von der UNESCO zum **Weltnaturerbe** erklärt. Das zeigt die Einzigartigkeit dieses nur auf den ersten Blick so unscheinbaren „Matschbodens".

Naturparks

Es gibt in in Schleswig-Holstein mehrere Naturparks, geschützte Landschaften mit umweltgerechter Nutzung, die aber touristisch genutzt werden dürfen. Der größte ist der **Naturpark Holsteinische Schweiz,** der als solcher eher nicht so stark im allgemeinen Bewusstsein ist. Im Binnenland liegen mit dem **Naturpark**

736sc ms

Aukrug bei Neumünster und dem **Naturpark Westensee** zwischen Rendsburg und Bordesholm zwei größere Gebiete mit unterschiedlicher Natur und Vegetation. Aukrug besteht hauptsächlich aus Wäldern, während Westensee Moore, Auen und ebenfalls Wälder aufweist. Der **Naturpark Hüttener Berge** liegt zwischen Rendsburg und Eckernförde und eignet sich als Wandergebiet, insgesamt 27 Wege sind ausgeschildert. Der **Naturpark Lauenburgische Seen** liegt südlich von Lübeck und verläuft bis nach Büchen. Es gibt darin tiefe Wälder, Moore und Seen. Auch die **Schlei-Region** ist als Naturpark ausgewiesen.

Geschichte

Frühgeschichte

Die **ersten Menschen** kamen wohl vor grob 14.000 Jahren gegen Ende der Weichseleiszeit ins spätere Schleswig-Holstein, als sich in der unwirtlichen Landschaft allmählich eine subarktische Pflanzen- und Tierwelt ausbreitete (u.a. Mammuts und Wollnashörner). Frühe nomadisch lebende **Jäger und Sammler** sicherten sich ihr Überleben vorwiegend durch die Jagd auf Rentiere.

Als nach Jahrhunderten das Klima milder wurde, ließen sich Menschen dauerhaft in der Gegend nieder. Während des Neolithikums (Jungsteinzeit) entwickelten sie Formen **bäuerlicher Wirtschaft.** Eine Vielzahl neuer Werkzeuge und Waffen wurde benutzt, wie archäologische Funde aus dieser Epoche beweisen. Auch einige **Hügelgräber** aus der Steinzeit sind erhalten (vor allem um Albersdorf, dort ist ein Freilichtmuseum).

Von der sich anschließenden **Bronzezeit** (ca. 2200–800 v. Chr.), in der sich Handel und Handwerk weiterentwickelten, zeugen Fundstücke wie Werkzeuge (bronzene Sicheln), Schmuck und Waffen. Die Epoche ab ca. 800 v. Chr. wird schließlich als **Eisenzeit** bezeichnet, Funde beweisen, dass auch in Ostholstein geschmiedet wurde. Der Einsatz des Pferdes als Reittier förderte Transport und Mobilität.

Über die Jahrhunderte um die Zeitenwende liegen kaum relevante historische Daten vor. Erst mit dem 7. und 8. Jh. wird das Geschichtsbuch von Schleswig-Holstein wieder interessant.

Volksstämme

Ungefähr um 600 wanderten **Slawen** in das östliche Gebiet des heutigen Schleswig-Holstein ein. Etwa zwischen dem 7. und 10. Jh. zog es **Friesen** an die Westküste. Von Norden her kamen im 9. Jh. **Dänen und Jüten,** sie siedelten sich in der Umgebung von Schleswig an.

Im Osten des Landes wanderten im 7. und 8. Jh. slawische Stämme in das Gebiet ein. Vor allem **Abodriten** kamen, aber auch **Polaben** und **Wagrier.** Letztere siedelten sich in Starigrad an, dem heutigen Oldenburg. Aber nicht nur dort, eigentlich besiedelten sie ganz Ostholstein, weshalb die Gegend auch noch heute teilweise Wagrien genannt wird. Die Polaben verblieben überwiegend

[<] Das hügelige Ostholstein beginnt gleich hinter der Küste

südlich der Trave, die Abodriten im Mecklenburger Bereich.

Die Slawen lebten meist in kleinen Gemeinschaften und Dörfern, gruppiert um eine **Burg.** Etwa 50 solcher Festungen konnte die Wissenschaft lokalisieren, die bekannteste unter ihnen Starigrad. Diese Burgen waren keine Gebäude im heutigen Wortsinn: Sie bestanden zumeist nur aus riesigen **Erdwällen** mit einem massiven Tor; der Durchmesser betrug etwa hundert Meter. Durch Holzpalisaden wurden die Wälle, die aus strategischen Erwägungen oft am Rande von Seen und Sümpfen errichtet wurden, zusätzlich abgesichert.

MEIN TIPP: Den Grundaufbau einer solchen Burg kann man im **Wallmuseum** in Oldenburg besichtigen (S. 401).

Die slawischen Stämme widersetzten sich mehrere Jahrhunderte lang der Christianisierung in teilweise blutigen Kämpfen, bis sie sich im 12. Jh. dann doch dem christlichen Glauben unterwerfen mussten und ihre Eigenständigkeit verloren.

An der Westküste siedelten **Dithmarscher und Friesen.** Sie entwickelten sich anders und konnten ihre Lebensweise in die heutige Zeit retten. Die Friesen wurden vielfach erfolgreiche **Seeleute,** die Dithmarscher überwiegend erfolgreiche **Bauern.** Die Friesen wurden schon früh (im 11. Jh.) von den Dänen „geschluckt", was ihnen aber nichts ausmachte. Sie sprachen weiter ihre eigene Sprache, pflegten ihre Deiche und schickten ihre Söhne als Kapitäne auf die Weltmeere.

Die Dithmarscher wussten schon immer, was sie hatten, nämlich sehr fruchtbaren Marschboden. Den ließen sie sich nicht so einfach wegnehmen und verteidigten ihn vehement, z.B. in der Schlacht bei Hemmingstedt (s.u.). Sie spuckten kräftig in die Hände, verschoben kurzerhand die Küstenlinie, rangen dem Meer neuen Boden ab. Das taten die Friesen auch, aber irgendwie sind die Dithmarscher bekannter als erfolgreiche Bauern. Heute ernten sie Kohlköpfe im Herbst, so viele wie sonst nirgendwo in Europa.

Handelsplatz Haithabu

Die Dänen gründeten um das Jahr 770 eine für die damalige Zeit sehr bedeutende Handelsstadt, Haithabu. In dem Dörflein am Ende der Schlei herrschte König *Göttrik.* Zufällig erkannte er, dass die Lage dieses Ortes hervorragende Möglichkeiten bot, immerhin ließ sich über kleine Zuflüsse recht schnell die Eider erreichen, und die fließt in die Nordsee. Somit war es möglich, Handelswaren von der Ostsee über die Schlei nach Haithabu zu segeln, ein kurzes Stück über Land zu transportieren und dann wieder auf Schiffen via Eider in die Nordsee zu bringen. Haithabu nahm ganz schnell eine dominierende Stellung im **Transithandel** ein, obendrein verlief eine alte Nord-Süd-Straße unweit von Haithabu. Die Chronik vermeldet stolz, dass Haithabu im 9. und 10. Jh. die erste Stadt Nordeuropas war und bedeutendster Handelsplatz, resultierend aus den beiden Handelsrouten, die sich in Haithabu trafen.

Missionierungsversuche

Der südliche Teil des Landes (d.h. die südlich des Flusses Eider gelegenen Gebiete) gehörte zum **Frankenreich,** und von dort wurden erste Missionierungsversuche unternommen. Eine der zu Anfang des 9. Jh. gegründeten Missionskirchen war ein Flecken namens Hamburg. Von dort brach um 850 der mutige **Mönch Ansgar** auf und erreichte schließlich Haithabu. Er schaffte es nach einigen Widerständen tatsächlich, dort eine **christliche Kirche** zu errichten. Haithabus Macht wuchs beständig, aus dem Handelsplatz wurde ein Sammelplatz für die **Wikinger.** Diese zogen zwar nicht ausschließlich auf Raubfahrten, aber allzu oft wurden die Mannschaften in Haithabu zusammengestellt. (845 z.B. erreichten die Wikinger Hamburg und schlugen den Ort kurz und klein.)

Das ging so weiter, bis den anderen Herrschern der Kragen platzte. 934 schickte der deutsche König *Heinrich I.* ein starkes Heer und der Herrscher von Haithabu, *Knuba,* wurde besiegt. Als Strafe musste er Tribut zahlen, und, wahrscheinlich die damals schlimmere Strafe, er musste sich taufen lassen. Etwas später nahm auch Dänenkönig *Harald Blauzahn* das Christentum an. Die fränkischen Missionare konnten ungestört weiter nach Norden zu den Dänen vordringen, Haithabu wurde 947 endgültig ein **christliches Bistum.**

Keine hundert Jahre später verlor der neue Herrscher *Otto II.* seine Macht im Gebiet nördlich der Eider wieder an die **Dänen** und musste sich bis hinter die Eider zurückziehen. Gleichzeitig plünderten die dänischen Wikinger unter *Sven Gabelbart* große Landstriche in Europa, u.a. auch England. Das Gebiet um Haithabu war nun also erneut dänisch und wurde **Südjütland** genannt, bis sich das Blatt etwa ein halbes Jahrhundert später abermals wendete. 1050 wurde Haithabu von *Harald dem Harten* aus Norwegen überfallen und ein paar Jahre später zerstörten es slawische Krieger endgültig.

Schauenburger in Holstein

Ein Zeitsprung ins Jahr 1111, den **Grafen von Schauenburg** wurde das Land nördlich der Elbe als Lehen zugesprochen, also sollte es auch unterworfen und besiedelt werden. Keine leichte Aufgabe, wer lässt sich schon gern unterjochen, wenn er von alters her die freien Tagungen aller Gemeindemitglieder gewohnt war? Obendrein sollten die immer noch in Ostholstein (Wagrien) lebenden **Slawen christianisiert** werden, auch das gelang nur mühsam. Wenn es

269ns mf

☐ Ansgar, der Missionar des Nordens

Schleswig-Holstein historisch

aber mal wieder so weit war und ein kleiner Fürst sich zur Taufe überreden ließ, wurde sofort eine neue Siedlung und Festung errichtet. So entstand 1143 **Lübeck.** Etwa um 1150 galt Wagrien, also das Gebiet zwischen Kiel und der Lübecker Bucht, als befriedet.

Dänische Eroberungen

Aber dann schlugen die Dänen noch einmal kräftig zu. 1180 wurde der deutsche Kaiser **Heinrich der Löwe** gestürzt, ein Streit um Macht und Ländereien entbrannte, den die Dänen für sich ausnutzten. Sie schauten nicht lange zu, König *Knud IV.* marschierte los und eroberte Pommern, Mecklenburg und Rügen. Bis **Hamburg** fiel das gesamte Gebiet an die Dänen, die schließlich sogar in Estland die Herrschaft errangen. Damit hatten sie ein riesiges Gebiet besetzt. Das konnte nicht lange gutgehen, die Dänen waren zu schwach, dieses große Gebiet zu kontrollieren.

Am 22. Juli 1227 kam es zur entscheidenden **Schlacht bei Bornhöved** (10 km östlich von Neumünster). Eine Gruppe lokaler Fürsten schloss sich zusammen und besiegte das Besatzungsheer, die Dänen mussten ihre Eroberungen preisgeben und zogen sich hinter die Eider zurück, die wieder die Grenze zu Dänemark bildete.

Stadtgründungen in Holstein

Die Schauenburger Grafen regierten wieder **zwischen Elbe und Eider,** besiedelten und verwalteten planmäßig. So entstanden im 13. Jh. etliche Orte im östlichen Holstein, beispielsweise Segeberg, Rendsburg, Plön, Neustadt und 1242 die Holstenstadt „tom Kyle" (Kiel).

Aufruhr gegen die Dänen in Schleswig

Das nördlich der Eider gelegene Gebiet wurde Schleswig genannt. Hier regierten die dänischen Könige, aber im Laufe der Zeit zerbröckelte deren Macht. Die **Herzöge von Schleswig** fühlten sich stark, Spannungen entstanden zum dänischen Königshaus. Es ging um Geld (Zölle und Abgaben), die **Schauenburger** flüsterten von Süden ein und schickten später Siedler in das wenig bewohnte Gebiet zwischen Schlei und Eider.

MEIN TIPP: Das **Danewerk-Museum** bei Schleswig thematisiert die wechselvolle deutsch-dänische Geschichte (S. 263).

100 Jahre Streit um Schleswig

Es ging drunter und drüber in Schleswig-Holsteins Geschichte, wir verkürzen jetzt gewaltig. Die Schauenburger drehten nun erstmals den Spieß um, wehrten nicht nur die Dänen ab, sondern gingen zum Angriff über. Expansion nördlich der Eider war angesagt, und von nun an wurde es mächtig verworren. Kleine Fürsten und mächtige Herrscher stritten sich um Ländereien, die gefordert, verweigert, verschenkt und erobert wurden. Über ziemlich genau hundert Jahre wurde erheblich gestritten, teilweise gekämpft, oft geschworen, das Land als Lehen weggegeben und später zurückgefordert. Die neu entstandenen **Hansestädte** mischten auch mit, da sie Ruhe schaffen wollten, um günstige Bedingungen für ihre Handelstätigkeiten zu haben, es war eine turbulente Zeit.

Schleswig und Holstein vereint

Als nichts mehr ging, gab es wieder einmal **Krieg.** Die Dänen verloren dabei Flensburg und weitere Gebiete, Dänenkönig *Erich* flüchtete, sein Nachfolger hieß *Christoph III.*, und der musste das Gebiet Schleswig am 13. April 1440 an den Schauenburger *Herzog Adolf VIII.* als Lehen abtreten. Zum ersten Mal wurden Schleswig und Holstein von einem Herrscher regiert.

Herzog Adolf VIII. starb 1459, und leider hatte er keinen Erben. Das frisch vereinte Land stand erneut zur Disposition, wurde aber erstmalig nach friedlichen Verhandlungen 1460 einem Herrscher zugeschlagen, erneut einem Dänen, König *Christian I.* Dieser musste sich aber in einem umfangreichen Vertrag verpflichten, beide Länder „auf ewig ungeteilt" zu belassen. Diese Forderung konnte gegen den Dänenkönig im **Vertrag von Ripen** durchgesetzt werden. Dieser Vertrag vom 5. März 1460 trägt das königliche Siegel und 17 weitere kleinere Siegel der einzelnen Räte (es ist heute im Landesmuseum Schloss Gottorf in Schleswig ausgestellt). Und hier steht der entscheidende Satz, dass Schleswig und Holstein **auf ewig vereint** sein müssten („Dat se blieven ewich tosamende ungedeelt"), oder wie es verkürzt als Schlagwort und auch Schlachtruf bis heute heißt: **„up ewich ungedeelt".** Das klappte zwar in den Folgejahren nicht immer, war aber für die meisten Herrscher die politische Maxime des Handelns. Heute stellt es natürlich niemand mehr in Frage.

Kurz danach stritten sich mehrere Parteien so lange, bis das Land doch geteilt wurde. Aber nicht, wie schon mehrfach geschehen, entlang der Eider – diesmal wurde das Land streifenförmig zerlegt. Das war 1490, und diese eigenwillige Grenzziehung hielt genau 34 Jahre. Zwischenzeitlich gab es wieder verschiedene Kriege, und 1524 zog ein Herzog namens *Friedrich* in Kopenhagen ein, der sorgte für Ruhe und Ordnung und wurde zum König gekrönt. Damit war die erste Teilung schon wieder aufgehoben. Natürlich blieb es nicht dabei, der Streit ging weiter, und 1544 musste der jetzt regierende *Christian III.* erneut einer Teilung zustimmen, diesmal sogar in drei Teile. Auch das konnte natürlich nicht gutgehen.

Schwedische Besetzung

Schließlich tauchte ein neuer Machthaber auf, die Schweden kamen und besetzten 1643 weite Teile des südlichen Holstein. Jetzt wurde es gänzlich bunt, Kriege, Verbindungen, Geheimverträge, Friedensverhandlungen lösten einander ab, jeder kämpfte gegen jeden und verbündete sich mal hier, mal da. So sah es zumindest aus, folgte aber einer inneren Logik, die da hieß: Kampf um Machterhalt. Jeder Herrscher wollte seine Macht sichern und möglichst erweitern, der Ostseeraum war heiß umkämpftes Pflaster. 1720 kam es wieder einmal zu einem **Friedensvertrag,** die Schweden zogen sich zurück, Dänemark blieb ein mächtiger Staat mit großem Territorium.

Dithmarschen

Von dieser geschichtlichen Entwicklung gibt es eine Ausnahme, denn in Dithmarschen an der Nordseeküste (das Gebiet um Heide) entwickelten sich die Dinge anders, zumindest für einige Jahrzehnte. Dithmarschen geriet 1062 ins **Machtgebiet des Herzogs von Stade.** Jener hockte aber auf der anderen Seite der Elbe im heutigen Niedersächsischen und kümmerte sich wenig um das „ferne" Dithmarschen. Ein Stellvertreter regelte die Geschäfte und hatte freie Hand.

Das ging etliche Jahre einigermaßen gut, dann aber herrschte ein gewisser *Graf Rudolf*, und die Sache nahm ein böses Ende. Man schrieb das Jahr 1144, besagter Graf forderte einfach zu viel von seinen Bauern, da schlugen ihn die Dithmarscher kurzerhand tot. Daraufhin ließ man die Dithmarscher einige Zeit weitgehend in Ruhe. Die Christianisierung bescherte dem Land derweil **erste Kirchen.** Nach Meldorf, wo Anfang des 9. Jh. das Kreuz errichtet wurde, waren im 13. Jh. weitere Orte in Dithmarschen dran. Bis zum Ende jenes Jahrhunderts standen immerhin 15 (nach anderen Quellen sogar 19) Kirchen, die auch eine gewisse politische Macht ausübten, aber nicht überall. Reiche Großbauern hatten vor allem im südlichen Dithmarschen das Sagen. Sie deichten ihre fruchtbaren Marschböden ein und besiedelten wertvolles Weideland, was der Grundstock ihres Reichtums war.

Ein weiteres Merkmal waren die sogenannten **Geschlechter.** Dabei handelte es sich um Siedlungsgemeinschaften, die zwischen 1000 und 1200 entstanden. Die einzelnen Geschlechter hielten fest zueinander. Der Gedanke der Blutrache wurde genauso gepflegt wie Zusammenhalt bei der Bedrohung durch äußere Feinde. Und diese konnten schon im Nachbardorf sitzen. Gegen diese Geschlechter versuchten sich die Kirchspielgemeinden zu etablieren. Die saßen interessanterweise im nördlichen Dithmarschen, die Geschlechter mehr im südlichen Teil.

Unterdessen warfen sowohl die Dänen als auch die im übrigen Land regierenden Schauenburger Grafen ein gieriges Auge auf die reichen Dithmarscher. Die aber blieben standhaft, bis im Jahr 1500 der Dänenkönig eine Armee von 12.000 Mann losschickte, um das Land zu erobern. Darunter war auch der gefürchtetste Landserhaufen der damaligen Zeit, die Schweizer Garde, bestehend aus 4000 Mann. Sofort vergaßen die Nördlichen und Südlichen jegliche Animositäten und schlossen sich zusammen gegen den äußeren Feind. Allzu zahlreich waren die Dithmarscher aber nicht, knapp 6000 Mann nur. Die Dänen und ihre Alliierten kamen also, besetzten Meldorf und zogen weiter Richtung Heide. Am 17. Februar 1500 kam es zur **Schlacht bei Hemmingstedt.** Dort hatten die Dithmarscher eine Verteidigungsschanze aufgebaut und stürzten sich auf den schwerfälligen dänischen Trupp, unterstützt von einer Kriegslist: Sie öffneten die Siele und setzten das Land unter Wasser – im Februar! Bitterkalt muss es gewesen sein. Das Ergebnis: Die Dänen wurden vernichtend geschlagen, die Dithmarscher hatten ihre Freiheit verteidigt.

Aber nur zwei Generationen später war es dann doch endgültig vorbei. Eine besser ausgerüstete dänisch-holsteinische Truppe überrannte 1559 alle Widerstände und eroberte am 13. Juni Heide. Nach dieser Niederlage wurde das Gebiet zunächst unter den drei siegreichen Anführern aufgeteilt, später dann zweigeteilt. Der Norden gehörte zum Gebiet des Herzogs von Gottorf, während der Süden dem dänischen König unterstand. 1773 ging schließlich auch der nördliche Teil im Zuge einer großangelegten Tauschaktion an **Dänemark.**

MEIN TIPP: In Hemmingstedt steht ein **Gedenkstein mit Schaupavillon,** wo die Schlacht durch Zinnsoldaten nachgestellt ist (S. 88).

Herzogtum Lauenburg

Auch das kleine Herzogtum Lauenburg, das im südöstlichen Landesteil liegt, hat eine abweichende Geschichte. Sehr lange wurde das Gebiet von den **Askaniern** regiert, einem uralten Adelsgeschlecht aus dem sächsischen Gebiet. 1689 fiel das Gebiet an das Welfenhaus aus **Hannover** und 1814 dann wurde auch Lauenburg im Zuge einer großen Tauschaktion dänisch. 1864 kam es zu Preußen und wurde ab 1876 schließlich als Teil der Provinz Schleswig-Holstein ins Preußische Reich eingegliedert.

Dänische Verluste

Zurück zum geschichtlichen Ablauf im ganzen Land. Die **Napoleonischen Kriege** und die Kontinentalsperre, in die Dänemark verwoben war, brachten dem Königreich Dänemark eine empfindliche Niederlage. 1814 wurde bei einem Friedensvertrag beschlossen, dass die Dänen das heutige Gebiet Norwegen an Schweden abtreten mussten. Später folgten weitere Gebietsabtretungen der Dänen, u.a. wurde Vorpommern mit Rügen gegen Lauenburg getauscht und die Insel Helgoland an England abgetreten. Schleswig blieb aber weiterhin dänisch.

Nachdem der Frieden wieder eingekehrt war, kam die Politik zu Wort. Recht schnell bildeten sich im jetzt so benannten **Herzogtum Schleswig** zwei Positionen. Die eine wollte Schleswig in einen **dänischen Nationalstaat** integrieren, die andere hatte das Ziel, Schleswig und Holstein einem (damals noch nicht existierenden) **deutschen Nationalstaat** anzuschließen. Zu einer Entscheidung kam es aber nicht.

Revolution

Dann erreichen wir das Jahr 1848, Revolutionsjahr. Selbst im bedächtigen Norden breitete sich umstürzlerisches Gedankengut aus. Eine neu gegründete **schleswig-holsteinische Landespartei** griff zur Selbsthilfe und bildete am 24. März 1848 eine provisorische Regierung. Forderungen wurden gestellt, Reden gehalten und Fäuste geschwungen. Das ließen sich die Dänen nicht bieten, es gab wieder einmal **Krieg.** Es dauerte vier lange Jahre, bis 1852 die sieben stärksten Nationen den Streit vertraglich lösten. Im Kern musste der dänische König anerkennen, dass das Herzogtum Schleswig kein Bestandteil des dänischen Königreiches mehr war, aber die Dänen dennoch dort regierten.

Preußen

Dann kam **Otto von Bismarck.** Er taktierte und verfolgte eine neue Idee, die Eingliederung der Herzogtümer Schleswig und Holstein in den preußischen Staat. Das konnte nicht ohne Krieg funktionieren, und so kam es, wie es kommen musste. 1864 wurde die Eider von preußischen Truppen überschritten, und mit der Erstürmung der Düppeler Schanzen (im heutigen Dänemark bei

Sønderborg) waren die **Dänen geschlagen.** Es folgte ein Friedensvertrag, in dem die Grenzen neu gezogen wurden.

Zunächst verwaltete Preußen gemeinsam mit Österreich die beiden Herzogtümer, eine endgültige Entscheidung über den abschließenden Status wurde vertagt. Es dauerte noch zwei Jahre, dann beschloss der preußische König am 24. Dezember, dass Schleswig und Holstein ab 1867 der preußischen Monarchie unterstellt werden. Somit wurde das Ergebnis von 1460, als Schleswig und Holstein an Dänemark fielen, endgültig umgedreht.

Es gab einige Änderungen für die Bürger, so wurde die allgemeine Wehrpflicht eingeführt, ein neues Steuersystem erlassen und der Anschluss an den Zollverein beschlossen. Dadurch wurde der Handel mit den skandinavischen Ländern allerdings erschwert. Auch das Rechtssystem wurde neu definiert, alte Systeme, die jahrhundertelang galten, über Bord geworfen. Aber es gab auch erkennbare Fortschritte, Straßen wurden gebaut, Eisenbahnverbindungen geschaffen, der Nord-Ostsee-Kanal durchs Land getrieben. Wirtschaftlich ging es dem Land gar nicht schlecht, die Protesthaltung der Bevölkerung nahm ab. Nicht aber im **nördlichen Schleswig,** hier fühlten sich noch viele Bürger als Dänen.

Volksabstimmung in Schleswig

Der **Erste Weltkrieg** brachte Leid und Elend über Europa, aber auch entscheidende Veränderungen im deutsch-dänischen Verhältnis. Im Versailler Vertrag wurde festgelegt, dass es zu einer Volksabstimmung kommen sollte. Die Bewohner in Nordschleswig sollten darüber abstimmen, ob sie zum Königreich Dänemark oder zum Deutschen Reich gehören wollten. Im Frühjahr 1920 wurde in **zwei Zonen** abgestimmt. Zone 1 reichte etwa 50 km ins heutige Dänemark hinein (bis Harderslev), Zone 2 teilweise 30 km ins heutige deutsche Gebiet. Die Abstimmung fiel weitestgehend einheitlich aus, Zone 1 wählte dänische, Zone 2 deutsche Zugehörigkeit. Ausnahmen waren die Städte Tondern, Sonderburg und Apenrade, aber die Mehrheit zählte nun mal.

Die südliche Grenze der Zone 1 war damit zur **neuen Staatsgrenze** geworden und die Grenze erneut verschoben. Gleichzeitig entstanden auf beiden Seiten Minderheiten, aber sowohl Dänen als auch Deutsche gewährten ihnen weitgehende Freiheiten und Unterstützung. 1920 wurde sogar ein Deutscher ins Folketing, die dänische Abgeordnetenversammlung, gewählt.

Kieler Matrosenaufstand, Weimarer Republik und Nationalsozialismus

Kieler Matrosenaufstand

Gegen Ende des Ersten Weltkrieges gingen vom schleswig-holsteinischen Kiel Ereignisse mit **großer Tragweite** für das **deutsche Kaiserreich** aus. **30. Oktober 1918** – der Erste Weltkrieg ist verloren, Deutschland will und muss kapitulieren. Die Leitung der Marine versucht dagegen, die Flotte noch ein letztes Mal zu einer **Entscheidungsschlacht gegen England** zu schicken. Die Offiziere sehen dies als eine Frage der Ehre an, der Offiziersehre natürlich, denn Mannschaftsdienstgrade wurden gar nicht erst gefragt. Die aber weigern sich. Heizer löschen die Kessel der Schiffe, sodass diese nicht auslaufen können. Die **Meuterei** findet in Bremerhaven statt. Die Anführer werden daraufhin festgesetzt, fünf Schiffe nach Kiel verlegt. Man hofft, dass sich die Lage so beruhigt, doch weit gefehlt. Jetzt meutern auch die Kieler Matrosen. In der Innenstadt versammeln sich vor dem Gewerkschaftshaus erste Demonstranten und fordern die **Freilassung der Gefangenen** und auch gleich die **Abschaffung des Militarismus.**

Am **2. November** kommen etwa 600 Männer vor dem Gewerkschaftshaus zusammen, und am nächsten Tag versammeln sich etwa 5000 Menschen in der Kieler Innenstadt, darunter viele Matrosen, und marschieren zur Arrestanstalt, wo es zu Schießereien kommt. Ergebnis: sieben Tote und 29 Verletzte. Das empört die Menschen nur noch mehr, die Proteste weiten sich aus, immer mehr Matrosen meutern. Tatsächlich werden die meisten Gefangenen freigelassen. Aber der Zorn wächst. Aus Berlin reist der **Sozialdemokrat Gustav Noske** an und versucht, die aufgebrachte Menge zu beruhigen. Die wichtigsten Gebäude der Stadt sind derweil von Aufständischen besetzt.

Am **5. November** bilden sich Arbeiter- und Soldatenräte. Auf allen Kriegsschiffen bis auf einem weht nun die rote und nicht mehr die preußische Kriegsflagge. Zwei Tage später beruhigt sich durch Vermittlung von *Gustav Noske* die Lage in Kiel wieder. Die revolutionäre Idee aber pflanzt sich fort, erreicht andere Städte und Regionen, u.a. auch, weil viele der Matrosen Kiel verlassen und per Zug in ihre Heimatregionen fahren. Mehrere Fürsten müssen abdanken. Am **9. November** passiert dann in Berlin Großes, denn **Kaiser Wilhelm II.** dankt ab und *Philipp Scheidemann* ruft die **erste deutsche Republik** aus. Das deutsche Kaiserreich ist am Ende, und ausgelöst wurde dies durch eine Weigerung von Matrosen im hohen Norden, sich in den Tod schicken zu lassen.

Weimarer Republik und Nationalsozialismus

Trotz aller Umwälzungen blieb Schleswig-Holstein preußische Provinz. Die neue umstürzlerische **Links-Bewegung** konnte zwar die ersten Wahlen als stärkste Partei gewinnen (SPD 45,7 %), aber die alten Eliten aus der Kaiserzeit behielten vielfach ihre Macht. Es kam zu ständigen Konfrontationen und Straßenkämpfen, bei denen viele Menschen starben. Insbesondere die Landbevölkerung wollte keine Veränderungen. Auch die **Verschiebung der dänischen Grenze** brachte große Unzufriedenheit, wobei die Schuld den fernen Politikern der Weimarer Republik zugeschoben wurde.

Wirtschaftlich ging es dem Land **nicht gut,** die Marine und die Werften fielen als Arbeitgeber weitestgehend aus,

⊡ Das Marine-Ehrenmal in Laboe, einst den im Ersten Weltkrieg gefallenen Marine-Soldaten gewidmet die Landwirtschaft, die zumeist aus Kleinbetrieben bestand, bekam in der Inflationszeit in den 1920er-Jahren große Schwierigkeiten. Und als es Deutschland nach dem Ersten Weltkrieg wieder erlaubt wurde, internationale Handelsverträge zu schließen und auch landwirtschaftliche Produkte zu importieren, gerieten viele heimische Bauern noch stärker unter wirtschaftlichen Druck. Etliche Bauern mussten aufgeben, es kam zu Zwangsversteigerungen. Es brodelte unter den Bauern und daraus entwickelte sich die **„Landvolkbewegung“**, die sich teils mit Gewalt gegen „den Staat“ wehrte, der ihnen – so die damalige Lesart – ihren Grund und Boden wegnahm, beschrieben im Roman „Bauern, Bomben, Bonzen“ von *Hans Fallada*.

In diesem Klima konnte die **NSDAP** ab 1928 schnell Fuß fassen. So gab es im ganzen Land eine generelle **Zweiteilung:** Die Arbeiterschaft in den Städten wählte eher linke Parteien, Bauern und Landbevölkerung unterstützten die NSDAP ab 1930 massiv, bei den Reichstagswahlen wurde sie mit 27 % zweitstärkste Partei im Land hinter der SPD. 1932 errangen die Nazis sogar 51 %, den höchsten Wert in ganz Deutschland und 1933, bei den letzten Wahlen, lag die Zustimmung sogar bei 53 %. Danach wurden überall in Schleswig-Holstein die wichtigsten Posten mit Nazi-Anhängern besetzt.

1937 gestalteten die Nazis mit dem **„Groß-Hamburg-Gesetz“** das Hamburger Stadtgebiet völlig neu. Drei bis dahin selbstständige Städte (Altona, Wandsbek und Harburg) wurden in Hamburg eingemeindet. Mit Altona verlor Schleswig-Holstein eine Stadt,

Adobe.Stock©ExQuisine

erhielt aber mit Lübeck eine andere Stadt verwaltungstechnisch zugesprochen, wobei Lübeck nach 700 Jahren seine Selbstständigkeit verlor.

Nach der **Machtergreifung der Nazis** lebte die Werftindustrie vor allem in Kiel wieder auf, da dort Kriegsschiffe gebaut wurden. An der Nordseeküste wurde die Tradition der Landgewinnung durch Eindeichung und den Bau von Kögen stark gefördert, da dies im Sinne der Nazi-Ideologie war. Es gab einen Adolf-Hitler-Koog (heutiger Dieksanderkoog bei Friedrichskoog, knapp nördlich der Elbmündung), den *Hitler* auch einmal besuchte. Dort siedelten nur ausgesuchte und überzeugte Nationalsozialisten. **In den Kriegsjahren** wurden Zwangsarbeiter in der Landwirtschaft und auf den Werften eingesetzt, es gab auch Konzentrationslager in Schleswig-Holstein (Kaltenkirchen, Ladelund, Husum).

Von direkten Kriegshandlungen wurde das Land weitestgehend verschont, allerdings wurde die Stadt Kiel als Marinestandort massiv bombardiert. Auch Lübecks Altstadt wurde schwer bombardiert sowie einige weitere Städte. In der Schlussphase des Krieges flüchtete der *Hitler*-Nachfolger Großadmiral *Dönitz* nach Flensburg, wo er am 4. Mai 1945 die Kapitulation erklärte, worauf britische Truppen das Land besetzten.

Kriegsfolgen

Der Zweite Weltkrieg endete offiziell in Flensburg mit der Kapitulation von Großadmiral *Dönitz,* dem Nachfolger *Hitlers.* Allzu große **Schäden** wurden in Schleswig-Holstein nicht registriert, allerdings wurde Kiel zu mehr als 60 % zerbombt, auch Lübeck erlitt große Zerstörungen.

Nach Kriegsende kamen Hunderttausende von **Flüchtlingen** aus den ehemaligen Ostgebieten ins Land. Eine Statistik spricht von 1,1 Mio. Flüchtlingen, dies entsprach in etwa der damaligen Bevölkerungszahl Schleswig-Holsteins. Durch diesen massiven Zustrom und wegen der allgemein schlechten Lage kam es überall zu Spannungen. Flüchtlinge wurden zwangsweise in Häusern und Wohnungen einquartiert, was die Spannungen nur noch erhöhte. Auch die Landwirte erhielten Einquartierungen, standen aber meist durch die eigene Lebensmittelproduktion etwas besser da. Wichtigstes Ziel der britischen Besatzung war dann auch, Wohnraum zu schaffen und die Versorgung zu gewährleisten, weswegen sie aus pragmatischen Gründen oftmals auf die alten Verantwortlichen zurückgriffen.

Land Schleswig-Holstein

Das Land war von den **Briten** besetzt, und die setzten bereits am 7. Februar 1946 wieder einen provisorischen Landtag ein. Vier Monate später wurde eine **vorläufige Verfassung** des Landes Schleswig-Holstein formuliert und von den Briten akzeptiert. Am 23. August 1946 verfügte die britische Militärkommandantur, dass die Provinzen des Landes Preußen (also auch Schleswig-Holstein) den Status eines Landes bekommen. Dies ist die Geburtsstunde des späteren **Bundeslandes** Schleswig-Holstein. 1947 wurde erstmals der Landtag gewählt.

Aufschwung

Der **Wiederaufbau** in Schleswig-Holstein nach dem Zweiten Weltkrieg beinhaltete vor allem, die Landwirtschaft zu organisieren, die Flüchtlinge zu integrieren, Wohnungen zu bauen und das völlig zerstörte Kiel zu erneuern. Bei folgenden Wahlen erreichten Parteien wie der BHE (Bund der Heimatvertriebenen und Entrechteten) beachtliche Erfolge. Von Anfang an aber regierte die CDU, und zwar 38 Jahre lang, bis sie 1988 in die Opposition gehen musste. 1967 konnte die rechte NPD vier Abgeordnete in den Landtag bringen, die Grünen schafften es erst 1996. Seit den Anfängen konstant dabei ist dagegen der SSW, der Südschleswigsche Wählerverband, der die Rechte der dänischen Minderheit vertritt, aber auch von der 5 %-Hürde befreit ist.

Das Land richtete sich ein, wirtschaftlich ging es einigermaßen, der Tourismus und die Möglichkeit für viele Schleswig-Holsteiner, in Hamburg zu arbeiten, brachten bescheidenen Wohlstand.

Parteien und Affären

Die Politik wurde lange von der CDU geprägt, aber 1988 erschütterte die sogenannte **Barschel-Affäre** das Land. „Der Spiegel" veröffentlichte die Vorwürfe des ehemaligen Pressereferenten von Ministerpräsident *Barschel,* dass dieser im Wahlkampf unlautere Methoden angewandt hätte, um an der Macht zu bleiben. Insbesondere SPD-Kandidat *Björn Engholm* wäre das Ziel gewesen. *Barschel* trat zurück vom Amt des Ministerpräsidenten und gab die Ehrenwort-Konferenz. Neun Tage später wurde er in einem Schweizer Hotel tot aufgefunden. Die offizielle These vom Selbstmord wird von seiner Familie bis heute angezweifelt.

Darauf kam es zum Machtwechsel, **Björn Engholm** wurde erster SPD-Ministerpräsident des Landes. Aber auch ihn holte die Affäre noch ein, denn *Engholm* musste eingestehen, dass er schon früher über die Machenschaften gegen ihn Bescheid gewusst, aber darüber nicht die Wahrheit gesagt hatte. Die Folge: Rücktritt von Parteivorsitz und der möglichen Kanzlerkandidatur.

Nachfolgerin wurde die lange sehr beliebte **Heide Simonis,** die mehrfach die Wahl gewann, aber 2005 etwas unwürdig abtreten musste. Nach den Landtagswahlen 2005 kam es zu einer Patt-Situation. Die rot-grüne Koalition unter *Simonis* wollte eigentlich weiter regieren, toleriert vom SSW, der Partei der dänischen Minderheit. Aber bei der Wahl zur Ministerpräsidentin fiel die langjährige Regierungschefin viermal durch, es fehlte ihr jeweils eine Stimme aus dem eigenen Lager. Noch heute ist der sogenannte „Heide-Mörder" nicht bekannt.

Als Folge der Abwahl bildete sich eine **Große Koalition** unter Führung von *Peter Harry Carstensen* (CDU), der sich durch seine herzliche, zupackende Art viele Sympathien eroberte. Im Mai 2022 wurde zuletzt gewählt, gewonnen hat wie 2017 die CDU mit *Daniel Günther*, der daraufhin eine Koalition mit den Grünen aushandelte.

Mentalität und Bräuche

Aus den verschiedenen Stämmen, die sich über lange Jahrhunderte in Schleswig-Holstein niedergelassen haben, destillierte sich ein Menschenschlag heraus, der von der Natur geprägt ist und vielfach noch heute im ländlichen Raum ansässig ist. Die Schleswig-Holsteiner schauen mit **Stolz** in die Welt, aber auch mit **Gelassenheit.** Sie posaunen nicht gleich alles hinaus, neigen nicht unbedingt zu Überschwang. Ähnlich wie die Landschaft bietet auch die Seelenlandschaft des „gemeinen Holsteiners" **keine Extreme:** bodenständig, maßvoll, vielleicht manchmal etwas schroff, aber meist lieblich.

In der Kommunikation ist man freundlich-distanziert, aber immer verlässlich. Ein „Jo!" ist verbindlicher als jeder Vertrag – darauf kann man bauen! Man „sabbelt" nicht lange um den heißen Brei herum, kommt rasch zum Wesentlichen. „Das ist ein Schnacker!", gilt als abfälliges Urteil für jemanden, der viel redet und wenig tut. Kann ja eigentlich keiner aus der Gegend sein.

Wenig blumig ist auch der **Humor:** trocken, manchmal derb, aber niemals verletzend gemeint. Im Gegenteil, wenn man seinem Gegenüber mal eine Spur direkter kommt, kann der Angesprochene davon ausgehen, dass er akzeptiert ist.

Wer sich nicht recht einordnen will, den lässt man auch in Frieden einen guten Mann sein. Nur am Dorffest müssen alle teilnehmen, hilft nichts. Und auch in die Feuerwehr eintreten, wenigstens als passives Mitglied. Nicht, dass sonst nicht gelöscht würde, aber besser is' das schon.

Friesische und Dithmarscher Traditionen

Biikebrennen

Heimatvereine versuchen friesische Bräuche und Traditionen ins 21. Jh. hinüberzuretten. Dazu gehört auch das Biikebrennen, das alljährlich am 21. Februar veranstaltet wird. Große Stapel von Busch, Stroh und Tannenbäumen werden Tage vorher aufgeschichtet und unter großer Teilnahme verbrannt. Auf diese Weise wird **Abschied genommen vom Winter.** Die Flammen sollen aber auch reinigen, so beispielsweise von Krankheit und Streit. Außerdem versinnbildlichen sie Fruchtbarkeit und Liebe, symbolisiert durch einen gemeinsamen **Sprung** über die heruntergebrannte Biike. Nicht zuletzt verabschiedeten sich mit diesem Brauch früher die Fischer und Seeleute, die im Frühjahr wieder aufs Meer hinausfuhren. Kein Biikebrennen, das nicht mit einem üppigen und deftigen **Grünkohlessen** ausklingt.

Boßeln

Boßeln ist ein **Mannschaftsspiel,** das in der freien Natur gespielt wird, vor allem an der Westküste, aber auch im restlichen Land. Bei dem Spiel werfen zwei Mannschaften von etwa vier oder fünf Spielern eine **kleine, mittelschwere Kugel** über eine bestimmte Strecke. Richtig

„geworfen" wird die Kugel nicht, sondern geschleudert, in etwa so, als ob man einen Anlauf wie beim Speerwerfen nimmt und dann wie ein Diskuswerfer eine (hoffentlich) halbwegs elegante Drehung hinlegt und schließlich die Kugel fortschleudert. Das Ganze geschieht über Felder und Wiesen oder entlang einer Straße. Grundsätzlich wird an der Westküste und auch in Ostfriesland im Winter gespielt. Da kann man dann schön über die gefrorenen Felder ziehen und jeden gelungenen Wurf mit einem anständigen **Schluck aus der Buddel** würdigen. Am Ende jedenfalls wartet immer eine gemütliche Kneipe auf alle Boßler, in der man sich bei Grünkohl und Schnaps wieder aufwärmt und die Würfe im Nachhinein immer länger werden.

Julbogen

Der **Weihnachtsbaum der Friesen** wird auch Julbogen genannt. Es handelt sich um ein Holzgestell mit etlichen Querstäben, das außen zumeist bogenförmig von Buchsbaum geschmückt wird. An den Querstäben hängt traditioneller Weihnachtsschmuck oder Gebäck.

Maskenlaufen

Das Maskenlaufen findet am **Silvesterabend** statt. Kleine Gruppen von maskierten und fantasievoll verkleideten Kindern (oder Erwachsenen) ziehen von Haus zu Haus. Sie **rummeln,** machen **Lärm** mit einer alten Schweinsblase (heute eher Trommeln oder Zigarrenkisten) und singen ein Lied. Damit erbitten sie eine milde Gabe, die bei Kindern aus Nüssen und Äpfeln besteht, bei Erwachsenen aus *Köm,* Schnaps. Aber wehe, jemand gibt zu wenig! Dann folgt unweigerlich ein Spottreim auf den Geizhals, und den will natürlich niemand über sich hören. Diese Tradition ist auch im übrigen Schleswig-Holstein bekannt als **Rummelpottlaufen.**

Ringreiten

Ringreiten ist ein über 200 Jahre alter Brauch, der vor allem an der Westküste gepflegt wird und mittlerweile sogar Teil des immateriellen Kulturerbes der Unesco ist. Der Reiter muss versuchen, einen kleinen Ring von 2 cm Durchmesser, der zwischen zwei Stangen aufgehängt ist, mit einer Lanze zu treffen. In vollem Galopp! Etwa 200 Vereine mit 5000 Mitgliedern gibt es, die sogar eine Landesmeisterschaft austragen.

Plattdeutsch und Friesisch

Das **Niederdeutsche** (auch Plattdeutsch oder Plattdü(ü)tsch genannt) war etwa vom 13. bis 16. Jh. eine der wichtigsten Sprachen in Nordeuropa, es war Handelssprache der weit verzweigten Hanse. Die Hanse ging unter, die Sprache blieb erhalten, über Jahrhunderte sprach man in Norddeutschland Niederdeutsch.

Hochdeutsch kam nur ganz langsam auf, zunächst in den Städten. Beschleunigt wurde diese Tendenz, seit Kinder in den Schulen auf Hochdeutsch unterrichtet wurden. Hochdeutsch wurde Schriftsprache, während die Handwerker, Seemänner und Kneipenhocker weiterhin Platt sprachen. Hochdeutsch galt als die feinere Sprache. In den Städten sprach man immer seltener Platt.

Wie viele Menschen heute noch Platt sprechen, ist nicht genau bekannt. An der Küste ist es verbreitet, aber mehr in den Dörfern als in den Städten. In Lübeck oder Kiel spricht die Jugend selten Platt, die Älteren aber sehr wohl. In den Dörfern sieht es noch anders aus, dort wächst die Jugend sozusagen zweisprachig auf.

Plattdeutsch ist keine schwere Sprache, mit ihr kann man viele Sachverhalte **knapp und bündig** ausdrücken. Und sie klingt **gemütlich,** selbst derbe Beleidigungen werden auf Platt abgemildert. Wer zum ersten Mal an die Küste kommt

Die Sylter Polizei zeigt sich zweisprachig

867sc-mux

und zwei Fischer Platt schnacken hört, wird wohl kaum etwas verstehen.

Hier ein paar Tipps zum Mitschnacken: **„Moin, moin"** ist ein Allerweltsgruß, je weiter man nach Norden kommt, desto verbreiteter ist er als Guten-Tag-Ersatz. Zuerst stutzt man sicherlich, wenn kurz vor der Tagesschau jemand mit „Moin" grüßt, aber eine verbreitete These besagt, dass *moi* „gut, schön" bedeutet, man sich also einen „Schönen Guten" wünscht. Und die Gelassenheit drückt sich gern mit *immer sutsche* aus – „schön ruhig, keine Panik", in etwa so bewegt sich der Schleswig-Holsteiner.

Schleswig-Holsteiner sind ruhige Genossen. Wenn sie sich was zu sagen haben, dann meist ohne Schnörkel, eben direkt ins Gesicht. Auf Platt klingt das aber halb so schlimm. Ein *Schietbüdel* wird nie übersetzbar sein, denn dann würde aus dem plattdeutschen Kosewort eine hochdeutsche Beleidigung, nämlich „Scheißbeutel" – brrr, wie das klingt!

Beispiel aus dem Alltag

Wer in eine kleine **Dorfkneipe** kommt, hat manchmal nicht viel Auswahl an Sitzmöglichkeiten. Vielleicht sind alle Tische besetzt, vielleicht ist gerade noch ein Eckchen am Tresen frei. Egal, wo man sich niederlässt, eine schleswig-holsteinisch-kurze **Begrüßung** muss sein. Dazu dreimal kurz auf den Tisch klopfen und einfach sagen: „Ik mok mol so" (Ich mach mal so), das kürzt das Begrüßen ab, man muss nicht jedem Einzelnen die Hand geben, nicht lange „sabbeln" – und wird sofort als Kenner ausgewiesen.

Zwei Sätze sind noch wichtig für das Überleben am Tresen: „Gif mi noch'n Lütt un Lütt" (Gib mir noch ein Kleines und einen Kurzen), gemeint ist ein kleines Bier und ein Schnaps. Der andere Satz lautet: „Gif mi noch een ut de Buddel" (Gib mir noch einen aus der Schnaps-Flasche). Und wer aus guter Laune heraus eine Runde Schnaps ausgibt, der muss diesen „freigeben", also zum Trinken auffordern. Dazu genügt eigentlich „Prost", aber plattdeutscher wäre „Nich' lang schnacken – Kopf in Nacken".

Friesisch

Etwa 50.000 Menschen entlang der Nordseeküste rechnen sich heute zu den **Nordfriesen,** aber nur jeder Fünfte beherrscht noch die friesische Sprache. Damit sich diejenigen, die das Friesische noch sprechen, gleich erkennen, stecken sich manche einen kleinen Silberknopf ans Revers.

Friesisch ist eine **eigenständige Sprache des Westgermanischen,** es hat mehr Gemeinsamkeiten mit der englischen Sprache als beispielsweise mit dem Plattdeutschen.

Friesisch zerfällt in mehrere **Dialekte,** die derart voneinander abweichen, dass sich die Sprecher untereinander nur schwer verständigen können. Auf Sylt wird **Söl'ring** gesprochen, auf Helgoland **Halunder,** auf Föhr dagegen **Fering** und auf Amrum **Öömrang.** Neben den Dialekten auf den Inseln gibt es noch wenigstens sechs Dialekte auf dem Festland. Um Niebüll wird **Bökingharder** gesprochen, während weiter nördlich, bei Klanxbüll, das **Wiedingharder** vor-

Plattdeutsch – eine kleine Sprachhilfe

Wen es erstmalig nach Norddeutschland verschlägt, der wird vielleicht manches Mal etwas verständnislos den Gesprächen der „Eingeborenen" lauschen und möglicherweise nur „Bahnhof verstehen". Das ist auch kein Wunder, beispielsweise folgenden, nicht untypischen Monolog, der die Küstenbewohner ein wenig charakterisiert, muss man nicht auf Anhieb verstehen:

Dat schall ober Minschen geben, de dat Stormwedder besonners geern möögt. De fort in Harvst an de See un freut sik, wennt so richdich störmt un jüm de stiebe Wind um de Ohrn haut. „Sleech Wedder gifft dat nich," seggt se, „ober falsche Kledasch." Un wenn denn noch'n poor nördliche Grogs mit wenich Woter achter de Binn kippt ward, kannt nich mehr schöner warrn.

Na, etwas verstanden? Falls doch nicht: Die „Übersetzung" steht rechts unten.

Platt ist weit verbreitet, mit einigen Begriffen wird auch ein Quiddje („Zugereister" – ein Hamburger Schnack) immer mal wieder konfrontiert werden. Damit es Ihnen nicht nur spanisch vorkommt, hier eine kleine Auswahl:

Achtern	hinten
Adjüüs	Tschüss
Appeln	Äpfel
Beer	Bier
Börgermeister	Bürgermeister
Bug	vorderer Teil vom Schiff
Deern	Mädchen
Dokter	Arzt
Dörpstrot	Dorfstraße
Duckdalben	Pfahl, an dem Boote festmachen
Eerdbeern	Erdbeeren
Fleesch	Fleisch
Fofftein moken	(Fünfzehn machen) Pause einlegen

270ns mf

Füürwehr	Feuerwehr
Gewidder	Gewitter
Goden Dag ok	Guten Tag auch
Gröönhöker	Gemüsehändler
Heck	hinterer Teil vom Schiff
Hitten	Hitze
Höker	Kaufmann
Kantüffeln	Kartoffeln
Kark	Kirche
Karkhoff	(Kirchhof) Friedhof
Kiek mol wedder in	Schau mal wieder rein
Klöben	Gebäck mit Rosinen
klönen	plaudern, reden
Klönschnack	ruhige Unterhaltung
Köm	(Kümmel) Schnaps
Kröger	Gastwirt
Krog	(Krug) Gastwirtschaft
de Luft ward bruddich	die Luft wird schwül
Melk	Milch
Moin moin	Guten Morgen/Tag
Muster	Senf
neerich	geizig
Paster	Pastor
Putz	Polizist
Putzbüdel	Frisör
Reet	zum Dachdecken genutztes getrocknetes Schilf
Rundstückn	(Rundstück) Brötchen
schnacken	reden, unterhalten
Schüün	Scheune
Slachter	Schlachter
Sommerdach	Sommertag
Sprütenhuus	Spritzenhaus
de Sünn schient	die Sonne scheint
sutsche	schön langsam
Stuten	Weiß- oder Rosinenbrot
dat is noch lang keen Schiet	(das ist noch lange kein Scheiß) das ist gut, so muss es sein
Schietbüdel	(Scheißbeutel) Kosewort für Kinder

„Es geht uns gut auf unsere alten Tage" – Wahlspruch der drei ehemaligen Eiderstedter Inseln

Na, mal einen zarten Versuch der Kommunikation wagen?
„Moin moin, wo geid?" „Hallo, wie geht's?"

Die Antwort wird trocken ausfallen:
„Mut jo!" „Muss ja!"

Damit ist alles gesagt, jetzt wäre das Wetter als Thema dran, und damit kommen wir zur Übersetzung des Monologes von oben:

Es soll aber Menschen geben, die das Sturmwetter besonders gerne mögen. Sie fahren im Herbst an die See und freuen sich, wenn es so richtig stürmt und ihnen der steife Wind um die Ohren haut. „Schlechtes Wetter gibt es nicht", sagen sie, „aber falsche Kleidung." Wenn dann noch ein paar nördliche Grogs mit wenig Wasser hinter die Binde gekippt werden, kann es nicht mehr schöner sein.

Buchtipp: Der Autor hat zusammen mit seinem Vater ein Buch zum Thema Plattdeutsch geschrieben. Es ist als Band Nr. 120 der Reihe Kauderwelsch im Reise Know-How Verlag erschienen. Titel: **„Plattdüütsch – das echte Norddeutsch".** Humorvoll wird den Plattdeutschen aufs Maul geschaut, deren Charakter beleuchtet und ein Einstieg in die Geheimnisse der plattdeutschen Sprache gegeben.

herrscht, weiter südlich **Goesharder,** das sich abermals unterteilt.

Sprachunterschiede gibt es genug. So liest sich friesischer Nationalstolz auf Sylt: „Lewer duar üüs Slaav“, dagegen auf Amrum: „Liawer duad üüs slaaw“ (Lieber tot als Sklave). Selbst die Kennzeichnung, dass jemand Friesisch spricht, unterscheidet sich in den Dialekten: „Ma me koost Dü frash/friisk/fresk snååke“ (Mit mir kannst du Friesisch sprechen).

Das Friesische ist **vom Aussterben bedroht.** Was auch schon einem seiner Dialekte passierte: Das Südergoesharder (um Hattstedt, nördlich von Husum) gilt seit 1980 als ausgestorben.

Architektur

In den früheren **Bauernhäusern** fand das Leben und Arbeiten unter einem Dach statt. Es waren Mehrzweckgebäude, Mensch und Tier wohnten im selben Gebäude, außerdem wurden ein Teil der Ernte und das Heu oben gestapelt. Der Wohnbereich war meist relativ klein, mehr Raum nahmen Stallungen und Stapelplatz ein.

Generelle Unterschiede lagen in der Gestaltung der Häuser: In den nördlichen Landesteilen wurden sie eher lang gezogen gebaut, während die **Haubarge** in Eiderstedt an der Nordsee eher hoch aufragen. An der Küste und noch mehr auf den Nordseeinseln findet man teilweise noch heute den Typus des **uthlandfriesischen Hauses,** ein Reetdachhaus, das auf mächtigen Pfeilern ruht. In den Städten wurde lange Zeit Backstein als Baumaterial verwendet, sodass dort eine eigene Backsteinbaukultur entstand.

Mein Tipp: Einen guten Überblick über die verschiedenen Gebäudetypen bietet das **Freilichtmuseum Molfsee** bei Kiel, wo mehrere ehemalige Höfe und historische Gebäude originalgetreu wieder aufgebaut wurden (S. 306). Im **Landschaftsmuseum Angeln/Unewatt** kann man fünf regionaltypische Gebäude besichtigen (siehe Kapitel „Flensburger Förde“, S. 227).

Bauernhäuser an der Nordseeküste

Das Friesenhaus

Die Friesenhäuser wurden grundsätzlich um stämmige **Holzbalken** errichtet. Zunächst entstand eine Art Gerippe, eine **Ständer-Konstruktion,** erst danach mauerte man mit roten Backsteinen die Wände hoch. Das Dach bestand aus Reet. Sinn dieser Konstruktion war, einer **Sturmflut** zu trotzen. Bei besonders schweren Stürmen flüchteten die Bewohner in die obere Etage. Unten konnte das Wasser sogar die Wände eindrücken, das Haus blieb trotzdem auf den Balken stehen und die Bewohner waren (hoffentlich) in der oberen Etage sicher. Die dicken Balken wurden tief in den Boden eingegraben, der Abstand maß etwa 2,50 m (dieser Zwischenraum wird „Fach“ genannt).

Das gesamte Haus wurde generell in **Ost-West-Richtung** gebaut, so sollte dem Wind wenig Angriffsfläche geboten

> Friesenhaus auf Amrum

120sc mf

werden. Mensch und Tier lebten zumeist unter einem Dach, Stall und Wohnraum lagen unmittelbar nebeneinander.

Die charakteristischen **Spitzgiebel** über der Eingangstür erfüllten eine Fluchtfunktion. Sollte bei einem **Brand** das brennende Reet ins Haus fallen und die Wege zur Tür versperren, war oben noch ein zweiter Ausgang. Außerdem rutscht brennendes Reet immer an den Längsseiten des Hauses hinunter und nicht an der Giebelseite. Deshalb baute man die Tür an der Giebelseite.

Der Wohnraum bestand zumeist aus einem täglich genutzten **Wohnzimmer,** aus der **Guten Stube** (*Pesel* genannt – so heißen in einigen besseren Restaurants heute noch die Gasträume) und der **Küche** mit Speisekammer. Der vierte Raum war zur Unterbringung verschiedener Dinge vorgesehen, vereinzelt auch als Schlafraum für Mägde oder Knechte. Ein eigenes Schlafzimmer existierte zumeist nicht, die Betten waren als **Alkoven** in der Wand eingelassen. Meist wurde die kühle Außenwand gemieden. Die Schlafkammern waren klein, oft mussten sich mehrere Kinder eine teilen, und Erwachsene schliefen teilweise halb sitzend.

Da sich das Leben aufgrund des Klimas großteils im Innenbereich abspielte, waren die Häuser oftmals behaglich eingerichtet. Die Seefahrer brachten zwischen dem 17. und 19. Jh. kunstvoll bemalte **Kacheln** aus Holland mit, die später so manche Stube schmückten. Diese Kacheln, meist in Blautönen bemalt, zeigen entweder ein einzelnes Motiv oder ein zusammengesetztes, großflächiges.

Die Häuser wurden traditionell mit einer 30–35 cm dicken Schicht **Reet** gedeckt. Ein vernünftig gedecktes Haus hält ein Leben lang, heißt es, erst nach 60 Jahren muss Reet ausgetauscht werden. Typisch war auch die **Klöndöör** (die „Plauder-Tür"), die heute kaum noch gebaut wird. Früher gehörte sie zu jedem Haus. Eine Klöndöör ist zweigeteilt, die obere Luke kann unabhängig von der unteren geöffnet werden. Die Bewohner öffnen also die obere, lehnen sich hinaus und halten einen Schnack mit Nachbarn oder Passanten. Nicht fehlen darf ein **Friesenwall,** eine etwa einen Meter hohe Grundstücksgrenze aus aufeinandergesetzten Steinen, die heute zumeist mit Heckenrosen bewachsen sind.

MEIN TIPP: Auf der Insel **Sylt** kann man in Keitum ein typisches Altfriesisches Haus besichtigen. In **Niebüll** steht ein uthlandfriesisches Langhaus, in dem heute das Friesische Museum untergebracht ist (siehe S. 178). Ebenso stehen im **Freilichtmuseum Molfsee** bei Kiel zwei uthlandfriesische Häuser.

Der Haubarg

Speziell auf der **Halbinsel Eiderstedt** drückten die damaligen Bauern ihren Stolz im Bau eines **gewaltigen Hauses** aus, das Haubarg genannt wurde. „Je größer, desto reicher", ließen sie die Häuser sprechen. Die Haubarge kamen etwa im 15. bis 17. Jh. durch die Holländer an die Westküste.

Bis dahin bauten die Bauern anders, errichteten ihre Häuser hauptsächlich in Langbauform. Der Haubarg hat eine andere Form. Er besteht im Wesentlichen aus einem **großen, zentralen Raum,** der zum Stapeln von Heu *(Hau)* und Stroh genutzt wurde und daher ziemlich hoch ist. Mächtige Holzpfeiler stützen die umliegenden Wände und das Dach. Die Ernte wurde bis unters Dach gestapelt.

Um diesen zentralen Raum gruppierten sich der **Wohnbereich** des Bauern, manchmal auch die Stuben der Knechte und Mägde, auf jeden Fall die Küche und auch die Ställe. So waren Mensch, Tier und Ernte unter einem Dach untergebracht. Im Fall von Sturmfluten konnte man in eine höhere Etage flüchten.

Charakteristisch ist auch das an drei Seiten fast bis auf den Boden reichende **Reetdach.** An der vierten Seite befindet sich das große **Einfahrtstor,** das einen beladenen Wagen durchlassen kann.

MEIN TIPP: Der größte Haubarg kann besichtigt werden, der **Rote Haubarg** steht auf der Halbinsel Eiderstedt bei Witzwort (S. 134). Auch im Freilichtmuseum Molfsee steht ein Haubarg.

Bauernhäuser im nördlichen Ostseeraum

Ganz im Norden und an der nördlichen Ostsee sowie auch in Dänemark findet man geschlossene oder fast geschlossene Höfe, genannt **Vierseithof** oder **Dreiseithof.** Das sind flache Hofgebäude, die um einen Innenhof errichtet wurden und so ein geschlossenes Viereck oder eine U-Form bildeten. Die einzelnen Räume und die großen Stallungen waren vom Innenhof zugänglich. Dort fand sich auch ein Brunnen, der als Süßwasserspeicher diente.

MEIN TIPP: Im **Freilichtmuseum Molfsee** bei Kiel steht ein Dreiseithof.

Gutshöfe und Herrenhäuser in Ostholstein

Gutshöfe und Herrenhäuser konzentrieren sich im Osten und Südosten des Landes, was mit der ehemals dort herrschenden Leibeigenschaft zusammenhängt. Ganz im Gegensatz zu den freien Dithmarschern und den – teilweise – freien Friesen war die Lage der Menschen in Ostholstein lange Zeit ganz anders. An der Westküste hatten die Bauern nur Hand- und Spanndienste zu leisten, in Dithmarschen herrschten sogar lange Zeit wohlhabende Großbauern, während die Friesen sich schon frühzeitig verstärkt der Seefahrt zuwandten. In Ostholstein dagegen stehen noch heute viele **große landwirtschaftliche Höfe,** Gutshöfe oder gar **adelige Herrenhäuser.** Ab dem Jahr 1111, während der Regentschaft der Schauenburger, war die Region Schauplatz etlicher Kriege. Die Grafen wurden in den Schlachten von zahlreichen Rittern unterstützt, denen **als Belohnung Ländereien** versprochen wurden, u.a. in Ostholstein, das damals noch von slawischen Stämmen bewohnt wurde. Als diese Gegend schließlich erobert war, wurden die Ländereien verteilt.

Natürlich ging der Ritter nicht selbst aufs Feld. Ein Ritter („Reiter") war seinem Grafen nur zu „Rossdienst" verpflichtet, das heißt, im Kriegsfall musste er eine berittene Truppe stellen. Er selbst war von Steuerzahlungen befreit und erhielt „Freihufe", einen **steuerfreien Hof.** Dafür musste er den Zehnten von den Bauern eintreiben, also ein Zehntel vom Ertrag aus Ackerbau und Viehzucht. Dieser Zehnte wurde hälftig an den Grafen und an den Bischof abgetreten. Die Bauern ihrerseits wurden nicht zum Kriegsdienst herangezogen, mussten aber „Hand- und Spanndienste" leisten. Letzteres bezeichnet die Arbeit mit Pferde- oder Ochsengespann.

1524 konnten die Gutsherren ihre Privilegien noch ausbauen. Da sie wieder einmal dem Grafen in einer Schlacht beigestanden hatten, verlangten (und bekamen) sie die **Patrimonialgerichtsbarkeit.** Mit diesem Privileg hatten sie die Macht, die bisherigen Pachtbauern zu **Leibeigenen** zu ernennen. Dieses System band die Bauern noch stärker an

Das Herrenhaus von Gut Hasselburg

den Gutsherren. Eine Flucht war durch das sogenannte „Schollenband“ verboten, das besagte, dass kein Bauer seine Heimat ohne Erlaubnis verlassen durfte.

Dieses System war über Jahrhunderte weit verbreitet, prägte aber Ostholstein ganz besonders. Eine Statistik aus dem Jahr 1730 verrät, dass es genau 157 Güter mit Leibeigenschaft gab, mit starker Konzentration im östlichen Landesteil. Weder die Dithmarscher noch die Friesen der Nordseeküste oder die Fehmarner waren dieser Fron unterworfen. 1805 wurde per Gesetz die Leibeigenschaft aufgehoben, aber die Gutshöfe blieben bestehen. Längst nicht mehr alle werden heute landwirtschaftlich genutzt; vielfach wandelte man die alten Herrenhäuser auf den Gütern um und richtete **neue Institutionen** ein, wie etwa Schulen, Pensionärsresidenzen oder Seminarräume.

Bauweise

Die Bauweise der adligen Gutshöfe hatte noch einen klar funktionalen Charakter. Die Ländereien, die der Herzog den Rittern als Dank für geleistete Waffendienste geschenkt hatte, lagen im ehemaligen Feindesland, im Gebiet der Slawen. Da mussten die Häuser vor allem Schutz bieten, und so wurde vorwiegend trutzig und **wehrhaft gebaut,** nicht selten in schwer zugänglichem Gelände, das von einem Wall oder Graben umgeben war.

Die Gebäude waren meist zweigeschossig. Die Herrschaften wollten auch durch neue Prachtbauten nach außen repräsentieren. So ließen sie lange **Linden- oder Eichenalleen** pflanzen, auf denen man sich der Gutsanlage näherte. An deren Ende empfing den Besucher ein aufwendig gestaltetes **Torhaus,** viele von ihnen sind heute noch zu bewundern. Diese Torhäuser waren mindestens zweigeschossig, sie trugen zumeist eine Uhr und einen Glockenturm.

Nach dem Passieren des Torhauses folgte der große, meist rechteckige **Innenhof.** Links und rechts erstreckten sich die langen Stallungen, zumeist Gebäude mit relativ niedrigen Mauern, aber hoch aufragenden Dächern. Genau gegenüber vom Torhaus stand das **Herrenhaus,** nicht selten ein wahrer Prachtbau. Speziell hier wird der Unterschied zu früheren Gutshäusern deutlich. Der Gutsherr des 18. Jh. wollte durch gediegene Wohnkultur beeindrucken, keine Spur mehr vom ehemaligen Trutzbau.

Man kann darüber streiten, ob derartige Prachtbauten nur unter dem System der Leibeigenschaft entstehen konnten; einiges spricht sicher dafür. Als es im 19. Jh. abgeschafft wurde, gingen auch wenig später die Sonderrechte des Adels verloren. Die Folge: Ein Gutsherr musste wirtschaften wie jeder andere Bauer auch. Da zeigte sich dann, dass ein großes Herrenhaus auch eine Belastung sein kann. Nicht wenige dieser Bauten fanden neue Besitzer und Bestimmungen. Manche wurden **stilvoll restauriert** und dienen heute u.a. als „Location“ während des sommerlichen **Schleswig-Holstein Musikfestivals** (was vermutlich auch den Beifall manch adeligen Ritters gefunden haben dürfte).

Die meisten noch existierenden Gutsanlagen befinden sich in Privatbesitz und können deshalb nicht besichtigt werden. Bestenfalls kann man von außen einen Blick auf die großen Häuser oder Torhäuser werfen.

MEIN TIPP: Das Torhaus von **Gut Seedorf** in der Holsteinischen Schweiz ist sehr fotogen. Das **Herrenhaus Hoyerswort** aus dem 16. Jh. in Oldeswort auf der Halbinsel Eiderstedt ist das stattlichste Herrenhaus der Westküste, es kann besichtigt werden (S. 134).

Backsteinbauten

Gebäude aus Backstein gibt es sehr viele in Norddeutschland, **ganze Städte** entstanden mehr oder weniger aus dem zumeist roten Ziegel, wie beispielsweise Lübeck. Man baute einfach alles aus diesem Material: Kirchen, Rathäuser, Klöster, Herrenhäuser, Stadttore, Handelshäuser, Kontore. Die Gebäude sind generell etwas schlicht gehalten, aber so manches Haus wurde mit Schmuckelementen verschönert, was man sehr gut in Lübeck beobachten kann.

Warum Backstein? Natursteine gibt es kaum im Land und die klobigen Steine der Ostseeküste wollte man nicht aufwendig bearbeiten, wobei genau dies aber doch teilweise passierte. Einfacher war es, die **Ziegel aus Ton und Lehm zu brennen.** Je nach Zusatz in der Mischung variierte die Farbe, sie fällt oft rötlich aus, manchmal fast schwarz, aber es gibt auch hellere, fast gelbe Töne.

MEIN TIPP: In der **Lübecker Altstadt** stehen zahlreiche Gebäude aus Backstein, herausragend sind der Dom, die St. Marienkirche, das Holstentor, das Burgtor, das Haus der Schiffergesellschaft. In **Flensburg** steht in der Innenstadt das Nordertor. In **Ratzeburg** wurde der gewaltige Dom aus Backstein gebaut. An der Ostsee baute man in **Neustadt** das Kremper Tor aus Backstein.

Das Nordertor in Flensburg

Schlösser in Schleswig-Holstein

Alle Schlösser können **besichtigt** werden.

- **Schloss Ahrensburg** (S. 496)
- **Schloss in Eutin** (S. 378)
- **Schloss Glücksburg** liegt sehr malerisch an einem kleinen See (S. 224)
- **Schloss Gottorf** in Schleswig ist heute ein großer Museumskomplex (S. 255)
- **Schloss vor Husum,** eine Dreiflügelanlage aus dem 16. Jh. mitten in der Stadt (S. 154)
- **Schloss in Plön** erhebt sich malerisch über dem Großen Plöner See (S. 358)
- **Schloss Reinbek** (S. 492)

WE LOVE
Colgate
PWA
NAISH

17 Anhang

< Internationaler Windsurfcup auf Sylt

Literaturtipps

Belletristik

- *Almstädt, Eva:* **Ostseefalle,** Bastei Lübbe, 2021. Ein Lübeck-Krimi mit viel Lokalkolorit. Bei der Sanierung eines Bauernhauses wird eine Leiche entdeckt. Pia Korittki ermittelt. Zeitgleich erleidet ihr Sohn einen Unfall, sie erkennt spät, dass es sich um eine Falle handelt. *Eva Almstädt* hat mit *Pia Korittki* eine sympathische Ermittlerin entwickelt, die mittlerweile in 16 Romanen, die alle in Lübeck oder im Umfeld der Ostsee spielen, auf Täterjagd geht. Schwungvoll und spannend geschrieben. Leser werden viele Straßen und Plätze wiedererkennen.
- *Bengtsson, Frans G.:* **Die Abenteuer des Röde Orm,** dtv, 2017. Die Lebensgeschichte des Wikingers *Röde Orm,* der mit wechselvollem Glück die Küsten von Córdoba bis Kiew unsicher macht, gibt tiefe Einblicke in die Historie und zeigt das raue Leben der Nordmänner.
- *Hansen, Dörte:* **Mittagsstunde,** Penguin Verlag, 2018. Nach ihrem fulminanten Erfolgsroman *Altes Land* folgt mit *Mittagsstunde* ein weiterer Roman, der hoch im Norden spielt. *Ingwer Feddersen* kehrt in sein Heimatdorf zurück, um seine alten Eltern zu pflegen, und erlebt nun wieder hautnah die Veränderungen, den Stillstand und den ländlichen Alltag. Es geht auch um Verlust, Abschied und Neubeginn. Wunderbar und sehr treffend werden die einzelnen Charaktere skizziert, man dürfte sie überall finden, denn dieses Dorf steht stellvertretend für viele.
- *Jacobs, Kay:* **Kieler Morgenrot,** Gmeiner Verlag, 2019. Historischer Krimi vor dem Hintergrund der Kieler Matrosenaufstände im Herbst 1918, die letztlich das Kaiserreich zum Einsturz brachten. In dieser

Zwei große Romane zu Schleswig-Holstein

- *Thomas Mann:* **Buddenbrooks** (Fischer, 2008) und *Siegfried Lenz:* **Deutschstunde** (Atlantik, 2017). Dies sind zwei Klassiker, die im hohen Norden spielen und die man vielleicht gerade bei einem Aufenthalt zwischen den Meeren (erneut?) lesen könnte/sollte.

Thomas Mann beschreibt in **Buddenbrooks** den Verfall einer einst erfolgreichen Kaufmannsfamilie im Lübeck des 19. Jahrhunderts. Er orientierte sich dabei stark an existierenden Personen, sowohl aus seiner eigenen Familie, als auch aus Lübeck, was ihm ziemliches Missfallen einbrachte. Das Buch ist ein sehr eindringlicher Roman, der ein Sitten- und Gesellschaftsbild einer gutbürgerlichen Lübecker Familie zeigt.

In **Deutschstunde** lässt Autor *Siegfried Lenz* seinen Protagonisten *Siggi Jepsen,* Insasse eines Heims für schwer erziehbare Jugendliche, eine Strafarbeit über die „Freuden der Pflicht" schreiben. *Siggi* fängt an zu schreiben und kann nicht mehr aufhören. Monatelang schreibt er ein Heft nach dem anderen voll, erzählt über den „nördlichsten Polizeiposten Deutschlands" (seinen Vater), der das von den Nazis verhängte Malverbot über den berühmten Maler *Max Ludwig Nansen* überwachen soll. Das Buch ist fest verankert in der nordfriesischen Landschaft, genau wie die im Buch handelnden Menschen und die Bildmotive des Malers, der unverkennbar an *Emil Nolde* angelehnt ist.

Zwei Romane, die vor ihrem kulturellen und geschichtlichen Hintergrund funktionieren, aber auch die unterschiedlichen Landschaften Schleswig-Holsteins zeigen: *Deutschstunde* die raue Nordsee mit ihren gelegentlich auch sturen Menschen, *Buddenbrooks* dagegen ist angesiedelt an der eher lieblichen Ostsee in der Handelsstadt Lübeck mit ihrem offenen Händler-Blick nach draußen, übers Meer und in ferne Länder. Die Menschen aber bleiben zugleich tief verwurzelt in ihren heimatlichen Traditionen.

aufgeheizten Lage, als Matrosen und Werftarbeiter sich gegen Offiziere und die Obrigkeit verbünden, werden drei Werftarbeiter tot aufgefunden. Sind es politische Aktivisten? Kriminalkommissar Rosenbaum ermittelt gegen diverse Widerstände. Gut gemachter Krimi, der Fiktion mit Historie verwebt.

■ *Kutschke, Svealena*: **Stadt aus Rauch,** Eichborn, 2017. Der 672-Seiten-Roman erzählt die Geschichte einer Familie in Lübeck über fast ein Jahrhundert. Ausgangspunkt ist die junge *Lucie*, die den Freitod ihrer Mutter in der Trave wundersamerweise überlebt, aber danach in tiefster Armut aufwächst. Die Geschichte zieht sich über drei Generationen, spannt den erzählerischen Bogen vom Kaiserreich bis in die 1990er-Jahre. Die Autorin bildet über ihre Figuren auch die deutsche Geschichte ab. Ein Werk von fast Buddenbrookschem Umfang. *Svealena Kutschke* erzählt wortgewaltig und stellenweise mit subtilem Humor. Sie formuliert vielfach Sätze, für die man als Leser fast Beifall klatschen möchte.

■ *Meister, Derek:* **Rungholts Ehre,** Blanvalet, 2005. Lübeck im ausgehenden 14. Jh.: *Rungholt*, ein beleibter und bärbeißiger Kaufmann mit einem dunklen Geheimnis und einem ausgeprägten Hang zum Bier, stapft durch das spätmittelalterliche Lübeck und sucht einen Mörder. *Derek Meister* beschreibt die Szenerie des damaligen Lübeck atmosphärisch unglaublich dicht. Man taucht als Leser sehr tief ins mittelalterliche Lübeck ein und wandert an *Rungholts* Seite über glitschiges Kopfsteinpflaster, hockt neben ihm auf knarzigen Bänken in stinkenden Pinten und schaut ihm bei Verhandlungen im Rathaus, wo der Hitzkopf regelmäßig ausrastet, über die Schulter.

■ *Spreckelsen, Timan:* **Das Nordseegrab,** Fischer, 2015. *Theodor Storm* einmal anders, nicht als berühmter Dichter, auch nicht als weniger bekannter Jurist, der er ja tatsächlich auch war, sondern als junger Ermittler. Zusammen mit seinem Schreiber *Peter Söt* versucht er das Rätsel um eine Leiche zu lösen. Erzählt wird die Geschichte aus Sicht *Söts*, einer etwas undurchsichtigen Figur, deren Charakter so angelegt ist, dass es fast zwingend weitere Fälle/Romane geben muss. Erschienen sind noch *Der Nordseespuk, Nordseeschwur* und *Nordseefalle*. Neben der spannenden Geschichte gibt der Autor auch sehr gute und eindringliche Einblicke in das Husum des 19. Jahrhunderts.

■ *Warschau, Kirstin:* **Fördewasser,** Piper, 2008. Kommissarin *Olga Island* wird nach vielen Jahren in Berlin zurück in ihre ungeliebte Heimatstadt Kiel versetzt. Kaum angekommen, wird eine Wasserleiche gefunden. Die resolute *Olga* untersucht den Fall, verfolgt Spuren und stößt immer wieder auf altbekannte, authentische Kieler Schauplätze.

Sachliteratur

■ *Irlenkäuser, Olaf* und *Lätzel, Martin*: **Schleswig-Holstein, Literaturland im Norden**, Wachholtz Verlag, 2021. Die beiden Herausgeber haben von 100 Autorinnen und Autoren Fragmente, kleinste Geschichten, Zitate, Gedichte, Beschreibungen zu hundert Orten in Schleswig-Holstein zusammengetragen. Gefunden wurden Aussagen von zeitgenössischen Literaten, Dichtern des vergangenen Jahrhunderts und auch von einer Dichterin der Barockzeit des 16. Jh. Sie alle sind mit ihren passgenauen Beschreibungen der Landschaften und Menschen zitiert. Fängt man erst einmal an zu blättern, kann man kaum noch aufhören. Staunt, welch illustre Namen in Schleswig-Holstein gewirkt haben oder zumindest fasziniert waren von Land und Leuten.

■ *Meier, Dirk:* **Die Halligen in Vergangenheit und Gegenwart**, Boyens, 2020. Ein äußerst kenntnisreiches Buch ausschließlich über die Halligen in Schleswig-Holstein. Beschrieben werden die Entstehung und Historie dieser kleinen Eilande in der rauen Nordsee, das harte Leben der Menschen, ihre Kultur und auch die Bedrohung durch die immer wiederkehrenden Sturmfluten. Reich bebildert und mit vielen detaillierten Karten versehen, taucht man lesend ein in diese ganz eigene kleine Welt.

■ *Meier, Dirk:* **Schleswig-Holstein, eine Landschaftsgeschichte,** Boyens, 2019. Sehr detailliert und mit vielen Fotos und Karten unterlegt der Autor die Entwicklungsgeschichte vom „Naturraum zur Kulturlandschaft". Eine sehr informative und faktenreiche Darstellung.

- *Schröder, Tim* und *Stock, Martin* (Fotos): **Wunderwelt Wattenmeer,** Delius Klasing, 2020. Ein schöner Bildband zu einem faszinierenden Biotop, dem Wattenmeer und seinen Bewohnern: Seehunden, Wattwürmern oder auch schön blühendem Halligflieder. *Martin Stock* zeigt beeindruckende Fotos, *Tim Schröder* erklärt in 15 Kapiteln das breite Spektrum Wattenmeer.
- *Trende, Frank:* **Literarische Reisen zwischen Nord- und Ostsee.** Boyens, 2009. Der Autor begibt sich auf die Spuren berühmter Dichter in Schleswig-Holstein, wie es im Untertitel heißt. Und man staunt nicht schlecht, wenn man erfährt, dass so bekannte Autoren wie *Jules Verne, Rainer Maria Rilke* oder *Heinrich Heine* in Schleswig-Holstein waren. So werden Erlebnisse und Entdeckungen von insgesamt neun namhaften Literaten des 19. Jh. erzählt, untermalt von vielen Fotos, historischen Karten und Skizzen.
- *Fründt, Hermann* und *Hans-Jürgen:* **Plattdüütsch – das echte Norddeutsch,** Reise Know-How Verlag, Bielefeld, Reihe Kauderwelsch. Vom Autor des vorliegenden Buches, gemeinsam mit seinem Vater geschrieben.
- **CityTrip Kiel,** Reise Know-How Verlag, Bielefeld. Stadtführer für die Landeshauptstadt Schleswig-Holsteins.
- **CityTrip Lübeck,** Reise Know-How Verlag, Bielefeld. Stadtführer für die Hansemetropole.

▽ Sommer an der Nordseeküste Schleswig-Holsteins

780sc ms

Termine der Sommerferien

Bundesland	2023	2024	2025
Baden-Württemberg	27.7.–9.9.	25.7.–7.9.	31.7.–13.9.
Bayern	31.7.–11.9.	29.7.–9.9.	4.8.–15.9.
Berlin	13.7.–25.8.	18.7.–30.8.	24.7.–6.9.
Brandenburg	13.7.–26.8.	18.7.–31.8.	24.7.–6.9.
Bremen	6.7.–16.8.	24.6.–2.8.	3.7.–13.8.
Hamburg	13.7.–23.8.	18.7.–28.8.	24.7.–3.9.
Hessen	24.7.–1.9.	15.7.–23.8.	7.7.–15.8.
Mecklenburg-Vorpommern	17.7.–26.8.	22.7.–31.8.	28.7.–6.9.
Niedersachsen	6.7.–16.8.	24.6.–2.8.	3.7.–13.8.
Nordrhein-Westfalen	22.6.–4.8.	8.7.–20.8.	14.7.–26.8.
Rheinland-Pfalz	24.7.–1.9.	15.7.–23.8.	7.7.–15.8.
Saarland	24.7.–1.9.	15.7.–23.8.	7.7.–15.8.
Sachsen	10.7.–18.8.	20.6.–2.8.	28.6.–8.8.
Sachsen-Anhalt	6.7.–16.8.	24.6.–3.8.	28.6.–8.8.
Schleswig-Holstein	17.7.–26.8.	22.7.–31.8.	28.7.–6.9.
Thüringen	10.7.–19.8.	20.6.–31.7.	28.6.–8.8.

Das ist noch nicht alles!
Mehr Reise Know-How gibt es hier:
www.reise-know-how.de
Reiseführer | CityTrip | Wohnmobil-Tourguide | Kauderwelsch

REISE KNOW-HOW
@ReiseKnowHow
@reiseknowhowverlag
@Reise_KnowHow
auf www.reise-know-how.de
für den Newsletter anmelden
Zugspitze, Foto: Aneta Niemitz
Landkarten | KulturSchock | Wanderführer | ReiseSplitter

Register

Segelboote auf der Schlei

868sc-fr

117sc fr

Der Autor

Hans-Jürgen Fründt ist ein waschechter Holsteiner, den es schon seit frühester Jugend jeden Sommer an die Ostsee- oder Nordseeküste zog – kaum ein Strand, den er nicht irgendwann einmal probegelegen hätte. Später kamen häufige Besuche auf dem Campingplatz seines Onkels in der Holsteinischen Schweiz hinzu. Aber dann wurde die Neugier auf die Fremde stärker, es zog ihn nach Hamburg und später zum Spanischstudium nach Madrid. Seit 1983 schreibt er Reiseführer. Mittlerweile sind über 60 Bände entstanden, darunter weitere Bücher zu Schleswig-Holstein (der bei Reise Know-How erschienene Band zur Ostseeküste Schleswig-Holstein wurde im März 2016 mit dem *ITB BuchAward* ausgezeichnet) sowie diverse Bücher zu Spanien und ein Band zur Dominikanischen Republik (auf der *ITB* 2008 als bester Individualreiseführer ausgezeichnet). Daneben entstanden Reisereportagen, die u.a. in überregionalen Zeitungen und großen Reisemagazinen veröffentlicht wurden. Für diesen Band reiste er mit Auto, Fahrrad und Bahn durchs gesamte Bundesland, entdeckte Altbekanntes neu, aber auch viele unbekannte Seiten. Er ist immer noch erstaunt, wie schön Schleswig-Holstein sein kann.

Die Fotografin

Fotografin **Susanne Muxfeldt** stammt ebenfalls aus dem südlichen Schleswig-Holstein. Seit bald drei Jahrzehnten begleitet sie den Autor fotografisch. So hat sich seit Langem eine produktive Arbeitsteilung ergeben. Während Autor *Fründt* tagsüber mit Block und Diktiergerät die Fakten sammelt, sucht *Susanne Muxfeldt* frühmorgens oder spätabends das beste Licht für ein gelungenes Foto.

Foto: AdobeStock, EVERST

Schreiben Sie uns!

Wir hoffen, dass Ihnen dieser Reiseführer gefällt und er Ihnen ein guter Begleiter auf einer außergewöhnlichen und spannenden Reise ist.

Weil ein Reiseführer von Erfahrungen lebt, sind wir an Ihren Erlebnissen interessiert: Haben Sie in unserem Buch ein Restaurant entdeckt, das es nicht mehr gibt, eine Sehenswürdigkeit, die wir noch nicht aufgeführt haben, oder eine falsche Adresse? Dann schreiben Sie uns! **Wir nehmen jeden Hinweis und jede Kritik ernst und arbeiten kontinuierlich daran, die Bücher aktuell zu halten und immer weiter zu verbessern.** Jede Mail wird gelesen und beantwortet. Auch wenn wir nicht jeden Wunsch erfüllen können, machen wir uns immer Gedanken über Ihre Anmerkungen.

Schreiben Sie uns:
per Mail an info@reise-know-how.de oder an
Reise Know-How Verlag Peter Rump GmbH, Postfach 140666, 33626 Bielefeld

Wenn sich Ihre Infos direkt auf das Buch beziehen, würde uns die Angabe der Seitenzahl und der Auflagenzahl bzw. des Erscheinungsjahres Ihrer Ausgabe die Arbeit sehr erleichtern. Besonders hilfreiche Beiträge und Ergänzungen zu den Büchern belohnen wir mit einem Sprachführer Ihrer Wahl aus der über 240 Bände umfassenden „Kauderwelsch"-Reihe.

Herzlichen Dank und gute Reisen
Ihr Reise Know-How Verlag